U0456219

文/白/对/照

# 资治通鉴

## 第二册

〔宋〕司马光　编撰

〔清〕康熙　乾隆　御批

〔清〕申涵煜　点评

萧祥剑　主编

中华文化讲堂　译

团结出版社

# 目 录

# 资治通鉴卷第十五　汉纪七

起玄黓涒滩，尽柔兆阉茂，凡十五年。

【译文】起壬申（公元前169年），止丙戌（公元前155年），共十五年。

【题解】本卷记录了汉文帝刘恒十一年至景帝刘启二年共十五年间的历史。主要记录了贾谊、晁错上疏议论政事；记录了文帝被孝女缇萦感动，废除肉刑，以及景帝纠正废肉刑产生的弊病；记录了文帝、景帝爱惜民力，轻徭薄赋，减轻农民负担；记录了匈奴侵袭汉朝边境，汉王朝求和和亲；记录了汉将守边、冯唐论将、周亚夫军屯细柳、文帝亲自劳军；记录了文帝之死，遗诏薄葬；最后还记录了丞相申屠嘉气量褊狭与梁孝王刘武恃宠而骄等等。

## 太宗孝文皇帝下

**十一年**（壬申，公元前一六九年）冬，十一月，上行幸代。春，正月，自代还。

夏，六月，梁怀王揖薨，无子。贾谊复上疏曰："陛下即不定制，如今之势，不过一传、再传，诸侯犹且人恣而不制，豪植而大强，汉法不得行矣。陛下所以为藩扞及皇太子之所恃者，唯淮阳、代二国耳。代，北边匈奴，与强敌为邻，能自完则足矣；而淮阳之比大诸侯，譬如黑子之著面，适足以饵大国，而不足以有所禁御。方今制在陛下，制国而令子适足以为饵，岂可谓工哉！臣之愚计，愿举淮南地以益淮阳，而为梁王立后，割淮阳北边二、三列城与东郡以益梁。不可者，可徙代王而都睢阳。梁起于新郪以北著之河，淮阳包陈以南揵之江，则大诸侯之有异心者破胆而不敢谋。梁足以扞齐、赵，淮阳足以禁吴、楚，陛下高枕，终无山东之忧矣，此二世之利也。当今恬然，适遇诸侯之皆少；数岁之后，陛下且见之矣。夫秦日夜苦心劳力以除六国之祸；今陛下力制天下，颐指如意，高拱以成六国之祸，难以言智。苟身无事，畜乱，宿祝，孰视而不定；万年之后，传之老母、弱子，将使不宁，不可谓仁。"帝于是从谊计，徙淮阳王武为梁王，北界泰山，西至高阳，得大县四十馀城。后岁馀，贾谊亦死，死时年三十三矣。

徙城阳王喜为淮南王。

**【译文】**十一年（壬申，公元前169年）冬季，十一月，汉文帝巡行代国；春季，正月，由代返回京师。

夏季，六月，梁怀王揖去世，没有儿子。贾谊上书说："陛下如果不赶紧定下制度，以现在的情势来看，就只能传一两代。诸侯尚且自行其是不受朝廷节制，再扩张强大，朝廷的法度就没有办法实行了。陛下当作屏障和皇太子所能仗恃的，只有淮阳国、代国两个封国罢了。代国北边是匈奴，和强大的敌人做邻居，能保全自己已经不错了。淮阳国与大诸侯相比，只像一个小黑痣在脸上，国小犹如鱼饵，大国恰好吞食，完全不足以防御大国。如今陛下拥有封立王国的权力，分封诸侯，却只能让亲生儿子做大国的鱼饵，这样设能算得上工巧吗？依愚臣之策，请皇帝把原属淮南国的封地，全划归淮阳国，使淮阳国增大，并且为梁王立继承人，把淮阳北边的两三个城和东郡划归梁国,以扩大梁国的封地。

"陛下倘若不想这么做,那就迁徙代王,而把睢阳当作都城。梁国封地起于新而北面直达黄河,淮阳国的封地囊括了原来陈国的全境并且南部直达长江,那么其他大诸侯国有二心的,也胆战心惊,不敢图谋反叛朝廷了。梁国足以抵抗齐、赵的叛乱,淮阳国足以抵拒吴、楚的进攻,这样圣上便可高枕无忧,不用担心山东诸侯叛乱了,不过这只能保持两代之利。眼下天下安定平静,恰逢诸侯年少;几年后,圣上就能够看到灾祸。秦日夜焦虑苦心,努力地想消除六国诸侯的灾祸。而现在陛下牢牢地控制着天下,一举一动都能如意,却高拱两手安坐,造成新的六国之祸,真是谈不上有见解和智识。即便你终生安全没有事故,但您看清楚了累积的灾祸,不早点定下消除的计策、暗藏祸乱;那只能等去世之后给稚弱的儿子、年老的母亲留下灾祸,从而使天下不平,这不能说得上是仁爱。"汉文帝采纳了贾谊的计策,把淮阳王刘武迁徙改成梁王,封地,北方以泰山为界,西方一直到达高阳,有县城四十几个。一年多后,贾谊去世,享年三十三岁。

改封城阳王刘喜为淮南王。


匈奴寇狄道。

时匈奴数为边患,太子家令颍川晁错上言兵事曰:《兵法》曰:'有必胜之将,无必胜之民。'繇此观之,安边境,立功名,在于良将,不可不择也。

臣又闻,用兵临战合刃之急者三:一曰得地形,二曰卒服习,三曰器用利。兵法:步兵、车骑、弓弩、长戟、矛铤、剑楯之地,各有所宜;不得其宜者,或十不当一。士不选练,卒不服习,起居不精，动静不集，趋利弗及，避难不毕，前击后解，与金鼓之指相失，此不习勒卒之过也，百不当十。兵不完利，与空手同；甲不坚密，与袒裼同；弩不可以及远，与短兵同；射不能中，与无矢同；中不能入，与无镞同：此将不省兵之祸也，五不当一。故《兵法》曰：'器械不利，以其卒予敌也；卒不可用，以其将予敌也；将不知兵，以其主予敌也；君不择将，以其国予敌也。'四者，兵之至要也。

【译文】匈奴侵略狄道。

那时匈奴多次侵略边境，太子家让颍川晁错上书谈战争之事，他说："《兵法》说：'有一定打胜仗的将军，没有一定打胜仗的百姓。'从这句话看，安定边境，建立功名，主要靠良将，因此不可不慎重选择。

"臣又听说：用兵近距离作战急需以武器对打，当用兵近战时，需要注意三点：一是得到地形优势；二是士兵训练有素，服从命令；三是兵器锐利。按照兵法所说，步兵、车骑兵、弓弩、长戟、矛铤、剑盾等不同的兵种和武器，适用于不同的地形，各有所长；如果战场地形不利于发挥军队和武器的长处，就可能出现士兵十不如一的情况。士兵不经过挑选，军队缺乏训练、起居管理混乱，动静不一致，胜利进攻时跟不上，退避危难时不整齐，前军已经刀兵相接，后军却仍不振作，士兵不能随着鸣金击鼓进退，这是不训练军队的错误，这样的军队，士兵百不抵十。士兵手中的兵器不齐备不锋利，形同徒手作战；将士盔甲不坚固，与裸体无异；弩箭射程不远，与短兵器差不多；射不中目标，与没有箭一样；箭虽然射中却射不进身体，就与没有箭头一样。这是将领不修治武器导致的祸患，这样的军队，士兵五不抵一。所以兵法说：'器械不锋利，是把士卒献给敌人；

资治通鉴

士卒不听号令，是把统兵将领献给敌人；将领不懂兵法，是把他的君主献给敌人；君主不精心选择将领，是把国家献给敌人。'这四点，是用兵的核心要点。

臣又闻：小大异形，强弱异势，险易异备。夫卑身以事强，小国之形也；合小以攻大，敌国之形也；以蛮夷攻蛮夷，中国之形也。今匈奴地形、技艺与中国异，上下山阪，出入溪涧，中国之马弗与也；险道倾仄，且驰且射，中国之骑弗与也；风雨罢劳，饥渴不困，中国之人弗与也；此匈奴之长技也。若夫平原、易地、轻车、突骑，则匈奴之众易挠乱也；劲弩、长戟、射疏、及远，则匈奴之弓弗能格也；坚甲、利刃，长短相杂，游弩往来，什伍俱前，则匈奴之兵弗能当也；材官驺发，矢道同的，则匈奴之革笥、木荐弗能支也；下马地斗，剑戟相接，去就相薄，则匈奴之足弗能给也；此中国之长技也。以此观之，匈奴之长技三，中国之长技五。陛下又兴数十万之众以诛数万之匈奴，众寡之计，以一击十之术也。

**【译文】**"臣又听说：小国和大国情势不同，强国和弱国态势相异，在险阻平易不同的地势上攻防之道也不相同。用谦卑的态度侍奉强国，是小国的形式；与敌人武力同等，策略是联合小国攻击大国；中国应采取的谋略内容是用蛮夷攻打蛮夷。如今匈奴的技巧战术、地理形势和中国不同：匈奴人战技的长处是：在溪涧里出入，在山坡上下，匈奴的马强于中国；一面驰马一面射箭于倾侧险阻的道路上，匈奴骑兵强于中国；在饥饿干渴中不受困阻，在风雨中疲劳作战，中国的步卒不如匈奴。中国人战技的优点是：匈奴的兵众擅长用骁锐的骑兵、轻便的战车在平地，但平原作战时造成混乱，匈奴的弓箭不能抵抗用长戟、劲弩射到的辽阔敌阵；匈奴的军队不能抵挡长短兵器交杂作战，锐利的兵刃，坚硬的甲衣，士卒都勇猛向前，弓弩手来来往往；匈奴防身的木盾、皮铠在官吏突发箭矢，并向同一目标进攻时就不管用了；匈奴士卒的两脚就应付不了来回用剑戟等武器接触的近战，以及在地面战斗。从上面分析可得：中国的战技有五种优点，匈奴的战技有三种优点。陛下还让好几十万的兵众攻打数万的匈奴兵众，我众敌寡，匈奴被迫只能用以一击十的战术。

虽然，兵，凶器；战，危事也。故以大为小，以强为弱，在俛仰之间耳。夫以人之死争胜，跌而不振，则悔之无及也。帝王之道，出于万全。今降胡、义渠、蛮夷之属来归谊者，其众数千，饮食、长技与匈奴同。可赐之坚甲、絮衣、劲弓、利矢，益以边郡之良骑，令明将能知其习俗、和辑其心者，以陛下之明约将之。即有险阻，以此当之；平地通道，则以轻车、材官制之；两军相为表里，各用其长技，衡加之以众，此万全之术也。"

帝嘉之，赐错书，宠答焉。

【译文】"即使是这样的情况，但武器终究是不祥的器具，战争终究是凶险的事情；所以短暂的俯仰就可以使大国战败变成小国，强国战败变成弱国。用百姓的死亡来争夺胜利，一旦战败就很难再次复兴，到那时后悔也来不及了；古代帝王处理政务都要有万全之策。现如今胡、义渠、蛮夷等少数民族归顺中原的已经有数千人，他们的饮食习惯、骑射等技能与匈奴一样。如果陛下再赐给这些人坚固的盔甲、棉絮做的衣物、强劲的弓箭、锋利的兵器，给一些边塞的良马，任用了解他们习俗、能笼络其人心的人为将领，凭借陛下的贤明来领导他们。如果遇到艰难险阻，就派他们出兵；如果是在道路平坦的平原之地，就派轻便的战车、善于骑射的部队出击；两支队伍相互配合，各发挥其长处，再加上军队人数众多，这应该是一个万全之策。"

汉文帝很是欣赏晁错的意见，给他回了一封信，以表宠信。

错又上言曰："臣闻秦起兵而攻胡、粤者，非以卫边地而救民死也，贪戾而欲广大也，故功未立而天下乱。且夫起兵而不知其势，战则为人禽，屯则卒积死。夫胡、貉之人，其性耐寒；扬、粤之人，其性耐暑。秦之戍卒不耐其水土，戍者死于边，输者偾于道。秦民见行，如往弃市，因以谪发之，名曰'谪戍'；先发吏有谪及赘婿、贾人，后以尝有市籍者，又后以大父母、父母尝有市籍者，后入闾取其左。发之不顺，行者愤怨，有万死之害而亡铢两之报，死事之后，不得一算之复，天下明知祸烈及己也。陈胜行戍，至于大泽，为天下先倡，天下从之如流水者，秦以威劫而行之敝也。

【译文】晁错再次上书说："臣听说秦发动战争派兵北击匈奴部落，向南进攻百越之地，并非为了解救百姓、保卫边塞土地，而是为了满足国君想扩大其疆土的贪欲。因此功业还未建立天下就已经大乱了。而且用兵却不知道敌方的力量强弱，发动战争的话一定会被敌人擒获，如果要驻守一定会因为被围困而死。匈奴和貉人天性耐严寒，粤、扬地区的人天性能耐暑热。而秦朝的士兵无法适应当地水土，所以戍守的人都死在边境，输送物资的人都倒在了路上。秦朝的百姓被征发，就等于被判处了死刑，因此就召集被贬的人去边境，称为'谪戍'；刚开始是召集被贬谪的官吏和入赘女家的商人、男子，后来则召集之前做过买卖的人，随后又召集祖父母、父母曾做过商人的人，最后召集闾左的人。但是召集的事情还是不顺利，被召集的人都心怀怨恨，因为他们觉得戍守边境只有死亡而没有一点的好处，甚至是死后，连一点抚恤都得不到，这使得天下人都知道戍边的祸害终有一天会祸害到自己；陈胜戍守边境，到了大泽以后，最先高呼反秦，天下人如流水一般连续不断地跟随他一同反秦，这是秦朝强行征发百姓所带来的结果。

胡人衣食之业，不著于地，其势易以扰乱边境，往来转徙，时至时去。此胡人之生业，而中国之所以离南畮也。今胡人数转牧、行猎于塞下，以候备塞之卒，卒少则入。陛下不救，则边民绝望而有降敌之心；救之，少发则不足，多发，远县才至，则胡又已去。聚而不罢，为费甚大；罢之，则胡复入。如此连年，则中国贫苦而民不安矣。陛下幸忧边境，遣将吏发卒以治塞，甚大惠也。然今远方之卒守塞，一岁而更，不知胡人之能。不如选常居者家室田作，且以备之，以便为之高城深堑；要害之处，通川之道，调立城邑，毋下千家。先为室屋，具田器，乃募民，免罪，拜爵，复其家，予冬夏衣、廪食，能自给而止。塞下之民，禄利不厚，不可使久居危难之地。胡人入驱而能止其所驱者，以其半予之，县官为赎。其民如是，则邑里相救助，赴胡不避死。非以德上也，欲全亲戚而利其财也；此与东方之戍卒不习地势而心畏胡者功相万也。以陛下之时，徙民实边，使远方无屯戍之事；塞下之民，父子相保，无系虏之患；利施后世，名称圣明，其与秦之行怨民，相去远矣。”

上从其言，募民徙塞下。

【译文】匈奴的衣食问题，不仰赖于土地，因此他们一定会经常侵扰边境的百姓，甚至往来迁去，常来常往；这是胡人原有的生活习惯，却迫使中国人无法安定生活并放弃耕种多年的田地。而匈奴经常在边塞打猎、放牧，窥伺边塞的士兵，趁士兵少的时候就入侵。陛下如果不解救边塞的百姓，当他们绝望的时候就会有归顺敌人的心；可另一方面如果派兵援救的话，少派兵则不足以抵抗匈奴，如果派更多的士兵，则士兵从遥远的县里刚刚到达，匈奴就已经离开了。召集的士兵太多如果不撤退的话，费用会太大；如果撤退的话，匈奴就会再次来侵扰。这样几年下去，中原的国库就会变得虚空，百姓苦不堪言。幸好陛下担心边境情势，派遣大将官吏前来，又召集士兵充实边境，这对于百姓已经是极大的恩典了。但是现在驻守边境的士兵，每年换一次，时间短得不足以让他们了解到匈奴的能力。不如挑一些常住在边境的人，种田立家，利用地形建造高城深沟堑以防御匈奴侵扰。在一些战略要地，交通便利的地方，建立城邑，每座城邑不少于一千户人家。先建造好房屋，准备好耕田的器具，再招募百姓前去居住，有罪的免罪，没有罪的可以加封官爵，免除赋税，再送给他们冬夏穿的衣服，供给粮食，直到他们能够自给自足。边境百姓，如果没有优厚的待遇，就不应该让他们长期居住在危险的地方。如果有匈奴入侵抢夺家畜，若有人能帮助丢失家畜的主人夺回丢失的牛羊，就把其中一半的牛羊送给他作为奖赏，另外，再由官府出钱补偿失主的损失。如此一来，百姓之间就能互相帮助，即使有匈奴入侵，也都能不畏惧死亡地战斗。他们这样做不是为了感恩皇上的大恩大德，而是为了保全自己及亲戚的性命，同时巩固自己的财产。如此一来，比较召集其他郡县那些既不熟悉地形而且又害怕匈奴的士兵，效果好了一万倍。如果陛下在治理国家的时候，迁移百姓来充实边境，使得远方百姓免去驻戍守边境的徭役；边境的百姓，就能父子相保，不会再发生被匈奴俘虏的事；如此一来，利益延至后代，大家都称颂陛下是圣明的君王，同秦朝与民结怨仇的办法相比，真是大相径庭。"

于是汉文帝接纳了晁错的意见，招募百姓迁移到边境。

错复言："陛下幸募民徙以实塞下，使屯戍之事益省，输将之费益寡，甚大惠也。下吏诚能称厚惠，奉明法，存恤所徙之老弱，善遇其壮士，和辑其心而勿侵刻，使先至者安乐而不思故乡，则贫民相慕而劝往矣。臣闻古之徙民者，相其阴阳之和，尝其水泉之味，然后营邑、立城、制里、割宅，先为筑室家，置器物焉，民至有所居，作有所用。此民所以轻去故乡而劝之新邑也。为置医、巫以救疾病，以修祭祀，男女有昏，生死相恤，坟墓相从，种树畜长，室屋完安。此所以使民乐其处而有长居之心也。

"臣又闻古之制边县以备敌也，使五家为伍，伍有长；十长一里，里有假士；四里一连，连有假五百；十连一邑，邑有假候。皆择其邑之贤材有护、习地形、知民心者。居则习民于射法，出则教民于应敌。故卒伍成于内，则军政定于外。服习以成，勿令迁徙，幼则同游，长则共事。夜战声相知，则足以相救；昼战目相见，则足以相识；欢爱之心，足以相死。如此而劝以厚赏，威以重罚，则前死不还踵矣。所徙之民非壮有材者，但费衣粮，不可用也；虽有材力，不得良吏，犹亡功也。

【译文】晁错再次上书说："幸好陛下能迁移百姓来充实边塞，大大节省了屯驻戍守边境的徭役，而且输送的费用也大大降低了，这是给予百姓的大恩惠。下级的官吏如果能真正明白陛下的恩德，奉守法令，抚恤慰问迁徙中的老弱之人，善待年轻的壮士，不要苛待欺凌他们，定能笼络其心，让先到的百姓不思念故乡而快乐安心地居住，那么生活贫困的百姓就会相互劝说一同前去边塞居住。臣听说古代要把百姓迁徙到边境，就要先品尝当地泉水的味道，观察当地阴阳是否调和，然后才建造集镇，修筑城池，经营县邑，分划宅院，先给百姓建造好房子，置好器具用物。让百姓一到就可以有居住的地方，劳作时就有可用的工具。如此一来，百姓就愿意离开故乡，并且互相鼓励前去新邑居住。然后再为百姓安设好医生和巫师，鼓励男女婚配，坟墓并列在一起，栽植树木、喂养六畜，房子完好，家道平安。这样才能使移民满意并且使其长久居住。

"臣又听说古人编制边境各县来防御敌人，方法是每五家为一伍，每伍都有一个伍长，十个伍长为一里，每一里都有一个里长（假士），每四里为一连，每连有一个连长（假五百），每十连为一邑，每一邑都有一个邑长（假候），官员都是由县邑中有保护百姓能力、有才智、了解民心、熟习地形的人担任；平时在邑内训练百姓骑马射箭，在外则教导百姓如何防御敌人。所以平时就完成了军队的编制，作战时就能奋勇杀敌。当百姓训练有素时，便不再迁徙，让他们在年幼的时候一起玩耍，而且长大后还能一起做事。夜晚发生战乱时，彼此熟悉对方的声音，听到声音就知道是谁，便可以互相支援；白天发生战争时，彼此都认识熟知，也可以相互支援；彼此友爱，甘愿为对方而死。朝廷再用很优厚的赏赐作为奖励，并且同时配有严厉的刑罚，那么他们便会勇往直前，奋勇杀敌。如果朝廷迁徙的百姓不是有才能的年壮人，那只是浪费粮食，不能用来抵抗敌人。即使迁移的人们有才能，没有好的官吏，也是徒劳的。

"陛下绝匈奴不与和亲，臣窃意其冬来南也；壹大治，则终身创矣。欲立威者，始于折胶；来而不能困，使得气去，后未易服也。"

错为人峭直刻深，以其辩得幸太子，太子家号曰"智囊"。

【译文】"陛下拒绝与匈奴订立婚姻关系，臣私下觉得匈奴会在冬天向南去侵扰边境；只要对他们来一迎头痛击，足以使他们再也不敢南下了。想要树立权威，我们就要在秋天匈奴侵扰边境时乘机予于重击；如果匈奴来侵犯我们不能打败他们，而让他们得胜回去，那恐怕以后很难再使他们屈从。"

晁错为人刚正而又刻薄，靠辩才获得太子的宠幸，他被太子家人称为"智囊"。

【康熙御批】天生蒸民，厥有恒性。其即于匪彝，不从教令者，多为饥寒所迫，非尽出于性恶也。晁错云"虽慈父不能得之于其子"入情入理，不可以人废言。

【译文】天生众民，都有其常性。百姓违背常规，不服从政令，多为饥寒所迫，不是完全出于人性之恶。晁错说"即使慈父也不能得之于他的儿子"入情入理，不能因人废言。

**十二年**（癸酉，公元前一六八年）冬，十二月，河决酸枣，东溃金堤，东郡大兴卒塞之。

春，三月，除关，无用传。

晁错言于上曰："圣王在上而民不冻饥者，非能耕而食之，织而衣之也，为开其资财之道也。故尧有九年之水，汤有七年之旱，而国亡捐瘠者，以畜积多而备先具也。今海内为一，土地、人民之众不减汤、禹，加以无天灾数年之水旱，而畜积未及者，何也？地有遗利，民有馀力；生谷之土未尽垦，山泽之利未尽出，游食之民未尽归农也。

夫寒之于衣，不待轻暖；饥之于食，不待甘旨；饥寒至身，不顾廉耻。人情，一日不再食则饥，终岁不制衣则寒。夫腹饥不得食，肤寒不得衣，虽慈母不能保其子，君安能以有其民哉！明主知其然也，故务民于农桑，薄赋敛，广畜积，以实仓廪，备水旱，故民可得而有也。民者，在上所以牧之；民之趋利，如水走下，四方无择也。

【译文】十二年（癸酉，公元前 168 年）十二月冬季，黄河在酸枣决口，洪水向东流溢淹没了东郡、金堤；朝廷派遣众多士兵阻塞水流。

春季，三月，废除在关隘检查的政令，出入的时候不用拿着符信。

晁错向汉文帝进谏说："圣明的国君执政，百姓就不会挨饿受冻，并不是说圣明的国君亲自给他们供给粮食，亲自织布给他们，而是他能够带领老百姓开辟生产粮食、物质的道路。所以尧时虽有九年的水灾，汤时也出现过七年的旱灾，但国内却没有抛尸荒野的，是因为平常存储的粮食比较多并且准备充足。现在天下统一，土地和人民的总数均不少于汤、禹，加上好几年也没有发生过水灾、旱灾，可是我们国家储存的粮食仍然不够，这是为什么呢？原因就在于土地并没有完全得到利用，百姓的劳力并没有完全投入；而且生产谷类粮食的土地还没完全被开垦，山林沼泽也没完全被发掘，四方游历的人们还没有完全回乡务农。

"寒冷时我们需要衣物，不会奢求衣物的轻便美丽；饥饿时我们需要食物，不会奢求其味道鲜美；当人在饥寒交迫的时候，就顾不上礼义廉耻了。人之常情，一天不吃两餐饭就会饥饿，一年到头不缝制衣服就会挨冻。肚子饿了没有食物吃，肌肤受冻没有衣服穿，即便再仁慈的父亲也不能够保护自己的儿女，国君又怎么可能保护他的百姓呢？圣明的国君知道这个道理，就会引导百姓从事农作植桑，降低赋税，增加粮食的存储，以此来充实仓库，防备水、旱的发生，这样才能保护百姓、巩固统治。百姓，是君主要管理的对象；百姓们追求财利，像水往低处流一样，是不会选择方向的。

"夫珠、玉、金、银，饥不可食，寒不可衣；然而众贵之者，以上用之故也。其为物轻微易藏，在于把握，可以周海内而无饥寒之患。此令臣轻背其主，而民易去其乡，盗贼有所劝，亡逃者得轻资也。粟、米、布、帛，生于地，长于时，聚于力，非可一日成也；数石之重，中人弗胜，不为奸邪所利，一日弗得而饥寒至。是故明君贵五谷而贱金玉。

"今农夫五口之家，其服役者不下二人，其能耕者不过百畮，百畮之收不过百石。春耕，夏耘，秋获，冬藏，伐薪樵，治官府，给繇役；春不得避风尘，夏不得避暑热，秋不得避阴雨，冬不得避寒冻，四时之间亡日休息；又私自送往迎来、吊死问疾、养孤长幼在其中。勤苦如此，尚复被水旱之灾，急政暴赋，赋敛不时，朝令而暮改。有者半贾而卖，无者取倍称之息，于是有卖田宅、鬻子孙以偿责者矣。而商贾大者积贮倍息，小者坐列贩卖，操其奇赢，日游都市，乘上之急，所卖必倍。故其男不耕耘，女不蚕织，衣必文采，食必粱肉；无农夫之苦，有仟伯之得。因其富厚，交通王侯，力过吏势，以利相倾；千里游敖，冠盖相望，乘坚、策肥，履丝、曳缟。此商人所以兼并农人，农人所以流亡者也。

【译文】"那些珍珠、宝玉、金银等宝物，饥饿不能当饭吃，寒冷不能当衣服穿；但大家都认为它们很珍贵，是因为皇上使用这些东西。这些宝物重量轻，体积小，容易收藏，能够一下握在手中，带着它就可以周游四海而不必担心挨饿受冻。它们可以促使大臣们背离国君，诱惑百姓离开家乡，盗贼为之心动。逃亡之人也能很容易地就将金银珠宝拿走。米、帛、布、粟这些作物是产自土地，四时成长，投入人力才能收割，并不是一天就能有结果的；一般人搬不动数石重的东西，奸邪小人也不会认为它有利可图，但一天得不到这些物资，就会挨饿受冻。所以圣明的国君是看重五谷而不会喜欢金银珠宝的。

"现在一个五口人的家庭，服徭役的不少于两人，能够耕种的田地不超过一百亩，每百亩田地的粮食收成不过一百石。春来耕种，夏来除草，秋来收割，冬来储藏，砍伐木柴，修缮官府，服徭役；春天躲避不过尘石风沙，夏天躲避不过酷暑炎热，秋天躲避不过阴雨，冬天躲避不过天寒地冻。一年四季并无一天的休息时间；而且平时又有送往迎来、吊祭死者、慰问病者、赡养父母、养育子女，这些都是从百亩田的收入中支付。而那些行商坐贾，资本优厚的就积攒钱财来放高利贷，小一点的商贩则在市场贩卖货物，拿到珍贵的能够赢利的宝贝，天天在集市游玩，利用政府有急切需要的时机，卖的价钱一定加倍。所以他们中的男人不用耘草耕种，女人不必织布养蚕，但穿的一定是锦绣文彩，吃的一定是山珍海味，他们没有付出劳苦，却有千百钱的收入。同时，他们利用自己的富裕，与王侯将相交流，权势也超越一般官吏，使用财富互相倾轧；去千里以外游历，满路都是华丽的服饰车乘，乘坐坚固的车子，鞭策肥壮的宝马，脚穿丝鞋，身着缟衣。这些就是商人兼并农民田宅，农民四处流浪逃荒的原因。

"方今之务，莫若使民务农而已矣。欲民务农，在于贵粟；贵粟之道，在于使民以粟为赏罚。今募天下入粟县官，得以拜爵，得以除罪。如此，富人有爵，农民有钱，粟有所渫。夫能入粟以受爵，皆有馀者也。取于有馀以供上用，则贫民之赋可损，所谓损有馀，补不足，令出而民利者也。今令民有车骑马一匹者，复卒三人；车骑者，天下武备也，故为复卒。神农之教曰：'有石城十仞，汤池百步，带甲百万，而无粟，弗能守也。'以是观之，粟者，王者大用，政之本务。令民入粟受爵至五大夫以上，乃复一人耳，此其与骑马之功相去远矣。爵者，上之所擅，出于口而无穷；粟者，民之所种，生于地而不乏。夫得高爵与免罪，人之所甚欲也；使天下人入粟于边以受爵、免罪，不过三岁，塞下之粟必多矣。"

帝从之，令民入粟边，拜爵各以多少级数为差。

【译文】"当今的要务，就是鼓励百姓务农。想要让百姓从事农业生产，政府就必须重视粮食；而重视米谷的方法就是把米谷当成受罚赏的依据。现在招募天下人给朝廷进献粮食，只要进献的人都可以加封官爵，免除所犯之罪。如此，农民有钱财，富人拥有爵位，粮食不至于被囤积。能够进贡粮食而加封官爵的人，都是富有的人，粮食都有盈余；向富有的人募取粮食来供给朝廷使用，那么贫民的赋税就可以减轻，这就是所谓'减少富人财物，添补穷人的不足'，此政令一出，百姓就会得到有利的办法。现在的法令规定百姓每贡献出一匹可供战车用的马，就可以免除三人赋役；车子马匹，是天下的武器装备，所以可以免除赋役。神农的教令说：'即便有十仞高的石头城墙，护城河百步宽，身穿钢铁盔甲的士卒百万，但如果缺少粮食的话，还是不能固守的。'从这一点来看，粮食对君王的用处最大，而这也是治政的根本要务。现在的百姓进贡粮食封至五大夫以上爵位，只能免除一人的赋役，这和贡献作战良马的人相比，待遇差距很大。爵位，是一国之君所特有的，可以随口封爵无穷尽；米谷是百姓们种植的，在土地上生长也是不会匮乏的。得到高的爵位和免除罪责，是人的强烈愿望；给那些进贡粮食给边境使用的所有百姓封爵、免除罪责，不到三年，边境的粮食一定就会很多了。"

汉文帝采纳了晁错的建议，让百姓可以贡献米谷到边境，所拜受爵位的等级按贡献米谷的多少来决定。


错复奏言："陛下幸使天下入粟塞下以拜爵，甚大惠也。窃恐塞卒之食不足用，大渫天下粟。边食足以支五岁，可令入粟郡县矣；郡县足支一岁以上，可时赦，勿收农民租。如此，德泽加于万民，民愈勤农，大富乐矣。"

上复从其言，诏曰："道民之路，在于务本。朕亲率天下农，十年于今，而野不加辟，岁一不登，民有饥色；是从事焉尚寡而吏未加务。吾诏书数下，岁劝民种树而功未兴，是吏奉吾诏不勤而劝民不明也。且吾农民甚苦而吏莫之省，将何以功焉！其赐农民今年租税之半。"

【译文】晁错又上奏说："陛下能让黎民到边境进献粮食，接受封爵，这是很大的恩泽。但臣私下还是担心边境的士兵用不了那么多粮食，所以还得花大力气疏散粮食。边境的粮食能够支撑五年，足以让百姓把粮食进献到郡县里；郡县的粮食足以支撑一年以上，就能随时豁免，不要收农民的田地税。如此，陛下的恩泽就能给百姓加到身上，而百姓就会更加勤勉于农业生产，天下就会安居乐业。"

汉文帝再一次采纳了晁错的建议，下诏书说："引导百姓农业生产的方法，从事农桑是最根本。朕已经带领天下百姓务农十年了，可是荒野并没有开辟多少，年岁一旦收成不好，百姓还是免不了挨饿受冻，这说明官吏没有尽到自身的责任，从事农业生产的人也还少。朕多次下诏书，每年都鼓励百姓种植桑树，效果却不佳，这说明了官吏接受我的诏令后，并没有卖力地劝勉百姓种植桑树。而且我们农民生活艰难困苦，官吏却不反省检讨，这时怎么能劝勉百姓呢？免除所有农民今年一半的田赋。"

**十三年**(甲戌，公元前一六七年)春，二月，甲寅，诏曰："朕亲率天下农耕以供粢盛，皇后亲桑以供祭服；其具礼仪！"

初，秦时祝官有祕祝，即有灾祥，辄移过于下。夏，诏曰："盖闻天道，祸自怨起而福繇德兴，百官之非，宜由朕躬。今祕祝之官移过于下，以彰吾之不德，朕甚弗取。其除之！"

齐太仓令淳于意有罪，当刑，诏狱逮系长安。其少女缇萦上书曰："妾父为吏，齐中皆称其廉平；今坐法当刑。妾伤夫死者不可复生，刑者不可复属，虽后欲改过自新，其道无繇也。妾愿没入为官婢，以赎父刑罪，使得自新。"

天子怜悲其意，五月，诏曰："《诗》曰：'恺弟君子，民之父母。'今人有过，教未施而刑已加焉，或欲改行为善而道无繇至，朕甚怜之！夫刑至断支体，刻肌肤，终身不息，何其刑之痛而不德也! 岂为民父母之意哉! 其除肉刑, 有以易之; 及令罪人各以轻重, 不亡逃, 有年而免。具为令!"

【译文】十三年(甲戌, 公元前 167 年)春季, 二月二十六日, 汉文帝下诏书说:"朕亲自率领天下百姓农耕以作为祭祀时的祭品, 皇后亲自种桑以作为祭祀时的祭服; 应该建立起耕种植桑的礼仪!"

起初, 在秦朝时期, 祝官有秘祝, 有灾难不祥的事发生时, 祝官常用祝辞把罪过从皇帝身上推到臣下身上。夏季, 汉文帝下诏书说:"我知道有上天报应之道, 所有灾祸都是由于百姓的怨恨, 而福运却是由道德得来的, 因此百官的所有罪过, 都应由朕一人来承担。现在祝官的祝辞把过错推到臣下身上, 表明了朕的失德, 朕非常不愿意这样做。现在就把这些废除!"

齐国太仓令淳于意犯罪, 应当接受惩罚, 汉文帝下诏令把他抓起来, 关到长安监狱里。他的小女儿缇萦上书给汉文帝说:"我的父亲在做官期间, 齐中一带的老百姓都称赞他廉洁公正, 现在犯了法理应处以肉刑。但我悲痛的是受死刑的人不能再生, 受肉刑的肢体不可再连接, 即便受刑的人以后再想要改过自新, 但却没有机会了。我愿意入官府做婢, 用来抵赎父亲该受的刑罚, 让他获得改过自新的机会。"

汉文帝同情怜悯她的孝心, 就在五月时下诏书说:"《诗经》上说:'简易和乐的君子, 百姓敬如自己的父母。'但如今百姓一有过错, 还没施行教化就处以刑罚, 或许有人想要改过自新, 可已经无路可走了, 朕十分怜悯! 刑罚严厉到砍断四肢, 刻刺皮肤, 终生不能恢复, 这种刑罚是多么残酷而不道德啊! 这怎么会是为人父母国君的本意呢! 废除肉刑, 由其他法令替代; 另外, 就以犯罪的轻重决定, 只要犯人不逃亡, 期满免罪。就把这些都编在新的法令上吧!"

丞相张苍、御史大夫冯敬奏请定律曰:"诸当髡者为城旦、舂;当黥者髡钳为城旦、舂;当劓者笞三百;当斩左止者笞五百;当斩右止及杀人先自告及吏坐受赇、枉法、守县官财物而即盗之、已论而复有笞罪者皆弃市。罪人狱已决为城旦、舂者,各有岁数以免。"制曰:"可。"

是时,上既躬修玄默,而将相皆旧功臣,少文多质。惩恶亡秦之政,论议务在宽厚,耻言人之过失,化行天下,告讦之俗易。吏安其官,民乐其业,畜积岁增,户口浸息。风流笃厚,禁罔疏阔,罪疑者予民,是以刑罚大省,至于断狱四百,有刑错之风焉。

六月,诏曰:"农,天下之本,务莫大焉。今勤身从事而有租税之赋,是为本末者无以异也,其于劝农之道未备。其除田之租税!"

【译文】丞相张苍和御史大夫冯敬奏请汉文帝定下律令时说:"所有应当受剃发之刑的犯人,改为男的每天晨起修治城墙,女的舂米;所有应当受刺面之刑的犯人,改为剃发、颈带铁链;所有应当受割鼻之刑的犯人改为鞭打三百;所有应当受斩断左脚的犯人改为鞭打五百;所有应该斩断右脚与杀人自首的犯人,以及官吏贪污受贿、私自挪用公家财物的犯人,这些人已经被定罪的,但又犯下鞭笞罪的,都要被公开斩首。若已被判决每天晨起修治城郭、舂米之人,服役数年便可被免罪。"汉文帝下达诏令:"批准。"

此时,汉文帝谨修自持,沉默寡言。而且将相们都是先前的功臣,文采少而朴质多。朝廷以亡秦的暴政为戒,所有建议和讨论均看重恩厚宽和,以说人过错为耻;风气影响全国,告发人隐私的风俗已经有所改善而不再有。官吏们也安心于自己的政事，百姓乐于从事自己的事业，每年都在增加蓄积的粮食，人口数量也在逐渐地增长。法禁也较宽和，对于怀疑而证据不足没有定论的案件，就从轻论断与民方便，所以刑罚大大地减少了，犯重罪而被处以死刑的案件只有四百件，而有弃置刑罚不用的德风。

六月，下诏令："农业生产是天下的根本，没有比农业生产更重要的事了。如今勤勉从事农业生产的农民，仍然同商贩类似，也要缴田租赋税，这样本末没有区别了，这说明劝勉百姓务农的政策并不完善。那就废除掉田租赋税吧！"

【乾隆御批】除田租税，或因水，旱，或去其已甚，若永除之，则国家经费将何取给？文帝虽仁，不能为此。必史有阙文耳。

【译文】免除农田租税，或许是因为水灾、旱灾，或者是免除百姓负担过重多余的部分。如果一直免除农田租税，那么国家经费到哪里去获得？汉文帝虽然仁慈，也不可能这样做。想必是史书中又阙文。

十四年（乙亥，公元前一六六年）冬，匈奴老上单于十四万骑入朝那、萧关，杀北地都尉卬，虏人民畜产甚多；遂至彭阳，使奇兵入烧回中宫，候骑至雍甘泉。帝以中尉周舍、郎中令张武为将军，发车千乘、骑卒十万军长安旁，以备胡寇；而拜昌侯卢卿为上郡将军，宁侯魏遫为北地将军，隆虑侯周灶为陇西将军，屯三郡。上亲劳军，勒兵，申教令，赐吏卒，自欲征匈奴。群臣谏，不听；皇太后固要，上乃止。于是，以东阳侯张相如为大将军，成侯董赤、内史栾布皆为将军，击匈奴。单于留塞内月馀，乃去。汉逐出塞即还，不能有所杀。

上辇过郎署，问郎署长冯唐曰："父家安在?"对曰："臣大父赵人，父徙代。"上曰："吾居代时，吾尚食监高袪数为我言赵将李齐之贤，战于巨鹿下。今吾每饭意未尝不在巨鹿也。父知之乎?"唐对曰："尚不如廉颇、李牧之为将也。"上搏髀曰："嗟乎!吾独不得廉颇、李牧为将! 吾岂忧匈奴哉!"唐曰："陛下虽得廉颇、李牧，弗能用也。"

【译文】十四年（乙亥，公元前 166 年）冬季，匈奴老上单于带领十四万骑兵进入朝那、萧关，杀死了北地都尉印，掠夺俘虏了很多百姓以及牲畜、财物；侵略彭阳，派出奇兵焚烧了回中宫，侦察的骑兵还到了甘泉宫。汉文帝任命郎中令张武、中尉周舍为将军，发动十万骑兵士卒，千辆战车在长安附近驻扎，以抵抗匈奴的侵袭；同时又任命昌侯卢卿为上郡将军，宁侯魏遫为北地将军，隆虑侯周灶为陇西将军，分别驻兵在三郡。皇上亲自训练士兵，申明教令，慰劳军队，恩赐士卒，并且想要亲自带兵讨伐匈奴。群臣都加以劝阻，但汉文帝不听；皇太后也坚决阻止，汉文帝才取消了亲征的决定。于是便把东阳侯张相如封为大将军，成侯董赤、内史栾布封为将军，攻击匈奴。单于留在边境内一个多月才离开。汉军把匈奴逐出边境就返回，没有斩杀匈奴。

汉文帝辇驾经过郎中官署，问署长冯唐："老人家您的家在哪里啊?"答曰："臣祖父是赵人，到父辈时迁徙到代国。"汉文帝说："我住在代国的时候，我的膳食主管高袪好几次对我谈到赵将李齐的贤能，说秦将王曾与李齐作战于巨鹿。现如今我每次吃饭的时候，都会想起巨鹿之战的事。老人家知道李齐这个人吗?"冯唐回答说："李齐还不如李牧、廉颇有才能。"汉文帝拍着大腿说："唉! 我怎么就得不到李牧、廉颇这样的大将呢!

如果能得到他们，我就不用担心匈奴的侵扰了！"冯唐说："陛下就算是得到李牧、廉颇，也不会重用他们的。"

上怒，起，入禁中，良久，召唐，让曰："公奈何众辱我，独无间处乎！"唐谢曰："鄙人不知忌讳。"上方以胡寇为意，乃卒复问唐曰："公何以知吾不能用廉颇、李牧也？"唐对曰："臣闻上古王者之遣将也，跪而推毂，曰：'阃以内者，寡人制之；阃以外者，将军制之。'军功爵赏皆决于外，归而奏之，此非虚言也。臣大父言：李牧为赵将，居边，军市之租，皆自用飨士；赏赐决于外，不从中覆也。委任而责成功，故李牧乃得尽其智能；选车千三百乘，彀骑万三千，百金之士十万，是以北逐单于，破东胡，灭澹林，西抑强秦，南支韩、魏。当是之时，赵几霸。其后会赵王迁立，用郭开谗，卒诛李牧，令颜聚代之；是以兵破士北，为秦所禽灭。今臣窃闻魏尚为云中守，其军市租尽以飨士卒，私养钱五日一椎牛，自飨宾客、军吏、舍人，是以匈奴远避，不近云中之塞。虏曾一入，尚率车骑击之，所杀甚众。夫士卒尽家人子，起田中从军，安知尺籍、伍符！终日力战，斩首捕虏，上功幕府，一言不相应，文吏以法绳之，其赏不行；而吏奉法必用。臣愚以为陛下赏太轻，罚太重。且云中守魏尚坐上功首虏差六级，陛下下之吏，削其爵，罚作之。由此言之，陛下虽得廉颇、李牧，弗能用也！"上说。是日，令唐持节赦魏尚，复以为云中守，而拜唐为车骑都尉。

**【译文】**汉文帝十分愤怒，站起身来进入宫禁中，过了很久，召见冯唐并责怪他说："你怎么能当众羞辱我呢？为什么不在没人的地方私下告诉我呢？"冯唐谢罪说："臣是鄙陋的人不知道避讳。"汉文帝此时正在留心匈奴的侵略，于是继续问冯唐说：

"你怎么就知道我不能任用李牧、廉颇呢?"冯唐答曰:"臣听说上古时候的国君,在派遣大将时,跪着推动车轮,说:'朝廷内的事我做主,朝廷外的事由将军决定。'一切军功封官加赏等都由将军在朝廷外决定,然后回到朝廷再向皇上禀报,这并不是没有根据的话。微臣的祖父说李牧做赵国大将时,驻守在边疆,军中市场的租税全部用来奖赏士卒,一切犒赏恩赐都在朝廷外决定,从来不受朝廷控制。朝廷赋予他全权只要求他能够胜利成功,所以李牧才能够竭力发挥他的才能;他挑选战车一千三百辆,精锐骑士一万三千人,十万名优良步兵人,向北追赶单于,打败东胡,消灭澹林,向西抵制强秦的侵略,并且增援南方的魏、韩二国。在那时候,赵国几乎称霸天下。而后赵迁继立为王,采纳了郭开的谗言,杀了李牧,让颜聚代替,因此败北的士兵被秦擒捉消灭。如今臣自己听说魏尚身为云中郡守,军中市场的租金全用来犒劳士卒,用租税作为正饷以外的营养费,五天杀一只牛,拿出私有钱财,自费犒劳军吏、舍人和宾客,因此匈奴不敢接近云中边境,远远地躲避。匈奴入侵过一次,魏尚亲自带领骑兵战车进行攻打,斩杀了非常多的匈奴。一般士兵都是平民百姓的子弟,出身农家而参军,怎能了解伍符、尺籍的事呢?他们整天只知道捕捉敌人,奋力作战,向幕府呈报战功,所报的与实际稍有不符的情况,文吏就用法令来制裁他们,该奖赏的不予奖赏的;而那些官吏所奉行的法令却必须执行。臣觉得陛下处罚太重而奖赏又太过轻微。况且云中郡守魏尚上报的与记录中斩杀敌首的数目只差了六个,陛下就将他交给官吏治罪,剥夺爵位,判他一年苦役。由此看来,即使陛下得到李牧、廉颇,也不会重用他们!"汉文帝听了后极为高兴。当天,就让冯唐拿着符节去赦免魏尚,再次任命冯唐为车骑都尉，又把魏尚任用为云中郡守。

春，诏广增诸祀坛场、珪币，且曰："吾闻祠官祝釐，皆归福于朕躬，不为百姓，朕甚愧之。夫以朕之不德，而专飨独美其福，百姓不与焉，是重吾不德也。其令祠官致敬，无有所祈！"

是岁，河间文王辟彊薨。

初，丞相张苍以为汉得水德，鲁人公孙臣以为汉当土德，其应，黄龙见；苍以为非是，罢之。

【译文】春季，汉文帝下诏令，扩大各祭祀场所同时增加礼器，另外还说："我听说祝官在祭祀的祝福祷告中，都把福祉归到朕一个人身上，而不为百姓祈福，朕感到非常惭愧。以朕的不德，一个人自己享受祝官的祝愿，但是老百姓却享受不到，他们的这种行为更加加重了我的不德啊！所以命令祭祀的官人从今以后祭祀圣灵时，就不要再为朕祈福了！"

同年，河间文王刘辟去世。

起初，苍丞相认为汉朝应该得到五行的水德，鲁人公孙臣认为汉朝应该得到土德，这一观点应验时，黄龙会出现；张苍认为鲁人公孙臣说得不对，不予理会。

十五年（丙子，公元前一六五年）春，黄龙见成纪。帝召公孙臣，拜为博士，与诸生申明土德，草改历、服色事。张苍由此自绌。

夏，四月，上始幸雍，郊见五帝，赦天下。

九月，诏诸侯王、公卿、郡守举贤良、能直言极谏者，上亲策之。太子家令晁错对策高第，擢为中大夫。错又上言宜削诸侯及法令可更定者书凡三十篇。上虽不尽听，然奇其材。

是岁，齐文王则、河间哀王福皆薨，无子，国除。

赵人新垣平以望气见上，言长安东北有神气，成五采，于是作渭阳五帝庙。

【译文】十五年（丙子，公元前165年）春季，成纪出现了黄龙。汉文帝召见公孙臣，让他做博士官，与在学儒生再次论证汉朝是主"土德"，草拟变更服饰颜色、历法等诸多事宜。张苍却因此逐渐失势。

夏季，四月里，汉文帝开始去雍城微服私访，祭祀五帝，赦免天下。

九月，颁下诏书命令给诸侯王、公卿、郡守，让他们举荐贤良、言论正直的人，由汉文帝亲自设题策问。最后太子家令晁错在策问中获得最高名次，被提拔为了中大夫。晁错又劝谏要削夺诸侯权力以及变更的法令，一共有三十个篇目。尽管汉文帝并没有完全采纳他的意见，但却很欣赏他的才华。

还是这一年，齐文王刘则、河间哀王福先后去世，且都没有后代，然后就撤销了他们的封国。

赵国人新垣平善于望气，就要求觐见陛下，告诉汉文帝长安东北方向有神庇佑，并成五彩的气息。于是汉文帝就在渭阳建设了五帝庙。

【乾隆御批】明于天地之性者不可惑以神怪。贾谊初请改正易服，且谦让未遑，何以于黄龙之见即议雍祀，彼新垣平等之怪诞，非有以乘其间乎? 文帝三代下令主，于此不无遗憾。

【译文】明白天地本性的人不应该为神怪所迷惑。当初贾谊请求改革历法和更易服饰时，文帝尚且还谦虚地推说顾不上。为何出现黄龙后就立即下令商议去雍地郊祀，难道不是因为受到新垣平等人的荒诞之影响吗? 文帝是三代之下的贤明君主, 在这一点也令人感到遗憾。

**十六年**(丁丑, 公元前一六四年)夏, 四月, 上郊祀上帝于渭阳五帝庙。于是贵新垣平至上大夫, 赐累千金; 而使博士、诸生刺《六经》中作《王制》, 谋议巡狩、封禅事。又于长门道北立五帝坛。

徙淮南王喜复为城阳王。又分齐为六国; 丙寅, 立齐悼惠王子在者六人: 杨虚侯将闾为齐王, 安都侯志为济北王, 武成侯贤为菑川王, 白石侯雄渠为胶东王, 平昌侯卬为胶西王, 扐侯辟光为济南王。淮南厉王子在者三人: 阜陵侯安为淮南王, 安阳侯勃为衡山王, 阳周侯赐为庐江王。

秋, 九月, 新垣平使人持玉杯上书阙下献之。平言上曰: "阙下有宝玉气来者。" 已, 视之, 果有献玉杯者, 刻曰 "人主延寿"。平又言: "臣侯日再中。" 居顷之, 日却, 复中。于是始更以十七年为元年, 令天下大酺。平言曰: "周鼎亡在泗水中。今河决, 通于泗, 臣望东北汾阴直有金宝气, 意周鼎其出乎! 兆见, 不迎则不至。" 于是上使使治庙汾阴南, 临河, 欲祠出周鼎。

【译文】十六年(丁丑, 公元前164年)夏季, 四月, 汉文帝在渭阳新建的五帝庙里进行对五帝的祭祀活动。于是宠信新垣平, 并让他升职到上大夫一职, 所赏赐的金银财宝共达到千金; 而且还令博士、诸儒生杂采《六经》中记载编写《王制》, 计划讨论巡守, 商讨着要去封禅、打猎的事宜。又决定在长门道的北边立下五帝坛。

淮南王刘喜被再次封为城阳王。又把齐国分为六个小国; 十七日, 封齐悼惠王刘肥在世的六个儿子为王: 杨虚侯刘将闾为齐王，安都侯刘志为济北王，武成侯刘贤为蓄川王，白石侯刘雄渠为胶东王，平昌侯刘卬为胶西王，扐侯刘辟光为济南王。也封淮南厉王刘长在世的三个儿子为王：阜陵侯刘安为淮南王，安阳侯刘勃为衡山王，阳周侯刘赐为庐江王。

秋季，九月，新垣平派遣手下的人拿玉杯到皇宫贡献。新垣平给陛下说："皇宫内有珠宝的气息呈现出来。"没过多久，汉文帝就派人查看，果然有贡献玉杯之人，且玉杯上篆刻着"人主延寿"四个字。新垣平对汉文帝说："微臣占卜出太阳会再次居于天空中间。"不一会儿，太阳在西方落山，果然又居于中间。于是汉文帝便把前十七年改为元年，并令天下饮酒同庆。新垣平这时告知汉文帝说："周朝的时候泗水之中有一大鼎沉入。现如今黄河决堤发生水灾，河水已流进泗水，微臣观察到东北方向的汾阴一直有金宝之气，便料想一定是周朝的大鼎要在汾阴出现！祥瑞之兆现如今已出现，不喜迎接的话便不会来了。"于是汉文帝便派遣人员到汾阴造建庙宇，南方临近黄河，想借祭祀的时候，让周朝的鼎在这里出现。

**后元年**( 戊寅，公元前一六三年)冬，十月，人有上书告新垣平"所言皆诈也"；下吏治，诛夷平。是后，上亦怠于改正、服、鬼神之事，而渭阳、长门五帝，使祠官领，以时致礼，不往焉。

春，三月，孝惠皇后张氏薨。

诏曰："间者数年不登，又有水旱、疾疫之灾，朕甚忧之。愚而不明，未达其咎：意者朕之政有所失而行有过与？乃天道有不顺，地利或不得，人事多失和，鬼神废不享与？何以致此？将百官之奉养或废，无用之事或多与？何其民食之寡乏也？夫度田非益寡，而计民未加益，以口量地，其于古犹有馀，而食之甚不足者，其咎安在？无乃百姓之从事于末以害农者蕃，为酒醪以靡谷者多，六畜之食焉者众与？细大之义，吾未得其中，其与丞相、列侯、吏二千石、博士议之。有可以佐百姓者，率意远思，无有所隐！”

**【译文】**后元年(戊寅，公元前 163 年)冬季，十月，就有人劝谏汉文帝新垣平所说的话全是骗人的；汉文帝便把新垣平交给官吏治罪，并诛灭了新垣平三族。从此以后，汉文帝便再也不积极于江湖传言的风水、改造习惯、信奉鬼神的事宜了，而是把长门、渭阳的五帝祭祀，让祭祀的官员去全权办理，并按时祭祀以表敬意，自己也不再前往了。

春季，三月，孝惠皇后张嫣逝世。

汉文帝便诏令天下说："近年来五谷收成不佳，又有水灾、旱灾、疾病、瘟疫等，朕十分担心。朕既愚笨又不贤明，不清楚祸患的根源：心里想着是朕治理国家方面有所欠缺，还是行为方面有过失呢？还是天道不顺，地利不得，人事失和，使得鬼神不能享受祭祀呢？为什么会这样子呢？难道是文武百官的俸禄太少，没有用的事宜太多了吗？为何老百姓的食粮会短缺呢？度量田地亩数的数据并未减少，老百姓的人数没有增多，把人口和土地一块儿计算，与之前相比起来，仍然会有余裕；但是粮食却十分不足，这些问题究竟出在哪里呢？莫非是从事商业方面而妨碍到从事农务的百姓太多，酿酒而用的粮食太多，养家禽的米谷食物过多？这些多多少少的道理，我尚未能全懂。朕愿意和丞相、列侯、两千石以上官吏、博士一起商讨，便利百姓的任何政策，都可以深入讨论，尽情提建议，不必有所隐讳！"

**【乾隆御批】**玉杯尚可假刻，日却何以复中？新垣平之荒诞与文成"五利"无异。文帝早觉而诛之，庶几不惮改过耳。

【译文】玉杯还可以假刻文字，而太阳怎么会一日两次出现在天空呢？新垣平的荒谬与文成将军齐少翁所谓"五利"没有两样。文帝发觉他的欺诈后就把他杀掉，差不多可以说是不怕改正错误了。

【申涵煜评】以文帝之明，而垣平得行其诈。郊渭立庙，改元祀鼎，已开武帝方士神仙之好，但悔之迟速不同耳。此治乱所以异欤？

【译文】凭着汉文帝的明智，而新垣平尚且得以实行他的伪诈。在渭水边立庙祭祀五帝，更改年号，祭祀大鼎，这些已经为汉武帝喜好神仙方术之道起了个头，只是后悔的快慢不同而已。这就是社会之所以安定和动乱的原因吗？

二年（己卯，公元前一六二年）夏，上行幸雍棫阳宫。

六月，代孝王参薨。

匈奴连岁入边，杀略人民、畜产甚多；云中、辽东最甚，郡万馀人。上患之，乃使使遗匈奴书。单于亦使当户报谢，复与匈奴和亲。

八月，戊戌，丞相张苍免。帝以皇后弟窦广国贤，有行，欲相之，曰："恐天下以吾私广国，久念不可。"而高帝时大臣，馀见无可者。御史大夫梁国申屠嘉，故以材官蹶张从高帝，封关内侯；庚午，以嘉为丞相，封故安侯。嘉为人廉直，门不受私谒。是时，太中大夫邓通方爱幸，赏赐累巨万；帝尝燕饮通家，其宠幸无比。嘉尝入朝，而通居上旁，有怠慢之礼，嘉奏事毕，因言曰："陛下幸爱群臣，则富贵之；至于朝廷之礼，不可以不肃。"上曰："君勿言，吾私之。"罢朝，坐府中，嘉为檄召通诣丞相府，不来，且斩通。通恐，入言上；上曰："汝第往，吾今使人召若。"通诣丞相，免冠、徒跣，顿首谢嘉。嘉坐自如，弗为礼，责曰："夫朝廷者，高帝之朝廷也。通小臣，戏殿上，大不敬，当斩。吏！今行斩之！"通顿首，首尽出血，不解。上度丞相已困通，使使持节召通而谢丞相："此吾弄臣，君释之！"邓通既至，为上泣曰："丞相几杀臣！"

【译文】二年(己卯，公元前162年)夏季，汉文帝到雍地巡游棫阳宫。

六月，代孝王刘参逝世。

匈奴一直侵扰边境，大肆屠杀百姓、掠夺牲畜财产；云中、辽东受害最严重，每郡都有超过一万人被杀害。汉文帝很是担心，便派遣使者给匈奴送书信。单于也派遣当户(匈奴官名)回报谢罪，又同匈奴联姻和好。

八月初四，张苍丞相之位被罢免。汉文帝认为皇后的弟弟窦广国贤能、有德行，便想要拜他为丞相，说："朕担心被天下人认为以公谋私，想了许久还是认为不合适。"然而高帝在位时刘邦的大臣，健在的人选都没有合适的。御史大夫梁国申屠嘉以前以材官的身份追随高帝，被封为关内侯；八月初四，任命申屠嘉为丞相，被封为故安侯。申屠嘉人品正直廉洁，家中从不接纳为私情来拜访的人。那时，太中大夫邓通深受汉文帝宠幸，赏赐共计巨万；汉文帝曾到邓通家宴饮过，可见对邓通是无比宠幸。有一次申屠嘉上朝，然而邓通却站在汉文帝身边，对待申屠嘉的礼节上有些不周。散朝之后，申屠嘉就乘机对汉文帝说："陛下若宠爱群臣的话，就可以让他大富大贵；然而朝堂上的礼数，是不可以不加以整肃的。"汉文帝说："你不必再说了，我会私下告诫他的。"早朝完毕申屠嘉回家后，坐在相府中，写了一份文召见邓通到丞相府中来，如果不来的话，就要杀掉他。邓通十分担忧，便入宫告知汉文帝；汉文帝说："你不用怕尽管去，我会派人召你回来。"于是邓通就到丞相府中，把帽子脱掉，光着脚丫，向申屠嘉叩头谢罪。申屠嘉坐着，不回礼，还责怪邓通说："朝廷，是高帝的朝廷。你邓通不过是个小臣，居然在大殿之上嬉戏无礼，是非常不恭敬的，应当斩杀。来人啊！现在就把他斩了！"邓通叩着头，一直叩到额头出血，申屠嘉还是不允许。汉文帝料想丞相已困住邓通，让他吃了很多苦头，就派人拿着符节去召邓通回来，而向丞相谢罪说："他是我的弄臣，你就放了他吧！"邓通回到宫廷，在汉文帝面前哭泣说："丞相差点把我杀了！"

三年（庚辰，公元前一六一年）春，二月，上行幸代。

是岁，匈奴老上单于死，子军臣单于立。

四年（辛巳，公元前一六〇年）夏，四月，丙寅晦，日有食之。

五月，赦天下。

上行幸雍。

五年（壬午，公元前一五九年）春，正月，上行幸陇西；三月，行幸雍；秋，七月，行幸代。

【译文】三年（庚辰，公元前161年）春季，二月，汉文帝到代巡游。

同年，匈奴老上单于逝世，儿子军臣单于继位。

四年（辛巳，公元前160年）夏季，四月，丙寅日，发生日食。

五月，大赦天下。

汉文帝巡游到雍县。

五年（壬午，公元前159年）春季，正月，汉文帝巡行至陇西郡；三月份，至雍县巡游。秋季，七月份，巡游到代国。

六年（癸未，公元前一五八年）冬，匈奴三万骑入上郡，三万骑入云中，所杀略甚众，烽火通于甘泉、长安。以中大夫令免为车骑将军，屯飞狐；故楚相苏意为将军，屯句注；将军张武屯北地；河内太守周亚夫为将军，次细柳；宗正刘礼为将军，次霸上；祝兹侯徐厉为将军，次棘门；以备胡。上自劳军，至霸上及棘门军，直驰入，将以下骑送迎。已而之细柳军，军士吏被甲，锐兵刃，彀弓弩持满，天子先驱至，不得入。先驱曰："天子且至！"军门都尉曰："将军令曰：'军中闻将军令，不闻天子之诏！'"居无何，上至，又不得入。于是上乃使使持节诏将军："吾欲入营劳军。"亚夫乃传言"开壁门"。壁门士请车骑曰："将军约：军中不得驱驰。"于是天子乃按辔徐行。至营，将军亚夫持兵揖曰："介胄之士不拜，请以军礼见。"天子为动，改容，式车，使人称谢："皇帝敬劳将军。"成礼而去。既出军门，群臣皆惊。上曰："嗟乎，此真将军矣！曩者霸上、棘门军若儿戏耳，其将固可袭而虏也。至于亚夫，可得而犯耶！"称善者久之。月馀，汉后至边，匈奴亦远塞，汉兵亦罢。乃拜周亚夫为中尉。

夏，四月，大旱，蝗。令诸侯无入贡；弛山泽，减诸服御，损郎吏员；发仓庾以振民；民得卖爵。

【译文】六年（癸未，公元前158年）冬季，三万匈奴骑兵入侵上郡，另外骑兵三万入侵云中，屠杀掠夺了很多人命财物，烽火直漫延到长安、甘泉。汉文帝将中大夫令免封为车骑将军，屯驻在飞狐；过去曾经担任楚相的苏意将军，让他屯驻在句注；张武将军屯驻在北地；由河内太守周亚夫担任将军，驻守细柳；

宗正刘礼为将军，驻守霸上；祝兹侯徐厉担任将军，驻守棘门；以防备匈奴入侵。汉文帝亲自犒劳军士，在霸上和棘门的军营，直接驰入军营，将军以下的全部车骑都恭敬地迎送汉文帝。没多久，又到达细柳军营，将士们身穿甲衣，武器锋利，箭上弦，弓满张，汉文帝的先驱队伍到达后，不能进去。先驱的队伍说："天子驾到！"军门都尉说："将军有令：'军中不听天子的诏令，只听将军的军令。'"不久，汉文帝即使到了也还是不允许进去。于是汉文帝就让人拿着符节给将军下诏令说："我要进入军营慰劳军士。"周亚夫下令打开营门后向汉文帝车骑说明："将军有规定：军营中不能驰骋飞马。"于是汉文帝就用手慢慢按着马辔缓缓走进。到了营房后，周亚夫将军手拿武器拱手为礼："穿戴铠甲不方便跪拜，请允许用军礼参见陛下。"汉文帝容颜严肃，内心受到感动，手扶着车上的横木，俯身为礼，派人对周亚夫说："陛下郑重地慰劳将军。"仪式结束以后才离开。出了军门之后，群臣都很惊讶。文帝说："看！这才是真正的将军！之前在棘门、霸上的军营就像儿戏一样，那些将军都很可能被敌军偷袭而俘虏的。而周亚夫，怎么可能被侵犯呢！"称赞了周亚夫许久。一个余月后，汉兵到了边境，匈奴的军队也离开了边境。于是汉文帝又任命周亚夫为中尉。

夏，四月，大旱，有蝗虫灾害。汉文帝下令诸侯不必入朝进贡。解除田猎山泽禁令，减少车驾服饰的费用，裁减官员郎吏的人数；打开公仓放粮以救济百姓；允许百姓可以出卖爵位。

**七年**(甲申，公元前一五七年)夏，六月，己亥，帝崩于未央宫。遗诏曰："朕闻之：盖天下万物之萌生，靡有不死。死者，天地之理，物之自然，奚可甚哀！当今之世，咸嘉生而恶死，厚葬以破业，重服以伤生，吾甚不取。且朕既不德，无在佐百姓；今崩，又使重服久临以罹寒暑之数，哀人父子，伤长老之志，损其饮食，绝鬼神之祭祀，以重吾不德，谓天下何！朕获保宗庙，以眇眇之身托于天下君王之上，二十有馀年矣。赖天之灵，社稷之福，方内安宁，靡有兵革。朕既不敏，常畏过行以羞先帝之遗德，惟年之久长，惧于不终。今乃幸以天年得复供养于高庙，其奚哀念之有！其令天下吏民：令到，出临三日，皆释服；毋禁取妇、嫁女、祠祀、饮酒、食肉；自当给丧事服临者，皆无践；经带毋过三寸；毋布车及兵器；毋发民哭临宫殿中；殿中当临者，皆以旦夕各十五举音，礼毕罢；非旦夕临时，禁毋得擅哭临；已下棺，服大功十五日，小功十四日，纤七日，释服。它不在令中者，皆以此令比类从事。布告天下，使明知朕意。霸陵山川因其故，毋有所改。归夫人以下至少使。"乙巳，葬霸陵。

**【译文】**七年( 甲申，公元前 157 年)夏，六月初一，汉文帝在未央宫崩逝。遗诏说："朕得知: 天下万物没有不死的; 死，是天地的常理，是万物的自然本性，所以不要过分地悲伤! 当今世界，大家都赞美生而不喜欢死，因此埋葬以至于家业破败，穿重丧的孝服以至于损害身体，所以朕非常不赞同。况且朕不德，没能对百姓有帮助; 现如今去世，还要让臣下百姓长期哭丧身着重服，忍受暑热寒天的痛苦，使得父子长辈哀痛，百姓哀伤，饮食减少，使鬼神祭祀废止，使朕的失德更加严重，朕怎么能对不起所有人呢! 朕非常荣幸能有机会保护宗庙，以低微的身份而即圣上之位，到现在已经有二十余年了。靠上天的神灵，社稷的福佑，四方安定，很少有战事发生。朕虽然不聪敏，经常担心自己的错误行为羞辱先帝的美德。年纪越长越发担心因为失德而不能善终。如今能幸而享尽天年，有什么好悼念悲伤的呢？因此朕颁令天下的百姓官吏：遗诏到达后，哭丧三天后都除掉丧服；不得禁止百姓吃肉、饮酒、祭祀、娶妇嫁女等，应该办理葬礼而穿孝服的，不用光着脚；头系的麻巾，脚扎的麻绳，经带长度不可超过三寸；不要把丧服铺布悬挂在兵车和武器上；不要让百姓来宫中哀哭；需要到宫中哭祭的，在晚上、早晨前来，各哭十五声行礼结束就可以离开；不是在早晚哭祭时刻的，禁止擅自前来吊丧哭泣；下葬后，服大功服十五日，小功服十四日，纤服七日，一共三十六日就能换下丧服。剩下的不在这诏令范围内的，全部按照此诏令做。让百姓天下官吏知道朕的心意。霸陵的河川山陵都保持原状，不要有所变动。把宫中夫人以下直到少吏的都放回家。"初七日，葬于霸陵。

【申涵煜评】文帝遗诏，盖自谦薄德，为吏民哭临者加恩耳，非指太子也。景帝竟以日易月，遂为千古罪人。后世不责景而反咎文，其亦不善读史者哉。

【译文】汉文帝的遗诏说要实行短丧，是自谦德行不够的意思，为给他哭灵的官吏和百姓施加恩惠罢了。汉景帝竟然用一天来代替一月，便成了千古罪人。后代的人不责备汉景帝，反而归咎于汉文帝，这也是不善于读历史的人啊。

帝即位二十三年，宫室、苑囿、车骑、服御，无所增益；有不便，辄驰以利民。尝欲作露台，召匠计之，直百金。上曰："百金，中人十家之产也。吾奉先帝宫室，常恐羞之，何以台为！"身衣弋绨；所幸慎夫人，衣不曳地；帷帐无文绣；以示敦朴，为天下先。治霸陵，皆瓦器，不得以金、银、铜、锡为饰，因其山，不起坟。吴王诈病不朝，赐以几杖。群臣袁盎等谏说虽切，常假借纳用焉。张武等受赂金钱，觉，更加赏赐以愧其心；专务以德化民。是以海内安宁，家给人足，后世鲜能及之。

丁未，太子即皇帝位，尊皇太后薄氏曰太皇太后，皇后曰皇太后。

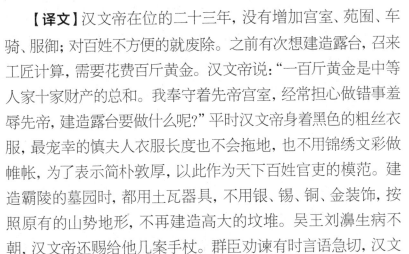

【译文】汉文帝在位的二十三年，没有增加宫室、苑囿、车骑、服御；对百姓不方便的就废除。之前有次想建造露台，召来工匠计算，需要花费百斤黄金。汉文帝说："一百斤黄金是中等人家十家财产的总和。我奉守着先帝宫室，经常担心做错事羞辱先帝，建造露台要做什么呢？"平时汉文帝身着黑色的粗丝衣服，最宠幸的慎夫人衣服长度也不会拖地，也不用锦绣文彩做帷帐，为了表示简朴敦厚，以此作为天下百姓官吏的模范。建造霸陵的墓园时，都用土瓦器具，不用银、锡、铜、金装饰，按照原有的山势地形，不再建造高大的坟堆。吴王刘濞生病不朝，汉文帝还赐给他几案手杖。群臣劝谏有时言语急切，汉文帝也经常采纳。张武等人接受金钱贿赂之事被揭发以后，汉文帝再加赏赐，让他们感到羞愧；专心用德政感化百姓，所以四海安定，因此百姓家家富足，后世君王中极少有超过他的成就的。

初九，太子刘启即位。把皇太后尊称为太皇太后，皇后为皇太后。

【乾隆御批】文帝仁俭之德，当观其大者远者。自史臣博采、傅会转恐失真，无论"持百金以营合，分十金以号中人之产"为理所必无，即"慎夫人衣不曳地"，而邓通则给铜山铸钱，事率有刺谬若此者？甚至以赐吴王几杖为止叛，赐张武金为止贪，不几执宋襄、徐偃王愚懦之见窥寻令辟哉？向因读史屡及之，盖以辞害意，古今通病，不可不知。

【译文】对于汉文帝的节俭美德，应当着眼于他大而远的方面。由于史臣们博采、附会，恐怕传播时也会有所失实。不用说"修建露台要花费一百斤黄金，而一年收入十金就为中等民户"是讲不过去的，就是"慎夫人穿的衣服不拖到地面"，而又赐给邓通铜山让他铸造钱币，难道有如此荒谬的事情吗？甚至于为了制止吴王刘濞叛乱而赐给他几案、手杖。为了制止张武等人接收金钱贿赂赏赐他们钱财，这不等于是为宋襄公、徐偃王愚昧懦弱的见解来寻找一个好的借口吗？过去读史时多次遇到这类情况，大概这是以辞害意的原因，这是古今的通病，不能不知道。

九月，有星孛于西方。

是岁，长沙王吴著薨，无子，国除。

初，高祖贤文王芮，制诏御史："长沙王忠，其〔令〕〔定〕著令。"至孝惠、高后时，封芮庶子二人为列侯，传国数世绝。

【译文】九月，西方有异星出现。

同年，长沙王吴著去世，由于无子，封国被废除。

开始时，高祖刘邦认为长沙王吴芮是个贤者，因此十分器重他，下诏令给御史："长沙王忠诚，应该制定律令让他确保王位。"到孝惠帝、高后的时候，吴芮庶子两人被封为列侯，传国若干代才被废除。

## 孝景皇帝上

元年（乙酉，公元前一五六年）冬，十月，丞相嘉等奏："功莫大于高皇帝，德莫盛于孝文皇帝。高皇帝庙，宜为帝者太祖之庙；孝文皇帝庙，宜为帝者太宗之庙。天子宜世世献祖宗之庙，郡国诸侯宜各为孝文皇帝立太宗之庙。”制曰："可。"

夏，四月，乙卯，赦天下。

遣御史大夫青至代下与匈奴和亲。

五月，复收民田半租，三十而税一。

初，文帝除肉刑，外有轻刑之名，内实杀人；斩右止者又当死；斩左止者笞五百，当劓者笞三百，率多死。是岁，下诏曰："加笞、重罪无异；幸而不死，不可为人。其定律：笞五百曰三百，笞三百曰二百。"

以太中大夫周仁为郎中令，张欧为廷尉，楚元王子平陆侯礼为宗正，中大夫晁错为左内史。仁始为太子舍人，以廉谨得幸。张欧亦事帝于太子宫，虽治刑名家，为人长者，帝由是重之，用为九卿。欧为吏未尝言按人，专以诚长者处官；官属以为长者，亦不敢大欺。

【译文】元年（乙酉，公元前156年）冬，十月，丞相申屠嘉等人启奏汉景帝说："功业没有比高皇帝更大的，道德没有比孝文皇帝更美的。高皇帝的庙，应该为汉朝皇帝的太祖庙。孝文皇帝的庙，应该为汉朝皇帝的太宗庙。"汉景帝回复说："准。"

夏，四月，二十二日，大赦天下。

派御史大夫陶青至代国，与匈奴商议和亲交好。

五月，恢复征收百姓一半的田租，在三十分中收一分税。

当初，汉文帝废除肉刑，虽然表面上是减轻了刑法，其实是在杀人：原本要斩断右脚之人被处死了；原本要斩断左脚的人改为五百鞭笞，原本应处劓刑的人改为三百鞭笞，大部分都被鞭死。同年，汉景帝下诏令说："鞭笞和死刑没有太大的区别；即使侥幸不死，也会变成残伤。现如今重新制定律法；将鞭笞五百的减成三百，鞭笞三百的减为二百。”

太中大夫周仁被任命为郎中令，张欧担任廷尉，楚元王儿子平陆侯刘礼担任宗正，中大夫晁错担任左内史。原本周仁是太子舍人，由于谨慎廉洁得到汉文帝的宠爱。张欧在汉景帝还是太子的时候就已经侍奉过他，他精通刑名的学术，有长者风度；所以汉文帝很器重他，任命他为九卿。张欧在做廷尉时，向来轻易处罚别人，专以诚恳忠厚的作风尽职，他的官府僚属都觉得他是个长者，不敢太欺瞒他。

**二年**（丙戌，公元前一五五年）冬，十二月，有星孛于西南。

令天下男子年二十始傅。

春，三月，甲寅，立皇子德为河间王，阏为临江王，馀为淮阳王，非为汝南王，彭祖为广川王，发为长沙王。

夏，四月，壬午，太皇太后薄氏崩。

六月，丞相申屠嘉薨。时内史晁错数请间言事，辄听，宠幸倾九卿，法令多所更定。丞相嘉自绌所言不用，疾错。错为内史，东出不便，更穿一门南出。南出者，太上皇庙堧垣也。嘉闻错穿宗庙垣，为奏，请诛错。客有语错，错恐，夜入宫上谒，自归上。至朝，嘉请诛内史错。上曰：“错所穿非真庙垣，乃外堧垣，故冗官居其中；且又我使为之，错无罪。”丞相嘉谢。罢朝，嘉谓长史曰：“吾悔不先斩错乃请之，为错所卖。”至舍，因欧血而死。错以此愈贵。

**【译文】**二年（丙戌，公元前155年）冬，十二月，在西南出现异星。

下令天下男子年二十岁就要去服徭役。

春，三月二十七日，立皇帝的儿子刘德为河间王，临江王由刘阏担任，淮阳王由刘徐担任，刘非是汝南王，刘彭祖担任广川王，刘发担任长沙王。

夏，四月，二十五日，太皇太后薄氏去世。

六月，丞相申屠嘉去世。当时内史晁错多次请求汉景帝单独召见谈论政事，汉景帝经常采纳他的建议，宠幸压倒九卿，更改了很多法令。申屠嘉相形见绌，他的建议汉景帝都未采纳，为此他非常痛恨晁错。那时晁错担任内史，因为东面出门不便，便从南面开了一个门出入。南面出入的门刚好开在太上皇庙宇旁空地的外墙上。申屠嘉得知晁错把宗庙的外墙打穿做门，就上书启奏汉景帝杀了晁错。一个宾客把这个消息告诉了晁错，晁错很是害怕，便连夜进宫拜见汉文帝，并主动向汉文帝自首。第二天早朝的时候，申屠嘉请求杀掉内史晁错。汉景帝说："晁错打穿的只是空地的外墙，而不是庙墙，一些冗散官吏住在那里；而且是我让他这样做的，晁错没有罪。"丞相申屠嘉只能谢罪。早朝结束后，申屠嘉对长史说："我后悔没有先把晁错杀掉，再请求皇上治他的罪，现如今偏偏被晁错这样出卖了。"申屠嘉回到住处后，就吐血而亡。而晁错却因此更加显贵了。

【乾隆御批】临江王与晁错同罪，一为之曲庇，一征之对簿，何以服人心哉！

【译文】临江王和晁错同罪，一个却为他曲理庇护，一个却被证召对簿朝廷，这样怎么能服人心呢！

秋，与匈奴和亲。

八月，丁未，以御史大夫开封侯陶青为丞相。丁巳，以内史晁错为御史大夫。

彗星出东北。

秋，衡山雨雹，大者五寸，深者二尺。

荧惑逆行守北辰，月出北辰间；岁星逆行天廷中。

梁孝王以窦太后少子故，有宠，王四十馀城，居天下膏腴地。赏赐不可胜道，府库金钱且百巨万，珠玉宝器多于京师。筑东苑，方三百馀里，广睢阳城七十里，大治宫室，为复道，自宫连属于平台三十馀里。招延四方豪俊之士，如吴人枚乘、严忌，齐人羊胜、公孙诡、邹阳，蜀人司马相如之属皆从之游。每入朝，上使使持节以乘舆驷马迎梁王于关下。既至，宠幸无比；入则侍上同辇，出则同车，射猎上林中；因上疏请留，且半岁。梁侍中、郎、谒者著籍引出入天子殿门，与汉宦官无异。

**【译文】**秋，与匈奴和亲。

八月，丁未，御史大夫开封侯陶青被任命为丞相。初二，内史晁错被任命为御史大夫。

在东北方向有彗星出现。

秋季，衡山下冰雹，冰雹大的有五寸，地面深的有二尺厚。

火星逆行，刚好围绕着北极星，月亮也出现在北极星旁边；木星也背离常规通道运行到天廷。

梁孝王因为是窦太后最小的儿子，深受宠爱，梁孝王有四十几座城池，在天下最富饶的地方定居。赏赐非常多，难以概述，王府库中有成千上万的金钱，珠玉宝器比国库中的还多。在东边建筑楼台别苑，方圆三百多里，把睢阳城扩宽到七十里，建造大型宫殿，设计空中通道，从皇宫一直建到平台，有三十多里长。召集四方的青年才俊，像吴国的枚乘，齐人羊胜、公孙诡、邹阳，蜀国的司马相如等人，都与梁孝王有交情。每次上朝，汉文帝都派出使者持着节令，备着四匹马拉着皇帝专用的马车在函谷关迎接他。到了之后，对他十分宠爱；在入宫的时候，与汉文帝共同乘坐一辆辇车，在出宫廷时也同汉文帝乘坐同一辆辇车，一起在上林苑中狩猎；于是他就向汉文帝要求留在长安，有近半年时间。梁国的侍中、侍郎、谒者等都在宫廷门外挂有名册，可以随意出入，与汉代宫廷的宦官没有什么区别。

# 资治通鉴卷第十六 汉纪八

起强圉大渊献，尽上章困敦，凡十四年。

【译文】起丁亥（公元前154年），止庚子（公元前141年），共十四年。

【题解】本卷记录了汉景帝刘启三年至十六年共十四年间的历史，主要记录了吴、楚七国变乱，周亚夫领军平定七国之乱；记录了王娡与馆陶长公主刘嫖勾结，谗害栗姬、栗太子刘荣，夺得后位与太子位；记录了梁孝王刘武，放纵骄奢，刺杀朝廷命官，谋夺储位，被黜抑后郁闷而死；记录了周亚夫被景帝免官含冤绝食而死；记录了李广在边郡临敌不慌；记录了汉景帝发展农业、节约开支的施政措施；记录了汉景帝之死，司马迁、班固对"文景之治"的评价。

## 孝景皇帝下

**前三年**（丁亥，公元前一五四年）冬，十月，梁王来朝。时上未置太子，与梁王宴饮，从容言曰："千秋万岁后传于王。"王辞谢，虽知非至言，然心内喜，太后亦然。詹事窦婴引卮酒进上曰："天下者，高祖之天下，父子相传，汉之约也，上何以得传梁王！"太后由此憎婴。婴因病免；太后除婴门籍，不得朝请。梁王以此益骄。

春,正月,乙巳,赦。

长星出西方。

洛阳东宫灾。

初,孝文时,吴太子入见,得侍皇太子饮、博。吴太子博争道,不恭;皇太子引博局提吴太子,杀之。遣其丧归葬,至吴,吴王愠曰:"天下同宗,死长安即葬长安,何必来葬为!"复遣丧之长安葬。吴王由此稍失藩臣之礼,称疾不朝。京师知其以子故,系治、验问吴使者;吴王恐,始有反谋。后使人为秋请,文帝复问之,使者对曰:"王实不病;汉系治使者数辈,吴王恐,以故遂称病。夫察见渊中鱼不祥,唯上弃前过,与之更始。"于是,文帝乃赦吴使者,归之,而赐吴王几杖,老,不朝。吴得释其罪,谋亦益解。然其居国,以铜、盐故,百姓无赋;卒践更,辄予平贾;岁时存问茂材,赏赐闾里;他郡国吏欲来捕亡人者,公共禁弗予。如此者四十馀年。

【译文】前三年(丁亥,公元前154年)冬季,十月,梁王进京朝拜汉景帝。那时汉景帝还未指定立太子,与梁王一同饮酒时,便从容不迫地说:"等将来我过世之后,决定把王位传给你。"梁王边推辞并道谢,尽管知道陛下说的不全是心里话,但是内心却还是十分高兴的,太后也一样高兴。此时詹事窦婴上前向汉景帝拿着酒杯进酒时说:"这天下乃是高祖打下来的天下,子承父业,是汉朝的制度,陛下怎么可以传位给梁王呢!"太后听到后从此便恨死了窦婴,窦婴也因此借口生病要主动辞官。太后便趁机把窦婴的名字从圣上宫门的门籍里除去了,让他没有办法上朝请愿。梁王因此变得更加狂妄骄傲起来了。

春季，正月，乙巳日，颁赦免令。

长星出现在西方。

洛阳东宫发生火灾。

起初，在孝文帝当政时，吴国太子入宫觐见皇上，还侍候皇太子并与之喝酒、下棋。吴国的太子因为棋路与皇太子发生了争执，态度不恭敬；皇太子便拿起棋盘投向吴国的太子，并把他杀掉了。尸体送回吴国埋葬，等到了吴国，吴王生气地说："天下是同一家的，死在长安便埋葬在长安了，何必要再送回到吴国埋葬！"又把尸体送回到长安埋葬了。吴王也由此稍稍地违背了藩臣的礼数，以借口生病不再早朝。汉文帝知道他是因为儿子被杀在生气，所以就查问、拘押了吴国派遣的使者，想知道吴王是否真在生病。吴王心里焦虑，就有了反叛的计划。后来他派遣使者代行秋季朝贡的聘礼，汉文帝又向使者责问吴王，使者告知陛下说："吴王确实没有生病；是因为皇上拘押了好几个吴国的使者，吴王心里害怕，所以才借口生病不上早朝了。那'眼光清楚可以察见到溪涧里的鱼是不吉祥的'，希望皇上不要计较过去，给他一个改过自新的机会。"于是汉文帝就全赦免了吴国使者，让他们都回去了，又赏赐给了吴王几案和手杖，一直到老都不用再上早朝了。吴王得以免了他的罪行，谋反的计谋也就破产了。然而因为吴王封国的所在地拥有盐、铜的生产，百姓就不必再缴纳赋税了；并且老百姓自愿去做边境的士兵的，国家还给予相当的补贴；每年都按时去看望有贤德的人士，对乡里的百姓也时有恩赏；其他周围郡国的官吏想要来吴国捕捉犯罪的人，吴国竟然公然藏匿包庇犯人，并不交出人犯。像这样的情况都有四十多年了。

资治通鉴

46

**【乾隆御批】**以传位重事为戏，方致梁王妄生觊觎，启宠召乱，即剪桐之误，亦不可比类矣。

**【译文】**汉景帝把传王位这样重要的事当儿戏，才会导致梁王产生非分之想，开始骄纵以致招来祸乱，就连周成王剪桐封地这样的错误也不能和它相比。

晁错数上书言吴过，可削；文帝宽，不忍罚，以此吴日益横。及帝即位，错说上曰："昔高帝初定天下，昆弟少，诸子弱，大封同姓，齐七十馀城，楚四十馀城，吴五十馀城；封三庶孽，分天下半。今吴王前有太子之郤，诈称病不朝，于古法当诛。文帝弗忍，因赐几杖，德至厚，当改过自新，反益骄溢，即山铸钱，煮海水为盐，诱天下亡人谋作乱。今削之亦反，不削亦反。削之，其反亟，祸小；不削，反迟，祸大。"上令公卿、列侯、宗室杂议，莫敢难；独窦婴争之，由此与错有郤。及楚王戊来朝，错因言："戊往年为薄太后服，私奸服舍，请诛之。"诏赦，削东海郡。及前年，赵王有罪，削其常山郡；胶西王卬以卖爵事有奸，削其六县。

**【译文】**晁错有好几次都上书谈及吴王的过错，可以趁机剥夺吴王的王位；但是汉文帝性情宽和，不忍心责罚于他，因此吴王也变得更加狂妄骄横了。等到了汉景帝即位时，晁错又游说汉景帝说："以前高帝刚打下天下时，兄弟不多，儿子尚小，所以赐封同姓者为侯为王，封给齐国有七十几座城池，楚国有四十几座城池，吴国有五十几座城池，还赐封了三个庶母所生的儿子，光这就分掉了天下的一半土地。现在吴王之前就有吴国太子被刺杀的嫌隙，骗说自己生病而不上早朝觐见陛下，按照古法来说是当杀的。但汉文帝宽和不忍心，赏赐给了他几案和手杖，对他的恩德很是深厚，按理他应当改过自新才对；但是他却反而更加狂妄骄奢，煮海水制造盐，利用铜山铸钱，引诱天下逃犯借此想要叛变。现在削夺他的王位会造反，不削夺他的王位也会造反。现在削夺他，很快就造反，灾难相对比较小；不削夺他，就比较慢些反叛，祸害将会更大些。"于是汉景帝就命令宗室、公卿、列侯一起共同商讨，都没有人敢责难晁错的措施；唯有窦婴持反对而力争，从此窦婴和晁错之间就有了嫌隙。后来楚王戊来朝廷觐见，晁错就说："楚王以前为薄皇太后服丧的时候，在服丧的居室和人淫乱，请皇上现在就杀了他。"汉景帝下诏赦免了他，削夺了楚国的东海郡。等到前年，赵王犯了罪行，便削夺他的常山郡的王。胶西王印因为出卖爵位事有欺诈，削夺他六个县城。

廷臣方议削吴。吴王恐削地无已，因发谋举事。念诸侯无足与计者，闻胶西王勇，好兵，诸侯皆畏惮之，于是使中大夫应高口说胶西王曰："今者，主上任用邪臣，听信谗贼，侵削诸侯，诛罚良重，日以益甚。语有之曰：'猰糠及米。'吴与胶西，知名诸侯也，一时见察，不得安肆矣。吴王身有内疾，不能朝请二十馀年，常患见疑，无以自白，胁肩累足，犹惧不见释。窃闻大王以爵事有过。所闻诸侯削地，罪不至此；此恐不止削地而已！"王曰："有之。子将奈何？"高曰："吴王自以与大王同忧，愿因时循理，弃躯以除患于天下，意亦可乎？"胶西王瞿然骇曰："寡人何敢如是！王上虽急，固有死耳，安得不事！"高曰："御史大夫晁错，营惑天子，侵夺诸侯，朝廷疾怨，诸侯皆有背叛之意，人事极矣。彗星出，蝗虫起，此万世一时；而愁劳，圣人所以起也。吴王内以晁错为诛，外从大王后车，方洋天下，所向者降，所指者下，莫敢不服。大王诚幸而许之一言，则吴王率楚王略函谷关，守荥阳、敖仓之粟，距汉兵，治次舍，须大王。大王幸而临之，则天下可并，两主分割，不亦可乎!"王曰:"善!"归，报吴王，吴王犹恐其不果，乃身自为使者，至胶西面约之。胶西群臣或闻王谋，谏曰:"诸侯地不能当汉十二，为叛逆以忧太后，非计也。今承一帝，尚云不易;假令事成，两主分争，患乃益生。"王不听，遂发使约齐、菑川、胶东、济南，皆许诺。

【译文】朝廷中的大臣正在商讨要不要削夺吴国的土地，而吴王也在担心土地被不断削夺，因此就计划发动谋反;想到没有能够和诸侯王一起计划，都说胶西王很是勇敢，且很喜欢打仗，其他诸侯都惧怕他，于是就派中大夫应高去口头游说胶西王说:"现在圣上任用邪恶的臣子，听信了阿谀奉承的贼臣的话，来削夺各诸侯王的土地，这对诸侯的处罚实在是十分严重，而且还一天比一天厉害。俗话说:'狗舔光了米糠，就会吃到米粒来。'吴国和胶西国都是出名的诸侯国，现在同时被监视，那么从今以后就不能安稳自由了。吴王身体内又有病，二十几年都不能上早朝觐见请安，因此也常担心被质疑，但是却无法陈述事情的真相，就战战兢兢，提心吊胆，也还担心罪不可恕。而且我们也都还听说过大王你因为买卖官爵的事犯了罪，也被削了土地。我们所听到的其他诸侯，罪行都没有大到要收回土地这么严重，所以我们就想朝廷肯定不单单是要削夺我们的土地而已!"胶西王说:"真有这样的事。你认为我们怎么办才好?"应高说:"所以，吴王自认为和大王有同样的忧患，他愿意和大王你一块儿应对时势，按照道理办事，牺牲自己为天下百姓除去隐患，不知大王意下如何呢?"胶西王很担忧地说:"寡人怎能这样做呢! 陛下虽然逼得着急了点，但本来就只有一死罢了，还怎么敢造反不侍候朝廷呢!"应高说:"御史大夫晁错迷惑皇上，想法剥夺诸侯王的土地，诸侯们都有了造反的心，人事已坏到如此地步。又出现彗星，也发生了蝗虫之灾，这些好时机都是万代难得一见的；百姓的忧愁苦难，正是圣人所以出现的缘由啊。吴王是想要对内以杀晁错为由，对外称追随在大王成名之后，便可纵横天下，所到的地方都会配合起义，可以攻下所攻击的地方，没有人敢不服从。如果大王诚心许诺下这一句话，那么吴王就会率领楚王共同攻下函谷关，守住荥阳、敖仓的粮食，用来抗拒汉兵，治理军队驻扎的房舍，以便等待大王的来临。如果大王真的能够到来，那么天下很快就可以统一了，两个君主共同来分割治理天下，不也是可以的吗！"胶西王说："好！"应高即刻回去向吴王告知，吴王还担忧胶西王不会来参与起义之事，就亲自作为使者，当面和胶西王许下约定。胶西的文武百官们有人听了胶西王的谋划，就劝他说："诸侯的土地还不到整个汉朝的十分之二，如果造反，会给太后带来忧愁，不算是什么好的计谋。现在侍奉一个皇帝还那么不容易；就算是事情成功了，两个国君也会因为分土地而斗争，灾患会更加严重的。"胶西王不听劝诫，就派遣出使者去邀约齐王、淄川王、胶东王、济南王等人，他们也都答应了。

初，楚元王好书，与鲁申公、穆生、白生俱受《诗》于浮丘伯；及王楚，以三人为中大夫。穆生不耆酒；元王每置酒，常为穆生设醴。及子夷王、孙王戊即位，常设，后乃忘设焉。穆生退，曰："可以逝矣！醴酒不设，王之意怠；不去，楚人将钳我于市。"遂称疾卧。申公、白生强起之，曰："独不念先王之德与？今王一旦失小礼，何足至此！"穆生曰："《易》称：'知几其神乎！几者，动之微，吉凶之先见者也。君子见几而作，不俟终日。'先王之所以礼吾三人者，为道存也。今而忽之，是忘道也。忘道之人，胡可与久处，岂为区区之礼哉！"遂谢病去。申公、白生独留。王戊稍淫暴，太傅韦孟作诗讽谏，不听，亦去，居于邹。戊因坐削地事，遂与吴通谋。申公、白生谏戊，戊胥靡之，衣之赭衣，使雅舂于市。休侯富使人谏王。王曰："季父不吾与，我起，先取季父矣！"休侯惧，乃与母太夫人奔京师。

**【译文】**起初，楚元王喜爱读书，与鲁申公、穆生、白生等都曾拜浮丘伯为师学习《诗经》，后来做了楚国的王，就任命了其他三人为中大夫。穆生不擅饮酒，元王每次摆设酒席，经常要为穆生另外备着点果酒。等到了他的儿子夷王、孙子戊即王位时，刚开始时还备着果酒，但是到后来就全忘了。穆生就在退朝后说："我可以走啦！大王已经不为我设美酒，说明王的热情已经懈怠；再不离开的话，楚国人总有一天会把我抓起来的，并且还会在集市上把我杀掉。"于是就借口生病卧床不起，不再与王见面。申公和白生就勉强拉他起身，说："难道你忘记先王对我们的恩德了吗？现在君王不过是失掉了一点小小的礼数而已，你何必要如此计较呢！"穆生说：《易经》上说：'知几差不多就可以算神了！几是指事情发生时十分微妙的迹象，是吉凶要发生时事先表现出来的征兆。所以，君子看到了事情现出的征兆时就要即刻动手去做，大可不必整天去等待。'先王之所以会对我们三人礼貌，是因为道德仁义尚在；然而现在君王大意了，表示他现在已经忘却了道德仁义。忘记道德和仁义的人怎么可以和他长时间相处，我难道就是为了这一点点礼数的欠缺而要离开的吗！"所以就借口生病来辞谢而离开。申公和白生留了下来。楚王戊一旦有残暴淫荡的行为发生，太傅韦孟就写诗劝诫他，但是王就是不听，太傅韦孟没有办法就离开，到邹去居住。楚王戊也因为土地被削夺之事，就计划和吴王一起造反。申公和白生劝诫楚王戊，戊就把他们用绳索绑了起来，还给他们穿上囚犯的衣服，并惩罚他们在街道上舂米。休侯富派人劝诫楚王戊。王说："叔父既然不赞同我的行为，那我起事后，我就先取了叔父的性命！"休侯也很害怕，就同母亲太夫人一起逃到了京师。

及削吴会稽、豫章郡书至，吴王遂先起兵，诛汉吏二千石以下；胶西、胶东、菑川、济南、楚、赵亦皆反。楚相张尚、太傅赵夷吾谏王戊，戊杀尚、夷吾。赵相建德、内史王悍谏王遂，遂烧杀建德、悍。齐王后悔，背约城守。济北王城坏未完，其郎中令劫守，王不得发兵。胶西王、胶东王为渠率，与菑川、济南共攻齐，围临菑。赵王遂发兵住其西界，欲待吴、楚俱进，北使匈奴与连兵。

吴王悉其士卒，下令国中曰："寡人年六十二，身自将；少子年十四，亦为士卒先。诸年上与寡人同，下与少子等，皆发。"凡二十馀万人。南使闽、东越，闽、东越亦发兵从。吴王起兵于广陵，西涉淮，因并楚兵，发使遗诸侯书，罪状晁错，欲合兵诛之。吴、楚共攻梁，破棘壁，杀数万人；乘胜而前，锐甚。梁孝王遣将军击之，又败梁两军，士卒皆还走。梁王城守睢阳。

【译文】到后来朝廷要削弱吴国豫章郡、会稽郡的旨意到来，吴王就开始起兵造反了，把朝廷二千石以下的官员杀了；胶西、胶东、淄川、济南、楚、赵等国也都相继造反了。楚国宰相张尚、太傅赵夷吾劝止楚王戊，戊就把这两人杀掉了。赵宰相建德、内史王悍劝诫赵王遂，遂也把建德、王悍烧死。齐王后来就后悔了，违背了诸侯的约定而守护城池不动。济北王城池的墙坏了，还没有修好，郎中令守住城池劫持济北王，让济北王发不了兵。胶西王、胶东王为大帅，与淄川、济南一块儿攻打齐国，包围国都临淄。于是赵王调动军队到西面的边境进驻，要等吴、楚军队共同前进，让使者前去北方和匈奴谈判将兵力联合。

吴王发动了所有士兵，下令给全国百姓说："我今年六十二岁了，亲自带领士兵；我的小儿子今年十四，也要身先士卒。因此但凡年纪大到和我一样，小到和我的小儿子相同的人，都得接受征召。"一共征发了二十几万人。吴王指派使臣到南方的闽和东越去，闽和东越也都一起发兵跟随吴王。吴王起兵在广陵，向西渡过淮河，所以与楚国的军队合并，派出使臣送书信给诸侯，指控晁错的罪状，请求和诸侯军队会合诛杀晁错。吴、楚一同攻击梁国，把棘壁攻破，杀死了数万人，乘胜追击，势不可当。梁孝王指派将军迎击，吴、楚联军又击败了梁两路的军队，梁的士兵都败亡逃跑。梁王只好固守睢阳城。

初，文帝且崩，戒太子曰："即有缓急，周亚夫真可任将兵。"及七国反书闻，上乃拜中尉周亚夫为太尉，将三十六将军往击吴、楚，遣曲周侯郦寄击赵，将军栾布击齐；复召窦婴，拜为大将军，使屯荥阳监齐、赵兵。

初，晁错所更令三十章，诸侯讙哗。错父闻之，从颍川来，谓错曰："上初即位，公为政用事，侵削诸侯，疏人骨肉，口语多怨，公何为也？"错曰："固也；不如此，天子不尊，宗庙不安。"父曰："刘氏安矣而晁氏危，吾去公归矣！"遂饮药死，曰："吾不忍见祸逮身！"后十馀日，吴、楚七国俱反，以诛错为名。

【译文】起初，汉文帝临终时，劝诫太子道："倘若有紧急的情况发生，周亚夫是一个可以真正带兵打仗的人。"等到七国叛乱的文书呈报上来，汉景帝就任命中尉周亚夫当太尉，带领三十六个将军及其部队进击吴、楚两国，调遣曲周侯郦寄攻打赵，派将军栾布攻打齐；又召回窦婴，任命他为大将军，让他率兵驻守在荥阳，用来监控齐、赵两国的军队。

起初，晁错所修改的法令有三十章之多，令诸侯纷纷议论加以抗议。晁错的父亲得知了这件事情，便从颍川赶来京城，告诉晁错说："圣上刚登上天子的位置，你掌权处理国政，侵占剥削诸侯的土地，间离了别人的骨肉亲情，让别人到处议论，惹来很多怨恨，你为什么要做这些呢？"晁错说："原本就应该这样做。如果不这样做，天子的地位不受到尊崇，宗庙也就得不到安稳。"他的父亲说道："刘氏的天下稳定了，但是晁氏家族却不安稳了，我要离你而去了！"便喝毒药自杀，临死前他说："我不忍心见到灾难降落到我身上！"过了十几天，吴、楚七国一起叛乱了，以诛杀晁错为理由。

上与错议出军事，错欲令上自将兵而身居守；又言："徐、僮之旁吴所未下者，可以予吴。"错素与吴相袁盎不善，错所居坐，盎辄避；盎所居坐，错亦避；两人未尝同堂语。及错为御史大夫，使吏按盎受吴王财物，抵罪；诏赦以为庶人。吴、楚反，错谓丞、史曰："袁盎多受吴王金钱，专为蔽匿，言不反；今果反，欲请治盎，宜知其计谋。"丞、史曰："事未发，治之有绝；今兵西向，治之何益！且盎不宜有谋。"错犹与未决。人有告盎，盎恐，夜见窦婴，为言吴所以反，愿至前，口对状。婴入言，上乃召盎。盎入见，上方与错调兵食。上问盎："今吴、楚反，于公意何如？"对曰："不足忧也！"上曰："吴王即山铸钱，煮海为盐，诱天下豪杰；白头举事，此其计不百全，岂发乎！何以言其无能为也？"对曰："吴铜盐之利则有之，安得豪杰而诱之！诚令吴得豪杰，亦且辅而为谊，不反矣。吴所诱皆亡赖子弟、亡命、铸钱奸人，故相诱以乱。"错曰："盎策之善。"上曰："计安出？"盎对曰："愿屏左右。"上屏人，独错在。盎曰："臣所言，人臣不得知。"乃屏错。错趋避东厢，甚恨。上卒问盎，对曰："吴、楚相遗书，言高皇帝王子弟各有分地，今贼臣晁错擅適诸侯，削夺之地，以故反，欲西共诛错，复故地而罢。方今计独有斩错，发使赦吴、楚七国，复其故地，则兵可毋血刃而俱罢。"于是，上默然良久，曰："顾诚何如？吾不爱一人以谢天下。"盎曰："愚计出此，唯上孰计之！"乃拜盎为太常，密装治行。后十馀日，上令丞相青、中尉嘉、廷尉欧劾奏错："不称主上德信，欲疏群臣、百姓，又欲以城邑予吴，无臣子礼，大逆不道。错当要斩，父母、妻子、同产无少长皆弃市。"制曰："可。"错殊不知。壬子，上使中尉召错，绐载行市，错衣朝衣斩东市。上乃使袁盎与吴王弟子宗正德侯通使吴。

【译文】汉景帝和晁错商讨发动军队的事情，晁错想要让汉景帝率兵亲征而他留在长安；又建议说："徐、僮两县周边的地方是吴国还没有攻占的，可以拿出来送给吴国。"晁错向来与吴国的宰相袁盎不和，有晁错所住所坐的位置，袁盎就经常避开；袁盎出现的地方，晁错也主动避开；二人从未在一起交谈过。等到晁错当了御史大夫，派官吏审查袁盎拿了吴王多少贿赂，给他判罪；汉景帝下诏赦免他，贬他为平民。吴、楚两国的叛乱发生后，晁错对丞、史说："袁盎拿了吴王很多财物，所以才会专门为吴王掩饰阴谋，对别人说吴王不会叛乱；但是现在吴王居然叛乱了，我要求给袁盎判罪，原因是袁盎应该清楚吴王的阴谋。"丞、史说道："叛乱的事发生之前，判袁盎有罪是可以杜绝叛乱的行为的；但是现在各个诸侯的军队都已经向西攻向京都来了，判袁盎的罪又有什么用！况且袁盎也不应该会有什么阴谋的。"晁错犹豫不决。有人把这个消息告知了袁盎，袁盎很担心，连夜去见窦婴，向窦婴说清楚了吴之所以叛乱的缘由，并且希望见到圣上，亲自向圣上汇报。窦婴进宫向汉景帝表明了袁盎的想法，汉景帝就召见袁盎。袁盎入宫见汉景帝的时候，汉景帝正在和晁错商量着怎样调动军粮。汉景帝问袁盎："现在吴、楚已经叛乱，你有什么看法？"袁盎回答说："不用顾虑什么！"汉景帝说："吴王用铜山铸钱，煮海水为盐为诱饵，招揽天下的豪杰，到年老发白的年纪还做叛乱的事，若是他的计划不够完美的话，又怎么会出兵叛乱呢！怎么你还说他没能力去有所作为呢？"袁盎回答说："吴铜钱海盐确实是有利益的，但是又怎么能引诱到豪杰呢！就算是吴国真的得到豪杰，也只会帮助吴王行义，是绝对不可以叛乱的。吴能够招揽到的人都是一些年轻的无赖、逃命的犯人和私铸钱币的坏人，就是因为这些人在互相诱使而引起叛乱的。"晁错说："袁盎分析得不错。"汉景帝说："那你要给我出什么样的计谋呢？"袁盎回答说："希望圣上让左右的大臣回避。"汉景帝让旁人走开，只剩下晁错在。袁盎说："我说的话，任何臣子都不能够知道。"圣上就让晁错走开。晁错退到东厢，心里十分恼恨袁盎。圣上追问袁盎的看法，袁盎回答说："吴、楚两国互相通信，说道高皇帝分封子弟为王，每人都有自己的土地，而现在贼臣晁错私自贬谪诸侯，剥夺诸侯的土地，所以才会叛乱，准备一起向西进军，一起杀死晁错，恢复他们原有的封地才罢休。现在的办法只能是把晁错杀掉，派出使臣宣布赦免吴、楚七国，恢复他们本有的封地，这样七国就会不打仗直接退兵。"于是汉景帝沉默不说话,过了很长时间才说:"我在想,斩杀晁错以后的结果是否能如我所愿?我是不会因为爱惜他一个人而不向天下诸侯谢罪的。"袁盎说:"我的计策就是这样的,希望皇上认真想一想要怎么做!"于是汉景帝任命袁盎为太常,秘密收拾行装上任。过了十几天,汉景帝授意丞相陶青、中尉陈嘉、廷尉张欧弹劾上报晁错的过错说:"晁错的所作所为辜负皇上的恩德和信任,要使皇上与群臣、百姓疏远,又想把城邑送给吴国,毫无臣子的礼节,犯下了大逆不道之罪。晁错应判处腰斩,他的父母、妻子、兄弟不论老少全部公开处死。"汉景帝批复说:"同意所拟判决。"晁错对此却一无所知。壬子,汉景帝派中尉召晁错,欺骗他说坐着车巡察市中,于是,晁错穿着上朝的官服在东市被斩首。汉景帝就派袁盎与吴王的侄子、宗正德侯刘通为使臣,出使吴国。

谒者仆射邓公为校尉,上书言军事,见上,上问曰:"道军所来,闻晁错死,吴、楚罢不?"邓公曰:"吴为反数十岁矣;发怒削地,以诛错为名,其意不在错也。且臣恐天下之士拑口不敢复言矣。"上曰:"何哉?"邓公曰:"夫晁错患诸侯强大不可制,故请削之以尊京师,万世之利也。计画始行,卒受大戮。内杜忠臣之口,外为诸侯报仇,臣窃为陛下不取也。"于是帝喟然长息曰:"公言善,吾亦恨之!"

袁盎、刘通至吴,吴、楚兵已攻梁壁矣。宗正以亲故,先入见,谕吴王,令拜受诏。吴王闻袁盎来,知其欲说,笑而应曰:"我已为东帝,尚谁拜!"不肯见盎,而留军中,欲劫使将;盎不肯,使人围守,且杀之。盎得间,脱亡归报。

【译文】谒者仆射邓公正担任校尉,上书给汉景帝分析军队战争的情形，和汉景帝见了面以后，汉景帝问他说："你从军中而来，听到晁错被杀，吴国和楚国撤兵了没有？"邓公说："吴国准备叛乱已经有几十年了，他是因为被剥夺封地而发怒，诛杀晁错只是借口，其实他的心意并不在杀死晁错。而且臣下担心天下的士大夫都不敢再向朝廷进忠言了。"汉景帝说："为什么呢？"邓公说："晁错担忧诸侯过于强大无法控制，所以请求削减王国封地，从而尊崇朝廷，这本来是造福万世的好事。计划刚刚实行，他本人突然被杀。这样做，对内堵塞了忠臣的口，对外替诸侯王报了仇，我私下认为陛下不应该如此。"于是圣上喟然长叹说："您说得对，我也很后悔杀了晁错！"

袁盎、刘通到达吴国，吴、楚已经开始攻击梁的营壁了。宗正刘通因为和吴王有亲属关系，先入内会见吴王，告知吴王，让他跪拜接受汉景帝的诏书。吴王得知袁盎来了，明白袁盎要劝说他，就笑着回答说："我已经做了东方的皇帝了，还向谁跪拜呢！"不想见袁盎面，把他留在军营中，准备强迫他担任吴军的将领；袁盎不情愿，吴王派人看守他，准备要杀死他。袁盎寻机逃脱回来向汉景帝汇报出使情况。

【乾隆御批】晁错削地之谋，虽中无成算，而出之太骤，然犹曰为国家计久安也。至事变已成，乃汲汲自请居守，欲以苟免自全，则适足以杀其躯而已。

【译文】晁错削夺诸王领地的谋划，尽管施行得有点仓促，然而毕竟算是为了国家长治久安。但到后来叛乱发生，晁错却匆忙请求留守京城苟免自保，这就足以构成被杀的死罪了。

【申涵煜评】错谋国未尝不忠，但恇怯而无担当，后来遂若觉为多事也者。袁盎狠毒，假公报私。错死而吴楚不罢，盎不反坐，何哉？景帝曰："吾亦恨之。"诛夷何事仅付之叹息已也。

【译文】晁错为国家谋划大事，没有不忠于国家，只是畏惧怯懦，没有担当，后来的人便觉得他是做了些不该做的多余事。袁盎用心狠毒，借公家的名义谋取私人的利益。晁错死后，吴楚七国也没有停止造反作乱，袁盎不因此而反坐，这是什么缘故？汉景帝说："我也恨他。"诛杀一个人的事，怎么能仅仅付之于一声叹息呢？

太尉亚夫言于上曰："楚兵剽轻，难与争锋，愿以梁委之，绝其食道，乃可制也。"上许之。亚夫乘六乘传，将会兵荥阳。发至霸上，赵涉庶说亚夫曰："吴王素富，怀辑死士久矣。此知将军且行，必置间人于殽、渑阨狭之间；且兵事上神密，将军何不从此右去，走蓝田，出武关，抵洛阳！间不过差一二日，直入武库，击鸣鼓。诸侯闻之，以为将军从天而下也。"太尉如其计，至洛阳，喜曰："七国反，吾乘传至此，不自意全。今吾据荥阳，荥阳以东，无足忧者。"使吏搜殽、渑间，果得吴伏兵。乃请赵涉为护军。

太尉引兵东北走昌邑。吴攻梁急，梁数使使条侯求救，条侯不许。又使使诉条侯于上。上使告条侯救梁，亚夫不奉诏，坚壁不出；而使弓高侯等将轻骑兵出淮泗口，绝吴、楚兵后，塞其饷道。梁使中大夫韩安国及楚相张尚弟羽为将军；羽力战，安国持重，乃得颇败吴兵。吴兵欲西，梁城守，不敢西；即走条侯军，会下邑，欲战。条侯坚壁不肯战；吴粮绝卒饥，数挑战，终不出，条侯军中夜惊，内相攻击，扰乱至帐下，亚夫坚卧不起，顷之，复定。吴奔壁东南陬，亚夫使备西北；已而其精兵果奔西北，不得入。吴、楚士卒多饥死叛散，乃引而去。二月，亚夫出精兵追击，大破之。吴王濞弃其军，与壮士数千人夜亡走；楚王戊自杀。

【译文】太尉周亚夫对汉景帝说："楚军剽悍敏捷，与他们正面交锋很难取胜，我建议放弃梁国，先断绝吴、楚军队的粮道，这样才可以制伏他们。"汉景帝允许了。亚夫就乘坐六匹马的驿传车，打算在荥阳会集军队。军队出发至霸上，赵涉拦住去路，劝说周亚夫："吴王一向很富有，早就收买了一批甘愿为他献身的刺客。他明白将军你要有行动，必定会在崤山、渑池之间的险要地段安排刺客对付您；而且打仗讲究的是神妙秘密，将军为什么不改变路线，从此处向右走，经过蓝田，出武关，到达洛阳！这样绕着走，不过差一两天，你把军队直接开入武库，擂响战鼓。参与叛乱的诸侯王听到了，会认为将军是自天而降呢。"太尉按照赵涉的计划去做，到达洛阳，高兴地说："七国共同叛乱，我乘坐驿车平安到达此处，想不到还能够完全抵达。现在我已驻守荥阳，荥阳以东没有什么可担心的了。"派出使臣到崤、渑之间搜查，果然抓住了吴国的伏兵。周亚夫就向汉景帝奏请，让赵涉担任护军。

太尉领兵向东北到达昌邑。吴国猛烈进攻梁国，梁王多次派使者向条侯周亚夫求救，周亚夫不答应。梁又派出使臣向汉景帝诉说条侯不肯救援，汉景帝派人命令条侯周亚夫出兵救梁，但周亚夫不执行汉景帝诏令，仍坚守营垒，不派军队出战，而只派弓高侯等人率领轻便的骑兵从淮泗口出发，断绝吴、楚军队的后路，堵塞吴、楚的粮道。梁国派中大夫韩安国及楚相张尚的弟弟张羽为将军；张羽作战勇猛，韩安国指挥持重，才得以挫败吴军。吴军想向西进兵，但因梁军据城死守，便不敢越过梁向西进兵；就攻向条侯的军队，在下邑会合，吴军急于求战，但条侯坚守营垒，不肯出兵作战。吴国粮食断绝士兵饥饿，多次挑衅，条侯一直不应战出兵。周亚夫的军营中，夜间突然惊乱，内部互相攻击，混乱的情况传到条侯的帐幕边，周亚夫坚持睡着不起，过了一会儿，就恢复平静了。吴兵攻向军营的东南角落，亚夫派令士兵抵抗西北方；不久，吴、楚的精兵果然突袭汉营西北，但攻不进去。吴、楚的士兵有很多因为叛乱离散或饥饿而死，吴王就领兵撤退了。二月，周亚夫派出精锐军队追击，大胜了他们。吴王濞丢下他的军队，与数千精壮士兵连夜逃跑；楚王刘戊自杀。

【申涵煜评】以梁委之，借梁以牵制其西，梁知无援，其战自倍，所谓置之死地而后生也。是不救梁实以救梁，且因而用梁，可谓善于济变者矣。

【译文】暂时放弃梁国，借梁国来牵制七国叛军西进，梁国知道自己没有援兵，他的战斗力自然成倍增长，这就是所谓的置之死地而后生啊。这样一来，看似不救援梁国，实际上却救了梁国，而且因此而利用了梁国，周亚夫可以说是善于调剂变化的人了。

吴王之初发也，吴臣田禄伯为大将军。田禄伯曰：“兵屯聚而西，无它奇道，难以立功。臣愿得五万人，别循江、淮而上，收淮南、长沙，入武关，与大王会，此亦一奇也。”吴王太子谏曰：“王以反为名，此兵难以借人，人亦且反王，奈何？且擅兵而别，多它利害，徒自损耳！”吴王即不许田禄伯。

吴少将桓将军说王曰：“吴多步兵，步兵利险；汉多车骑，车骑利平地，愿大王所过城不下，直去，疾西据洛阳武库，食敖仓粟，阻山河之险以令诸侯，虽无入关，天下固已定矣。大王徐行留下城邑，汉军车骑至，驰入梁、楚之郊，事败矣。”吴王问诸老将，老将曰："此年少，椎锋可耳，安知大虑！"于是，王不用桓将军计。

**【译文】**吴王起初举兵叛乱的时候，吴的大臣田禄伯担任大将军。田禄伯说："军队屯聚在一起而向西攻击，没有其他可以出奇兵的通道，难以成功。臣愿意率领五万士兵，另外沿长江、淮河逆流而上，收复淮南、长沙，进入武关，和大王军队会合，这也是一路奇兵！"吴王太子劝阻说："大王有叛乱之名，这样的军队不能让别人带领，假若别人也背叛您，又该怎么办？况且让别人带兵而另辟战线，容易产生许多其他利害问题，只是白白地削弱了自己的力量！"吴王就没有批准田禄伯的请求。

吴国的青年将领桓将军劝吴王说："吴国多的是步兵，步兵利于在险阻的地方作战；汉多的是车骑兵，车骑兵利于在平地作战。希望大王不进攻沿途的城池，径直往前进，马上向西占领洛阳武器仓库，得到敖仓的粮食，凭借山势和黄河天险号令诸侯，即使没有进入函谷关，天下就已经被您平定了。倘若大王进军缓慢，因沿途攻占城邑而延误时机，汉军的车骑兵一到，飞驰进入梁、楚的郊野，那大事就坏了。"吴王问老将军们的意见，老将说："这不过是年轻人想显露锋芒罢了，怎知道考虑大局呢！"于是，吴王不采用桓将军的计策。

王专并将兵。兵未度淮，诸宾客皆得为将、校尉、候、司马，独周丘不用。周丘者，下邳人，亡命吴，酤酒无行；王薄之，不任。周丘乃上谒，说王曰："臣以无能，不得待罪行间。臣非敢求有所将也，愿请王一汉节，必有以报。"王乃予之。周丘得节，夜驰入下邳；下邳时闻吴反，皆城守。至传舍，召令入户，使从者以罪斩令，遂召昆弟所善豪吏告曰："吴反，兵且至，屠下邳不过食顷；今先下，家室必完，能者封侯矣。"出，乃相告，下邳皆下。周丘一夜得三万人，使人报吴王，遂将其兵北略城邑；比至阳城，兵十馀万，破阳城中尉军；闻吴王败走，自度无与共成功，即引兵归下邳，未至，疽发背死。

**【译文】**吴王独揽全军指挥权。军队还没渡过淮水，全部宾客都能做到校尉、司马、候、将，只是不用周丘。周丘是下邳人，逃亡至吴，爱喝醉酒，品行不好，吴王看不起他，所以不任用他。周丘就自己求见吴王，劝说吴王："臣因为是没有才能，无法在行伍里任职。我不敢要求带兵做官，只希望从大王处得到汉朝的一个符节，必定做成一番事业来回报大王。"吴王就给了他。周丘取得符节，连夜驱车进入下邳县城；下邳的官民得知吴王叛乱，所以都紧守住城池。周丘到达驿所，找来下邳县令，让随从人员用罪名把县令杀了，然后找来他们兄弟所认识的贤豪官吏，告诉他们说："吴国叛乱，大军马上就到，屠灭下邳城不过用吃顿饭的时间；如果先归降吴王，家室必定保全，有本事的人还能立功封侯。"官吏出去后，转告给其他人，下邳的官民就都归顺了吴王。周丘一夜之间得到了三万人，派人向吴王汇报，就率领他的军队向北方攻取城邑；打到城阳时，周丘的军队已有十多万人了，打败了城阳中尉指挥的军队。周丘得知吴王失败逃走，自己估计无法和他共同成就事业了，就领兵返回下邳，还没有到达，因背上生毒疮而死。


壬午晦，日有食之。

吴王之弃军亡也，军遂溃，往往稍降太尉条侯及梁军。吴王渡淮，走丹徒，保东越，兵可万馀人，收聚亡卒。汉使人以利啖东越，东越即绐吴王出劳军，使人鏦杀吴王，盛其头，驰传以闻。吴太子驹亡走闽越。吴、楚反，凡三月，皆破灭，于是诸将乃以太尉谋为是；然梁王由此与太尉有隙。

三王之围临菑也，齐王使路中大夫告于天子。天子复令路中大夫还报，告齐王坚守，"汉兵今破吴楚矣。"路中大夫至，三国兵围临菑数重，无从入。三国将与路中大夫盟曰："若反言：'汉已破矣，齐趣下三国，不，且见屠。'"路中大夫既许，至城下，望见齐王曰："汉已发兵百万，使太尉亚夫击破吴、楚，方引兵救齐，齐必坚守无下！"三国将诛路中大夫。齐初围急，阴与三国通谋，约未定；会路中大夫从汉来，其大臣乃复劝王无下三国。会汉将栾布、平阳侯等兵至齐，击破三国兵。解围已，后闻齐初与三国有谋，将欲移兵伐齐。齐孝王惧，饮药自杀。

**【译文】** 壬午晦日，三十日，发生日食。

吴王弃军逃亡后，军队就崩溃瓦解，有些士兵就投降了太尉条侯周亚夫和梁军。吴王渡过淮水，向丹徒逃走，想借东越自保，有军队一万多人，并召集逃散的士兵。汉派人以金钱利禄引诱东越，东越便骗吴王出来劳军，派人用矛戟刺杀了吴王，装上他的头颅，派人乘传车疾驰到汉朝廷报告。吴的太子驹逃亡到闽越。楚、吴总共造反三个月，都被消灭了，诸将于是才认为太尉周亚夫的计谋很正确；但是，梁王却因此与太尉有了矛盾。

当胶西王等三个诸侯王的叛军围困临菑的时候，齐王派路中大夫报告天子。天子又让路中大夫回报齐国，要他坚守，说："朝廷军队已经打败吴楚叛军了。"路中大夫赶回时，三国的军队已把临菑城重重包围，无法入城。三国的将领迫使路中大夫与他们结盟，说："你回去这样说：'汉兵已然被攻破了，齐要赶快向三国投降，要不会被屠杀。'"路中大夫答应了，但到了临菑城下，看见齐王时，却说："汉已经派出了百万大军，让太尉周亚夫指挥，打败了吴楚军队，正领兵前来救齐，齐一定要坚守不降！"三国就把路中大夫杀掉。齐国起初被包围得很紧急时，暗中与三国互通计谋，但盟约没有定好；恰好路中大夫从汉朝廷而来，齐王的大臣们又劝他不能向三国叛军投降。恰逢汉将栾布、平阳侯曹襄等率军到达齐国，打败了三国的军队。解除了临菑之围以后，汉军将领听说齐王当初与三国密谋勾结，就准备调集军队攻打齐国。齐孝王害怕，服毒自杀。

胶西、胶东、菑川王各引兵归国。胶西王徒跣、席藁、饮水谢太后。王太子德曰："汉兵还，臣观之，已罢，可袭，愿收王馀兵击之！不胜而逃入海，未晚也。"王曰："吾士卒皆已坏，不可用。"弓高侯韩颓当遗胶西王书曰："奉诏诛不义，降者赦除其罪，复故；不降者灭之。王何处？须以从事。"王肉袒叩头，诣汉军壁谒曰："臣印奉法不谨，惊骇百姓，乃苦将军远道至于穷国，敢请菹醢之罪！"弓高侯执金鼓见之曰："王苦军事，愿闻王发兵状。"王顿首膝行，对曰："今者晁错天子用事臣，变更高皇帝法令，侵夺诸侯地。印等以为不义，恐其败乱天下，七国发兵且诛错。今闻错已诛，印等谨已罢兵归。"将军曰："王苟以错为不善，何不以闻？及未有诏、虎符，擅发兵击义国？以此观之，意非徒欲诛错也。"乃出诏书，为王读之，曰："王其自图！"王曰："如印等死有馀罪！"遂自杀，太后、太子皆死。胶东王、菑川王、济南王皆伏诛。

郦将军兵至赵，赵王引兵还邯郸城守。郦寄攻之，七月不能下。匈奴闻吴、楚败，亦不肯入边。栾布破齐还，并兵引水灌赵城。城坏，王遂自杀。

【译文】胶西王、胶东王、菑川王分别领军队返回封地。胶西王打着赤足，坐在草席上，喝着水向母亲太后谢罪。胶西王太子德说："汉兵回还时，臣仔细观察，发现他们已经很疲惫，可以突袭，希望召集大王的残余军队去袭击他们！如果突袭不能获胜，再逃入海岛隐蔽，也还不晚。"胶西王说："我的士兵都已然败坏得不能再使用了。"弓高侯韩颓当给胶西王送信说："我奉陛下诏令杀不义的叛徒：投降的能够赦免，恢复原有的故土；不投降的就消灭。王你打算怎么办？我等你的决定。"胶西王袒身露体，到达汉军营垒前磕头谒见弓高侯说："微臣依照律令不小心，让百姓受到惊扰，劳累将军辛苦远道来到我们这穷困的封国，微臣请求用剁成碎肉之罪来惩罚我！"弓高侯手拿金鼓与胶西王见面，说："你也在为打仗之事痛苦吧？我希望听听你起兵叛乱的经过。"胶西王膝行叩头，回复说："先前陛下用事的官吏是晁错，他任意改变高皇帝的律令，抢占诸侯的土地。卬等人觉得他不义，担心他将天下败乱了，因此联合七国发兵要将晁错杀掉。如今据说晁错已然被杀，卬等恭敬地罢兵返回。"将军说："你倘若觉得晁错不好，怎么不报告陛下？况且也没有陛下兵符、诏令，就自己调动军队攻打守义没有叛乱的国家，以此来看，你不仅仅是要杀掉晁错。"便向胶西王宣读陛下诏书，说："你自己解决吧！"胶西王说："如同卬的人死有余辜！"就自杀身亡，太后、太子也都死了。胶东王、淄川王、济南王全被杀。

郦寄的军队到达赵国，赵王领兵返回到邯郸守住城池。郦寄攻击七个月，依然没攻下。匈奴听说吴、楚战败了，也不愿进入边境。栾布大胜齐国带兵返回，与郦寄军队联合引接河水灌溉赵城，水把城灌坏，赵王就自杀而亡。

帝以齐首善，以迫劫有谋，非其罪也，召立齐孝王太子寿，是为懿王。

济北王亦欲自杀，幸全其妻子。齐人公孙玃谓济北王曰："臣请试为大王明说梁王，通意天子；说而不用，死未晚也。"公孙玃遂见梁王曰："夫济北之地，东接强齐，南牵吴、越，北胁燕、赵。此四分五裂之国。权不足以自守，劲不足以扞寇，又非有奇怪云以待难也；虽坠言于吴，非其正计也。乡使济北见情实，示不从之端，则吴必先历齐，毕济北，招燕、赵而总之，如此，则山东之从结而无隙矣。今吴王连诸侯之兵，驱白徒之众，西与天子急衡，济北独底节不下；使吴失与而无助，跬步独进，瓦解土崩，破败而不救者，未必非济北之力也。夫以区区之济北而与诸侯争强，是以羔犊之弱而扞虎狼之敌也。守职不桡，可谓诚一矣，功义如此，尚见疑于上，胁肩低首，累足抚衿，使有自悔不前之心，非社稷之利也。"臣恐藩臣守职者疑之。臣窃料之，能历西山，径长乐，抵未央，攘袂而正议者，独大王耳。上有全亡之功，下有安百姓之名，德沦于骨髓，恩加于无穷，愿大王留意详惟之！"孝王大悦，使人驰以闻；济北王得不坐，徙封于菑川。

【译文】汉景帝由于齐国开始时并没叛逆之心，由于被迫而与叛军谋划，并非齐国的罪过，因此召见齐孝王太子寿并立他为懿王。

济北王也想自杀，以求保全妻子儿女。齐人公孙玃对济北王说："微臣愿意尝试看能否请梁王替大王说情，让梁王将大王的心意转达给陛下。倘若游说没有被采纳，再死也不迟啊。"公孙玃就去见梁王说："济北土地，东面连接强大的齐国，南面被吴、越牵制，北面被燕、赵胁迫。这样子可以说是随时会四分五裂的国家，靠权谋不足以自守，靠武力也不够抗敌，又缺少怪异神灵的方法来抵抗国难；即使对吴王有答允叛乱的失言过错，可不是济北王的本意，仅是权宜之计。倘若济北王看清实情，表现出不愿顺从的迹象给吴王，那吴王必定能先绕过齐国，不用在齐坚城之下屯兵，而能一举消灭济北，招抚燕、赵，聚集他们的兵力，那山东诸侯的合纵就没有间隙可乘。如今吴王联合诸侯军队，驱使没有受过训练的民众，向西与陛下争权夺势。可济北却一直谨守臣节不投降，让吴王得不到帮助而失去盟国，只能小步而进，最终如同瓦土崩塌一样溃散，失败破灭到了不能挽救，这也许是济北的功劳啊。弱小的济北与诸侯夺胜争强，好比用小牛羔羊的弱小身体与狼虎一般的敌人抵抗。可济北王依然不屈服于敌人，对陛下的忠心能够说专一而真诚了。这么大的道义与功劳，还让陛下质疑，弄得自缚双脚，低头敛肩，手抚衣带表达忏悔，他还懊悔没与吴王合计，不敢前去归汉，这对汉朝社稷是没有好处的。微臣害怕此后，朝廷都要被守职的藩臣怀疑了！微臣私自思考：能途经西山，径直去长乐宫，到达未央宫，卷袖露臂力争正义的，也就大王一人而已。大王倘若应允，上能够得到保全亡国的功劳，下能够拥有安定百姓的名声，道德能够深入骨髓，恩泽能够永无穷尽！希望大王认真地考虑。"梁孝王听后极其高兴，就让人飞马报告陛下；济北王因而才没被判成谋反之罪，还改封至淄川。

河间王太傅卫绾击吴、楚有功，拜为中尉。绾以中郎将事文帝，醇谨无它。上为太子时，召文帝左右饮，而绾称病不行。文帝且崩，属上曰："绾长者，善遇之！"故上亦宠任焉。

夏，六月，乙亥，诏："吏民为吴王濞等所诖误当坐及逋逃亡军者, 皆赦之。"

帝欲以吴王弟德哀侯广之子续吴, 以楚元王子礼续楚。窦太后曰:"吴王, 老人也, 宜为宗室顺善; 今乃首率七国纷乱天下, 奈何续其后!" 不许吴, 许立楚后。乙亥, 徙淮阳王馀为鲁王; 汝南王非为江都王, 王故吴地; 立宗正礼为楚王; 立皇子端为胶西王, 胜为中山王。

【译文】河间王太傅卫绾攻打吴、楚有功劳, 陛下把他任命为中尉。卫绾曾凭借中郎将的身份侍奉汉文帝, 为人不虚华, 恭谨忠厚。陛下做太子时, 曾召汉文帝近臣喝酒, 卫绾谎称生病没参加。汉文帝即将逝世时, 嘱咐陛下说:"卫绾是一位长者, 你要好好地对待!" 因此陛下也十分信任宠爱他。

夏季, 六月, 乙亥日, 下诏说:"官吏百姓被吴王濞所蒙蔽而应该受连坐之罪的, 与逃军、逃犯等, 都赦免。"

汉景帝打算让吴王之弟德哀侯广之子继承吴国、楚元王子刘礼继承楚国。窦太后说:"吴王年岁已大, 为了宗室本应和善恭顺, 可他却带领七国叛乱, 让天下纷乱, 不能立他的后代!" 不同意吴立后代, 只准许楚立后代。乙亥日, 改封淮阳王刘余为鲁王, 汝南王刘非为江都王, 封地是之前的吴国土地, 封宗正刘礼为楚王, 封皇子刘端为胶西王, 刘胜为中山王。


**四年**( 戊子, 公元前一五三年)春, 复置关, 用传出入。

夏, 四月, 己巳, 立子荣为皇太子, 彻为胶东王。

六月, 赦天下。

秋, 七月, 临江王阏薨。

冬, 十月, 戊戌晦, 日有食之。

初, 吴、楚七国反, 吴使者至淮南, 淮南王欲发兵应之。其相曰:"王必欲应吴,臣愿为将。"王乃属之。相已将兵,因城守,不听王而为汉,汉亦使曲城侯将兵救淮南,以故得完。

吴使者至庐江,庐江王不应,而往来使越。至衡山,衡山王坚守无二心。及吴、楚已破,衡山王入朝。上以为贞信,劳苦之,曰:"南方卑湿。"徙王王于济北以褒之。庐江王以边越,数使使相交,徙为衡山王,王江北。

【译文】四年(戊子,公元前153年)春季,恢复关卡,凭符信出入。

夏季,四月,己巳日,立皇子刘荣为皇太子,皇子刘彻立为胶东王。

六月,大赦天下。

秋季,七月,临江王阏逝世。

冬季,十月,在戊戌晦日,出现日食。

起初,吴、楚七国谋反,吴的使者到淮南,淮南王准备调动军队以响应。他的宰相说:"倘若大王非要响应吴王的话,微臣愿意做领兵的将帅。"淮南王就把军事委托给他。宰相取得兵权后,就不听淮南王命令,站在汉朝一边,守住城池,汉朝又让曲城侯领兵解救淮南,淮南王因而才保住了封国。

吴的使者到了庐江,庐江王不答应与吴王联合,使者来回出使至越。到达衡山后,衡山王坚守城池,没有叛乱之心。而后吴、楚被攻陷,衡山王入宫拜见陛下。陛下觉得他忠贞节信,就犒劳他的辛苦,说:"南方地势低且潮湿。"把衡山王迁徙到济北作为王以为褒奖。庐江王由于把越当作边境,因此多次让使者去与越交好,后改封为衡山王,在长江以北为王。

**五年**(己丑,公元前一五二年)春,正月,作阳陵邑。夏,募民徙阳陵,赐钱二十万。

遣公主嫁匈奴单于。

徙广川王彭祖为赵王。

济北贞王勃薨。

【译文】五年(己丑,公元前152年)春季,正月,建造阳陵邑。夏季,劝说百姓迁至阳陵,赐给钱币二十万。

派遣公主嫁给匈奴单于。

改封广川王刘彭祖为赵王。

济北贞王刘勃逝世。

六年(庚寅,公元前一五一年)冬,十二月,雷,霖雨。

初,上为太子,薄太后以薄氏女为妃;及即位,为皇后,无宠。秋,九月,皇后薄氏废。

楚文王礼薨。

初,燕王臧荼有孙女曰臧儿,嫁为槐里王仲妻,生男信与两女而仲死;更嫁长陵田氏,生男蚡、胜。文帝时,臧儿长女为金王孙妇,生女俗。臧儿卜筮之,曰:“两女皆当贵。”臧儿乃夺金氏妇,金氏怒,不肯予决;内之太子宫,生男彻。彻方在身时,王夫人梦日入其怀。

及帝即位,长男荣为太子;其母栗姬,齐人也。长公主嫖欲以女嫁太子,栗姬以后宫诸美人皆因长公主见帝,故怒而不许;长公主欲与王夫人男彻,王夫人许之。由是长公主日谗栗姬而誉王夫人男之美;帝亦自贤之,又有曩者所梦日符,计未有所定。王夫人知帝嗛栗姬,因怒未解,阴使人趣大行请立栗姬为皇后。帝怒曰:“是而所宜言邪?”遂按诛大行。

【译文】六年(庚寅,公元前151年)冬季,十二月,打雷,连着数天下雨。

起初,陛下做太子时,薄家女子被薄太后立为太子妃。而后即帝位,将薄家女子升为皇后,可不被宠爱。秋季,九月,废掉皇后薄氏。

楚文王礼逝世。

起初,燕王臧荼有个孙女名叫臧儿,嫁给槐里王仲,生下儿子王信和两个女儿后,王仲就死了;臧儿改嫁长陵田氏,生下儿子田蚡、田胜。汉文帝时,臧儿长女嫁给金王孙,生下女儿金俗。臧儿为儿女卜筮命运,卜筮这样说道:"两个女儿都会大贵。"臧儿就夺走金氏的夫人,金氏生气不愿与夫人道别。臧儿把女儿纳进太子宫中,生下儿子刘彻。王夫人在怀刘彻时,梦见太阳进入她的怀里。

而后汉景帝即位,长子刘荣是太子。他的母亲栗姬是齐国人。汉景帝的姐姐长公主刘嫖想要将女儿嫁于太子刘荣,栗姬觉得后宫的美人全依赖长公主的关系才能与陛下见面,心怀嫉妒,因此不同意太子刘荣娶长公主女儿;长公主又想让女儿嫁给刘彻,王夫人答应了。此后长公主每日称赞王夫人的优点而毁谤栗姬,汉景帝自己也觉得王夫人很聪慧,加上之前怀孕时梦见太阳入怀的瑞应,所以不能一时决定立谁为皇后。王夫人明白汉景帝不喜欢栗姬,就利用汉景帝怒气还没消除时,暗中让人催促大行令向汉景帝请求立栗姬为皇后。汉景帝气愤地说:"这是你应该说的话吗?"就论罪将大行令处死。

七年(辛卯,公元前一五〇年)冬,十一月,己酉,废太子荣为临江王。太子太傅窦婴力争不能得,乃谢病免。栗姬恚恨而死。

庚寅晦，日有食之。

二月，丞相陶青免。乙巳，太尉周亚夫为丞相。罢太尉官。

夏，四月，乙巳，立皇后王氏。

丁巳，立胶东王彻为皇太子。

是岁，以太仆刘舍为御史大夫，济南太守郅都为中尉。

始，都为中郎将，敢直谏。尝从入上林，贾姬如厕，野彘卒来入厕。上目都，都不行；上欲自持兵救贾姬。都伏上前曰："亡一姬，复一姬进，天下所少，宁贾姬等乎！陛下纵自轻，奈宗庙、太后何！"上乃还，彘亦去。太后闻之，赐都金百斤，由此重都。都为人，勇悍公廉，不发私书，问遗无所受，请谒无所听。及为中尉，先严酷，行法不避贵戚。列侯、宗室见都，侧目而视，号曰"苍鹰。"

【译文】七年（辛卯，公元前150年）冬季，十一月，己酉日，太子刘荣被废为临江王。太子太傅窦婴虽然力争仍不能成功，就称病，请求免辞。栗姬恨怨而死。

庚寅晦日，出现日食。

二月，丞相陶青被免职。乙巳日，封太尉周亚夫为丞相。废止太尉官职。

夏季，四月，乙巳日，立王氏为皇后。

丁巳日，立胶东王刘彻为皇太子。

同年，任命太仆刘舍为御史大夫，济南太守郅都为中尉。

起初，郅都为中郎将，敢于直言进谏。曾跟随汉景帝入上林苑，在贾姬如厕时，野猪突然冲进厕所。汉景帝眼看着郅都，让他去救，但郅都没动；汉景帝要手拿武器亲自救援贾姬。郅都跪上前说："倘若失掉一个女人，能够再进一个女人，天下不缺像贾姬这样的女人。皇上即使不以性命为重,也要对太后、宗庙有所交代!"汉景帝才停下,野猪也走开了。太后听到后,赐给郅都百斤黄斤,从此器重郅都。郅都为人,勇敢剽悍公正廉洁,不拆阅私人书信,不接受犒劳馈赠的财物,不接受私人谒见。等到他后来成为中尉,崇尚苛酷严厉,施行律令时不论贵戚;因此列侯、宗室都不敢正眼看他,称呼他为"苍鹰"。

**中元年**(壬辰,公元前一四九年)夏,四月,乙巳,赦天下。

地震。衡山原都雨雹,大者尺八寸。

**二年**(癸巳,公元前一四八年)春,二月,匈奴入燕。

三月,临江王荣坐侵太宗庙壖垣为宫,征诣中尉府对簿。临江王欲得刀笔,为书谢上,而中尉郅都禁吏不予;魏其侯使人间与临江王。临江王既为书谢上,因自杀。窦太后闻之,怒,后竟以危法中都而杀之。

**【译文】**中元年(壬辰,公元前149年)夏季,四月,乙巳日,大赦天下。

发生地震。衡山原都下冰雹,大的有一尺八寸。

二年(癸巳,公元前148年)春季,二月,匈奴入侵燕国。

三月,临江王荣抢占太宗庙墙隙建设宫殿,被召到中尉府对簿公堂。临江王希望得到刀笔,向陛下写信谢罪,可中尉郅都严禁狱吏给他;魏其侯让人找机会给临江王送刀笔。临江王已然写好向陛下谢罪的书信就自杀而亡。窦太后知道后十分愤怒,而后就用严苛的律令判郅都的罪并将其杀掉。

夏,四月,有星孛于西北。

立皇子越为广川王,寄为胶东王。

秋，九月，甲戌晦，日有食之。

初，梁孝王以至亲有功，得赐天子旌旗。从千乘万骑，出跸入警。王宠信羊胜、公孙诡，以诡为中尉。胜、诡多奇邪计，欲使王求为汉嗣。栗太子之废也，太后意欲以梁王为嗣，尝因置酒谓帝曰："安车大驾，用梁王为寄。"帝跪席举身曰："诺。"罢酒，帝以访诸大臣，大臣袁盎等曰："不可。昔宋宣公不立子而立弟，以生祸乱，五世不绝。小不忍，害大义，故《春秋》大居正。"由是太后议格，遂不复言。王又尝上书："愿赐容车之地，径至长乐宫，自使梁国士众筑作甬道朝太后。"袁盎等皆建以为不可。

【译文】夏季，四月，西北有彗星出现。

立皇子刘寄为胶东王，刘越为广川王。

秋季，九月，甲戌晦日，出现日食。

起初，梁孝王由于与汉景帝是至亲的关系又有功劳，得到汉景帝赏赐的旌旗，有千乘车驾万人骑士跟从，进出都有戒严的警跸。梁孝王宠爱羊胜、公孙诡，让公孙诡当作中尉。羊胜、公孙诡有许多偏邪奇异的谋划，想让梁孝王作为汉帝的子嗣。废栗太子时，太后心想让梁王当作汉帝后嗣，利用摆置酒宴的间隙对陛下说："陛下可以把车驾托付给梁王。"汉景帝起身说："有道理。"酒宴结束后毕，汉景帝请教于大臣，大臣袁盎等人说："不行。之前宋宣公由于立弟弟而不立儿子为太子，出现连绵五代不停止的祸乱。小不忍则乱大谋，因此《春秋》主张大义为先。"此后太后的意见就不被采纳，太后也再没有提起过。梁孝王再次上书说："但愿陛下将一条车道赐给我，使我能够径直到长乐宫，我独自让梁国士民建一条让我能够朝拜太后的通道。"袁盎等都说不能那样做。

梁王由此怨袁盎及议臣，乃与羊胜、公孙诡谋，阴使人刺杀袁盎及他议臣十馀人。贼未得也，于是天子意梁；逐贼，果梁所为。上遣田叔、吕委主往按梁事，捕公孙诡、羊胜；诡、胜匿王后宫，使者十馀辈至梁，责二千石急。梁相轩丘豹及内史韩安国以下举国大索，月馀弗得。安国闻诡、胜匿王所，乃入见王而泣曰：“主辱者臣死。大王无良臣，故纷纷至此。今胜、诡不得，请辞，赐死！”王曰：“何至此！”安国泣数行下，曰：“大王自度于皇帝，孰与临江王亲？”王曰：“弗如也。”安国曰：“临江王適长太子，以一言过，废王临江；用宫垣事，卒自杀中尉府。何者？治天下终不用私乱公。今大王列在诸侯，訹邪臣浮说，犯上禁，桡明法。天子以太后故，不忍致法于大王；太后日夜涕泣，幸大王自改，大王终不觉寤。有如太后宫车即晏驾，大王尚谁攀乎？”语未卒，王泣数行而下，谢安国曰：“吾今出胜、诡。”王乃令胜、诡皆自杀，出之。上由此怨望梁王。

【译文】梁王因此怀恨袁盎和议政的官吏，就与羊胜、公孙诡合计，想要私下让人刺杀袁盎和其他十几个议政官吏。不料刺客没得手，汉景帝于是质疑梁王；逮捕到刺客后知道果真是梁王做的。汉景帝让田叔、吕季主前去排查梁王之事，要捉到羊胜、公孙诡。羊胜、公孙诡在梁王后宫躲藏，十几个使者到达梁国后，急切要求二千石的梁国官吏将羊胜、公孙诡交出来。从梁宰相轩丘豹和内史韩安国往下，全国大肆搜捕，一个多月也没有搜到。韩安国听说羊胜、公孙诡在梁王宫内躲藏，就进宫见梁王，哭着说：“国君受辱官吏该死。大王缺少贤良的官吏才走到眼下这个地步。如今搜不到羊胜、公孙诡，微臣要求辞官，并赐我去死！”梁王说：“怎么会这么严重?”安国哭得很痛苦地说：“大王考虑一下与圣上的关系，与临江王相比谁亲?”梁

资治通鉴

王说:"没有临江王亲。"安国说:"作为嫡长太子的他只为母亲说错一句话,就被废成临江王;而后又由于抢占太宗庙墙空地的事,最终在中尉府自杀。什么原因呢?是由于不能在治天下的时候因私情扰乱公理。今大王身为诸侯,却被邪恶官吏的不实之说引诱,并枉法自恣,触犯皇上的法禁,扰乱朝廷大法。皇上因为太后,不舍得把律令加到大王身上;太后日夜哭泣,期望大王可以改过自新,可大王一直没有清醒觉悟。倘若太后逝世,大王还能够依附谁呢?"话没说完梁王就流了许多泪,向安国谢罪说:"我如今就将羊胜、公孙诡交出来。"梁王就让羊胜、公孙诡自杀,并交出尸体。汉景帝此后就对梁王有了怨恨。

梁王恐,使邹阳入长安,见皇后兄王信说曰:"长君弟得幸于上,后宫莫及;而长君行迹多不循道理者。今袁盎事即穷竟,梁王伏诛,太后无所发怒,切齿侧目于贵臣,窃为足下忧之。"长君曰:"为之奈何?"阳曰:"长君诚能精为上言之,得毋竟梁事:长君必固自结于太后,太后厚德长君入于骨髓,而长君之弟幸于两宫,金城之固也。昔者舜之弟象,日以杀舜为事,及舜立为天子,封之于有卑。夫仁人之于兄弟,无藏怒,无宿怨,厚亲爱而已。是以后世称之。以是说天子,徼幸梁事不奏。"长君曰:"诺。"乘间入言之,帝怒稍解。

【译文】梁王十分担心,就让邹阳进入长安,进见皇后兄长王信说:"你的妹妹深得陛下宠爱,后宫无人能及,而您也有很多不遵守道理的事迹行为。如今就要将袁盎被刺的事件彻查到底,倘若梁王认罪被杀,那时太后就没有对象发怒了,一定会痛恨切齿你们这些被宠爱的官吏,我很为你着急啊!"王信说:"如何是好?"邹阳说:"倘若长君您能够悄悄地劝说让陛下不要追究梁王之事，那你肯定能稳固地交结好太后，太后也会深入骨髓地感谢你的恩德。你的妹妹就可得到皇帝和太后两宫的宠爱，使得你们的势力如同金城般稳固。以前舜的弟弟象，天天想杀死舜，等到舜立为天子，还是把象封到有卑。由此可知仁人对于自己的兄弟，不会有隔日的怨恨，也不会藏匿怒气，总会爱他亲他的。因此后世才如此赞赏舜的美德。你用这个来说服皇上，期望能将梁王之事作罢。"王信说："行。"就找机会进宫向汉景帝进言，汉景帝才稍稍解除怒气。

是时，太后忧梁事不食，日夜泣不止，帝亦患之。会田叔等按梁事来还，至霸昌厩，取火悉烧梁之狱辞，空手来见帝。帝曰："梁有之乎？"叔对曰："死罪。有之。"上曰："其事安在？"田叔曰："上毋以梁事为问也！"上曰："何也？"曰："今梁王不伏诛，是汉法不行也；伏法而太后食不甘味，卧不安席，此忧在陛下也。"上大然之，使叔等谒太后，且曰："梁王不知也。造为之者，独在幸臣羊胜、公孙诡之属为之耳，谨已伏诛死，梁王无恙也。"太后闻之，立起坐餐，气平复。

梁王因上书请朝。既至关，茅兰说王，使乘布车，从两骑入，匿于长公主园。汉使使迎王，王已入关，车骑尽居外，不知王处。太后泣曰："帝果杀吾子！"帝忧恐。于是梁王伏斧质于阙下谢罪。太后、帝大喜，相泣，复如故，悉召王从官入关。然帝益疏王，不与同车辇矣。帝以田叔为贤，擢为鲁相。

【译文】那时，太后因为担心梁王之事而绝食，早晚都在不停哭泣。汉景帝也很烦恼。恰好田叔等人彻查梁王事件归来，到达霸昌厩，把梁王的供词全部拿火烧掉，两手空空来见陛下。陛下说："梁王有罪状吗？"田叔回答说："有犯死罪的事的。"陛下说:"证据呢?"田叔说:"陛下请别问梁王的事。"陛下说:"原因是什么?"田叔说:"如今梁王有罪而不诛杀,那汉朝的律令就要作废了。如今倘若依法杀了梁王,太后会伤心得吃不下睡不稳,这也是让陛下忧虑的事。"汉景帝极其同意他的做法,就让田叔等人谒见太后,还说:"梁王不晓得刺客的事。计划暗杀事件的人,是他宠爱的官吏羊胜、公孙诡,他们已然依照律令受戮死亡了,梁王一切安好。"太后听后,立刻起身坐着吃饭,精神也恢复了。

因而梁王上书陛下请求朝见。到关口后,茅兰说服梁王,让他乘坐平民车子,只带两个骑兵侍俉入关,藏身到长公主的宅院里。汉派使者迎接梁王,梁王已然入关,骑兵车辆都在外俉,却不晓得梁王下落。太后哭着说:"皇上果真把我儿子杀了!"汉景帝恐惧担心。然后梁王背着刑具,在北阙下向汉景帝谢罪。太后和汉景帝都极其高兴,相对哭泣,感情又和好了。梁王的随从官全被召入进关。可从此汉景帝就更疏远梁王,不与他乘坐同一辆车了。汉景帝觉得田叔很有才能,就把他升作鲁国宰相。

【乾隆御批】田叔案梁事,虽云善处骨肉之间,但所以致此者,以君无能也。太阳出,而爝火自熄矣。然使明季诸臣有一如田叔者,亦何至三案纷争尧尧不已,驯致亡国而后已哉!

【译文】田叔受理梁王刺杀袁盎一事虽然可以说是善于处理骨肉之间的事,但之所以这样,是因为国君无能。太阳升起,炬火自然熄灭。然而假如明代也有一个像田叔一样的大臣,哪里能至于三案翻来覆去争夺不已,最后导致国破家亡呢!

三年（甲午，公元前一四七年）冬，十一月，罢诸侯御史大夫官。

夏，四月，地震。

旱，禁酤酒。

三月，丁巳，立皇子乘为清河王。

秋，九月，蝗。

有星孛于西北。

戊戌晦，日有食之。

初，上废栗太子，周亚夫固争之，不得；上由此疏之。而梁孝王每朝，常与太后言条侯之短。窦太后曰："皇后兄王信可侯也。"帝让曰："始，南皮、章武，先帝不侯，及臣即位乃侯之；信未得封也。"窦太后曰："人生各以时行耳。自窦长君在时，竟不得侯，死后，其子彭祖顾得侯，吾甚恨之！帝趣侯信也。"帝曰："请得与丞相议之。上与丞相议。亚夫曰："高皇帝约：'非刘氏不得王，非有功不得侯。'今信虽皇后兄，无功，侯之，非约也。"帝默然而止。其后匈奴王徐庐等六人降，帝欲侯之以劝后。丞相亚夫曰："彼背主降陛下，陛下侯之，则何以责人臣不守节者乎？"帝曰："丞相议不可用。"乃悉封徐庐等为列侯。亚夫因谢病。九月，戊戌，亚夫免；以御史大夫桃侯刘舍为丞相。

【译文】三年（甲午，公元前147年）冬季，十一月，废除诸侯国的御史大夫官职。

夏季，四月，出现地震。

发生旱灾，严禁卖酒。

三月，丁巳日，封皇子刘乘为清河王。

秋季，九月，发生蝗虫灾害。

西北方有彗星出现。

戊戌晦日，出现日食。

起初，汉景帝废除太子刘栗，周亚夫极力反对，可没有结果；从此汉景帝开始疏远周亚夫。而梁孝王上朝的时候，经常说条侯周亚夫的坏话给太后。窦太后说："皇后的兄长王信可以封为侯。"汉景帝推脱，说："起初南皮侯、章武侯，先帝在世时不把他们封为侯，到了我即帝位才封为侯；王信不能够封侯。"窦太后说："人生在世，要根据各自当时的情况办事。窦长君在世时，儿子彭祖始终没被封为侯，他死后，却被封侯了，我极其感慨！皇上就赶快把王信封为侯吧！"汉景帝说："我要和丞相商量一下。"汉景帝就与丞相商量。周亚夫说："高皇帝有约定：'不是刘氏不能够封王，不是有大功不能够封侯。'如今王信即使是皇后兄长，但无功劳，倘若封他为侯，有违高皇帝的规约。"汉景帝默然而止。而后，匈奴王徐庐等六个人投降汉朝，汉景帝想封为侯以劝勉后人。丞相周亚夫说："他们反叛匈奴国君投降陛下，圣上封他们为侯，日后怎么责怪不守臣节的官吏呢？"汉景帝说："丞相的意见不对。"就把徐庐等人全部封作列侯。周亚夫就托病请求免职。九月，戊戌日，周亚夫免官。任命御史大夫桃侯刘舍为丞相。

**四年**（乙未，公元前一四六年）夏，蝗。

冬，十月，戊午，日有食之。

**五年**（丙申，公元前一四五年）夏，立皇子舜为常山王。

六月，丁巳，赦天下。

大水。

秋，八月，己酉，未央宫东阙灾。

九月，诏："诸狱疑，若虽文致于法，而于人心不厌者，辄谳之。"

地震。

【译文】四年（乙未，公元前146年）夏季，出现蝗虫的祸害。

冬季，十月，戊午日，出现日食。

五年（丙申，公元前145年）夏季，立皇子刘舜为常山王。

六月，丁巳日，大赦天下。

发生水灾。

秋季，八月，己酉日，未央宫东阙发生火灾。

九月，下诏："所有不能明确判断的可疑犯罪案情，即使律令条文规定要处以重刑，可不让人心服的，就再会审决定。"

发生地震。

【康熙御批】汉景帝诏谳疑狱，可谓得钦恤之心矣。盖听狱之际未必尽得其情，及爰书既成，虽若一无可议，其中尚多隐伏。况有几微疑窦，何多置之不问乎？

【译文】汉景帝下诏审理疑难案件，可以说是很有宽恤之心了。因为处理案件的时候完全了解了案件实情，等到笔录已成，虽说好像没有什么可以商议的，但是其中其实还有很多隐情。何况那些很细微的疑点，怎么可以置之不问呢？

六年（丁酉，公元前一四四年）冬，十月，梁王来朝，上疏欲留；上弗许。王归国，意忽忽不乐。

十二月，改诸廷尉、将作等官名。

春，二月，乙卯，上行幸雍，郊五畤。

三月，雨雪。

夏，四月，梁孝王薨。窦太后闻之，哭极哀，不食，曰："帝果杀吾子！"帝哀惧，不知所为；与长公主计之，乃分梁为五国，尽立孝王男五人为王：买为梁王，明为济川王，彭离为济东王，定为山阳王，不识为济阴王；女五人皆食汤沐邑。奏之太后，太后乃说，为帝加一餐。孝王未死时，财以巨万计，及死，藏府馀黄金尚四十馀万斤。他物称是。

【译文】六年( 丁酉，公元前 144 年)冬季，十月，梁王来京师朝见，上书汉景帝请求留在京师，汉景帝不许。梁王回国后，暗自不开心。

十二月，改变廷尉、将作等官名。

二月，乙卯日，汉景帝巡视雍地，到五畤郊祭。

三月，下雪。

四月，梁孝王逝世。窦太后得知后，哭得很伤心，不吃东西。说："皇帝果真杀了我儿子！"陛下既哀伤又害怕，不知如何是好。就与长公主商量，把梁分割成五国，将孝王五个儿子全封为王：刘买为梁王，刘明为济川王，刘彭离为济东王，刘定为山阳王，刘不识为济阴王；把汤沐邑都封给五个女儿。将这些计划上奏给太后，太后才高兴，为汉景帝这样安排吃了一顿饭。孝王没死时，财物巨万，死后，府库还剩余四十几万斤黄金。其余的财物一样多。


上既减笞法，笞者犹不全；乃更减笞三百曰二百，笞二百曰一百。又定箠令：箠长五尺，其本大一寸，竹也；末薄半寸，皆平其节。当笞得笞臀；毕一罪，乃更人。自是笞者得全。然死刑既重而生刑又轻，民易犯之。

六月，匈奴入雁门，至武泉，入上郡，取苑马。吏卒战死者二千人。陇西李广为上郡太守，尝从百骑出，卒遇匈奴数千骑。见广，以为诱骑，皆惊，上山陈。广之百骑皆大恐，欲驰还走。广曰："吾去大军数十里，今如此以百骑走，匈奴追射我立尽。今我留，匈奴必以我为大军之诱，必不敢击我。"广令诸骑曰："前！"未到匈奴阵二里所，止，令曰："皆下马解鞍！"其骑曰："虏多且近，即有急，奈何？"广曰："彼虏以我为走；今皆解鞍以示不走，用坚其意。"于是胡骑遂不敢击。有白马将出，护其兵；李广上马，与十馀骑奔，射杀白马将而复还，至其骑中解鞍，令士皆纵马卧。是时会暮，胡兵终怪之，不敢击。夜半时，胡兵亦以为汉有伏军于旁，欲夜取之，胡皆引兵而去。平旦，李广乃归其大军。

【译文】汉景帝减少了对罪犯的笞打次数之后，受笞刑的人还难保全生命；就再次减少笞刑，该笞打三百下的，减为笞打二百，该笞打二百下的，减为笞打一百。又制定了实施笞刑的法令：用于打人的笞杖，长为五尺，用竹子做成，根部手握之处，竹管的直径为一寸；末梢为半寸薄的竹片，竹节全要磨平。被判处笞刑的人，笞打他的臀部；一个罪人打完之后，才更换行刑的人。从此以后，受笞刑的人就得以保全了。但这样一来，死刑很重而不到死刑的其他惩罚又很轻，百姓就把违法犯罪看得很轻淡了。

六月，匈奴攻入雁门，到达武泉，进上郡，夺去苑中的好马。战死的官吏士兵有两千人。陇西李广为上郡太守时，有次只有一百多骑兵跟随外出，恰逢匈奴几千个骑兵，匈奴瞧见李广，觉得是汉军诱敌用的骑兵，都很惊慌，爬到山上布阵。李广的一百多个骑兵都极其害怕，要驰马逃走。李广说："我们远离大军有几十里，我们一百多骑兵逃走的话，匈奴一旦发现一定会追杀，把我们全部射死。如今我们留下来，匈奴一定觉得我们是汉大军的诱敌之饵，一定不敢攻打我们。"李广命令全部骑兵："向前！"到了离匈奴阵地二里的地方就下令不进，说："都解下马鞍下马！"骑兵们说："敌人靠近我们况且人数很多，倘若攻打我们应该如何是好？"李广说："敌人觉得我们走了，可我们解下马鞍说明我们不走，让他们更觉得我们是诱敌的。"于是胡人骑兵就不敢攻打了。在监视他们的队伍中出现一个骑白马的匈奴将军；李广上马，与十几个骑兵飞奔过去将骑白马的敌将射杀后返回到自己的骑兵队伍中，再次将马鞍解下，下令士兵都放了马，高卧休息。此时恰好黄昏，胡兵一直觉得不解，不敢进攻。半夜之时，胡兵也觉得汉有军队在附近埋伏要在夜晚攻打，因此带领军队远离了。天亮后，李广就返回到大军驻地。

秋，七月，辛亥晦，日有食之。

自郅都之死，长安左右宗室多暴犯法。上乃召济南都尉南阳宁成为中尉。其治效郅都，其廉弗如。然宗室、豪桀皆人人惴恐。

城阳共王喜薨。

**【译文】**秋季，七月，辛亥晦日，出现日食。

自从郅都死后，长安及附近的皇族宗室有许多人凶暴犯法。汉景帝就征召济南都尉南阳人宁成出任中尉。宁成的治政仿效郅都，但清廉不及郅都，然而宗室皇族、地方豪强人人都恐惧不安。

城阳共王刘喜逝世。

**后元年**（戊戌，公元前一四三年）春，正月，诏曰："狱，重事也。人有智愚，官有上下。狱疑者谳有司；有司所不能决，移廷尉；谳而后不当，谳后不为失。欲令治狱者务先宽。"

【译文】后元年(戊戌，公元前143年)春季，正月，汉景帝下诏说："审判案件，是国家的重大政务。人有智愚的不同，官有上下的区别。有疑问的案件要上交给有关机构复审；有关机构仍难以断案的，要上交廷尉复审。下级把疑案送呈上级复审，而发现断案有错误，送呈疑案的官员不必负担任何责任。主要是想让审案的司法官员，一定重视从宽判案。"

三月，赦天下。

夏，大酺五日，民得酤酒。

五月，丙戌，地震。上庸地震二十二日。坏城垣。

秋，七月，丙午，丞相舍免。

乙巳晦，日有食之。

八月，壬辰，以御史大夫卫绾为丞相，卫尉南阳直不疑为御史大夫。初，不疑为郎，同舍有告归，误持其同舍郎金去。已而同舍郎觉亡，意不疑，不疑谢有之，买金偿。后告归者至而归金，亡金郎大惭。以此称为长者，稍迁至中大夫。人或廷毁不疑，以为盗嫂，不疑闻，曰："我乃无兄。"然终不自明也。

【译文】三月，大赦天下。

夏季，汉景帝下诏，特许百姓相聚饮酒五天，允许百姓卖酒。

五月，丙戌日，发生地震。上庸连续地震二十二天。城墙被毁坏了。

秋季，七月，丙午日，丞相刘舍被免官。

乙巳晦日，出现日食。

八月，壬辰日，将御史大夫卫绾任命为丞相，卫尉南阳直不疑被封为御史大夫。起初，直不疑做郎官时，有同住的郎官告假回家，不小心拿错同住郎官的钱走了。没多久同住的郎官发现丢掉金子，怀疑不疑是小偷；不疑跟对方承认谢罪，买来金子给他。而后告假返家的郎官返回，还了金子，丢金子的郎官极其自责。不疑因而被称赞为长者，官位稍稍上迁至中大夫。有人诽谤直不疑，说他与大嫂通奸。不疑听后说："我没有兄长，怎么会有大嫂。"一直不说自己冤枉。

【乾隆御批】无辩息谤，固不失为长者，然无辩足矣。买金而偿，矫情斯甚。且："我乃无兄"不已深于自明乎？苏轼谓："不疑蒙垢求名。"良然。

【译文】不置一辩而平息人的诽谤，固然不失君子风度，然而不加辩解已足够了，却又买了金子去偿还，这也未免太矫情了。不停地说："我乃无兄。"这不算是自我辩白吗？苏轼说直不疑甘心蒙受冤屈是想获取好名声。确实如此。

帝居禁中，召周亚夫赐食，独置大胾，无切肉，又不置箸。亚夫心不平，顾谓尚席取箸。上视而笑曰："此非不足君所乎？"亚夫免冠谢上，上曰："起！"亚夫因趋出。上目送之曰："此鞅鞅，非少主臣也。"

居无何，亚夫子为父买工官尚方甲楯五百被，可以葬者。取庸苦之，不与钱。庸知其盗买县官器，怨而上变，告子，事连污亚夫。书既闻，上下吏。吏簿责亚夫。亚夫不对。上骂之曰："吾不用也！"召诣廷尉。廷尉责问曰："君侯欲反何？"亚夫曰："臣所买器，乃葬器也，何谓反乎？"吏曰："君纵不欲反地上，即欲反地下耳！"吏侵之益急。初，吏捕亚夫，亚夫欲自杀，其夫人止之，以故不得死，遂入廷尉，因不食五日，欧血而死。

是岁，济阴哀王不识薨。

【译文】汉景帝在宫中召见周亚夫，赐食物给他，仅仅为他准备大块没切的肉，还没有准备筷子。周亚夫心有不平，回头找尚席索要筷子。陛下笑着说："如此还不够你用吗？"亚夫脱下帽子下跪给陛下谢罪，陛下说："站起来吧！"亚夫就快步走出宫门。陛下看着他离开，说："看他愤愤不平的样子，确实不能辅助太子。"

不久后，周亚夫的儿子替他父亲买通工官取得能够当成陪葬品的甲盾五百具，却不给工作劳苦搬取甲盾的佣工工钱。佣工清楚亚夫儿子偷买官家器物，就上书偷偷告发亚夫儿子，此事牵涉到亚夫。汉景帝接到上书，就交给法官判决。法官要求录亚夫口供，可亚夫不说话。汉景帝生气地说："我不用你的口供！"就把这件事交给廷尉处理。廷尉责怪周亚夫说："君侯你要反叛吗？"亚夫说："怎么说是要谋反呢？微臣买的是丧葬用的器具。"法官说："你即使不在地上叛乱，也是想要在地下谋反！"掌法的官吏更加急迫地侵辱他。起初，法官逮捕亚夫时，他想自杀，可他的夫人制止了他，他才没死，于是就被交给廷尉判决。亚夫五天没吃饭，最终吐血而亡。

同年，济阴哀王刘不识逝世。

【乾隆御批】夫为将则有功，为相则守正。贾谊所谓可以托不御之权者，庶几近之。反谓"鞅鞅"非少主臣，而"取醇谨无它"之卫绾，何以为知人之明乎？

【译文】周亚夫做大将则能建立功勋，做宰相则能够正直自守。贾谊所说的可以托付国家命运的人，周亚夫差不多算是了。汉景帝反而说他"愤愤不平"不是辅佐太子的臣子,选择了那位"当个中郎将就不再有别的奢望"的卫绾。汉景帝能说是有知人之明吗?

**二年**(己亥,公元前一四二年)春,正月,地一日三动。

三月,匈奴入雁门,太守冯敬与战,死。发车骑、材官屯雁门。

春,以岁不登,禁内郡食马粟;没入之。

夏,四月,诏曰:"雕文刻镂,伤农事者也;锦绣纂组,害女工者也。农事伤则饥之本,女工害则寒之原也。夫饥寒并至而能亡为非者寡矣。朕亲耕,后亲桑,以奉宗庙粢盛、祭服,为天下先;不受献,减太官,省繇赋,欲天下务农蚕,素有蓄积,以备灾害。强毋攘弱,众毋暴寡;老耆以寿终,幼孤得遂长。今岁或不登,民食颇寡,其咎安在?或诈伪为吏,以货赂为市,渔夺百姓,侵牟万民。县丞,长吏也;奸法与盗盗,甚无谓也!其令二千石各修其职;不事官职、耗乱者,丞相以闻,请其罪。布告天下,使明知朕意。"

五月,诏赏算四得官。

秋,大旱。

**【译文】**二年(己亥,公元前142年)春季,正月,一天出现三次地震。

三月,匈奴入侵雁门,太守冯敬与匈奴作战,不幸战死。朝廷征发战车和骑兵、步兵驻防雁门郡。

春季,由于收成不好,严禁内郡百姓喂马粮食,违禁的没收马匹。

夏季,四月,下诏说:"损害到桑织的是编组刺绣;损害到农事的是彩饰雕刻。受冻的原因是桑织受到损害，饥饿的本源是农事受损害。受冻饥饿一块儿出现时很少有百姓能够不为非作歹。皇后自己植桑织布，朕也要自己下田耕种，生产宗庙祭神所需要的祭服、祭品，给天下人做模范。减少膳食官，省去徭役赋税，不接受献物，让天下人可以做桑织农事，让百姓平常有储蓄，来抵抗所有祸害灾难。有钱的人不可侵凌穷人，强壮的人不抢夺弱小者财物；幼童孤儿得以养育，年老的人得以长寿。今年收成不好，民间很少有粮食，怎么回事呢？也许是虚伪欺诈的人做了官，把贿赂财物当作买卖人情的工具，抢占万民资产，抢夺百姓财物。县丞是地位高的官吏，与强盗盗取百姓财物，违犯了律令，确实不应该！如今让所有二千石的官吏都把自己的职务做好。不明事理、昏聩、没做好自己职务的官吏，丞相彻查后报告朕再定罪。把这些规定告诉所有人让他们知道朕的想法。"

五月，下令家中资财达到四万钱的就能够做郎官。

秋季，出现大旱灾。

**三年**（庚子，公元前一四一年）冬，十月，日月皆食，赤五日。

十二月晦，雷；日如紫；五星逆行守大微；月贯天廷中。

春，正月，诏曰："农，天下之本也。黄金、珠、玉，饥不可食，寒不可衣，以为币用，不识其终始。间岁或不登，意为末者众，农民寡也。其令郡国务劝农桑，益种树，可得衣食物。吏发民若取庸采黄金、珠、玉者，坐赃为盗。二千石听者，与同罪。"

甲寅，皇太子冠。

甲子，帝崩于未央宫。太子即皇帝位，年十六。尊皇太后为太皇太后，皇后为皇太后。

**【译文】**三年（庚子，公元前141年）冬季，十月，出现日食、月食，日月连续五天变成赤红色。

十二月底，天空打雷；日光呈紫色；五大行星逆行，停留在太微星座；月亮从天廷中部穿过。

春季，正月，下诏说："农业是天下的根本。黄金、珍珠、美玉之类的东西，饥饿时不能当饭吃，寒冷时不能做衣穿，把它当作货币使用，不知它何时使用何时废止。近来有时年成不好，或许是因为从事工商末业的人多，从事农业的人少。命令郡国官员，一定要提倡发展农桑，多种树，这样就可以得到衣服和食物等用品。官吏如果征发百姓，雇他们去开采黄金、珍珠、美玉，就按偷盗的罪名，把所得作为赃物来定罪处置。二千石官员如果听之任之，也按同样的罪名处置。"

甲寅日，皇太子进行加冠礼。

甲子日，汉景帝在未央宫驾崩。太子就皇帝位，才十六岁。尊皇太后为太皇太后，皇后为皇太后。

**【乾隆御批】**景帝之治远不逮文，而失德之事屡矣。独其休息、爱民，尚不失蒙业而安耳。史臣以之并提成、康，未免失实。

**【译文】**景帝治国远远不如文帝，而屡屡做出有违仁德的事情，唯独他的休养生息、怜惜民力，尚且不失为让国家繁荣安定的措施。史臣把他和文帝与成、康相提并论，未免过于失实。

二月，癸酉，葬孝景皇帝于阳陵。

三月，封皇太后同母弟田蚡为武安侯，胜为周阳侯。

班固赞曰：孔子称："斯民也，三代之所以直道而行也。"信哉！周、秦之敝，罔密文峻，而奸轨不胜，汉兴，扫除烦苛，与民休息；至于孝文，加这以恭俭；孝景遵业。五六十载之间，至于移风易俗，黎民醇厚。周云成、康，汉言文、景，美矣！

汉兴，接秦之弊，作业剧而财匮，自天子不能具钧驷，而将相或乘牛车，齐民无藏盖。天下已平，高祖乃令贾人不得衣丝、乘车，重租税以困辱之。孝惠、高后时，为天下初定，复弛商贾之律；然市井之子孙，亦不得仕宦为吏。量吏禄，度官用，以赋于民。而山川、园池、市井租税之入，自天子以至于封君汤沐邑，皆各为私奉养焉，不领于天下之经费。漕转山东粟以给中都官，岁不过数十万石。继以孝文、孝景，清净恭俭，安养天下，七十馀年之间，国家无事，非遇水旱之灾，民则人给家足。都鄙廪庾皆满，而府库馀货财；京师之钱累巨万，贯朽而不可校；太仓之粟陈陈相因，充溢露积于外，至腐败不可食。众庶街巷有马，而阡陌之间成群，乘字牝者摈而不得聚会。守闾阎者食粱肉，为吏者长子孙，居官者以为姓号。故人人自爱而重犯法，先行义而后绌辱焉。当此之时，罔疏而民富，役财骄溢，或至兼并；豪党之徒，以武断于乡曲。宗室有土，公、卿、大夫以下，争于奢侈，室庐、舆服僭于上，无限度。物盛而衰，固其变也。自是之后，孝武内穷侈靡，外攘夷狄，天下萧然，财力耗矣！

【译文】二月，癸酉日，安葬孝景皇帝于阳陵。

三月，封立皇太后的同母弟田蚡为武安侯，田胜为周阳侯。

班固《汉书》的赞文说：孔子说："现在的民众，与三代圣明的君主推行王道达到天下大治所依靠的民众，没有什么不同。"确实是这样啊！周末、秦代政治的弊病，在于法网繁密，政令严苛，但奸邪盗寇却防不胜防。汉朝建立以后，废除繁苛的法令，让民众休养生息；到孝文帝时，用谨慎俭朴的作风治理国家；

孝景皇帝遵守这种作风。五六十年之间，风俗焕然一新，百姓淳朴敦厚。说到天下大治的时代，周代有成康之治，汉代有文景之治，真是美好啊！

　　汉朝建国，承接的是秦末凋敝的社会残局，营造繁多而财力匮乏，纵是天子都不能配备四匹同样毛色的马匹拉车，将相有的只能坐牛车，平民百姓没有积蓄。天下平定之后，高祖就命令商人不许穿丝织的衣服、不许坐车，并且加重征收他们的租税，用这些办法来控制和羞辱商人。孝惠帝和高后在位时，因为天下刚刚平定，又放松了限制商人的律令，但是商人的子孙，仍然不允许做官为吏。朝廷计算官吏俸禄和官府各项费用的总额，据此向百姓征收赋税。从天子一直到有私邑的封君，都以各自区域内的山川、园池、市井商业税收作为各自费用的来源，而不向朝廷领取经费。经由陆路、水路运输到京师，供给各官府使用的来自崤山以东地区的粮食，每年不过数十万石。接着是孝文帝、孝景帝先后治理国家，清廉公正，谨慎俭朴，安养天下百姓，七十多年之间，国家无事，如果不发生旱涝灾害，百姓就可以人人自给，家家足用。城乡的粮仓都装满了粮食，府库中贮存了剩余的物资；京城国库中的钱累积万万，串钱的绳子都已朽烂，无法清点数目；京城粮仓中的陈旧粟米一层盖一层，装满太仓而流出仓外，只好在外面堆积着，以至于腐烂而不能食用。百姓居住的大街小巷都可看见马，在田野间的马匹更是成群结队，骑母马的人要受到排斥而不能与人聚会。把守里巷大门的人吃的是白米好肉；做官的人长期任职，可在任期内把子孙抚养成人，有的人则把官名作为自己的姓。因此，人人自爱而不愿触犯法律，以行义为先而避免羞辱。在这个时期，法网稀疏，百姓富足，有人依凭钱财骄横不法，以至于兼并土地；那些豪强之辈，在乡间作威作福，横行霸道。享有封地的宗室贵族、大夫、公、卿及以下官员，互相比赛谁更奢侈，房屋、车辆、衣服都不顾地位名分地僭越于上，没有限度。任何事物发展到鼎盛就会走向衰败，这是客观的变化规律。从此之后，孝武帝对内穷奢极欲，对外攻打夷狄各族，天下萧条，财富全都耗费完了！

# 资治通鉴卷第十七　汉纪九

起重光赤奋若，尽强圉协洽，凡七年。

【译文】起辛丑（公元前140年），止丁未（公元前134年），共七年。

【题解】本卷记录了汉武帝刘彻建元元年至元光元年共七年间的历史。主要记录了汉武帝试图夺权，窦太后死，武帝才开始掌权；记录了董仲舒建言"罢黜百家，独尊儒术"；记录了东瓯迁入内地，闽越反汉被平，淮南王刘安上书《谏伐闽越》；记录了汉武帝招纳文学之士，司马相如上书邀宠、东方朔直言敢谏；记录了武帝日益专制，朝臣谄媚，万石君石奋、汲黯的行为形成对比；此外还记录了李广出世。

## 世宗孝武皇帝上之上

建元元年（辛丑，公元前一四〇年）冬，十月，诏举贤良方正直言极谏之士，上亲策问以古今治道，对者百馀人。广川董仲舒对曰："道者，所繇适于治之路也，仁、义、礼、乐，皆其具也。故圣王已没，而子孙长久，安宁数百岁，此皆礼乐教化之功也。夫人君莫不欲安存，而政乱国危者甚众；所任者非其人而所繇者非其道，是以政日以仆灭也。夫周道衰于幽、厉，非道亡也，幽、厉不繇也。至于宣王，思昔先王之德，兴滞补敝，明文、武之功业，周道粲然复兴，此夙夜不懈行善之所致也。

孔子曰：'人能弘道，非道弘人。'故治乱废兴在于己，非天降命，不可得反；其所操持悖谬，失其统也。为人君者，正心以正朝廷，正朝廷以正百官，正百官以正万民，正万民以正四方。四方正，远近莫敢不壹于正，而亡有邪气奸其间者，是以阴阳调而风雨时，群生和而万民殖，诸福之物，可致之祥，莫不毕至，而王道终矣！

**【译文】**建元元年（辛丑，公元前140年）冬季，十月，汉武帝下令推荐贤良、方正、直言极谏的人才，由汉武帝亲自主持考试有关古今治国之道的，参加考试的有一百多人。广川人董仲舒回复说："道是国家达到天下大治所必须经过的道路，而乐、礼、义、仁是具体的工具。所以圣王逝世之后，他的子孙却能够长久地拥有天下，往后好几百年都和平安定，这全是礼乐教化的结果。国君都希望国家和平安定，但政治混乱、国家变得危险的却有很多；是因为国君任用的人才不恰当，而且治理政务的方法也不妥当，最终使得国家败亡。周朝在幽王和厉王的时候逐渐衰败，并不是没有治国之道，而是幽王和厉王不遵守治国之道。直到宣王的时候，他仰慕先王的德政，于是他学习其精华弃其糟粕，重新振兴了文王和武王的功业，使得周朝再次复兴，这是宣王日日夜夜不休不眠地推行善政的结果。

"孔子说：'人能发扬光大道义，而不是道义在发扬光大人。'所以治乱兴废都掌握在君主自己的手中，而不是上天下达的命令，不可违背；如果君主的行为荒谬背离道义，就会失去统治地位。作为君王，就应该内心端正，以端正朝廷，端正了朝廷才能端正百官，端正了百官才能端正天下百姓，端正了天下百姓才能端正全国。端正了全国，则夷狄各族就没有不归顺

资治通鉴

正道的，天下就再没有邪恶奸诈之气掺杂，这样，风调雨顺，阴阳和顺，万物和谐生长，百姓安居乐业，繁衍生息，所有福运吉祥之物，都会一起降临，这时候，真正的王道才算建立！

孔子曰：'凤鸟不至，河不出图，吾已矣夫！'自悲可致此物，而身卑贱不得致也。今陛下贵为天子，富有四海，居得致之位，操可致之势，又有能致之资；行高而恩厚，知明而意美，爱民而好士，可谓谊主矣。然而天地未应而美祥莫至者，何也？凡以教化不立而万民不正也。夫万民之从利也，如水之走下，不以教化堤防之，不能止也。古之王者明于此，故南面而治天下，莫不以教化为大务。立太学以教于国，设庠序以化于邑，渐民以仁，摩民以谊，节民以礼，故其刑罚甚轻而禁不犯者，教化行而习俗美也。圣王之继乱世也，扫除其迹而悉去之，复修教化而崇起之；教化已明，习俗已成，子孙循之，行五六百岁尚示败也。秦灭先圣之道，为苟且之治，故立十四年而亡，其遗毒馀烈至今未灭，使习俗薄恶，人民嚚顽，抵冒殊扞，熟烂如此之甚者也。窃譬之：琴瑟不调，甚者必解而更张之，乃可鼓也；为政而不行，甚者必变而更化之，乃可理也。故汉得天下以来，常欲治而至今不可善治者，失之于当更化而不更化也。

【译文】"孔子说：'凤凰鸟已经不再飞来，洛河已经不再出现龙图，我还是算了，不必再有所作为了！'这是孔子认为自己的德行可以招致这些祥瑞之物，而由于自己地位卑贱再也招致不来这些祥瑞之物，为此感到悲伤。现在陛下贵为天子，拥有四海的财富，处在可以招致祥瑞之物的尊位，掌握了可以招致凤凰鸟、洛河图的权势，同时也具备了招来凤凰鸟、洛河图的才智：德行高尚，恩泽深厚，智慧贤明，心意纯美，爱护百姓，和善士子，可谓是有仁义道德的君主了。可是天地没有感应，祥瑞之物也没有出现，原因是什么呢？大概是因为没有用道义教化百姓，使得他们没有走上正道。百姓们追财逐利，就像水往低处流一样，只能用道义来感化使其约束，而无法阻止。古时候的帝王明白这个道理，所以身为君王治理天下，没有不把教化当作最重要事情的。在都城设立太学以兴起教化，在郡县里设立县学和乡学，用仁政来感化百姓，用道义来磨砺百姓，用礼仪来节制百姓，所以虽然刑罚较轻但是却没有人敢触犯禁令，这真是因为施行教化而风俗美好。圣王继位于乱世，把余留下来的邪风恶俗全都废除，恢复教化，予以崇高的地位；等到做好教化之后，好的习气风俗才会养成，子孙遵循圣上的教化，即使过五六百年也不会衰败。秦朝废弃古圣先贤的教化之道，只注重当下实行的统治政策，所以十四年就衰亡了，秦朝所遗留的毒害和残余影响至今还未清除，使得风俗习气败坏刻薄，百姓欺诈顽劣，屡屡触犯法令，不接受教化，腐败到如此地步。臣私下打个比方：如果琴瑟的音律不协调，严重的时候必须拆下旧弦更换新弦，才能正常弹奏；同样的道理，政令行不通，严重的时候必须彻底革新，才能治理好。所以汉朝得天下以来，一直想取得天下大治的成就，但至今仍旧没有治理好，问题就在于应该改革的时候而没有改革。

"臣闻圣王之治天下也，少则习之学，长则材诸位，爵禄以养其德，刑罚以威其恶，故民晓于礼谊而耻犯其上。武王行大谊，平残贼，周公作礼乐以文之；至于成、康之隆，囹圄空虚四十馀年。此亦教化之渐而仁谊之流，非独伤肌肤之效也。至

资治通鉴

秦则不然，师申、商之法，行韩非之说，憎帝王之道，以贪狼为俗，诛名而不察实，为善者不必免而犯恶者未必刑也。是以百官皆饰虚辞而不顾实，外有事君之礼，内有背上之心，造伪饰诈，趋利无耻，是以刑者甚众，死者相望，而奸不息，俗化使然也。今陛下并有天下，莫不率服，而功不加于百姓者，殆王心未加焉。《曾子》曰：'尊其所闻，则高明矣；行其所知，则光大矣。高明光大，不在于它，在乎加之意而已。'愿陛下因用所闻，设诚于内而致行之，则三王何异哉！

【译文】"臣听说圣王治理天下时，让臣民在幼小的时候就去学习，长大后依据各自的才能授以官位，用官爵俸禄去培养他们的美德，用刑罚去遏制犯罪的发生，所以百姓都懂得礼义并以冒犯长上为耻。周武王施行大义而平定残暴的商纣王，周公制作礼乐制度以此修饰文政；直到周成王、周康王盛世的时候，监狱里四十年没有犯人：这是教化的感化、仁义的影响，而不是严酷刑法的效果。到了秦朝就变了。主张申不害、商鞅的法令，采用韩非的学说，反对圣王的仁义道德，提倡虎狼一样贪心狠毒的风俗，只图其表而不考察其实际，做好事的人未必能免受刑罚，而犯了错误的人也未必一定会受到刑罚。所以朝廷官员都不考察实情，用虚辞掩饰而不注重实际的政务，表面上侍奉君王忠心耿耿，内心却产生了背叛君王的想法，用虚伪来掩饰奸诈，追逐财利，根本没有羞耻之心；所以受刑的人很多，被杀的个个牵连，但犯罪行为却并没有被制止，这正是风俗的影响使他们如此的原因。现在陛下拥有天下，百姓没有不顺服的，但并没有因此给百姓带来功德，可能是因为陛下还没有注意到这个问题吧。《曾子》上说：'尊重自己所听到的，就会变得高明；施行自己所知道的，那么前途就会无限光明。高明光大，不在于别的，只是因为自己内心的专心致志。希望陛下能将所听到的道理，诚心实意地去实行，那么陛下就和夏禹、商汤、周武三王的功德没有什么不一样了！

夫不素养士而欲求贤，譬犹不琢玉而求文采也。故养士之大者，莫大虖太学；太学者，贤士之所关也，教化之本原也。今以一郡、一国之众对，亡应书者，是王道往往而绝也。臣愿陛下兴太学，置明师，以养天下之士，数考问以尽其材，则英俊宜可得矣。今之郡守、县令，民之师帅，所使承流而宣化也；故师帅不贤，则主德不宣，恩泽不流。今吏既亡教训于下，或不承用王上之法，暴虐百姓，与奸为市，贫穷孤弱，冤苦失职，甚不称陛下之意；是以阴阳错缪，氛气充塞，群生寡遂，黎民未济，皆长吏不明使至于此也！

**【译文】**"平时不培养士人但总是想求得贤能之人，就好比不去雕琢玉石而希望它有光彩一样。培养士人的重点，兴办太学是最重要的；太学是造就贤人的地方，推行教化的根源。现在让一郡一国的百姓应对皇帝主持的考试，没有人能应答举贤良文学的政文，这是王道已断绝的缘故。臣希望陛下兴办太学，设置贤明的老师，以此培养天下的士人，经常组织考试，使他们竭尽自己的才能，这样就可以得到天下的英才俊彦了。现如今的郡守、县令，都是百姓的榜样，秉承陛下的德意，宣传陛下的教化；因此这些作为榜样的人如果不贤能，那国君的德威就不能宣扬，恩惠也就不能施于百姓。现在的官吏不仅不能教化民众，还不能执行朝廷的法令，残暴欺压百姓，为了得到财利而狼狈为奸，百姓孤弱贫困，受尽冤屈，失去生业，完全违背了陛下的本意；因此阴阳不调和，凶气充满四周，万物不能正常生长，百姓得不到周济，这都是地方官员昏庸所导致的结果！

夫长吏多出于郎中、中郎、吏二千石子弟，选郎吏又富訾，未必贤也。且古所谓功者，以任官称职为差，非谓积日累久也；故小材虽累日，不离于小官，贤材虽未久，不害为辅佐，是以有司竭力尽知，务治其业而以赴功。今则不然，累日以取贵，积久以致官，是以廉耻贸乱，贤不肖浑殽，未得其真。臣愚以为使诸列侯、郡守、二千石各择其吏民之贤者，岁贡各二人以给宿卫，且以观大臣之能；所贡贤者有赏，所贡不肖者有罚。夫如是，诸吏二千石皆尽心于求贤，天下之士可得而官使也。遍得天下之贤人，则三王之盛易为，而尧、舜之名可及也。毋以日月为功，实试贤能为上，量材而授官，录德而定位，则廉耻殊路，贤不肖异处矣！

"臣闻众少成多，积小致巨，故圣人莫不以暗致明，以微致显；是以尧发于诸侯，舜兴虖深山，非一日而显也，盖有渐以致之矣。言出于己，不可塞也；行发于身，不可掩也；言行，治之大者，君子之所以动天地也。故尽小者大，慎微者著；积善在身，犹长日加益而人不知也；积恶在身，犹火销膏而人不见也；此唐、虞之所以得令名而桀、纣之可为悼惧者也。

**【译文】** "官吏大多是郎中、中郎、二千石官员的子弟，挑选郎官又全都依靠财产，这必然会使得所选的人不一定都是贤能。古人所说的功绩，并不是以官吏政绩的大小来划分等级的，也不是指做官时间的长短；所以才能小的虽然干了许多年，但仍旧还是小官，有贤能的虽然做官的时间没有多久，但也依然可以辅佐大臣，所以官员们都竭尽自己的才能，尽心职守以建立功业。而如今的官员却不这样。只要做官久了就可取得富贵，任职时间长了就可做到高官，于是紊乱了廉耻，贤能与庸碌混淆，无法辨明真伪。臣认为应该派列侯、郡守、二千石以上的官吏挑选各自属下中有才能的人，每年选送二人做宿卫，用这种方法来判断大臣们的才能；如果所推荐的人是贤才，做宿卫，就应该予以赏赐，如果所推荐的人是没有才能的人，就予以责罚。如果按照这个方法，二千石的官员都会尽心尽力去寻求有才能的人，也就可以得到天下的贤士，并予以重任。得到天下所有的贤人，那三王的功业不难建造了，也可享有尧、舜的美名。不能把当官的年限作为升官的标准，要注重他是否有才能，酌情考量才能予以官职，核定其品行后确定其官位，那么廉洁耻辱就会分得清清楚楚，贤能与庸碌也就不会混淆了。

臣听说积小成大，积少成多，所以圣人没有一个不是由默默无闻再到声名远扬的，由地位卑微再到地位显赫。尧兴起于诸侯之位，舜起步于深山之中，都不是一天就显赫起来，而是慢慢积累的。自己所说的话，不可再阻塞起来；自己表现出来的行为，也不可能再掩盖；言行举止，都是治理国家的关键，君子以此来感动天地。所以从小事慢慢做起可以成就大业，谨小慎微的人可以功德彰明；如果本身积累了善行，就好比人不知道身高每天都在增加一样；如果本身积累了恶行，就好比自己没有觉察而灯火已经熬干了灯油；这就是尧、舜得以成就美名，而桀、纣成为后人警惕的原因。

夫乐而不乱，复而不厌者，谓之道。"道者，万世亡敝；敝者，道之失也。先王之道，必有偏而不起之处，故政有眊而不行，举其偏者以补其敝而已矣。三王之道，所祖不同，非其相反，将以救溢扶衰，所遭之变然也。故孔子曰：'无为而治者其舜乎！'改正朔，易服色，以顺天命而已；其馀尽循尧道，何更为哉！故王者有改制之名，亡变道之实。然夏上忠，殷上敬，周上文者，所继之救当用此也。孔子曰：'殷因于夏礼，所损益可知也；周因于殷礼，所损益可知也；其或继周者，虽百世可知也。'此言百王之用，以此三者矣。夏因于虞，而独不言所损益者，其道一而所上同也。道之大原出于天，天不变，道亦不变，是以禹继舜，舜继尧，三圣相受而守一道，亡救敝之政也，故不言其所损益。繇是观之，继治世者其道同，继乱世者其道变。

【译文】"享乐有节制而不淫乱，反复行善而不满足，这就是道义。道义是永远不会有弊害的；弊害之所以会产生是因为道义的丧失。执行先王的道义有所偏废，所以政治昏乱政令行不通，这就要改正偏废之处，以补救政治的弊害。三王的治国之道，依据各有不同，并不是彼此的道义不同，而是为了挽救衰败的时代，所遇到的情况不同而已。所以孔子说：'无为而治的人就是舜啊！'变更历法，修改服色，不过是顺应天命；其他方面要全部遵循尧的治国之道，哪里改变过了呢？所以君王只有更改制度之名，而没有更改治道的实际内容。但是夏朝崇尚忠，殷朝崇尚敬，周朝崇尚礼，这是为了补救上代的缺失，才提出的不同治国方法。孔子说：'殷朝沿用夏朝的礼仪制度，有所增减是可以知道的；周朝沿用殷朝的礼仪制度，有所增减是可以知道的；以后继承周朝而兴盛的，虽然历经百世，也是可以知道的。'这就说明历代君王所用的治国之道就是忠、敬、文三样了。夏朝沿袭虞舜的礼仪制度，不说有所增减，是因为两者的治国之道完全相同，而所崇尚的原则也一样。道义的根源在于天，天不变，道义也就不会变：所以大禹继承了舜的道义，舜继承了尧的道义，因为没有需要改革的弊政，所以不说他们有所增减。

由此看来，如果继承太平盛世，其道义就一样，如果继承乱世，其道义就要有所改变。

"今汉继大乱之后，若宜少损周之文，致用夏之忠者。夫古之天下，亦今之天下，共是天下，以古准今，壹何不相逮之远也！安所缪盭而陵夷若是？意者有所失于古之道与，有所诡于天之理与？

夫天亦有所分予：予之齿者去其角，傅其翼者两其足，是所受大者不得取小也。古之所予禄者，不食于力，不动于末，是亦受大者不得取小，与天同意者也。夫已受大，又取小，天不能足，而况人虖！此民之所以嚣嚣苦不足也。身宠而载高位，家温而食厚禄，因乘富贵之资力以与民争利于下，民安能如之哉！民日削月朘，寖以大穷。富者奢侈羡溢，贫者穷急愁苦；民不乐生，安能避罪！此刑罚之所以蕃而奸邪不可胜者也。天子大夫者，下民之所视效，远方之所四面而内望也。近者视而放之，远者望而效之，岂可以居贤人之位而为庶人行哉！夫皇皇求财利，常恐乏匮者，庶人之意也；皇皇求仁义，常恐不能化民者，大夫之意也。《易》曰：'负且乘，致寇至。'乘车者，君子之位也；负担者，小人之事也。此言居君子之位而为庶人之行者，患祸必至也。若居君子之位，当君子之行，则舍公仪休之相鲁，无可为者矣。

【译文】"现在汉朝在乱世之后兴起，继承乱世，其道必须有所改变，应该减少周朝的礼仪，而提倡夏朝的忠直之道。古时候的天下，也是现在的天下，同样的天下，用古代的天下来衡量现代的天下，为什么古代的天下与现代的天下相比相差甚远，且现代的都比不上古代的天下？为什么政教会错谬乖戾而且慢慢衰败呢? 是古道有所丧失, 还是违背了天理?

"天对于万物的给予是有分别的! 给予牙齿的就不再给予角, 给予翅膀的就只给两只脚, 即得到了大利的, 就不能再获得小利了。在古代的时候得到俸禄, 不靠体力来吃饭, 也不从事商业活动, 这也就是得到了大利, 不能得到小利, 符合天意。如果已经得到了大利, 又再去争夺小利, 天都不能满足他, 更何况是人呢? 这就是百姓之所以怨声载道、为衣食不足而苦恼的原因了。那些受君主宠爱同时又居于高位的人, 家庭富裕的同时又享受厚禄, 仰仗着富贵和权势与百姓争夺利益, 百姓怎能争得过他们呢? 百姓渐渐地走向困境, 最后陷入贫困。富人生活富足, 财富有余, 穷人生活贫困, 内心忧愁; 百姓活着没有兴趣, 怎么可能避免犯罪呢! 这就是刑罚虽然繁多, 而犯罪不能制止的原因。天子、大夫是百姓所效仿的对象, 也是远方民众从四方向中央观望的对象; 近处的人看见模仿, 远处的人远远观望效法, 怎么可以身居高位而做出普通百姓的行为呢? 那些急于追求财利, 又常常担心没有钱财的, 是普通百姓的想法; 急于追求仁义道德的, 常常担心不能感化民众的, 是大夫的想法。《易经》说:"背着财物又坐车, 会引来盗贼。因为坐车是君子才可以的, 而背负重物是普通百姓的事; 这句话是说身居高位的君王, 去做普通百姓做的事, 灾祸必定会因此降临。如果身居君位, 就该有君子的德行, 那么除了用公仪休做鲁国宰相的方法, 实在别无他法。

《春秋》大一统者, 天地之常经, 古今之通谊也。今师异道, 人异论, 百家殊方, 指意不同, 是以上无以持一统, 法制数变, 下不知所守。臣愚以为诸不在六艺之科、孔子之术者, 皆绝其道，勿使并进，邪辟之说灭息，然后统纪可一而法度可明，民知所从矣！"

天子善其对，以仲舒为江都相。会稽庄助亦以贤良对策，天子擢为中大夫。丞相卫绾奏："所举贤良，或治申、韩、苏、张之言乱国政者，请皆罢。"奏可。董仲舒少治《春秋》，孝景时为博士，进退容止，非礼不行，学者皆师尊之。及为江都相，事易王。易王，帝兄，素骄，好勇。仲舒以礼匡正，王敬重焉。

【译文】"《春秋》重视天下一统，这是天地间不变的原则，从古至今不会变更的道理。现如今老师讲的道理大多不相同，人们的言论内容也不同，诸子百家的旨趣也不一样，所以君主也不保留统一的标准，多次改变法制，臣下不知道应当遵守什么好。臣下认为，但凡不属于《六艺》内容与孔子学说的，都应该禁止，不允许它们并存发展，邪辟不正的学说被灭绝，国家的政令才能统一，法度才能明明白白，百姓也知道应该遵从什么了。"

汉武帝很欣赏董仲舒的回答，就封他为江都国丞相。会稽人庄助也以贤良的身份回答汉武帝的策问，汉武帝命他担任中大夫。丞相卫绾上奏说："所推举的贤良，有人研究申不害、韩非、苏秦、张仪的学说而扰乱了国家的政事，臣请求将他们废除。"汉武帝同意了。董仲舒少年时研究《春秋》，孝景帝时为博士，进退的时候不做不合礼节的行为，学者们都尊称他为老师。后来担任江都国丞相，侍奉易王。易王是汉武帝的兄长，一向很骄横，喜欢逞血气之勇。董仲舒以礼仪约束他，易王很敬重地接受了。

【乾隆御批】汉武尚文学。其中邃于经术者首推董仲舒，乃以为江都王傅。而所擢用者，前如赵绾、王臧辈之庸碌，后如庄助、吾丘辈之浮夸，所谓叶公之龙已。

【译文】汉武帝崇尚文学，其中最精通经学的首推董仲舒，于是让他做了江都王的老师。可是汉武帝所选用的人，前面有赵绾、王臧这样的平庸之辈，后面有庄助、吾丘这样的浮夸之徒。汉武帝也不过是叶公好龙而已。

春，二月，赦。

行三铢钱。

夏，六月，丞相卫绾免。丙寅，以魏其侯窦婴为丞相，武安侯田蚡为太尉。上雅向儒术，婴、蚡俱好儒，推毂代赵绾为御史大夫，兰陵王臧为郎中令。绾请立明堂以朝诸侯，且荐其师申公。秋，天子使使束帛加璧、安车驷马以迎申公。既至，见天子。天子问治乱之事，申公年八十馀。对曰："为治者不至多言，顾力行何如耳！"是时，天子方好文词，见申公对，默然，然已招致，则以为太中大夫，舍鲁邸，议明堂、巡狩、改历、服色事。

是岁，内史宁成抵罪髡钳。

【译文】春，二月，大赦天下。

汉朝采用三铢钱。

夏，六月，丞相卫绾被免职。初七，魏其侯窦婴担任丞相一职，武安侯田蚡担任太尉。汉武帝崇尚儒术，窦婴、田蚡都喜好儒术，于是共同推荐代地的赵绾为御史大夫，把兰陵的王臧推荐为郎中令。赵绾请求兴建明堂作为诸侯朝拜的地方，并且推荐他的老师申公。秋季，汉武帝派出使者带上束帛和宝玉，驾着四匹马拉的安车迎接申公。申公到了之后，就去觐见汉武帝。汉武帝询问申公关于治乱的事情，申公年龄已八十多岁了，回答说："治理国家不在多说话，而在多做事。"此时汉武帝正喜爱美妙的文辞，听见申公如此回答，便沉默不语；但是既然已把申公招来了，就任命他为太中大夫，把他安置在鲁国的邸舍中，与他商议设立明堂、四方巡狩、更改历法及服色等事。

同年，内史宁成犯罪，被判剃发，并戴上铁镣服刑。

**二年**（壬寅，公元前一三九年）冬，十月，淮南王安来朝。上以安属为诸父而材高，甚尊重之，每宴见谈语，昏暮然后罢。

安雅善武安侯田蚡，其入朝，武安侯迎之霸上，与语曰："上无太子，王亲高皇帝孙，行仁义，天下莫不闻。宫车一日晏驾，非王尚谁立者！"安大喜，厚遗蚡金钱财物。

太皇窦太后好黄、老言，不悦儒术。赵绾请毋奏事东宫。窦太后大怒曰："此欲复为新垣平邪！"阴求得赵绾、王臧奸利事，以让上。上因废明堂事，诸所兴为皆废。下绾、臧吏，皆自杀。丞相婴、太尉蚡免，申公亦以疾免归。

【译文】二年（壬寅，公元前139年）冬季，十月，淮南王刘安上朝。汉武帝认为刘安是叔父辈而且才能高，因此非常尊重他，每次宴会见面谈话，到日暮黄昏才停止。

刘安和武安侯田蚡的关系一直很好，刘安入朝的时候，田蚡到霸上迎接他，对他说："皇上没有太子，您是高皇帝的亲孙子，若您施行仁义道德，因此扬名于天下。当皇上驾崩的时候，除了您谁还有资格继承皇位呢？"刘安非常高兴，就送给田蚡很多金钱财物。

太皇窦太后喜欢黄老学说，而不喜欢儒家学说。赵绾请求不再向太皇窦太后居住的东宫奏报政事。窦太后听说后非常生气，说："这个人是想成为第二个新垣平吧。"暗中调查赵绾、王臧违法之事，责备汉武帝，汉武帝就下令停止建立明堂，其他兴办之事全都停止。把赵绾、王臧交给狱吏，最终他们都自杀了。丞相窦婴、太尉田蚡被罢免，申公也因病被免职回家。

【申涵煜评】绾、臧以文学得罪，诚不如万石君之躬行。要其文学，亦虚名耳，安有真儒术而为奸利事者？使得如董仲舒者而用之，太后亦何能訾之哉。

【译文】赵绾、王臧因为文学而获罪，实在不如万石君石奋身体力行的品格。总的来说文学，也只是一个虚名而已，哪里有懂得真正的儒术，却做一些非法牟利的事的人呢？假使汉景帝能得到像董仲舒这样的人而任用，窦太后又怎么能说他的坏话呢？

初，景帝以太子太傅石奋及四子皆二千石，乃集其门，号奋为"万石君"。万石君无文学，而恭谨无与比。子孙为小吏，来归谒，万石君必朝服见之，不名。子孙有过失，不责让，为便坐，对案不食；然后诸子相责，因长老肉袒谢罪，改之，乃许。子孙胜冠者在侧，虽燕居必冠。其执丧，哀戚甚悼。子孙遵教，皆以孝谨闻乎郡国。及赵绾、王臧以文学获罪，窦太后以为儒者文多质少，今万石君家不言而躬行，乃以其长子建为郎中令，少子庆为内史。建在上侧，事有可言，屏人恣言极切，至廷见，如不能言者；上以是亲之。庆尝为太仆，御出，上问车中几马，庆以策数马毕，举手曰："六马。"庆于诸子中最为简易矣。

窦婴、田蚡既免，以侯家居。蚡虽不任职，以王太后故亲幸，数言事多效。士吏趋势利者，皆去婴而归蚡，蚡日益横。

【译文】当初，汉景帝因太子太傅石奋和四个儿子都做了二千石官，总计其家五口官秩之和，称石奋为"万石君"。万石君没有文才，但做事谨慎诚敬，没有人比得上。子孙做小官，回来看望他，万石君也必定穿朝服见子孙，不称呼他们的名字。即使子孙有过错，也不责备他们，只坐在一旁，对着餐桌不许吃饭；子孙们相互责备，让长辈脱去他们的上衣，露出臂膀，向他请罪，表示悔改，才允许吃饭。成年子孙坐在他旁边，即使闲暇没事的时候也得戴好官帽。他主持丧事的时候，面容极为悲伤。子孙们按照万石君的教导，都以孝顺谨慎扬名于郡国。后来赵绾、王臧因研究儒学而获罪，窦太后就认为儒生富于文采，但欠缺质朴；现在万石君一家人话不多，却能躬身实行，于是就让万石君的长子石建担任郎中令，小儿子石庆担任内史。石建在汉武帝身边侍奉，需要他进谏的时候，让其他人回避之后极力劝谏，言辞恳切且详细周到，但在百官上朝时，就好像不会讲话一样；汉武帝因此很喜欢他。石庆曾做过太仆，在汉武帝外出时为其驾车，汉武帝问车有几匹马，石庆用马鞭一一点数，然后举起手说："六匹马。"石庆是万石奋儿子中言词最为简赅的。

窦婴、田蚡被免职后，以列侯身份闲居在家。虽然田蚡不任官职，但因与王太后是同母弟的关系而受到汉武帝的亲近，多次提议都被汉武帝采纳；那些趋炎附势的人纷纷离开窦婴，归附田蚡，田蚡日益骄横起来。

春，二月，丙戌朔，日有食之。

三月，乙未，以太常柏至侯许昌为丞相。

初，堂邑侯陈午尚帝姑馆陶公主嫖，帝之为太子，公主有力焉，以其女为太子妃，及即位，妃为皇后。窦太主恃功，求请无厌，上患之。皇后骄妒，擅宠而无子，与医钱凡九千万，欲以求子，然卒无之。后宠浸衰。皇太后谓上曰："汝新即位，大臣未服，先为明堂，太皇太后已怒；今又忤长主，必重得罪。妇人性易悦耳，宜深慎之！"上乃于长主、皇后复稍加恩礼。

上祓霸上，还，过上姊平阳公主，悦讴者卫子夫。子夫母卫媪，平阳公主家僮也。主因奉送子夫入宫，恩宠日隆。陈皇后闻之，恚，几死者数矣。上愈怒。

【译文】春季，二月初一，发生日食。

三月，乙日未，太常柏至侯许昌被任命为丞相。

当初，堂邑侯陈午娶了汉武帝的姑姑馆陶公主刘嫖，汉武帝能够当太子，是得到了刘嫖很大的帮助；因此公主把女儿陈娇嫁给太子做正妃，后来汉武帝即位后，太子妃就升为皇后。窦太主觉得自己很有功劳，向汉武帝无休止地请求赏赐和照顾，汉武帝就认为这是一个祸害。皇后嫉妒骄傲，受到专宠却没有子嗣，求医问药花费了九千万钱，想求得儿子，但最后仍旧是没有孩子；所以后来就渐渐失宠了。皇太后对汉武帝说："你刚刚即位，大臣们还未顺服，就要先建明堂，太皇太后已经非常生气了；现在你又冒犯了长公主，一定会受到重责的。女人都喜欢听好话，你要加倍小心！"于是汉武帝对窦太主、陈皇后的态度稍微缓和，以礼相待。

汉武帝去霸上举行除灾求福的祭祀，回来的时候，途经姐姐平阳公主的家，看中了歌女卫子夫，卫子夫的母亲卫媪是平阳公主家的婢妾，于是平阳公主就把卫子夫送进了宫里，子夫渐渐地受到汉武帝的恩宠。陈皇后听说以后十分生气，几次自杀；汉武帝更加生气了。

子夫同母弟卫青，其父郑季，本平阳县吏，给事侯家，与卫媪私通而生青，冒姓卫氏。青长，为侯家骑奴。大长公主执囚青，欲杀之。其友骑郎公孙敖与壮士篡取之。上闻，乃召青为建章监、侍中，赏赐数日间累千金。既而以子夫为夫人，青为太中大夫。

夏，四月，有星如日，夜出。

初置茂陵邑。

时大臣议者多冤晁错之策，务摧抑诸侯王，数奏暴其过恶，吹毛求疵，笞服其臣，使证其君。诸侯王莫不悲怨。

**【译文】**子夫的同母弟卫青其父亲郑季，原本是平阳县的县吏，后来被派到平阳侯家里当差，和卫媪私通生下了卫青，用母亲的卫姓。卫青长大后，在平阳侯家当车骑奴仆。馆陶公主刘嫖派人把卫青关起来，想杀了他；卫青的好朋友骑郎公孙敖和一帮好汉把卫青救走了。汉武帝得知消息后，就召见卫青，命他担任建章官监兼侍中，大加赏赐，几天就累积了千金。没过多久又把子夫封为夫人，卫青为太中大夫。

夏季，四月，有一颗像太阳一样的星，出现在晚上。

新设茂陵县。

这时大臣们又纷纷议论，都认为晁错被杀十分冤枉，他们想办法想抑制诸侯王，数次向汉武帝上奏诸侯王的罪过，甚至于达到吹毛求疵的地步，还鞭打诸侯王的部下，逼迫他们为其诸侯王做过的罪恶之事做证；各诸侯王都很悲愤怨恨。

**三年**（癸卯，公元前一三八年）冬，十月，代王登、长沙王发、中山王胜、济川王明来朝。上置酒，胜闻乐声而泣。上问其故，对曰：“悲者不可为累欷，思者不可为叹息。今臣心结日久，每闻幼眇之声，不知涕泣之横集也。臣得蒙肺附为东藩，属又称兄。今群臣非有葭莩之亲、鸿毛之重，群居党议，朋友相为，使夫宗室摈却，骨肉冰释，臣窃伤之!"具以吏所侵闻。于是上乃厚诸侯之礼，省有司所奏诸侯事，加亲亲之恩焉。

河水溢于平原。

大饥，人相食。

秋，七月，有星孛于西北。

【译文】三年 ( 癸卯，公元前 138 年 ) 冬季，十月，代王刘登、长沙王刘发、中山王刘胜、济川王刘明入朝拜见汉武帝。汉武帝设置酒宴款待他们，中山王刘胜听到音乐就大哭起来。汉武帝问他为什么哭，他回答说:"悲伤的人听到悲哀的音乐就会更加悲伤，有哀思的人听到叹息会更加哀思。现在臣心中的忧愁已经很久了，听到幽妙精微的音乐，就不知不觉地潸然泪下。作为亲属关系，陛下称我为兄长。臣承蒙皇上的恩典，被皇上封为东方的藩臣，现如今群臣与皇上的关系上没有微薄之亲、鸿毛之重。但群臣结党议论，互相勾结，使皇室宗族被摒弃排斥，骨肉亲情丝毫无存。臣私下感到很悲伤!"并把官史欺凌诸侯的情形报告给了汉武帝。于是汉武帝就以礼厚待诸侯们，减轻有关部门对诸侯的约束，以此来增加皇族宗室亲人之间的情谊。

黄河之水在平原郡泛滥。

全国大饥荒，出现了人吃人的现象。

秋季，七月，有一颗异星出现在西北天空。

济川王明坐杀中傅，废迁房陵。

七国之败也，吴王子驹亡走闽越，怨东瓯杀其父，常劝闽越击东瓯。闽粤从之，发兵围东瓯，东瓯使人告急天子。天子问田蚡，蚡对曰："越人相攻击，固其常；又数反覆，自秦时弃不属，不足以烦中国往救也。"庄助曰："特患力不能救，德不能覆。诚能，何故弃之！且秦举咸阳而弃之，何但越也！今小国以穷困来告急，天子不救，尚安所愬，又何以子万国乎！"上曰："太尉不足与计。吾新即位，不欲出虎符发兵郡国。"乃遣助以节发兵会稽。会稽守欲距法不为发，助乃斩一司马，谕意指，遂发兵浮海救东瓯。未至，闽越引兵罢。东瓯请举国内徙，乃悉举其众来，处于江、淮之间。

【译文】济川王刘明犯了杀死中傅的罪，被废除王位，贬迁到房陵县。

七国败亡以后，吴王的儿子刘驹逃到闽越，怨恨东瓯国杀了他的父亲，经常怂恿闽越攻打东瓯。闽粤王听从了刘驹的建议，派兵包围了东瓯，东瓯国派人向汉武帝告急。汉武帝询问田蚡该如何是好，田蚡回答说："越人互相攻击，是常有的事；他们为人反复无常，从秦开始便不再让他们臣属，这次不必为他们的战事而兴师动众去援救。"庄助说："我只担心力量太小而无法去援救他们，恩德不够无法施加给他们；如果能援救他们为什么要抛弃他们呢？而且秦把咸阳都抛弃了，更何况是闽越呢！现如今小国无法解决困境前来告急，皇上却不援救，他们还有什么人可以求救；而皇上又怎么能够保护全天下的诸侯呢？"汉武帝说："田蚡（太尉指田蚡，但此时田蚡已经不再担任太尉，有误）的观点不可以采纳。我刚刚即位，不想拿出虎符从郡国征兵。"于是就派遣庄助持节向会稽征调军队。会稽郡守根据法令拒绝征调军队，庄助就杀了一名司马，传达了汉武帝的旨意，会稽郡守才愿意发兵渡海去援救东瓯。大军还没有到达，闽越就已经撤退。东瓯请求全国百姓内迁，于是就将全部民众迁移过来，安置在长江、淮河之间。

九月，丙子晦，日有食之。

上自初即位，招选天下文学材智之士，待以不次之位。四方士多上书言得失，自眩鬻者以千数。上简拔其俊异者宠用之。庄助最先进，后又得吴人朱买臣、赵人吾丘寿王、蜀人司马相如、平原东方朔、吴人枚皋、济南终军等，并在左右，每令与大臣辩论，中外相应以义理之文，大臣数屈焉。然相如特以辞赋得幸；朔、皋不根持论，好诙谐，上以俳优畜之，虽数赏赐，终不任以事也。朔亦观上颜色，时时直谏，有所补益。

【译文】九月三十日，发生日食。

汉武帝刚刚即位的时候，就召集天下有文学才华、聪明才智的士子，提拔他们。天下士人中有很多人都上书议论政事的得失，以展示自己的才能，自我推荐的士子数以千计，汉武帝选拔其中优秀的士子予以重任。庄助最先得到提拔；后来又得到吴人朱买臣、赵人吾丘寿王、蜀人司马相如、平原人东方朔、吴人枚皋、济南人终军等，都侍奉在皇帝的左右，让他们经常跟大臣们辩论，互相以义理文辞驳难，大臣们往往都屈服于他们之下。然而司马相如只是因为擅长文辞歌赋而得到宠幸；东方朔、枚皋立论根据不足，但言谈幽默，汉武帝就把他们当艺人蓄养起来，即使经常赏赐，但始终不愿意把国事朝政大事委托给他们。东方朔也仍旧留意汉武帝的神态，察言观色，常常直言进谏，对汉武帝也有所帮助。

是岁，上始为微行，北至池阳，西至黄山，南猎长杨，东游宜春，与左右能骑射者期诸殿门。常以夜出，自称平阳侯，旦明，入南山下，射鹿、豕、狐、兔，驰骛禾稼之地，民皆号呼骂詈。鄠、杜令欲执之，示以乘舆物，乃得免。又尝夜至伯谷，投逆旅宿，就逆旅主人求浆，主人翁曰："无浆，正有溺耳！"且疑上为奸盗，聚少年欲攻之。主人妪睹上状貌而异之，止其翁曰："客非常人也，且又有备，不可图也。"翁不听，妪饮翁以酒，醉而缚之。少年皆散走，妪乃杀鸡为食以谢客。明日，上归，召妪，赐金千斤，拜其夫为羽林郎。后乃私置更衣，从宣曲以南十二所，夜投宿长杨、五柞等诸宫。

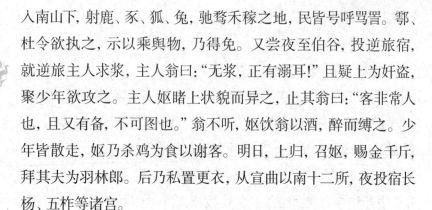

【译文】这年，汉武帝开始微服出行，北到池阳县，西至黄山宫，南到长杨宫打猎，东至宜春宫游乐，和那些擅长骑射的侍卫约定好在殿门会合。经常夜晚出去，把自己称为平阳侯；天刚亮，到达终南山下，射鹿、野猪、狐狸、野兔，马践踏了田地里的庄稼，农夫们大声叫骂。鄠县和杜县的县令要把他们抓起来，侍从们把汉武帝的车驾等物告示县令，才得以脱身。还有一次曾在夜晚到了柏谷，寄宿在客店，向客店老板要汤水，老板说："没有汤水，只有尿水。"老板又怀疑汉武帝是盗贼，召集了一些年轻力壮的小伙子准备攻击汉武帝；老板娘觉得汉武帝气度、相貌都不同于一般人，就阻止她的丈夫说："这位客人不是一般人，而且又有防备，不要对他有所图谋。"店老板不听。老板娘就把他灌醉，捆绑起来。年轻的小伙子们也散去了，老板娘就杀鸡向客人谢罪。第二天，汉武帝回宫，召见老板娘，赐给她千斤黄金。任命店老板为羽林郎。后来汉武帝又设立秘密更衣休息的地方，从宜曲宫以南有十二处，晚上就投宿在长杨宫、五样宫等宫殿。

上以道远劳苦，又为百姓所患，乃使太中大夫吾丘寿王举籍阿城以南，盩厔以东，宜春以西，提封顷畮，及其贾直，欲除以为上林苑，属之南山。又诏中尉、左右内史表属县草田，欲以偿鄠、杜之民。寿王奏事，上大说称善。时东方朔在傍，进谏曰："夫南山，天下之阻也。汉兴，去三河之地，止霸、浐以西，都泾、渭之南，此所谓天下陆海之地，秦之所以虏西戎、兼山东者也。其山出玉石、金、银、铜、铁、良材，百工所取给，万民所印足也。又有秔、稻、梨、栗、桑、麻、竹箭之饶，土宜姜、芋，水多蛙、鱼，贫者得以人给家足，无饥寒之忧；故鄠、镐之间，号为土膏，其贾畮一金。今规以为苑，绝陂池水泽之利而取民膏腴之地，上乏国家之用，下夺农桑之业，是其不可一也。盛荆、棘之林，广狐、菟之苑，大虎、狼之虚，坏人冢墓，发人室庐，令幼弱怀土而思，耆老泣涕而悲，是其不可二也。斥而营之，垣而囷之，骑驰东西，车骛南北，有深沟大渠。夫一日之乐，不足以危无堤之舆，是其不可三也。夫殷作九市之宫而诸侯畔，灵王起章华之台而楚民散，秦兴阿房之殿而天下乱。粪土愚臣，逆盛意，罪当万死！"上乃拜朔为太中大夫、给事中，赐黄金百斤。然遂起上林苑，如寿王所奏。

【译文】汉武帝考虑到路远辛苦，又被百姓当作忧患，就派太中大夫吾丘寿王把阿城以南、盩厔以东、宜春以西这个范围内的土地大小和价值登记在簿籍里面，准备全部规划为上林苑，和终南山连在一起。又下令中尉、左右内史上报各辖区内荒田数目、赠给鄠、杜两县百姓以作为补偿。吾丘寿王办完事情以后回来奏报，汉武帝开心地称好。这时东方朔在一旁，向汉武帝进谏："终南山是天下的屏障，汉兴起时，离开三河，留居在霸水、浐水以西，定都在泾水、渭水以南，这些地方都被称为全国的陆海，也就是秦之所以能够降服西戎，吞并六国的原因。南山上出产玉、石、金、银、铜、铁、木材等材料，各行各业都需要它，百姓们也依赖它维持生计。同时盛产粳、稻、梨、栗、桑、麻、竹箭，土地适合生长姜和芋，水中也有许多青蛙和鱼，贫苦的人得以家家富足，不必再担心饥寒之苦；所以鄠和镐之间，号称是肥沃之地，每亩土地价值一斤黄金。现在把它划为上林苑，断绝了人们林业渔产的经济来源，夺取了百姓们肥沃的土地，使得朝廷缺乏费用，百姓也无法从事耕种植桑，这是不能这样做的第一个理由。让荆棘得以蔓延，扩大狐狸、兔子的活动范围，增大虎狼活动的空间，破坏百姓祖先的坟墓，拆除百姓的房屋，使年幼的为此思念故土，年老的因此伤心流泪，这是不能这样做的第二个理由。赶走百姓而建造上林苑，四周修筑起高大的围墙，策马东西奔驰，驾车南北狂奔，而地面上又有深沟大渠。一时的欢乐，可能危害到皇上没有防备的车驾，这是不能这样做的第三个理由。商纣王在宫中设置九市而导致诸侯反叛，楚灵王建造章华台，导致百姓离散，秦始皇兴造阿房宫而使得天下大乱。我这个地位低下的愚臣冒犯皇上的旨意，罪该万死！"汉武帝就封东方朔为太中大夫，赏赐黄金一百斤。但是还是修建了上林苑，就按照吾丘寿王所奏报。

上又好自击熊、豕，驰逐野兽。司马相如上疏谏曰："臣闻物有同类而殊能者，故力称乌获，捷言庆忌，勇期贲、育，臣之愚，窃以为人诚有之，兽亦宜然。今陛下好陵阻险，射猛兽，卒然遇逸材之兽，骇不存之地，犯属车之清尘，舆不及还辕，人不暇施巧，虽有乌获、逢蒙之技，不得用，枯木朽株，尽为难矣。是胡、越起于毂下而羌、夷接轸也，岂不殆哉！虽万全而无患，然本非天子之所宜近也。宜夫清道而后行，中路而驰，犹时有衔橛之变，况乎涉丰草，骋丘虚，前有利兽之乐，而内无存变之意，其为害也不难矣。夫轻万乘之重不以为安，乐出万有一危之涂以为娱，臣窃为陛下不取。盖明者远见于未萌，而知者避危于无形，祸固多藏于隐微而发于人之所忽者也。故鄙谚曰：'家累千金，坐不垂堂。'此言虽小，可以谕大。"上善之。

【译文】汉武帝又喜欢亲自猎熊、野猪，追捕野兽。司马相如上书劝道："臣听说万物中有类别相同的而才能却不同的，所以力气大的就数乌获，行动敏捷就数庆忌，勇猛就应该是孟贲和夏育。依臣愚见，人的才能确实有不同，野兽也是如此。现在陛下喜爱穿越险要之地，追杀凶猛的野兽，万一突然遇到力大无比又超级凶猛的野兽，一下子猝不及防，冒犯了陛下的随从车辆，车子来不及掉头，侍卫们来不及采取应变措施，虽有乌获、逢蒙的绝技也无法施展，似乎所有枯树朽木都在与陛下为难。这如同胡、越在陛下车毂下反叛，而夷、羌在后车横木上挑衅滋事一样，这样岂不是很危险！即使皇上准备得很周到万无一失，没有祸患，但这些危险本就不应该是天子所接近的。即使清除道路后再走，车子在路中间奔驰，也还会经常出现马具断裂的危险；更何况涉过茂草之中，驰骋在丘陵之上，眼前有捕获猎物的欢乐，心里却无防备，那危害是很容易发生的。放弃皇帝尊贵的地位，不注意自身的安全，却偏偏喜欢冒那种万有一失的危险，并以此为娱乐，臣私下认为陛下这样做是不可取的。聪明的人在灾祸还没有发生之前就已经看出了，而有智慧的人在危险还没有形迹的时候便知道如何躲避，因为灾祸总是隐藏在不轻易被人觉察的地方，而人们疏忽大意的时候发生。所以俗语说：'家藏千金，就不要坐在壁屋的檐下。'这句话

虽然指小事，但可以比喻大事。"汉武帝认为这些话很有道理。

**四年**（甲辰，公元前一三七年）夏，有风赤如血。

六月，旱。

秋，九月，有星孛于东北。

是岁，南越王佗死，其孙文王胡立。

**五年**（乙巳，公元前一三六年）春，罢三铢钱，行半两钱。

置五经博士。

夏，五月，大蝗。

秋，八月，广川惠王越、清河哀王乘皆薨，无后，国除。

【译文】四年（甲辰，公元前 137 年）夏季，刮起一场像血一样红的风。

六月，大旱。

秋季，九月，有一颗异星出现在东北天际。

同年，南越王赵佗去世，其孙文王赵胡继位。

五年（乙巳，公元前 136 年）春季，废除三铢钱，推行半两钱。

设置五经博士。

夏季，五月，出现蝗虫灾害。

秋季。八月，广川惠王刘越、清河袁王刘乘均逝世，因没有后代继位，封国被撤销。

**六年**（丙午，公元前一三五年）春，二月，乙未，辽东高庙灾。

夏，四月，壬子，高园便殿火。上素服五日。

五月，丁亥，太皇太后崩。

六月，癸巳，丞相昌免；武安侯田蚡为丞相。蚡骄侈，治宅甲诸第，田园极膏腴；市买郡县物，相属于道；多受四方赂遗；其家金玉、妇女、狗马、声乐、玩好，不可胜数。每入奏事，坐语移日，所言皆听。荐人或起家至二千石，权移主上。上乃曰："君除吏已尽未？吾亦欲除吏。"尝请考工地益宅，上怒曰："君何不遂取武库！"是后乃稍退。

**【译文】**六年（丙午，公元前135年）春季，二月初三，辽东高祖庙发生火灾。

夏季，四月二十一日，高帝陵园中供便坐休息之殿发生火灾；汉武帝身着素服五天。

五月二十六日，太皇太后去世。

六月初三，丞相许昌被免职；武安侯田蚡担任丞相。田蚡骄横奢侈：建造的住宅比任何大臣的都好，田园都很肥沃；去市场上购买各种郡县所产出物品，车马络绎不绝；经常受到各地贿赂的财物；他家中的金玉、美女、狗马、声乐、珍奇古玩，多得不计其数。每次入朝奏事，坐着谈上大半天，汉武帝把他的建议都采纳了；他推荐人做官，有的已经做到了二千石的位置，把汉武帝的一些大权都弄到了手，汉武帝就对他说："你任命官吏任命完了没有？我也要任命官吏。"田蚡曾请求把考工官署的土地拨给他来扩建住宅，武帝生气地说："你为什么不直接要武库！"从此以后田蚡才稍稍收敛了些。

秋，八月，有星孛于东方，长竟天。

闽越王郢兴兵击南越边邑，南越王守天子约，不敢擅兴兵，使人上书告天子。于是，天子多南越义，大为发兵，遣大行王恢出豫章，大农令韩安国出会稽，击闽越。

淮南王安上书谏曰："陛下临天下，布德施惠，天下摄然，人安其生，自以没身不见兵革。今闻有司举兵将以诛越，臣安窃为陛下重之。

【译文】秋季，八月，有彗星出现在天空的东方，彗尾横扫天际。

闽越王骆郢派兵进攻南越边境的城池；南越王赵胡遵守汉朝的约定，不敢擅自发兵抵抗，就派人上书向武帝告急。于是汉武帝称赞南越王有忠义行为，派遣大军援助，派大行令王恢从豫章出兵，大农令韩安国由会稽出兵，攻打闽越。

淮南王刘安上书劝告汉武帝说："陛下统治天下，推行德行，实施恩惠，天下太平，百姓安乐，都认为这辈子再也不会见到战争了。现在听相关的官员说要出兵攻打越国，臣私下认为陛下应该慎重考虑出兵的事。

越，方外之地，剪发文身之民也，不可以冠带之国法度理也。自三代之盛，胡、越不与受正朔，非强勿强服，威弗能制也，以为不居之地，不牧之民，不足以烦中国也。自汉初定已来七十二年，越人相攻击者不可胜数，然天子未尝举兵而入其地也。臣闻越非有城郭邑里也，处谿谷之间，篁竹之中，习于水斗，便于用舟，地深昧而多水险，中国之人不知其势阻而入其地，虽百不当其一。得其地，不可郡县也，攻之，不可暴取也。以地图察其山川要塞，相去不过寸数，而间独数百千里，险阻、林丛弗能尽著；视之若易，行之甚难。天下赖宗庙之灵，方内大宁，戴白之老不见兵革，民得夫妇相守，父子相保，陛下之德也。越人名为藩臣，贡酎之奉不输大内，一卒之用不给上事；自相攻击，而陛下发兵救之，是反以中国而劳蛮夷也。且越人愚戆轻薄，负约反覆，其不用天子之法度，非一日之积也。壹不奉诏，举兵诛之，臣恐后兵革无时得息也。

【译文】"越是教化之外的地方，那里的人们都剪断头发、刻绘文身，不能用礼仪之邦的法度进行管理。所以从夏、商、周三代起，胡、越都不接受中原的历法，并不是我们不强大，无法征服他们，也不是我们没有威力，无法控制他们；只是认为越人的土地无法居住，百姓也不好统治，不值得劳烦中原王朝为其费心。自汉朝平定天下七十二年以来，越人互相攻击的事件不可胜数，可是皇上从未带兵进入越地。臣听说越人没有城邑、村庄，只是散落居住在山谷之间、竹林之中，习惯于水中作战，熟悉使用小船，地方幽暗深僻，河流险阻；中原的士兵不知地势险恶而深入其中，一百个人也打不过他们的一人。就算占领了他们的土地，也无法设置郡县。进攻的时候，也无法速战速决。从地图上看他们的山川和要塞之间，距离不过几寸，而相距却有数百里甚至上千里那么远，而且险峻地形和丛林都不能清楚地显示在地图上；看起来极其容易，行动起来却十分艰难。天下仰赖祖宗神灵的庇佑，四海之内极其太平，白发老人一生从未见过战争，夫妇得以长相厮守，父子长期互相照顾，这是陛下的恩惠。越人明面上称为我们的属国，却一直不给朝廷上贡，不为朝廷负担一兵一卒的徭役；他们互相攻打，陛下却要发兵援救，这是为了蛮夷而劳烦中原！而且越人天性愚笨鄙薄，为人反复无常，背弃盟约，拒绝接受中原的法令制度，不是一天养成的恶性。越人一不接受天子诏令，就立刻发兵讨伐，臣担心以后战争不会停息了。

"间者，数年岁比不登，民待卖爵、赘子以接衣食。赖陛下德泽振救之，得毋转死沟壑；四年不登，五年复蝗，民生未复。今发兵行数千里，资衣粮，入越地，舆轿而隃领，挖舟而入水，行数百千里，夹以深林丛竹，水道上下击石，林中多蝮蛇、猛兽，夏月暑时，欧泄霍乱之病相随属也；曾未施兵接刃，死伤者必众矣。前时南海王反，陛下先臣使将军间忌将兵击之，以其军降，处之上淦。后复反，会天暑多雨，楼船卒水居击棹，未战而疾死者过半；亲老涕泣，孤子啼号，破家散业，迎尸千里之外，裹骸骨而归。悲哀之气，数年不息，长老至今以为记，曾未入其地而祸已至此矣。陛下德配天地，明象日月，恩至禽兽，泽及草木，一人有饥寒，不终其天年而死者，为之悽怆于心。今方内无狗吠之警，而使陛下甲卒死亡，暴露中原，霑渍山谷，边境之民为之早闭晏开，朝不及夕，臣安窃为陛下重之。

资治通鉴

【译文】"近几年粮食歉收，百姓等待靠出卖爵位和子女，来接济粮食和衣物。承蒙陛下恩泽，得以救济，百姓才不至于死于沟壑之中；接连四年收成不好，第五年又有蝗灾，百姓的生活还没有恢复正常。现在又要派兵远征千里，自备衣服、粮食，深入越人的土地，肩抬着轿翻山越岭，拉着舟船跋涉水中，这样就要走几百里甚至上千里，再加上路途树林茂密，竹子丛生，舟行水中，经常会撞击在石头上；深林中有许多蝮蛇、猛兽，在夏天盛暑时节，上吐下泻，以及霍乱等传染病接连不断地发生；还没有爆发战争，死伤就有了许多。前些时南海王叛变，陛下已去世的大臣刘长派将军简忌带兵讨伐，俘获了他们的军队，将其安置在上淦。后来他们再次叛变，正好天气炎热又多雨，将士们长期居住在舟中，撑篙划桨，还没有开始打仗就已经得病死了大半；父母流泪，孤儿啼哭，变卖全部家产，到千里之外迎接子孙的尸骨，抱着骸骨含泪而归。悲哀的气氛，持续好几年不能停止，年老的人到现在都记忆犹新，当初还没有进入越地灾祸就已经如此严重。陛下的德行可配天地，贤明如同日月，恩泽及于飞禽走兽，爱心施加于一草一木，只要有一个人挨饿受冻而不能终其天年而死，陛下都会为他感到悲怆。现在四海之内太平无事，却要让陛下的士兵死亡，暴尸于荒野，鲜血染红山谷，边境城门早闭晚开，人心惶惶，还担心早晚性命不保。臣私下认为陛下应该慎重考虑出兵的事。

不习南方地形者，多以越为人众兵强，能难边城。淮南全国之时，多为边吏，臣窃闻之，与中国异。限以高山，人迹绝，车道不通，天地所以隔外内也。其入中国，必下领水，领水之山峭峻，漂石破舟，不可以大船载食粮下也。越人欲为变，必先田馀干界中，积食粮，乃入，伐材治船。边城守候诚谨，越人有入伐材者，辄收捕，焚其积聚，虽百越，奈边城何！且越人绵力薄材，不能陆战，又无车骑、弓弩之用，然而不可入者，以保地险，而中国之人不耐其水土也。臣闻越甲卒不下数十万，所以入之，五倍乃足，挽车奉饷者不在其中。南方暑湿，近夏瘅热，暴露水居，蝮蛇蠚生，疾疢多作，兵未血刃而病死者什二三，虽举越国而虏之，不足以偿所亡。

【译文】"不熟悉南方地形的人，都觉得越国人多兵强，能侵扰边境城市。淮南还没有被分成淮南、衡山、庐江这三国的时候，很多人在边境做过官，臣私下听他们说，越国的风土与中原不同；越国境内高山险阻，人迹罕至，车辆不通，自然的地理条件使他们内外隔绝。他们进入中原，一定要从领水而下，而领水两岸的山势高峻陡峭，水流湍急，能把石头冲走击破舟船，不能用大船运载粮食。如果越人要反叛，一定会先在馀干境内开荒种田，然后侵扰边境，再伐木造船。而我们边城的守卫也很谨慎，如果有越人犯边伐木的，常常会拘捕他们，烧毁他们所积聚的木材，就是百个越人的部落联合行动，对我们的边城也是无可奈何的！而且越人身单力薄，不擅长在陆地作战，又没有车骑、弓箭等武器装备，然而越国之所以不容易被人攻击，是因为他们据守险要的地势，而中原人也不适应越地的水土。臣听说越国的兵士有数十万，所以我们想要攻入越地，就要有五倍于他们的兵力，拉车运粮的士兵还不包括在内。南方天气潮热，临近夏天的时候非常容易患瘴热（一种疟疾），暴露在阳光下，住在水上，蝮蛇毒虫侵扰，就会出现疾病。士兵还没有和敌人开战，就有十分之二三的已经病死了，就是把全部的越国人俘虏了，也不能够补偿我们的损失。

"臣闻道路言：闽越王弟甲弑而杀之，甲以诛死，其民未有所属。陛下若欲来，内处之中国，使重臣临存，施德垂赏以招致之，此必携幼扶老以归圣德。若陛下无所用之，则继其绝世，存其亡国，建其王侯，以为畜越，此必委质为藩臣，世共贡职。陛下以方寸之印，丈二之组，填抚方外，不劳一卒，不顿一戟，而威德并行。今以兵入其地，此必震恐，以有司为欲屠灭之也，必雉兔逃，入山林险阻。背而去之，则复相群聚；留而守之，历岁经年，则士卒罢倦，食粮乏绝，民苦兵事，盗贼必起。臣闻长老言：秦之时，尝使尉屠睢击越，又使监禄凿渠通道，越人逃入深山林丛，不可得攻；留军屯守空地，旷日引久，士卒劳倦；越出击之，秦兵大破，乃发適戍以备之。当此之时，外内骚动，皆不聊生，亡逃相从，群为盗贼，于是山东之难始兴。兵者凶事，一方有急，四面皆耸。臣恐变故之生，奸邪之作，由此始也。

【译文】"臣得到消息说：闽越王骆郢已被他的弟弟甲杀了，

甲也因此被杀，越人没有首领统治。陛下如果想让他们归顺，就应该派出大臣去慰问他们，用恩德、奖赏招纳他们来，他们一定会携幼扶老来归顺陛下的。如果陛下不想让他们来中原居住，就应该为他们另册封新君，使其世世代代延续，让其灭亡的国家重新获得生存，建立王侯制度，以此畜养越国，他们一定会派人质到中原，永远做汉朝的藩臣，世世代代效忠纳贡。陛下只要用一寸见方的印策，一丈二尺长的经带，就可以震慑境外的民众，无须劳费一兵一车，不损坏一件兵器，而陛下的恩威俱在越地。现在派兵深入越地。一定会引起他们的惊恐，以为我们要对他们赶尽杀绝，一定会像野兔、雉鸡一样逃窜到山林险阻之地。如果离开越地，他们又会聚集起来，留下驻守，积年累月，百姓为战争所苦，粮食缺乏，盗贼就会纷纷兴起。臣听老年人说：秦的时候，曾经派都尉屠睢攻击越国，又派监郡御史禄开凿渠道运输军饷，越人逃入深山丛林之中，攻不进去；就让军队驻守在这些空地，时间久了以后，士兵们都感到十分疲惫，越人出击，最后秦军大败。于是又把犯罪的人召集来让他们来防御越人。当时，内外动乱，民不聊生，因此结伴逃亡，相互勾结为盗贼，于是，崤山以东的诸侯乘机起事。战争是凶险的事，一方情况紧急，四面都要惊动。臣担心恐怕发生了变乱，其他奸罪之事就会从此开始。

"臣闻天子之兵有征而无战，言莫敢校也。如使越人蒙徼幸以逆执事之颜行，厮舆之卒有一不备而归者，虽得越王之首，臣犹窃为大汉羞之。陛下以四海为境，生民之属，皆为臣妾。垂德惠以覆露之，使安生乐业，则泽被万世，传之子孙，施之无穷，天下之安，犹泰山而四维之也，夷狄之地，何足以为一日之闲，而烦汗马之劳乎！《诗》云：'王犹允塞，徐方既来。'言王道甚大而远方怀之也。臣安窃恐将吏之以十万之师为一使之任也！"

**【译文】**"臣听说天子的军队只征讨而不参与战争，意思是说没有人能与天子的军队抗衡。如果越人怀着侥幸心理来同我军对战，我军的贱役中有一人受伤而不能归队，就算是砍下了越王的头颅，臣还是私下为大汉感到羞辱。陛下以四海作为边境，所有百姓都是陛下的奴仆。陛下把恩泽施加给天下百姓，使百姓安居乐业，则陛下的恩泽将覆盖万世，传给子孙，施惠至世世代代，无穷无尽，那天下安定，就如同四面联系起来的泰山一样；夷伙之地，不值得天子花一天的时间游乐，以免受汗马之劳的烦劳！《诗经》上说：'王道真能普及天下，徐国会自然归降。'这句话的意思是王道伟大，远方的民众也都愿意来归服。臣私下以为将官们率十万士兵去办的事，只要一个使臣就可以办好！"

是时，汉兵遂出，未逾领，闽越王郢发兵距险。其弟馀善乃与相、宗族谋曰："王以擅发兵击南越不请，故天子兵来诛。汉兵众强，即幸胜之，兵来益多，终灭国而止。今杀王以谢天子，天子听，罢兵，固国完；不听，乃力战；不胜，即亡入海。"皆曰："善！"即鏦杀王，使使奉其头致大行。大行曰："所为来者，诛王。今王头至，谢罪；不战而殒，利莫大焉。"乃以便宜案兵，告大农军，而使使奉王头驰报天子。诏罢两将兵，曰："郢等首恶，独无诸孙繇君丑不与谋焉。"乃使中郎将立丑为越繇王，奉闽越先祭祀。馀善已杀郢，威地于国，国民多属，窃自立为王，繇王不能制。上闻之，为馀善不足复兴师，曰："馀善数与郢谋乱，而后首诛郢，师得不劳。"因立馀善为东越王，与繇王并处。

【译文】这时，汉军已经出发，还未越过山岭，闽越王骆郢已经发兵把守险要抵抗。其弟骆余善就与宰相、王族商量说："大王擅自发兵攻击南越，发动之前没有请示汉朝。所以天子派兵来讨伐。汉军人多兵强，即使我们侥幸取胜，汉朝也还会派来更多的军队，直到我们全部夭亡为止。现在我们杀掉大王以向天子谢罪，天子的军队就会班师回朝，我国就得以保全；如果天子不接受，我们就与他拼死作战；如果我们不能取胜，就逃亡海上。"大家都说："好！"便用短矛杀了闽越王，派使者把闽越王的头颅送给了大行令王恢。王恢说："我们来就是为了杀死越王。现在你们把他的头颅送来，又以此谢了罪，没有开战闽越王就死了，真是一件大好事。"于是便让部队驻守在方便的地方，停止继续进兵，并告知大农令的部队，又派人拿着闽越王的头颅急报天子。天子诏令两位将军息兵，说："骆郢等人是罪魁祸首，只有无诸的孙子繇君丑没有参与此事。"于是就派中郎将立丑为越繇王，祭祀闽越的祖先。骆余善杀了骆郢，威震全国，民众拥护他，他就自立为王，繇王不能制止。武帝知道以后，认为此事不值得再次出动大军，就说："骆余善多次和郢策划叛乱，但后来领头杀了郢，让我们汉朝的军队免受战争的劳苦。"于是就封骆余善为东越王，与繇王共同治理国家。

上使庄助谕意南粤。南粤王胡顿首曰："天子乃为臣兴兵讨闽越，死无以报德！"遣太子婴齐入宿卫，谓助曰："国新被寇，使者行矣，胡方日夜装，入见天子。"助还，过淮南，上又使助谕淮南王安以讨越事，嘉答其意，安谢不及。助既去南越，南越大臣皆谏其王曰："汉兴兵诛郢，亦行以惊动南越。且先王昔言：'事天子期无失礼。'要之，不可以说好语入见，则不得复归，亡国之势也。"于是胡称病,竟不入见。

是岁,韩安国为御史大夫。

【译文】汉武帝就派庄助谕告南越王讨伐的经过。南越王赵胡叩头说:"天子能为小臣兴兵讨伐闽越,臣就是死也无以报答天子的恩德!"于是就派遣太子婴齐到汉朝的宫廷做宿卫,对庄助说:"我国刚刚遭受侵扰,请使者先回,我正日夜赶做衣裳,准备觐见天子。"庄助回去的时候,途经淮南国,汉武帝又让庄助向淮南王刘安谕告讨伐闽越的事,还褒奖刘安上书的好意,刘安称谢并表示自己没有天子那般远见。庄助离开南越后,南越的大臣们都劝告南越王说:"汉朝兴兵杀骆郢,也是借此震慑南越。况且先王赵佗曾说:'侍奉天子不要失礼就行了。'总之,不要听信使臣的好话,去觐见天子,不然的话就回不来了,这是要亡国的情势。"于是赵胡就称病,最终还是没有入朝去觐见汉武帝。

这年,韩安国担任御史大夫。


东海太守濮阳汲黯为主爵都尉。始,黯为谒者,以严见惮。东越相攻,上使黯往视之;不至,至吴而还,报曰:"越人相攻,固其俗然,不足以辱天子之使。"河内失火,延烧千馀家,上使黯往视之;还,报曰:"家人失火,屋比延烧,不足忧也。臣过河南,河南贫人伤水旱万馀家,或父子相食,臣谨以便宜,持节发河南仓粟以振贫民。臣请归节,伏矫制之罪。"上贤而释之。其在东海,治官理民,好清静,择丞、史任之,责大指而已,不苟小。黯多病,卧闺阁内不出。岁馀,东海大治,称之。上闻,召为主爵都尉,列于九卿。其治务在无为,引大体,不拘文法。

【译文】东海太守濮阳人汲黯升为主爵都尉,列于九卿。开始，汲黯担任谒者，因威严而让人敬畏。东越相互攻打的时候，汉武帝派汲黯前去暗中视察，还没有到东越，只到了吴郡就回来了，报告陛下说："越人相互攻击，他们的本性就是如此，不值得劳烦天子的使者。"河内郡失火，连续烧了一千多家的房子，汉武帝派汲黯前去视察，回来后报告说："百姓家失火，是因为房屋彼此靠得太近，火势蔓延，没有什么可值得忧虑的。臣途经河南的时候，河南遭受水、旱之灾的有一万多户人家，甚至有父子相食的悲惨之事发生，因此臣谨慎地便宜行事，手里拿着符节打开河南粮仓以救济灾民。臣恳请归还符节，甘愿接受矫制之罪。"汉武帝认为他有实德就没有降罪于他。汲黯在东海镇守的时候，整肃官吏，治理百姓，喜好清静无为，挑选好的丞、史处理政事，汲黯只把握大的方向，不去苛求细微的小事。汲黯经常生病，躺在内室中不出门；一年以来，把东海治理得很好，受人称赞。汉武帝听说后，召见他并让他做主爵都尉，位列九卿。他做事在于无为而治，总览大局，不拘于法令条文。

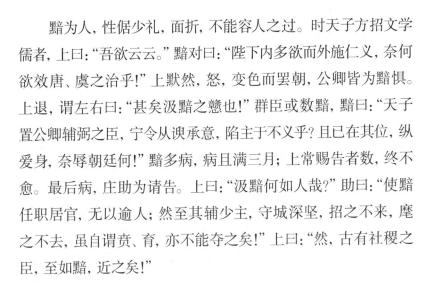

黯为人，性倨少礼，面折，不能容人之过。时天子方招文学儒者，上曰："吾欲云云。"黯对曰："陛下内多欲而外施仁义，奈何欲效唐、虞之治乎！"上默然，怒，变色而罢朝，公卿皆为黯惧。上退，谓左右曰："甚矣汲黯之戆也！"群臣或数黯，黯曰："天子置公卿辅弼之臣，宁令从谀承意，陷主于不义乎？且已在其位，纵爱身，奈辱朝廷何！"黯多病，病且满三月；上常赐告者数，终不愈。最后病，庄助为请告。上曰："汲黯何如人哉？"助曰："使黯任职居官，无以逾人；然至其辅少主，守城深坚，招之不来，麾之不去，虽自谓贲、育，亦不能夺之矣！"上曰："然，古有社稷之臣，至如黯，近之矣！"

匈奴来请和亲，天子下其议。大行王恢，燕人也，习胡事，议曰："汉与匈奴和亲，率不过数岁，即复倍约；不如勿许，兴兵击之。"韩安国曰："匈奴迁徙鸟举，难得而制，自上古不属为人。今汉行数千里与之争利，则人马罢乏；虏以全制其敝，此危道也。不如和亲。"群臣议者多附安国。于是上许和亲。

【译文】汲黯为人，倨傲不讲礼节，经常当面给人以难堪，不能容忍别人的过错。当时汉武帝正招募有学识的儒士，汉武帝说："我想如何如何。"汲黯说："陛下内心满是欲望，而表面上却总是说要实行仁政，这如何能学习尧、舜的治道方法！"汉武帝沉默不语，紧接着就生气了，变了脸色。朝会结束后，公卿们都替汲黯担心。汉武帝退朝后，对左右侍卫说："汲黯简怎么能如此愚直呢？"有些大臣指责汲黯，汲黯说："天子设置公卿辅佐之臣，岂敢阿谀奉承，陷陛下于不义的境地！更何况我身居此位，纵然爱惜自己的身体，怎能让朝廷受辱？"汲黯经常生病，生病快三个月了；汉武帝多次让他休假，但是病一直都没有痊愈。最后又生病了，庄助代他请假，武帝说："汲黯这人怎样？"庄助说："如果让汲黯做官，他的能力不会超过一人；但是如果让他辅佐年幼的君王，一定能坚守城池，请也请不来，赶也赶不走，纵然自认为像孟贲、夏育一样勇猛的人，也不能动摇他！"汉武帝说："是。古代有哪些社稷之臣，像汲黯这样的，可以说是很接近的了。"

匈奴派使者来请求和亲，汉武帝让大臣们商讨。大行令王恢是燕国人，熟悉匈奴的情况，便建议说："汉朝和匈奴和亲，这种关系维持不了几年，就背弃了盟约；就应该拒绝他们，发兵攻打。"韩安国说："匈奴迁徙像鸟儿一样，难以制伏，自古以来，大家都不把他们当人看。现在汉军北上千里与他们争利，必然会人困马乏；而敌人以逸待劳，这是十分危险的。倒不如答应和亲吧。"群臣中多数都赞同韩安国的建议，于是汉武帝决定和匈奴和亲。

**元光元年**(丁未，公元前一三四年)冬，十一月，初令郡国举孝廉各一人，从董仲舒之言也。

卫尉李广为骁骑将军，屯云中；中尉程不识为车骑将军，屯雁门。六月，罢。广与不识俱以边太守将兵，有名当时。广行无部伍、行陈，就善水草舍止，人人自便，不击刁斗以自卫，莫府省约文书；然亦远斥候，未尝遇害。程不识正部曲、行伍、营陈，击刁斗，士吏治军簿至明，军不得休息；然亦未尝遇害。不识曰："李广军极简易，然虏卒犯之，无以禁也。而其士卒亦佚乐，咸乐为之死。我军虽烦扰，然虏亦不得犯我。"然匈奴畏李广之略，士卒亦多乐从李广而苦程不识。

【译文】元光元年(丁未，公元前134年)冬季，十一月，由于接受了董仲舒的建议。首次下令各郡国推举"孝"和"廉"各一人。

卫尉李广担任骁骑将军，驻守云中郡，中尉程不识担任车骑将军，镇守雁门郡。六月，撤军。李广和程不识都以边境太守的身份带兵，在当时都很有名。李广行军作战时不约束队伍，也没有布阵，只在水草附近的地方扎营，士兵们都很方便，也不击铜铃作为警卫，幕府文书也十分简单。他还是把视察兵派得很远，但是他还没有遇到过袭击。程不识整治军队，行军整齐，宿营布阵，击打钢铃，官吏处理军中文书直到天亮，军队难得有休息的时间，但也没有遇到过袭击。程不识说："李广管理军队极为简单，如果敌人突然进攻，就会无法抵抗了，但他的士兵都安逸快乐，都愿意为李广战死。虽然我的军队管理烦琐，但敌人也不敢侵犯我。"可是匈奴更畏惧李广的胆识，士兵也都愿意跟从李广，而不愿跟从程不识。

**【乾隆御批】**士卒乐李广之宽而苦程不识之严，盖以李之将略本优于程。所谓神而明之，存乎其人耳。若论行军之常经，则纪律森严自当以程为正。

**【译文】**士兵喜欢李广的宽松而苦于程不识的严格，是因为李广为将的谋略本来就比程不识优秀。这就是所谓神明存在其身。要说行军的常规，程不识的军队纪律严明则是正道。

◆臣光曰:《易》曰:"师出以律，否臧凶。"言治众而不用法，无不凶也。李广之将，使人人自便。以广之材，如此焉可也；然不可以为法。何则? 其继者难也，况与之并时而为将乎! 夫小人之情，乐于安肆而昧于近祸，彼既以程不识为烦扰而乐于从广，且将仇其上而不服。然则简易之害，非徒广军无以禁虏之仓卒而已也。故曰"兵事以严终"，为将者，亦严而已矣! 然则效程不识，虽无功，犹不败；效李广，鲜不覆亡哉! ◆

夏，四月，赦天下。

五月，诏举贤良、文学，上亲策之。

秋，七月，癸未，日有食之。

**【译文】**◆臣司马光说:《易经》上说:"军队出动要谨守纪律，否则就会带来祸害。"说明治理大军如果不用法令，必然会发生祸害。李广带兵，让士兵们自由随性。以李广的才能，是可以这样做的，但不可以效仿他。为什么呢? 因为后人像他一样是很难的，更何况跟他同时为将的人! 普通人的本性，大多追

资治通鉴

求安逸快乐而无法看清身边的灾祸，这些士兵既然认为程不识烦琐而都愿意跟从李广，势必会引起仇视上级而不服从命令的事情。由此可见疏略简易军律的害处，不只是李广军队无法抵抗敌人的突然袭击罢了！所以说"军事行动要以军纪严明贯彻始终"，带兵的人，也只有严格行事才可以。效仿程不识即使没有战功，但也不会失败；效仿李广，就很有可能会灭亡啊！◆

夏季，四月，大赦天下。

五月，汉武帝亲自主持考试，推荐选拔贤良、有文学才能的人。

秋季，七月二十九日，发生日食。

# 资治通鉴卷第十八　汉纪十

起著雍涒滩，尽柔兆执徐，凡九年。

**【译文】**起戊申（公元前133年），止丙辰（公元前125年），共九年。

**【题解】**本卷记录了汉武帝刘彻元光二年至元朔四年共九年间的历史。主要记录了汉武帝元光二年在马邑伏击匈奴，因消息走漏失败，汉、匈双方持续战争，汉朝派卫青领军对匈奴进行关市之战、雁门之战，以及汉朝收复河南、设朔方郡等等。记录了唐蒙、司马相如怂恿汉武帝与西南夷通，与张骞通西域；记录了武帝舅田蚡跋扈专权，杀害窦婴、灌夫；记录了公孙弘念《公羊春秋》而封侯拜相；记录了主父偃建言"推恩法"；记录了武帝信用酷吏张汤、赵禹，以及汉武帝被骗子李少君、谬忌等人愚弄等等。

## 世宗孝武皇帝上之下

**元光二年**（戊申，公元前一三三年）冬，十月，上行幸雍，祠五畤。

李少君以祠灶却老方见上，上尊之。少君者，故深泽侯舍人，匿其年及其生长，其游以方遍诸侯，无妻子。人闻其能使物及不死，更馈遗之，常馀金钱、衣食。人皆以为不治生业而饶给，又不知其何所人，愈信，争事之。少君善为巧发奇中。尝从武安侯饮，坐中有九十馀老人，少君乃言与其大父游射处；老人为儿时从其大父，识其处，一坐尽惊。少君言上曰："祠灶则致物，致物而丹沙可化为黄金，寿可益，蓬莱仙者可见；见之，以封禅则不死，黄帝是也。臣尝游海上，见安期生，食臣枣，大如瓜。安期生仙者，通蓬莱中，合则见人，不合则隐。"于是，天子始亲祠灶，遣方士入海求蓬莱安期生之属，而事化丹沙诸药齐为黄金矣。居久之，李少君病死，天子以为化去，不死；而海上燕、齐怪迂之方士多更来言神事矣。

**【译文】**（戊申，公元前 133 年）冬季，十月，汉武帝刘彻巡行去雍州，祭祀五帝之神。

　　汉武帝很尊敬有用祭祀灶神能长寿不老方法的李少君。李少君是已故的深泽侯舍人，他以长生不老的方术游遍诸侯，没有妻子儿女，隐瞒生长地和他的年龄。因为人家都知道他能长生不死和役使鬼物，都送他很多物品，他的衣食、金钱经常有余而用不完。大家都不知道他是一个什么样的人，觉得少君能生活富足却不营产业因此更加争抢着侍奉他，相信他。少君擅长巧妙说话，并且说得很准。他曾经陪武安侯喝酒，有一个九十几岁的老客人，少君说他与老人的祖父一起射过箭还说出那个地方。使得在座的客人都大吃一惊的是老人儿时曾陪祖父射过箭，知道那地方。少君对圣上说："灶神祭祀能够役使鬼物，可以役使鬼物就可以让丹沙变成黄金，从而增加寿命，能够看到蓬莱山仙人；封禅的祭祀放在看到蓬莱仙人之后，就能像黄帝一样长生不死。臣曾经去海上游历过，看到送给臣大得像瓜一样的枣子吃的仙人安期生。安期生往来于蓬莱山，不合意的话就隐居起来，合意就现身如凡人。"汉武帝于是便开始亲自祭祀灶神，让方士去找蓬莱安期生之类的仙人，还要将丹沙等药剂化成黄金。没住多久，李少君病死了，汉武帝认为他不是死去而是升天化去，所以海边齐、燕迂诞怪异的方士，便更喜欢谈神怪的事了。

【申涵煜评】少君病死，天子以为化去不死，其愚至此。是知异端非能惑人，人自惑之耳。如淮南反诛，世传拔宅，真不根之言。予尝读《神僧传》，见无不死之神僧，则非神僧可知矣。

【译文】李少君病死了，汉武帝却以为他是飞升成仙而去，他的愚笨到了这种地步。以此知道这些异端邪说并不能迷惑人，是人自己迷惑自己罢了。像淮南王刘安造反被杀，世人却传说他飞升成仙了，真是毫无根据的话。我曾经读过《神僧传》，却看到没有不死的神僧，那么就可知他们不是神僧了。

亳人谬忌奏祠太一。方曰："天神贵者太一，太一佐曰五帝。"于是天子立其祠长安东南郊。

雁门马邑豪聂壹，因大行王恢言："匈奴初和亲，亲信边，可诱以利致之，伏兵袭击，必破之道也。"上召问公卿。王恢曰："臣闻全代之时，北有强胡之敌，内连中国之兵，然尚得养老、长幼，种树以时，仓廪常实，匈奴不轻侵也。今以陛下之威，海内为一，然匈奴侵盗不已者，无他，以不恐之故耳。臣窃以为击之便。"韩安国曰："臣闻高皇帝尝围于平城，七日不食；及解围反位而无忿怒之心。夫圣人以天下为度者也，不以己私怒伤天下之功，故遣刘敬结和亲，至今为五世利。臣窃以为勿击便。"恢曰："不然。高帝身被坚执锐，行几十年，所以不报平城之怨者，非力不能，所以休天下之心也。今边境数惊，士卒伤死，中国槽车相望，此仁人之所隐也。故曰击之便。"安国曰："不然。臣闻用兵者以饱待饥，正治以待其乱，定舍以待其劳；故接兵覆众，伐国堕城，常坐而役敌国，此圣人之兵也。今将卷甲轻举，深入长驱，难以为功；从行则迫胁，衡行则中绝，疾则粮乏，徐则后利，不至千里，人马乏食。《兵法》曰：'遗人获也'，臣故曰勿击便。"恢曰："不然。臣今言击之者，固非发而深入也。将顺因单于之欲，诱而致之边，吾选枭骑、壮士阴伏而处以为之备，审遮险阻以为其戒。吾势已定，或营其左，或营其右，或当其前，或绝其后，单于可禽，百全必取。"上从恢议。

**【译文】**亳人谬忌禀告汉武帝祭祀太一神的方策说："太一神的配祭是五帝之神，太一神是天神中最高贵的。"汉武帝于是建立太一神庙在长安东南的郊外。

家住雁门郡马邑县的豪富聂壹，通过大行令王恢给汉武帝传话说："汉与匈奴刚结亲和好，相信而且亲近我们，我们能够用利引诱他们前来边境，随后用偷袭攻打埋伏的军队，这是一定能够胜利的办法。"汉武帝找来公卿询问大家的想法。王恢说："下官得知代国于国家完整的时候，边境内和中国的战事又连接不断，北面还有强大胡人的侵扰，但代国黎民依然抚育幼子，养育老人，仓库的粮谷经常富裕，按时令栽种树木，匈奴不敢任意侵扰。如今用圣上的威声，已统一四海之内；但匈奴依然不停地抢劫侵扰，由于匈奴不害怕。因而下官私自觉得派兵攻打匈奴要好一些。"韩安国说："下官得知高皇帝曾被围困于平城，七天没有吃东西，解围后返回皇上之位时，便没有了愤怒心理。皇上不会为了个人的愤怒而伤害了天下人的公义，跟着天下人心而变得宽宏大量，因而派遣刘敬与匈奴和亲结好，到如今已然有连续五代的好处了。下官私自觉得别攻打匈奴好。"王恢说："下官反对这种说法。高帝拿着锐利武器，身着甲衣，几十年走遍天下，是为了让天下民心获得休息，而不为报复平城那次仇怨，并非力量做不到。令有仁德的人所痛心的是：如今边境多次传来匈奴攻打汉境的消息，士兵战死受伤的，让中国境内丧车多得彼此可以相望。因而说攻打匈奴比较好。"安国说："这些话下官不赞同。下官得知定住营地，等对方士兵劳累时攻打；治理好我方士兵，等对方士兵混乱；用兵之人，是要让我方士兵饱食，等待敌方士兵饥饿；因而与敌兵交战消灭敌人兵众，攻伐敌国毁灭敌国都城，或按兵不动，让敌国疲惫，这全是圣人用兵的办法。如今我们倘若长驱直入敌境，卷起甲衣，行动快速轻疾，是不容易成功的。由于军队倘若横行的话，中路可能由于受击中断，纵行的话，前面便会受威胁压迫。行进缓慢的话便少有利益，走不到千里远，人马都会缺乏食物，前进快速的话会补给不上粮食缺乏。《兵法》说：'倘若将军队送给敌人，一定会被擒获。'下官因而说不攻打匈奴较好。"王恢说："这话下官反对。下官如今所主张的攻打，原来不是要攻打对方，发动军队长驱直入；只是将他诱到边境，顺着单于的野心，我们再选调骁勇的壮士、骑兵，准备暗中埋伏，后将险阻地形看清楚，用地形掩护当作警戒。等我们情形稳定后，或者断绝敌人后路，或者正面面对敌人，或于敌人右边扎营，或于敌人左边扎营，这样一来，便能够活捉单于，敌人军队不论怎样完好，我们也一定能够攻取胜利。"汉武帝采纳了王恢的意见。

　　夏，六月，以御史大夫韩安国为护军将军，卫尉李广为骁骑将军，太仆公孙贺为轻车将军，大行王恢为将屯将军，太中大夫李息为材官将军，将车骑、材官三十馀万匿马邑旁谷中，约单于入马邑纵兵。阴使聂壹为间，亡入匈奴，谓单于曰："吾能斩马邑令、丞，以城降，财物可尽得。"单于爱信，以为然而许之。聂壹乃诈斩死罪囚，县其头马邑城下，示单于使者为信，曰："马邑长吏已死，可急来！"于是，单于穿塞，将十万骑入武州塞。未至马邑百馀里，见畜布野而无人牧者，怪之。乃攻亭，得雁门尉史，欲杀之；尉史乃告单于汉兵所居。单于大惊曰："吾固疑之。"乃引兵还，出曰："吾得尉史，天也！"以尉史为天王。塞下传言单于已去，汉兵追至塞，度弗及，乃皆罢兵。王恢主别从代出击胡辎重，闻单于还，兵多，亦不敢出。

【译文】夏季，六月，御史大夫韩安国被任命为护军将军，骁骑将军由卫尉李广担任，轻车将军由太仆公孙贺担任，将屯将军由大行令王恢担任，材官将军由太中大夫李息担任，带领有才智的军官、车驾骑兵一共三十余万人，于马邑旁边的山谷中隐藏，打算与单于约好进入马邑，后冲出军队进行攻打。暗中让聂壹当间谍，逃亡到匈奴，对单于说："我可以将马邑的县丞、县令杀掉，使得马邑城投降，能够获得整个城的财物。"单于由于贪爱财物相信聂壹，觉得他的说法对，允准了聂壹。聂壹便杀了个死刑犯，将头悬挂于马邑城下，跟单于的使者表达诚实，骗他说："希望快点派兵过来，马邑的长吏已经死了！"单于于是越过长城，带领十万兵马进到武州塞，在距离马邑一百多里的地方，没有人放牧却看到牲畜布满原野，觉得十分奇怪。便着手进攻路亭，俘虏并要杀死雁门尉史，尉史便将汉兵所驻扎的地方告诉了单于。单于很惶恐地说："我原来便质疑了。"便带兵返回，又说："天意让我得尉史救了匈奴！"便把尉史封为天王。边塞附近都传单于已然回去了，汉兵直追到长城边，觉得追不到了，便都回来。王恢另外从代地出兵攻打胡人的辎重车，可当知道单于回去了，还有众多士兵后，就不敢出兵攻打。

上怒恢。恢曰："始，约为入马邑城，兵与单于接，而臣击其辎重，可得利。今单于不至而还，臣以三万人众不敌，只取辱。固知还而斩，然完陛下士三万人。"于是下恢廷尉。廷尉当"恢逗桡，当斩。"恢行千金丞相蚡，蚡不敢言上，而言于太后曰："王恢首为马邑事，今不成而诛恢，是为匈奴报仇也。"上朝太后，太后以蚡言告上。上曰："首为马邑事者恢，故发天下兵数十万，从其言为此。且纵单于不可得，恢所部击其辎重，犹颇可得以尉士大夫心。今不诛恢，无以谢天下。"于是恢闻，乃自杀。自是之后，匈奴绝和亲，攻当路塞，往往入盗于汉边，不可胜数；然尚贪乐关市，嗜汉财物；汉亦关市不绝以中其意。

【译文】汉武帝对王恢十分恼怒。王恢说："本来说好我们的军队在匈奴军队进到马邑城后与单于接战，而由下官攻打他们的辎重车，可以得胜。可如今单于没到马邑城就返回了，下官仅有三万的士兵，打不过敌人，只怕会自取其辱。下官原本便明白返回来会被杀，可是下官依然是保全了圣上三万的士兵。"于是王恢被发到廷尉处理，廷尉判："王恢不敢向前，观望逗留，应该斩杀。"王恢给丞相田蚡送千金，田蚡不敢跟汉武帝讲情，却对太后说："王恢最先筹划马邑战事，如今由于事情失败了便杀了他，相当于给匈奴报仇。"汉武帝面见太后时，太后将田蚡的话转告给了汉武帝。汉武帝说："王恢是首先计划马邑战事的人，依照他的意见发动好几十万天下军队。况且即使没办法捉到单于，王恢带领的士兵倘若能攻打匈奴的辎重车，也能够安慰士大夫的心理。如今不杀王恢，没办法给天下人交代。"王恢得知这个消息后，只能自杀。此后，匈奴便断绝了与汉朝和亲的想法，常常去汉边境盗劫数不胜数的财物，攻打道路边的要塞；但是匈奴依然喜爱汉人财物，贪图于关市与汉人做买卖的利益；汉朝也满足匈奴的心意不断绝关市的买卖。

【乾隆御批】王恢不主和亲之议，请击匈奴，论者或以妄动启衅罪之，非也。观其所言，原不敢发兵深入，不过欲诱致单于，侥幸成功。先已气馁，而计左矣。卒之畏懦不前，损威辱国。果断如武常，惜不能明正其罪而诛之，闻而自杀，犹漏网耳。

【译文】王恢反对和亲，请求打击匈奴，议论的人认为他轻举妄动招来灾祸，这是不对的。看他的言论，原本就不敢发兵深入，不过是想引诱单于前来，侥幸成功而已。这首先已经是气势不足，计谋不正了，最后又畏缩不前。损军威，辱国格。武帝固然十分果断。可惜没能明白其罪过就要杀他。王恢听说之后就自杀，仍然属于漏网之鱼。

三年（己酉，公元前一三二年）春，河水徙，从顿丘东南流。夏，五月，丙子，复决濮阳瓠子，注巨野，通淮、泗，泛郡十六。天子使汲黯、郑当时发卒十万塞之，辄复坏。是时，田蚡奉邑食鄃，鄃居河北，河决而南，则鄃无水灾，邑收多。蚡言于上曰："江、河之决皆天事，未易以人力强塞，塞之未必应天。"而望气用数者亦以为然。于是天子久之不复事塞也。

初，孝景时，魏其侯窦婴为大将军，武安侯田蚡乃为诸郎，侍酒跪起如子侄。已而蚡日益贵幸，为丞相。魏其失势，宾客益衰，独故燕相颍阴灌夫不去。婴乃厚遇夫，相为引重，其游如父子然。夫为人刚直，使酒，诸有势在己之右者必陵之；数因酒忤丞相。丞相乃奏案："灌夫家属横颍川，民苦之。"收系夫及支属，皆得弃市罪。魏其上书论救灌夫，上令与武安东朝廷辨之。魏其、武安因互相诋讦。上问朝臣："两人孰是？"唯汲黯是魏其，韩安国两以为是；郑当时是魏其，后不敢坚。上怒当时曰："吾并斩若属矣。"即罢。起，入。上食太后，太后怒不食，曰："今我在也，而人皆藉吾弟；令我百岁后，皆鱼肉之乎！"上不得已，遂族灌夫；使有司案治魏其，得弃市罪。

【译文】三年（己酉，公元前 132 年）春季，黄河水从顿丘向东南流。夏季，五月，丙子日，黄河又于濮阳瓠子决堤，流注巨野，淹没十六郡，通到泗、淮。汉武帝下令郑当时、汲黯发动十万士兵塞河，可是塞好后又经常崩坏。那时鄃是田蚡的食邑，河的北方是鄃县，决堤在河的南面，鄃县食邑因为没出现水灾收入特别多。田蚡对汉武帝说："河、江的决堤是天注定的事，很难人为勉强阻止填塞，阻止填塞河水不一定顺应天意。"会望气使用术数的人也如此觉得。汉武帝于是便停了许久，不做阻止填塞河水之事了。

早在孝景帝时，魏其侯窦婴担任大将军，武安侯田蚡担任诸郎，田蚡侍奉窦婴喝酒下跪起身便犹如子侄；可没多久田蚡逐渐高贵，受到宠幸并成为丞相。魏其侯失去权势，宾客更少，仅有燕国宰相颍阴人灌夫没有离去。窦婴便优待灌夫，互相借重援引，两人交游好得犹如父子一般。灌夫为人正直刚勇，好喝酒使性，必定凌辱那些势力高于自己的人，几次由于喝酒冒犯了丞相，丞相便上奏告发他说："黎民以灌夫家人于颍川横行为苦。"便将灌夫与他的宗族囚禁收捕起来，最终判罪弃市。魏其侯上书汉武帝想要救灌夫，汉武帝下令让他与武安侯在太后宫里争论，武安侯与魏其侯因而互相攻讦毁谤。汉武帝询问朝廷大官："谁对？"韩安国觉得两个人都对，郑当时觉得魏其侯对，可后来不敢坚持，仅有汲黯觉得魏其侯对。汉武帝当时对他们发脾气说："我将你们一同杀掉算了！"说完便退朝。汉武帝起身，去太后宫，侍奉太后就餐，太后生气不吃，说："如今我还在，那些人便已然欺侮践踏我弟弟；等我百年之后，只怕就会更陷害凌辱了！"汉武帝不得已，只能杀掉灌夫家族；又下令让法官治魏其侯的罪，判他弃市。

【**申涵煜评**】灌夫气质一味卤莽，不至杀身不已，所谓刚则必折也。只可惜魏其一片为朋友热肠，竟尔殃及池鱼。然亦可为大臣妄交者之戒。

【**译文**】灌夫的气质一味地鲁莽蛮横，不到了杀身的地步就不停止，这就是所谓的太刚强了就容易折断。只可惜魏其侯窦婴为朋友好的一片热心肠，竟然会殃及池鱼，自己也遭到灾祸。这也可以作为一些大臣随便结交朋友的警戒吧。

**四年**（庚戌，公元前一三一年）冬，十二月晦，论杀魏其于渭城。春，三月，乙卯，武安侯蚡亦薨。及淮南王安败，上闻蚡受安金，有不顺语，曰："使武安侯在者，族矣！"

夏，四月，陨霜杀草。

御史大夫安国行丞相事，引，堕车，蹇。五月，丁巳，以平棘侯薛泽为丞相，安国病免。

地震。赦天下。

九月，以中尉张欧为御史大夫。韩安国疾愈，复为中尉。

河间王德，修学好古，实事求是，以金帛招求四方善书，得书多，与汉朝等。是时，淮南王安亦好书，所招致率多浮辩。献王所得书，皆古文先秦旧书，采礼乐古事，稍稍增辑至五百馀篇，被服、造次必于儒者，山东诸儒多从之游。

【译文】四年（庚戌，公元前131年）冬季，十二月晦日（三十日），通过商讨，终究在渭城将魏其侯杀了。春季，三月，乙卯日，武安侯田蚡也去世。而后淮南王刘安事败后，汉武帝得知田蚡收了刘安很多黄金，还对武帝不恭顺，便说："倘若武安侯还在的话，一定判他斩杀宗族的罪！"

夏季，四月，天降霜雪，冻死野草。

御史大夫韩安国整治丞相之事，帮武帝引导车驾，不小心由车上摔下，摔成了跛子。五月，丁巳日，由平棘侯薛泽担任丞相；韩安国由于生病被免官。

发生地震，大赦天下。

九月，将中尉张欧任命为御史大夫。韩安国在病好后，又恢复中尉官衔。

河间献王刘德做事切实，爱好古道还竭尽全力做学问，他用布帛黄金寻求好书，获得与汉朝廷数量相等的很多书。那时淮南王刘安也乐于搜集古书，可他所找到的多是不切实用的浮辩之书；而献王刘德得到的书，都是秦还没焚书以前用古文写成的书。他搜集有关礼乐的古代事迹，稍微地将古书增加到五百多篇，一举一动都中规中矩，合乎儒者之道，平时身着儒者衣服。因而他与很多的山东儒者都有交游。

**五年**（辛亥，公元前一三〇年）冬，十月，河间王来朝，献雅乐，对三雍宫及诏策所问三十馀事。其对，推道术而言，得事之中，文约指明。天子下太乐官常存肄河间王所献雅声，岁时以备数，然不常御也。春，正月，河间王薨，中尉常丽以闻，曰："王身端行治，温仁恭俭，笃敬爱下，明知深察，惠于鳏寡。"大行令

资治通鉴

146

奏:"谥法:'聪明睿知曰献。'谥曰献王。"

◆班固赞曰: 昔鲁哀公有言:"寡人生于深宫之中, 长于妇人之手, 未尝知忧, 未尝知惧。"信哉斯言也, 虽欲不危亡, 不可得已! 是故古人以宴安为鸩毒, 无德而富贵谓之不幸。汉兴, 至于孝平, 诸侯王以百数, 率多骄淫失道。何则? 沈溺放恣之中, 居势使然也。自凡人犹系于习俗, 而况哀公之伦乎!"夫唯大雅, 卓尔不群", 河间献王近之矣。◆

【译文】五年( 辛亥, 公元前130年)冬季, 十月, 河间王刘德来面见汉武帝, 把雅乐献给朝廷, 还回答汉武帝所策问的三十几件事以及有关三雍的制度问题; 河间王刘德的回答都能切合事理, 文辞简略, 可意旨却十分明确, 都以儒家之道为主。汉武帝下令让太乐官经常习练河间王刘德所献的雅乐, 虽然每年在一定的时间备用, 可还是不常运用到。春季, 正月, 河间王刘德去世, 中尉常丽报告汉武帝说:"河间王为人厚道诚敬, 眼光深远, 智慧明达, 温和仁慈, 品德良好, 爱护下属, 行为端正, 恭谨节俭, 对于鳏寡很有恩德。"大行令上奏汉武帝说:《谥法》上说:'聪明睿智称为献。'可把他的谥号称为献王。"

◆班固《汉书》的赞文说: 鲁哀公之前说过:"寡人生长于深宫中, 成长于妇人手上, 从不知道什么叫惧, 什么叫忧。"这些话倘若真没错, 那即使不想使国家陷入危亡的绝境, 也是不可能的了! 因而古人觉得安逸宴游便犹如毒药, 享受富贵却没有道德修养, 称为不幸。汉朝兴起之后, 诸侯王有数百个之多, 大抵都违失道德, 骄奢淫逸, 直到孝平帝。原因在哪儿呢? 在于他们沉溺于恣肆放荡的享乐中, 所处的情势就让他们这样啊。一般贫苦的黎民, 还被他们的习俗所牵绊左右, 更别说是富贵的哀公之类了!"要想不同于一般人, 只能伟大雅正才能行为卓

越"，这句话河间献王非常接近。◆

初，王恢之讨东越也，使番阳令唐蒙风晓南越。南越食蒙以蜀枸酱，蒙问所从来。曰："道西北牂柯江。牂柯江广数里，出番禺城下。"蒙归至长安，问蜀贾人。贾人曰："独蜀出枸酱，多持窃出市夜郎。夜郎者，临牂柯江，江广百馀步，足以行船。南越以财物役属夜郎，西至桐师，然亦不能臣使也。"蒙乃上书说上曰："南越王黄屋左纛，地东西万馀里，名为外臣，实一州主也。今以长沙、豫章往，水道多绝，难行。窃闻夜郎所有精兵可得十馀万，浮船牂柯江，出其不意，此制越一奇也。诚以汉之强，巴、蜀之饶，通夜郎道为置吏，甚易。"上许之。

乃拜蒙为中郎将，将千人，食重万馀人，从巴、蜀筰关入，遂见夜郎侯多同。蒙厚赐，喻以威德，约为置吏，使其子为令。夜郎旁小邑皆贪汉缯帛，以为汉道险，终不能有也，乃且听蒙约。还报，上以为犍为郡，发巴、蜀卒治道，自僰道指牂柯江，作者数万人，士卒多物故，有逃亡者。用军兴法诛其渠率，巴、蜀民大惊恐。上闻之，使司马相如责唐蒙等，因谕告巴、蜀民以非上意；相如还报。

【译文】起初，王恢征讨东越时，让番阳令唐蒙劝说晓谕南越。南越以蜀地的枸酱善待唐蒙，唐蒙询问枸酱从哪里得来的。南越人回答说："途经西北方的牂柯江运来，牂柯江有几里宽，途经番禺城下。"唐蒙返回长安，询问蜀地商人。商人说："蜀地人都拿着枸酱偷偷地到夜郎去卖，仅有蜀地出产枸酱。夜郎靠近牂柯江，江有一百多步宽，足以让船行走。南越靠着财物让往西一直到桐师的夜郎全部归附，可却一直不能用君臣之礼召唤他们。"唐蒙便上书劝汉武帝说:"南越王乘坐左挂大旗的黄车,犹如皇帝一样,东西土地有一万多里,名义是朝廷外的大臣,实是一州之主。如今从豫章、长沙出兵,十分难走的水路很多。下官私自得知能够招到十几万精兵,渡过牂柯江乘船,出乎越人预料是攻打越人的奇计。倘若能用蜀、巴的富饶,汉军的强大,为夜郎设置官员,打通通往夜郎的道路,是十分容易办到的事。"汉武帝采纳了唐蒙的意见。

汉武帝便将唐蒙任命为中郎将,带领一千士兵,运送辎重车和粮食的人一共一万多,从巴、蜀笮关进去,见到夜郎侯多同。唐蒙用汉朝的恩德和声威晓谕他们,说好汉朝为夜郎设置官员,让多同的儿子做夜郎令,将财物厚赐他。夜郎旁边的小邑都贪图汉朝的衣物绵帛,觉得通往汉廷的道路困阻险要,汉廷最终不可能拥有他们,因而都暂时听从唐蒙的约定。唐蒙返回朝奏报,汉武帝将这些地方改为犍为郡,发动巴、蜀的士兵修治从僰道到牂柯江的道路,有好几万士兵,许多士兵因此病故。唐蒙用军令将逃亡的带头之人杀掉,巴、蜀的黎民十分害怕。汉武帝听后,便让司马相如去责怪唐蒙等人,顺便告知巴、蜀的黎民那种做法不是皇帝的意见。任务完成后,司马相如回朝奏报。

是时,邛、笮之君长闻南夷与汉通,得赏赐多,多欲愿为内臣妾,请吏比南夷。天子问相如,相如曰:"邛、笮、冉駹者近蜀,道亦易通;秦时尝通,为郡县,至汉兴而罢。今诚复通,为置郡县,愈于南夷。"天子以为然,乃拜相如为中郎将,建节往使,及副使王然于等乘传,因巴、蜀吏币物以赂西夷。邛、笮、冉駹、斯榆之君皆请为内臣。除边关;关益斥,西至沫、若水,南至牂柯为徼，通零关道，桥孙水以通邛都，为置一都尉、十馀县，属蜀。天子大说。

诏发卒万人治雁门阻险。

秋，七月，大风拔木。

**【译文】**那时，邛、筰的君长得知汉朝与南夷通好，有很多愿意做汉朝的下官仆，请求按照南夷为他们设置官员，他们还获得很多赏赐。汉武帝询问司马相如的想法，司马相如说："邛、筰、冉駹都离蜀很近，路也容易开通；秦时道路曾通达过，还设了郡县，到汉朝才废弃的。如今倘若道路能再畅通，在当地设置郡县，比南夷还好。"汉武帝觉得很对，便让司马相如担任中郎将，手拿皇帝的符节前去，副使王然于等人也乘坐传车，利用蜀、巴的财物钱币贿赂西夷；邛、筰、冉駹、斯榆的君长希望做他的内臣。将旧有的边境关隘除掉，让关隘更开广，向南到达牂柯江为界，直通到零关的山路，向西到若水、沫水，建桥在孙水，通至邛都，设置十几个县、一个都尉，附属于蜀。汉武帝非常高兴。

为了抵抗匈奴，汉武帝下令找来万人役卒修治雁门险要困阻的地区。

秋季，七月，吹起大风，拔掉树木。


女巫楚服等教陈皇后祠祭厌胜，挟妇人媚道；事觉，上使御史张汤穷治之。汤深竟党与，相连及诛者三百馀人，楚服枭首于市。乙巳，赐皇后册，收其玺绶，罢退，居长门宫。窦太主惭惧，稽颡谢上。上曰："皇后所为不轨于大义，不得不废。主当信道以自慰，勿受妄言以生嫌惧。后虽废，供奉如法，长门无异上宫也。"

**【译文】**女巫楚服等人，教导陈皇后(汉武帝第一任皇后陈阿娇)蛊惑男人的媚术以及用咒诅压伏别人和祭祀的办法，事情被发觉，汉武帝让御史张汤查办追究此事。张汤深入调查楚服的同党，共有三百多人相株连而被杀，楚服在街上被斩首。乙巳日，给皇后赐册书，罢废后位，收回皇后印玺，退居到长门宫。窦太主(汉武帝姑母馆陶公主刘嫖、皇后的母亲)害怕惭愧，叩头向汉武帝谢罪。汉武帝说："因为皇后所作所为不合大义不能不废后位。你不要听那些虚妄的言语，让你的内心产生恐惧、嫌怨，而应更信仰道来安慰自己。即使被废，皇后依然受到与被废前一样的供奉，上宫和长门宫也没什么太大的区别。"

初，上尝置酒窦太主家，主见所幸卖珠儿董偃，上赐之衣冠，尊而不名，称为"主人翁"，使之侍饮；由是董君贵宠，天下莫不闻。常从游戏北宫，驰逐平乐，观鸡、鞠之会，角狗、马之足，上大欢乐之。上为窦太主置酒宣室，使谒者引内董君。是时，中郎东方朔陛戟殿下，辟戟而前曰："董偃有斩罪三，安得入乎！"上曰："何谓也？"朔曰："偃以人臣私侍公主，其罪一也。败男女之化，而乱婚姻之礼，伤王制，其罪二也。陛下富于春秋，方积思于《六经》；偃不遵经劝学，反以靡丽为右，奢侈为务，尽狗马之乐，极耳目之欲，是乃国家之大贼，人主之大蜮，其罪三也。"上默然不应，良久曰："吾业已设饮，后而自改。"朔曰："不可。夫宣室者，先帝之正处也，非法度之政不得入焉。故淫乱之渐，其变为篡。是以竖貂为淫而易牙作患，庆父死而鲁国全。"上曰："善！"有诏止，更置酒北宫，引董君从东司马门入；赐朔黄金三十斤。董君之宠由是日衰。是后，公主、贵人多逾礼制矣。

【译文】起初，汉武帝曾经在窦太主家摆置酒席，窦太主宠爱卖珠儿董偃，汉武帝也把很多衣冠赐给董偃，称为"主人翁"，不用名字称呼，使得"主人翁"侍奉饮食。此后天下没有人不晓得董君受到汉武帝宠爱。董君经常陪伴汉武帝在平乐观驰马逐兽，在北宫游戏，还参与蹴鞠、斗鸡大会和马、狗竞足的比赛，汉武帝极其快乐。汉武帝帮窦太主在宣室安置酒席，让谒者把董君招引进宫。那时，中郎东方朔手拿戟站在阶边，将戟放下上前对汉武帝说："董偃犯了三样罪，怎么能够进入宣室？"汉武帝说："细细说来。"东方朔说："第一件罪过是，董偃用下官的身份私自侍候公主。第二件罪过是扰乱婚姻的礼节，伤害朝廷的制度，败坏男女的风化。圣上正当盛年，集中心思于《六经》，董偃崇尚淫靡的享受，以奢侈为急务，享尽狗马的欢乐，放纵耳目的贪欲，不遵守经义劝人向学，反而是国家最大的盗贼，也是勾引国君淫靡的大凶。"汉武帝听后默默不说话，许久后说道："我已然安置好了酒席，这次饮酒后便改正。"东方朔说："不是合法度的政事不到先帝的正室宣室商量。慢慢地侵害淫乱会演变成篡夺。因而易牙受害而竖貂淫惑齐桓公，庆父死亡而保全鲁国。"汉武帝说："很好！"下令停止在宣室安置酒席，改在北宫设，董君从东面的司马门被引接进入，东方朔被赐给黄金三十斤。董君的宠爱从那时起逐渐衰减。此后，很多贵人、公主都逾越了礼节制度。

【乾隆御批】朔以诙谐侍汉武，即其自称亦不过从容谈笑，避世金马门耳。乃能尽言直谏，侃侃，不阿，非庄助辈所及，安以"滑稽"少之？

【译文】东方朔凭借诙谐幽默侍奉汉武帝，他自己也说不过就是从容谈笑，在金马门躲避世俗而已。可是他却能直言进谏，侃侃而谈，不阿附权势。这不是庄助等人所能做到的，怎么可以用"滑稽"来轻视他呢？

上以张汤为太中大夫，与赵禹共定诸律令，务在深文。拘守职之吏，作见知法，吏传相监司。用法益刻自此始。

八月，螟。

是岁，征吏民有明当世之务、习先圣之术者，县次续食，令与计偕。

菑川人公孙弘对策曰："臣闻上古尧、舜之时，不贵爵赏而民劝善，不重刑罚而民不犯，躬率以正而遇民信也；末世贵爵厚赏而民不劝，深刑重罚而奸不止，其上不正，遇民不信也。夫厚赏重刑，未足以劝善而禁非，必信而已矣。是故因能任官，则分职治；去无用之言，则事情得；不作无用之器，则赋敛省；不夺民时，不妨民力，则百姓富；有德者进，无德者退，则朝廷尊；有功者上，无功者下，则群臣逡；罚当罪，则奸邪止；赏当贤，则臣下劝。凡此八者，治之本也。故民者，业之则不争，理得则不怨，有礼则不暴，爱之则亲上，此有天下之急者也。礼义者，民之所服也；而赏罚顺之，则民不犯禁矣。

【译文】汉武帝把张汤任命为太中大夫，张汤与赵禹共同协商各种律令，一定要让律令条文严峻。为严格控制在职的官员，设下见知法，所有官员都互相监督，有罪便奏报。汉朝用法严苛就是从这个时候开始的。

八月，出现螟虫之灾。

同年，朝廷征召学过圣贤道术能够通晓当代事物的官员和

153

百姓，让各县按顺序给予廪食并与计簿使者共同前去朝廷。

淄川人公孙弘回对策问说："我听说上古尧舜在位的时候，不用尊贵的官爵和丰厚的奖赏，但百姓却相互勉励行善；不重用刑罚，但百姓却不犯法，这是因为君主为百姓做出了正直的表率，而且对待百姓很讲诚信；到了末代，用尊贵的官爵和丰厚的赏赐，百姓却得不到劝勉，设立严酷的刑罚，却不能禁止百姓违法犯罪，当时的君主本身不正，对待百姓又不讲诚信。用丰厚的奖赏和严酷的刑罚，还不足以鼓励行善、禁止作恶，只有靠讲信用，才能达到这一目的。所以，根据人的才能而委任官职，就能各司其职，做好工作；抛弃无用的虚言，就能了解事情的真相；不制作无用的器物，就可以减少对百姓的赋税；不在农忙季节征发役夫，不妨害民力，百姓就会富裕；有德的人受到重用，无德的人被罢免，朝廷就尊贵威严；有功的人升职，无功的人降级，群臣就会明白退让的道理；判处刑罚与罪过相应，就能制止犯罪；给予奖赏与贤能相符，就能劝勉臣子。这八条，是治理国家的根本。天下百姓，让他们各自从事生产就不会发生争斗，事情得到合理的解决就不会怨恨，让他们接受教育知道礼义就不会使用暴力，君主爱护他们，他们就会亲近君主，此是治理天下的当务之急。礼义，是百姓甘愿服从的；再用奖赏和刑罚来推行礼义，百姓就不会违犯禁令了。

"臣闻之：气同则从，声比则应。今人主和德于上，百姓和合于下，故心和则气和，气和则形和，形和则声和，声和则天地之和应矣。故阴阳和，风雨时，甘露降，五谷登，六畜蕃，嘉禾兴，朱草生，山不童，泽不涸，此和之至也。"

时对者百馀人，太常奏弘第居下。策奏，天子擢弘对为第一，拜为博士，待诏金马门。

　　齐人辕固，年九十馀，亦以贤良征。公孙弘仄目而事固，固曰："公孙子，务正学以言，无曲学以阿世！"诸儒多疾毁固者，固遂以老罢归。

　　【译文】"我听说：气相同就能互相影响带动，声相同就能互相呼应。现在，君主在上面使自己的言行符合德义，百姓在下面与君主相谐调，所以心和就能气和，气和就能形和，形和就能声和，声和就会出现天地安和了。所以阴阳调和，风雨适时，甘露降下，五谷丰登，六畜兴旺，茁壮稻谷生机勃勃，红色瑞草萌生成长，山岭不光秃，湖泊不干涸，这是天地安和的最佳状态。"

　　当时有一百多人回对策问，公孙弘的名次被太常上奏排在后面。呈奏应对的策文给汉武帝后，公孙弘被汉武帝提升成第一，封他做博士，在金马门做顾问。

　　齐人辕固已经九十几岁了，也是凭借着贤良的身份被召来。公孙弘不敢正视且十分恭敬地侍奉辕固，辕固说："公孙先生，你一定要说正事，学正道，不可通过学邪道求荣媚世！"有很多儒生谤毁辕固，辕固便告老还乡。


　　是时，巴、蜀四郡凿山通西南夷道，千馀里戍转相馈。数岁，道不通，士罢饿、离暑湿死者甚众；西南夷又数反，发兵兴击，费以巨万计而无功。上患之，诏使公孙弘视焉。还奏事，盛毁西南夷无所用，上不听。弘每朝会议，开陈其端，使人主自择，不肯面折廷争。于是上察其行慎厚，辩论有馀，习文法吏事，缘饰以儒术，大说之，一岁中迁至左内史。

　　弘奏事，有不可，不廷辨。常与汲黯请间，黯先发之，弘推其后，天子常说，所言皆听，以此日益亲贵。弘尝与公卿约议，至上前，皆倍其约以顺上旨。汲黯廷诘弘曰："齐人多诈而无情实；始与臣等建此议，今皆倍之，不忠！"上问弘。弘谢曰："夫知臣者，以臣为忠；不知臣者，以臣为不忠。"上然弘言。左右幸臣每毁弘，上益厚遇之。

**【译文】**此时，巴、蜀四郡，正在开凿通达西南夷的山路，要把士兵所需粮饷运送千余里。几年内，西南夷多次反叛，发动军队攻打汉兵，士兵也饥饿疲惫，路依旧不通，很多人由于遭到湿气炎热侵扰死亡，让汉朝花费巨资却依然没能开凿成功。汉武帝十分不安，下令让公孙弘去视察。公孙弘归来向圣上奏报，坚决说西南夷没用，但汉武帝不相信他。公孙弘每次早朝面见汉武帝时，都只是说说事情的大概，让汉武帝自己选择，不愿当廷争辩，也不愿当面指斥。所以汉武帝看到他富有辩才，品行厚道谨慎，用儒术修饰自身，熟知政事与法律，便十分欣赏他。他一年内升到左内史。

　　每次公孙弘奏报政事，汉武帝有时不答应时，他不当廷争辩。经常与汲黯在汉武帝有空的时候，请求跟汉武帝申述，先由汲黯讲，公孙弘进行补充，汉武帝经常十分高兴，汉武帝能接受两人所请求的，所以身份逐渐地更加宠贵。公孙弘曾与公卿约好意见的内容，可一到汉武帝面前，便都只顺应汉武帝的意旨，违反约定。所以汲黯当廷责怪公孙弘："齐人大部分没真情实意而狡诈；如今把原先与我们商量的意见都背叛了，真是对人不忠！"汉武帝询问公孙弘。公孙弘谢罪说："不知道下官的人，觉得下官是不忠，知道下官的人，便会觉得下官是忠心的。"汉武帝认可公孙弘的话。被宠幸的左右大臣每次诋毁公孙弘时，汉武帝就会更加厚待他。

【申涵煜评】弘牧豕，穷且老，屡试有司不第，其对策又浮泛无可取，天子亲擢第一，立跻通显，固其曲学足以阿世，亦缘上自识拔，故破格用之耳，此岂即所谓命者非耶？

【译文】公孙弘在海边放猪，又穷又老，屡次接受有关部门的考核都不通过，他的对策又肤浅不实际，没什么可取之处，汉武帝亲自拔擢他为第一名，立马登上了高官厚禄的地位，固然因为他歪曲自己的学术，以投世俗所好，也有皇上亲自提拔他的原因，故而破格任用他罢了，难道这不是所谓的命运吗？

六年（壬子，公元前一二九年）冬，初算商车。

大司农郑当时言："穿渭为渠，下至河，漕关东粟径易，又可以溉渠下民田万馀顷。"春，诏发卒数万人穿渠，如当时策；三岁而通，人以为便。

匈奴入上谷，杀略吏民。遣车骑将军卫青出上谷，骑将军公孙敖出代，轻车将军公孙贺出云中，骁骑将军李广出雁门，各万骑，击胡关市下。卫青至龙城，得胡首虏七百人；公孙贺无所得；公孙敖为胡所败，亡七千骑；李广亦为胡所败。胡生得广，置两马间，络而盛卧，行十馀里；广佯死，暂腾而上胡儿马上，夺其弓，鞭马南驰，遂得脱归。汉下敖、广吏，当斩，赎为庶人；唯青赐爵关内侯。青虽出于奴虏，然善骑射，材力绝人；遇士大夫以礼，与士卒有恩，众乐为用，有将帅材，故每出辄有功。天下由此服上之知人。

夏，大旱，蝗。

六月，上行幸雍。

秋，匈奴数盗边，渔阳尤甚。以卫尉韩安国为材官将军，屯渔阳。

【译文】六年（壬子，公元前 129 年）冬季，开始征收商人车船的税金。

大司农郑当时建议说："穿过渭水建设直到黄河的渠道，关东的粮食容易被直接转运，又能够使渠道附近的一万多亩黎民田地被灌溉。"春季，下令召来几万役卒开凿渠道，依照郑当时的意见做。三年后，开通渠道，人人都觉得十分方便。

匈奴侵占上谷，掠夺杀死黎民官员。朝廷让骑将军公孙敖由代地出兵，骁骑将军李广由雁门出兵，车骑将军卫青由上谷出兵，轻车将军公孙贺由云中出兵，每位将军各带领一万骑兵在关市附近攻打胡人。卫青到了龙城，得到一共七百俘虏与胡人首级；公孙敖被胡人打败损失骑兵七千；李广也被胡人打败；公孙贺什么也没有得到。李广被胡人活捉了，被放在两匹马之间，让他躺着盛在网子里，走了十余里；李广装死，突然跃上胡儿马背，鞭打着马向南飞驰，抢夺胡儿弓箭，逃回到汉朝。汉朝将李广、公孙敖拨给廷吏处理，被判死刑，应当斩杀，而后由于出钱赎罪废为庶人；仅有卫青被封为关内侯获得爵位。虽然卫青出身奴仆，可才能勇力超过一般人，擅长射箭骑马；对待士兵有恩惠，对待士大夫也很有礼节，有将帅的才能，士众又都乐于听他的，因而他出兵常常能建立功勋。天下臣子从此钦佩汉武帝能很好地任用人才。

夏季，出现蝗灾，大旱。

六月，汉武帝巡行至雍。

秋季，匈奴多次侵扰边境，侵略渔阳特别严重。把卫尉韩安国任命为材官将军，驻扎在渔阳。

元朔元年(癸丑，公元前一二八年)冬，十一月，诏曰："朕深诏执事，兴廉举孝，庶几成风，绍休圣绪。夫十室之邑，必有忠信；三人并行，厥有我师。今或至阖郡而不荐一人，是化不下究，而积行之君子壅于上闻也。且进贤受上赏，蔽贤蒙显戮，古之道也。其议二千石不举者罪！"有司奏："不举孝，不奉诏，当以不敬论；不察廉，不胜任也，当免。"奏可。

【译文】元朔元年(癸丑，公元前128年)冬季，十一月，汉武帝下令说："朕给执事大臣特别下诏，让他们推举孝顺之人，起用廉洁之士，想能蔚成风气，光大美好先圣的德业。三个人一起走，一定会有值得我学习的老师；十户人家的小地方，也一定有忠信的人。如今由于积德累行的君子被小人所阻，教化不能尽量下达黎民，所以整个郡都没有推荐一个人而致使不能闻达于圣上。古人治政的办法是：奖赏推荐贤人的；用戮死处罚阻挠蒙蔽贤人的。如今便规定二千石以上的官员不推举廉孝贤人便有罪！"有司上报汉武帝说："不推举孝子，不依诏书去行的人，以不敬皇帝罪论处；不去察求廉士，说明不能胜任本身的职务，应当被免官。"汉武帝认可了奏报内容。

十二月，江都易王非薨。

皇子据生，卫夫人之子也。三月，甲子，立卫夫人为皇后，赦天下。

秋，匈奴二万骑入汉，杀辽西太守，略二千馀人，围韩安国壁；又入渔阳、雁门，各杀略千馀人。安国益东徙，屯北平；数月，病死。天子乃复召李广，拜为右北平太守。匈奴号曰"汉之飞将军"，避之，数岁不敢入右北平。

车骑将军卫青将三万骑出雁门，将军李息出代；青斩首虏数千人。

东夷薉君南闾等共十八万人降，为苍海郡；人徒之费，拟于南夷，燕、齐之间，靡然骚动。

**【译文】**十二月，江都易王刘非逝世。

汉武帝之子刘据，是卫夫人所生。三月，甲子日，将卫夫人立为皇后，并大赦天下。

秋季，二万匈奴骑兵侵占汉境，杀死两千多人，又杀害辽西太守，韩安国的营垒也被包围；还侵占雁门、渔阳，在每个地方杀死一千多人。韩安国将营垒往东迁徙，在北平屯驻；几个月后病死。汉武帝再次召来李广，让他担任右北平太守。匈奴用"汉朝飞将军"称呼他，还躲避他，不敢侵占右北平好几年。

将军李息从代出兵，车骑将军卫青带领骑兵三万由雁门出发；卫青斩杀匈奴有好几千人。

东夷薉君南闾等总共二十八万人投降，设置为苍海郡；征伐东夷等国时，士兵车徒的费用，与征伐南夷相等，让燕、齐之间的黎民生活困苦，民心骚动起来。

**【乾隆御批】**霸陵尉呵止李广，所为尽官守之职者。其论甚正，不可谓醉言。广乃请听杀之，器小斮法，莫此为甚。武帝英明，似不应听其出此。射石之事。邻子虚以资名谈可耳，余以为不宜入正史。

**【译文】**霸陵尉大声阻拦李广，是尽到自己官职的所为，他的话是正确的，不能说是醉话。李广请他同行却杀了他，因器量小而枉法，实在太过分了。武帝英明，似乎不应该允许他这样。至于射石的事情，近似于子虚乌有，把它当作茶余饭后的谈资是可以的。但我认为写入正史之中不太应该。

是岁，鲁共王馀、长沙定王发皆薨。

临菑人主父偃、严安，无终人徐乐，皆上书言事。

始，偃游齐、燕、赵，皆莫能厚遇，诸生相与排摈不容；家贫，假贷无所得，乃西入关上书阙下，朝奏，暮召入。所言九事，其八事为律令；一事谏伐匈奴，其辞曰："《司马法》曰：'国虽大，好战必亡；天下虽平，忘战必危。'夫怒者逆德也，兵者凶器也，争者末节也。夫务战胜，穷武事者，未有不悔者也。

**【译文】**同年，长沙定王刘发、鲁共王刘馀都逝世。

无终人徐乐与临淄人严安、主父偃，都给汉武帝上书，讨论政事。

起初，主父偃游历燕、赵、齐，没有好的待遇，那些儒生都不容纳他，排挤他。他到处借贷都借不到钱，家里十分贫穷，便向西进入关中，在宫廷下上书汉武帝，早上刚上报，黄昏时便被召入宫。所说的九件事中八件都是关于律令的；剩下便是劝汉武帝不要讨伐匈奴，他是这样说的："《司马法》说：'喜好打仗的国家即使强大也必定会灭亡；在天下既定时忘记战备，必定会给国家带来危险。'兵器不是吉祥的器具，生气愤怒悖逆道德，与人抢夺是最差的行为。一意专心希望穷兵黩武、打胜仗的国家，都后悔了。

昔秦皇帝并吞战国，务胜不休，欲攻匈奴。李斯谏曰：'不可。夫匈奴，无城郭之居，委积之守，迁徙鸟举，难得而制也。轻兵深入，粮食必绝；蹛粮以行，重不及事。得其地，不足以为利也；得其民，不可调而守也；胜必杀之，非民父母也；靡敝中国，快心匈奴，非长策也。'秦皇帝不听，遂使蒙恬将兵攻胡，辟地千里，以河为境。地固沮泽、咸卤，不生五谷。然后发天下丁男以守北河，暴兵露师十有馀年，死者不可胜数，终不能逾河而北，是岂人众不足，兵革不备哉？其势不可也。又使天下蜚刍、挽粟，起于东陲、琅邪负海之郡，转输北河，率三十钟而致一石。男子疾耕，不足于粮饷，女子纺绩，不足于帷幕，百姓靡敝，孤寡老弱不能相养，道路死者相望，盖天下始畔秦也。

【译文】"之前秦皇帝吞并了战国诸侯，追求胜利而不休息，还要再攻打匈奴。李斯劝说：'不能够这样做。匈奴没有积粮的仓廪，随意迁徙，犹如鸟儿飞翔一样，不住在城郭里，也不好控制。并且军队深入匈奴境内一定断绝粮食；即使粮食随着军队后行，由于工作繁重，也无济于事。俘获他们的黎民后不可调教，也无法设置官吏进行管理；胜利时仅有将他们黎民杀掉，占有他们的土地没有利益；这不是为民父母所应做的；长远的计策不是用战争让匈奴称心快意，而使中国国力消散。'秦皇帝不采纳李斯的劝告，便让蒙恬带领军队开辟千里的土地，把黄河当作边境，攻击胡人。占有本来是咸卤、沼泽的土地，五谷不能生长。随后军队在野外暴露十余年，死亡的人不计其数，召来天下男子丁壮守护北河，可终究还是没能越过黄河向北推进，是因为武器没有备好、士兵不够吗？不，是由于不可能做到客观的形势。还让天下人用车船转运粮食，飞快地输运草料，由背海的琅邪郡、东陲郡开始，辗转输送至北河，大约三十钟的粮食，到时只剩下一石。让女子努力纺纱织麻，连帷幕都不够用，男子卖力耕作，粮饷依旧不足，黎民离散，年老弱小的人、孤儿寡妇不能被养育，道路上的人死得多，彼此能够相望，这便是天下人背叛秦的原因。

及至高皇帝，定天下，略地于边，闻匈奴聚于代谷之外而欲击之。御史成进谏曰：'不可。夫匈奴之性，兽聚而鸟散，从之如博影。今以陛下盛德攻匈奴，臣窃危之。'高帝不听，遂北至于代谷，果有平城之围。高皇帝盖悔之甚，乃使刘敬往结和亲之约，然后天下忘干戈之事。

夫匈奴难得而制，非一世也；行盗侵驱，所以为业也，天性固然。上及虞、夏、殷、周，固弗程督，禽兽畜之，不属为人。夫上不观虞、夏、殷周之统，而下循近世之失，此臣之所大忧，百姓之所疾苦也。"

【译文】"高皇帝平定天下后，在边境攻占土地，得知匈奴的军队于代谷外面聚集，便想攻打。御史成上前劝说：'不可。匈奴人的本性，便犹如禽鸟飞散野兽聚集一样，行踪不定，要攻打他们便犹如攻打人的影子一样攻打不到。如今下官私自为圣上操心，用美盛的德行，去攻击匈奴。'高帝不听，便向北抵达代谷，果真便出现了包围平城之事。高皇帝事后十分后悔，便让刘敬前去匈奴定下和亲之事，随后百姓才将两方动干戈作战的事忘记。

"匈奴已然不是一代不好控制了；他们的主业就是驱掠人畜财物、入侵边境，这是他们本来的天性。上至周、殷、夏、虞时代便不责怪规范，不将他们当作人，把他们当做禽兽蓄养。下官最恐惧的事，也是黎民疾苦的原因是圣上不往上看周、商、夏、虞传统的做法，却往下承袭近代的失误。"

严安上书曰："今天下人民，用财侈靡，车马、衣裘、宫室，皆竞修饰，调五声使有节族，杂五色使有文章，重五味方丈于前，以观欲天下。彼民之情，见美则愿之，是教民以侈也；侈而无节，则不可赡，民离本而徼末矣。末不可徒得，故搢绅者不惮为诈，带剑者夸杀人以矫夺，而世不知愧，是以犯法者众。臣愿为民制度以防其淫，使贫富不相耀以和其心；心志定，则盗贼消，刑罚少，阴阳和，万物蕃也。昔秦王意广心逸，欲威海外，使蒙恬将兵以北攻胡，又使尉屠睢将楼船之士以攻越。当是时，秦祸北构于胡，南挂于越，宿兵于无用之地，进而不得退。行十余年，丁男被甲，丁女转输，苦不聊生；自经于道树，死者相望。及秦皇帝崩，天下大畔，灭世绝祀，穷兵之祸也。故周失之弱，秦失之强，不变之患也。今徇西夷，朝夜郎，降羌、僰，略薉州，建城邑，深入匈奴，燔其龙城，议者美之。此人臣之利，非天下之长策也。"

**【译文】**严安给汉武帝上书说："如今天下黎民，奢侈浪费使用财物，衣裘、宫室、车马等，都竞相修饰；让五声有节奏感，调和五声；让颜色有文采外现，混杂颜色；重视五味，向别人夸示财富，引诱人贪欲，面前所摆食物竟有一丈见方那么宽。看到美好的东西便羡慕是百姓的本性，因而这种风气是教导百姓不加节制奢侈，这样物质便不能充足，此时百姓便会追求声色的物质享受而离弃农桑的劳作了。声色的享受不能随便得到，因而带剑的勇士借口大肆杀人，一般士绅便不惜用欺诈的手段，来抢夺财物，一般人也不晓得羞耻是什么，因而有很多人犯法。下官愿意为百姓定下制度让贫富之间彼此不相炫耀，来调和他们的心理，防止百姓的贪淫，心志一稳定则阴阳和谐，刑罚减少，万物繁茂，盗贼消失。之前秦皇帝心志荒逸，野心十分大，想要扬威国外，让屠睢带领海军攻打越，又让蒙恬领兵攻打北方的胡人。那时，秦的灾祸是南方与越相抗，北方又与胡人结兵，在没有用处的土地上驻兵，一去不复返。十几年间，成年女子输送运转粮食至前线，成年男子身着甲衣上战场，痛苦不已，一个接着一个地在路旁树下吊死。穷兵黩武所带来的灾祸是：秦皇帝去世后天下都叛变，并被绝了祭祀，灭了后代。因而秦由于国强失败，周由于国弱失败，都不是改变政策带来的。如今圣上要让夜郎前来朝贡，攻占薉州，招降西夷，建筑城邑，降服僰、羌，焚烧匈奴的龙城，深入他们的土地，谏言的人都认可这种做法，可这绝不是治天下长远的计策，只是站在下官的利益来考虑的。"

徐乐上书曰："臣闻天下之患，在于土崩，不在瓦解，古今一也。

何谓土崩？秦之末世是也。陈涉无千乘之尊、疆土之地，身非王公、大人、名族之后，乡曲之誉，非有孔、曾、墨子之贤，陶朱、猗顿之富也；然起穷巷，奋棘矜，偏袒大呼，天下从风。此其故何也？由民困而主不恤，下怨而上不知，俗已乱而政不修。此三者，陈涉之所以为资也，此之谓土崩。故曰天下之患在乎土崩。

何谓瓦解？吴、楚、齐、赵之兵是也。七国谋为大逆，号皆称万乘之君，带甲数十万，威足以严其境内，财足以劝其士民；然不能西攘尺寸之地，而身为禽于中原者，此其故何也？非权轻于匹夫而兵弱于陈涉也。当是之时，先帝之德未衰而安土乐俗之民众，故诸侯无竟外之助，此之谓瓦解。故曰天下之患不在瓦解。

【译文】徐乐给汉武帝上书说："下官得知天下的祸患，不在于瓦解，在于土崩，古代与当下道理都一样。

"土崩是什么？秦的末代那样便是。陈涉本身不是大人、名门望族、王公的后代，在家乡没有什么好名声，也没有曾子、墨子、孔子的才能，更没有一寸一尺的土地，以及猗顿、陶朱那样的财富，甚至没有千乘诸侯的尊位；可为什么他在贫穷的里巷中拿着矛戟起兵，袒露一边手臂大声疾呼，天下就闻风跟随他？是因为在上位的不知道百姓有怨恨，国君不关心民生困苦，政事没有修好已然败坏的风俗。这三样是陈涉叛秦的依据，也就是所谓的土崩。因而说天下的灾患在于土崩。

"瓦解是什么？赵、齐、楚、吴的作乱便是。七国计划叛乱朝廷，都号称自己是拥有披甲的士兵几十万，兵车万辆的国君，财物足够用来奖励士兵黎民，声威也足够使国内臣民慑服；可为什么他们本身反而被活捉在中原，更不能向西争夺一寸一尺土地？并不因为他们的兵力比陈涉弱小，也不是权势轻微于匹夫。七国的作乱会失败是因为，那时很多百姓快乐地生活在乡里，先帝的德化还没有衰竭，所以诸侯没有获得国境外的援助，所谓瓦解便是这种情形。因而说天下的灾患不在于瓦解。

此二体者，安危之明要，贤主之所宜留意而深察也。

间者，关东五谷数不登，年岁未复，民多穷困，重之以边境之事；推数循理而观之，民宜有不安其处者矣。不安，故易动；易动者，土崩之势也。故贤主独观万化之原，明于安危之机，修之庙堂之上而销未形之患也，其要期使天下无土崩之势而已矣。"

书奏，天子召见三人，谓曰："公等皆安在，何相见之晚也！"皆拜为郎中。主父偃尤亲幸，一岁中凡四迁，为中大夫。大臣畏其口，赂遗累千金。或谓偃曰："太横矣！"偃曰："吾生不五鼎食，死即五鼎烹耳！"

【译文】影响国家安危的，以及贤明国君应该仔细留心观察的事情最清楚的关键就是以上所说的两点。

近来，边境战事侵扰，又加上有几年关东的五谷收成不好，岁收一直不能回复，百姓大都十分穷困；依照常理来看，推演情势，会出现百姓有不安于住家的事。百姓心不安容易导致动乱，进而就是土崩的情势了。因而贤明的国君能明白安危的机微，观察万化的本源，消除还没成形的灾患，在庙堂上将政事筹划办好，重点在于让天下没有土崩的情势。"

奏报书信呈到汉武帝手上，汉武帝便找来徐乐、严安、主父偃三人，对他们说："为什么我们相见这么晚，你们都在哪里了！"把他们都任命为郎中。汉武帝特别亲近宠幸主父偃，在一年中共有四次升迁，直至做到中大夫；大臣贿赂他的财物累积有千金之多，只是因为害怕他在汉武帝面前讲坏话。有人对主父偃说："你太霸道了！"主父偃说："我在世做不到大夫具备的五鼎食物，死时便用鼎镬来烹煮我好了！"

二年(甲寅，公元前一二七年)冬，赐淮南王几杖，毋朝。

主父偃说上曰："古者诸侯不过百里，强弱之形易制。今诸侯或连城数十，地方千里，缓则骄奢，易为淫乱，急则阻其强而合从以逆京师。以法割削之，则逆节萌起，前日晁错是也。今诸侯子弟或十数，而適嗣代立，馀虽骨肉，无尺地之封，则仁孝之道不宣。愿陛下令诸侯得推恩分子弟，以地侯之，彼人人喜得所愿。上以德施，实分其国，不削而稍弱矣。"上从之。春，正月，诏曰："诸侯王或欲推私恩分子弟邑者，令各条上，朕且临定其号名。"于是藩国始分，而子弟毕侯矣。

匈奴入上谷、渔阳，杀略吏民千馀人。遣卫青、李息出云中以西至陇西，击胡之楼烦、白羊王于河南，得胡首虏数千，牛羊百馀万，走白羊、楼烦王，遂取河南地。诏封青为长平侯，青校尉苏建、张次公皆有功，封建为平陵侯，次公为岸头侯。

【译文】二年(甲寅，公元前127年)冬季，汉武帝赐给淮南王刘安几案手杖，不用上朝。

主父偃劝汉武帝说："古时候天子、诸侯强弱的形势分明，诸侯地方不超过一百里，容易被控制。如今诸侯地方有千里之大，有的联结数十个城市，平时骄傲奢侈容易做出过分的事，紧急事情一出现，便背叛京师，凭借他的强大与其他诸侯联合；用律令来将他们的土地削减分割，叛乱的事件便要出现，犹如之前晁错所说的一样。如今仅有嫡长子继立，有的诸侯有十几个子弟，剩下的人即使是骨肉也没有一尺土地，则不能发扬仁孝的道理。还请圣上下令诸侯分封子弟，推广恩泽，用土地封所有子弟为侯，他们人人都能十分高兴还能实现自己的愿望；圣上将恩德施给王侯子弟，实际上是分割他们的土地，如此一来，不用分割王侯的势力便会稍微减弱了。"汉武帝采纳了主父偃的想法。春季，正月，下令说："有要推广恩泽的诸侯，各自写清楚呈上分封子弟的土地，朕将为他们定下名号。"此后开始分割藩国，王侯的子弟也都被封为侯。

匈奴进到渔阳、上谷，掠夺杀死官员百姓一千多人。朝廷让李息、卫青由云中以西出兵至陇西，在河南攻打胡人中的白羊王、楼烦，楼烦、白羊王逃走，便夺取了河南地，还得到俘虏与胡人首级有数千人，一百多万只羊、牛。汉武帝下诏将卫青封为长平侯，卫青的校尉张次公、苏建也都有功劳，封次公为岸头侯，苏建为平陵侯。

【乾隆御批】主父偃建议分国，与贾谊众建诸侯之意同。然叔世风漓，斗争兼并，衅且益荡耳。

【译文】主父偃建议分割诸侯国，和贾谊多建诸侯的主张相同。然而处在风气衰败、浮薄之时，争斗兼并的灾祸就会更加严重。

主父偃言：“河南地肥饶，外阻河，蒙恬城之以逐匈奴，内省转输戍漕，广中国，灭胡之本也。”上下公卿议，皆言不便。上竟用偃计，立朔方郡，使苏建兴十馀万人筑朔方城，复缮故秦时蒙恬所为塞，因河为固。转漕甚远，自山东咸被其劳，费数十百巨万，府库并虚；汉亦弃上谷之斗辟县造阳地以予胡。

三月，乙亥晦，日有食之。

夏，募民徙朔方十万口。

主父偃说上曰：“茂陵初立，天下豪桀，并兼之家，乱众之民，皆可徙茂陵；内实京师，外销奸猾，此所谓不诛而害除。”上从之，徙郡国豪杰及訾三百万以上于茂陵。

【译文】主父偃说：“河南土地肥沃，外有黄河的险阻，蒙恬曾在那儿建城用来追逐匈奴，消灭胡人的根本办法是省掉国内戍卒由水路与陆路转输粮食的麻烦，从而使得中国的武力增强。”汉武帝将主父偃的意见转达给公卿讨论，大家都觉得不方便。可汉武帝居然采纳了主父偃的计划，派苏建带领十几万人去建筑新设的朔方城，随后完善秦朝时蒙恬建的要塞，巩固朔方城，以黄河为屏障。从十分远的地方将粮食转运过来，费用有好几千万，山东地区附近的百姓都受到劳累，官府的仓库都变得一无所有；汉还放弃了上谷地区斗辟县造阳地，送给了匈奴人。

三月，乙亥晦日，出现日食。

夏季，招募十万百姓迁至朔方。

主父偃劝汉武帝说："刚建立茂陵，可以让天下杰出豪俊的人物，与煽动群众作乱的人，以及富有的大家族，都能迁到茂陵；这样做对外能够消除狡猾奸恶之人，对内能够充实京师，这就是所谓不杀人而灾害已消除的方法。"汉武帝采纳了主父偃的想法，将郡国中的杰出豪俊人物和家财三百万以上的人迁徙到茂陵居住。

轵人郭解，关东大侠也，亦在徙中。卫将军为言："郭解家贫，不中徙。"上曰："解，布衣，权至使将军为言，此其家不贫。"卒徙解家。解平生睚眦杀人甚众，上闻之，下吏捕治解，所杀皆在赦前。轵有儒生侍使者坐，客誉郭解，生曰："解专以奸犯公法，何谓贤！"解客闻，杀此生，断其舌。吏以此责解，解实不知杀者，杀者亦竟绝，莫知为谁。吏奏解无罪，公孙弘议曰："解，布衣，为任侠行权，以睚眦杀人。解虽弗知，此罪甚于解杀之。当大逆不道。"遂族郭解。

【译文】轵人郭解，是关东的大侠客，也在被迁徙的名单中。卫将军替郭解说话："郭解，家里贫穷，不合于被徙的名单。"汉武帝说："郭解是个权势高到能让将军为他说话的平民，说明他的家庭并不贫穷。"最终还是迁徙了郭解的家族。郭解平生因为人家瞪他一眼，便杀了很多人，汉武帝得知后，便下令要将郭解拘捕并治罪，郭解所犯的罪都在大赦之前。轵县有个陪使者侍坐的儒生，有个客人赞赏郭解为人，儒生说："怎么能够说郭解是贤士呢？他专门做违犯律令的事！"郭解客人听到这话后，便将儒生的舌头切断并杀了。因此官员责怪郭解，杀人的人绝没有人知道是谁，郭解也确实不知道谁杀的。官员便上奏说郭解没罪，公孙弘坚持说："郭解是个行使权势，专做侠士之事的平民，人家瞪他一眼便杀人；郭解不知道谁杀了儒生比郭解亲杀还严重，应当判处大逆不道之罪。"便将郭解灭族了。

【乾隆御批】武帝之徙解，公孙弘之罪解，可谓能瘅恶者。若司马迁于游侠一传津津乐道，则以刑余愤激，助淫辞而裂名教矣。

【译文】汉武帝迁移郭解和公孙弘为郭解定罪，算是做到了憎恶坏人。至于司马迁在《史记》的《游侠传》里对郭解津津乐道，则是出于受刑之后的激愤，陈述过分之辞，以此分裂圣贤教化了。

◆班固曰：古者天子建国，诸侯立家，自卿大夫以至于庶人，各有等差，是以民服事其上而下无觊觎。周室既微，礼乐、征伐自诸侯出；桓、文之后，大夫世权，陪臣执命。陵夷至于战国，合从连衡，繇是列国公子，魏人信陵，赵有平原，齐有孟尝，楚有春申，皆藉王公之势，竞为游侠，鸡鸣狗盗，无不宾礼。而赵相虞卿，弃国捐君，以周穷交魏齐之厄；信陵无忌，窃符矫命，戮将专师，以赴平原之急；皆以取重诸侯，显名天下，扼腕而游谈者，以四豪为称首。于是背公死党之议成，守职奉上之义废矣。及至汉兴，禁网疏阔，未知匡改也。是故代相陈豨从车千乘，而吴濞、淮南皆招宾客以千数。外戚大臣魏其、武安之属竞逐于京师，布衣游侠剧孟、郭解之徒驰骛于闾阎、权行州域，力折公侯，众庶荣其名迹，觊而慕之。虽其陷于刑辟，自与杀身成名，若季路、仇牧，死而不悔。故曾子曰："上失其道，民散久矣。"非明王在上，示之以好恶，齐之以礼法，民曷由知禁而反正乎！古之正法：五伯，三王之罪人也；而六国，五伯之罪人也。夫四豪者，又六国之罪人也。况于郭解之伦，以匹夫之细，窃杀生之权，其罪已不容于诛矣。观其温良泛爱，振穷周急，谦退不伐，亦皆有绝异之姿。惜乎，不入于道德，苟放纵于末流，杀身亡宗，非不幸也。

【译文】◆班固说：古代诸侯立家，皇上建国，由卿大夫至庶人，各有等级，因而下民侍奉长上没有窃夺的野心。周室衰微后，诸侯决定征伐、礼乐；晋文公、齐桓公后，大夫是世世代代的权臣，执掌国家命脉的是陪臣。政事慢慢地衰微，直到战国出现连横合纵的说法，自此列国的公子都凭借王侯公族的权势，争着做侠义之事，对待学狗盗物、学鸡鸣叫的低俗食客，全以宾礼，比如赵国的平原君，楚国的春申君，齐国的孟尝君，魏国的信陵君。可信陵无忌解决赵平原君的急难时便穷夺符节，假借君命，杀死统军的将领，自己带兵；赵国宰相虞卿，救济知己魏齐的危急时割舍国君与朝廷的利益；他们全是为让自己的名声能于天下显扬，要在诸侯中取得尊重，那些扼腕四处游谈之人都将那四个豪杰当成首领。于是出现背弃公利为结成死党的说法，也就废除了固守职责侍奉长上的道义。后来汉朝兴起，律令宽疏，并没有将刚才说的缺点改过匡正。所以代国的丞相陈豨用千辆车子做随从队伍，淮南王刘安、吴王濞等人招来的宾客都有数千人，犹如魏其、武安之类的外戚大臣都在京师追名逐利，犹如剧孟、郭解这类平民身份的游侠也在乡里之间横行驰走，百姓们也都宣扬他们的声名事迹，羡慕他们的成就，觊觎他们的名声，他们的力量能使公侯折服，他们权势遍布州郡之间。最终虽然他们在刑法之中陷身，可却能与自杀身死的人有同样名声，正如季路、仇牧，即使死亡，也不后悔。因而曾子说："上位之人失去道德，民心离散已经很久了。"倘若上位的明主不用礼节法度来统一百姓的行为，向百姓表示出恶、好标准，百姓不会知道律令，更不会让行为趋于正！古代的正法：对三王来说，五霸的行为，是罪人；对五霸来说，六国的行为，也是罪人；对六国来说，四位豪杰的行为，又是罪人。何况郭解这类用卑贱的匹夫身份，窃夺生杀大权之人，所犯的罪过已然不容赦免。看他谦虚不夸耀、帮助人渡过难关、救济穷困、爱护众人、个性温良，也都不同凡响。可惜只是悄悄地投身于低劣的行为中，不能进到道德领域，搞得自身被杀，宗族灭亡，不是命不好，都是他自己造成的。

荀悦论曰：世有三游，德之贼也：一曰游侠，二曰游说，三曰游行。立气势，作威福，结私交以立强于世者，谓之游侠；饰辩辞，设诈谋，驰逐于天下以要时势者，谓之游说；色取仁以合时好，连党类，立虚誉以为权利者，谓之游行。此三者，乱之所由生也；伤道害德，败法惑世，先王之所慎也。国有四民，各修其业。不由四民之业者，谓之奸民。奸民不生，王道乃成。

凡此三游之作，生于季世，周、秦之末尤甚焉。上不明，下不正，制度不立，纲纪驰废；以毁誉为荣辱，不核其真；以爱憎为利害，不论其实；以喜怒为赏罚，不察其理。上下相冒，万事乖错，是以言论者计薄厚而吐辞，选举者度亲疏而举笔，善恶谬于众声，功罪乱于王法。然则利不可以义求，害不可以道避也。是以君子犯礼，小人犯法，奔走驰骋，越职僭度，饰华废实，竞趣时利。简父兄之尊而崇宾客之礼，薄骨肉之恩而笃朋友之爱，忘修身之道而求众人之誉，割衣食之业以供飨宴之好，苟且盈于门庭，聘问交于道路，书记繁于公文，私务众于官事，于是流俗成而正道坏矣。

【译文】荀悦评论说：世上有三游，是破坏道德的奸贼：一是游侠，二是游说，三是游行。树立名气声望，作威作福，结交私人党羽，用来称强于世的，称为游侠；修饰辩辞，设置诡计诈谋，周游天下以操纵时势的，称为游说；和颜悦色，以此迎合当世君主的喜好，结连党羽，扩大虚名以谋取权利，这样的人，称作游行。这三类人，都是产生祸乱的根源；他们伤害道德，败坏法度，迷惑民心，所以先王慎重对待。国家有士、农、工、商四种民众，各自从事自己的职业；凡是不从事这种种职业的人，称为奸民。没有奸民，王道政治就实现了。

三游的形成，都出现在末世，周、秦两代的末世尤为严重。君上不明，臣下不正，制度不立，纲纪废弛；把社会舆论的褒贬作为尊荣或困辱的依据，不去核实这些舆论的真假；根据好恶来决定利害关系，不考虑是否属实；根据喜怒决定奖赏或惩罚，不去分析其中的道理。上下相互冒犯，万事全都混乱错误，因此，发表评论的人，看对方与自己交情的厚薄来决定怎样张口说话；负有推荐官员职责的人，估量对方和自己关系的亲疏而用笔写出推荐评语；善与恶的区分，错误地受众人评价的制约；功与罪的判定，也和国法的规定相矛盾。像这样的话，就不能遵循道义去谋求利益，也无法根据道义去避开祸害。所以君子违背礼义，小人触犯法律，奔走游说，越职侵权，破坏法度，追求浮华，摈弃实质，争着追求一时之利。轻视尊奉父兄的大义，而重视对待宾客的礼节，减少骨肉之间的亲恩，而加重朋友之间的情谊，忘记了自己修养的原则，而追求众人的赞誉，损伤衣食来源的农桑本业，用来满足盛宴豪饮的欲望，馈赠礼物的人挤满了门庭，探访问候的人在道路上随处可见，私人交往的书信比官府公文繁忙，处理的私事此官府公事还多，于是，流俗形成，而正道却衰败了。

是以圣王在上，经国序民，正其制度；善恶要于功罪而不淫于毁誉，听其言而责其事，举其名而指其实。故实不应其声者谓之虚，情不覆其貌者谓之伪，毁誉失其真者谓之诬，言事失其类者谓之罔。虚伪之行不得设，诬罔之辞不得行，有罪恶者无侥倖，无罪过者不忧惧，请谒无所行，货赂无所用，息华文，去浮辞，禁伪辩，绝淫智，放百家之纷乱，壹圣人之至道，养之以仁惠，文之以礼乐，则风俗定而大化成矣。◆

燕王定国与父康王姬奸，夺弟妻为姬，杀肥如令郢人。郢人兄弟上书告之，主父偃从中发其事。公卿请诛定国，上许之。定国自杀，国除。

【译文】所以，圣明的君主在位时，治理国家，整顿百姓，严明有关制度；善与恶的区分主要取决于是立功还是犯罪，而不受舆论毁誉的扰乱，听其言还得责求行事，举出名还要指出实。所以，名不副实的称之为虚，表里不一的称之为伪，毁誉不符合实际的称之为诬，议论事情丧失原则的称之为罔。虚伪的行为不许出现，诬罔的言论不得流行，有罪恶的人不能侥幸逃避惩罚，没有罪恶过失的人不必担忧恐惧，私人请托处处碰壁，贿赂无人接受，抛弃浮华虚文，淘汰虚言巧语，禁止强词夺理，杜绝不正当的智谋，斥退百家之学的纷乱，统一于圣人的最高道术，用仁爱恩惠来教育百姓，再用礼乐制度加以修饰，就会风俗稳定而达到天下大治了。◆

燕王刘定国与父亲康王的姬妾通奸；又夺走弟弟的妻子当作自己的姬妾。还把肥如县令郢人杀了，郢人的兄弟上书告刘定国，主父偃泄露出来这件事，公卿们希望将刘定国杀掉，汉武帝准了。刘定国于是自杀，封国被废除。

齐厉王次昌亦与其姊纪翁主通。主父偃欲纳其女于齐王，齐纪太后不许。偃因言于上曰："齐临菑十万户，市租千金，人众殷富，巨于长安，非天子亲弟、爱子，不得王此。今齐王于亲属益疏，又闻与其姊乱，请治之！"于是帝拜偃为齐相，且正其事。偃至齐，急治王后宫宦者，辞及王；王惧，饮药自杀。偃少时游齐及燕、赵，及贵，连败燕、齐。赵王彭祖惧，上书告主父偃受诸侯金，以故诸侯子弟多以得封者。及齐王自杀，上闻，大怒，以为偃劫其王令自杀，乃征下吏治。偃服受诸侯金，实不劫王令自杀。上欲勿诛，公孙弘曰："齐王自杀，无后，国除为郡入汉，主父偃本首恶。陛下不诛偃，无以谢天下。"乃遂族主父偃。

张欧免，上欲以蓼侯孔臧为御史大夫。臧辞曰："臣世以经学为业，乞为太常，典臣家业，与从弟侍中安国纲纪古训，使永垂来嗣。"上乃以臧为太常，其礼赐如三公。

【译文】齐厉王刘次昌和他的同母姐纪翁主（即齐懿王刘寿之女，因其生母姓纪，故又称纪翁主）通奸。主父偃想将女儿嫁给齐王，齐纪太后不答应。主父偃便对汉武帝说："齐有千金的市场租税，临淄有人家十万户，民众都十分富裕，超过长安财富，非皇上宠爱的儿子、亲生兄弟分不到那里为王。如今得知齐王与姐姐淫乱而且他对待亲属日益疏远，希望圣上治他罪！"汉武帝于是便将主父偃拜为齐国宰相，并让他追究齐王淫乱之事。主父偃到齐国后，立马便治后宫的宦官罪，口供牵涉齐王，齐王十分害怕，便服毒自杀。主父偃年轻时曾到燕与赵、齐等国游历，在他地位显贵后连续地将燕、齐两国弄垮。赵王彭祖十分害怕，通过上书的方式告主父偃接受诸侯金钱，因而才有很多诸侯子弟被封为王。等到齐王自杀，汉武帝得知这个消息后十分生气，觉得主父偃逼令齐王自杀，强劫齐王，便让他返回，并让执法官员处理。主父偃认同接受诸侯贿赂金钱，可确实没有逼迫齐王自杀。汉武帝本来不想杀主父偃，可公孙弘说："齐王自杀之后，封国废除，由于没有后代，入属于汉，改设为郡，元凶是主父偃。倘若皇上不杀主父偃，无法向天下诸侯谢罪。"于是，汉武帝便下诏杀了主父偃全族。

张欧被免官，汉武帝要让蓼侯孔臧做御史大夫。孔臧推脱说："臣下家世代职业是研究经学，还请皇上让臣做太常，与堂弟侍中孔安国共同整理古人的典籍，让这些古人的教训永远留给子孙后代，从而继承下官家世代所做的工作。"汉武帝便把孔臧任命为太常，对他优礼厚赐，犹如三公一样对待他。

【申涵煜评】鼎食鼎烹，与桓温流芳遗臭之言前后一辙，小人安心立意如此，便是乱臣贼子收场，安得不丧其首领？

【译文】主父偃曾经钟鸣鼎食，最后却被烹杀，这和桓温"不能流芳百世，就要遗臭万年"的话如出一辙，小人打定主意要这样做，那最终只能是落得个乱臣贼子的下场，怎能不掉脑袋呢？

**三年**(乙卯，公元前一二六年)冬，匈奴军臣单于死，其弟左谷蠡王伊稚斜自立为单于，攻破军臣单于太子於单，於单亡降汉。

以公孙弘为御史大夫。是时，方通西南夷，东置苍海，北筑朔方之郡。公孙弘数谏，以为罢敝中国以奉无用之地，愿罢之。天子使朱买臣等难以置朔方之便；发十策，弘不得一。弘乃谢曰："山东鄙人，不知其便若是，愿罢西南夷、苍海而专奉朔方。"上乃许之，春，罢苍海郡。

弘为布被，食不重肉。汲黯曰：“弘位在三公，奉禄甚多；然为布被，此诈也。”上问弘，弘谢曰：“有之。夫九卿与臣善者无过黯，然今日廷诘弘，诚中弘之病。夫以三公为布被，与小吏无差，诚饰诈，欲以钓名，如汲黯言。且无汲黯忠，陛下安得闻此言！”天子以为谦让，愈益厚之。

【译文】三年(乙卯，公元前126年)冬季，匈奴军臣单于去世，他的弟弟左谷蠡王伊稚斜自封为单于，臣单于的太子於单被打败并投降汉朝。

任命公孙弘为御史大夫。当时，刚打通西南夷，在北方建筑朔方郡，又在东方设置苍海郡。公孙弘多次劝谏汉武帝，觉得没有什么意义的是去奉守没有用处的土地却让中国国力衰敝疲惫，因而请求将设郡的计划废弃。汉武帝让朱买臣等人问难公孙弘设置朔方郡的好处，朱买臣等人把设置朔方郡的便利写了十条，可公孙弘没能驳倒一条。公孙弘便谢罪说：“下官是山东鄙人，不知道设置郡能有如此多的便利，下官还请专一奉守朔方，废置苍海、西南夷。”汉武帝准许了。春季，苍海郡被废除。

公孙弘饮食不注重肉味，用布做被面。汲黯说：“公孙弘在三公中所得的俸禄最多；可他还用布做被面，真是骗人。”汉武帝询问公孙弘实际情况，公孙弘谢罪说：“确有此事，臣在九卿之中与汲黯交情最好，可今日朝廷上诘问臣的事，确实击中了臣的缺点。与小官员没有区别，用三公的身份做被面，犹如汲黯所说的一样确实是在掩饰巧诈而钓取名声。倘若没有汲黯的忠心，圣上不会听到这些责怪我的语言！”汉武帝觉得公孙弘极其礼让谦虚，就更尊敬他。

三月，赦天下。

夏，四月，丙子，封匈奴太子於单为涉安侯，数月而卒。

初，匈奴降者言："月氏故居敦煌、祁连间，为强国，匈奴冒顿攻破之。老上单于杀月氏王，以其头为饮器。馀众遁逃远去，怨匈奴，无与共击之。"上募能通使月氏者，汉中张骞以郎应募，出陇西，径匈奴中；单于得之，留骞十馀岁。骞得间亡，乡月氏西走，数十日，至大宛。大宛闻汉之饶财，欲通不得，见骞，喜，为发导译抵康居，传致大月氏。大月氏太子为王，既击大夏，分其地而居之，地肥饶，少寇，殊无报胡之心。骞留岁馀，竟不能得月氏要领，乃还；并南山，欲从羌中归，复为匈奴所得，留岁馀。会伊稚斜逐於单，匈奴国内乱，骞乃与堂邑氏奴甘父逃归。上拜骞为太中大夫，甘父为奉使君。骞初行时百馀人，去十三岁，唯二人得还。

【译文】三月，大赦天下。

夏季，四月，丙子日，匈奴的太子於单，被封为涉安侯，过了几个月，就去世了。

起初，投降的匈奴人说："月氏是个强国，原来住在祁连、敦煌之间，后来被匈奴冒顿攻破了。老上单于把月氏王杀了，并且把他的头拿来做饮酒的器具。其他月氏民众知道了这件事，纷纷逃亡到远方，都在心里埋怨匈奴，没有人愿意和匈奴一起作战。"汉武帝招募能够到月氏通使的人。汉中的张骞以郎官身份响应招募，从陇西出发，直接前往匈奴地区，非常不幸地被单于捉到了，于是把他留在匈奴。十几年后，张骞终于得到逃出的机会，向西面奔向月氏，走了几十天后，便到了大宛。听说汉地大物博、财物富饶，大宛想要和汉通使却没办法，看到张骞后，心里十分高兴，就为他准备了译员和向导，带着他去了康居，费尽九牛二虎之力才到了大月氏。大月氏太子继立，称王之后，击败了大夏季，把大夏的土地分割并占为己有，这些土地适宜居住，富饶肥沃，很少有敌人入侵，因此大月氏王并没有打算向匈奴报仇雪恨。虽然在月氏待了一年多，张骞还是没有摸清月氏的心意，没办法只好返回汉朝。他想要从羌回到汉，傍着南山行走，但是一不小心又碰上匈奴军，被拘留了一年多。正赶上匈奴国内战争连连，伊稚斜将太子於单赶出匈奴，张骞就趁机和堂邑氏的奴仆甘父一起逃往汉朝。汉武帝任命甘父为奉使君，张骞为太中大夫。刚出发时，张骞带领了一百多人，时隔十三年，只剩两个人活着回来了。

【乾隆御批】张骞由陇西而大宛亦康居，而月氏，皆行数十日，发译传致乃达。其道均自东而西，确然无疑者，乃史称大宛去长安万二千五百五十里，康居在大宛西，反仅万二千三百里，月氏更在康居西，乃止万一千六百里。是其行愈远，其道转近，理所必无，亦凿空荒诞之一证也。

【译文】张骞从陇西到大宛，到康居，到月氏，都是走了几十天，靠翻译和向导才到达的。他走的路线都是从东向西，这是确定无疑的。可是史书说大宛离长安一万二千五百五十里，康居在大宛西边，反而离长安一万二千三百里，月氏更在康居以西，却距长安只有一万千六百里。就是说张骞走得越远，他的道路反而越近，可以说毫无道理，这也算是一个荒诞不实的证明。

匈奴数万骑入塞，杀代郡太守恭，及略千馀人。

六月，庚午，皇太后崩。

秋，罢西夷，独置南夷、夜郎两县、一都尉，稍令犍为自葆就，专力城朔方。

匈奴又入雁门，杀略千馀人。

【译文】好几万匈奴骑兵进攻边塞，代郡的太守恭被杀死，同时杀死一千余人。

六月，庚午日，皇太后去世。

秋季，西夷被废弃，同时设置夜郎、南夷两县、一个都尉，然后逐渐命令犍为郡自行保全并完善地方设置，将精力全部集中建筑朔方城。

匈奴攻入雁门，掠夺、杀死一千多人。


是岁，中大夫张汤为廷尉。汤为人多诈，舞智以御人。时上方乡文学，汤阳浮慕，事董仲舒、公孙弘等。以千乘兒宽为奏谳掾，以古法义决疑狱。所治，即上意所欲罪，与监、史深祸者；即上意所欲释，与监、史轻平者；上由是悦之。汤于故人子弟调护之尤厚；其造请诸公，不避寒暑。是以汤虽文深、意忌、不专平，然得此声誉。汲黯数质责汤于上前曰："公为正卿，上不能褒先帝之功业，下不能抑天下之邪心，安国富民，使囹圄空虚，何空取高皇帝约束纷更之为！而公以此无种矣。"黯时与汤论议，汤辩常在文深小苛；黯伉厉守高，不能屈，忿发，骂曰："天下谓刀笔吏不可以为公卿，果然！必汤也，令天下重足而立，侧目而视矣！"

【译文】就在这一年，任命中大夫张汤为廷尉。张汤是一个心机深重的人，靠卖弄自己的才能来使人信服。当时汉武帝喜好文学，于是张汤假装很尊敬文人，启用公孙弘、董仲舒等人；让千乘兒宽担任奏谳掾，将古义作为审案的根据。他办案依照的原则：皇帝想要治罪，和监、史要重判的人，就是他所要办罪的人；皇帝打算释放，和监、史准备从轻处罚的人，就是他所要释放的人。正因为这样，他很受汉武帝喜欢。对老朋友的子弟们，张汤尤其照顾爱护；他经常问候诸公侯，无论寒暑都没有间断过。因此虽然张汤定的法令条文苛刻、妒忌前贤、不公正，但是仍然被很多人赞誉。有好几次汲黯在汉武帝面前谴责张汤说："作为正九卿，对上不能宣扬先帝的丰功伟绩，对下又不能抑制天下人罪恶的心，让国家安定，人民生活富有，使监狱没有犯人，只会纷纷更改高皇帝时的法律! 你这样胡作非为，难道不怕会绝子绝孙?"张汤和汲黯经常在一起讨论法令，张汤的言论大都死板教条，条文深苛；汲黯则刚正不阿，一身浩然正气，不轻易屈服，有时怒气冲天，就骂道："天下人大都说刀笔吏做不到公正公平，果然说得好! 张汤就是那个让天下人侧眼不敢正视、害怕得不敢前进的人。"

**四年**( 丙辰，公元前一二五年) 冬，上行幸甘泉。

夏，匈奴入代郡、定襄、上郡，各三万骑，杀略数千人。

**【译文】**四年( 丙辰，公元前 125 年) 冬季，汉武帝巡视甘泉。

夏季，匈奴攻入上郡、定襄、代郡，每地大约各有三万骑兵，掠夺大量金银财宝，杀死好几千人。

# 资治通鉴卷第十九　汉纪十一

起强圉大荒落，尽玄黓阉茂，凡六年。

【译文】起丁巳（公元前 124 年），止壬戌（公元前 119 年），共六年。

【题解】本卷记录了汉武帝刘彻元朔五年至元狩四年共六年间的历史。其中最主要记录了卫青、霍去病北伐匈奴。其次记录了淮南王、衡山王谋反被灭；记录了公孙弘封侯拜相与汉王朝实行尊儒活动；记录了桑弘羊等推行一系列经济措施；记录了酷吏张汤、甯成、王温舒为推行政策严刑峻法；记录了直臣汲黯继续批评武帝，名将李广以四千军士对阵匈奴四万部众，以及李广随卫青北伐失道自杀等等。

## 世宗孝武皇帝中之上

元朔五年( 丁巳，公元前一二四年)冬，十一月，乙丑，薛泽免。以公孙弘为丞相，封平津侯。丞相封侯自弘始。

时上方兴功业，弘于是开东阁以延贤人，与参谋议。每朝觐奏事，因言国家便宜，上亦使左右文学之臣与之论难。弘尝奏言："十贼彍弩，百吏不敢前。请禁民毋得挟弓弩，便。"上下其议。侍中吾丘寿王对曰："臣闻古者作五兵，非以相害，以禁暴讨邪也。秦兼天下，销甲兵，折锋刃；其后民以櫌锄、棰梃相挞击，犯法滋众，盗贼不胜，卒以乱亡。故圣王务教化而省禁防，知其不足恃也。礼曰：'男子生，桑弧、蓬矢以举之，'明示有事也。大射之礼，自天子降及庶人。三代之道也。愚闻圣王合射以明教矣，未闻弓矢之为禁也。且所为禁者，为盗贼之以攻夺也；攻夺之罪死，然而不止者，大奸之于重诛，固不避也。臣恐邪人挟之而吏不能止，良民以自备而抵法禁，是擅贼威而夺民救也。窃以为大不便。"书奏，上以难弘，弘诎服焉。

【译文】元朔五年(丁巳，公元前124年)冬季，十一月，乙丑日，薛泽被罢免官职。公孙弘被任命为丞相，同时封为平津侯。

从公孙弘时期，丞相开始被封为侯。就在这时，汉武帝想要大展宏图，于是公孙弘开辟了东阁小门，以此来让有能力的人一起商讨国家大事。在上早朝的时候，一起讨论对国家有利的政事。汉武帝还让大臣中文学修养较高的人和延请进来的贤人论辩。公孙弘曾经奏报说："假如十个强盗拉开弓弩，即使是一百个官吏也不敢上前逮捕他们。所以请求禁止百姓携带弓弩，这对国家是非常有利的事情。"汉武帝于是让群臣讨论这个建议。侍中吾丘寿王说："臣听闻古代制作矛、戟、弓、剑、戈这五种兵器，是为了禁止暴力战争与邪恶的，而不是为了伤害他人。在秦统一了天下后，销毁了甲衣武器，折断了锋利的刀刃；后来百姓拿着马鞭大杖、耰锄相互打斗，仍然有很多犯法的人，直至有多到抓不完的盗贼，最后秦因为混乱而灭亡。因此圣王专注于感化教育民众，而减少法律禁令，因为他明白法律并不会起到作用。《礼记》中有：'国君的世子出生时，要用蓬做的矢、桑做的弓来庆祝。'这正说明了男子长大后应该做的事。不论是圣上还是庶人百姓均有大射的礼节，这样的道理代代都一样。臣听闻圣王发扬教化是通过射礼，从没有听说过弓箭是禁止使用的。并且我们所要禁止的是盗贼用来为非作歹的行为；即使攻击他人掠夺财产是死罪，还是禁止不了，是因为这些犯案的恶人从来就不怕死刑，不打算躲避。臣担心的是官吏禁止不了恶人带着弓箭胡作非为，无辜的百姓们用弓箭自卫，却触犯了法令，这相当于特许盗贼发威，反而让百姓无法进行自救。臣自认为这样做是不正确的。"这份奏报给武帝阅后，武帝因此而责难公孙弘，公孙弘马上屈服并认识到错误。

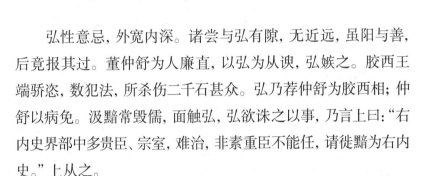

弘性意忌，外宽内深。诸尝与弘有隙，无近远，虽阳与善，后竟报其过。董仲舒为人廉直，以弘为从谀，弘嫉之。胶西王端骄恣，数犯法，所杀伤二千石甚众。弘乃荐仲舒为胶西相；仲舒以病免。汲黯常毁儒，面触弘，弘欲诛之以事，乃言上曰："右内史界部中多贵臣、宗室，难治，非素重臣不能任，请徙黯为右内史。"上从之。

【译文】公孙弘生性易猜忌，虽然表面宽厚，却心机深重。只要是那些曾经和公孙弘有过摩擦的人，不论远近亲疏，虽然表面上公孙弘跟他们友好，但最后还是会找机会报仇。董仲舒是一个清廉正直的人，认为公孙弘只会谄媚、阿谀奉承，因此公孙弘嫉恨他。胶西王刘端骄纵放肆，犯了好几次法，杀伤了很多二千石官吏。于是公孙弘故意推荐董仲舒做胶西王的宰相，董仲舒后因生病被免去该官职。汲黯常常诋毁文官，当面触犯公孙弘，于是公孙弘想设法除掉汲黯，对汉武帝进言："在右内史管辖的区域中大多显贵的宗室、大臣，如果不用有重望的大臣很难治理，请求将汲黯迁为右内史。"汉武帝听从了公孙弘的建议。

资治通鉴卷第十九　汉纪十一

春，大旱。

匈奴右贤王数侵扰朔方。天子令车骑将军青将三万骑出高阙，卫尉苏建为游击将军，左内史李沮为高弩将军，太仆公孙贺为骑将军，代相李蔡为轻车将军，皆领属车骑将军，俱出朔方；大行李息、岸头侯张次公为将军，俱出右北平；凡十馀万人，击匈奴。右贤王以为汉兵远，不能至，饮酒，醉。卫青等兵出塞六七百里，夜至，围右贤王。右贤王惊，夜逃，独与壮骑数百驰，溃围北去。得右贤裨王十馀人，众男女万五千馀人，畜数十百万，于是引兵而还。

**【译文】**春季，发生大旱。

匈奴右贤王数次侵扰朔方。汉武帝派车骑将军卫青率领三万骑兵由从高阙出发，任命卫尉苏建为游击将军，左内史李沮为高弩将军，太仆公孙贺为骑将军，代相李蔡为轻车将军，全部由车骑将军卫青统领，从朔方出发；大行李息、岸头侯张次公为将军，均由北平右侧出发；共十几万人，抗击匈奴。右贤王自认为汉兵距这边很远，不会很快到达，于是大肆喝酒，喝醉了。卫青等人的部队离开边塞六七百里，夜里就到了匈奴驻扎的地方，将右贤王包围。右贤王震惊，连夜逃走。只带数百名强壮的骑兵击溃包围圈向北方逃去。右贤王的裨将十几人被汉兵俘虏，俘虏共一万五千多人，家畜数百万头，于是将军卫青凯旋回朝。

至塞，天子使使者持大将军印，即军中拜卫青为大将军，诸将皆属焉。夏，四月，乙未，复益封青八千七百户，封青三子伉、不疑、登皆为列侯。青固谢曰："臣幸得待罪行间，赖陛下神灵，军大捷，皆诸校尉力战之功也。陛下幸已益封臣青；臣青子在襁褓中，未有勤劳，上列地封为三侯，非臣待罪行间所以劝士力战之意也。"天子曰："我非忘诸校尉功也。"乃封护军都尉公孙敖为合骑侯，都尉韩说为龙领侯，公孙贺为南窌侯，李蔡为乐安侯，校尉李朔为涉轵侯，赵不虞为随成侯，公孙戎奴为从平侯，李沮、李息及校尉豆如意皆赐爵关内侯。

【译文】到了边塞，汉武帝派使者拿着大将军的官印，任命卫青为大将军，管辖所有将领。夏季，四月，乙未日，卫青被加封八千七百户，同时他的三个儿子伉、不疑、登都被封为列侯。卫青一再推辞说："臣能够幸运地在行伍做到大将军，靠陛下的神灵，军队才能获得巨大的胜利。都是所有校尉竭尽全力战斗的功劳，臣已经得到了加封，臣的儿子还在襁褓之中，并没有为国家效力，圣上却割土封他们为三侯。这不是臣作为将领劝勉战士们奋力打仗的心意啊。"汉武帝说："朕并没有忘记其他校尉的功劳。"于是封都尉公孙敖为合骑侯，都尉韩说为龙领侯，公孙贺为南窌侯，李蔡为乐安侯，校尉李朔为涉轵侯，赵不虞为随成侯，公孙戎奴为从平侯，赐李沮、李息和校尉豆如意为关内侯。

于是青尊宠，于群臣无二，公卿以下皆卑奉之，独汲黯与亢礼。人或说黯曰："自天子欲群臣下大将军，大将军尊重，君不可以不拜。"黯曰："夫以大将军有揖客，反不重邪！"大将军闻，愈贤黯，数请问国家朝廷所疑，遇黯加于平日。大将军青虽贵，有时侍中，上踞厕而视之；丞相弘燕见，上或时不冠；至如汲黯见，上不冠不见也。上尝坐武帐中，黯前奏事，上不冠，望见黯，避帐中，使人可其奏。其见敬礼如此。

夏，六月，诏曰："盖闻导民以礼，风之以乐。今礼坏、乐崩，

朕甚闵焉。其令礼官劝学兴礼以为天下先!" 于是, 丞相弘等奏:
"请为博士官置弟子五十人, 复其身; 第其高下, 以补郎中、文学、
掌故; 即有秀才异等, 辄以名闻; 其不事学若下材, 辄罢之。又,
吏通一艺以上者, 请皆选择以补右职。" 上从之。自此公卿、大
夫、士、吏彬彬多文学之士矣。

【译文】于是, 卫青所受的尊宠在大臣中没有人能超过, 公
卿以下的官员们都对他很谦卑, 只有汲黯对他行平等礼节。有
人劝说汲黯:"圣上对大将军的封赏是要让官员们都在大将军
之下, 大将军地位尊贵, 你怎么可以不对他下拜?" 汲黯说:"以
大将军这样的身份, 有宾客向他行揖礼而不拜, 这样才能体现
大将军礼贤下士, 声望肯定会加重的。" 听到这些话, 大将军卫
青更加欣赏汲黯, 经常与汲黯讨论国家大事, 对待汲黯比平时
还要好。大将军虽然地位显贵, 但在宫中伺候汉武帝时, 汉武
帝会坐在床边看着他, 透露轻视的意思; 丞相公孙弘在闲暇时
间觐见汉武帝, 有时候汉武帝会不戴帽子; 但是在汲黯觐见时,
汉武帝必然戴帽子见他。有次汲黯觐见送奏折, 汉武帝坐在武
帐中, 没有戴帽子, 一看见汲黯, 慌忙躲进帐中, 派人接受了汲
黯的奏折。这就是汲黯所受到的尊敬礼遇。

夏季, 六月, 汉武帝颁布诏令说:"我听说古人以乐劝化百
姓, 以礼引导百姓。现在已经没有了礼、乐的章法, 朕非常不
安。命令礼官勤勉学习, 重拾礼乐, 为天下人做榜样!" 于是丞
相公孙弘联合大臣们上奏:"希望圣上批准为博士官设置五十
名弟子, 让他们免掉赋役; 区分出他们能力的高低, 分别让他
们担任文学、掌故、郎中, 如果有非常优秀的人才, 就上奏圣
上。至于那些才不够从事学问的, 就废除官位。此外, 官员们中
有可以掌握一种或以上才能的, 请选拔他们, 让其担任较高职

位。"汉武帝听从了他们的建议。从此，大夫、公卿、官吏、士人中多了很多文学之士兵。

秋，匈奴万骑入代，杀都尉朱英，略千馀人。

初，淮南王安，好读书属文，喜立名誉，招致宾客方术之士数千人。其群臣、宾客，多江淮间轻薄士，常以厉王迁死感激安。建元六年，彗星见，或说王曰："先吴军时，彗星出，长数尺，然尚流血千里。今彗星竟天，天下兵当大起。"王心以为然，乃益治攻战具，积金钱。

郎中雷被获罪于太子迁，时有诏，欲从军者辄诣长安，被即愿奋击匈奴。太子恶被于王，斥免之，欲以禁后。是岁，被亡之长安，上书自明。事下廷尉治，踪迹连王，公卿请逮捕治王。太子迁谋令人衣卫士衣，持戟居王旁，汉使有非是者，即刺杀之，因发兵反。天子使中尉宏即讯王，王视中尉颜色和，遂不发。公卿奏："安壅阏奋击匈奴者，格明诏，当弃市。"诏削二县。既而安自伤曰："吾行仁义，反见削地。"耻之，于是为反谋益甚。

【译文】秋季，匈奴一万骑兵进攻代，杀死都尉朱英，掠夺了一千多民众。

起初，淮南王刘安喜欢读书作文，希望自己有一个好的声誉，招募了数千个宾客、术士。他臣属和宾客之中，很多是江淮那边轻浮的人士，经常用淮南厉王因迁徙而死的事来刺激他谋反。建元六年，彗星出现在空中，就有人对刘安说："以前吴军谋反的时候，就有彗星出现，有数尺长的光，发生了血流成河的战争。现在天空都被彗星的光照亮了，天下将要发生大的战争了。"淮南王心里很赞同，就大力准备战争需要的装备，积攒金银钱币。

这时，郎中雷被得罪了淮南王太子迁，正赶上汉武帝命令想要从军的人前往长安，雷被就请愿要到长安从军以抗击匈奴。太子在淮南王面前说了雷被的坏话，雷被就被淮南王斥责了，并且没有被批准去长安从军，淮南王这么做是要警告后人，不能得罪太子。同年，雷被向长安逃亡，向汉武帝上书表明自己的心意。汉武帝命令廷尉处理这件事情，由于淮南王被牵连，公卿请求治淮南王的罪。淮南王太子迁打算派人穿卫士服，站在淮南王身边拿着武器，一旦汉使出言不逊，就杀掉他，进而发动军队造反。汉武帝派中尉宏到淮南王处了解情况，淮南王见中尉和颜悦色，就不打算发兵。公卿上奏说："淮南王刘安阻止奋力抗击匈奴的人！不积极执行皇上的命令，按律应该斩首弃市。"为了惩戒淮南王，汉武帝下令削夺淮南王两个县的土地。没过多久淮南王很难过地说："我施行仁政，却被削减土地。"觉得无比耻辱，因此加快地进行造反行动。

资治通鉴

安与衡山王赐相责望，礼节间不相能。衡山王闻淮南王有反谋，恐为所并，亦结宾客为反具，以为淮南已西，欲发兵定江、淮之间而有之。衡山王后徐来潜太子爽于王，欲废之而立其弟孝。王因太子而佩孝以王印，令招致宾客。宾客来者微知淮南、衡山有逆计，日夜从容劝之。王乃使孝客江都人枚赫、陈喜作辒车、锻矢，刻天子玺、将相军吏印。秋，衡山王当入朝，过淮南；淮南王乃昆弟语，除前隙，约束反具。衡山王即上书谢病，上赐书不朝。

【译文】淮南王刘安和衡山王刘赐相互埋怨记恨，彼此不相容，疏远了礼节。衡山王刘赐听说淮南王计划叛变，担心被吞并，就广结善缘，打造造反需要的器具，认为由他发动军队平定江、淮之后，淮南以西的土地，就可以占为己有。衡山王的王后徐来在王的面前，说太子爽的坏话，衡山王准备废了太子爽，立太子爽的弟弟孝为太子。衡山王就把太子爽囚禁起来，孝却佩戴王印，王让孝接待宾客。前来的宾客暗地里知道衡山王、淮南王有造反的计划，就一直怂恿衡山王。于是衡山王命令孝的宾客江都人陈喜、枚赫制造金属的兵车、箭矢，准备好将相军吏等的印信，刻好天子符玺。秋天，衡山王在朝拜汉武帝时路过淮南；淮南王与他称兄道弟，于是两人冰释前嫌，结下联盟，为造反做准备。衡山王便上书给汉武帝，以生病为借口向汉武帝谢罪不能去朝拜，汉武帝赐书信允许他不朝拜。

六年（戊午，公元前一二三年）春，二月，大将军青出定襄，击匈奴；以合骑侯公孙敖为中将军，太仆公孙贺为左将军，翕侯赵信为前将军，卫尉苏建为右将军，郎中令李广为后将军，左内史李沮为强弩将军，咸属大将军。斩首数千级而还，休士马于定襄、云中、雁门。

【译文】六年（戊午，公元前123年）春季，二月，大将军卫青从定襄发兵，向匈奴进攻；任命合骑侯公孙敖为中将军，太仆公孙贺为左将军，翕侯赵信为前将军，卫尉苏建为右将军，郎中令李广为后将军，左内史李沮为强弩将军，都归属大将军指挥；在斩杀好几千敌人后归还，在定襄、雁门、云中整顿军队。

赦天下。

夏，四月，卫青复将六将军出定襄，击匈奴，斩首虏万馀人。右将军建、前将军信并军三千馀骑独逢单于兵，与战一日馀，汉兵且尽。信故胡小王，降汉，汉封为翕侯，及败，匈奴诱之，遂将其馀骑可八百降匈奴。建尽亡其军，脱身亡，自归大将军。

议郎周霸曰："自大将军出，未尝斩裨将。今建弃军，可斩，以明将军之威。"军正闳、长史安曰："不然。《兵法》：'小敌之坚，大敌之禽也。'今建以数千当单于数万，力战一日馀，士尽，不敢有二心，自归，而斩之，是示后无反意也，不当斩。"大将军曰："青幸得以肺腑待罪行间，不患无威，而霸说我以明威，甚失臣意。且使臣职虽当斩将，以臣之尊宠而不敢自擅诛于境外，而具归天子，天子自裁之，于以见为人臣不敢专权，不亦可乎?"军吏皆曰："善!"遂囚建诣行在所。

**【译文】**大赦天下。

夏季，四月，六将军由卫青带领从定襄出发，再次进攻匈奴，杀死俘虏敌人数万人。右将军苏建、前将军赵信大约三千多骑兵与单于的军队偶遇，苦战一天多，汉军差不多死完了。赵信曾经是胡人的小王，向汉朝投降，被封为翕侯，此时他打败仗了，匈奴引诱他投降，他就率领大约八百名残兵败将投降匈奴。苏建的军队全部阵亡，只剩他自己脱身，回到了大将军兵营。

议郎周霸说："大将军自发兵以来，从来没有杀过败将。现苏建独活，应当杀死，以此来彰显将军的威信。"军正闳、长史安说："这样做是不对的。《兵法》说：'自己弱小但坚持战斗，仍旧会被强大的敌人擒获。'苏建以数以千计的骑兵抵抗单于万数的军队，苦战一天多，士兵都死了，仍然没有投降的心思，一个人回来，如果杀了他，意味着以后打了败仗就不用再回来了，因此不该斩杀。"大将军卫青说："我能够因和圣上关系密切而带兵为将，不必担心没有威信，周霸劝我要彰显威信，不符合为人臣子的心理。并且按大臣的责任即使有权弑将，大臣却因受到圣上的荣宠，不敢在境外随意取人性命，不如将这件事上报圣上，让圣上自己决断，从而表示为人臣子的不敢独断专行，如此不是更好吗?"官吏都说:"好!"就囚禁苏建，并带到汉武帝所在的地方。

初，平阳县吏霍仲孺给事平阳侯家，与青姊卫少儿私通，生霍去病。去病年十八，为侍中，善骑射，再从大将军击匈奴，为票姚校尉，与轻勇骑八百，直弃大军数百里赴利，斩捕首虏过当。于是，天子曰:"票姚校尉去病，斩首虏二千馀级，得相国、当户，斩单于大父行藉若侯产，生捕季父罗姑，比再冠军，封去病为冠军侯。上谷太守郝贤四从大将军，捕斩首虏二千馀级，封贤为众利侯。"

是岁，失两将军，亡翕侯，军功不多，故大将军不益封，止赐千金。右将军建至，天子不诛，赎为庶人。

单于既得翕侯，以为自次王，用其姊妻之，与谋汉。信教单于益北绝幕，以诱罢汉兵，徼极而取之，无近塞。单于从其计。

【译文】起初，平阳县吏霍仲孺，在平阳侯家任职，和卫青的姐姐卫少儿私通，有了霍去病。十八岁时，霍去病担任侍中，善骑马射箭，又跟着大将军卫青攻打匈奴，担任票姚校尉一职，与轻骑八百人，在距大军几百里的地方，前去寻找战机，斩杀捕捉了比自己伤亡数还要多很多的敌人。于是汉武帝说:"票姚校尉霍去病斩杀两千多敌人，俘虏了匈奴相国、当户，杀死单于祖父辈藉若侯产，活捉了叔父罗姑，功劳再一次在诸将尉之首，因此任命霍去病为冠军侯。上谷太守郝贤第四次跟随大将军，抓捕杀死两千多敌人，封郝贤为众利侯。"

同年，有两位将军折损，翕侯的部队也全部阵亡，没有太多功劳，因此不再加封大将军，只赏赐千金。右将军苏建被带到汉武帝面前，汉武帝没有斩杀他，废为庶人来赎罪。

单于降得翕侯赵信后，将他封为自次王，让自己的姐姐嫁给他，并且和他一起计划进攻汉朝的事情。赵信建议单于越过更北的沙漠，以此来引诱汉军，让汉军疲惫不堪，待汉军极为困乏的时候进攻，别向边塞靠近。单于认同赵信的计策。

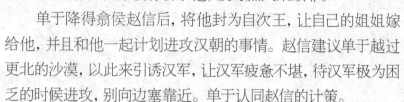

是时，汉比岁发十馀万众击胡，斩捕首虏之士受赐黄金二十馀万斤，而汉军士马死者十馀万，兵甲转漕之费不与焉。于是大司农经用竭，不足以奉战士。六月，诏令民得买爵及赎禁锢，免减罪。置赏官，名曰武功爵，级十七万，凡直三十馀万金。诸买武功爵至千夫者，得先除为吏。吏道杂而多端，官职耗废矣。

【译文】此时，汉朝每年会招募数十万士兵去攻打胡人，汉武帝对斩杀或捕捉敌人的人赏赐的黄金有二十几万斤，而战死的汉军士兵战马有十几万，因水陆转运武器盔甲的花费还不算在这里面。因此大司农的财政紧张，用来供养战士都不够。六月，汉武帝下诏允许百姓买官职，也可以拿钱来抵罪，如果想要免罪或减罪，用钱可以求得减免。设立奖赏的官职，称武功爵，买一级便得十七万钱，总值三十几万金。如果买高到千夫的武功爵，便可以优先当官。于是官吏之道变得纷繁复杂，官职也没有规矩了。

元狩元年(己未，公元前一二二年)冬，十月，上行幸雍，祠五畤，获兽，一角而足有五蹄。有司言："陛下肃祗郊祀，上帝报享，锡一角兽，盖麟云。"于是以荐五畤，畤加一牛，以燎。久之，有司又言："元宜以天瑞命，不宜以一二数，一元曰建，二元以长星曰光，今元以郊得一角兽曰狩云。"于是济北王以为天子且封禅，上书献太山及其旁邑。天子以他县偿之。

**【译文】**元狩元年(己未，公元前122年)冬季，十月，汉武帝在雍地巡行，五畤祭祀时，碰巧捕捉到一只野兽，有一支角，每个脚上有五个蹄。有关官员说："皇上您虔诚地祭祀，上天为了报答您，赐一角兽与皇上，应该是麟。"于是在五畤欢庆，专门在祭祀时加一只牛，用来烧烤。过了一会儿，有关官员又说："帝王应该用上天所降的祥瑞为年号，不该用一、二、三……记录，第一个年号是'建'，第二个年号为长星的缘由用'光'，当今的年号因为在郊祭获得一角兽就设为'狩'吧。"因此济北王认为汉武帝要封禅，献出泰山和附近的县邑给汉武帝；汉武帝用其余的县邑作为补偿。

淮南王安与宾客左吴等日夜为反谋，按舆地图，部署兵所从入。诸使者道长安来，为妄言，言"上无男，汉不治"，即喜；即言"汉廷治，有男"，王怒，以为妄言，非也。

王召中郎伍被与谋反事，被曰："王安得此亡国之言乎？臣见宫中生荆棘，露霑衣也！"王怒，系伍被父母，囚之。三月，复召问之，被曰："昔秦为无道，穷奢极虐，百姓思乱者十家而六七。高皇帝起于行陈之中，立为天子，此所谓蹈瑕候间，因秦之亡而动者也。今大王见高皇帝得天下之易也，独不观近世之吴、楚乎！夫吴王王四郡，国富民众，计定谋成，举兵而西；然破于大梁，奔走而东，身死祀绝者何？诚逆天道而不知时也。方今大王之兵，众不能十分吴、楚之一，天下安宁，万倍吴、楚之时，大王不从臣之计，今见大王弃千乘之君，赐绝命之书，为群臣先死于东宫也。"王涕泣而起。

**【译文】**淮南王刘安和宾客左吴等人昼夜计划着造反的事情，根据地图来部署部队进攻长安的路线。使者从长安回来，骗他说："皇上膝下无子，汉朝的政治是办不好的。"他就很开心；假如说："汉朝的政治做得不错，皇上也有儿子。"淮南王就会非常生气，认为使者没有说真话，所述并非事实。

淮南王召来中郎伍被商量造反的事。伍被说道："作为淮南王，这种亡国的话怎么说得出来呢？看来王宫中已经一派荆棘满生，露水沾衣的衰败气象了！"淮南王非常生气，就把伍被的父母抓起来。过了三个月，又召见伍被问他那件事，伍被说："以前秦朝无道，非常奢侈，尽做些暴虐的事情，百姓十家中有六七家想要造反。在战争中高皇帝以行伍出身，却被拥护为天子，这就是常人说的'利用对方不利趁机打击'，高皇帝就是在秦人失败的时候起事的。大王只看到高皇帝轻松取得天下，怎能不看看近代的吴、楚失败的事情呢！吴王管辖四郡，国家富裕，人口很多，制订好了计划，就派遣军队向西，在大梁的时候被击败了，向东逃跑，最后死掉了，也断绝了子孙的祭祀，为什么？是因为他违背天理不懂把握时机。如今大王的军队，士兵数量连以前吴、楚的十分之一都不到，现在天下太平，又于吴、楚的一万倍之时，大王坚持要造反，不听臣的意见，臣可以看到大王将舍弃千乘的地位，被圣上赐死，在朝堂上死在东宫了。"淮南王起身，听得泪流满面。

王有孽子不害，最长，王弗爱，王后、太子皆不以为子、兄数。不害有子建，材高有气，常怨望太子，阴使人告太子谋杀汉中尉事，下廷尉治。

王患之，欲发，复问伍被曰："公以为吴兴兵，是邪？非邪？"

被曰："非也。臣闻吴王悔之甚，愿王无为吴王之所悔。"王曰："吴何知反！汉将一日过成皋者四十馀人，今我绝成皋之口，据三川之险，招山东之兵，举事如此，左吴、赵贤、朱骄如皆以为什事九成，公独以为有祸无福，何也？必如公言，不可徼幸邪？"被曰："必不得已，被有愚计。当今诸侯无异心，百姓无怨气，可伪为丞相、御史请书，徙郡国豪桀高赀于朔方，益发甲卒，急其会日，又伪为诏狱书，逮诸侯太子、幸臣。如此，则民怨，诸侯惧，即使辩士随而说之，傥可徼幸什得一乎！"王曰："此可也。虽然，吾以为不至若此。"

**【译文】**淮南王有一个庶子叫作刘不害，年龄最大，不被淮南王喜欢，王后、太子也不将他看作儿子、兄长。不害的一个儿子建，有很高的才能并且英武，对太子怀恨在心，暗地里派人告密，说太子企图谋害朝廷中尉，廷尉便治太子的罪。

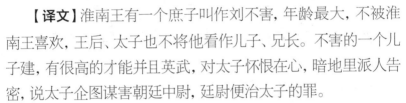

淮南王很担心太子，想要造反，又问伍被说："以前吴国发动军队造反，你觉得是对还是错？"伍被说："是错的。臣听闻吴王很后悔，希望您别做吴王后悔做过的事。"淮南王说："吴王不知道如何造反！他竟然一天之内让四十几个汉将通过成皋，现在我切断成皋的入口，占据三川险地，让山东的部队过来，如此完美地做事，左吴、朱骄如、赵贤都认为有很大的希望成功，你却偏偏说只有灾难没有好运，为什么？照你所说，是不可能侥幸成功了？"伍被说："必须要造反的话，臣有个愚蠢的主意。现在诸侯已没有造反的想法，百姓也没有怨声载道。您可以假冒丞相、御史上奏，请求把郡国富裕的人们、豪杰派遣到朔方，然后多派甲兵，催他们快点起身；再假造诏书，让受宠的大臣、诸侯太子入狱；这样就会引起民怨，使诸侯的内心恐惧，再派说客游说他们，如此便可有十分之一的希望成功！"淮南王说："可以这样做。不过，我觉得不用这么费事。"

于是王乃作皇帝玺,丞相、御史大夫、将军、军吏、中二千石及旁近郡太守、都尉印,汉使节。欲使人伪得罪而西,事大将军,一日发兵,即刺杀大将军。且曰："汉廷大臣,独汲黯好直谏,守节死义,难惑以非;至如说丞相弘等,如发蒙振落耳!"

王欲发国中兵,恐其相、二千石不听,王乃与伍被谋先杀相、二千石。又欲令人衣求盗衣,持羽檄从东方来,呼曰:"南越兵入界!"欲因以发兵。

会廷尉逮捕淮南太子,淮南王闻之,与太子谋,召相、二千石,欲杀而发兵。召相,相至,内史、中尉皆不至。王念独杀相无益也,即罢相。王犹豫,计未决。太子即自刭,不殊。

**【译文】**于是淮南王着手制造皇帝玉玺,同时制作了丞相、将军、御史大夫、中二千石、军吏、周边的都尉、郡太守等人的印信和汉使者所用的符节。打算派人装作得罪了淮南王向京师逃亡,一旦大将军发动军队,就马上杀死他。并且说:"汉廷的大臣中,只有汲黯是敢于谏言,舍生取义的人,很难被不正当的事迷惑,游说丞相公孙弘他们,就好像拿下覆盖的东西,使枯叶掉下一样简单!"

淮南王想招募国中的士兵,但恐怕宰相、二千石的官吏不接受,便与伍被商量,先杀掉宰相、二千石官吏。再派人穿着捕盗的士兵的衣服,从东方手持军令高呼:"南越兵攻入边界了!"准备利用此机会造反。

这时正赶上廷尉因雷被的事捉拿了淮南太子,淮南王知道后,便与太子商量,把宰相、二千石的官吏召来杀掉,以此发动军队造反。宰相到了,中尉、内史都没有到。淮南王心想只杀宰相没什么效果，就放了宰相。由于淮南王一直在纠结该不该造反。太子便自刎，但没死。

伍被自诣吏，告与淮南王谋反踪迹如此。吏因捕太子、王后，围王宫，尽求捕王所与谋反宾客在国中者，索得反具，以闻。上下公卿治其党与，使宗正以符节治王。未至，十一月，淮南王安自到。杀王后荼、太子迁，诸所与谋反者皆族。

天子以伍被雅辞多引汉之美，欲勿诛。廷尉汤曰："被首为王画反计，罪不可赦。"乃诛被。侍中庄助素与淮南王相结交，私论议，王厚赂遗助；上薄其罪，欲勿诛。张汤争，以为："助出入禁门，腹心之臣，而外与诸侯交私如此，不诛，后不可治。"助竟弃市。

衡山王上书，请废太子爽，立其弟孝为太子。爽闻，即遣所善白嬴之长安上书，言"孝作輣车、锻矢，与王御者奸"，欲以败孝。会有司捕所与淮南谋反者，得陈喜于衡山王子孝家，吏劾孝首匿喜。孝闻"律：先自告，除其罪"，即先自告所与谋反者枚赫、陈喜等。公卿请逮捕衡山王治之，王自到死。王后徐来、太子爽及孝皆弃市，所与谋反者皆族。

凡淮南、衡山二狱，所连引列侯、二千石、豪桀等，死者数万人。

【译文】伍被请求见执法的官吏，把淮南王谋反的事报告给了官吏。于是官吏捉拿淮南王、太子和王后，将王宫包围，搜捕了准备和淮南王造反的仍然留在国内的全部宾客，搜到了造反的证据，上报汉武帝。汉武帝命令公卿搜捕淮南王的共犯，派掌管亲属的宗正用自己的手谕将淮南王治罪。淮南王在宗正还没到的时候就自杀了。太子迁、王后荼和所有谋反的人都被灭族。

汉武帝认为伍被平时经常赞美汉朝，不想杀他。廷尉张汤说："伍被是第一个替淮南王计划造反的人，他不可以被赦免。"便赐死伍被。侍中庄助向来与淮南王交情好，私底下曾和淮南王一起商讨过造反的事情，也被优厚地贿赂过。汉武帝不想杀庄助，但张汤力辩，认为："庄助是皇上的心腹，出入宫禁门户，在外却和诸侯私交甚好，如果不杀他，以后怕就不好执法了。"于是庄助被判杀头弃市。

衡山王刘赐上奏给朝廷，请求废除太子刘爽，另立刘爽的弟弟刘孝为太子。太子爽听到消息以后，立即派遣亲信白嬴到长安上书朝廷，说"刘孝私自制造兵车、金属的箭矢，与王的姬妾通奸"，想要破坏衡山王立刘孝为太子的计划，刚好主管部门逮捕了所有和淮南王一起计划造反的人，在衡山王儿子孝的家中捉到了陈喜，官吏弹劾刘孝是藏匿陈喜的首犯。刘孝听说"律法规定：自己先行自首的，可以免除罪责"，他以为是真的，就先主动地告诉朝廷和他一起谋反的枚赫、陈喜等人。公卿奏请汉武帝逮捕衡山王治罪，衡山王因此自刎而死。王后徐来、太子爽及刘孝等人被当众斩首，所有一起参与谋反计划的人一律灭族。

总计淮南、衡山两个案件，被牵连延伸的列侯、二千石官吏、豪杰等，死亡的有几万人。

【申涵煜评】淮南之谋，被极力苦谏，王已心动，忽转而为画逆策。及事败露，复自诣吏首告。反覆变幻，始终相左，吾不知是何等肺肠！可见人禽之关，只在一念转移间。张汤坐以不赦之条，非酷也。

【译文】淮南王想密谋反叛，伍被极力劝谏，淮南王本已经动心了。忽然间，转而为他谋划造反的策略。等到事情败露，又去面见官府自首，供出与刘安反叛的事实。反复变化，开始和结尾不相符合，我不知道他是什么样的心肠！可见人和禽兽的差别，只在一念之间。张汤给他判了不赦的罪名，并不严酷啊。

夏，四月，赦天下。

丁卯，立皇子据为太子，年七岁。

五月，乙巳晦，日有食之。

匈奴万人入上谷，杀数百人。

初，张骞自月氏还，具为天子言西域诸国风俗："大宛在汉正西，可万里。其俗土著，耕田；多善马，马汗血；有城郭、室屋，如中国。其东北则乌孙，东则于寞。于寞之西，则水皆西流注西海，其东，水东流注盐泽。盐泽潜行地下，其南则河源出焉。盐泽去长安五千里。匈奴右方居盐泽以东，至陇西长城，南接羌，鬲汉道焉。乌孙、康居、奄蔡、大月氏，皆行国，随畜牧，与匈奴同俗。大夏在大宛西南，与大宛同俗。臣在大夏时，见邛竹杖、蜀布，问曰：'安得此？'大夏国人曰：'吾贾人往市之身毒。'身毒在大夏东南可数千里，其俗土著，与大夏同。以骞度之，大夏去汉万二千里，居汉西南；今身毒国又居大夏东南数千里，有蜀物，此其去蜀不远矣。今使大夏，从羌中，险，羌人恶之；少北，则为匈奴所得；从蜀，宜径，又无寇。"

【译文】夏季，四月，大赦天下。

丁卯日（二十一日），汉武帝立儿子刘据为太子，年仅七岁。

五月，乙巳晦日（三十日），发生日食。

匈奴一万人进入上谷，杀死数百人。

起初，张骞从月氏返回汉朝，详细地向汉武帝报告西域各个国家的风俗："大宛在汉的正西边，差不多有一万里远。当地百姓定居，耕种田地；有很多擅长奔跑的马，马汗像血一样红；有城郭和房屋里居住，跟中国一样。大宛的东北是乌孙，东面是于窴，于窴的西面，水向西流，流入西海，东边水流注入盐泽。盐泽一带的河流在地下流走，往南就是黄河的根源所在。盐泽距离长安差不多有五千里远。匈奴西边的边界在盐泽的东面，一直延伸到陇西的长城，南方和羌人接壤，将我国通往西域的道路隔断。乌孙、康居、奄蔡和大月氏都是游牧国家，跟随着放牧牲畜的水草居住，跟匈奴风俗一样。大夏位于大宛西南方，其风俗跟大宛风俗一样。臣在大夏时，曾经看到邛都邛山出产的竹杖和蜀地的细布，臣问他们：'从哪里弄来的这些东西？'大夏国的百姓说：'我们国家的商人去身毒买来的。'身毒位于大夏东南几千里之外，当地的风俗是定居，和大夏一样。根据我的猜想，大夏离我国有一万二千里，位于汉的西南方；现在身毒国又位于大夏东南几千里，当地有我国蜀地的东西，所以身毒距离蜀地应该不是很远。如今派使者出使大夏，从羌国境内经过，地形险恶，羌人又讨厌；稍微往北走一点，又会被匈奴人抓走；如果从蜀地前往大夏，道路应该很平直，又没有强盗侵扰。"

天子既闻大宛及大夏、安息之属皆大国，多奇物，土著，颇与中国同业，而兵弱，贵汉财物。其北有大月氏、康居之属，兵强，可以赂遗设利朝也。诚得而以义属之，则广地万里，重九译，致殊俗，威德遍于四海，欣然以骞言为然。乃令骞因蜀、犍为发间使王然于等四道并出，出駹，出冉，出徙，出邛、僰，指求身毒国，各行一二千里，其北方闭氐、筰，南方闭嶲、昆明。昆明之属无君长，善寇盗，辄杀略汉使，终莫得通。于是汉以求身毒道，始通滇国。滇王当羌谓汉使者曰："汉孰与我大？"及夜郎侯亦然。以道不通，故各自以为一州主，不知汉广大。使者还，因盛言滇大国，足事亲附；天子注意焉，乃复事西南夷。

【译文】汉武帝听到大宛及大夏、安息之类的国家，都是大国，有很多奇异的物品，人民定居，和中国人的生活非常一致，但国力薄弱，很喜欢汉朝的财物。北面大月氏、康居之类的国家，兵力较强盛，但是可以用财物贿赂，引诱他们入汉廷朝拜。如果能够不通过战争让他们归附，那么我国的疆域就可扩大一万里，通过重重的翻译，引来不同习俗的国家来朝拜，中国的恩威德泽将遍布四海之外，汉武帝欣然同意，觉得张骞说得都很对。就命令张骞从蜀、犍为等地，征召使者王然于数人，一共分四条路同时出发，一条从駹出发，一条从冉出发，一条从徙出发，一条从邛、僰出发，目标都是身毒国，每条路都走了一二千里，北方被氐、筰所阻挠，南方被嶲、昆明所阻挡，都不能前进。昆明一带没有君长领导，百姓有很多都是盗匪，经常劫杀汉的使者，所以这些路始终没有人打通。但是汉朝因为寻找前往身毒的道路，才把通向滇国的道路打通。滇王当羌问汉朝使者："汉和我相比，哪国比较大？"后来夜郎侯也这样问汉朝使者。以往因为道路堵塞，所以各自独霸一州为王，不知道汉朝土地的广大。使者回国后，不断地夸滇是个大国，可以想办法让滇国依附汉朝。汉武帝也留意起来，又进行西南夷地区的经略了。

**【乾隆御批】**张骞持赂鉴空，所至之地多中闭不通，译语未兴尽晓，传闻更多讹舛。且以于阗盐泽为河源所出，不知盐泽乃今塔里母河，与河源无涉，他可知矣。今厄鲁特回部并隶版图，凡山川道里，实按其地，详询其人。然音义参差，犹必几经审订，始令成书。考证之难，岂可以耳食为据哉？

**【译文】**张骞以贿赂开通西域之路。所到处大多是闭塞不通的地方，翻译的话未必完全准确，传说中的错误就更多。更何况认为于阗的盐泽是自黄河源头流出，却不知道盐泽就是今天的塔里木河。与黄河源头没有关系，其他的也就可想而知了。现在厄鲁特回部并入版图，凡是山川道路里程，都应当按照实际地理情况，详细询问当地人。尽管如此，读音和意义毕竟还是有所不同，仍然必须经过多次审查和校订才能够使它成书。考证很难，怎么可以用传闻来作为根据？

二年（庚申，公元前一二一年）冬，十月，上幸雍，祠五畤。

三月，戊寅，平津献侯公孙弘薨。壬辰，以御史大夫乐安侯李蔡为丞相，廷尉张汤为御史大夫。

霍去病为票骑将军，将万骑出陇西，击匈奴，历五王国，转战六日，过焉支山千馀里，杀折兰王，斩卢侯王，执浑邪王子及相国、都尉，获首虏八千九百馀级，收休屠王祭天金人。诏益封去病二千户。

**【译文】**二年（庚申，公元前121年）冬季，十月，汉武帝巡查到雍，祭祀五帝。

三月，戊寅日，平津献侯公孙弘逝世。壬辰日，汉武帝任命御史大夫乐安侯李蔡为丞相，廷尉张汤为御史大夫。

任命霍去病为骠骑将军，率领一万名骑兵从陇西出发，进击匈奴，经历了五个王国，辗转作战了六天，越过焉支山千余里，斩杀了折兰王和卢侯王，俘虏了浑邪王的儿子以及相国、都尉，俘获和斩杀的敌人有八千九百多人，夺得休屠王祭天用的金人像。汉武帝下诏书加封霍去病二千户。

夏，去病复与合骑侯公孙敖将数万骑俱出北地，异道。卫尉张骞、郎中令李广俱出右北平，异道。广将四千骑先行，可数百里，骞将万骑在后。匈奴左贤王将四万骑围广，广军士皆恐；广乃使其子敢独与数十骑驰贯胡骑，出其左右而还，告广曰："胡虏易与耳！"军士乃安。广为圜陈，外向。胡急击之，矢下如雨。汉兵死者过半，汉矢且尽。广乃令士持满毋发，而广身自以大黄射其裨将，杀数人，胡虏益解。会日暮，吏士皆无人色，而广意气自如，益治军，军中皆服其勇。明日，复力战，死者过半，所杀亦过当。会博望侯军亦至，匈奴军乃解去。汉军罢，弗能追，罢归。汉法：博望侯留迟后期，当死，赎为庶人。广军功自如，无赏。而票骑将军去病深入二千余里，与合骑侯失，不相得。票骑将军逾居延，过小月氏，至祁连山，得单桓、酋涂王，及相国、都尉以众降者二千五百人，斩首虏三万二百级，获裨小王七十余人。天子益封去病五千户，封其裨将有功者鹰击司马赵破奴为从票侯，校尉高不识为宜冠侯，校尉仆多为辉渠侯。合骑侯敖坐行留不与票骑会，当斩，赎为庶人。

【译文】夏季，霍去病又与合骑侯公孙敖率领几万名骑兵同时从北地出发，分两路进攻匈奴。卫尉张骞、郎中李广也同时从右北平出发，分路进击。李广率领四千名骑兵为先锋，差不多走了几百里远，张骞率领一万骑兵殿后。匈奴左贤王率领四万骑兵将李广包围，李广的军吏士卒都很恐惧；李广就命令自己的儿子李敢独自率领几十名骑士，飞马直穿胡人的骑兵队伍，再分别从左右两边回还军营，向李广汇报说："匈奴兵很容易对付！"军吏士卒内心情绪才安定下来。李广命令部下将士布成圆形战阵，阵势向外，胡人赶忙加以射击，箭如雨下，汉兵死亡过半，箭也快要用尽了。李广就下令士卒拉满弓但不要发射，而他自己用大黄（连弩之名）射击匈奴将领，一连杀死好几个人，胡人的攻势更加溃败消解了。此时已是日暮时分，军吏士卒都吓得面无人色，唯有李广的心意精神依然不变，更加紧整顿行伍战阵，军中士卒都钦佩他的勇气。隔日，汉军再度拼命激战，死亡的吏卒过半，但所杀的匈奴士卒，人数也超过自己的损失。这时，正好博望侯的大军也赶到了，匈奴的军队才撤离。汉军非常疲倦，不能从后追击，只好撤兵。根据汉朝律法：博望侯因为迟到误了会兵的时机，应当处死，赎身后贬为平民。李广的军队功过相抵，没有封赏。而骠骑将军霍去病深入匈奴地区二千余里，与合骑侯公孙敖失去联系，不能互相救援。骠骑将军越过居延，经过小月氏，到达祁连山，俘虏单桓、酋涂王，相国、都尉也率领二千五百人投降，斩杀对方三万二百人，俘获裨小王七十余人。汉武帝又加封霍去病五千户，封他有功的部下鹰击司马赵破奴为从票侯，校尉高不识为宜冠侯，校尉仆多为辉渠侯。合骑侯公孙敖因为在路途逗留，不和骠骑将军会兵，按律法当斩杀，赎身后贬为平民。

是时，诸宿将所将士、马、兵皆不如票骑，票骑所将常选，然亦敢深入，常与壮骑先其大军；军亦有天幸，未尝困绝也。而诸宿将常留落不偶，由此票骑日以亲贵，比大将军矣。

匈奴入代、雁门，杀略数百人。

江都王建与其父易王所幸淖姬等及女弟征臣奸。建游雷陵，天大风，建使郎二人乘小船入陵中。船覆，两郎溺，攀船，乍见乍没；建临观大笑，令勿救，皆死。凡杀不辜三十五人，专为淫虐。自知罪多，恐诛，与其后成光共使越婢下神，祝诅上。又闻淮南、衡山阴谋，建亦作兵器，刻皇帝玺，为反具。事发觉，有司请捕诛，建自杀，后成光等皆弃市，国除。

**【译文】**当时，资质老的将领们所率领的士、马、兵全都比不上骠骑将军，骠骑将军所率领的经常是经过精挑细选的骁锐，但骠骑将军也敢于深入匈奴腹地，他常常与雄壮的骑士走在大部队的前面；他的军队也是非常幸运，从来没有陷入过困境。而老将们常常迟留落在后面，没有遇到敌人，因此骠骑越来越尊贵，和大将军卫青差不多了。

匈奴侵入代、雁门等地，杀死数百人。

江都王刘建和他的父亲易王所宠幸的淖姬等人以及妹妹征臣通奸。有一次，刘建到雷陵游玩，刮起了大风，刘建派遣两个郎官乘坐小船进入雷陵的水塘里，船翻覆了，两个郎官落在水里，用手抓着船沿，在水里忽隐忽现，刘建在水边观看，高兴得大笑，下令不可以援救，结果两个郎官都被淹死了，总共杀死三十五个无辜的人，专肆做一些淫乐残暴的事情。他自己知道犯的罪很多，担心被杀，就跟王后成光一起命令懂巫术的越女，用巫术求神降临，请神加灾殃给汉武帝。又听到淮南王、衡山王有反叛的阴谋，他也制造兵器，假刻了皇帝的玉玺，做好了谋反的工具。后来事情败露，主管官员奏请拘捕斩杀；刘建自杀，王后成光等人都被判斩杀弃市之罪，封国被取消。

胶东康王寄薨。

秋，匈奴浑邪王降。是时，单于怒浑邪王、休屠王居西方为汉所杀虏数万人，欲召诛之。浑邪王与休屠王恐，谋降汉，先遣使向边境要遮汉人，令报天子。是时，大行李息将城河上，得浑邪王使，即驰传以闻。天子闻之，恐其以诈降而袭边，乃令票骑将军将兵往迎之。休屠王后悔，浑邪王杀之，并其众。票骑既渡河，与浑邪王众相望。浑邪王裨将见汉军，而多不欲降者，颇遁去。票骑乃驰入，得与浑邪王相见，斩其欲亡者八千人，遂独遣浑邪王乘传先诣行在所，尽将其众渡河。降者四万馀人，号称十万。既至长安，天子所以赏赐者数十巨万；封浑邪王万户，为漯阴侯，封其裨王呼毒尼等四人皆为列侯。益封票骑千七百户。

**【译文】**胶东康王刘寄去世。

秋季，匈奴浑邪王投降汉朝。之前住在西面的匈奴浑邪王、休屠王被汉朝所杀和俘虏的人有几万，单于非常生气，要召回他们，把他们两人都杀掉。浑邪王和休屠王都很担心，计划投降汉朝，先派遣使者去边境，要汉人跟汉武帝报告他们的心意。此时，大行李息正率领士卒在黄河边筑城，遇到了浑邪王的使者以后，用快马驿快速向汉武帝报告。汉武帝得到消息后，担心浑邪王是诈降，真正目的是偷袭边境，于是下令骠骑将军霍去病派兵前往迎接。休屠王后悔投降，浑邪王将他杀掉，吞并了他的部下。骠骑将军霍去病渡过黄河以后，和浑邪王的部队彼此相望。浑邪王的部下看到汉朝军队以后，有很多人不想投降，逃跑的人很多。骠骑将军霍去病飞马进入到匈奴军营之中，才见到浑邪王，把想要逃亡的八千人都杀掉，就单独派遣浑邪王一个人乘着传车到了汉武帝的居住地，率领浑邪王的部下全部渡过黄河。投降的匈奴士卒有四万多人，号称十万。到了长安以后，汉武帝赏赐给他的有好几十万钱物；赐浑邪王食邑一万户，封为漯阴侯，封浑邪王的部下呼毒尼等四个人为列侯。又加封骠骑将军霍去病一千七百户。

浑邪之降也，汉发车二万乘以迎之，县官无钱，从民贳马，民或匿马，马不具。上怒，欲斩长安令，右内史汲黯曰："长安令无罪，独斩臣黯，民乃肯出马。且匈奴畔其主而降汉，汉徐以县次传之，何至令天下骚动，罢敝中国而以事夷狄之人乎！"上默然。及浑邪至，贾人与市者坐当死五百馀人，黯请间见高门，曰："夫匈奴攻当路塞，绝和亲，中国兴兵诛之，死伤者不可胜计，而费以巨万百数。臣愚以为陛下得胡人，皆以为奴婢，以赐从军死事者家，所卤获，因予之，以谢天下之苦，塞百姓之心。今纵不能，浑邪率数万之众来降，虚府库赏赐，发良民侍养，譬若奉骄子，愚民安知市买长安中物，而文吏绳以为阑出财物于边关乎！陛下纵不能得匈奴之资以谢天下，又以微文杀无知者五百馀人，是所谓庇其叶而伤其枝者也。臣窃为陛下不取也。"上默然不许，曰："吾久不闻汲黯之言，今又复妄发矣。"

**【译文】**在浑邪王投降的时候，汉武帝征收两万辆车去迎接，由于县官没钱，只好赊欠百姓来买马，百姓有的把马藏起来，一次收不到足够的马。汉武帝非常生气，要赐死长安令，右内史汲黯说："长安令并没有犯罪，臣黯被斩杀，百姓才会把马交出来。再说匈奴投降汉朝背叛他们的君主，我们只用让所经过的诸县，依次用传车把投降的匈奴人慢慢地送来就好了，怎么能惊扰天下百姓，弄得国家疲惫不堪，去为匈奴做事呢！"汉武帝不语。过了不久，浑邪王抵达长安，与浑邪王有交易的人，共有五百人按律当死，汲黯在高门殿请求谒见汉武帝，对汉武帝说："匈奴向我们进攻，阻挡交通要道，拒绝和中国和亲，我们派兵攻打匈奴，受伤死亡的国民数不胜数，以数百万计算费用。臣建议陛下让被捉到的胡人做那些从军死于战事的家属的奴婢，收缴的钱财也赐予这些家属，对百姓的苦难谢罪，也顺应了百姓的心意。如今不仅没有做到，浑邪率领大军投降，给予他们的赏赐多到使国库空虚，还要让善良百姓侍奉他们，就像纵容孩子一样，百姓怎能晓得和匈奴人在长安做生意，会被执法的官吏以随便携带财物出关治罪呢！圣上不仅不用匈奴的财产向痛苦的百姓们谢罪，还用苛刻的法令杀害五百多无知的人，所谓'为保护叶子而伤害枝条'便是如此，陛下这样做臣私底下认为不应该。"圣上默然不许，说："我很久没有听汲黯说过这样的话了，现在他又在胡乱评论了！"

居顷之，乃分徙降者边五郡故塞外，而皆在河南，因其故俗为五属国。而金城河西，西并南山至盐泽，空无匈奴，匈奴时有候者到而希矣。

休屠王太子日磾与母阏氏、弟伦俱没入官，输黄门养马。久之，帝游宴，见马，后宫满侧，日磾等数十人牵马过殿下，莫不窃视，至日磾独不敢。日磾长八尺二寸，容貌甚严，马又肥好，上异而问之，具以本状对。对奇焉，即日赐汤沐、衣冠，拜为马监，迁侍中、驸马都尉、光禄大夫。日磾既亲近，未尝有过失，上甚信爱之，赏赐累千金，出则骖乘，入侍左右。贵戚多窃怨曰："陛下妄得一胡儿，反贵重之。"上闻，愈厚焉。以休屠作金人祭天主，故赐日磾姓金氏。

【译文】没过多久，就遣散投降的匈奴人在沿边的五郡故塞外面居住，因为都在黄河以南，就允许他们保留本国风俗，但隶属于汉。而从金城河以西，傍着南山延续到盐泽，没有匈奴，有时会有侦查的匈奴前来，不过非常少。

休屠王太子日磾和母亲阏氏、弟弟伦都在官府为奴婢，在黄门养马。时间过了很久，有一次汉武帝在游玩时看马，妃嫔立在两边，日磾等十几人牵着马经过宫殿时，没有不偷看的，轮到日磾，他却不敢看。日磾身长八尺二寸，长得威严，养马养得壮硕。汉武帝觉得奇怪，便询问他的身世，日磾仔细地奏报自己的身世。汉武帝更加觉得奇怪，当天就赐他汤水沐浴、整饰衣冠，让他当马监，后又迁侍中、驸马都尉、光禄大夫。日磾获得汉武帝荣宠后，从不做错事。汉武帝很亲信他，累积了千金之多的赏赐，每当汉武帝外出，他一定在车左右侍奉，连在宫廷内都在汉武帝身边侍候。皇亲贵胄们私下抱怨："圣上偶然得到一个胡人小儿，却对他这么宠幸。"汉武帝听到了，却更加宠爱日磾。由于休屠人做金人来祭祀天神，所以赐日磾的姓氏为金。

**三年**（辛酉，公元前一二〇年）春，有星孛于东方。

夏，五月。赦天下。

淮南王之谋反也，胶东康王寄微闻其事，私作战守备。及吏治淮南事，辞出之。寄母王夫人，即皇太后之女弟也，于上最亲，意自伤，发病而死，不敢置后。上闻而怜之，立其长子贤为胶东王。又封其所爱少子庆为六安王，王故衡山王地。

秋，匈奴入右北平、定襄，各数万骑，杀略千馀人。

山东大水，民多饥乏。天子遣使者虚郡国仓廥以振贫民，犹不足，又募豪富吏民能假贷贫民者以名闻；尚不能相救，乃徙贫民于关以西及充朔方以南新秦中七十馀万口，衣食皆仰给县官，数岁假予产业。使者分部护之，冠盖相望。其费以亿计，不可胜数。

【译文】三年(辛酉，公元前120年)春季，有彗星出现在东方。

夏季，五月，大赦天下。

在淮南王谋划造反时，胶东康王刘寄听到一些造反的事情，私底下也为战争防守做准备。后来官吏在处理淮南王造反的事时，胶东王被牵连。王夫人是胶东王刘寄的母亲，也是皇太后的妹妹，与汉武帝最亲密，她心里非常难过，以至于生病死亡，不敢立康王的后代为胶东王。听到这些消息，汉武帝心里很是同情，便封胶东康王刘寄的长子刘贤为胶东王；同时封他喜爱的小儿子刘庆为六安王，管辖衡山王以前的土地。

秋季，匈奴入住右北平、定襄，在每个地方都有骑兵数万名，杀死数千人。

山东发生大水灾，百姓都饥饿难耐。汉武帝派使者发放郡国仓库的所有粮食，还是不够，同时劝说富人、百姓、官吏能够借钱给灾民的，可以将姓名上报汉武帝；但还是不够救急，就遣散灾民到关以西的地方，来充实朔方以南的新秦中的人口，总共七十几万人，由县官提供衣食，前几年提供给百姓田产家业。汉武帝的使者分开监督，相互往来。消耗了以亿计算的费用，数不胜数。

汉既得浑邪王地，陇西、北地、上郡益少胡寇，诏减三郡戍卒之半，以宽天下之繇。

上将讨昆明，以昆明有滇池方三百里，乃作昆明池以习水战。是时法既益严，吏多废免。兵革数动，民多买复及五大夫，征发之士益鲜。于是除千夫、五大夫为吏，不欲者出马，以故吏弄法，皆谪令伐棘上林，穿昆明池。

是岁，得神马于渥洼水中。上方立乐府，使司马相如等造为诗赋，以宦者李延年为协律都尉，佩二千石印；弦次初诗以合八音之调。诗多《尔雅》之文，通一经之士不能独知其辞，必集会《五经》家相与共讲习读之，乃能通知其意。及得神马，次以为歌。汲黯曰："凡王者作乐，上以承祖宗，下以化兆民。今陛下得马，诗以为歌，协于宗庙，先帝百姓岂能知其音邪？"上默然不说。

【译文】汉朝得到浑邪王领地后，陇西、北地、上郡便很少被匈奴侵扰了，汉武帝就下令减少戍边战士的一半，来减少百姓的徭役。

汉武帝想要讨伐昆明，由于昆明有个三百里见方的滇池，于是，挖昆明池供士兵练习水上作战。这时，法令更加严苛，很多官吏由此被废官。由于经常发生战争，又有许多百姓买到五大夫和免徭役的权利，于是很少有能服徭役的人了。于是任命五大夫、千夫为官吏，如果不愿就任就出马。但凡失职的官吏，便都在上林苑砍荆棘，挖昆明池。

同年，在渥洼水中得到了神马。汉武帝设立乐府，派司马相如等人作诗，任命宦者李延年为协律都尉，佩挂二千石官阶的印信。作诗与琴弦配合，造出符合八音的曲调。所创作的诗大都比较雅正，仅仅掌握一经的人，是不能懂得歌词大意的，一定要接受《五经》的专家教授，才能通透。得到神马后，便编成以神马为题材的诗加以传唱。汲黯劝说道："凡是圣明的君王制作乐章，往上应该是赞扬继承祖先的德业，往下应该是为了教化人民，而如今陛下获得一匹神马，就要作诗拿来歌唱，在宗庙中协律唱出，先帝和百姓怎么会知道诗歌的内容是什么呢？"汉武帝听了不说话，很不开心。

　　上招延士大夫，常如不足；然性严峻，群臣虽素所爱信者，或小有犯法，或欺罔，辄按诛之，无所宽假。汲黯谏曰："陛下求贤甚劳，未尽其用，辄已杀之。以有限之士恣无已之诛，臣恐天下贤才将尽，陛下谁与共为治乎！"黯言之甚怒，上笑而谕之曰："何世无才，患人不能识之耳。苟能识之，何患无人！夫所谓才者，犹有用之器也，有才而不肯尽用，与无才同，不杀何施！"黯曰："臣虽不能以言屈陛下，而心犹以为非。愿陛下自今改之，无以臣为愚而不知理也。"上顾群臣曰："黯自言为便辟则不可，自言为愚，岂不信然乎！"

　　【译文】汉武帝招揽士大夫很积极，好像常常怕人才不够；但是因为个性严厉刻薄，群臣中，尽管平日都是汉武帝宠爱信任的人，偶然犯了一点小过错，或发现有欺罔之罪，往往立即按法诛杀，不会有所宽恕。汲黯因为这劝汉武帝说："陛下寻求人才那么辛苦，还没完全发挥他的作用，就已经把他杀了。用有限的人才，供应陛下无穷尽的诛杀，臣担心天底下的贤才将要因此丧尽，那么陛下能够和谁一同治理国家呢！"汲黯说这番话时表现得很愤怒，武帝却笑着解释说："什么时候都不会没有人才，只是担心没有人能发掘罢了。如果善于发现，又何必担忧没有人才！那些所谓的人才，就像有用的器物一样，有才能但是又不能够全部施展，和没有才干一样，我不杀的话还能做什么！"汲黯道："臣虽然无法用言辞把陛下说服，但是在心里还是觉得陛下说得不对，我希望陛下从今往后能加以改正，不要觉得我是愚蠢不懂道理。”武帝回头看看周围的群臣说:“如果汲黯自己说自己是阿谀的小人,那是不对的,但自己说自己愚笨,难道不是这样吗!”

**四年**(壬戌,公元前一一九年)冬,有司言:“县官用度太空,而富商大贾冶铸、煮盐,财或累万金,不佐国家之急。请更钱造币以赡用,而摧浮淫并兼之徒。”是时,禁苑有白鹿而少府多银、锡,乃以白鹿皮方尺,缘以藻缋,为皮币,直四十万。王侯、宗室朝觐聘享必以皮币荐璧,然后得行。又造银、锡为白金三品:大者圜之,其文龙,直三千;次方之,其文马,直五百;小者椭之,其文龟,直三百。令县官销半两钱,更铸三铢钱,盗铸诸金钱罪皆死;而吏民之盗铸白金者不可胜数。

于是以东郭咸阳、孔僅为大农丞,领盐铁事。桑弘羊以计算用事。咸阳,齐之大煮盐;僅,南阳大冶,皆致生累千金。弘羊,洛阳贾人之子,以心计,年十三侍中。三人言利,事析秋毫矣。

【译文】四年(壬戌,公元前119年)冬天,主管官员上奏道:“县官经费匮乏,而豪富的大商人冶金铸币、煮海水为食盐,家里的积蓄累积到万金,却不肯资助国家的紧急需求,所以请皇上变更钱币来充足费用,并且打击那些浮华奸邪和吞并别人财产的人。”当时,禁苑中有一种白鹿,而少府存有很多的银、锡,于是就用一尺见方的白鹿皮,四边绣上五彩花纹,称之为皮币,价值四十万钱。王侯、皇族在朝觐聘享的时候,必须要用皮币加上玉璧,这样才可以通行无碍。又把银、锡制造成白金,分为三等:大的为圆形,龙作为图案,价值是三千;其次是方形,马作为图案,价值为五百;小的是椭圆形,龟作为图案,价值是三百。又下令地方县官把半两钱销毁，改为铸造三铢钱，凡是私自铸造各种钱币的人一律判死罪。但是官吏和百姓私自铸白金的人仍然数不胜数。

因此汉武帝任命东郭咸阳和孔僅为大农丞，主要负责盐、铁的事务；桑弘羊以擅长计算而被重用。东郭咸阳本来是齐国最大的煮盐商人，而孔僅是南阳的大冶炼商，二人都集聚了千金的财产；桑弘羊为洛阳商人的儿子，他精于心算，年仅十三岁就做侍中。三个人商讨财务的经营都能剖析细微。

诏禁民敢私铸铁器、煮盐者钛左趾，没入其器物。公卿又请令诸贾人末作各以其物自占，率缗钱二千而一算；及民有轺车若船五丈以上者，皆有算。匿不自占，占不悉，戍边一岁，没入缗钱。有能告者，以其半畀之。其法大抵出张汤。汤每朝奏事，语国家用，日晏，天子忘食。丞相充位，天下事皆决于汤。百姓骚动，不安其生，咸指怨汤。

【译文】汉武帝颁发诏令给百姓，凡是私自铸造铁器和煮海水为盐的人，就受钳左脚之刑，没收器具。公卿大臣又奏请汉武帝下令给工商业者，让他们各自估计上报自己财物有多少，大抵二千钱纳税一算（百二十钱）；凡是百姓中有小型马车或者五丈长以上船只的，也都要征算。凡是隐藏财物不呈报的，或者呈报不真实的，都罚戍守边塞一年，没收缗钱入官。能够告发别人藏匿财物不报，或者上报不真实的人，就把没收的钱的一半给告发的人。这些法令大部分出自张汤的设计。张汤每一次上朝奏报政事，奏报国家财用情况都到很晚，天子也因此忘记了吃饭。这时，丞相只不过是充数而已，天下的政事都由张汤决策。百姓受到骚扰，不能过安定的生活，内心都怨恨张汤。

【乾隆御批】皮币即后世"交会"、"交钞"之所由昉，益欲以救盗铸之弊耳。不知钱且盗钱，币又不可盗造乎？

【译文】皮币就是后来"交会""交钞"这类纸币的起源。大概是想用它来铲除私自铸钱的弊病。可是既然钱可以私自铸造，币难道就不能私自制造吗？

初，河南人卜式，数请输财县官以助边，天子使使问式："欲官乎？"式曰："臣少田牧，不习仕宦，不愿也。"使者问曰："家岂有冤，欲言事乎？"式曰："臣生与人无分争，邑人贫者贷之，不善者教之，所居人皆从式，式何故见冤于人！无所欲言也。"使者曰："苟如此，子何欲而然？"式曰："天子诛匈奴，愚以为贤者宜死节于边，有财者宜输委，如此而匈奴可灭也。"上由是贤之，欲尊显以风百姓，乃召拜式为中郎，爵左庶长，赐田十顷，布告下天，使明知之。未几，又擢式为齐太傅。

【译文】起初，河南人卜式屡次请求捐赠财物给朝廷，用来援助边境的防务，汉武帝就派使者去问卜式："你是想当官吗？"卜式回答说道："臣小时候就种田牧羊，不懂做官的规矩，臣不想做官。"使者又问他说："你的家里是不是有什么冤情，想要说清楚实情？"卜式说："臣一生和别人没有纠纷，乡里人中贫困的，臣就借给他钱，为非作歹的人，臣就教导他，臣所居住的地方人们都跟从臣，臣又怎么会被别人所冤枉呢！没有什么事想要说清楚的。"使者说："若是这样的话，你这么做到底是为了什么？"卜式说："天子征讨匈奴，按照臣的看法，有才能的人就应该战死边境以全臣节，有钱的人应该拿出积蓄，只有这样做匈奴才能被消灭。"汉武帝因此认为卜式是贤者，打算让他地位尊贵，以劝勉百姓，因此就把卜式召到京城，任命他为中郎，赐给他左庶长的爵位，赏给他十顷的土地，并且宣告天下，让天底下的百姓都能够清楚地知道卜式的为人。没过多久，卜式又升迁为齐国太傅。

春，有星孛于东北。夏，有长星出于西北。

上与诸将议曰："翕侯赵信为单于画计，常以为汉兵不能度幕轻留，今大发士卒，其势必得所欲。"乃粟马十万，令大将军青、票骑将军去病各将五万骑，私负从马复四万匹，步兵转者踵军后又数十万人，而敢力战深入之士皆属票骑。票骑始为出定襄，当单于，捕虏言单于东，乃更令票骑出代郡，令大将军出定襄。郎中令李广数自请行，天子以为老，弗许；良久，乃许之，以为前将军。太仆公孙贺为左将军，主爵都尉赵食其为右将军，平阳侯曹襄为后将军，皆属大将军。赵信为单于谋曰："汉兵既度幕，人马罢，匈奴可坐收虏耳！"乃悉远北其辎重，以精兵待幕北。

【译文】春季，在长安东北天空有彗星出现。夏季，在长安西北天空出现长星。

汉武帝与各个将领商议说："翕侯赵信为单于出谋划策，常常以为我国军队不能够度过大沙漠，就算到了匈奴也不能久留，现在我们就大举征召士卒，一定要达到我们的目的。"于是就用粟养十万匹战马，命令大将军卫青、骠骑将军霍去病各自率领骑兵五万，另外私人驮运衣物和跟随的马有四万匹，运送辎重车辆的步兵有好几十万人，紧跟在大军后面，而那些敢于力战到底深入敌军的骑士，都由骠骑将军掌管。骠骑将军先要从定襄率兵出发，以抵挡单于；从俘虏的敌人口中得知单于在东方，于是改令骠骑将军自代郡出发，命令大将军卫青自定襄出塞。郎中令李广屡次请求随军出征，天子觉得他年纪太大，不准；过了很长时间，才允许，任命李广为前将军。太仆公孙贺被任命为左将军，主爵都尉赵食其被任命为右将军，平阳侯曹襄被任命为后将军，都归大将军卫青所管。赵信为单于谋划说："汉兵横穿大漠后，人马必然都很疲惫，我们可以坐等俘虏敌军。"于是单于把自己全部辎重带到北方更远的地方，命令精锐的部队在沙漠以北等候汉军的到来。

　　大将军青既出塞，捕虏知单于所居，乃自以精兵走之，而令前将军广并于右将军军，出东道。东道回远而水草少，广自请曰："臣部为前将军，今大将军乃徙令臣出东道。且臣结发而与匈奴战，今乃一得当单于，臣愿居前，先死单于。"大将军亦阴受上诫，以为"李广老，数奇，毋令当单于，恐不得所欲"。而公孙敖新失侯，大将军亦欲使敖与俱当单于，故徙前将军广。广知之，固自辞于大将军；大将军不听。广不谢而起行，意甚愠怒。

　　大将军出塞千馀里，度幕，见单于兵陈而待。于是大将军令武刚车自环为营，而纵五千骑往当匈奴。匈奴亦纵可万骑。会日且入，大风起，砂砾击面，两军不相见，汉益纵左右翼绕单于。单于视汉兵多而士马尚强，自度战不能如汉兵，单于遂乘六骡，壮骑可数百，直冒汉围，西北驰去。时已昏，汉匈奴相纷挐，杀伤大当。当军左校捕虏言，单于未昏而去，汉军发轻骑夜追之，大将军军因随其后，匈奴兵亦散走。迟明，行二百馀里，不得单于，捕斩首虏万九千级，遂至寘颜山赵信城，得匈奴积粟食军，留一日，悉烧其城馀粟而归。

　　【译文】大将军卫青出边塞之后，自俘虏的口中知道了单于所住的地方，就亲自率领精兵前往出击，而命前将军李广与右将军的队伍合并，由东路进军。李广知道东路绕远并且水草也少，他自己主动向大将军卫青请求说："我的任务是前将军，但是现在大将军却要命令臣从东路出发。况且臣自幼就与匈奴作战，到现在才有机会正面抵挡单于，所以臣愿意率兵在前，先与单于死战。"大将军卫青曾经暗中接受了武帝的告诫，说"李广年已老大，而且命运也不好，不要让他与单于正面作战，恐怕他不能完成擒获单于的任务"。而公孙敖不久前失去侯位，大将军卫青想让公孙敖和他一起抵挡单于，让公孙敖作战立功得回侯位，所以下令前将军李广的军队走东路。李广得知内情后，坚决地向大将军卫青推辞，但大将军卫青不接受。李广没有告辞便起身离开，心里非常恼火。

资治通鉴

大将军卫青出塞有一千多里远，横穿大漠，看见单于的军队排好列阵在等待。于是大将军卫青下令战车环绕一周连接在一起，作为营垒，然后率领五千骑兵攻击匈奴，匈奴也放出差不多一万骑兵与汉军相抵抗。恰好那时太阳将要落山，狂风吹起，沙砾扑打在士兵的脸上，两方的士兵都不能分辨对方，汉增派左右两翼的军队包围单于。单于见汉兵人多，而且士兵马匹都很强，估计自己不能打过汉兵，就乘坐六匹健骡所拉的车子，率领数百名精壮的骑兵，径直冲破汉朝的包围，向西北方向飞奔逃去。这时已经是黄昏时分，汉军和匈奴的士兵仍然在混乱地搏杀，双方损失的人数大抵相当。汉军左校抓到的匈奴俘虏说，单于在黄昏之前已逃离了，于是汉军就派轻疾的骑兵连夜追击，大将军率领的军队紧随其后，匈奴士兵也四散逃走。将近天亮的时候，汉军共追了二百多里，没有捉到单于，擒获和斩杀的匈奴军有一万九千人，而大军到寘颜山赵信城后，夺得匈奴囤积的粮食让士兵吃饱，在此地停留了一天，然后把赵信城剩余的所有粮食烧毁才走。

前将军广与右将军食其军无导，惑失道，后大将军，不及单于战。大将军引还，过幕南，乃遇二将军。大将军使长史责问广、食其失道状，急责广之幕府对簿。广曰："诸校尉无罪，乃我自失道，吾今自上簿至莫府"。广谓其麾下曰："广结发与匈奴大小七十余战，今幸从大将军出接单于兵，而大将军徙广部行回远，而又迷失道，岂非天哉！且广年六十余矣，终不能复对刀笔之吏！"遂引刀自刭。广为人廉，得赏赐辄分其麾下，饮食与士共之，为二千石四十余年，家无余财。猿臂，善射，度不中不发。将兵，乏绝之处见水，士卒不尽饮，广不近水，士卒不尽食，广不尝食。士以此爱乐为用。及死，一军皆哭；百姓闻之，知与不知，无老壮皆为垂涕。而右将军独下吏，当死，赎为庶人。

【译文】前将军李广和右将军食其的军队因为没有向导，在沙漠中迷失了道路，落到了大将军卫青后面，没赶上和单于会战。直到大将军卫青引兵回来，经过沙漠南部时才遇到两位将军。大将军派长史责问李广和赵食其迷路的情形，并紧急命令李广到幕府去受审对证。李广说："是我自己迷失道路，所有校尉都没有过错，我自己现在就到幕府去接受审问。"李广对部下说："本将军从束发初冠开始，便和匈奴打仗，大小合在一起共有七十余次，现在能侥幸地能追随大将军出发攻击匈奴单于的军队，但是大将军改调我的任务，让我绕远道前进，又迷失了道路，这难道不是天意吗！况且我已六十高龄，终不能再和那舞弄笔墨的书吏打交道啊！"就拿刀自杀而死。李广为人廉洁，得到天子赏赐时往往分送给部下，和士卒一起吃喝，做二千石的官四十几年，家里仍然没有多余的财产。他的手臂像猿猴一样，擅长射箭，估计射不中的话就不放箭。他率领的军队，在缺水缺粮的地方，看见了水，士兵们不先喝够，他绝不靠近水，士卒不先吃饱，他绝不吃食物。士卒因此敬爱他，乐于为他所用。百姓听到消息后，不管年老年壮，也不分认识与否，都为李广痛哭，就连整个军队也毫不例外。右将军食其被交给执法的官吏治理，被判死刑，赎身后废为庶人。

单于之遁走，其兵往往与汉兵相乱而随单于，单于久不与其大众相得。其右谷蠡王以为单于死，乃自立为单于。十馀日，真单于复得其众，而右谷蠡王乃去其单于号。

票骑将军骑兵车重与大将军军等，而无裨将，悉以李敢等为大校，当裨将，出代、右北平二千馀里，绝大幕，直左方兵，获屯头王、韩王等三人，将军、相国、当户、都尉八十三人，封狼居胥山，禅于姑衍，登临翰海，卤获七万四百四十三级。天子以五千八百户益封票骑将军；又封其所部右北平太守路博德等四人为列侯，从票侯破奴等二人益封，校尉敢为关内侯，食邑；军吏卒为官、赏赐甚多。而大将军不得益封，军吏卒皆无封侯者。

两军之出塞，塞阅官及私马凡十四万匹，而复入塞者不满三万匹。

【译文】单于逃走时，单于士兵中很多人混杂在汉军中想要追随单于，却很久不能会合。右谷蠡王都认为单于死了，便自立成单于。过了数十天，原来的单于找到他的部队，这时右谷蠡王才肯抛弃单于名号。

骠骑将军霍去病的骑兵、辎重车、兵车和大将军卫青都相等，却无裨将，李敢等人就全部担任大校，类似于裨将，由代、右北平开始出发深入二千多里，穿过了沙漠，偶遇匈奴左方军队，抓捕了韩王、屯头王等三个人，当户、都尉、相国、将军八十三人，在封禅姑衍、狼居胥山，穿过沙漠，一共俘获七万四百四十三个敌人。汉武帝以五千八百户奖励骠骑将军，继续奖励骠骑将军下属右北平、太守路博德等四人担任列侯，把三百户奖励给从票侯破奴等两人，封校尉李敢为关内侯，二百户食邑。受赏赐和封为官的有很多人。可是大将军卫青没能加封，部下没有被封为侯的。

匈奴被两军出塞进攻，在边塞检阅时私人和官家马匹一共高达十四万，返回到边塞时只剩下不过三万匹。

乃益置大司马位，大将军、票骑将军皆为大司马，定令，令票骑将军秩禄与大将军等。自是之后，大将军青日退而票骑日益贵。大将军故人、门下士多去事票骑，辄得官爵，唯任安不肯。

票骑将军为人，少言不泄，有气敢往。天子尝欲教之孙、吴兵法，对曰："顾方略何如耳，不至学古兵法。"天子为治第，令票骑视之，对曰："匈奴未灭，无以家为也！"由此上益重爱之。然少贵，不省士，其从军，天子为遣太官赍数十乘，既还，重车馀弃粱肉，而士有饥者；其在塞外，卒乏粮或不能自振，而票骑尚穿域蹴鞠，事多此类。大将军为人仁，喜士退让，以和柔自媚于上。两人志操如此。

【译文】汉武帝增加了大司马的官位，骠骑将军霍去病、大将军卫青都被封为大司马，并且颁布法令，让大将军和骠骑将军的官位俸禄一样。从这之后，大将军卫青的权势日益衰退，而骠骑将军霍去病却日益尊贵。大将军卫青以前的宾客、门下士有许多转去侍奉骠骑将军霍去病的，都能得到官职爵位，唯独任安不愿意这样做。

霍去病为人寡言沉稳，不外泄机密，敢作敢当，有胆气。汉武帝曾经想要教他学习孙子、吴起兵法，他回答道："打仗作战只看对付敌人的策略方法怎样罢了，用不着学习古代的兵法。"汉武帝为他修建府第，要他去观看，他说："还没有消灭匈奴，没有心思顾虑家里的事！"因此，汉武帝更加敬重宠爱他。但是因为他从小就身份尊贵，不懂怜恤士卒，他率军出征时，汉武帝为他派遣掌管膳食的太官，装了几十车的食物跟随服侍他；等到班师返回时，辎重车中装满剩下来的粮食和肉食，而士卒却有人挨饿受饥；他在塞外的时候，士卒因为缺少粮食而饿得连站起来都不行了，可是霍去病本人却还在修建蹴鞠的地方。霍去病做的事像这一类还有很多很多。但是大将军卫青为人很慈爱，尊重士子，礼让谦退，以温柔谦和的性格博取汉武帝的喜爱。二人的心志操节大概就是这样的。

【乾隆御批】驴父马母而生骡，骡非塞外所有，以驴非塞外所有也。今骡至塞外，率多倒毙。而马则塞外之良产，古之匈奴即今之蒙古，单于不乘马而乘骡，乃必无之事。即此知史之多伪。

【译文】驴父马母交配生下骡子，骡子并不是塞外有的动物，这是因为驴不是塞外有的动物。现在骡子一到塞外，大多死亡。而马是塞外盛产的动物。古代的匈奴即今天的蒙古，单于不乘马而乘骡。这定是无稽之谈。由此可知，历史有的是靠不住的。

是时，汉所杀虏匈奴合八九万，而汉士卒物故变数万。是后匈奴远道，而幕南无王庭。汉渡河自朔方以西至令居，往往通渠，置田官，吏卒五六万人，稍蚕食匈奴以北；然亦以马少，不复大出击匈奴矣。

匈奴用赵信计，遣使于汉，好辞请和亲。天子下其议，或言和亲，或言遂臣之。丞相长史任敞曰："匈奴新破困，宜可使为外臣，朝请于边。"汉使任敞于单于，单于大怒，留之不遣。是时，博士狄山议以为和亲便，上以问张汤，汤曰："此愚儒无知。"狄山曰："臣固愚，愚忠。若御史大夫汤，乃诈忠。"于是上作色曰："吾使生居一郡，能无使虏入盗乎?"曰："不能。"曰："居一县?"对曰："不能。"复曰："居一障间?"山自度，辩穷且下吏，曰："能。"于是上遣山乘障，至月馀，匈奴斩山头而去。自是之后，群臣震慑，无敢忤汤者。

**【译文】**这个时候，汉朝俘虏和所杀的匈奴人数总共有八九万人，但是汉朝士兵死亡的人数也有好几万。从这以后匈奴逃遁远离边塞，而沙漠以南的地方再也没有匈奴的王朝了。汉军渡过了黄河，从朔方以西一直到达令居，很多沟渠被挖通了，设置了屯田的官员，派吏卒共有五六万人屯田，逐渐向北蚕食匈奴的土地；但是也因为缺少马匹，不再大举攻击匈奴了。

匈奴采纳赵信的策略，委派使者到达汉朝，用友好的言辞请求与汉朝和好亲睦。汉武帝命令群臣讨论对策，有的人主张和亲，有的人主张使匈奴屈服。丞相长史任敞说道："刚刚把匈奴打败，处境困难，应该让单于做汉朝的外臣，到边境拜见天子。"汉朝就委派任敞出使匈奴会见单于，单于特别生气，扣留任敞不让他回来。这时，博士狄山觉得答应和匈奴和亲比较有利，汉武帝为此询问张汤，张汤说道："那是愚蠢的文人说的无知的话。"狄山说："我虽然愚笨，却是愚忠；至于御史大夫张汤，其实是诈忠。"于是汉武帝把脸一沉说："我派遣你去做郡守，你能够保证敌人不侵入边境，来劫物盗财吗?"狄山说："不能保证。"汉武帝又说："做县令怎么样?"狄山回答道："也不能够保证。"汉武帝又说："那么镇守一障之间怎么样？"狄山心里想：被责问得回答不出来，只怕要被执法官吏治罪。无奈只好说："能。"于是汉武帝派遣狄山登障防守；过了一个多月，匈奴斩下狄山的人头而去。从这以后，文武百官震惊害怕，再没有人敢侵犯张汤了。

是岁，汲黯坐法免，以定襄太守义纵为右内史，河内太守王温舒为中尉。

先是，宁成为关都尉，吏民出入关者号曰："宁见乳虎，无值宁成之怒。"及义纵为南阳太守，至关，宁成侧行送迎。至郡，遂按宁氏，破碎其家；南阳吏民重足一迹。后徙定襄太守，初至，掩定襄狱中重罪轻系二百馀人，及宾客、昆弟私人视亦二百馀人，一捕，鞫曰"为死罪解脱"。是日，皆报杀四百馀人。其后郡中不寒而栗。是时，赵禹、张汤以深刻为九卿，然其治尚辅法而行；纵专以鹰击为治。

【译文】这年，汲黯因为触犯法律被免去官职，汉武帝把定襄太守义纵任命为右内史，河内太守王温舒为中尉。

在这之前，宁成担任函谷关都尉时，出入关的官吏百姓们都说："宁可遇见正在喂奶的老虎，也不要遇到宁成发怒。"等到后来义纵被任命为南阳太守，途经函谷关，宁成恭恭敬敬地走在路边送、迎他。义纵到了郡城后，马上就治宁成的罪，使宁成家族支离破碎。南阳的官吏百姓震恐异常，重足而立，不敢轻举妄动。义纵后来又被改封为定襄太守，刚刚到任，定襄监狱中犯重罪或轻罪系狱的犯人二百多人，犯人的兄弟、宾客以及偷偷入狱探视的二百多人，全部加以拷问，罪状是"替判死刑的犯人私自开脱罪名"。就在当天，杀害了四百多人，呈报朝廷。从这以后，郡里官吏百姓心里很恐惧。那个时期，赵禹、张汤因为执法深峻严苛而位列九卿，但是他们还能够把法令作为辅助政治的工具，而义纵则专门用鹰隼击杀飞鸟的残暴方式治理百姓。

王温舒始为广平都尉，择郡中豪敢往吏十馀人，以为爪牙，皆把其阴重罪，而纵使督盗贼。快其意所欲得，此人虽有百罪，弗法；即有避，因其事夷之，亦灭宗。以其故，齐、赵之郊盗贼不敢近广平，广平声为道不拾遗。迁河内太守，以九月至，令郡具私马五十匹为驿，捕郡中豪猾，相连坐千馀家。上书请，大者至族，小者乃死，家尽没入偿臧。奏行不过二三日得可，事论报，至流血十馀里，河内皆怪其奏，以为神速。尽十二月，郡中毋声，毋敢夜行，野无犬吠之盗。其颇不得，失之旁郡国，追求。会春，温舒顿足叹曰："嗟乎！令冬月益展一月，足吾事矣！"

天子闻之，皆以为能，故擢为中二千石。

齐人少翁，以鬼神方见上。上有所幸王夫人卒，少翁以方夜致鬼，如王夫人之貌，天子自帷中望见焉。于是乃拜少翁为文成将军，赏赐甚多，以客礼礼之。文成又劝上作甘泉宫，中为台室，画天、地、太一诸鬼神而置祭具，以致天神。居岁馀，其方益衰，神不至。乃为帛书以饭牛，佯不知，言曰："此牛腹中有奇。"杀视，得书，书言甚怪，天子识其手书，问其人，果是伪书。于是诛文成将军而隐之。

【译文】王温舒开始做广平都尉时，他在郡里挑选豪勇敢当、勇往直前的十几人作为属吏，当成心腹，暗中掌握这些人犯罪的详细情况，放纵他们去追查盗贼。假如这些心腹做得能使王温舒满意，那么不管他们犯多少法令，都不会治罪；假如他们躲避不尽职尽责，就依据他们原来犯罪的情况加以斩杀，或者满门抄斩。因为这样，齐国、赵国的郊野之间，盗贼都怕得不敢接近广平，广平也获得"路不拾遗"的美誉。温舒升职河内太守，在九月上任，命令郡长备好五十匹马在河内到长安道上设置驿站，然后拘捕郡里豪勇狡猾之徒，相互牵连的有一千多家。王温舒上书奏请朝廷，把罪大的诛杀全族，罪小的判处死刑，其家财全部没收以偿还他们所得的赃物。奏报上呈天子，不过两三天就取得了天子的批准，论罪杀人，致使流血十余里，河内郡的人都很惊奇他的奏文，觉得太过快速了。到了十二月底，郡中没有人出声，没人敢在夜晚行走，四野也听不到因为强盗而引起的狗吠声。凡是逃亡的要犯，就到附近郡县或封国追捕。当时正好是春天，王温舒跺着脚叹息说："唉! 如果冬天能延长一个月，足够做完我要做的事了。"

　　汉武帝听到义纵和王温舒的所作所为，觉得他们特别有才能，将他们提升为中二千石官。

　　齐国人少翁，以能召唤鬼神的方术求见汉武帝。汉武帝宠幸的王夫人死了，少翁在夜晚召唤鬼魂，和王夫人的相貌一样，汉武帝在帷幕中看到了王夫人。于是就任命少翁为文成将军，赏赐很多财物给他，并用宾客礼节来对待他。少翁又劝汉武帝建造甘泉宫，中间作为台室，画上天、地、太一各鬼神，设置祭祀的器具，用来招请天神。一年多以后，他的方术渐渐衰微无效，鬼神不来。少翁就用捏造的帛书来喂养牛，然后假装不知道，对汉武帝说："这只牛肚里有怪物。"杀了牛查看，结果看到了帛书，书里所说的都是奇怪的事。汉武帝认识少翁的笔迹，问少翁本人，果然是假造的帛书，于是就把文成将军少翁杀掉，再把他的事迹隐瞒起来，不想让人知道。

# 资治通鉴卷第二十　汉纪十二

起昭阳大渊献，尽重光协洽，凡九年。

【译文】起癸亥（公元前118年），止辛未（公元前110年），共九年。

【题解】本卷记录了汉武帝刘彻元狩五年至元封元年共九年间的历史。记录了张骞第二次通西域，为保西域路通，汉朝驱逐匈奴，增设张掖、酒泉二郡；记录了汉王朝讨平南越、东越、西南夷，设立岭南九郡，迁东越人于江淮，设立西南四郡；记录了汉王朝推行算缗、告缗，白金、皮币，盐铁官营、平准均输等政策，充实国库；记录了汉武帝为求长生，迷信鬼神，宠信方士，以及司马相如怂恿武帝封禅，汉武帝大兴祭祀，登封泰山，实行改元"元封"等等。

## 世宗孝武皇帝中之下

**元狩五年**（癸亥，公元前一一八年）春，三月，甲午，丞相李蔡坐盗孝景园堧地，葬其中，当下吏，自杀。

罢三铢钱，更铸五铢钱。于是民多盗铸钱，楚地尤甚。

上以为淮阳，楚地之郊，乃召拜汲黯为淮阳太守。黯伏谢不受印，诏数强予，然后奉诏。黯为上泣曰："臣自以为填沟壑，不复见陛下，不意陛下复收用之。臣常有狗马病，力不能任郡事。

臣愿为中郎。出入禁闼，补过拾遗，臣之愿也。"上曰："君薄淮阳邪? 吾今召君矣，顾淮阳吏民不相得，吾徒得君之重，卧而治之。"

【译文】元狩五年( 癸亥，公元前118 年)春季，三月，甲午日，丞相李蔡犯下了盗占汉景帝陵园外空地用来作为墓地的罪，应该交给廷吏处理，但是他先自杀了。

废止三铢钱，重新铸造五铢钱。于是很多百姓私自偷铸钱币，楚地特别厉害。

汉武帝认为淮阳是楚地的交通要冲之地，所以就召见汲黯，要任命他为淮阳太守。汲黯跪地道谢，不愿意接受印信，汉武帝数次下诏强行授命他，他才接受诏令。汲黯在汉武帝面前哭泣说道："臣自己觉得将要老死无用，不能再拜见陛下了，没想到陛下又收留并且任用臣。臣时常患有犬马之疾，能力不能胜任郡守的职务。臣期望做个中郎。出入宫禁之中，以补救陛下的遗漏错误之处，这是臣的意愿。"汉武帝说："你瞧不起淮阳吗? 我现在任命你去，是因为想到淮阳官吏百姓彼此之间相处得不好，我只是想借重你的威严，你能够轻松地处理政事。"

黯既辞行，过大行李息，曰："黯弃逐居郡，不得与朝廷议矣。御史大夫汤，智足以拒谏，诈足以饰非，务巧佞之语，辩数之辞，非肯正为天下言，专阿主意。主意所不欲，因而毁之；主意所欲，因而誉之。好兴事，舞文法，内怀诈以御主心，外挟贼吏以为威重。公列九卿，不早言之，公与之俱受其戮矣。"息畏汤，终不敢言；及汤败，上抵息罪。

使黯以诸侯相秩居淮阳，十岁而卒。

诏徙奸猾吏民于边。

夏，四月，乙卯，以太子少傅武强侯庄青翟为丞相。

【译文】汲黯辞别汉武帝之后，拜望大行令李息说："我汲黯被遗弃到地方郡县上任，再不能够参与朝廷的议事了。御史大夫张汤智谋足以拒绝别人的劝谏，狡诈足以掩盖自己的过错，专务那些谄媚的言语和巧辩的文辞，不肯严正地为天下人说话，专门迎合天子的心意。凡是天子心里不喜欢的，就跟着毁谤，凡是天子心里喜欢的，就跟着赞扬。喜好惹是生非，玩弄法律条文，在朝廷内，心怀欺诈来左右天子的心性，朝廷外又挟持奸猾的官吏，以此来增加自己的威望。您身居九卿高位，如果不早点向皇上进言，您就会和张汤一起受惩罚。"李息因为惧怕张汤，始终不敢向汉武帝进谏；后来张汤倒台了，汉武帝也把李息判了罪。

汉武帝任命汲黯用诸侯宰相的俸禄做淮阳郡守，十年之后汲黯去世。

汉武帝颁布诏书，命令将奸猾的官吏和百姓放逐到边疆。

夏季，四月，乙卯日，汉武帝把太子少傅武强侯庄青翟任命为丞相。

【申涵煜评】上尝以社稷臣目黯，未尝不知其忠。即使之卧治淮阳，未尝不倚为重。乃十年不召，卒以太守老，岂直道难容，外虽阳称之，而实有介于中耶？虽然，黯已不朽矣！

【译文】汉武帝以社稷之臣看待汲黯，并非不知他的忠心。即使是让他在淮阳一边养病一边治理郡务，也并没有不倚重他。竟然时隔十年也不召见他，最终死在淮阳太守的任上，难道是正直的道理难以容得下，虽然表面上称赞他，实际上却耿耿于怀吗？即使是这样，汲黯也可以永垂不朽了。

　　天子病鼎湖甚。巫医无所不致，不愈。游水发根言上郡有巫，病而鬼神下之。上召置，祠之甘泉，及病，使人问神君，神君言曰："天子无忧病；病少愈，强与我会甘泉。"于是病愈，遂起幸甘泉，病良已，置酒寿宫。神君非可得见，闻其言，言与人音等，时去时来，来则风肃然，居室帷中。神君所言，上使人受书其言，命之曰"画法"。其所语，世俗之所知也，无绝殊者，而天子心独喜；其事秘，世莫知也。

　　时上卒起，幸甘泉，过右内史界中，道多不治，上怒曰："义纵以我为不复行此道乎！"衔之。

　　**【译文】**汉武帝在鼎湖宫病得很严重，所有巫师医生都召来了，病还是治不好。游水发根说，上郡有个巫师，生病时神君就附在他身上。汉武帝把上郡巫师招来，在甘泉祭祀，等到病发作时，派人问神君，神君就说道："天子不用担心疾病；等病稍微好转时，请坚持和我在甘泉宫相会。"于是等汉武帝病稍稍好了，就起来前往甘泉宫，等病彻底痊愈后，又在寿宫设置酒肴等祭物来侍奉神君。神君是肉眼看不见的，但听他的声音和凡人声音相同，神灵忽来忽去，来的时候风声肃静，住在房间的帷幕里。神君所说的话语，汉武帝都接受，并派遣人把神君的话记下来，称为"画法"。神君说的那些话，都是一般世俗人能晓得的，并没有特殊之处，但汉武帝内心偏偏很喜欢；这些事都很神秘，一般人无法知道。

　　那时候汉武帝突然起身要前往甘泉宫，路过右内史管理的界域，一路上治安不好，汉武帝生气地说："义纵认为我不会再走这一条路了吗！"因此憎恨在心。

**六年**(甲子,公元前一一七年)冬,十月,雨水,无冰。

上既下缗钱令而尊卜式,百姓终莫分财佐县官。于是,杨可告缗钱纵矣。义纵以为此乱民,部吏捕其为可使者。天子以纵为废格沮事,弃纵市。

郎中令李敢,怨大将军之恨其父,乃击伤大将军,大将军匿讳之。居无何,敢从上雍,至甘泉宫猎,票骑将军去病射杀敢。去病时方贵幸,上为讳,云鹿触杀之。

夏,四月,乙巳,庙立皇子闳为齐王,旦为燕王,胥为广陵王,初作诰策。

【译文】六年(甲子,公元前117年)冬季,十月,下雨,无冰雪。

汉武帝颁下向工商抽税的"缗钱令"后,又尊崇卜式,但是百姓一直没有人愿意拿出自己的财产,来帮助县官增收经费,于是杨可上告汉武帝说"缗钱令"太过放任没有节制。义纵觉得杨可是扰乱法律骚扰百姓,命令部下捕捉杨可手下的人。汉武帝觉得义纵废阻诏书,破坏调查漏税的事情,把义纵斩杀了。

郎中令李敢,怨恨大将军卫青使他父亲李广含恨而死,就攻击并伤害了卫青,卫青把事情瞒着不公布。没过多久,李敢陪从汉武帝到雍地甘泉宫狩猎,骠骑将军霍去病就把李敢射死。霍去病那个时候正是宠幸尊贵的时候,汉武帝为他遮盖这件事情,说李敢是被鹿撞击而死。

夏季,四月,乙巳日,汉武帝在太庙中册立皇子刘闳为齐王,刘旦为燕王,刘胥为广陵王,第一次制作敕封诸王的文书。

自造白金、五铢钱后,吏民之坐盗铸金钱死者数十万人,其不发觉者不可胜计,天下大抵无虑皆铸金钱矣。犯者众,吏不能尽诛。

六月，诏遣博士褚大、徐偃等六人分循郡国，举兼并之徒及守、相、为吏有罪者。

秋，九月，冠军景桓侯霍去病薨。天子甚悼之，为冢，像祁连山。

初，霍仲孺吏毕归家，娶妇，生子光。去病既壮大，乃自知父为霍仲孺。会为票骑将军，击匈奴，道出河东，遣吏迎仲孺而见之，大为买田宅奴婢而去；及还，因将光西至长安，任以为郎，稍迁至奉车都尉、光禄大夫。

【译文】自从铸造白金、五铢钱之后，官吏和百姓因犯了偷铸五铢钱、白金罪而被处死的就有几十万人，至于那些不被发觉的人更是很多很多，可以想象天下人几乎都在偷铸金钱了。由于犯法的人多，官员杀不完。

六月，汉武帝下令委派博士褚大、徐偃等六个人，分别巡查各郡国，告发那些兼并百姓财产的豪暴之徒和那些郡守、国相、官吏等犯罪的人。

秋季，九月，勇冠三军的景桓侯霍去病去世了。汉武帝特别哀伤，为他修建坟冢，样子就像祁连山。

当初，霍仲孺于平阳侯家服役的时间快到了，回到家乡后，娶了媳妇，生了儿子霍光。霍去病年壮长大后，这才知道生父是霍仲孺。霍去病被封为骠骑将军，攻打匈奴时，中途路过河东，就派遣属吏迎接霍仲孺，为霍仲孺买了很多奴婢、田宅后才离去；之后从匈奴班师回朝时，顺便带霍光向西走，到了长安，保荐他为郎官，后来把霍光的官位逐渐升到奉车都尉、光禄大夫。

【**申涵煜评**】仲孺平阳一小吏耳，既生嫖姚，又生博陆，将相萃于一门，奇矣！然援于卫而夷于显，数十年富贵功名，何异南柯一梦。

【**译文**】霍仲儒只是平阳侯府的一个小吏而已，既已生下嫖姚校尉霍去病，又生下博陆侯霍光，将军和宰相集中在一门之中，奇异啊！然而因为卫子夫而显贵，又在显贵的时候被诛杀，几十年的功名富贵，无异于南柯一梦。

是岁，大农令颜异诛。

初，异以廉直，稍迁至九卿。上与张汤既造白鹿皮币，问异，异曰："今王侯朝贺以苍璧，直数千，而以皮荐反四十万，本末不相称。"天子不说。张汤又与异有郤，及人有告异以它事，下张汤治异。异与客语初令下有不便者，异不应，微反唇。汤奏当："异九卿，见令不便，不入言而腹诽，论死。"自是之后，有腹诽之法比，而公卿大夫多谄谀取容矣。

【**译文**】就在这一年，把大农令颜异处死了。

当初，颜异因为廉洁正直逐步升到九卿高位。汉武帝和张汤商议要铸造白鹿皮币，询问颜异的意见，颜异说："现在王侯都是用黑色璧玉朝贺天子，价值只值数千钱，而以白鹿皮币加上璧玉，价值倒是值四十万，等同本末颠倒。"汉武帝听了心里不高兴。颜异又和张汤有嫌隙，后来有人因为其他事情控告颜异，汉武帝就把颜异交给张汤治罪。事情是颜异和客人谈话时，客人谈到汉武帝当初颁布的诏令中有不合理的地方，颜异没有作声，只是微微撇了一下嘴唇，却在心里加以讥诽。张汤向汉武帝奏报判决的内容："颜异身为九卿，看到诏令有不合理的地方，不入宫进言，而在内心讥笑诽谤，论罪应当除以死刑。"

从这以后，汉朝有了腹诽的例子，而公卿大夫大多都谄媚阿谀以求得容身免招杀身之祸了。

**元鼎元年**（乙丑，公元前一一六年）夏，五月，赦天下。

济东王彭离骄悍，昏暮，与其奴、亡命少年数十人行剽杀人，取财物以为好，所杀发觉者百馀人，从废，徙上庸。

【译文】元鼎元年（乙丑，公元前116年）夏季，五月，大赦天下。

济东王刘彭离骄傲强悍，经常在日暮黄昏时，和他的奴仆及亡命少年数十人一起抢劫杀人，夺了别人财物，并以此作为自己的嗜好，被他所杀的人，已经发现的竟有一百多人，因此获罪而王位被废黜，贬逐到上庸。

**二年**（丙寅，公元前一一五年）冬，十一月，张汤有罪自杀。

初，御史中丞李文，与汤有郤。汤所厚吏鲁谒居阴使人上变告文奸事，事下汤治，论杀之。汤心知谒居为之，上问："变事踪迹安起？"汤佯惊曰："此殆文故人怨之。"谒居病，汤亲为之摩足。赵王素怨汤，上书告："汤大臣，乃与吏摩足，疑与为大奸。"事下廷尉。谒居病死，事连其弟。弟系导官，汤亦治他因导官，见谒居弟，欲阴为之，而佯不省。谒居弟弗知，怨汤，使人上书，告汤与谒居谋共变告李文。事下减宣，宣尝与汤有郤，及得此事，穷竟其事，未奏也。会人有盗发孝文园瘗钱，丞相青翟朝，与汤约俱谢，至前，汤独不谢。上使御史案丞相，汤欲致其文"丞相见知"，丞相患之。丞相长史朱买臣、王朝、边通，皆故九卿、二千石，仕宦绝在汤前。汤数行丞相事，知三长史素贵，故陵折，丞史遇之，三长史皆怨恨，欲死之。乃与丞相谋，使吏捕案贾人田信等，曰："汤且欲奏请，信辄先知之，居物致富，与汤分之。"事辞颇闻，上问汤曰："吾所为，贾人辄先知之，益居其物，是类有以吾谋告之者。"汤不谢，又佯惊曰："固宜有。"减宣亦奏谒居等事。天子以汤怀诈面欺，使赵禹切责汤，汤乃为书谢，因曰："陷臣者，三长史也。"遂自杀。汤既死，家产直不过五百金。昆弟诸子欲厚葬汤，汤母曰："汤为天子大臣，被污恶言而死，何厚葬乎！"载以牛车，有棺无椁。天子闻之，乃尽按诛三长史。十二月，壬辰，丞相青翟下狱，自杀。

【译文】二年(丙寅，公元前115年)冬季，十一月，张汤因为有罪而自杀。

当初，御史中丞李文和张汤有嫌隙，张汤所赏识的官吏鲁谒居知晓张汤的心意，就暗中派人上书汉武帝告发李文所做奸事，汉武帝把事情交给张汤处理，张汤把李文判处死罪。张汤明知是鲁谒居干的，汉武帝问："告发的事情是怎么发生的？"张汤还故意吃惊地说："这大概是李文的故人埋怨他而告发他的。"后来鲁谒居生病时，张汤亲自为他按摩脚。赵王刘彭祖一向怨恨张汤，听说此事后就上书汉武帝告发说："张汤是个大官，竟然为一个小吏按摩脚，估计要一起做大坏事。"汉武帝将这件事情交给廷尉处理。鲁谒居病死了，事情牵连到鲁谒居的弟弟。把他暂时拘留在导官的官署里，张汤正好在导官处理其他案件，见到了鲁谒居的弟弟，打算暗中帮助他，但表面上假装不认识他。鲁谒居的弟弟不知道张汤的心意，就怨恨张汤，让人上书给汉武帝，告发鲁谒居和张汤一起谋划共同诬陷李文。汉武帝将此事交给减宣处理，减宣以前和张汤有嫌隙，等到主办这件事时，就追究这件事的经过，但一时还没有上奏汉武帝。

正好此时有人偷盗孝文帝陵园埋藏的金钱，丞相庄青翟上朝时，和张汤预先约好一起向汉武帝请罪，但是到了汉武帝面前时，张汤却不谢罪。汉武帝便派遣御史调查丞相，张汤想以"丞相明知事实故意放纵"的罪名使丞相获罪，丞相庄青翟很害怕。丞相的长史王朝、朱买臣、边通都是先前的九卿，官禄二千石，他们的卿位都在张汤之前。张汤好几次代理丞相事务，知道这三位长史一向很有才能，就故意欺凌折辱他们，三位长史都很怨恨张汤，想以死谏告发张汤的奸事。就和丞相筹划，派小吏去拘捕调查商人田信等人，然后散布说："张汤要向皇上奏请实施什么法令时，田信每每事先知道，所以他囤积物资待价而沽，就这样成为大富，再把所得到的和张汤平分。"这些话，汉武帝听得很清楚，汉武帝就问张汤说："我所做的事，商人一般早先知道，更加囤积财物，好像有人把我的计划透露给商人。"张汤不谢罪，又假装吃惊地说："本来就会有人透露的。"减宣也进言鲁谒居等人陷害李文的事件。汉武帝觉得张汤心怀不轨，当面欺瞒，就派赵禹严厉地责问张汤，张汤这才上书谢罪，说："陷害我的人，就是丞相三个长史。"就自杀身亡了。张汤死后，其家里的财产价值不过五百金。兄弟和儿子们要厚葬张汤，张汤的母亲说："张汤是天子重臣，遭受污言秽语中伤而死，怎么还能厚葬呢！"就用牛车载着，只有内棺没有外椁。汉武帝听到张汤死后的情况，就按照罪名把三个长史全部诛杀。十二月，壬辰日，把丞相庄青翟捉捕下狱，他自杀而死。

【申涵煜评】张汤有令子，史不讳其酷。张浚有令子，史遂文其过。可见汉犹近古，宋人远不及也。予谓史贵纪实，总不容以有意毁誉人。

【译文】张汤有个好儿子，但史书却不讳言张汤的严酷无情。张浚有个好儿子，史书就掩饰他的过错了。可以看出，汉朝时候的人们还接近古人高尚的风格，宋朝时候的人们就远远不及了。我想说，史书贵在记述真实，终究不能容忍凭自己的意愿去诋毁和赞誉别人。

春，起柏梁台。作承露盘，高二十丈，大七围，以铜为之；上有仙人掌，以承露，和玉屑饮之，云可以长生。宫室之修，自此日盛。

二月，以太子太傅赵周为丞相。

三月，辛亥，以太子太傅石庆为御史大夫。

大雨雪。

夏，大水，关东饿死者以千数。

是岁，孔僅为大农令，而桑弘羊为大农中丞，稍置均输，以通货物。

白金稍贱，民不宝用，竟废之。于是悉禁郡、国无铸钱，专令上林三官铸钱，令天下非三官钱不得行。而民之铸钱益少，计其费不能相当。惟真工、大奸乃盗为之。

【译文】春季，汉武帝修建柏梁台。制造承接露水的盘子，有二十丈高，七人合围那么大，用铜铸成；上面装有仙人手掌，用来接着露水，再掺和玉屑一块儿喝，据说可以长生不老。宫室的修建，从此一天天兴盛起来。

二月，汉武帝任命太子太傅赵周为丞相。

三月，辛亥日，汉武帝把太子太傅石庆任命为御史大夫。

天降大雪。

夏季，发大水，关东饿死的人数以千计。

这年，汉武帝任命孔僅为大农令，桑弘羊为大农中丞，逐渐在郡、国设置均输法（各地把产量比较多的物质输送给官府，官府按当时的价格购买，再到其他的地方卖掉），来把货物流通起来。

白金价值逐渐变得很便宜，百姓不愿意使用，最后废弃不用了。于是禁止所有郡、国铸钱，只允许上林苑的三官铸钱，命令天下只有三官所铸的钱才能使用。这样一来百姓铸钱的情形更加减少了，因为计算费用得不偿失，只有手艺高的工匠和大奸恶的人才偷铸钱。

浑邪王既降汉，汉兵击逐匈奴于幕北，自盐泽以东空无匈奴，西域道可通。于是张骞建言："乌孙王昆莫本为匈奴臣，后兵稍强，不肯复朝事匈奴，匈奴攻不胜而远之。今单于新困于汉，而故浑邪地空无人，蛮夷俗恋故地，又贪汉财物，今诚以此时厚币赂乌孙，招以益东，居故浑邪之地，与汉结昆弟，其势宜听，听则是断匈奴右臂也。既连乌孙，自其西大夏之属皆可招来而为外臣。"天子以为然，拜骞为中郎将，将三百人，马各二匹，牛羊以万数，赍金币帛直数千巨万；多持节副使，道可便遣之他旁国。

骞既至乌孙，昆莫见骞，礼节甚倨。骞谕指曰："乌孙能东居故地，则汉遣公主为夫人，结为兄弟，共距匈奴，匈奴不足破也。"乌孙自以远汉，未知其大小；素服属匈奴日久，且又近之，其大臣皆畏匈奴，不欲移徙。骞留久之，不能得其要领，因分遣副使使大宛、康居、大月氏、大夏、安息、身毒、于阗及诸旁国。乌孙发译道送骞还，使数十人，马数十匹，随骞报谢，因令窥汉大小。是岁，骞还，到，拜为大行。后岁馀，骞所遣使通大夏之属者皆颇与其人俱来，于是西域始通于汉矣。

【译文】浑邪王归降汉朝以后，汉兵将匈奴追击驱逐到大漠以北、盐泽以东的地方，空空的看不到匈奴人出现，前往西域的道路已经可以通行。于是张骞提议说："乌孙王昆莫原本是匈奴的藩属，后来兵力逐渐强大，就不愿意再朝拜侍奉匈奴，匈奴攻打不过，只能远离。如今匈奴单于刚刚受到我朝的沉重打击，而过去浑邪王的辖地空无一人，蛮夷的习俗是留恋故土，又贪爱我朝的财物，假如能利用这种时机，以丰厚的礼物贿赂乌孙，使他们东迁，住到以前浑邪王管辖的土地，和汉朝结为兄弟之国，就情景看他们应该会听从于我朝的调遣，他们一听从于我朝，就等于摧毁了匈奴的右臂一般。联结乌孙以后，乌孙西边的国家，像大夏之类，都能够招来他们作为边境外的藩属。"汉武帝觉得很好，就把张骞任命为中郎将，带领三百人，每个人各带两匹马，所带的牛羊数以万计，又带价值几千万的金钱币帛；还有很多持有天子使节的副使，张骞在路上，只要有方便通向其他国家的道路，就可以派遣副使通使其他各国。

张骞到达乌孙之后，乌孙王昆莫接见张骞时，礼节特别倨傲。张骞以天子的旨意晓谕他们说："乌孙假如能够向东住在故土上，那么汉朝就许配公主做昆莫夫人，结成兄弟之邦，一起对抗匈奴，匈奴就不堪一击了。"但乌孙由于远离汉朝，不知道汉朝的大小；并且长久以来一直臣服于匈奴，又靠近匈奴，朝中的大臣都很害怕匈奴，不愿意迁移到东方。张骞在乌孙停留了许久，得不到明确的答复，就分别派遣副使出使到康居、大宛、安息、大月氏、大夏、于阗、身毒和所有附近小国。乌孙派出向导和翻译把张骞送还回国，使者有几十个人，有几十匹马，随着张骞回报汉朝以此道谢，顺道窥察汉朝的大小。这年，张骞回归到汉廷，汉武帝任命他为大行。一年多后，张骞所委派的出使到大夏之类国家的使臣，大都和他们的使臣一块儿来到京城，于是汉朝和西域才开始相通。

西域凡三十六国，南北有大山，中央有河，东西六千馀里，南北千馀里，东则接汉玉门、阳关，西则限以葱岭。河有两源，一出葱岭，一出于阗，合流东注盐泽。盐泽去玉门、阳关三百馀里。自玉门、阳关出西域有两道：从鄯善傍南山北，循河西行至莎车，为南道；南道西逾葱岭，则出大月氏、安息。自车师前王廷随北山循河西行至疏勒，为北道；北道西逾葱岭，则出大宛、康居、奄蔡焉。故皆役属匈奴，匈奴西边日逐王，置僮仆都尉，使领西域，常居焉耆、危须、尉黎间，赋税诸国，取富给焉。

乌孙王既不肯东还，汉乃于浑邪王故地置酒泉郡，稍发徙民以充实之；后又分置武威郡，以绝匈奴与羌通之道。

天子得宛汗血马，爱之，名曰"天马"。使者相望于道以求之。诸使外国，一辈大者数百，少者百馀人，人所赍操大放博望侯时，其后益习而衰少焉。汉率一岁中使多者十馀，少者五六辈；远者八九岁，近者数岁而反。

【译文】西域地区一共有三十六个国家，中部有河流，南北有大山，南北宽一千多里，东西长六千多里，东面和汉朝的玉门、阳关相连接，西面则和葱岭交界。中部河流有两个源头，一条从于阗流出，一条从葱岭流出，然后汇合在一起，往东注入盐泽。盐泽距离阳关、玉门有三百多里。从阳关、玉门前往西域有两条路：从鄯善沿着南山北面前行，顺着河流向西走到莎车，这是南面的一条道路；从南面的道路向西越过葱岭就到了大月氏、安息。从车师前王廷沿着北山，顺着河流向西走到疏勒, 这是北面的一条道路; 从北面的道路向西越过葱岭, 就到了康居、奄蔡、大宛等国。这些国家之前都归属匈奴, 匈奴把西边的日逐王封为僮仆都尉, 让他管辖西域, 经常住在危须、尉黎、焉耆之间, 向其他国家抽取赋税, 特别富足。

乌孙王既然不愿意返回东方, 汉朝就在浑邪王以前的土地上设置酒泉郡, 渐渐迁徙、征召百姓前去居住, 以充实人口; 后来又另外设置武威郡, 以此来断绝匈奴和羌人部落联络的道路。

汉武帝得到大宛的汗血宝马之后, 特别喜爱, 把它称为"天马"。于是不断地派出使者, 以求取天马。出使外国的使臣, 多的一次有数百人, 少的一次有一百多人。每个人所带的东西大致和博望侯张骞出使时一样, 之后次数一多, 习惯之后, 人数就少了。汉朝一年中派往西域的使者多的时候大致有十几次, 少的时候有五六次; 时间长一点的有八九年, 短的几年就回来。

三年(丁卯, 公元前一一四年)冬, 徙函谷关于新安。

春, 正月, 戊子, 阳陵园火。

夏, 四月, 雨雹。

关东郡、国四十馀饥, 人相食。

常山宪王舜薨, 子勃嗣, 坐宪王病不侍疾及居丧无礼废, 徙房陵。后月馀, 天子更封宪王子平为真定王, 以常山为郡, 于是五岳皆在天子之邦矣。

徙代王义为清河王。

是岁, 匈奴伊稚斜单于死, 子乌维单于立。

【译文】三年(丁卯, 公元前 114 年)冬季, 把函谷关居民迁移到新安。

春季，正月，戊子日，汉景帝陵园发生火灾。

夏季，四月，天降冰雹。

关东十几个郡、封国严重饥荒，出现人吃人的现象。

常山宪王刘舜去世，儿子刘勃继承王位，因为宪王生病时不侍候父王和守丧时不遵守礼节而被废黜，放逐到房陵。一个多月之后，汉武帝改封宪王子刘平为真定王，常山被设置为郡，这样一来五岳全在汉武帝的领辖之内。

汉武帝将代王刘义改封为清河王。

这年，匈奴伊稚斜单于身亡，其儿子乌维单于继承王位。

四年（戊辰，公元前一一三年）冬，十月，上行幸雍，祠五畤。诏曰：“今上帝，朕亲郊，而后土无祀，则礼不答也，其令有司议！”立后土祠于泽中圜丘。上遂自夏阳东幸汾阴。是时，天子始巡郡、国。河东守不意行至，不办，自杀。十一月，甲子，立后土祠于汾阴脽上，上亲望拜，如上帝礼。礼毕，行幸荥阳，还，至洛阳，封周后姬嘉为周子南君。

春，二月，中山靖王胜薨。

【译文】四年（戊辰，公元前113年）冬季，十月，汉武帝到雍巡行，祭祀五帝。汉武帝颁布诏书说：“现在敬奉天帝，由朕亲自郊祭，但后土却没有祭祀，按照礼节说是不相符的。”于是就命令有司官员讨论办理，有司商量的结果是于沼泽中的圆丘上设置后土祠。汉武帝就从夏阳向东方巡行至汾阴。那时，汉武帝第一次巡察国、郡，河东郡守没料到汉武帝会来视察，来不及准备好一切供应之物，就惶恐自杀。十一月甲子日，在汾阴的黄河边高地上设置后土祠。汉武帝亲自祭拜，就像敬奉天帝一样。祭祀完毕，就巡幸到荥阳，后来到了洛阳，把周的后代姬嘉封为周子南君。

春季，二月，中山靖王刘胜去世。

乐成侯丁义荐方士栾大，云与文成将军同师。上方悔诛文成，得栾大，大说。大先事胶东康王，为人长美言，多方略，而敢为大言，处之不疑。大言曰："臣常往来海中，见安期、羡门之属，顾以臣为贱，不信臣；又以为康王诸侯耳，不足与方。臣之师曰：'黄金可成而河决可塞，不死之药可得，仙人可致也。'然臣恐效文成，则方士皆掩口，恶敢言方哉！"上曰："文成食马肝死耳。子诚能修其方，我何爱乎！"大曰："臣师非有求人，人者求之。陛下必欲致之，则贵其使者，令为亲属，以客礼待之，乃可使通言于神人。"于是上使验小方，斗旗，旗自相触击。是时，上方忧河决而黄金不就，乃拜大为五利将军，又拜为天士将军，地士将军，大通将军。夏，四月，乙巳，封大为乐通侯，食邑二千户，赐甲第，僮千人，乘舆斥车马、帷帐、器物以充其家，又以卫长公主妻之，赍金十万斤，天子亲如五利之第，使者存问共给，相属于道。自太主、将、相以下，皆置酒其家，献遗之。天子又刻玉印曰"天道将军"，使使衣羽衣，夜立白茅上；五利将军亦衣羽衣，立白茅上，受印，以示不臣。大见数月，佩六印，贵震天下。于是海上燕、齐之间，莫不扼腕自言有禁方、能神仙矣。

【译文】乐成侯丁义举荐方士栾大给汉武帝，说栾大和文成将军少翁同出一个老师。汉武帝正在后悔不该杀了文成，所以得到栾大，心里很是高兴。栾大以前侍奉胶东康王刘寄，他与人为善说话好听，富于智谋，并且敢讲大话，从不迟疑。栾大告诉汉武帝说："我常常在海中来往，看见过羡门、安期等仙人。

只是因为我地位微贱，所以他们就不相信我；又只认为臣是康王手底下的侯者之一罢了，不懂方术。我的老师说：'可以炼成黄金，可以塞好黄河的决堤，可以得到长生不老的药，也可招来仙人。'可是我担心和文成下场一样，所有方士在那时候都会闭上嘴巴，不敢谈方术了!"汉武帝说："少翁只是吃马肝身亡，假如你能使方术显灵，得到长生不老药，我不会吝惜爵禄的!"栾大说："我的老师没有求别人，都是别人求他。如果陛下非要招致仙人，就必须尊崇求仙的使者，让他成为陛下亲近的下属，用待客的礼节对待他，这样他才可以和神人通言。"于是汉武帝要求栾大做个小方术作为证明，栾大作法使棋子相斗，果然棋子真的相互撞击。这时，汉武帝正担心黄金炼不成和黄河决堤，就把栾大封为五利将军，后又封其为天士将军、地士将军、大通将军。夏季，四月乙巳日，栾大被封为乐通侯，食邑二千户，赐给他上等的宅子，僮仆一千人，乘坐的帷帐、器物、车马等充斥他的家里，汉武帝又把卫长公主嫁于他，送他黄金十万斤。汉武帝还亲自到他的宅子探望，派遣供给他财物、慰问他的使者一直不间断。从太主、相、将以下，均在他家里设置酒宴，赠送财物给他。汉武帝又刻了带有"天道将军"的玉印，命使者穿着羽衣，晚上站在白茅上；五利将军栾大也穿着羽衣，站在白茅上接受玉印，用来表示不用臣礼见天子。栾大和汉武帝见面不过数月，就佩了六个印信，尊贵震惊天下人。于是沿海一带燕、齐之间，无不受到鼓舞，自说自道有神秘的方术，可以招致神仙。

六月，汾阴巫锦得大鼎于魏脽后土营旁，河东太守以闻。天子使验问，巫得鼎无奸诈，乃以礼祠，迎鼎至甘泉，从上行，荐之宗庙及上帝,藏于甘泉宫,群臣皆上寿贺。

秋,立常山宪王子商为泗水王。

初,条侯周亚夫为丞相,赵禹为丞相史,府中皆称其廉平,然亚夫弗任,曰:"极知禹无害,然文深,不可以居大府。"及禹为少府,比九卿为酷急;至晚节,吏务为严峻,而禹更名宽平。

中尉尹齐素以敢斩伐著名,及为中尉,吏民益雕敝。是岁,齐坐不胜任抵罪。上乃复以王温舒为中尉,赵禹为廷尉。后四年,禹以老,贬为燕相。

【译文】六月,汾阴一位名叫锦的巫师,在魏脽后土祠附近取得大鼎,河东太守将此事上报朝廷。汉武帝派人去核查,证明巫师所得的鼎是真的,没有欺骗,就以礼祭祀,迎鼎到甘泉宫,随着汉武帝走,把鼎进献给宗庙和皇天上帝,收藏在甘泉宫。文武百官都向汉武帝拜寿恭贺。

秋季,立常山宪王的儿子刘商为泗水王。

当初,条侯周亚夫做宰相时,丞相史是赵禹,相府中的人都称赵禹公平廉洁,但周亚夫不重用他,说:"我特别了解赵禹做事公平不伤害人,但持法太深苛,不适合做大府的官。"后来赵禹做少府的官,但比其他九卿持法都严酷峻急;到后来,一般的官吏执法都很严酷深峻,而赵禹反而得到公平宽和的名声。

中尉尹齐一直以敢于杀人而出名,后来做到中尉,一般百姓官吏的风气更加败坏。就在这年,尹齐因为被指控不能胜任职责的罪。汉武帝于是又把赵禹任命为廷尉,王温舒任命为中尉。四年后,赵禹因为上了年纪,被贬为燕国宰相。

是时吏治皆以惨刻相尚,独左内史兒宽,劝农业,缓刑罚,理狱讼，务在得人心；择用仁厚士，推情与下，不求名声，吏民大信爱之；收租税时，裁阔狭，与民相假贷，以故租多不入。后有军发，左内史以负租课殿，当免；民闻当免，皆恐失之，大家牛车、小家担负输租，繦属不绝，课更以最。上由此愈奇宽。

初，南越文王遣其子婴齐入宿卫，在长安取邯郸樛氏女，生子兴。文王薨，婴齐立，乃藏其先武帝玺，上书请立樛氏女为后，兴为嗣。汉数使使者风谕婴齐入朝。婴齐尚乐擅杀生自恣，惧入见要，用汉法比内诸侯，固称病，遂不见。婴齐薨，谥曰明王。太子兴代立，其母为太后。

【译文】这时的官吏办理政事，都把残酷苛刻作为时尚，只有左内史兒宽，鼓励农业生产，减少刑罚，处理诉讼罪案，争取人心；他选择任用仁慈厚道的人为下吏，推广恩情给下属，不追求名声，因此官吏百姓特别敬爱信任他；他在收租税时，缓急都很恰当，借贷给需要钱的百姓，因此税租的收入不多。之后因为战争的需要而征收租税，兒宽因为税收不足，考核时政绩最差，应该免官；百姓听说要把兒宽免官，都害怕失去兒宽，所以富足的家庭用牛车载着，较小的家庭用人工担负着，都把要缴付的租税上交官府，好像绳索般不断，考察结果变成第一。汉武帝因此对兒宽更加另眼相看。

当初，南越文王赵胡派遣儿子赵婴齐到汉朝廷做侍卫，婴齐在长安娶了邯郸樛氏女子为妻，生了儿子赵兴。文王去世后，婴齐继承王位，就收藏了他祖先武帝的印玺，上书给汉武帝请求立樛氏为王后，赵兴为世子。朝廷好几次派遣使者提醒婴齐入朝晋见汉武帝。婴齐喜欢自操生杀大权，怕一旦入朝觐见之后，朝廷会用法令比照约束境内诸侯一样来拘束他，所以一直借口生病，不愿意入朝觐见汉武帝。婴齐去世后，谥号明王。

太子赵兴继立，其母亲被封为太后。

太后自未为婴齐姬时，尝与霸陵人安国少季通。是岁，上使安国少季往谕王、王太后以入朝，比内诸侯，令辩士谏大夫终军等宣其辞，勇士魏臣等辅其决，卫尉路博德将兵屯桂阳待使者。南越王年少，太后中国人；安国少季往，复与私通，国人颇知之。多不附太后。太后恐乱起，亦欲倚汉威，数劝王及群臣求内属；即因使者上书，请比内诸侯，三岁一朝，除边关。于是天子许之，赐其丞相吕嘉银印及内史、中尉、太傅印，馀得自置；除其故黥、劓刑，用汉法，比内诸侯。使者皆留，填抚之。

上行幸雍，且郊，或曰："五帝，泰一之佐也。宜立泰一，而上亲郊。"上疑未定。齐人公孙卿曰："今年得宝鼎，其冬辛巳朔旦冬至，与黄帝时等。"卿有札书曰："黄帝得宝鼎，是岁己酉朔旦冬至，凡三百八十年，黄帝仙登于天。"因嬖人奏之。上大悦，召问，卿对曰："受此书申公，申公曰：'汉兴复当黄帝之时，汉之圣者在高祖之孙且曾孙也。宝鼎出而与神通，黄帝接万灵明庭，明庭者甘泉也。黄帝采首山铜，铸鼎于荆山下，鼎既成，有龙垂胡髯下迎黄帝，黄帝上骑龙，与群臣后宫七十馀人俱登天。'"于是天子曰："嗟乎，诚得如黄帝，吾视去妻子如脱屣耳！"拜卿为郎，使东候神于太室。

【译文】樛氏在还没有成为婴齐的爱姬时，霸陵人安国少季曾经和她有私情。这一年，汉武帝派安国少季前往南越，告谕王太后、南越王入朝觐见汉武帝，可以等同境内诸侯看待，汉武帝又命令谏大夫辩士终军等前往宣明天子的言语，勇士魏臣等人帮助他们做决定，并命卫尉路博德率领军队驻屯在桂阳等待使者。由于南越王年龄小，王太后又是汉朝人，安国少季到南越后，又和太后私通，这件事国内人大都知道，所以很多人不拥护太后。太后害怕发生内乱，也想依靠汉朝声威来巩固自己的地位，就数次劝解群臣和南越王向汉朝请求归属；所以借这次朝廷使者到来的机会立即就派使者上书给汉武帝，请求比照境内诸侯，每三年朝觐一次，解除边境关卡。于是汉武帝答应了，赐给南越王丞相吕嘉银印和太傅、内史、中尉等印信，其他的官吏允许南越王自己设置；废黜南越旧有的脸上刺字、割鼻子等刑罚，使用汉朝的法律，全部比照境内诸侯。汉朝的使者都留在南越国，以安抚南越。

　　汉武帝到雍巡行，将要举行郊祭仪式，有人建议说："泰一神辅佐着五帝，应该立泰一神，而由皇上亲自郊祭。"汉武帝疑惑不能决定。齐人公孙卿说："今年得到宝鼎，冬季十一月初一清晨是冬至，与黄帝时一样。"公孙卿有本书札，里面记载说："黄帝得到宝鼎，那一年十一月初一的清晨是冬至，共三百八十年之后，黄帝成仙升天。"利用汉武帝宠幸的人呈奏给武帝。汉武帝非常高兴，召见公孙卿询问，公孙卿说："我是从申公那儿接到这本书，申公说：'汉朝应当和黄帝的兴盛一样，汉朝的盛世是曾孙和高祖之孙的时代。这时宝鼎一出现，就能和神明相通，黄帝在明庭迎接众神，明庭就是现今的甘泉宫。黄帝于首山开采铜矿，在荆山下铸造宝鼎，宝鼎铸成以后，有龙从天上垂下龙须迎接黄帝，黄帝骑上龙背，和群臣及后宫七十多人一块儿升天。'"于是汉武帝说："唉！我如果真能和黄帝一样登天升仙，我看待摒弃妻子就好像抛弃坏鞋一样！"就把公孙卿任命为郎官，让他在东方的太室等候迎接神灵。

**五年**(己巳，公元前一一二年)冬，十月，上祠五畤于雍，遂逾陇，西登崆峒。陇西守以行往卒，天子从官不得食，惶恐，自杀。于是上北出萧关，从数万骑猎新秦中，以勒边兵而归。新秦中或千里无亭缴，于是诛北地太守以下。上又幸甘泉，立泰一祠坛，所用祠具如雍一畤而有加焉。五帝坛环居其下四方地，为醊食群神从者及北斗云。十一月，辛巳朔，冬至，昧爽，天子始郊拜泰一，朝朝日，夕夕月则揖。其祠，列火满坛，坛旁亨炊具。有司云："祠上有光。"又云："昼有黄气上属天。"太史令谈、祠官宽舒等请三岁天子一郊见，诏从之。

　　**【译文】**五年(己巳，公元前112年)冬季，十月，汉武帝在雍祭祀五畤，然后越过陇县，爬上西方的崆峒山。陇西郡守因为汉武帝来得太突然，没来得及准备，使得汉武帝随从的官吏没有东西吃，心里很害怕，就自杀了。于是汉武帝向北从萧关出发，率领几万名骑兵在新秦中打猎，训练边境的军队后才返回。汉武帝见新秦中一带有些地方有千里之内没有亭缴等防御设备，于是把北地太守及以下有关的官吏全部杀掉。汉武帝又到甘泉宫，建造祭祀泰一神的祭坛，所用的祭祀用具与在雍祭祀五畤时的相同，但又增加了其他的祭品。又建五帝坛围绕在泰一祠坛下面，四周再用祭品祭祀追随泰一神的北斗神和群神。十一月辛巳朔日，冬至，天就要亮时，汉武帝开始祭拜泰一，白天拜日，晚上拜月，祭祀时，祭坛点起很多火光，祭坛旁边又设置烹煮的器具。主管官员说："祠坛上面有光彩。"又说："白天时有一道黄气升到天空。"太史令司马谈、祠官宽舒等人请求汉武帝三年举行一次郊祭，汉武帝下令答允照办。


　　南越王、王太后饬治行装，重赍为入朝具。其相吕嘉，年长矣，相三王，宗旅仕宦为长吏者七十馀人，男尽尚王女，女尽嫁王子弟、宗室，及苍梧秦王有连，其居国中甚重，得众心愈于王。王之上书，数谏止王，王弗听；有畔心，数称病，不见汉使者。使者皆注意嘉，势未能诛。王、王太后亦恐嘉等先事发，欲介汉使者权，谋诛嘉等，乃置酒请使者，大臣皆侍坐饮。嘉弟为将，将卒居宫外。酒行，太后谓嘉曰："南越内属，国之利也；而相君苦不便者，何也？"以激怒使者。使者狐疑相杖，遂莫敢发。嘉见耳目非是，即起而出。太后怒，欲鏦嘉以矛，王止太后。嘉遂出，介其弟兵就舍，称病，不肯见王及使者，阴与大臣谋作乱。王素无意诛嘉，嘉知之，以故数月不发。

【译文】南越王、王太后整理行装，带着贵重的礼物，作为朝觐汉朝的礼物。南越王的宰相吕嘉上了年纪，历任三代南越王的宰相，他的宗族里的成员做到长吏的有七十多人，男的全部娶了王族的女子，女的全嫁给王族的子弟、宗室，与苍梧秦王也有亲属关系，在南越国中特别受尊敬，得到的民心支持超过了南越王。南越王上书汉武帝表示归附，吕嘉好几次劝止南越王，但是南越王都不听；吕嘉便有了背叛的心，好几次借口生病，不接见汉朝使者。汉朝使者都很注意吕嘉的行为，却碍于情势，伤害不了他。王太后、南越王也担心吕嘉等人发起叛乱，想要借助汉朝使者的势力，杀死吕嘉等人，因此就设酒席宴请汉朝使者，大臣等都侍候陪坐喝酒。吕嘉的弟弟是将军，带领士卒在宫廷外。吃酒时太后对吕嘉说："南越归顺于汉，是国家的利益，但是宰相你却苦苦地认为不可行，这是为什么？"想用这些话激怒使者。但使者非常犹豫，双方僵持起来，使者还是没敢发动。吕嘉觉得情形不对，就站起来走出去了。太后非常生气，想要用矛撞击他，南越王阻止了太后。吕嘉就出去了，在他弟弟的保护下回去了。吕嘉借口生病，不愿意跟汉朝使者和南越王见面，但是背地里和大臣谋划叛乱。不过因为南越王本来就不想杀吕嘉，吕嘉也清楚，因找不到借口所以经过几个月依然没有发动叛乱。

天子闻嘉不听命，王、王太后孤弱不能制，使者怯无决；又以为王、王太后已附汉，独吕嘉为乱，不足以兴兵，欲使庄参以二千人往使。参曰："以好往，数人足矣；以武往，二千人无足以为也。"辞不可，天子罢参。郏壮士故济北相韩千秋奋曰："以区区之越，又有王、王太后应，独相吕嘉为害，愿得勇士三百人，必斩嘉以报。"于是天子遣千秋与王太后弟樛乐将二千人往，入越境。吕嘉等乃遂反，下令国中曰："王年少。太后，中国人也，又与使者乱，专欲内属，尽持先王宝器入献天子以自媚；多从人行，至长安，虏卖以为僮仆；取自脱一时之利，无顾赵氏社稷、为万世虑计之意。"乃与其弟将卒攻杀王、王太后及汉使者，遣人告苍梧秦王及其诸郡县，立明王长男越妻子术阳侯建德为王。而韩千秋兵入，破数小邑。其后越开直道给食，未至番禺四十里，越以兵击千秋等，遂灭之；使人函封汉使者节置塞上，好为谩辞谢罪，发兵守要害处。

【译文】汉武帝听说吕嘉不听命令，南越王、王太后因为弱小孤单不可以压制，汉朝使者又胆小不敢决定；但汉武帝又觉得王太后、南越王已归属汉朝，唯独吕嘉作乱罢了，不足以发动军队讨伐，要派庄参率领两千人出使南越。庄参说道："假如用和好的态度前去，有几个人就够了；假如要用武力前往，两千人不足以有啥作为的。"推脱不想接受，汉武帝于是就把庄参的官位废了。郏地有个壮士名叫韩千秋，是以前济北的宰相，他自告奋勇地说："以小小的南越国，还有王太后、南越王做内应，唯独宰相吕嘉在叛乱，臣期望带三百个勇士前去，必定把吕嘉斩杀报答皇上。"于是汉武帝派遣王太后的弟弟樛乐和韩千秋带两千士卒前去，进入南越境内。吕嘉等人就叛变了，下令给南越国中的百姓说："国王年龄小，太后是中国人，又和使臣淫乱；只想获得一时的好处，拿完了先王的宝器入汉廷献给天子来求得谄媚；所派的随从，很多到了长安，就缚绑卖给人当仆人；取得自己一时的利益，不论赵氏的社稷，也不为万代的子孙计划考虑。"就和他的弟弟带领士兵攻打，杀了王太后、南越王和汉的使臣，派人告诉所有郡县和苍梧秦王，把明王的大儿子，也就是明王越籍妻子所生的小孩术阳侯建德立为南越王。韩千秋的士兵进入越境，攻陷几个小地方。之后越人放开大道使他深入，又供给他粮食，还没到达番禺四十里的地方，越人运用士兵攻击韩千秋等人，韩千秋等人被消灭掉了；派人把汉朝使臣的符节密封起来，放在边塞上，并且说些欺骗好听的话向汉武帝请罪，又发动军队驻守南越的重要关口。

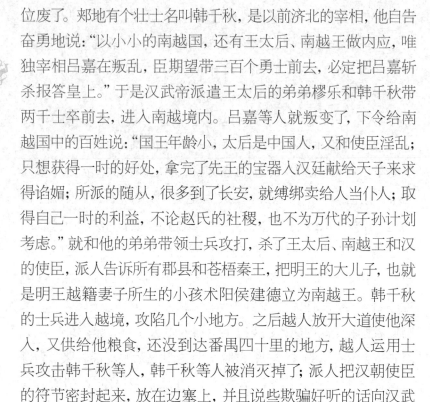

　　春，三月，壬午，天子闻南越反，曰："韩千秋虽无功，亦军锋之冠，封其子延年为成〔安〕侯；樛乐姊为王太后，首愿属汉，封其子广德为龙亢侯。"

　　夏，四月，赦天下。

　　丁丑晦，日有食之。

　　秋，遣伏波将军路博德出桂阳，下湟水；楼船将军杨仆出豫章，下浈水；归义越侯严为戈船将军，出零陵，下离水；甲为下濑将军，下苍梧；皆将罪人，江、淮以财楼船十万人。越驰义侯遗别将巴、蜀罪人，发夜郎兵，下牂柯江，咸会番禺。

【译文】春季，三月，壬午日，汉武帝听说南越叛乱了，就说道："虽然韩千秋没有功劳，也算是众军之首，他的儿子延年封为成安侯；樛乐姐为南越王太后，是首个乐意归顺汉朝的人，他的儿子广德封为龙亢侯。"

夏季，四月，赦免天下。

丁丑晦日，发生日食。

秋季，派遣伏波将军路博德从桂阳出发，直下湟水；楼船将军杨仆从豫章出发，直下浈水；归义越侯严为戈船将军，从零陵出发，直下离水；甲为下濑将军，直下苍梧；这些将军都带领着犯人和淮、江以南的楼船总共十万人一块儿出发。越驰义侯遗另外率领蜀、巴的犯人，征召夜郎的军队，直下牂柯江，一块儿在番禺会合。


齐相卜式上书，请父子与齐习船者往死南越。天子下诏褒美式，赐爵关内侯，金六十斤，田十顷，布告天下；天下莫应。是时列侯以百数，皆莫求从军击越。会九月尝酎，祭宗庙，列侯以令献金助祭。少府省金，金有轻及色恶者，上皆令劾以不敬，夺爵者百六人。辛巳，丞相赵周坐知列侯酎金轻，下狱，自杀。

丙申，以御史大夫石庆为丞相，封牧丘侯。时国家多事，桑弘羊等致利，王温舒之属峻法，而儿宽等推文学，皆为九卿，更进用事。事不关决于丞相，丞相庆醇谨而已。

五利将军装治行，东入海求其师。既而不敢入海，之太山祠。上使人随验，实无所见。五利妄言见其师，其方尽多不售，坐诬罔，腰斩；乐成侯亦弃市。

西羌众十万人反，与匈奴通使，攻故安，围枹罕。匈奴入五原，杀太守。

**【译文】**齐国宰相卜式上书给汉武帝，恳请让他们父子和齐国熟习船战的人，一块儿前往南越为朝廷效力。汉武帝下诏令褒奖卜式，赐给他关内侯的爵位，黄金六十斤，田地十顷，昭告给天下吏民知晓，但吏民并没有人响应。那时候列侯数以百计，都无人要求从军攻打南越。正好九月品尝新酿的酒，祭祀宗庙，列侯为了汉武帝诏令，而贡献黄金帮忙祭祀。少府负责省察黄金的成色和斤两，贡献的黄金中有颜色不好和重量不够的，汉武帝全下令以不敬之罪加以弹劾，被剥夺爵位的有一百零六人。辛巳日，丞相赵周因为事先知晓列侯所献助祭的黄金斤两不足，而把他判罪，关在监牢里，自杀身亡。

丙申日，任命御史大夫石庆为丞相，封为牧丘侯，那时国家正是多事的时候，桑弘羊等人致力求利，王温舒之类的人又执法严苛深峻，而兒宽等人推崇文学，都做到九卿，进而执掌朝廷大事。政事并不取决于丞相，丞相石庆也不过是谨慎敦厚罢了。

五利将军准备好行李，向东方出发，入海寻求他所说的老师。但到了海边他又不敢入海，就去泰山祠。汉武帝派人跟在身边检查，但是没有看到什么。五利胡乱地讲他看到他的老师，他的那些方术都不能应验，犯了欺诬蒙骗的罪，把他判罪腰斩，介绍人乐成侯也被判弃市的死罪。

西羌士兵十万多人叛乱，和匈奴互通使者，攻打故安，包围枹罕。匈奴人进入五原，杀死了太守。

**【乾隆御批】**酎金，已非善政，以此阴中无应诏攻越者，益可笑矣。

**【译文】**进献黄金资助祭祀，已不是善政，又用此方法暗中治不响应诏令讨伐南越的人，更为可笑。

**六年**( 庚午, 公元前一一一年) 冬, 发卒十万人, 遣将军李息、郎中令徐自为征西羌, 平之。

楼船将军杨仆入越地, 先陷寻陿, 破石门, 挫越锋, 以数万人待伏波将军路博德至俱进, 楼船居前, 至番禺。南越王建德、相吕嘉城守。楼船居东南面, 伏波居西北面。会暮, 楼船攻败越人, 纵火烧城。伏波为营, 遣使者招降者, 赐印绶, 复纵令相招。楼船力攻烧敌, 驱而入伏波营中。黎旦, 城中皆降。建德、嘉已夜亡入海, 伏波遣人追之。校尉司马苏弘得建德, 越郎都稽得嘉。戈船、下濑将军兵及驰义侯所发夜郎兵未下, 南越已平矣。遂以其地为南海、苍梧、郁林、合浦、交趾、九真、日南、珠崖、儋耳九郡。师还, 上益封伏波; 封楼船为将梁侯, 苏弘为海常侯, 都稽为临蔡侯, 及越降将苍梧王赵光等四人皆为侯。

**【译文】**六年( 庚午, 公元前 111 年) 冬季, 征召士卒十万余人, 派遣将军李息、郎中令徐自为征讨西羌, 把西羌之乱平定。

楼船将军杨仆进入南越境内, 先攻陷了寻陿, 击碎石门, 挫败南越的锐气, 带着数万士兵等着伏波将军路博德一起前行, 楼船在前面, 到达番禺。宰相吕嘉、南越王建德固守住番禺城。伏波在西北面, 楼船在东南面。黄昏时刻一到, 楼船放火烧城, 打败越人。伏波设置营垒, 派遣使臣去招越人投降, 凡是投降的人就赐予侯印, 再放回去招降其他人。楼船尽力攻烧敌人, 敌人被驱赶到伏波设置的营垒中。一直到黎明时候, 城中的越人全投降了。宰相吕嘉、南越王建德已经乘着夜色逃入海中, 伏波将军委派人加以追踪。校尉司马苏弘捉到了建德，南越设置的郎官都稽捉拿到了吕嘉。戈船、下濑将军的士兵和驰义侯所征召的夜郎士兵还没到达，南越就已经被平定了。就把南越土地设置为南海、苍梧、郁林、合浦、交趾、九真、日南、珠崖、儋耳等九个郡。军队返回长安，汉武帝加封伏波将军；楼船将军杨仆被封为将梁侯、校尉司马苏弘为海常侯、都稽为临蔡侯，越的降将苍梧王赵光等四人均为侯。

公孙卿候神河南，言见仙人迹缑氏城上。春，天子亲幸缑氏城视迹，问卿："得毋效文成、五利乎？"卿曰："仙者非有求人主，人主者求之；其道非宽假，神不来。言神事如迂诞，积以岁月，乃可致也。"上信之。于是郡、国各除道，缮治宫观、名山、神祠以望幸焉。

赛南越，祠泰一、后土，始用乐舞。

驰义侯发南夷兵，欲以击南越。且兰君恐远行旁国虏其老弱，乃与其众反，杀使者及犍为太守。汉乃发巴、蜀罪人当击南越者八校尉，遣中郎将郭昌、卫广将而击之，诛且兰及邛君、莋侯，遂平南夷为牂柯郡。夜郎侯始倚南越，南越已灭，夜郎遂入朝，以为夜郎王。冉駹皆振恐，请臣置吏，乃以邛都为越巂郡，莋都为沈黎郡，冉駹为汶山郡，广汉西白马为武都郡。

【译文】公孙卿于河南等待神仙，说在缑氏城上看到仙人的足迹。春季，汉武帝亲自到达缑氏城观看足迹，问公孙卿说："不会再像五利、文成那样骗人吧？"公孙卿说道："神仙对人主并没有所求，只是人主要求神仙；求仙道路如果不宽假时日，神仙是来不了的。说到神仙的事情好像很荒谬怪诞，只要积累些时间，依然可以招来神仙。"汉武帝信服了。于是就命令各郡、国打扫街道，整治神祠、名山、宫观，以求得神仙的到来。

为了平定南越举办的祭祀酬神，祭祀泰一神和后土，第一次使用鼓乐舞蹈祭祀。

驰义侯征召南夷的军队要进攻南越。且兰君担忧到南越路途遥远，其他的国家就会俘虏他们老幼弱小的人，因此就和他的部下一起叛乱，杀死犍为太守和汉使者。汉朝就征召巴、蜀等地的犯人，和本应攻打南越的八个校尉，在中郎将郭昌、卫广的带领下攻击且兰君，把且兰君和邛君、莋侯杀了，于是平定南夷，设置牂柯郡。夜郎侯原先倚靠南越，南越被消灭之后，夜郎就入汉廷拜见，被汉武帝封为夜郎王。冉駹都震动害怕起来，恳求归顺汉朝，并要求设置官吏，就把邛都设为越巂郡，莋都设为沈黎郡，冉駹设为汶山郡，广汉西边的白马设置为武都郡。

初，东越王馀善上书，请以卒八千人从楼船击吕嘉；兵至揭扬，以海风波为解，不行，持两端，阴使南越。及汉破番禺，不至。杨仆上书愿便引兵击东越；上以士卒劳倦，不许，令诸校屯豫章、梅岭以待命。馀善闻楼船请诛之，汉兵临境，乃遂反，发兵距汉道，号将军驺力等为吞汉将军，入白沙、武林、梅岭，杀汉三校尉。是时，汉使大农张成、故山州侯齿将屯，弗敢击，却就便处，皆坐畏懦诛。馀善自称武帝。

上欲复使杨仆将，为其伐前劳，以书敕责之曰："将军之功独有先破石门、寻陿，非有斩将搴旗之实也，乌足以骄人哉！前破番禺，捕降者以为虏，掘死人以为获，是一过也。使建德、吕嘉得以东越为援，是二过也。士卒暴露连岁，将军不念其勤劳，而请乘传行塞，因用归家，怀银、黄，垂三组，夸乡里，是三过也。失期内顾，以道恶为解，是四过也。问君蜀刀价而阳不知，挟伪干君，是五过也。受诏不至兰池，明日又不对，假令将军之吏，问之不对，令之不从，其罪何如？推此心在外，江海之间可得信乎？今东越深入，将军能率众以掩过不？"仆惶恐对曰："愿尽死赎罪！"上乃遣横海将军韩说出句章，浮海从东方往；楼船将军杨仆出武林，中尉王温舒出梅岭，以越侯为戈船、下濑将军，出若邪、白沙，以击东越。

【译文】起初，东越王馀善上书给汉武帝，请求带领八千士卒随着楼船将军杨仆去攻打吕嘉；军队到达揭阳后，以海上风浪太大作为借口，军队不再出发，抱着观望的心态，暗中派人出使南越。之后汉兵攻陷番禺，东越兵并未到达。杨仆上书给汉武帝愿意顺道带兵攻打东越；汉武帝因为士卒疲倦困劳，不答应请求，只让校尉们停在梅岭、豫章来等待命令。馀善听说楼船将军恳请汉武帝要杀害他，汉兵已来到边境，就叛乱了，他发动军队在汉兵要经过的道路上抵抗，把将军驺力称作吞汉将军，率军进入白沙、武林、梅岭，杀害了汉朝三个校尉。那个时候，汉派遣大农张成和原来的山州侯刘齿率领士兵屯驻在那里，他们不敢出兵攻打，反而撤退到方便有利的地方，之后两个都因为胆怯、畏惧的罪名被杀。馀善自己称为武帝。

汉武帝要再次派杨仆领军讨伐东越，但是因为杨仆夸耀上次讨伐南越的功劳，就用书信责怪他说："将军的功劳只有抢先攻破寻陿、石门罢了，并无杀将夺旗的功勋，怎么值得向人夸耀呢！上次攻陷番禺，捉到投降的人作为俘虏，挖掘死人也当作虏获敌人的人数，是第一种过错。让吕嘉、南越王建德从容获取东越作为援助，是第二种过错。士卒连续几年暴露在野外，将军不体会他们的劳苦勤勉，而恳求他们以传车在边境通行，使将军能够很快回家，怀揣着金印、银印，挂着三样印绶，向乡

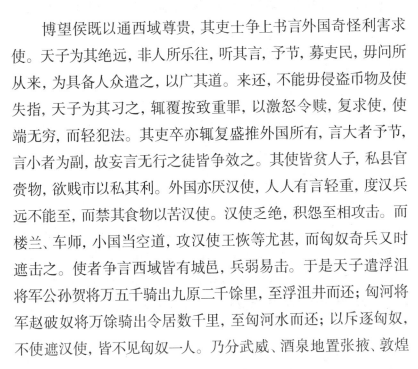

里夸耀,是第三种过错。丢失战争有利时机,而没有乘胜追击敌人,流连照顾妻妾,但以道路险峻作为借口,是第四种过错。问你蜀地刀价是多少,却假装不知道,抱着虚假的态度而侵犯国君,是第五种过错。接受诏令,却不到兰池宫,隔了一天又没有回来说明原因;如果你问到属吏问题他却不回答,命令他又不听,应当判什么罪呢?把你这种心理展现在外,在江海的阵地上能获得士卒的信任吗?现今你带军深入东越,能够掩盖自己上面的错误吗?"杨仆害怕地回答道:"臣愿意尽自己的性命以求赎罪!"汉武帝就派遣横海将军韩说从句章出发,渡过海从东方前去,楼船将军杨仆从武林出发,中尉王温舒从梅岭出发,任命越降将为下濑、戈船将军,从白沙、若邪出发,来攻打东越。

博望侯既以通西域尊贵,其吏士争上书言外国奇怪利害求使。天子为其绝远,非人所乐往,听其言,予节,募吏民,毋问所从来,为具备人众遣之,以广其道。来还,不能毋侵盗币物及使失指,天子为其习之,辄覆按致重罪,以激怒令赎,复求使,使端无穷,而轻犯法。其吏卒亦辄复盛推外国所有,言大者予节,言小者为副,故妄言无行之徒皆争效之。其使皆贫人子,私县官赍物,欲贱市以私其利。外国亦厌汉使,人人有言轻重,度汉兵远不能至,而禁其食物以苦汉使。汉使乏绝,积怨至相攻击。而楼兰、车师,小国当空道,攻汉使王恢等尤甚,而匈奴奇兵又时遮击之。使者争言西域皆有城邑,兵弱易击。于是天子遣浮沮将军公孙贺将万五千骑出九原二千馀里,至浮沮井而还;匈河将军赵破奴将万馀骑出令居数千里,至匈河水而还;以斥逐匈奴,不使遮汉使,皆不见匈奴一人。乃分武威、酒泉地置张掖、敦煌

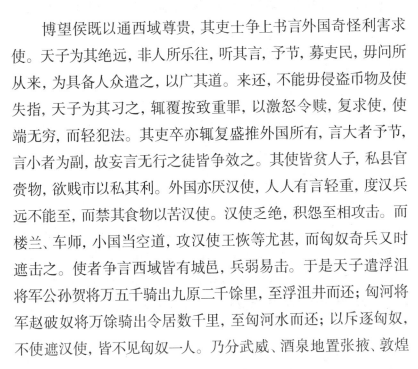

郡，徙民以实之。

**【译文】**博望侯张骞因为通使西域而获取了尊贵，和他一块儿出使过的属吏争着上书汉武帝，告知外国珍奇宝物和奇风异俗等，以求能得到通使。汉武帝因为西域太遥远，不是一般人所愿意前往，就接受他们的要求，给予他们符节，招募属吏百姓，不管他们的出身高低，让他们准备好人众就派他们前往，以扩大出使的道路。使者们来回之间，免不了有违背汉武帝旨意和侵夺钱币财物的事，汉武帝为了使他们能熟练出使的事，经常再三调查而判重罪，以激励他们，让他们为求赎罪而再次出使，结果出使的事连续不穷，而使者也轻易地就会违抗了法令。出使的士卒官吏，也经常称赞在外国所看见的事情，说得多的就给予正使的符节，说得较少的任他做副使，因此那些乱讲话没有品行的人争着这样做。所以出使的人全部是穷人家的孩子，把随身带的出使的官物占为己有，售出货物以多报少，占为自己的。外国也厌倦汉朝使者每个人所说的话轻重不真，心里想汉兵距离遥远不能够攻到，就禁止给汉使食粮来为难汉使。汉使食物匮乏断绝，因此积怨到互相攻击。而车师、楼兰等小国家也在沿途打劫，攻打劫夺汉朝使臣王恢等人特别严重，而匈奴的奇兵也经常偷袭汉使臣。使者以此争着向汉武帝禀告西域虽然都有城邑，但是兵力衰弱，容易攻击。于是汉武帝派遣浮沮将军公孙贺，带领一万五千骑兵，从九原出发二千余里，到浮沮井而回头；匈河将军赵破奴带领一万多骑兵从令居出发几千里，到达匈河水而回还；为的是驱走匈奴人，不让他们偷袭汉的使者，却看不见一个匈奴人。就分割酒泉、武威的地方设置为敦煌、张掖郡，迁移百姓，来补充当地人口。

是岁，齐相卜式为御史大夫。式既在位，乃言："郡、国多不便县官作盐铁器，苦恶价贵，或强令民买之；而船有算，商者少，物贵。"上由是不悦卜式。

初，司马相如病且死，有遗书，颂功德，言符瑞，劝上封泰山。上感其言，会得宝鼎，上乃与公卿诸生议封禅。封禅用希旷绝，莫知其仪，而诸方士又言："封禅者合不死之名也，黄帝以上，封禅皆致怪物，与神通，秦皇帝不得上封。陛下必欲上，稍上即无风雨，遂上封矣。"上于是乃令诸儒采《尚书》、《周官》、《王制》之文，草封禅仪，数年不成。上以问左内史兒宽，宽曰："封泰山，禅梁父，昭姓考瑞，帝王之盛节也；然享荐之义，不著于经。臣以为封禅告成，合袪于天地神祇，唯圣主所由，制定其当，非群臣之所能列。今将举大事，优游数年，使群臣得人人自尽，终莫能成。唯天子建中和之极，兼总条贯，金声而玉振之，以顺成天庆，垂万世之基。"上乃自制仪，颇采儒术以文之。上为封禅祠器，以示群儒，或曰"不与古同"，于是尽罢诸儒不用。上又以古者先振兵释旅，然后封禅。

【译文】这年，齐国宰相卜式做了御史大夫。卜式在任时，曾经说："国、郡百姓大都不喜欢县官所造的盐铁工具，因为质量不很好，价钱比较贵，有时强迫百姓购买；而船只还有税金，因此经商的人便少了，而货物不能够流通也就涨起来。"汉武帝之后不再喜欢卜式。

起初，司马相如生病就要死的时候，有书信留下来，信里颂扬汉武帝的功德，说到符兆瑞征，劝说汉武帝到泰山封禅。汉武帝特别感动，正好那时取得宝鼎，汉武帝正在和公卿儒生们商量封禅的事情。但是因为封禅的礼节已经断绝不能用了，无人知晓仪式，但是方士们又说："封禅的寓意就是综合所有不死的道理。黄帝以上，封禅时都会招来怪异的事物，也可以和神灵相通，而秦皇帝就不能上泰山封禅。陛下假如非要上泰山，慢慢上去，假如没有风雨，就表明上帝答应陛下上山封禅了。"汉武帝于是命令儒生们采用《周官》《王制》《尚书》的文辞内容，草具封禅的礼仪，经过好几年依然没有拟好。汉武帝问左内史兒宽，兒宽说："在泰山、梁父封禅，昭明天子姓氏以求得吉祥，这是帝王盛美的行为；但是献礼的仪式，并没有记载在经书里。臣以为封禅成功后，就可以和天地神祇开合交通，只要依据圣主的意思，制定妥当的仪式就行，群臣是没有办法陈列出礼仪的。现在马上就要举办封禅的大事，让大臣们优游宽暇了好多年，让他们每人都可以竭尽全力去研究，但是最后还是没有研究成功。天子树立了中和的道德目标，兼赅天下国家万事万物，而加以条理通顺，就好像金玉的声音相互振荡飞扬，为完成上天的吉庆，留给万代子孙不朽的根基。"汉武帝就自己制定封禅的礼仪，很多地方采用儒术作为文饰。汉武帝把封禅的祭器给儒生们瞧，儒生们有的人说"和古代的不同"，于是汉武帝将所有儒生废弃不用。汉武帝又用古人之道，先夸示军威停止战争之后，再举行封禅。

【乾隆御批】相如封禅书虚词滥说，固无足议。儿宽以经术见用，亦从而附和之，则所谓经生者，何居？

【译文】司马相如的封禅书都是虚无的陈词滥调，固然不足评论。儿宽因精通经书被任用，也附和司马相如，那么所谓通达经学的人，又在哪里呢？

元封元年(辛未，公元前一一〇年)冬，十月，下诏曰："南越、东瓯，咸伏其辜；西蛮、北夷，颇未辑睦；朕将巡边垂，躬秉武节，置十二部将军，亲帅师焉。"乃行，自云阳北历上郡、西河、五原，出长城，北登单于台，至朔方，临北河，勒兵十八万骑，旌旗径千馀里，以见武节，威匈奴。遣使者郭吉告单于曰："南越王头已县于汉北阙。今单于能战，天子自将待边；不能，即南面而臣于汉，何徒远走亡匿于幕北寒苦无水草之地，毋为也!"语卒而单于大怒，立斩主客见者，而留郭吉，迁之北海上。然匈奴亦詟，终不敢出。上乃还，祭黄帝冢桥山，释兵须如。上曰："吾闻黄帝不死，今有冢，何也?"公孙卿曰："黄帝已仙上天，群臣思慕，葬其衣冠。"上叹曰："吾后升天，群臣亦当葬吾衣冠于东陵乎?"乃还甘泉，类祠太一。

上以卜式不习文章，贬秩为太子太傅，以兒宽代为御史大夫。

【译文】元封元年(辛未，公元前110年)冬季，十月，汉武帝下诏说："南越、东瓯都已经伏罪投降；西蛮、北夷却还有很多地方不能安宁和睦；朕要去视察边境地带，亲自执掌军令，设置十二部将军，带领军队。"就启程出发，从云阳开始，经过北方的上郡、西河、五原等地，从长城继续前进，向北穿过单于台，到达朔方，邻近北河；汉武帝统率十八万骑兵，军旗挥动连起来有一千多里，以展现武备，来威胁匈奴。汉武帝派遣使者郭吉告知单于说："南越王的首级已悬挂在汉廷北面宫阙。现在单于自信还能够作战的话，我们汉朝皇上自己率兵在边疆等待；假如不敢作战的话，就以臣子礼节臣服于汉，为什么只会远离汉朝，而逃藏在沙漠北方呢? 沙漠北方气候苦寒，又没有水草，为什么这样自找苦吃呢!"郭吉话说罢，单于特别生气，立刻斩杀负责引见郭吉的人，而且留下郭吉，把他迁逐到北海边。但是匈奴也特别胆怯丧气，一直害怕出现。汉武帝回还京师，在桥山祭祀黄帝坟，在须如解除军备。汉武帝说："我听说黄帝成仙不死，现在却有坟墓，为何呢？"公孙卿说道："黄帝已经成仙登天而去，群臣想念他，所以把他的衣冠做成坟墓埋葬了。"汉武帝感叹地说："我以后成仙升天去了，群臣也应该在东陵埋葬我的衣冠吧？"就回到甘泉，祭祀太一神。

汉武帝因为卜式不熟悉文章的道理，就把他的官职降为太子太傅，任命兒宽当御史大夫。

【申涵煜评】卜式是钱房中真豪杰。观其减船算烹弘羊，卓有谏臣风。彼赋凌云之才者，垂死犹以封禅阿君意，文章何足重轻！

【译文】卜式是有钱人里的真豪杰啊。观察他减少船只的算赋、杀掉桑弘羊的提议，真是很有谏臣的风范。那些身怀凌云之才的人们，临死了还要用封禅来讨好君主，他们写的文章又有什么分量呢？

汉兵入东越境，东越素发兵距险，使徇北将军守武林。楼船将军卒钱塘辕终古斩徇北将军。故越衍侯吴阳以其邑七百人反攻越军于汉阳。越建成侯敖与繇王居股杀馀善，以其众降。上封终古为御儿侯，阳为卯石侯，居股为东成侯，敖为开陵侯；又封横海将军说为按道侯，横海校尉福为缭嫈侯，东越降将多军为无锡侯。上以闽地险阻，数反覆，终为后世患，乃诏诸将悉徙其民于江、淮之间，遂虚其地。

春，正月，上行幸缑氏，礼祭中岳太室，从官在山下闻若有言"万岁"者三。诏祠官加增太室祠，禁无伐其草木，以山下户三百为之奉邑。

上遂东巡海上，行礼祠八神。齐人之上疏言神怪、奇方者以万数，乃益发船，令言海中神山者数千人求蓬莱神人。公孙卿持节常先行，候名山，至东莱，言："夜见大人，长数丈，就之则不见，其迹甚大，类禽兽云。"群臣有言："见一老父牵狗，言'吾欲见巨公'，已忽不见。"上既见大迹，未信，及群臣又言老父，则大以为仙人也，宿留海上；与方士传车及间使求神仙，人以千数。

【译文】汉兵进入东越边塞，东越一般派遣军队在险阻的地方防守，这次派遣的是徇北将军，驻守在武林。楼船将军部下钱塘人辕终古杀害了徇北将军。之前的越衍侯吴阳以他的城邑七百人，在汉阳围攻越军。越建成侯敖和繇王居股杀死了馀善，带领他的部下投降汉朝。汉武帝把终古封为御儿侯，吴阳为卯石侯，居股为东成侯，敖为开陵侯；又封横海将军说为按道侯，横海校尉福为缭䓣侯，东越投降的将军多军为无锡侯。汉武帝因为闽地地势困阻险要，好几次叛乱，最终给后人带来灾难，就下诏将军们把百姓全都迁徙到淮、江之间，使闽地没有一个人。

春季，正月，汉武帝到缑氏巡行，以礼节祭祀中岳太室，随着祭祀的官吏在山下几次听到好像有呼叫"万岁"的声音，汉武帝下命令要祭官加祭太室祠，禁止百姓砍伐中岳太室的草木，并且封山下的三百户给予太室祠，来奉祀太室的神。

汉武帝到东方海上视察，举办典礼以祭祀八神。齐国人上书谈奇妙方术和怪异事迹的人，以万计算，汉武帝就征召更多船只，让那些说海上有神仙的共计数千人驾船去寻找蓬莱的神仙。公孙卿拿着使者符节常常先走，探查名山。到达东莱，对汉武帝说："臣在夜晚看见一个巨人，身长有几丈，接近时就看

不见，足迹特别大，和禽兽的脚印一样。"群臣也有人说："看见
一个老人牵着狗，说'我想要见当今皇上的面'，不一会儿就消
失了。"汉武帝看见巨大脚印还不太相信，之后群臣又说到老人
的事情，汉武帝就特别相信是仙人，因此留宿在海边，给予方
士们传车，又派遣几千个使者到海上寻找神仙。

资
治
通
鉴

　　夏，四月，还，至奉高，礼祠地主于梁父。乙卯，令侍中儒者
皮弁、搢绅，射牛行事，封泰山下东方，如郊祠泰一之礼。封广
丈二尺，高九尺，其下则有玉牒书，书秘。礼毕，天子独与侍中、
奉车都尉霍子侯上泰山，亦有封，其事皆禁。明日，下阴道。丙
辰，禅泰山下阯东北肃然山，如祭后土礼，天子皆亲拜见，衣上
黄，而尽用乐焉。江、淮间茅三脊为神藉，五色土益杂封。其封
禅祠，夜若有光，昼有白云出封中。天子从禅还，坐明堂，群臣
更上寿颂功德。诏曰："朕以眇身承至尊，兢兢焉惟德菲薄，不
明于礼乐，故用事八神。遭天地况施，著见景象，屑然如有闻，
震于怪物，欲止不敢，遂登封泰山，至于梁父，然后升坛肃然自
新，嘉与士大夫更始，其以十月为元封元年。行所巡至，博、奉
高、蛇丘、历城、梁父，民田租逋赋，皆贷除之，无出今年算。赐
天下民爵一级。"又以五载一巡狩，用事泰山，令诸侯各治邸泰山
下。

　　【译文】夏天，四月，汉武帝回到京师，到了奉高，在梁父用
礼节祭祀八神之一的地主。乙卯日，命令侍中和儒者戴礼帽，
把笏插在绅带，衣冠整齐，举办射牛仪式，准备举办封禅，在
泰山下东方封土为坛，以为祭祀。坛的高度有九尺，宽度有一
丈二尺，坛下备有玉牒书，书的内容特别神秘。典礼完毕之后，
汉武帝单独和奉车都尉侍中霍子侯登上泰山，再举办封祭，这

些事情都秘而不宣。隔天从山北下山。丙辰日，在泰山下的基址，靠东北的肃然山举办禅祭，就像祭祀后土的礼节一样，汉武帝都亲自祭拜，穿着黄衣，全部用乐舞。用淮、江间出产的三脊的茅草荐神，用五色的泥土做坛。晚上在祭祠附近，好像有光彩呈现，白昼时白云由封土中升起。汉武帝封禅完后回到京师，坐在明堂上，群臣轮着祝贺歌颂功德。汉武帝下诏令说："朕以微小的一身，继承最崇高的天子宝座，谨慎小心唯恐道德修养浅，不懂礼义的道理，所以才从事祭祀八神。祭祀时天地神灵赐给瑞应，有特别的景象出现，隐隐地好像有喊万岁的声音，把怪物震惊，想要停止不祭但又害怕，所以就登泰山举办封祭，又到梁父，然后在肃然山上举办禅祭。朕先要自我革新，再好好地和士大夫们重新开始，就以十月为元封元年。凡是朕视察所经过的地方如博、奉高、蛇丘、历城、梁父等地，百姓的田租赋税，都可以宽贷免除，商人也不必缴纳今年的税金。凡是输财买官的百姓爵位升高一级。"又定下五年巡狩一次，在泰山举办封禅的事情，并且命令诸侯们都在泰山下建筑邸舍备用。

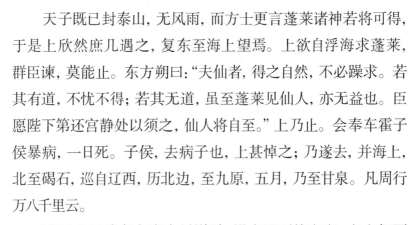

天子既已封泰山，无风雨，而方士更言蓬莱诸神若将可得，于是上欣然庶几遇之，复东至海上望焉。上欲自浮海求蓬莱，群臣谏，莫能止。东方朔曰："夫仙者，得之自然，不必躁求。若其有道，不忧不得；若其无道，虽至蓬莱见仙人，亦无益也。臣愿陛下第还宫静处以须之，仙人将自至。"上乃止。会奉车霍子侯暴病，一日死。子侯，去病子也，上甚悼之；乃遂去，并海上，北至碣石，巡自辽西，历北边，至九原，五月，乃至甘泉。凡周行万八千里云。

【译文】汉武帝在泰山封禅后，没有风雨的灾害，方士们更向汉武帝说蓬莱的神仙似乎可以见到，于是汉武帝高兴地希望真的能看见神仙，就又向东到海上看望。汉武帝想要亲自浮海寻找蓬莱诸神仙，群臣进谏他，但没有人能劝止。东方朔说："神仙是自然得到的，不用急着寻找。假如那些传说中的神仙真有仙道，不必担心求不到；但是如果没有仙道，就是到蓬莱见到仙人，也没有什么好处。臣希望陛下只要返回宫廷，静静地等待，仙人就会自己降临。"汉武帝这才打消浮海求仙的计划。正好奉车都尉霍子侯突然生病，一天之间就死了。霍子侯是霍去病的儿子。汉武帝感到很悲哀，就离开海上，沿着海边，到北边的碣石，从辽西巡行，经过北方的边境，到了九原，五月，才到达甘泉。绕行一周总共一万八千里。

先是，桑弘羊为治粟都尉，领大农，尽管天下盐铁。弘羊作平准之法，令远方各以其物如异时商贾所转贩者为赋而相灌输。置平准于京师，都受天下委输。大农诸官，尽笼天下之货物，贵即卖之，贱则买之，欲使富商大贾无所牟大利，而万物不得腾踊。至是，天子巡狩郡县，所过赏赐，用帛百馀万匹，钱金以巨万计，皆取足大农。弘羊又请令吏得入粟补官及罪人赎罪。山东漕粟益岁六百万石，一岁之中，太仓、甘泉仓满，边馀谷，诸物均输，帛五百万匹，民不益赋而天下用饶。于是弘羊赐爵左庶长，黄金再百斤焉。

是时小旱，上令官求雨。卜式言曰："县官当食租衣税而已，今弘羊令吏坐市列肆，贩物求利，烹弘羊，天乃雨。"

秋，有星孛于东井，后十馀日，有星孛于三台。望气王朔言："候独见填星出如瓜，食顷，复入。"有司皆曰："陛下建汉家封禅，天其报德星云。"

齐怀王闳薨，无子，国除。

**【译文】**起先，桑弘羊是治粟都尉，主持大农的事物，掌管全部盐铁的事情。弘羊创设平准法，让远方的百姓以当地的土产，根据最贵时商人所转卖的价钱，折算为贡赋，而由大农的均输官转运到价高的地方出售。在京师设置平准令，主持天下郡国委运到朝廷的财物。大农所属各官吏，完全掌握了天下货物，物价高时就出卖，物价低时买进，要让富商大贾无法获得利益，而各种物价也不会飞腾涨贵起来。当时汉武帝巡行各郡县，所经过各地的赏赐，用了帛五百匹，金银、钱币用万万计算，这些费用都由大农支付。弘羊又请求允许备用的官吏可以捐粮以补授实官，犯罪的人也可以捐粮抵赎所犯的罪。这样一来，山东漕运的食粮每年增加六百万石，一年之中，甘泉、太仓的谷仓都装满了，边境地带也有余粮，各种货物都经过均输，京师的存帛有五百万匹，百姓不增加赋税而天下却能够富饶。于是汉武帝赐桑弘羊爵位为左庶长，又赐他黄金百斤。

这时候发生小旱灾，汉武帝命令官吏求雨。卜式进言说："县官应该以租税为衣食的财源，现今桑弘羊命令官吏坐在市场上，贩卖货物以求财力，把弘羊杀死，天就会下雨。"

秋季，有彗星出现在东井，十几天后，又有彗星出现在三台。望气官王朔说："观看结果只看到土星出现好像瓜子那么大，一会儿就消失。"有关官员都说："陛下建立汉家的封禅体制，上天以德星报答陛下。"

齐怀王刘闳去世，没有儿子，封国废除。

# 资治通鉴卷第二十一  汉纪十三

起玄黓涒滩，尽玄黓敦牂，凡十一年。

【译文】起壬申（公元前 109 年），止壬午（公元公元前 99 年），共十一年。

【题解】本卷记录了汉武帝元封二年至天汉二年共十一年间的历史。主要记录了汉与匈奴之间时和时战，特别记录了苏武出使匈奴被扣，坚贞不降；赵破奴伐匈奴全军覆没，被俘投降；李广利在天山与匈奴交战，先胜后败；李陵率步兵五千北伐匈奴，兵败投降。记录了汉王朝讨伐朝鲜，设立四郡；记录了李广利两次讨伐大宛，损兵折将，耗费抢粮，迫使大宛签订城下之盟。此外还记录了汉武帝迷信淫祀、大兴土木，任用酷吏，设立十三州刺史，以致官逼民反，官吏蒙混，粉饰太平等等。

## 世宗孝武皇帝

**元封二年**（壬申，公元前一〇九年）冬，十月，上行幸雍，祠五畤。还，祝祠泰一，以拜德星。

春，正月，公孙卿言："见神人东莱山，若云欲见天子。"天子于是幸缑氏城，拜卿为中大夫，遂至东莱，宿留之，数日，无所见，见大人迹云。复遣方士求神怪，采芝药，以千数。时岁旱，天子既出无名，乃祷万里沙。夏，四月，还，过祠泰山。

【译文】(壬申，公元前109年)冬季，十月，汉武帝到雍去祭祀五帝祠；归来时，又祭祀了泰一神，并且献上祝祷文，祈求福祥，还祭拜了德星。

春季，正月，公孙卿说道："我在东莱山，看到了神仙，好像说是想见天子。"汉武帝于是亲自到缑氏城去，拜公孙卿为中大夫，然后到了东莱，小住了几天，但是并没看见什么，只看见了巨人的足迹而已。于是又派遣好几千名方士四处去拜求神仙，并且收集灵芝药草。当时正逢大旱，汉武帝既出而无功，便去祭祀在东莱曲成县的万里沙祠。夏季，四月，在返回途中，又祭拜了泰山。

【康熙御批】汉武帝信李少君之说，遂遣方士入海求安期生之属，化丹砂诸药，以冀成金，惑巳甚矣。至少君既死，犹以为化去，何其迷而不悟耶？

【译文】汉武帝相信李少君的话，于是派遣方士入海寻找安期生之类，炼丹砂等药，以冀黄金，迷惑已经很深了。直道李少君死了，还认为他是化去，为何这般执迷不悟呢？

初，河决瓠子，后二十馀岁不复塞，梁、楚之地尤被其害。是岁，上使汲仁、郭昌二卿发卒数万人塞瓠子河决。天子自泰山还，自临决河，沈白马、玉璧于河，令群臣、从官自将军以下皆负薪，卒填决河。筑宫其上，名曰宣防宫。导河北行二渠，复禹旧迹，而梁、楚之地复宁，无水灾。

【译文】先前，黄河在瓠子堤上曾经决了口，之后经过了二十多年都没去堵塞它，于是年成经常不好，楚、梁地方受害特别严重。这一年，汉武帝知晓了，便派遣汲仁和郭昌两名官员，调动几万士兵，去填塞瓠子堤的黄河决口。汉武帝到达泰山祭祀过后，归来时，还亲自到黄河决口，沉下白马和玉璧到河中去祭河伯，并且命令群臣和所有随从人员，从将军以下，都要背负柴薪去堵塞决口，最后终于把瓠子堤上的黄河决口填堵起来了。于是就在上面建筑了一座宫室，名叫宣防宫。又疏导黄河北行的二条水道，如夏禹治水时的情况一样。楚、梁等地才又恢复安宁，而不再闹水灾。

【乾隆御批】瓠子之决已逾二十年，始则蔽于田蚡而委之天事。既则惑于五利而俟之神仙，至此始亲临督塞，然梁、楚之被害斯已久矣。

【译文】瓠子决口已经超过二十年了。开始是田蚡将它推诿给天命，然后又受了五利的蛊惑等待神仙治理，到现在才亲临瓠子指挥堵塞，可是梁、楚地区百姓受此害已经太久了。

上还长安。

初令越巫祠上帝、百鬼，而用鸡卜。

公孙卿言仙人好楼居，于是，上令长安作蜚廉、桂观，甘泉作益寿、延寿观，使卿持节设具而候神人。又作通天茎台，置祠具其下。更置甘泉前殿，益广诸宫室。

初，全燕之世，尝略属真番、朝鲜，为置吏，筑障塞。秦灭燕，属辽东外徼。汉兴，为其远难守，复修辽东故塞，至浿水为界，属燕。燕王卢绾反，入匈奴。燕人卫满亡命，聚党千馀人，椎髻、蛮夷服而东走出塞，渡浿水，居秦故空地上下障，稍役属真番、朝鲜蛮夷及燕亡命者王之，都王险。会孝惠、高后时，天下初定，辽东太守即约满为外臣，保塞外蛮夷，无使盗边；诸蛮夷君欲入见天子，勿得禁止。以故满得以兵威财物侵降其旁小邑，真番、临屯皆来服属，方数千里。传子至孙右渠，所诱汉亡人滋多，又未尝入见，辰国欲上书见天子，又雍阏不通。是岁，汉使涉何诱谕，右渠终不肯奉诏。何去至界上，临浿水，使御刺杀送何者朝鲜裨王长，即渡，驰入塞，遂归报天子曰："杀朝鲜将。"上为其名美，即不诘，拜何为辽东东部都尉。朝鲜怨何，发兵袭攻杀何。

**【译文】**汉武帝回到长安。

始令越巫拜祭各种鬼神和上帝，而且用鸡骨来占卜事情的凶吉祸福。

公孙卿说："神仙喜爱住在高楼上。"于是汉武帝就命令在长安兴建桂观、蜚廉二观，在甘泉兴建延寿、益寿二观，派遣公孙卿带着汉武帝给他的信符，并且摆设了迎神的器物，来等候神仙。又在甘泉兴建通天茎台，台下备有祭祀用的各种礼器。更在甘泉宫加修前殿，广建宫室。

起先，在战国时代燕国全盛的时候，曾经据有朝鲜、真番，并且在那儿派置了官吏，修筑了城寨，来管辖他们。秦消灭了燕后，这些都属于辽东郡的边外地区。汉朝兴起以后，因为嫌这些地方离朝廷很远，不好防守，便又修筑了辽东郡原有的边塞，一直到浿水为界，而将该地划属燕王。后来燕王卢绾造反失败，逃入匈奴。燕人卫满也逃亡在外，聚集了一千多个党徒，头发都向后梳成一个锥形的髻，像蛮夷人的样子，也都改穿了蛮夷人的衣服，向东逃出了边塞，渡过浿水，在一个秦时用来伺敌而现在已空无人在的障塞上，住了下来。慢慢地，他已经能指挥真番、朝鲜蛮夷和从燕国逃亡到这里来的人，使他们臣服，统治着他们，于是便自立为王，定都王险。恰好在孝惠帝和高后时，天下刚刚安定，辽东太守就约卫满当汉朝的外臣，负责约束塞外的蛮夷，不让他们到边界来偷盗骚扰；所有的蛮夷君长，假如要觐见汉天子，则不加禁止。所以，卫满得以在这个时候，利用他的兵威和财物，去侵略周围的小国，逼使他们降服，像真番、临屯就都来归顺他，使得地方扩充到有方圆几千里大。后来卫满把王位传给了他的儿子，又传到了他的孙子右渠，这时候，从汉朝引诱来的逃亡的人，比以前更多了，而且他却未去觐见过汉天子。辰国虽然曾想上书请求入见汉天子，又被阻挡了。这一年，汉朝派遣使臣涉何去劝谕右渠，右渠却始终不肯接受汉朝的诏谕，于是涉何便离开了右渠，准备回国。到了边界的时候，在浿水上，他派遣了替他驾驭车马的随从，去刺杀送行的朝鲜裨王长，然后立刻渡浿水，奔驰入关塞，于是回去报告汉武帝说："我已杀死了朝鲜的将领。"汉武帝嘉奖了他刺杀朝鲜将领的功劳，也就不责备他不能完成使命，还任命他为辽东郡东部都尉。朝鲜因怨恨涉何，就派兵来攻击，杀了涉何。

六月，甘泉房中产芝九茎，上为之赦天下。

上以旱为忧，公孙卿曰："黄帝时，封则天旱，乾封三年。"上乃下诏曰："天旱，意乾封乎！"

秋，作明堂于汶上。

上募天下死罪为兵，遣楼船将军杨仆从齐浮渤海，左将军荀彘出辽东，以讨朝鲜。

初，上使王然于以越破及诛南夷兵威风喻滇王入朝。滇王者，其众数万人，其旁东北有劳深、靡莫，皆同姓相杖，未肯听。劳深、靡莫数侵犯使者吏卒。于是上遣将军郭昌、中郎将卫广发巴、蜀兵击灭劳深、靡莫，以兵临滇。滇王举国降，请置吏入朝，于是以为益州郡，赐滇王王印，复长其民。

【译文】六月，甘泉殿内的斋房中，长了九茎连叶的灵芝草，汉武帝因此颁下诏令，赦免天下。

汉武帝因为天旱而担心，公孙卿说："黄帝封祀时，也曾遭到大旱，封土干了三年。"汉武帝就下诏书说："天降旱灾，想要晒干我所封的土地吗!"

秋季，在汶水上修立明堂。

汉武帝招募天下死囚入伍从军，派遣楼船将军杨仆率军从齐渡过渤海，左将荀彘从辽东郡出兵，去讨伐朝鲜。

起初，汉武帝曾经派遣王然于用击破南越和诛平南夷的兵威，去劝晓滇王入朝称臣。滇王有部众数万人，他的东北边又有劳深、靡莫这两个西南夷的小国，都和他同姓而且互相依倚为援，所以不肯朝汉。劳深和靡莫还经常侵犯吏卒和汉朝的使者。于是汉武帝就派遣将军郭昌和中郎将卫广，调发巴、蜀的军队，去消灭劳深和靡莫，而挥兵逼临滇国。滇王举国来降，并且请置派官吏，而且能入朝称臣。于是就改滇为益州郡，颁赐滇王王印，使他依旧统治滇民。

是时，汉灭两越，平西南夷，置初郡十七，且以其故俗治，毋赋税。南阳、汉中以往郡，各以地比，给初郡吏卒奉食、币物、传车、马被具。而初郡时时小反，杀吏，汉发南方吏卒往诛之，间岁万馀人，费皆仰给大农。大农以均输、调盐铁助赋，故能赡之。然兵所过，县为以訾给毋乏而已，不也言擅赋法矣。

是岁，以御史中丞南阳杜周为廷尉。周外宽，内深次骨，其治大放张汤。时诏狱益多，二千石系者，新故相因，不减百馀人；

廷尉一岁至千馀章，章大者连逮证案数百，小者数十人，远者数千，近者数百里会狱。廷尉及中都官诏狱至六七万人，吏所增加，十万馀人。

**【译文】**这时，汉已经消灭两越，平定了西南夷，设置了十七个新郡，并且因循当地原有的习俗来治理他们，免除他们的赋税。从南阳、汉中以南旧有的各郡，各根据地方远近，供给新郡官吏士卒所需的财物、粮食、邮传车以及马的配件用具等物。而那些新郡，却常有局部的反叛，杀害官吏，汉朝就调派南方的吏卒去诛讨他们，一两年内，动用了一万多人，所需的费用，都依赖大农的供应。大农因为借着均输法，利用盐铁的收入，来补充税收的不足，所以能充分供给。但是军队所经过的各县，就只能是提供所需，不使匮乏而已，不敢行擅赋法。

这一年，任用御史中丞南阳人杜周为廷尉。杜周表面看起来很宽厚，内心却很严厉，用法深刻至骨。他的做法大抵依仿张汤。当时，封诏审理的案件更多起来，俸禄达二千石的大官员，被拘禁在诏狱中的，前后加起来不少于一百人。一年之中，送到廷尉去办理的案子，多达一千多件。案情重大，因此被牵连到案的，有几百人，京师各官府所审问的，则多到六七万人，由于属吏的深文牵附，所累及的更增加到十万多人。

**三年**（癸酉，公元前一〇八年）冬，十二月，雷；雨雹，大如马头。

上遣将军赵破奴击车师。破奴与轻骑七百馀先至，虏楼兰王，遂破车师，因举兵威以困乌孙、大宛之属。春，正月，甲申，封破奴为浞野侯。王恢佐破奴击楼兰，封恢为浩侯。于是酒泉列亭障至玉门矣。

初作角抵戏、鱼龙曼延之属。

汉兵入朝鲜境，朝鲜王右渠发兵距险。楼船将军将齐兵七千人先至王险。右渠城守，窥知楼船军少，即出城击楼船；楼船军败散，遁山中十馀日，稍求退散卒，复聚。左将军击朝鲜浿水西军，未能破。天子为两将未有利，乃使卫山因兵威往谕右渠。右渠见使者，顿首谢："愿降，恐两将诈杀臣，今见信节，请复降。"遣太子入谢，献马五千匹，及馈军粮；人众万馀，持兵方渡浿水。使者及左将军疑其为变，谓太子："已服降，宜令人毋持兵。"太子亦疑使者、左将军诈杀之，遂不渡浿水，复引归。山还报天子，天子诛山。

【译文】三年（癸酉，公元前108年）冬季，十二月，打雷；下的冰雹大如马头。

汉武帝派遣将军赵破奴攻击车师。破奴带领七百多骑兵先行，俘虏了楼兰王，于是击破了车师，又乘着战胜的军威围困乌孙、大宛这些小国家。春季，正月，甲申日，把赵破奴封为浞野侯。王恢因为帮助赵破奴攻击楼兰国有功劳，也把他封为浩侯。于是从酒泉以西，都置亭筑城，布列了障碍，一直延伸到敦煌郡的玉门关。

始作鱼龙曼延和角抵戏等戏术。

汉兵进入朝鲜境内，朝鲜王右渠派兵占据了险峻的地方来抵抗。楼船将军带领齐兵七千人先到王险。右渠在城上防守，探知楼船的兵力很少，就带兵出城去攻打楼船。楼船的军队打败了，四处逃窜，在山中躲藏了十多天，好些走散的士兵才逐渐被收编起来，于是又集结在一起了。左将军率军攻击朝鲜浿水西边的军队，可是都不能击破它。汉武帝因为两位将军不能在战场上得利，就派卫山凭借着军队的威势去诏谕右渠。右渠见到了汉朝的使者，便叩头请罪说："我是愿意投降的，只是因为害怕被两位将军所诈骗，而且横遭杀害；现在看到汉天子的信符，就请接受我的投降吧。"右渠于是派了太子到汉廷去谢罪，并且献出了五千匹马，还馈赠了军粮。当朝鲜太子领着一万多部众，携带着兵器，正要渡过浿水时，左将军和汉使者因为怀疑他们会叛乱，就对朝鲜王的太子说："既然已经投降了，就应该命令你的随从人员不要携带武器。"太子也怀疑使者和左将军会用计谋杀害他们，就不肯渡过浿水，又带领着他的部队回去了。卫山回到朝里向汉武帝禀告了这件事情，汉武帝便诛杀了卫山。

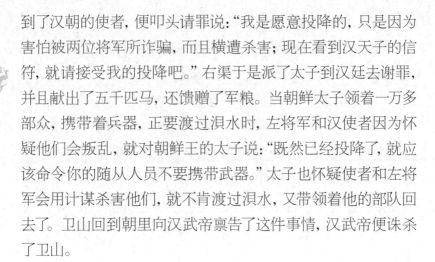

左将军破浿水上军，乃前至城下，围其西北，楼船亦往会，居城南。右渠遂坚守城，数月未能下。左将军所将燕、代卒多劲悍，楼船将齐卒已尝败亡困辱，卒皆恐，将心惭，共围右渠，常持和节。左将军急击之。朝鲜大臣乃阴间使人私约降楼船，往来言尚未肯决。左将军数与楼船期战，楼船欲就其约，不会。左将军亦使人求间隙降下朝鲜，朝鲜不肯，心附楼船，以故两将不相能。左将军心意楼船前有失军罪，今与朝鲜私善，而又不降，疑其有反计，未敢发。

天子以两将围城乖异，兵久不决，使济南太守公孙遂往正之，有便宜得以从事。遂至，左将军曰："朝鲜当下，久之不下者，楼船数期不会。"具以素所意告，曰："今如此不取，恐为大害。"遂亦以为然，乃以节召楼船将军入左将军营计事，即命左将军麾下执楼船将军，并其军。以报天子，天子诛遂。

【译文】左将军攻破了浿水上的敌军，就向前推进，直到城下，包围了城的西北方。楼船将军也前去会师，屯驻在城的南方。右渠于是固守着城池，相持了好几个月，城都不能攻下。左将军所带领的燕、代两地的士兵多半都很强悍，而楼船将军所带领的齐兵，因为已经尝过战败、受困、忍辱、逃亡的滋味，所以兵众都很胆怯害怕，将领也心怀羞愧而沮丧不振，当他包围右渠的时候，身边就经常携带着议和用的信符。左将军则极力地在进攻。朝鲜的大臣们就秘密地派遣使者，利用机会，私与楼船约降。正在来回商量，尚未做成决定的时候，左将军便一再和楼船将军约期，要共同会战朝鲜，楼船将军因为想达成朝鲜的约降，就不派兵去和左将军会合。左将军也派人利用机会去招降朝鲜，朝鲜不答应，心中只想要归附楼船将军，因此，汉朝的两位将军间就不能相亲睦。左将军心里想，楼船前次作战，有丧败的过失，现在竟和朝鲜暗中通好，而朝鲜又迟迟不肯降，因此怀疑楼船将军有叛乱的阴谋，只是时机不到，还不敢行动而已。

汉武帝以两位将军包围敌人的城邑，却彼此相乖违而不能团结一致，使得战争持久不绝，便派济南太守公孙遂前去纠正，并且使他可以就时势的有利发展，相机行事，做全权处理。公孙遂一到达，左将军便说："朝鲜早就应当被攻下，持久而攻不下的缘由，是多次约请楼船将军共同作战，他都不来。"同时把他一向所怀疑的事情，都一一向公孙遂做了报告，并且说："现在到了这种情形，如还不逮捕他，恐怕会变成大祸害。"公孙遂也觉得很对，就用汉武帝所颁下的符节，去征召楼船将军到左将军的军营商议大事，同时命令左将军的部下当场逮捕楼船将军，兼并了楼船的部队；随后向汉武帝禀告。汉武帝认为这样做是不对的，就杀了公孙遂。

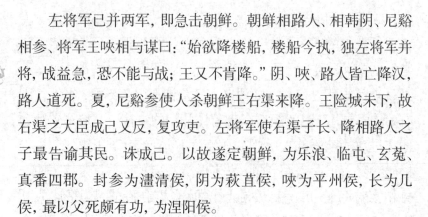

左将军已并两军，即急击朝鲜。朝鲜相路人、相韩阴、尼谿相参、将军王唊相与谋曰："始欲降楼船，楼船今执，独左将军并将，战益急，恐不能与战；王又不肯降。"阴、唊、路人皆亡降汉，路人道死。夏，尼谿参使人杀朝鲜王右渠来降。王险城未下，故右渠之大臣成己又反，复攻吏。左将军使右渠子长、降相路人之子最告谕其民。诛成己。以故遂定朝鲜，为乐浪、临屯、玄菟、真番四郡。封参为澅清侯，阴为荻苴侯，唊为平州侯，长为几侯，最以父死颇有功，为涅阳侯。

左将军征至，坐争功相嫉乖计，弃市。楼船将军亦坐兵至列口，当待左将军，擅先纵，失亡多，当诛，赎为庶人。

【译文】左将军兼并两军之后，就急迫地进击朝鲜。朝鲜相路人、相韩阴、尼谿相参及将军王唊四人，共同计议说："原来我们要向楼船投降，楼船现今被捕，现在两路兵马都由左将军一个人带领，对我们的进攻比以前更加急切，我们恐怕抵挡不了，而国王又不肯投降。"于是韩阴、王唊、路人便都逃跑向汉军投降，路人死在路上。夏季，尼谿相参派人刺杀朝鲜王右渠，然后奔来投降。由于王险城还没有被攻下，所以右渠的大臣成己又起来反叛，再度攻杀官吏。左将军就派遣右渠的儿子长和想奔来投降而死在路上的路人的儿子最，去告知他们的人民，诛杀了成己。这样，终于平定了朝鲜，把它划分为乐浪、临屯、玄菟、真番四个郡。封参为澅清侯，阴为荻苴侯，唊为平州侯，长为几侯，最因为父亲首先起义来投降，不幸死了，父子都建有特别大的功劳，所以被封为涅阳侯。

左将军被征召归来以后，因为犯了作战时互相猜忌、争夺功劳、计虑乖违的过失，被杀。楼船将军也犯了当他兵到列口时，本应当等待左将军会合后，才能够有所行动，却擅自先行纵

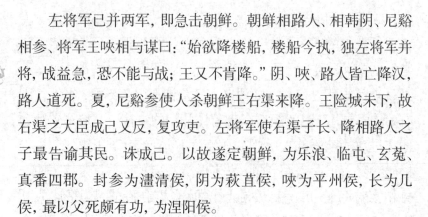

兵与朝鲜交战，以致伤亡了很多兵士的过失，本应该诛杀，结果是功过相抵，贬为平民。

◆班固曰：玄菟、乐浪，本箕子所封。昔箕子居朝鲜，教其民以礼义，田蚕织作，为民设禁八条，相杀，以当时偿杀；相伤，以谷偿；相盗者，男没入为其家奴，女为婢；欲自赎者人五十万，虽免为民，俗犹羞之，嫁娶无所售。是以其民终不相盗，无门户之闭，妇人贞信不淫辟。其田野饮食以笾豆，都邑颇放效吏，往往以杯器食。郡初取吏于辽东，吏见民无闭藏，及贾人往者，夜则为盗，俗稍益薄，今于犯禁浸多，至六十馀条。可贵哉，仁贤之化也！然东夷天性柔顺，异于三方之外。故孔子悼道不行，设浮桴于海，欲居九夷，有以也夫！◆

秋，七月，胶西于王端薨。

武都氐反，分徙酒泉。

【译文】◆班固说：玄菟郡、乐浪郡本来为箕子的封地。当箕子住在朝鲜的时候，曾拿礼义来教诲朝鲜的人民，并且教他们耕桑纺织，还替朝鲜的民众立下八条禁令：杀人的，立刻偿命；伤人的，要用谷禄去赔偿损失；盗人财物的，假如是男子，就没入为家奴，假如是女子，就没入为婢女；想要自以钱财赎回他的自由之身的，每人要出五十万，但是虽然因此能够免沦为奴婢，世俗却还是会蔑视他的为人，无人敢和他谈论婚嫁。所以当地的民众，始终没有敢去盗人财物的，也不必关闭门户，妇人也都很诚信，一点也不淫放邪僻。朝鲜农民，利用竹编的笾和木质的豆，作为饮食的器具；城里的人，则学着官吏的样子日常利用杯形的器皿来饮食。郡里的官吏，刚从辽东郡派来的时候，看到这里的民风很淳朴，门户财货都不必闭藏。等到一些商贾来了以后，夜里就有了盗贼，习俗才慢慢浇薄起来。现今触犯法禁的越来越多，禁令已达到六十多条了。想起当初箕子能以仁德贤惠来教化人民，真是太可贵了！当然朝鲜人民的性格柔顺，也不同于南蛮、西戎、北狄三方的民族。所以孔子伤悼仁道的不得施行，想要乘桴筏住在东夷，实在是有原因的啊！◆

秋季，七月，胶西于王刘端去世。

武都的氐民叛乱，分徙到酒泉去。

**四年**（甲戌，公元前一〇七年）冬，十月，上行幸雍，祠五畤。通回中道，遂北出萧关。历独鹿、鸣泽，自代而还，幸河东。春，三月，祠后土，赦汾阴、夏阳、中都死罪以下。

夏，大旱。

匈奴自卫、霍度幕以来，希复为寇，远徙北方，休养士马，习射猎，数使使于汉，好辞甘言求请和亲。汉使北地人王乌等窥匈奴，乌从其俗，去节入穹庐，单于爱之，佯许甘言，为遣其太子入汉为质。汉使杨信于匈奴，信不肯从其俗，单于曰："故约汉尝遣翁主，给缯絮食物有品，以和亲，而匈奴亦不扰边。今乃欲反古，令吾太子为质，无几矣。"信既归，汉又使王乌往，而单于复诒以甘言，欲多得汉财物，绐谓王乌曰："吾欲入汉见天子，面相约为兄弟。"王乌归报汉，汉为单于筑邸于长安。匈奴曰："非得汉贵人使，吾不与诚语。"匈奴使其贵人至汉，病，汉予药，欲愈之，不幸而死。汉使路充国佩二千石印绶往使，因送其丧，厚葬直数千金，曰："此汉贵人也。"单于以为汉杀吾贵使者，乃留路充国不归。诸所言者，单于特空绐王乌，殊无意入汉及遣太子。于是匈奴数使奇兵侵犯汉边。乃拜郭昌为拔胡将军，及浞野侯屯朔方以东，备胡。

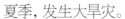四年(甲戌，公元前107年)冬季，十月，汉武帝到雍去祭祀五帝祠。通过了回中，向北出了萧关，经过独鹿、鸣泽，从代回来，又行幸河东。春季，三月，祭祀后土，赦免了汾阴、夏阳、中都死罪以下的囚犯。

夏季，发生大旱灾。

匈奴自从霍去病、卫青直捣沙漠以来，一直希望能再有机会重来掠夺汉朝边塞，于是便远迁到北方，休养士兵马匹，练习打猎骑射，经常派遣使者到汉庭来，用甘美的言辞，要求和亲。汉廷派了北地人王乌等去窥伺匈奴的虚实动静。王乌随着匈奴的习俗，舍去符节，进入毡帐见单于，单于很喜欢他，就编说了一些甜言蜜语，假装答应要让他的太子到汉朝去当人质。汉朝还派遣了杨信到匈奴去，杨信却不肯遵从匈奴的习俗，于是单于说："按照原有的盟约，汉朝曾经派遣公主来，而且提供缯絮等丝织品和食物，前来和亲，匈奴也因此不去侵掠汉朝的边境。现今却要违反以前的约定，要命令我的太子去当人质，这是不可能的事情。"杨信回去以后，汉朝又派王乌前去，匈奴单于便又拿甘美的话来献媚他，想要多得一些汉朝的财物，于是就欺骗王乌说："我想要到汉廷去见见汉天子，跟他结为兄弟。"王乌归去禀告了汉武帝。汉朝因此为单于在长安建造了一座官邸。匈奴说："要不是派遣汉朝的贵人当使者前来，我是不会和他诚心诚意交谈的。"匈奴派遣他的贵人出使到汉朝，生病了，汉朝送药物给他服用，想要治好他的病，却不幸死了。汉朝便派遣路充国佩戴着二千石官员的印绶出使匈奴，以护送这位匈奴贵人的丧仪，并且赠送了价值几千金的优厚赙礼，还说："这是汉朝的贵人。"单于觉得汉朝杀害了匈奴尊贵的使者，就扣留了路充国，不让他回去。单于所说的那些话，只是白白地诈骗王乌，一点也没有要入见汉天子及派遣太子去当人质的意思。于是匈奴便经常派骑兵去侵犯汉朝的边境。汉朝就任命郭昌为拔胡将军，和浞野侯屯驻在朔方郡东，以防胡人。

五年（乙亥，公元前一〇六年）冬，上南巡狩，至于盛唐，望祀虞舜于九疑。登灊天柱山，自寻阳浮江，亲射蛟江中，获之。舳舻千里，薄枞阳而出，遂北至琅邪，并海，所过礼祠其名山大川。春，三月，还至太山，增封。甲子，始祀上帝于明堂，配以高祖。因朝诸侯王、列侯，受郡、国计。夏，四月，赦天下，所幸县毋出今年租赋。还，幸甘泉，郊泰畤。

长平烈侯卫青薨。起冢，象庐山。

上既攘却胡、越，开地斥境，乃置交趾、朔方之州，及冀、幽、并、兖、徐、青、扬、荆、豫、益、凉等州，凡十三部，皆置刺史焉。

上以名臣文武欲尽，乃下诏曰："盖有非常之功，必待非常之人。故马或奔踶而致千里，士或有负俗之累而立功名。夫泛驾之马，跅弛之士，亦在御之而已。其令州、郡察吏、民有茂才、异等可为将、相及使绝国者。"

【译文】五年（乙亥，公元前106年）冬季，汉武帝视察南方，到了盛唐，遥祭了在九疑山的虞舜。登上灊县的天柱山，从寻阳过江，亲自在长江中射杀蛟龙，捕获了它。汉武帝的船队前后相接，千里不绝。到了枞阳，就往北到琅邪，沿着海岸走，所经过的地方，都依礼祭祀那些名山大川。春季，三月，回到太山，又行封祭。甲子日，开始在明堂祭祀上帝，以高祖神位配用；同时，就在那里接见诸侯王、列侯，并且接受郡国所呈上的租税钱粮等簿籍。夏季，四月，赦免天下，所经过的县，都不要它们缴纳今年的租赋。回来后，又到甘泉去祭祀泰畤。

长平烈侯卫青去世。为他建起了一个墓地，样子像匈奴国中的庐山。

汉武帝斥退了胡、越，开拓了地境，于是设置交趾、朔方两州，连冀、幽、并、兖、徐、青、扬、荆、豫、益、凉等州，总共十三部，都派置刺史去管理这些地方。

汉武帝因为感觉到一些文武名臣快要竭尽，就下诏说："要建立那超乎寻常的功业，必须要有异于寻常的人才。因此一匹马虽然凶暴不能驯服，但奔驰而能跑千里，一个士民，或因有被世所讥论的牵累，而能立功名。一匹因为有逸气而会翻车的马和一个卓异不俗而放废不遵法度的人，都在于要能善加统驭而已。因此特命各州、郡，要将吏、民之中，有才能俊秀、超群出众者，可任为相、将及出使到绝远的国家，为国辛劳的人，察举出来。"

**六年**（丙子，公元前一〇五年）冬，上行幸回中。

春，作首山宫。

三月，行幸河东，祠后土，赦汾阴殊死以下。

汉既通西南夷，开五郡，欲地接以前通大夏，岁遣使十馀辈出此初郡，皆闭昆明，为所杀，夺币物。于是天子赦京师亡命，令从军，遣拔胡将军郭昌将以击之，斩首数十万。后复遣使，竟不得通。

【译文】六年（丙子，公元前 105 年）冬季，汉武帝视察到回中。

春季，在首山下建造了一座首山宫。

三月，视察到了河东，祭祀后土，赦免了汾阴判斩首之刑以下的囚犯。

汉朝已经打通了西南夷，设立了五个郡，为了使这些地界都能相连接，直通到大夏去，于是每年派遣了十几批的使臣，经过这些新郡。但是都在昆明被拦阻，使者被杀了，连财物也都被抢夺。因此汉武帝就赦免了京师里那些罪犯，让他们从军，派遣拔胡将军郭昌统率他们去攻击昆明，砍杀了数十万首级。以后又派遣使者前往，结果还是不能打通到大夏去的路。

秋，大旱，蝗。

乌孙使者见汉广大，归报其国，其国乃益重汉。匈奴闻乌孙与汉通，怒，欲击之；又其旁大宛、月氏之属皆事汉；乌孙于是恐，使使愿得尚汉公主，为昆弟。天子与群臣议，许之。乌孙以千匹马聘汉女。汉以江都王建女细君为公主，往妻乌孙，赠送甚盛；乌孙王昆莫以为右夫人。匈奴亦遣女妻昆莫，以为左夫人。公主自治宫室居，岁时一再与昆莫会，置酒饮食。昆莫年老，言语不通，公主悲愁思归，天子而怜之，间岁遣使者以帷帐锦绣给遗焉。昆莫曰："我老，"欲使其孙岑娶尚公主。公主不听，上书言状。天子报曰："从其国俗，欲与乌孙共灭胡。"岑娶遂妻公主。昆莫死，岑娶代立，为昆弥。

**【译文】**秋季，发生了大旱灾和蝗虫灾害。

乌孙国的使臣到了汉朝，看见了汉朝的地广物博，回去之后就向他的国君做了报告。乌孙国因此更加重视汉朝。匈奴听说汉朝和乌孙有交往，很气愤，想要去攻打乌孙；这时，在乌孙西南的月氏、大宛那些国家，也都朝奉汉朝了；乌孙于是很害怕，便派遣了使者到汉朝去，希望能娶到汉朝的公主，和汉朝结为兄弟。汉武帝和群臣商量了以后，答应了乌孙的要求。乌孙用一千匹马作为聘礼来聘娶汉女，汉朝以宗室江都王刘建的女儿细君为公主，嫁给了乌孙王，所赠送的礼物特别丰富；乌孙王昆莫封细君为右夫人。匈奴也选派了一名女子嫁给昆莫，封为左夫人。公主在乌孙是自己治理宫室而居住，岁时则屡次与昆莫相会，置酒饮食。因为昆莫年纪大了，言语有所不通，公主常常觉得很忧愁，想要回到汉朝去，汉武帝听到公主的处境，很同情她，每隔一年，就派遣使者带一些锦绣和帷帐去送给她。昆莫说："我年纪大了。"因此要他的孙子岑聚娶公主。公主不愿意，上书给汉武帝禀告了这些情形。汉武帝回信给公主说："就顺从乌孙的民俗吧！因为我们的目的是想联系乌孙国一起消灭匈奴人啊！"所以岑娶就娶了公主为妻子。昆莫去世，岑娶继位为乌孙王，王号为昆弥。

是时，汉使西逾葱岭，抵安息。安息发使，以大鸟卵及黎轩善眩人献于汉，及诸小国驩潜、大益、车师、扜罙、苏薤之属，皆随汉使献见天子，天子大悦。西国使更来更去，天子每巡狩海上，悉从外国客，大都、多人则过之，散财帛以赏赐，厚具以饶给之，以览示汉富厚焉。大角抵，出奇戏、诸怪物，多聚观者。行赏赐，酒池肉林，令外国客遍观各仓库府藏之积，见汉之广大，倾骇之。大宛左右多蒲萄，可以为酒；多苜蓿，天马嗜之；汉使采其实以来，天子种之于离宫别观旁，极望。然西域以近匈奴，常畏匈奴使，待之过于汉使焉。

是岁，匈奴乌维单于死，子乌师庐立，年少，号"儿单于"。自此之后，单于益西北徙，左方兵直云中，右方直酒泉、燉煌郡。

【译文】这时候，汉朝的使者向西越过了葱岭，到达安息国。

安息王也派遣使者，准备好黎轩国善变魔术的艺人和鸵鸟蛋献给汉朝，连同其他一些小国欢潜、大益、车师、扜罙、苏薤等，都随着汉使去朝贡汉武帝，汉武帝特别高兴。西方这些国家的使者，来来往往，络绎不绝，汉武帝每到沿海视察，都让外国宾客跟从着，大抵都经由人多的地方去，然后散发币帛赏赐他们，准备丰富的物品来厚待他们，借此夸示汉朝的富有丰厚。还比赛角力，出示各种变异不常见的东西和演出一些特别的戏剧，让都邑人都来观赏。又一一地赏赐他们，布置酒池肉林，让外国宾客到四处去参观每一个仓库所储藏的财物，来显示汉朝的充实伟大，使他们倾慕惊骇。大宛国附近生产葡萄，可以酿酒，也盛产苜蓿草，天马最喜爱吃它；汉朝使者便采了种子回来，汉武帝把它种在离宫别观的旁边，一望无际。可是因为西域各国在地理上特别接近匈奴，对匈奴派遣的使者常有恐惧感，所以对待匈奴使臣的礼仪，超过了给汉使者的礼物。

这一年，匈奴的乌维单于去世了，他的儿子乌师庐继位，因为年龄还小，就称作"儿单于"。从此以后，单于便更向西北迁移，左方的军队驻守到云中郡，右方的军队驻守在敦煌郡、酒泉郡。

**太初元年**(丁丑，公元前一〇四年)冬，十月，上行幸泰山。十一月，甲子朔旦，冬至，祠上帝于明堂。东至海上，考入海及方士求神者莫验；然益遣，冀遇之。

乙酉，柏梁台灾。

十二月，甲午朔，上亲禅高里，祠后土，临勃海，将以望祀蓬莱之属，冀至殊廷焉。春，上还，以柏梁灾，故朝诸侯，受计于甘泉。甘泉作诸侯邸。

越人勇之曰："越俗，有火灾复起屋，必以大，用胜服之。"于是作建章宫，度为千门万户。其东则凤阙，高二十馀丈；其西则唐中，数十里虎圈；其北治大池，渐台高二十馀丈，命曰太液池，中有蓬莱、方丈、瀛洲、壶梁，象海中神山、龟鱼之属；其南有玉堂、璧门、大鸟之属。立神明台、井干楼，度五十丈，辇道相属焉。

【译文】太初元年（丁丑，公元前104年）冬季，十月，汉武帝视察到了泰山，十一月，甲子朔日，冬至，在名堂祭祀上帝。向东到达海滨，考察到海上去访求神仙的人和那些方士追求神迹的情景，虽然没什么效验，都没见到什么；反而派遣了更多的人去访求，期望能碰到神仙。

乙酉日，柏梁台发生火灾。

十二月，甲午朔日，汉武帝亲自到高里山祭祀，祭拜了后土之后，到达渤海，想要接着向蓬莱仙岛遥遥祭祀，期望能因此到得了蓬莱仙庭。春季，汉武帝回来后，因为柏梁台发生了火灾，所以就接见了诸侯，在甘泉接受国、郡所呈上来的租税钱粮等会计簿记，并且在甘泉建造了诸侯官邸。

越国人勇之说："依照越国的习俗，遭受火灾之后再起造新屋，一定要比旧房子高大些，以大胜小来压制他。"于是建造了建章宫，设计了千门万户。东面为凤阙，高二十多丈；西面是唐中，周围有几十里的虎圈；北面开凿了一个大池，中建渐台，高二十多丈，叫作太液池，池中筑有蓬莱、方丈、瀛洲、壶梁，这些像海中仙岛、龟鱼之类的东西；南面有玉堂、璧门和鸵鸟的形象等一类东西。又建造神明台、井干楼，高五十丈，有车道彼此相连着。

大中大夫公孙卿、壶遂、太史令司马迁等言:"历纪坏废,宜改正朔。"上诏儿宽与博士赐等共议,以为宜用夏正。夏,五月,诏卿、遂、迁等共造汉《太初历》,以正月为岁首,色上黄,数用五,定官名,协音律,定宗庙百官之仪,以为典常,垂之后世云。

匈奴儿单于好杀伐,国人不安;又有天灾,畜多死。左大都尉使人间告汉曰:"我欲杀单于降汉,汉远,即兵来迎我,我即发。"上乃遣因杅将军公孙敖筑塞外受降城以应之。

秋,八月,上行幸安定。

汉使入西域者言:"宛有善马,在贰师城,匿不肯与汉使。"天子使壮士车令等持千金及金马以请之。宛王与其群臣谋曰:"汉去我远,而盐水中数败,出其北有胡寇,出其南乏水草,又且往往而绝邑,乏食者多,汉使数百人为辈来,而常乏食,死者过半,是安能致大军乎!无奈我何。贰师马,宛宝马也。"遂不肯予汉使。汉使怒,妄言,椎金马而去。宛贵人怒曰:"汉使至轻我!"遣汉使去,令其东边郁成王遮攻,杀汉使,取其财物。

【译文】大中大夫公孙卿、壶遂、太史令司马迁等说:"历法和纪年都已经坏乱了,应当再改编历法。"汉武帝就下诏要儿宽和博士赐等共同商量,觉得应当改用夏朝的历法。夏季,五月,命令卿、遂、迁等共同修改汉《太初历》,用正月为一年的开始,颜色以黄色为贵,印文的字数限用五个,又命定官名,协和音律,制定宗庙百官的礼仪,定为常法,永垂后世。

匈奴儿单于喜爱杀伐,国民都很不安心;同时又闹天灾,牲畜多半因此而死。左大都尉便派人伺机向汉朝报告说:"我想要杀掉单于来投奔汉朝,可是汉朝离我们这里太远了,期望能赶快派兵来接应我,我马上就发难。"汉武帝就派遣因杅将军公孙敖建造了一个塞外受降城去接应他。

秋季，八月，汉武帝视察到了安定。

曾经出使到西域的汉朝使者说："大宛有良马，就在贰师城，他们把它藏起来，不肯给汉朝的使臣。"汉武帝就派遣了壮士车令等带着千金和金马，去向大宛要求交换贰师城的良马。大宛国王就和他的大臣们商量说："汉朝距离我国太远，并且汉使假如从盐水中的沙漠过来，那里不生草木，水又咸苦，路很难走，所以行人常常自陷于死亡；从北方来的话，那里又有匈奴的阻挠；从南方来，则缺乏水草，路途上又常常没有城郭居民，所以多半都会缺少食物。汉朝的使臣有几百人成批地来，每每因为得不到粮食，而死亡过半。像这样的情景，他们又如何能够派大军来呢！他们对我国是没有什么办法的。说到那贰师城的马，是大宛国的珍宝呀！"因此就不肯送给汉使。汉使特别生气，便恣意大骂，而且椎破金马，随后离开。大宛国的贵人生气地说："汉朝的使者特别蔑视我们啊！"赶走了汉使，便通知在大宛东边的郁成国去拦阻攻打他们，杀害了汉使，取走了他们的财物。

于是天子大怒。诸尝使宛姚定汉等言："宛兵弱，诚以汉兵不过三千人，强弩射之，可尽虏矣。"天子尝使浞野侯以七百骑虏楼兰王，以定汉等言为然；而欲侯宠姬李氏，乃拜李夫人兄广利为贰师将军，发属国六千骑及郡国恶少年数万人，以往伐宛。期至贰师城取善马，故号贰师将军。赵始成为军正，故浩侯王恢使导军，而李哆为校尉，制军事。

◆臣光曰：武帝欲侯宠姬李氏，而使广利将兵伐宛，其意以为非有功不侯，不欲负高帝之约也。夫军旅大事，国之安危、民之死生系焉。苟为不择贤愚而授之，欲徼幸咫尺之功，藉以为名而私其所爱，不若无功而侯之为愈也。然则武帝有见于封国，无见于置将；谓之能守先帝之约，臣曰过矣。◆

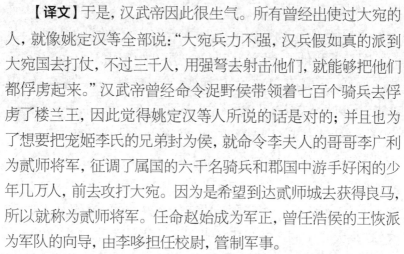

【译文】于是，汉武帝因此很生气。所有曾经出使过大宛的人，就像姚定汉等全部说："大宛兵力不强，汉兵假如真的派到大宛国去打仗，不过三千人，用强弩去射击他们，就能够把他们都俘虏起来。"汉武帝曾经命令浞野侯带领着七百个骑兵去俘虏了楼兰王，因此觉得姚定汉等人所说的话是对的；并且也为了想要把宠姬李氏的兄弟封为侯，就命令李夫人的哥哥李广利为贰师将军，征调了属国的六千名骑兵和郡国中游手好闲的少年几万人，前去攻打大宛。因为是希望到达贰师城去获得良马，所以就称为贰师将军。任命赵始成为军正，曾任浩侯的王恢派为军队的向导，由李哆担任校尉，管制军事。

◆臣司马光评论说：汉武帝为了想要把宠姬李氏的兄弟封为侯，而派遣李广利带兵去讨伐大宛，他的意思是觉得没有功劳的人是不可以封侯的，这是不想违背高帝当年的规定啊！说到行军用兵这种大事，是关系到国家的安危、人民的生死，假如不辨贤愚，不选择贤能的人去任用，单要凭侥幸去获得尺寸的功劳，借以为名实，而去偏向他所亲爱的人，那么，就不如让他无功而封他为侯来得好。由此可见，武帝是只知道封国，而不知道如何去置备将领。假如因此而说武帝为了能遵守先帝的约定，我觉得这是错的。◆

【乾隆御批】以求马故，恶少佐军，名不正已甚矣。及至士卒饥罢，引还，乃遮之玉门，不闻有济军需思改之政，徒听贰师留敦煌，是何筹策乎？然武帝雄才大略，决不如此。史传必有所缺。

294

资治通鉴

【译文】为了得到马，让品行不端的青少年充军，这已是严重的名分不正。之后士兵们饥饿疲惫，贰师将军带兵返回时，又将他们阻拦在玉门关外，充耳不闻有关补充军需后再次进行征讨的主张，只是让贰师滞留敦煌，这是什么计策略呢？汉武帝雄才大略，决不会如此。史书记载一定有所遗漏。

中尉王温舒坐为奸利，罪当族，自杀；时两弟及两婚家亦各自坐佗罪而族。光禄勋徐自为曰："悲夫！古有三族，而王温舒罪至同时而五族乎！"

关东蝗大起，飞西至敦煌。

【译文】中尉王温舒为了获得不当利益而作奸犯法，罪当诛族，结果自杀了；当时，他的两个弟弟和两个弟妇家，也各因犯了其他的罪而被诛族。光禄勋徐自为说："真是悲哀啊！古时候有诛三族的，而王温舒的罪，却至于同时而刑及他自己和他的两个弟弟及两弟妇五族啊！"

关东发生了蝗虫大灾害，蔓延到西边的敦煌。

二年（戊寅，公元前一〇三年）春，正月，戊申，牧丘恬侯石庆薨。

闰月，丁丑，以太仆公孙贺为丞相，封葛绎侯。时朝廷多事，督责大臣，自公孙弘后，丞相比坐事死。石庆虽以谨得终，然数被谴。贺引拜为丞相，不受印绶，顿首涕泣不肯起。上乃起去，贺不得已拜，出曰："我从是殆矣！"

三月，上行幸河东，祠后土。

夏，五月，籍吏民马补车骑马。

【译文】二年（戊寅，公元前103年）春季，正月，戊申日，牧丘恬侯石庆去世。

闰月，丁丑日，任命太仆公孙贺为丞相，封为葛绎侯。当时朝廷正是多事的时候，所以经常去督查责备大臣。从公孙弘之后，丞相每每因为事情而遭受刑杀，石庆虽然因为做事谨慎，得以善终，可是也经常受到谴责。所以公孙贺被引拜为丞相时，不愿意接受印绶，还叩头流泪而不愿起来。汉武帝便起身离开，公孙贺不得已，才接受了任命。出来后，对人说："我从此危险了。"

三月，汉武帝巡视到了河东，祭祀后土。

夏季，五月，征用吏民的马匹来整补车骑队马匹的不足。


秋，蝗。

贰师将军之西也，既过盐水，当道小国各城守，不肯给食，攻之不能下；下者得食，不下者数日而去。比至郁成，士至者不过数千，皆饥罢。攻郁成，郁成大破之。所杀伤甚众。贰师将军与李哆、赵始成等计："至郁成尚不能举，况至其王都乎！"引兵而还。至敦煌，士不过什一二，使使上书言："道远，多乏食，且士卒不患战而患饥，人少，不足以拔宛，愿且罢兵，益发而复往。"天子闻之，大怒，使使遮玉门曰："军有敢入者辄斩之！"贰师恐，因留敦煌。

上犹以受降城去匈奴远，遣浚稽将军赵破奴将二万馀骑出朔方西北二千馀里，期至浚稽山而还。浞野侯既至期，左大都尉欲发而觉，单于诛之，发左方兵击浞野侯。浞野侯行捕首虏，得数千人，还，未至受降城四百里，匈奴兵八万骑围之。浞野侯夜自出求水，匈奴间捕生得浞野侯，因急击其军，军吏畏亡将而诛，莫相劝归者，军遂没于匈奴。儿单于大喜，因遣奇兵攻受降城，不能下，乃寇入边而去。

冬，十二月，兒宽卒。

**【译文】**秋季，闹蝗虫灾害。

贰师将军西征，经过了盐水，沿途的小国都恪守城池，不肯提供粮食，攻也攻不下；假如有攻下的，就能得到食物，攻不下的，过了几天后，也就离开了。等到了郁成，能跟到这里来的士兵，不过几千人而已，每一个都显得又饥饿又疲乏。所以攻打郁成的时候，被郁成打得大败，许多士兵都被杀伤了。贰师将军便和李哆、赵始成等人一块儿商议："到达郁成这种小地方都还攻不下，何况是到了大宛的国都呢！"于是就带兵退了回来。到达敦煌，剩下的士兵不过十分之一二。便派遣了使臣上书给汉武帝说："因为路途太远，又缺少粮食，士兵不是担心和敌人交战，而是忧虑饥饿，同时带的人也太少了，不够用来攻拔宛国，所以请求能暂时停兵，等增派士卒之后，再去攻打。"汉武帝听了，特别生气，就派遣使者阻拦在玉门，说："假如有军士敢进入玉门的，立刻砍头。"贰师将军很畏惧，就因而停留在敦煌。

汉武帝还认为受降城距离匈奴太远，就派遣浚稽将军赵破奴带领二万多骑兵，远出到朔方西北二千多里的地方去，预期到达匈奴的浚稽山后再回来。浞野侯到了所预期的地方，匈奴的左大都尉便想发起政变，却被发现，单于就杀掉了他，又调派左方的部队去攻击浞野侯。浞野侯便也捕获斩杀了几千名匈奴人，然后返回，结果在还没到受降城四百里的地方，竟然被匈奴的八万骑兵包围了。浞野侯因为在晚上亲自出来找水，匈奴便在偶然的机会里，活捉了浞野侯，于是就着急去攻打他的军队，军吏们因为害怕亡失将领而被诛杀，彼此间都没有相劝突围归汉的人，所以全军就被匈奴消灭了。儿单于特别兴奋，便派骑兵去攻打受降城，因打不下来，就入侵边塞，抢劫一番，随后离开。

冬季，十二月，兒宽去世。

**三年**(己卯，公元前一〇二年)春，正月，胶东太守延广为御史大夫。

上东巡海上，考神仙之属皆无验，令祠官礼东泰山。夏，四月，还，脩封泰山，禅石闾。

匈奴儿单于死，子年少，匈奴立其季父右贤王呴犁湖为单于。

上遣光禄勋徐自为出五原塞数百里，远者千馀里，筑城、障、列亭，西北至庐朐，而使游击将军韩说、长平侯卫伉屯其旁；使强弩都尉路博德筑居延泽上。秋，匈奴大入定襄、云中，杀略数千人，败数二千石而去，行破坏光禄所筑城、列亭、障；又使右贤王入酒泉、张掖，略数千人。会军正任文击救，尽复失所得而去。

是岁，睢阳侯张昌坐为太常乏祠，国除。

【**译文**】三年(己卯，公元前 102 年)春季，正月，胶东太守延广为御史大夫。

汉武帝东行，巡察沿海的地方，视察关于神仙的事儿，却得不到什么征验，后来汉武帝叫负责祭祀的官员去礼祭东泰山。夏季，四月，归来后，遵行旧有的制度，封祭泰山，又去祭祀了石闾。

匈奴儿单于死了，因为儿子年龄还小，因此匈奴人就立他的叔父右贤王呴犁湖为单于。

汉武帝派遣光禄勋徐自为，到达五原郡的榆林塞外几百里，远的甚至到几千里外，建造防敌用的城堡、障蔽、列亭，西北一直延伸到庐朐，同时派遣游击将军韩说、长平侯卫伉屯驻在附近；又派遣强弩都尉路博德在居延泽上修城。秋季，匈奴大批入侵定襄、云中二郡，劫杀了几千人，打败了好多个俸级为两千石的大官员而去，并且一路破坏光禄勋所修建的城堡、列亭、障蔽；又派遣右贤王侵入酒泉、张掖二郡，劫掠了几千人。这时候，正好碰到军正任文率兵来救援，于是匈奴失去了所掠夺的一切而去。

这一年，睢阳侯张昌因为犯了对太常的祭祀有所缺失的过错，被撤销封国。

初，高祖封功臣为列侯百四十有三人。时兵革之馀，大城、名都民人散亡，户口可得而数，裁什二三。大侯不过万家，小者五六百户。其封爵之誓曰："使黄河如带，泰山若厉，国以永存，爰及苗裔。"申以丹书之信，重以白马之盟。及高后时，尽差第列侯位次，藏诸宗庙，副在有司。逮文、景，四五世间，流民既归，户口亦息，列侯大者至三四万户，小国自倍，富厚如之。子孙骄逸，多抵法禁，陨身失国，至是见侯裁四人，罔亦少密焉。

汉既亡浞野之兵，公卿议者皆愿罢宛军，专力攻胡。天子业出兵诛宛，宛小国而不能下，则大夏之属渐轻汉，而宛善马绝不来，乌孙、轮台易苦汉使，为外国笑，乃案言伐宛尤不便者邓光等。赦囚徒，发恶少年及边骑，岁馀而出燉煌者六万人，负私从者不与，牛十万，马三万匹，驴、橐驼以万数，赍粮、兵弩甚设。天下骚动，转相奉伐宛五十馀校尉。宛城中无井，汲城外流水，于是遣水工徙其城下水，空以穴其城。益发戍甲卒十八万酒泉、张掖北，置居延、休屠屯兵以卫酒泉，而发天下吏有罪者、亡命者及赘婿、贾人、故有市籍、父母大父母有市籍者凡七科，適为兵；及载糒给贰师，转车人徒相连属；而拜习马者二人为执、驱马校尉，备破宛择取其善马云。

【译文】起初，汉高祖曾经分封一百三十个功臣为列侯。当时正在战乱之后，一些大的城镇和著名的都市，人民因为战争的关系都逃跑了，户口少得寥寥可数，十分才留下二三而已。所以封为大侯的，大的也不过以万家罢了，小的就只有五六百户。他在赏土地爵位给人的时候，发誓说："即使黄河变成像衣带一样狭窄，泰山也如砥石一般细小，所封赏的诸侯，仍能长久存在，得以永远传到后世的子孙。"同时还颁给功臣们示信的符契，并且用白马作为盟誓时的牺牲。等到高后时，又依照列侯功劳的大小，一一排下他们的先后位次，之后把这些登录好的列侯功籍，收藏在宗庙里，副本则存放在官府中。到了文帝、景帝，经过了四五代，流亡的人民都已经回到了故乡，户口数也越来越多，大的列侯，所拥有的户口，多到三四万户，小的诸侯国，也都加了一倍，他们的资财，也都像户口数一样更加富厚。于是他们的子孙，生活态度就骄恣放逸起来，常常抵触禁条法令，以至于丧身亡命，封国也被撤除。到了现在，不过留下四个人而已，当然这期间，法网也稍显苛细了些。

汉朝丧失了浞野侯的士兵以后，参加商议国事的公卿们，都请求停止进击宛国，先专力去攻伐匈奴。汉武帝因为已经出兵讨伐宛国，想到宛国不过是一个小国罢了，却攻击不下，这样，被大夏等国知晓了，一定会越来越蔑视汉朝；而且宛国的良马也一定得不到，乌孙、轮台等国也会蔑视欺凌汉使，而被外国所耻笑。于是就惩罚事先议论攻伐宛国将有不利并且发言非常激烈的邓光等人，还赦免囚犯，调发一些游手好闲的青年及边郡骑兵。过了一年后，共派遣了六万人到敦煌去，而那些担负私人装备，私自跟从的，尚不在此数，其他还有十万头牛、三万匹马、上万的驴子和骆驼，所携带的粮食、兵器、弓弩都很齐备。天下因此骚动，相传奉命攻打宛国的，总共有五十多校尉。因为宛国的城中没有水井，是汲取城外的流水到城内去供饮用的，汉军于是就计划调派治水的工人去迁移流经城下的水源，让它流到别处去，使城中没有水喝，并想就原来用以引水入城的水道，去攻打宛国的城池。还调派十八万驻军到酒泉、张掖二郡的北面去，又设置居延、休屠二县，驻扎军队，来拱卫酒泉。同时天下亡命的或有罪的吏民，以及入赘女家为婿的人、商人、以前在市中有户籍的、父母和祖父母在市中有户籍的，凡七种人，都被充调从军。又载运干粮提供贰师将军，转运的车马人众相连不断。还任命了两个熟悉马匹的人，一人为执马校尉，一人为驱马校尉，准备在攻破宛国时，去选取他们的良马。

于是贰师后复行，兵多，所至小国莫不迎，出食给军。至轮台，轮台不下，攻数日，屠之。自此而西，平行至宛城，兵到者三万。宛兵迎击汉兵，汉兵射败之，宛兵走入，保其城。贰师欲攻郁成城，恐留行而令宛益生诈，乃先至宛，决其水原移之，则宛固已忧困，围其城，攻之四十余日。宛贵人谋曰："王母寡匿善马，杀汉使，今杀王而出善马，汉兵宜解；即不解，乃力战而死，未晚也。"宛贵人皆以为然，共杀王。其外城坏，虏宛贵人勇将煎靡。宛大恐，走入城中，持王母寡头，遣人使贰师约曰："汉无攻我，我尽出善马恣所取，而给汉军食。即不听我，我尽杀善马，康居之救又且至，至，我居内，康居居外，与汉军战。孰计之，何从?"是时，康居候视汉兵尚盛，不敢进。贰师闻宛城中新得汉人，知穿井，而其内食尚多，计以为"来诛首恶毋寡，毋寡头已至，如此不许则坚守，而康居候汉兵罢来救宛，破汉兵必矣"，乃许宛之约。宛乃出其马，令汉自择之，而多食食汉军。汉军取其善马数十匹，中马以下牝牡三千馀匹，而立宛贵人之故时遇汉善者名昧蔡为宛王，与盟而罢兵。

【译文】于是贰师将军又向西域进发，因为兵多，所到的小国，没有不迎接的，还都拿出食物来提供汉军食用。到了轮台国，轮台国不肯投降。汉军于是就进攻轮台，攻了几日，攻下了，就把轮台国恣意地屠杀了一番。从此向西，一路无阻地到达宛国都城，这时汉兵共到了三万人。宛国军队于是迎击汉军，汉兵也射杀宛兵而打败了他们。宛兵便退守入城，坚守他们的都城。贰师将军想要转攻郁成城，又担心停止攻势后，会让宛国有时间想出其他的诡计，就先到宛城，引决了宛城的水源，使它改道他去，于是宛城就深受忧苦，而汉军这时又包围了城池，攻击了四十多天。宛国的贵人便商议说："因为以前国王毋寡藏匿良马而杀害汉使，所以汉军才会来攻击我们，现在我们如果杀了宛王，并且献出良马，汉兵应该是会解围的；假如到时还不能解围，再力战而死，也不为晚啊!"宛国贵人都以为是，就一起杀掉了宛王。同时因为宛国的外城已被攻破了，宛国贵人中的一个勇将煎靡又被俘虏，于是宛人大为恐慌，都走避到城中去。贵人杀害了宛王后，就拿着宛王毋寡的头，派遣人到贰师那里去，和贰师相约说："汉军不要来攻打我们，我们将献出全部的良马，任由你们随便选取，并且供给汉军食物。假如你们不听劝说，我们将杀掉所有的良马，康居的救兵又将到来，救兵一到，我国在城内，康居由城外，我们将从内外和汉军作战。你们仔细想想，到底要怎么办才好?"这时候，康居窥视汉兵尚在强盛的时候，不敢前进。贰师将军则听说大宛城里最近刚获得汉人的协助，他知晓掘井的办法，并且城内的食物还不少，就考虑:"我们此来，所要诛杀的罪魁是毋寡，现在毋寡的头已经送来了，像这个样子，假如还不答应解围的话，那么，他们一定会坚守城池，而康居等到汉兵疲惫以后如赶来救援宛国，那汉兵就一定会被击破的。"所以便答应了宛国的请求。宛国就交出良马，让汉军自己去选取，而且准备了许多食物供应汉兵食用。汉军便选取了几十匹大宛良马，以及中马以下雌雄各三千匹，而立原先就经常善待汉使的大宛贵人名叫昧蔡的为宛王，和他结盟后就罢兵回去。

初，贰师起燉煌西，分为数军，从南、北道。校尉王申生将千馀人别至郁成，郁成王击灭之，数人脱亡，走贰师。贰师令搜粟都尉上官桀往攻破郁成，郁成王亡走康居，桀追至康居。康居闻汉已破宛，出郁成王与桀，桀令四骑士缚守诣贰师。上邽骑士赵弟恐失郁成王，拔剑击斩其首，追及贰师。

**【译文】**起初，贰师将军从敦煌西边出兵，分成几支军队，由北、南两军进攻，校尉王申生带领一千多人由另一条路到郁成，被郁成王攻破消灭了，其中有几个人逃脱，跑到贰师将军那里。贰师将军就命令搜粟都尉上官桀去攻打郁成。郁成王逃亡到康居，上官桀追赶到康居去。康居听说汉兵已攻破宛国，就献出郁成王给上官桀，上官桀命令四个骑士捆绑守护着送到贰师将军的军营里。上邽的一名骑士赵弟恐怕郁成王在路途上逃脱了，就拔剑砍下郁成王的头，追赶着去送给贰师将军。

四年(庚辰,公元前一〇一年)春,贰师将军来至京师。贰师所过小国闻宛破,皆使其子弟从入贡献,见天子,因为质焉。军还,入马千馀匹。后行,军非乏食,战死不甚多,而将吏贪,不爱卒,侵牟之,以此物故者众。天子为万里而伐,不录其过,乃下诏封李广利为海西侯,封赵弟为新畤侯,以上官桀为少府,军官吏为九卿者三人,诸侯相、郡守、二千石百馀人,千石以下千馀人,奋行者官过其望,以谪过行,皆黜其劳,士卒赐直四万钱。

【译文】四年(庚辰,公元前101年)春季,贰师将军班师回朝。贰师沿途所经过的小国,听说宛国已被击破,都派遣他的子弟跟到汉朝来朝贡进献,拜见汉武帝后,就留在汉朝当人质。军队回到玉门,带回了一千多匹军马。此次军队再度出征大宛,当时军中也不缺乏粮食,战死的也不很多,可是将帅属吏却很贪婪,不爱惜士卒,侵取士卒的粮饷,因此死得特别多。汉武帝因为他们远到万里外去攻伐宛国,所以不记他们的错失,于是下诏令封李广利为海西侯,赵弟为新畤侯,任命上官桀为少府,军中的官吏当上九卿的有三人,当诸侯相、郡守以及享有两千石俸禄大官员的有一百多人,当一千石以下的官员的有一千多人;愿意从军的,所封的官也都超过他们自己的希望;因为犯罪而被派遣充军的,都赦免他们的罪,但是不另外再去奖励他们的功劳,也赏赐了士卒们价值有四万钱的财物。

匈奴闻贰师征大宛,欲遮之,贰师兵盛,不敢当,即遣骑因楼兰候汉使后过者,欲绝勿通。时汉军正任文将兵〔屯〕玉门关,捕得生口,知状以闻。上诏文便道引兵捕楼兰王,将诣阙簿责。王对曰:“小国在大国间,不两属无以自安,愿徙国入居汉地。”上直其言,遣归国,亦因使候司匈奴,匈奴自是不甚亲信楼兰。

自大宛破后，西域震惧，汉使入西域者益得职。于是自燉煌西至盐泽往往起亭，而轮台、渠犁皆有田卒数百人，置使者、校尉领护，以给使外国者。

后岁馀，宛贵人以为昧蔡善谀，使我国遇屠，乃相与杀昧蔡，立毋寡昆弟蝉封为宛王，而遣其子入质于汉。汉因使使赂赐，以镇抚之。蝉封与汉约，岁献天马二匹。

**【译文】**匈奴听说贰师将军征伐大宛，想要加以拦阻，因为贰师带领的军队很壮盛，不敢去抵挡，就马上派遣骑兵到楼兰国，借着楼兰国的掩护去窥伺汉军，想要截断汉军的后行部队，使他们首尾不能相顾。当时汉军的军正任文正屯驻在玉门关，捕到了俘虏，得知这种情形，就报告了汉武帝。汉武帝就命令任文顺路率兵去捕捉楼兰王，送到朝廷来对簿责问。楼兰王说："小国处在大国中间，不两边归附，无法自求安定，请能举国迁入汉地居住。"汉武帝认为楼兰王的话说得也很有道理，就放他归国，也借着楼兰国，要他去窥伺匈奴的动静，匈奴从此也不再亲信楼兰国了。

自从大宛被攻破以后，西域各国都特别惧怕震动，汉朝派到西域去的使臣，因此都能尽到他的职责。所以从敦煌以西，一直到盐泽这一带，到处都筑起了亭障，并且在轮台、渠犁这些国家，都驻守了几百名屯田的兵士，派置了使者、校尉去统领保护那些有关屯田的事情，以便收成五谷来供应出使在外国的汉人。

经过一年多以后，宛国的贵人觉得昧蔡太会献媚汉朝，使得宛国遭受汉兵的屠杀，就共同计划杀掉了昧蔡，立毋寡的兄弟蝉封为宛王，并且派遣他的儿子到汉朝去当人质。汉朝便派人去赏赐安慰他。蝉封和汉朝约定，每年献上天马两匹。

秋，起明光宫。

冬，上行幸回中。

匈奴呴犁湖单于死，匈即立其弟左大都尉且鞮侯为单于。天子欲因伐宛之威遂困胡，乃下诏曰："高皇帝遗朕平城之忧，高后时，单于书绝悖逆。昔齐襄公复九世之雠，《春秋》大之。"且鞮侯单于初立，恐汉袭之，乃曰："我儿子，安敢望汉天子，汉天子，我丈人行也。"因尽归汉使之不降者路充国等，使使来献。

【译文】秋季，修建明光宫。

冬季，汉武帝巡行到了回中。

匈奴呴犁湖单于死了，匈奴立他的弟弟左大都尉且鞮侯为单于。汉武帝就想要趁着讨伐宛国的余威去困住匈奴，于是下诏令说："高皇帝留给我平城的忧恨，高后时，单于致汉朝的书信，内容极为背礼叛乱。从前齐襄公报了九世的仇恨，《春秋》上面大大地赞美于他。"且鞮侯单于刚刚继位，也害怕汉军来袭击他，就说："我是儿童，哪里敢和汉朝的皇帝相比较，汉朝的皇帝是我的长辈啊！"因此便全部送回原被扣留在匈奴而不肯投降的汉朝使者路充国等人，还派遣使臣来朝贡。

**天汉元年**（辛巳，公元前一〇〇年）春，正月，上行幸甘泉，郊泰畤。三月，行幸河东，祠后土。

上嘉匈奴单于之义，遣中郎将苏武送匈奴使留在汉者，因厚赂单于，答其善意。武与副中郎将张胜与假吏常惠等俱。既至匈奴，置币遗单于。单于益骄，非汉所望也。

【译文】天汉元年（辛巳，公元前一〇〇年）春季，正月，汉武帝巡行到了甘泉，祭祀泰畤。三月，巡行到河东，祭祀后土。

汉武帝嘉奖匈奴懂得道理，也派遣了中郎将苏武送回被扣留在汉朝的匈奴使臣，顺便还赠给单于很丰厚的财物，报答他对汉朝的好意。苏武便和副中郎将张胜，以及临时委任，一起出使的属员常惠等人，一块儿出发。到了匈奴，就准备好了礼物送给且鞮侯单于。想不到单于却因此反而越加骄傲起来，这真不是汉朝原先所期望的啊！

会缑王与长水虞常等及卫律所将降者，阴相与谋劫单于母阏氏归汉。卫律者，父故长水胡人，律善协律都尉李延年，延年荐言律使于匈奴，使还，闻延年家收，遂亡降匈奴。单于爱之，与谋国事，立为丁灵王。虞常在汉时素与副张胜相知，私候胜曰："闻汉天子甚怨卫律，常能为汉伏弩射杀之。吾母、弟在汉，幸蒙其赏赐。"张胜许之，以货物与常。后月馀，单于出猎，独阏氏、子弟在，虞常等七十馀人欲发，其一人夜亡告之。单于子弟发兵与战，缑王等皆死，虞常生得。

单于使卫律治其事。张胜闻之，恐前语发，以状语武。武曰："事如此，此必及我，见犯乃死，重负国。"欲自杀。胜、惠共止之。虞常果引张胜。单于怒，召诸贵人议，欲杀汉使者。左伊秩訾曰："即谋单于，何以复加！宜皆降之。"单于使卫律召武受辞。武谓惠等："屈节辱命，虽生，何面目以归汉！"引佩刀自刺。卫律惊，自抱持武，驰召医，凿地为坎，置煴火，覆武其上，蹈其背以出血。武气绝，半日复息。惠等哭，舆归营。单于壮其节，朝夕遣人候问武，而收系张胜。

**【译文】**这时候正好碰到缑王和长水人虞常等，以及原由卫律所带领而现在已投降匈奴的部属，暗中计划劫持单于的母亲阏氏投奔汉朝的事情。卫律这个人，他的父亲本是长水地方的匈奴人，卫律因为和汉朝协律都尉李延年很要好，延年就推荐卫律出使匈奴。回来以后，听说延年全家被捕杀，就逃亡到匈奴那里去投降了匈奴。单于很喜欢他，便和他商议国家大事，封他为丁灵王。虞常在汉朝的时候，早就和副中郎将张胜有交情，因此便暗中去拜访张胜说："听说汉朝的皇帝特别怨恨卫律，我能替汉朝埋伏下弓弩手去射杀卫律。我的母亲和弟弟目前都在汉朝，期望事成以后，他们能得到汉朝的赏赐。"张胜答应了他，并且拿了一些东西送给他。以后经过了一个多月，单于外出打猎，只有阏氏和一些子弟留守，虞常等七十多人便想要发难，其中有一个人却趁夜逃去向匈奴告发了这件事。单于的子弟们就发动兵士同虞常等作战，缑王等全战死，虞常被活捉。

单于便派遣了卫律来审问这件事。张胜听到这个消息，害怕以前和虞常的谈话被审问出来，就把事情的经过告诉了苏武。苏武说："事情已到这种地步，这件事一定会牵连到我们，如等到被匈奴人侵犯侮辱了才不得已而死，将更加辜负国家，有辱国体。"因此便想自杀。张胜和常惠就慌忙一起阻拦他。后来虞常果然牵引出了张胜。单于很生气，召集了很多贵族商议，想要杀掉汉朝的使臣。左伊秩訾说道："谋杀卫律就要处死，假如他们这次是要谋害单于的话，那么，又将要怎样去加重他们的罪刑呢！所以应该设法让他们都投降我们。"单于便派卫律把苏武找来接受审问。苏武告诉常惠等说："屈挫了节操，辱没了使命，虽或还能生存，又有什么脸回到汉朝去呢？"就抽出所佩的刀往自己身上刺去。卫律吓了一跳，亲自抱住了苏武，急忙把医生找来，在地面上挖个坑，在坑内点燃有烟无焰的小火，把苏武背向上，脸朝地面放在坑内，然后按揉他的背部，使血液流出，不让它瘀积在体内造成伤害。苏武昏绝过去，过了好半天，才又渐渐地醒转过来。常惠等都哭了，把苏武抬回汉使所住的营帐。单于很赞许他的节操，早晚都派人去慰问苏武，同时逮捕了张胜。

武益愈，单于使使晓武，欲降之，会论虞常，欲因此时降武；剑斩虞常已，律曰："汉使张胜谋杀单于近臣，当死，单于募降者赦罪。"举剑欲击之，胜请降。律谓武曰："副有罪，当相坐。"武曰："本无谋，又非亲属，何谓相坐！"复举剑拟之，武不动。律曰："苏君！律前负汉归匈奴，幸蒙大恩赐号称王，拥众数万，马畜弥山，富贵如此！苏君今日降，明日复然；空以身膏草野，谁复知之！"武不应。律曰："君因我降，与君为兄弟；今不听吾计，后虽欲复见我，尚可得乎！"武骂律曰："汝为人臣子，不顾恩义，畔主背亲，为降虏于蛮夷，何以汝为见！且单于信汝，使决人死生，不平心持正，反欲斗两主，观祸败。南越杀汉使者，屠为九郡；宛王杀汉使者，头悬北阙；朝鲜杀汉使者，即时诛灭；独匈奴未耳。若知我不降明，欲令两国相攻，匈奴之祸从我始矣。"律知武终不可胁，白单于，单于愈益欲降之。乃幽武置大窖中，绝不饮良；天雨雪，武卧，啮雪与旃毛并咽之，数日不死。匈奴以为神，乃徙武北海上无人处，使牧羝，曰："羝乳乃得归。"别其官属常惠等，各置他所。

【译文】苏武的伤势一天天好起来，单于便派遣人去探望苏武，想要劝他投降。于是就要苏武共同去审问虞常，想要趁着审问的机会，胁迫他投降。等到了在审问庭上用剑砍杀了虞常以后，卫律便说："汉朝的使臣张胜，谋划杀害单于的亲近大臣，该判死刑。可是单于现今招降你们，只要投降，就可以宽恕你们的死罪。"说罢，举起了剑，就想要去砍杀张胜，张胜立刻请求投降。卫律又告诉苏武说："副使有罪，正使应当连带治罪！"苏武说："本来就没有参与谋划，和他们也没有任何亲属关系，说什么连带治罪呢？"卫律又举起了剑，做出要砍杀苏武的样子，苏武不为所动。卫律说："苏君！卫律过去背负了汉朝，投降匈奴，幸运地蒙受单于的大恩德，封赐我为丁灵王，拥有了几万人的部众，归自己所有的马匹畜生，也多得漫山遍野，我在匈奴所享受的富贵，到这种地步！苏君今天投降，明天也会和我一样；否则你只是白白地牺牲自己，把身体拿来当肥料，肥美了草野而已，又有谁会知道你呢？"苏武不理会他。卫律又说："苏君，就照我的话投降，我愿意和你结拜为兄弟；假如现在不听从我的意思，以后想要再见到我，还有这个可能吗？"苏武大骂卫律说："你身为汉朝的臣子，却不顾恩义，背叛了你的国君和亲人，甘心投降为外族的俘虏，我要见你做什么！并且单于信任你，让你来审判别人的生死，却不能平心静气，主持公道，反要挑拨汉天子和匈奴单于之间的感情，你好从旁坐观两国的灾祸和损失。从前南越杀害了汉朝的使者，结果被夷平为九个郡；宛王毋寡杀害了汉使，结果被砍了头，还被悬挂在汉朝的宫阙下；朝鲜杀了汉朝的使者，也被马上消灭；现在就只有匈奴还没有罢了。你已明知我是不会投降的，假如想要让汉朝和匈奴两国发动战争，匈奴的灾祸就从杀我开始了。"卫律知道到底是没有办法胁迫苏武的，便报告了单于。单于却更加要苏武投降，就把他监禁在本是储藏米粟的大地窖中，一点也不给他饮食。天下雪了，苏武卧在地窖中，就嚼着雪，并取毡上的毛一同吞下去充饥解渴。这样过了几天，苏武并没有死。匈奴觉得是神，就把他移到北海上没有人居住的地方，要他去放牧公羊，说："等到公羊生了小羊才准回国。"又分别隔离了苏武出使匈奴时所带去的随行官属常惠等人，把他们拘禁在不同的地方。

天雨白氂。

夏，大旱。

五月，赦天下。

发谪戍屯五原。

浞野侯赵破奴自匈奴亡归。

是岁，济南太守王卿为御史大夫。

【译文】上天飘下了白毛。

夏季，发生大旱灾。

五月，赦免天下。

朝廷调派因罪被革职发配到边外去的人屯守五原郡。

浞野侯赵破奴从匈奴逃回汉。

这一年，济南太守王卿当了御史大夫。


二年（壬午，公元前九九年）春，上行幸东海。还，幸回中。

夏，五月，遣贰师将军广利以三万骑出酒泉，击右贤王于天山，得胡首虏万馀级而还。匈奴大围贰师将军，汉军乏食数日，死伤者多。假司马陇西赵充国与壮士百馀人溃围陷陈，贰师引兵随之，遂得解。汉兵物故什六七，充国身被二十馀创。贰师奏状，诏征充国诣行在所，帝亲见，视其创，嗟叹之，拜为中郎。

【译文】二年（壬午，公元前99年）春季，汉武帝巡行到东海郡。回来后又行幸回中。

夏季，五月，派遣贰师将军李广利率领三万骑兵出酒泉郡，在天山攻击匈奴的右贤王，斩获了一万多个匈奴人的首级回来。于是匈奴便大规模地包围贰师将军，使得汉军短缺了好几天的粮食，也死伤了很多人。幸赖代理司马陇西人赵充国和一百名壮士的突围陷阵，贰师将军领兵跟随着他，才得解围。汉兵死了十分之六七，赵充国身上也受了二十多处创伤。贰师将军把这次的战况奏闻汉武帝，汉武帝就下了诏令征召赵充国到他所巡幸的地方去，汉武帝亲自接见他，探看他的伤势，并且很赞叹他勇敢的表现，于是就把他任命为中郎。

汉复使因杆将军敖出西河，与强弩都尉路博德会涿涂山，无所得。

初，李广有孙陵，为侍中，善骑射，爱人下士。帝以为有广之风，拜骑都尉，使将丹杨、楚人五千人，教射酒泉、张掖以备胡。及贰师击匈奴，上诏陵，欲使为贰师将辎重，陵叩头自请曰："臣所将屯边者，皆荆楚勇士奇材剑客也，力扼虎，射命中，愿得自当一队，到兰干山南以分单于兵，毋令专向贰师军。"上曰："将恶相属邪! 吾发军多，无骑予女。"陵对："无所事骑，臣愿以少击众，步兵五千人涉单于庭。"上壮而许之。因诏路博德将兵半道迎陵军。博德亦羞为陵后距，奏言："方秋，匈奴马肥，未可与战，愿留陵至春俱出。"上怒，疑陵悔不欲出而教博德上书，乃诏博德引兵击匈奴于西河。诏陵发九月发，出遮虏障，至东浚稽山南龙勒水上，徘徊观虏，即亡所见，还，抵受降城休士。陵于是将其步卒五千人，出居延，北行三十日，至浚稽山止营，举图所过山川地形，使麾下骑陈步乐还以闻。步乐召见，道陵将率得士死力，上甚悦，拜步乐为郎。

【译文】汉朝又派遣因杅将军敖率兵出西河郡，和强弩都尉路博德于涿涂山会合，但却无所虏获。

当时，李广有个孙子叫李陵，官职侍中，善于射箭骑马，能爱惜人才，善待士卒。汉武帝觉得他有李广的风范，任命他为骑都尉，派遣他带领丹阳郡内的五千楚国人，在酒泉、张掖一带教习射术，以防止匈奴。等到贰师将军攻打匈奴时，汉武帝命令李陵，要他替贰师将军掌管军需行李。李陵却叩头请求说："我所率领的那些屯驻在边境上的士兵，都是荆楚地方的勇士，全是奇才剑客，力能伏虎，每射必能中的，因此请能自成一部，到达兰干山的南边去分散单于的兵力，不让匈奴专心和贰师将军对敌。"汉武帝说："那么我将要拿什么来配置给你呢？我已经调派很多的军队出去，再没有什么骑兵能够给你了。"李陵回答说："我不用骑兵，我愿意以少击众，就凭着五千步兵，就要直入单于王庭。"汉武帝听了，特别赞赏他，并且答应了他的请求。汉武帝因此命令路博德带兵在路上接应李陵的军队。路博德也羞于当李陵的后援部队，就向汉武帝进言说："现在正是匈奴战马肥美的时候，不能和匈奴交战，请阻止李陵，等到春天的时候，再一起出动攻打匈奴。"汉武帝特别生气，怀疑是李陵后悔，不想出兵，却教路博德上书，就命令路博德带兵到西河去攻打匈奴。命令李陵在九月出发，从遮虏障，到东浚稽山南边的龙勒水上，来回观看匈奴的动静，假如没看见什么情况，就回来，到受降城去罢兵休息。李陵于是就带领他的五千步兵，从居延向北行了三十天，到了浚稽山安营扎寨。把所经过的山川地形，全部画下图来，派遣部下的骑兵陈步乐带回上书汉武帝。步乐被汉武帝召见时，提到李陵将带领那些得力的军士，竭尽一切地来报效国家，汉武帝非常高兴，任命步乐为郎官。

陵至浚稽山，与单于相值，骑可三万围陵军，军居两山间，以大车为营。陵引士出营外为陈，前行持戟、盾，后行持弓、弩。虏见汉军少，直前就营。陵搏战攻之，千弩俱发，应弦而倒，虏还走上山，汉军追击杀数千人。单于大惊，召左、右地兵八万馀骑攻陵。陵且战且引南行，数日，抵山谷中，连战，士卒中矢伤，三创者载辇，两创者将车，一创者持兵战，复斩首三千馀级。引兵东南，循故龙城道行四五日，抵大泽葭苇中，虏从上风纵火，陵亦令军中纵火以自救。南行至山下，单于在南山上，使其子将骑击陵。陵军步斗树木间，复杀数千人，因发连弩射单于，单于下走。是日捕得虏，言"单于曰：'此汉精兵，击之不能下，日夜引吾南近塞，得无有伏兵乎？'诸当户君长皆言：'单于自将数万骑击汉数千人不能灭，后无以复使边臣，令汉益轻匈奴。复力战山谷间，尚四五十里，得平地，不能破，乃还。'"

【译文】李陵到了浚稽山，和单于碰见了，匈奴差不多用了三万骑兵包围李陵。李陵的部队就驻扎在东西两浚稽山间，用辎重车环绕为营，固守阵地，准备作战。当李陵率领军士在军营外排成阵式，前排拿着戟和盾，后排拿着弓和弩前进的时候，匈奴看到汉军不多，就只向军营冲过去。李陵也迎向前去与匈奴交战，全部的弓箭都同时发射，匈奴兵便应弦而倒，退到了山上，汉军乘胜进击，杀死了几千名匈奴人。单于大为震惊，就召集了左右方的八万多名骑兵，齐向李陵攻击。李陵边战边向南方退走，过了几天，退到山谷中，依然继续作战。兵士中了敌箭受伤的，凡是中箭多次伤重的就乘车，中了两次箭的推车，只中了一箭的，还是要拿着武器作战，如此又砍杀了三千多个匈奴兵的首级。然后带着兵退向东南，顺着以前出兵龙城的老路走。四五天后，到了一处大水泽的芦苇丛中，匈奴便在上风放火，李陵也命令兵士预先纵火烧掉附近的草木芦苇，让匈奴人放的火不会烧过来。向南退到了山下，单于正在南山上，于是就让他的儿子带领着骑兵去攻打李陵。李陵的军队在树林间徒步战斗，又杀了几千人，在交战中，还趁机发出可以连发的弓弩射向单于，逼得单于逃向了山下。这一天，捕获了匈奴人，据他说："单于说：'这些都是汉朝的精兵，我们攻破不了他们，却天天引着我们向南方渐渐地靠近了边塞，这会没有埋伏的部队吗？' 每一个官拜当户的匈奴君长也都说：'单于自己率领了几万名骑兵，攻击汉朝的几千人，都消灭不了他们，那么以后将没有办法再去差遣要求防守边境的官兵，而且会让汉朝更加轻视匈奴。再在山谷间继续攻击，还有四五十里的地方，假如到了平地，还破不了汉军，那就只好回去了。'"

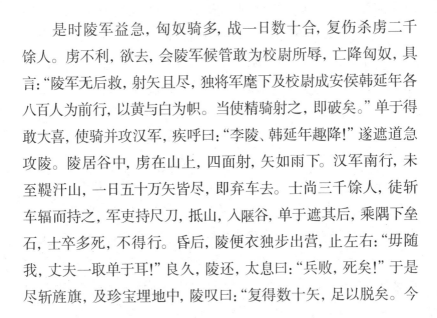

　　是时陵军益急，匈奴骑多，战一日数十合，复伤杀虏二千馀人。虏不利，欲去，会陵军候管敢为校尉所辱，亡降匈奴，具言："陵军无后救，射矢且尽，独将军麾下及校尉成安侯韩延年各八百人为前行，以黄与白为帜。当使精骑射之，即破矣。"单于得敢大喜，使骑并攻汉军，疾呼曰："李陵、韩延年趣降！"遂遮道急攻陵。陵居谷中，虏在山上，四面射，矢如雨下。汉军南行，未至鞮汗山，一日五十万矢皆尽，即弃车去。士尚三千馀人，徒斩车辐而持之，军吏持尺刀，抵山，入陕谷，单于遮其后，乘隅下垒石，士卒多死，不得行。昏后，陵便衣独步出营，止左右："毋随我，丈夫一取单于耳！"良久，陵还，太息曰："兵败，死矣！"于是尽斩旌旗，及珍宝埋地中，陵叹曰："复得数十矢，足以脱矣。今无兵复战，天明，坐受缚矣，各鸟兽散，犹有得脱归报天子者。"令军士人持二升糒，一片冰，期至遮虏障者相待。夜半时，击鼓起士，鼓不鸣。陵与韩延年俱上马，壮士从者十馀人，虏骑数千追之，韩延年战死。陵曰："无面目报陛下！"遂降。军人分散，脱至塞者四百馀人。

【译文】这时李陵的军情更加紧急，匈奴的骑兵又那么多，一天都要交战几十次，但是虽然如此，汉军还是杀了二千多名匈奴人。因此匈奴就显得好像很不利，便想要退走，正好遇到李陵的部队里有一个军侯管敢，被他的长官校尉所屈辱，逃去投降匈奴，就向他们报告说："李陵的部队并没有后援，箭矢也快用完了，只剩下将军的校尉成安侯韩延年和部属各八百名士兵为前导，用黄色和白色的旗子为标帜；应该派遣精悍的骑兵去射杀他们，汉军就会被击破。"单于得到了管敢的消息，特别高兴，便派遣骑兵去包围汉军，大声疾呼说："李陵、韩延年赶快投降吧！"于是就拦阻汉军的退路，急切地攻击李陵。李陵被困在山谷中，而匈奴人高居在山上，箭像雨一样地从四面八方发射下来。汉军再向南行，还没到鞮汗山，五十万枝箭都用完了，便抛弃了车子。兵士尚剩下三千余名，都只拿着从车辐上砍下来的直木头当武器，军吏则带着短刀逃到狭谷，单于便从山壁上投下大石块遮断谷口，阻止李陵的退路。汉兵死了很多，不得继续前行。黄昏后，李陵穿着便衣，独自走出军营，阻止左右的跟随，说："不要跟我，大丈夫当一身独取匈奴！"过了很久，李陵回来了，叹息着说："大军已经失败了，死定了！"于是就把全部的旌旗都破坏了，连同珍宝一起埋葬在地下。李陵又感叹地说："能再得到几十枝箭，就足够用来脱身了。现在已经没有兵器了，再打下去，到了天亮，便只有等着被捉，假如我们大家就这么解散，各自逃亡，说不定还会有人可以逃回去向天子报告的。"于是命令军士每人各拿二升的干粮，一片冰块，约好逃到遮虏障去会合。到了半夜，便敲了鼓，要唤起战士，可是鼓却不响。李陵和韩延年就一起上马，有十多名壮士伴随着，几千名匈奴骑兵在后面追赶着他们，结果韩延年战死。李陵说："我无脸回去回报皇上了！"于是就降了匈奴。汉军到处逃跑，逃到边塞的，只有四百多人。

陵败处去塞百馀里，边塞以闻。上欲陵死战；后闻陵降，上怒甚，责问陈步乐，步乐自杀。群臣皆罪陵，上以问太史令司马迁，迁盛言："陵事亲孝，与士信，常奋不顾身以徇国家之急，其素所畜积也，有国士之风。今举事一不幸，全躯保妻子之臣随而媒蘖其短，诚可痛也！且陵提步卒不满五千，深踖戎马之地，抑数万之师，虏救死扶伤不暇，悉举引弓之民共攻围之，转斗千里，矢尽道穷，士张空拳，冒白刃，北首争死敌，得人之死力，虽古名将不过也。身虽陷败，然其所摧败亦足暴于天下。彼之不死，宜欲得当以报汉也。"上以迁为诬罔，欲沮贰师，为陵游说，下迁腐刑。

久之，上悔陵无救，曰："陵当发出塞，乃诏强弩都尉令迎军；坐预诏之，得令老将生奸诈。"乃遣使劳赐陵馀军得脱者。

【译文】李陵失败的地方，距离边塞有一百多里，守边塞的人已先向汉武帝报告了这件事情。汉武帝希望李陵能够拼命去战斗，后来听说李陵投降了，汉武帝很生气，就责问陈步乐，步乐便自杀了。群臣也都怪罪李陵，汉武帝便拿这件事情问太史令司马迁的意见，司马迁极力为李陵辩护说："李陵侍奉亲长，能尽到孝道，与朋友交，能言而有信，常常奋不顾身来谋救国家于急难，这些品德在他的心胸中蓄积修养，使他颇有国士的风范。现在却因为替国家办事而有了一些不幸的事情发生，就使那些保全性命和妻子的臣子，随即构陷了他的罪过，实在是可哀痛的事啊！况且李陵所带领的步兵，不到五千名，却深入战地，抑制了敌人几万人的部队，使得匈奴忙乱得来不及去拯救将死的人和扶治伤息，敌人又悉数派出弓弩手一起去包围李陵，使得陵军辗转战斗在千里之地，箭用光了，又无路可走，兵士都只是空拉弓弩，拿着刀刃，面向北方与敌人拼个死活。能够获得人臣的尽力效死，就是古代有名的将军，也不会强过他啊！李陵身虽然陷败，但是他所摧破的匈奴兵是那么多，也足够使他扬名于世了。现在李陵身陷匈奴而没有战死，应该是想要等待一个合适的时机去立功赎罪，来报效汉天子的啊！"汉武帝觉得司马迁是在胡言乱语，想要诋毁贰师将军，而代替李陵游说，于是就把他下狱，施了宫刑。

　　时间长了，汉武帝很后悔当时所下诏令的错误，使得李陵深陷匈奴而得不到救助，便说："应该在李陵受命率领出塞的时候，再下令让强弩都尉路博德去接应李陵的军队；当时犯了预先下诏令要路博德为李陵后援的过失，才使得那老将能别生奸诈而胡言乱语上奏。"于是便派遣使者慰劳赏赐从匈奴重围中逃回来的李陵旧部。

　　上以法制御下，好尊用酷吏，而郡、国二千石为治者大抵多酷暴，吏民益轻犯法；东方盗贼滋起，大群至数千人，攻城邑，取库兵，释死罪，缚辱郡太守、都尉，杀二千石；小群以百数掠卤乡里者，不可胜数。道路不通。上始使御史中丞、丞相长史督之，弗能禁；乃使光禄大夫范昆及故九卿张德等衣绣衣，持节、虎符，发兵以兴击。斩首大部或至万馀级，及以法诛通行、饮食当连坐者，诸郡甚者数千人。数岁，乃颇得其渠率，散卒失亡复聚党阻山川者往往而群居，无可奈何。于是作《沈命法》，曰："群盗起，不发觉，发觉而捕弗满品者，二千石以下至小吏，主者皆死。"其后小吏畏诛，虽有盗不敢发，恐不能得，坐课累府，府亦使其不言。故盗贼寖多，上下相为匿，以文辞避法焉。

【译文】汉武帝用法制来统御人民，喜好重用严酷的官吏，而郡守和那些诸侯国里掌有治理大权的二千石官员又差不多都很暴虐，因此使得吏民们反而更加不怕犯法了。东方的盗贼更是一天天多起来，成群的匪徒，多到几千人结集在一起，到处攻打城邑，夺取军械库里的兵器，释放牢里的死囚，捕捉羞辱都尉、郡太守，杀掉了两千石大官员。而一些聚集在一起有几百个，四处去劫掠乡里的匪徒，更是多到无法计算，路上都没有人敢走，全部被盗贼阻断。这时，汉武帝才派遣御史中丞和丞相长史去督察剿灭这些盗匪，但是已无法禁止了，因此又命令光禄大夫范昆和以前的九卿张德等人，穿着表示尊宠的彩绣衣服，带着皇帝所颁发下来的符节，以及军中的印信，以紧急动员令征发军队去围剿，砍杀了很多盗匪的首级，人数众多的，达到一万多名，还依照法律杀害了一些纵容匪徒、提供给他们饮食，应当与匪徒同样犯罪的人，各郡中，甚至有几千人的。几年之后，才抓获他们的首领，但是那些逃跑的小土匪，到处逃亡后，又结党盘踞，骚扰山川道路，还经常集聚群居在一块儿，官兵对他们也没有什么方法。汉武帝于是就制定《沈命法》，法条上规定："当群贼猖狂的时候，居然没有察觉到，或者是虽然发觉了，而不去捕捉，捕获了却超过了期限，或没达到相当成绩，从二千石的大官员以下，一直到小吏，所有的承办人员，全部要处死刑。"之后县里的小吏因为害怕被处死，即使有了盗匪，也不敢往郡府里去报告，因为害怕捕获不到他们时，又会连累到郡府，郡府恐怕并坐，也命令他们不要往上报。所以盗贼就慢慢地多起来，府县上上下下彼此都在隐藏事实，而以虚文掩盖，诈称无盗，来躲避法律的制裁。

是时，暴胜之为直指使者，所诛杀二千石以下尤多，威振州郡，至勃海，闻郡人隽不疑贤，请与相见。不疑容貌尊严，衣冠甚伟，胜之躧履起迎，登堂坐定，不疑据地曰："窃伏海濒，闻暴公子旧矣，今乃承颜接辞。凡为吏，太刚则折，太柔则废，威行，施之以恩，然后树功扬名，永终天禄。"胜之深纳其戒；及还，表荐不疑，上召拜不疑为青州刺史。济南王贺亦为绣衣御史，逐捕魏郡群盗，多所纵舍，以奉使不称免，叹曰："吾闻活千人，子孙有封，吾所活者万馀人，后世其兴乎！"

是岁，以匈奴降者介和王成娩为开陵侯，将楼兰国兵击车师；匈奴遣右贤王将数万骑救之，汉兵不利，引去。

【译文】这时候，暴胜之奉命为直指使者，所诛杀的二千石以下的官员更多，威势震惊了州郡。到了渤海郡，听说那里有一个叫作隽不疑的人特别贤能，就派人去要求和他见面。隽不疑容貌很是尊严，衣冠非常壮美，暴胜之见了，鞋子都来不及穿好，就赶紧站起来去迎接他，等登上了厅堂彼此坐好了，隽不疑便用手按在席位上先表示敬意，然后进上戒辞说："我隐居在渤海这种滨海的地方，听到您暴公子的声名已经很久了，可是直到今天才有机会拜见你，并且和你说话。说到当官吏的道理，太过刚强就容易被摧毁，太过柔弱，又会被抛弃。所以做事的态度应该是，施加威信以后，接着便要施给他恩惠，然后

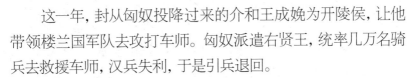

才能建立你的功绩，显扬你的名声，长久地享用你的爵禄。"暴胜之很虚心地接受了他的劝诫，等从渤海回去以后，就上表推荐了隽不疑，汉武帝便任命他为青州刺史。济南人王贺也当了绣衣御史，因为追捕魏郡的盗匪时，常常违法地放掉他们，由于奉派办事如此不能尽责，所以被免了职，便感叹地说："我听说，能救活一千人的，他的子孙会受到封赏，现在我所救活的人，有一万多名，我的后代当会兴盛起来吧！"

　　这一年，封从匈奴投降过来的介和王成娩为开陵侯，让他带领楼兰国军队去攻打车师。匈奴派遣右贤王，统率几万名骑兵去救援车师，汉兵失利，于是引兵退回。

# 资治通鉴卷第二十二　汉纪十四

起昭阳协洽, 尽阏逢敦牂, 凡十二年。

【译文】起癸未( 公元前 98 年 ), 止甲午( 公元前 87 年 ), 共十二年。

【题解】本卷记录了汉武帝刘彻天汉三年至后元二年共十二年间的历史。前半卷写武帝年老昏聩、喜怒不定、凶残好杀; 后半卷写武帝悔过自责, 真情袒露。本卷记录了武帝晚年迷信多疑, 奸人乘机掀起巫蛊大案, 卫皇后自杀, 太子兵败自尽, 死者累计万人, 汉武帝查明太子之冤, 进行奖惩, 建思子宫以怀; 记录了李广利北伐, 因家族系狱, 败于匈奴, 投降后被卫律忌恨, 被杀祭神; 记录了汉武帝知错能改, 不迷信方士, 追悔穷兵黩武, 下轮台罪己诏, 息兵养民。记录了汉武帝立幼子刘弗陵而杀其母钩戈夫人, 临终托孤于霍光、金日磾等, 以及班固、司马光对武帝的评价等等。

## 世宗孝武皇帝下之下

天汉三年( 癸未, 公元前九八年 )春, 二月, 王卿有罪自杀, 以执金吾杜周为御史大夫。

初榷酒酤。

三月, 上行幸泰山, 脩封, 祀明堂, 因受计。还, 祠常山, 瘗玄玉。方士之候祠神人、入海求蓬莱者终无有验, 而公孙卿犹以大人迹为解。天子益怠厌方士之怪迂语矣，然犹羁縻不绝，冀遇其真。自此之后，方士言神祠者弥众，然其效可睹矣。

夏，四月，大旱。赦天下。

秋，匈奴入雁门。太守坐畏懊弃市。

**【译文】**天汉三年（癸未，公元前98年）春季，二月，王卿有罪自杀，任命执金吾杜周为御史大夫。

始定由政府酿酒专卖。

三月，汉武帝巡行到了泰山，修建坛台，行祭天礼，祭祀过明堂后，接纳了各地方呈送上来的租税钱粮等簿籍。在归途中，顺道又去祭祀常山，埋下黑色的玉。那些方士建议立祠去迎接神仙，以及入海去访求蓬莱仙岛的事情，结果都没有效验，但是公孙卿还说看见了巨人的足迹拿这种事来为自己的荒谬辩解。于是汉武帝就更加厌恶轻视方士们怪诞迂阔的话，但是仍与他们保持联系，存有幻想，希望有一天真能遇到神仙。从此以后，倡言建祠奉神的方士就更多了，但是他们的征验怎么样，是大家有目共睹的。

夏季，四月，发生大旱灾。于是就下令赦免天下。

秋季，匈奴入侵雁门郡。太守因为迟疑怯弱，不能当机立断，结果被处死。

**四年**（甲申，公元前九七年）春，正月，朝诸侯王于甘泉宫。

发天下七科谪及勇敢士，遣贰师将军李广利将骑六万、步兵七万出朔方；强弩都尉路博德将万馀人与贰师会；游击将军韩说将步兵三万人出五原；因杆将军公孙敖将骑万、步兵三万人出雁门。匈奴闻之，悉远其累重于余吾水北；而单于以兵十万待水南，与贰师接战。贰师解而引归，与单于连斗十馀日。游击无所得。因杅与左贤王战，不利，引归。

时上遣敖深入匈奴迎李陵，敖军无功还，因曰："捕得生口，言李陵教单于为兵以备汉军，故臣无所得。"上于是族陵家。既而闻之，乃汉将降匈奴者李绪，非陵也。陵使人刺杀绪，大阏氏欲杀陵，单于匿之北方；大阏氏死，乃还。单于以女妻陵，立为右校王，与卫律皆贵用事。卫律常在单于左右；陵居外，有大事乃入议。

夏，四月，立皇子髆为昌邑王。

【译文】四年(甲申，公元前97年)春季，正月，在甘泉宫接见诸侯王。

征召全国人民中，凡是犯法的官吏，或是亡命、赘婿、商人、旧有市籍、父母有市籍、祖父母有市籍等七种人，都去从军，再加上一些勇敢之士，于是派由贰师将军李广利带领六万名的骑兵和七万名的步兵，出朔方郡；派强弩都尉路博德也率领一万多人去和贰师会合；游击将军韩说则带领三万名步兵出五原郡；因杅将军公孙敖率领一万名骑兵和三万名步兵出雁门郡。匈奴听说汉朝派了大军压境，就赶紧把他们的妻子、资产远远地迁移到余吾水北边；单于则带着十万兵马在余吾水的南边等候，打算和贰师将军交战。贰师引兵回师，汉军便和单于一连战斗了十几天。游击将军韩说则没遭遇匈奴军队，没有收获。因杅将军和左贤王作战，战争不顺利，引兵回师。

当时，汉武帝派遣公孙敖深入匈奴地区，去迎接李陵，敖领军前去，无功而回，就说："我捉到了俘虏，说是李陵在教单于训练军队来防备汉兵，臣以为毫无所得，不能完成任务。"汉武帝就杀了李陵一家人。听说，原来训练匈奴兵的，是投降匈奴的汉将李绪，不是李陵。后来，李陵便派人去刺杀绪，单于的母亲大阏氏就要杀李陵，单于便把李陵藏匿到北方去；等大阏氏死后，才回来。单于把女儿嫁给了李陵为妻，封为右校王，和卫律同样都很受尊宠重用。卫律经常在单于左右办事，李陵则居住在外，有了国家大事才召他入议。

夏季，四月，立皇子刘髆为昌邑王。

**太始元年**(乙酉，公元前九六年)春，正月，公孙敖坐妻为巫蛊要斩。

徙郡国豪杰于茂陵。

夏，六月，赦天下。

是岁，匈奴且鞮侯单于死。有两子，长为左贤王，次为左大将。左贤王未至，贵人以为有病，更立左大将为单于。左贤王闻之，不敢进。左大将使人召左贤王而让位焉。左贤王辞以病，左大将不听，谓曰："即不幸死，传之于我。"左贤王许之，遂立，为狐鹿姑单于。以左大将为左贤王，数年，病死；其子先贤掸不得代，更以为日逐王。单于自以其子为左贤王。

【译文】太始元年(乙酉，公元前 96 年)春季，正月，公孙敖因为他的妻子用巫术害人，因此受到牵连，被处以腰斩之刑。

把郡国中的富豪英杰迁到茂陵去。

夏季，六月，赦免天下。

这年，匈奴且鞮侯单于去世了，他的两个儿子，大的为左贤王，次的为左大将，因为左贤王还没有奔丧，贵人们觉得他病了，于是就改立左大将为单于。左贤王听说了这件事情，害怕进去。左大将就派人去把左贤王找来，让位给他。左贤王以身体有病加以推脱，左大将不听他的，告诉他说："假如真的不幸死了，再传位给我。"左贤王答应了他，便立为单于，就是狐鹿姑单于。以左大将为左贤王，几年之后，左贤王病死了，他的儿子先贤掸不得继位为左贤王，改任为日逐王。单于任命了他自己的儿子为左贤王。

**二年**( 丙戌，公元前九五年)春，正月，上行幸回中。

杜周卒，光禄大夫暴胜之为御史大夫。

秋，旱。

赵中大夫白公奏穿渠引泾水，首起谷口，尾入栎阳，注渭中，袤二百里，溉田四千五百馀顷，因名曰白渠；民得其饶。

**三年**( 丁亥，公元前九四年)春，正月，上行幸甘泉宫。二月，幸东海，获赤雁。幸琅邪，礼日成山，登之罘，浮大海而还。

是岁，皇子弗陵生。弗陵母曰河间赵倢伃，居钩弋宫，任身十四月而生。上曰："闻昔尧十四月而生，今钩弋亦然。"乃命其所生门曰尧母门。

【译文】二年( 丙戌，公元前 95 年)春季，正月，汉武帝巡行到了回中。

杜周去世，光禄大夫暴胜之被任命为御史大夫。

秋季，发生旱灾。

赵中大夫白公上奏请求开凿河渠来引入泾水，从谷口起，到栎阳止，注入渭中，长二百里，能够灌溉四千五百多顷的田地，所以就叫作白渠。人民都得到了丰足。

三年( 丁亥，公元前 94 年)春季，正月，汉武帝巡行到甘泉宫。二月，到东海郡，得到了一只红雁。又到琅邪郡，在成山礼拜太阳，又登上了之罘山，然后坐船从海上回来。

这一年，皇子刘弗陵诞生。刘弗陵的母亲是河间人，姓赵，被封为婕妤，住在钩弋宫，怀了十四个月的身孕才生下皇子。汉武帝说:"听说以前的尧帝也是过了十四个月的怀胎才被生下来,现在钩弋所生的儿子也是一样。"于是就把钩弋的儿子所诞生的房间门命名叫尧母门。

◆臣光曰:为人君者,动静举措不可不慎,发于中必形于外,天下无不知之。当是时也,皇后、太子皆无恙,而命钩弋之门曰尧母,非名也。是以奸臣逆探上意,知其奇爱少子,欲以为嗣,遂有危皇后、太子之心,卒成巫蛊之祸,悲夫!◆

赵人江充为水衡都尉。初,充为赵敬肃王客,得罪于太子丹,亡逃;诣阙告赵太子阴事,太子坐废。上召充入见。充容貌魁岸,被服轻靡,上奇之;与语政事,大悦,由是有宠,拜为直指绣衣使者,使督察贵戚、近臣逾侈者。充举劾无所避,上以为忠直,所言皆中意。尝从上甘泉,逢太子家使乘车马行驰道中,充以属吏。太子闻之,使人谢充曰:"非爱车马,诚不欲令上闻之,以教敕亡素者,唯江君宽之!"充不听,遂白奏。上曰:"人臣当如是矣!"大见信用,威震京师。

【译文】◆臣司马光说:当国君的人,他的动静举止是不可以不谨慎的,因为产生在心里面的意念,必然会表现为外在的行为,那么天下的人就没有不知道的了。当生下弗陵的时候,皇后和太子都平安无事,但是却命名钩弋的儿子所诞生的室门叫作尧母门,这是不应该如此取名的。所以一些奸邪不正的人,在预测汉武帝的意思的时候,就知道汉武帝很疼惜他的小儿子,想要立他为后,于是便有了危害皇后和太子的心意,最终酿成了巫蛊之祸,这实在是很可悲的事呀!◆

赵国人江充被任命为水衡都尉。开始,江充为赵敬肃王的门客,因为得罪了太子丹,就逃亡在外;然后跑到汉武帝那里去告发赵太子的一些阴私事情，于是太子就被废掉了。汉武帝召见了江充。看见他相貌魁梧，穿的衣服也很轻细靡丽，觉得特别；就和他讨论政事，结果很是满意，他因此受到宠信，被任命为直指绣衣使者，派去督察贵戚和近臣的言行，看看有没有过于奢侈犯法的。江充在纠举弹劾的时候，毫不忌讳，所以汉武帝觉得他很忠心正直，所上奏的也都很合汉武帝的心意。还曾跟随汉武帝到甘泉宫，在路上遇到太子派往甘泉去的人，乘坐着车马，在专供天子行走的大马路上奔驰，江充就把他们纠举出来，交给官府去治理。太子听到这件事，派人向江充谢罪说：“并不是我爱惜这些车马，实在是不想让皇上知道这件事，觉得我平日都不去教管这些左右部属。希望江君能饶恕他们！”江充不听，就上奏给汉武帝知道。汉武帝说：“当一个人臣，应当是这样！”于是就更加受到信任，他的威视也因此震惊了京师。

**四年**（戊子，公元前九三年）春，三月，上行幸泰山。壬午，祀高祖于明堂以配上帝，因受计。癸未，祀孝景皇帝于明堂。甲申，修封。丙戌，禅石闾。夏，四月，幸不其。五月，还，幸建章宫，赦天下。

冬，十月，甲寅晦，日有食之。

十二月，上行幸雍，祠五畤。西至安定、北地。

**征和元年**（己丑，公元前九二年）春，正月，上还，幸建章宫。

三月，赵敬肃王彭祖薨。彭祖取江都易王所幸淖姬，生男，号淖子。时淖姬兄为汉宦者，上召问：“淖子何如？”对曰：“为人多欲。”上曰：“多欲不宜君国子民。”问武始侯昌，曰：“无咎无誉。”上曰：“如是可矣。”遣使者立昌为赵王。

【译文】四年(戊子,公元前93年)春季,三月,汉武帝巡行到泰山。壬午日,在明堂祭祀高祖,用来配享上帝,同时接纳了各方所呈上的租税钱粮计簿。癸未日,在明堂祭祀孝景皇帝。甲申日修建坛台,行祭祀天礼。丙戌日,祭拜石闾山。夏季,四月,到达不其县。五月,归来,到建章宫,随即下诏赦免天下。

冬季,十月,甲寅晦日,日食。

十二月,汉武帝到雍去祭祀五畤。西行到安定、北地二郡。

征和元年(己丑,公元前92年)春季,正月,汉武帝回来,到建章宫去。

三月,赵敬肃王彭祖去世。彭祖娶了江都易王所喜爱的淖姬,生了一个男孩儿,叫作淖子。当时淖姬的兄长在汉朝廷里当宦官,汉武帝询问他说:"淖子这人怎么样呢?"回答说:"他做人多欲。"汉武帝说:"多欲就不适合君临国家,统领人民。"汉武帝又问武始侯刘昌怎么样,他回答说:"这个人没犯什么过错,也无荣誉。"汉武帝说:"这就可以了。"便派遣使者去封立刘昌为赵王。


夏,大旱。

上居建章宫,见一男子带剑入中龙华门,疑其异人,命收之。男子捐剑走,逐之弗获。上怒,斩门候。冬,十一月,发三辅骑士大搜上林,闭长安城门索;十一日乃解。巫蛊始起。

丞相公孙贺夫人君孺,卫皇后姊也,贺由是有宠。贺子敬声代父为太仆,骄奢不奉法,擅用北军钱千九百万;发觉,下狱。是时,诏捕阳陵大侠朱安世甚急,贺自请逐捕安世以赎敬声罪,上许之。后果得安世。安世笑曰:"丞相祸及宗矣!"遂从狱中上书,告"敬声与阳石公主私通;上且上甘泉,使巫当驰道埋偶人,祝诅上，有恶言。”

【译文】夏季，大旱灾。

汉武帝住在建章宫，看见一个男人带着剑进入中龙华门，怀疑他是一个怪异的人，就命人去捕捉他。那个男人就丢下剑逃跑了，奉命去找他的人没有追上他。汉武帝特别生气，就杀掉了掌管宫门出入的门侯。冬季，十一月，调发了三辅的骑士，在上林苑中大肆搜捕奸人，关闭了长安城；到了十一日才解禁。这时便萌发了所谓的巫蛊之祸。

丞相公孙贺的夫人君孺，是卫皇后的姐姐，贺因此受到宠信。公孙贺的儿子敬声代他父亲继任为太仆，骄傲奢侈，不遵守法律，擅自动用了掌管京城门内的北军经费一千九百万，事情败露后，被关进了监狱。这时，汉武帝要捕获阳陵大侠朱安世的命令特别急迫，贺便自请去追捕安世，希望能替敬声赎罪，汉武帝答应了。后来果然捕获了安世。安世笑着说：“丞相将有灾难，连累你的宗族了！”就在狱中上书给汉武帝，说：“阳石公主和敬声私通，皇上将要去往甘泉宫的时候，便派遣巫师在天子所驰走的马路上，埋下了木偶人，然后烧香祈祷，诅咒皇上，说了一些坏话。”

【乾隆御批】“巫蛊”之起，因信方士，求神仙，有以启之。妖由人兴，不可不求其本也。

【译文】“巫蛊之祸”的兴起，是因为汉武帝迷信方术，寻求神仙，才导致的。妖是通过人兴起的，对此根本不能不探求。

二年(庚寅，公元前九一年)春，正月，下贺狱，案验；父子死狱中，家族。以涿郡太守刘屈氂为左丞相，封澎侯。屈氂，中山靖王子也。

夏，四月，大风，发屋折木。

闰月，诸邑公主、阳石公主及皇后弟子长平侯伉皆坐巫蛊诛。

上行幸甘泉。

初，上年二十九乃生戾太子，甚爱之。及长，性仁恕温谨，上嫌其材能少，不类己；而所幸王夫人生子闳，李姬生子旦、胥，李夫人生子髆，皇后、太子宠浸衰，常有不自安之意。上觉之，谓大将军青曰："汉家庶事草创，加四夷侵陵中国，朕不变更制度，后世无法；不出师征伐，天下不安；为此者不得不劳民。若后世又如朕所为，是袭亡秦之迹也。太子敦重好静，必能安天下，不使朕忧。欲求守文之主，安有贤于太子者乎！闻皇后与太子有不安之意，岂有之邪？可以意晓之。"大将军顿首谢。皇后闻之，脱簪请罪。太子每谏征伐四夷，上笑曰："吾当其劳，以逸遗汝，不亦可乎！"

【译文】二年（庚寅，公元前91年）春季，正月，汉武帝把公孙贺关进监狱，追查犯罪的事情；结果父子都死在狱中，全家也都被诛杀。于是任命涿郡太守刘屈牦为丞相，封为澎侯。屈牦，是中山靖王的儿子。

夏季，四月，刮大风，把房屋都吹翻了，树木也吹断了。

闰五月，诸邑公主、阳石公主和皇后的弟弟卫青的儿子长平侯伉，都因为巫蛊的事情被杀。

汉武帝巡行到了甘泉。

起初，汉武帝二十九岁时才诞下戾太子，特别疼爱他。等到长大了，因为性情显得很仁慈、宽恕、温文、恭谨，汉武帝嫌他没什么才干，不像自己；而所喜爱的王夫人生了儿子刘闳，李姬生了儿子刘旦、刘胥，李夫人生了儿子刘髆，皇后和太子便因为汉武帝的宠爱渐渐地衰退了，常有不能安稳的感觉。汉武帝知晓了，告诉大将军卫青说："汉朝各种事情都才开始建立，加上四面的夷狄又来侵扰我国，假如我不改变制度，会令后代子孙无所遵守，不派兵征讨，天下将不得安宁。为了这些，便不得不劳动人民。假如后代又像我这样劳师动众，那便会走上亡秦灭亡的老路子啊！太子很敦厚稳重，又喜爱安静，一定能安定天下，不会让我担心。要想找一个能遵守文治成法，而不尚武功的君主，哪有比太子更好的人选呢！听说皇后和皇太子心里有不安的感觉，怎么会有这种想法呢？你可以把我的这个意思带去劝解他们。"大将军卫青叩头感谢。皇后听到这个消息，便去掉首饰，前去请罪。太子每次进言，劝谏征伐四夷的事情，汉武帝就笑着说："我来承担这些劳苦，让你将来安逸些，不是很好的吗！"

上每行幸，常以后事付太子，宫内付皇后。有所平决，还，白其最，上亦无异，有时不省也。上用法严，多任深刻吏；太子宽厚，多所平反，虽得百姓心，而用法大臣皆不悦。皇后恐久获罪，每戒太子，宜留取上意，不应擅有所纵舍。上闻之，是太子而非皇后。群臣宽厚长者皆附太子，而深酷用法者皆毁之。邪臣多党与，故太子誉少而毁多。卫青薨后，臣下无复外家为据，竞欲构太子。

上与诸子疏，皇后希得见。太子尝谒皇后，移日乃出。黄门苏文告上曰："太子与宫人戏。"上益太子宫人满二百人。太子后知之，心衔文。文与小黄门常融、王弼等常微伺太子过，辄增加白之。皇后切齿，使太子白诛文等。太子曰：“第勿为过，何畏文等！上聪明，不信邪佞，不足忧也！”上尝小不平，使常融召太子，融言“太子有喜色”，上嘿然。及太子至，上察其貌，有涕泣处，而佯语笑，上怪之；更微问，知其情，乃诛融。皇后亦善自防闲，避嫌疑，虽久无宠，尚被礼遇。

【译文】汉武帝每次出外巡行，常把后事托付给太子，宫内的事情托付给皇后。有所审定的事情，等汉武帝回来以后，就把其中最为重大的向汉武帝报告，汉武帝也不会有什么异议，有时候甚至不去省视它。汉武帝用法很严厉，多任用苛刻峻厉的官吏；太子则很宽厚，常常会去昭雪冤案，奏使从轻，所以虽然能得到百姓的心意，但是一些执法的大臣很不高兴。皇后害怕这种事情久了会得到罪责，经常劝告太子，应该留心吸取皇上的意思来判决案件，不应该擅自有所宽赦。汉武帝听到了这件事，认为太子的做法是对的，而皇后的劝告是错的。大臣中一些比较宽厚的长者都附从太子的决定，而一些执法深酷的大臣却都在损毁他；因为奸邪的大臣们，党同的人比较多，所以称誉太子的人少而毁谤的人多。等到卫青去世后，在大臣当中，再也没有一个像外家卫青一样的人来供他依靠支持，所以奸臣们就都争先去构陷太子。

汉武帝与诸子日疏，皇后也难得一见。太子曾经去见皇后，过了很久才出来。黄门苏文就去报告汉武帝说：“太子和宫人在一起嬉戏。”汉武帝便增加太子的宫人到两百名。太子后来知道了这件事，心里特别恨苏文。苏文和小黄门常融、王弼等人便常常在暗中侦查太子的过失，之后又添油加醋地向汉武帝报告。皇后知晓了这件事情，也特别生气，就教太子去向汉武帝报告，杀掉苏文这一班人。太子说：“只要我们不犯过错，何必害怕他们呢! 皇上是很聪明的, 绝不会听信奸邪小人, 这是不必担心的!"汉武帝身体曾经有一点不舒服, 派常融去把太子找来, 常融回来后向汉武帝报告说:"太子看起来有一点高兴的样子。"汉武帝听了, 默默不语。等到太子来了, 便仔细察看他的相貌, 发现有流过泪的痕迹, 而表面上却装出像是没事一般地谈笑着, 汉武帝觉得很奇怪, 便暗中查问, 才知道了实情, 就诛杀了常融。皇后从此也特别去注意预防一些闲隙是非, 避免发生一些不必要的嫌疑, 虽然已经很久不再受到汉武帝的宠信, 但是仍然受到相当的礼待。

　　是时, 方士及诸神巫多聚京师, 率皆左道惑众, 变幻无所不为。女巫往来宫中, 教美人度厄, 每屋辄埋木人祭祀之。因妒忌恚詈, 更相告讦, 以为祝诅上, 无道。上怒, 所杀后宫延及大臣, 死者数百人。上心既以为疑, 尝昼寝, 梦木人数千持杖欲击上, 上惊寤, 因是体不平, 遂苦忽忽善忘。江充自以与太子及卫氏有隙, 见上年老, 恐晏驾后为太子所诛, 因是为奸, 言上疾祟在巫蛊。于是, 上以充为使者, 治巫蛊狱。充将胡巫掘地求偶人, 捕蛊及夜祠、视鬼, 染污令有处, 辄收捕验治, 烧铁钳灼, 强服之。民转相诬以巫蛊, 吏辄劾以为大逆不道; 自京师、三辅连及郡、国, 坐而死者前后数万人。

　　是时, 上春秋高, 疑左右皆为蛊祝诅; 有与无, 莫敢讼其冤者。充既知上意, 因胡巫檀何言:"宫中有蛊气; 不除之, 上终不差。"上乃使充入宫, 至省中, 坏御座, 掘地求蛊; 又使按道侯韩说、御史章赣、黄门苏文等助充。充先治后宫希幸夫人, 以次及皇后、太子宫, 掘地纵横, 太子、皇后无复施床处。充云:"于太子宫得木人尤多, 又有帛书, 所言不道; 当奏闻。"太子惧, 问少傅石德。德惧为师傅并诛，因谓太子曰："前丞相父子、两公主及卫氏皆坐此，今巫与使者掘地得征验，不知巫置之邪，将实有也，无以自明。可矫以节收捕充等系狱，穷治其奸诈。且上疾在甘泉，皇后及家吏请问皆不报；上存亡未可知，而奸臣如此，太子将不念秦扶苏事邪？"太子曰："吾人子，安得擅诛！不如归谢，幸得无罪。"太子将往之甘泉，而江充持太子甚急；太子计不知所出，遂从石德计。秋，七月，壬午，太子使客诈为使者，收捕充等。按道侯说疑使者有诈，不肯受诏，客格杀说。太子自临斩充，骂曰："赵虏！前乱乃国王父子不足邪！乃复乱吾父子也！"又炙胡巫上林中。

**【译文】**这时候，方士和一些巫师多聚集在京师，大多是以邪道来迷惑群众，施展他们的幻术，可以说是无所不做。女巫则在宫中穿梭，教美人一些什么消灾去难的法术，每间屋子都埋下了木偶人，然后去祭拜这些木偶人。由于相互妒忌就怒骂，更相举发，说对方诅咒皇上，希望神明会加害他，真是大逆不道。汉武帝知道了这件事情，非常生气，杀掉了很多后宫里的人，还牵累到一些大臣，一共死了几百人。汉武帝对于巫蛊，即有了疑心。又一次，在白天睡觉，就梦到了有几千个木偶人，拿着木棒要来攻击他，汉武帝惊醒以后，便因此生了病，于是精神上就老觉得恍惚不安，又很健忘。江充因为感到自己和太子及卫氏有间隙，看到汉武帝年老了，恐怕驾崩后，会被太子杀掉，因此便玩弄奸计，说汉武帝的疾病，是由于巫蛊的关系。所以汉武帝便派江充为钦差大臣，去审治有关巫蛊的案件。江充带着胡巫就去挖掘土地，寻找木偶人，捕捉那巫蛊以及在夜里祭祀祈祷诅咒汉武帝的人，他还预先派人在别人的住处埋下木偶，又用其他的东西污染埋木偶的地方作为记号，假托是鬼魅的痕迹，于是派胡巫去查看那所谓的鬼所污染之处，让他们由此而知那里有巫蛊，然后把它挖出来，就收捕了他们来调查审问，用烧红的铁去挟持或炙烤他们，使他们不得不屈服地认罪。人民有以巫蛊相诬陷的，属吏就以大逆不道来问罪，从京师、三辅牵连到郡、国，因此被判刑而死的前后有几万人之多。

　　这时候，汉武帝岁数已高，怀疑左右的人都在弄巫蛊祈祷诅咒他；所以这些人到底有没有如此做，都没有人敢替他们申冤。江充知道了汉武帝的心意，便借着胡巫檀何的话说："宫中有了毒蛊的气息，不设法去除掉，皇上的病是治不好的。"汉武帝便要江充进宫查勘，江充到了宫禁里面，便打坏了皇帝的宝座，开始挖掘土地，寻找巫蛊。汉武帝又派按道侯韩说、御史章赣、黄门苏文等协助江充办理这件事情。江充先从宫里很少得到汉武帝临幸的夫人那里查办起，依次查问到了皇后和太子所住的地方。因为到处挖掘，使得太子和皇后连个摆床的地方都找不到。江充说："在太子的宫里，所挖的木偶特别多。又有帛书，上面所写的都属大逆不道的言论，应当奏明皇上。"太子特别害怕，便问少傅石德该怎么办。石德因为害怕身为师傅，会受到牵连而被杀，便告诉太子说："前丞相父子、两位公主和卫氏都是因为这种事情被定罪问刑的。现在巫师和使者来挖了地，得到了证物，不知是巫师所放的呢，或者是原本就有的，已是百口莫辩了。现在之计，可伪出皇上的信符，假托君命，去收捕江充等人，关到监狱里去，然后去追查他们奸计。并且，现在皇上在甘泉宫养病，皇后和太子的家吏派遣去问安的都得不到消息；不知道皇上的存亡如何，而奸臣却是如此猖狂，太子就不想想秦代时候扶苏的事情吗？"太子说："身为人子，哪里可以擅行诛罚！不如回去谢罪，希望能因此得到宽赦。"太子就打算到甘泉宫去，而江充却急着要挟制太子，太子没有办法，就接纳了石德的计谋。秋季，七月，壬午日，太子派遣门客假装为汉武帝的使臣去逮捕江充等人。按道侯说怀疑使臣的身份，不肯接受诏令，派去的门客就击杀了说。事成之后，太子亲临监斩江充，骂他说："赵国的俘虏！从前你告发了赵太子，使得太子被废，祸害了你们赵国国王父子的关系，这还不够吗？你现在又要来捣乱我们父子的感情了！"又在上林苑中烧烤了胡巫。

太子使舍人无且持节夜入未央宫殿长秋门，因长御倚华具白皇后，发中厩车载射士，出武库兵，发长乐宫卫卒。长安扰乱，言太子反。苏文迸走，得亡归甘泉，说太子无状。上曰："太子必惧，又忿充等，故有此变。"乃使使召太子。使者不敢进，归报云："太子反已成，欲斩臣，臣逃归。"上大怒。丞相屈氂闻变，挺身逃，亡其印绶，使长史乘疾置以闻。上问："丞相何为？"对曰："丞相秘之，未敢发兵。"上怒曰："事籍籍如此，何谓秘也！丞相无周公之风矣，周公不诛管、蔡乎！"乃赐丞相玺书曰："捕斩反者，自有赏罚。以牛车为橹，毋接短兵，多杀伤士众！坚闭城门，毋令反者得出！"太子宣言告令百官云："帝在甘泉病困，疑有变；奸臣欲作乱。"上于是从甘泉来，幸城西建章宫，诏发三辅近县兵，部中二千石以下，丞相兼将之。太子亦遣使者矫制赦长安中都官囚徒，命少傅石德及宾客张光等分将；使长安囚如侯持节发长水及宣曲胡骑，皆以装会。侍郎马通使长安，因追捕如侯，告胡人曰："节有诈，勿听也！"遂斩如侯，引骑入长安；又发辑濯士以予大鸿胪商丘成。初，汉节纯赤，以太子持赤节，故更为黄旄加上以相别。

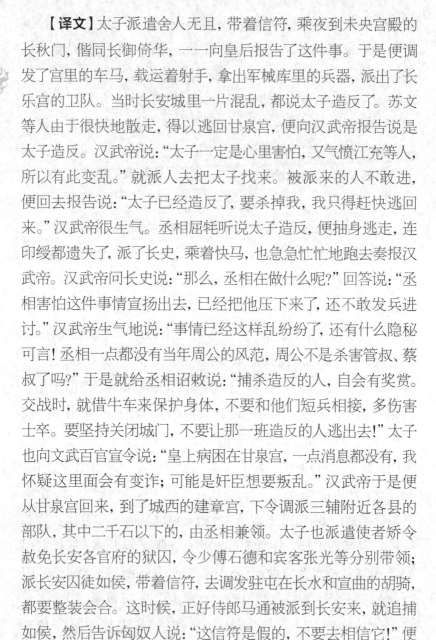

【译文】太子派遣舍人无且，带着信符，乘夜到未央宫殿的长秋门，偕同长御倚华，一一向皇后报告了这件事。于是便调发了宫里的车马，载运着射手，拿出军械库里的兵器，派出了长乐宫的卫队。当时长安城里一片混乱，都说太子造反了。苏文等人由于很快地散走，得以逃回甘泉宫，便向汉武帝报告说是太子造反。汉武帝说："太子一定是心里害怕，又气愤江充等人，所以有此变乱。"就派人去把太子找来。被派来的人不敢进，便回去报告说："太子已经造反了，要杀掉我，我只得赶快逃回来。"汉武帝很生气。丞相屈牦听说太子造反，便抽身逃走，连印绶都遗失了，派了长史，乘着快马，也急急忙忙地跑去奏报汉武帝。汉武帝问长史说："那么，丞相在做什么呢？"回答说："丞相害怕这件事情宣扬出去，已经把他压下来了，还不敢发兵进讨。"汉武帝生气地说："事情已经这样乱纷纷了，还有什么隐秘可言！丞相一点都没有当年周公的风范，周公不是杀害管叔、蔡叔了吗？"于是就给丞相诏敕说："捕杀造反的人，自会有奖赏。交战时，就借牛车来保护身体，不要和他们短兵相接，多伤害士卒。要坚持关闭城门，不要让那一班造反的人逃出去！"太子也向文武百官宣令说："皇上病困在甘泉宫，一点消息都没有，我怀疑这里面会有变诈；可能是奸臣想要叛乱。"汉武帝于是便从甘泉宫回来，到了城西的建章宫，下令调派三辅附近各县的部队，其中二千石以下的，由丞相兼领。太子也派遣使者矫令赦免长安各官府的狱囚，令少傅石德和宾客张光等分别带领；派长安囚徒如侯，带着信符，去调发驻屯在长水和宣曲的胡骑，都要整装会合。这时候，正好侍郎马通被派到长安来，就追捕如侯，然后告诉匈奴人说："这信符是假的，不要去相信它！"便杀了如侯，带引着骑兵进入长安。又调派用楫、棹行船的楫棹

资治通鉴

士给大鸿胪商丘成。起初，汉朝的符节是纯赤色的；因为太子也持用纯赤色的符号，所以就又加上黄色的羽毛来识别。

太子立车北军南门外，召护北军使者任安，与节，令发兵。安拜受节；入，闭门不出。太子引兵去，驱四市人凡数万众，至长乐西阙下，逢丞相军，合战五日，死者数万人，血流入沟中。民间皆云太子反，以故众不附太子，丞相附兵浸多。

庚寅，太子兵败，南奔覆盎城门。司直田仁部闭城门，以为太子父子之亲，不欲急之，太子由是得出亡。丞相欲斩仁，御史大夫暴胜之谓丞相曰："司直，吏二千石，当先请，奈何擅斩之！"丞相释仁。上闻而大怒，下吏责问御史大夫曰："司直纵反者，丞相斩之，法也；大夫何以擅止之?"胜之惶恐，自杀。诏遣宗正刘长、执金吾刘敢奉策收皇后玺绶，后自杀。上以为任安老吏，见兵事起，欲坐观成败，见胜者合从之，有两心，与田仁皆要斩。上以马通获如侯，长安男子景建从通获石德，商丘成力战获张光，封通为重合侯，建为德侯，成为秅侯。诸太子宾客尝出入宫门，皆坐诛；其随太子发兵，以反法族，吏士劫略者皆徙燉煌郡。以太子在外，始置屯兵长安诸城门。

【译文】太子到达屯驻北军的南门外后停住，召来了护北军使臣任安，给了他信节，命令他派兵。任安拜见了信节；入了城后，就不出来。太子只能引兵离开，逼着东、西、南、北四市的人，共有几万人，到长乐宫的西门，碰到丞相带领的军队，会战了五天，死了几万人，所流的血，多到能漫延流往路旁的水沟里。民间都传说"太子造反"，因此民众都不附从太子，归降丞相的士兵则很多。

庚寅日，太子被打败，向南奔到覆盎城门，司直田仁开了城门，觉得汉武帝与太子之间，有父子的感情，不想去困扰他；太子得以逃亡。丞相由于这件事情，要想问斩田仁，御史大夫暴胜之对丞相说："司直，是二千石的官吏，应当先请求皇上，怎么可以杀害了他！"丞相就放了田仁。汉武帝知晓了之后，特别生气，便交给法庭去询问御史大夫说："司直纵放了叛乱的人，丞相想要杀害他，这就是合法的；大夫何故擅自去阻止他？"胜之很害怕，便自杀了。汉武帝又令执金吾刘敢和宗正刘长奉着策命收回皇后的印绶，皇后也因此自杀了。汉武帝觉得任安是个老官员，看见了有兵事，想坐观成败，看哪个胜利了，再去归顺他，怀有两个心意，不忠诚国家，就和田仁一块儿都腰斩处死。汉武帝因为马通捕捉了如侯，就把他封为重合侯，长安公子景建从马通逮捕了石德，封其为建德侯，商丘成力战逮捕了张光，封为秺侯。从前在太子宫门进出的太子客人，都被问罪处死了；随着太子发兵的，依据叛乱的法令灭族；被太子威胁一块儿叛乱的吏士，都被发派到敦煌郡去。因此太子逃跑在外，便开始在长安各城门派置部队守着。

【申涵煜评】戾太子之死，不死于江充，而死于石德。太子欲自往甘泉，德乃劝以矫诏，以致称兵阙下，授首东湖。向使得良师傅，何遽至此哉！史归咎于博望苑夫，德非博望苑中人也。

【译文】戾太子刘据的死，不是因江充而死，而是因石德而死。太子刘据本来要亲自去甘泉宫向汉武帝证明清白，石德竟然劝太子假传诏令逮捕江充，以至于刘据兵临阙下，犯下大罪，死在了湖县。假使太子有一个贤良的老师，哪里会走到这种地步呢！历史记载把责任归咎于博望苑中的那些人，石德可不是博望苑中人啊。

上怒甚，群下忧惧，不知所出。壶关三老茂上书曰："臣闻父者犹天，母者犹地，子犹万物也，故天平，地安，物乃茂成；父慈，母爱，子乃孝顺。今皇太子为汉适嗣，承万世之业，体祖宗之重，亲则皇帝之宗子也。江充，布衣之人，间阎之隶臣耳；陛下显而用之，衔至尊之命以迫蹴皇太子，造饰奸诈，群邪错缪，是以亲戚之路隔塞而不通。太子进则不得见上，退则困于乱臣，独冤结而无告，不忍忿忿之心，起而杀充，恐惧逋逃，子盗父兵，以救难自免耳。臣窃以为无邪心。《诗》曰：'营营青蝇，止于藩。恺悌君子，无信谗言。谗言罔极，交乱四国。'往者江充谗杀赵太子，天下莫不闻。陛下不省察，深过太子，发盛怒，举大兵而求之，三公自将。智者不敢言，辩士不敢说，臣窃痛之！唯陛下宽心慰意，少察所亲，毋患太子之非，亟罢甲兵，无令太子久亡！臣不胜惓惓，出一旦之命，待罪建章宫下！"书奏，天子感寤，然尚未显言赦之也。

【译文】为了太子的事儿，汉武帝特别气愤，群臣也都很害怕，但是不知道该怎样办。壶关三老令狐茂就上书说："臣听说：父亲就像上天一样，母亲就像大地一样，但是子女就像万物一样，所以天地都能平安，万物就能繁茂；母爱父慈，子女就能孝顺。现今皇太子为汉朝的嫡子，荷承万世的功绩，体纳祖先的重大责任，对于血亲来说，是皇帝嫡出的长子。但是江充呢？不过就是一介布衣百姓，乡里一个卑微的小官；陛下却对他居显重用，他就带着皇上的旨意来胁迫皇太子，造作掩盖他的欺诈奸邪，一般的奸诈小人也都跟着发生了失误，所以，亲戚间的感情，就被阻隔得不能沟通了。太子因此进则不能见到皇上，退则受困于乱臣，单独含着愁怨冤屈而没地方告诉，因此咽不下去心里的那口怨气，就把江充杀掉了，又因为害怕而戴罪逃跑,于是就子盗父兵,那也不过是希望能救助他的灾难,以求得福气,图能免于刑责罢了。我觉得皇太子这样做,并无邪恶不轨的心意。《诗经》说:'那来往不断的苍蝇,会玷污洁白的食物,把它变得又脏又黑,所以应当让它停留在那远远的园圃的篱笆上去,不要让它飞到宫殿里去。平易和乐的君子,也不能听信谗言,因为那奸诈的小人,也会变得邪恶,所以应当遗弃到荒郊野外,不能让他在朝上。假如让谗言无限制地流传,连周边的诸侯国都会互相混乱起来,所以应当仔细查看!'从前江充在赵国时,曾经杀害赵太子,这件事儿天下无人不知晓。皇上不去深究他,却去责怪皇太子,发了大脾气,派遣大军就要去逮捕他,由丞相亲自带兵。这样的事情,聪明的人是不会进谏的,辩士也不会去说它,臣在私下里很伤心!所以请求陛下能放宽心情,慰安心意,稍微注意一下应该接近的人,别忧愁皇太子的得失,赶快撤兵,不能让皇太子长久地在外逃亡!这也是我的一片忠心,冒死陈述,待罪建章宫下。"奏章上闻以后,汉武帝有了觉悟,但是还不能扬言放过太子。

太子亡,东至湖,藏匿泉鸠里;主人家贫,常卖屦以给太子。太子有故人在湖,闻其富赡,使人呼之而发觉。八月,辛亥,吏围捕太子。太子自度不得脱,即入室距户自经。山阳男子张富昌为卒,足蹋开户,新安令史李寿趋抱解太子。主人公遂格斗死,皇孙二人皆并遇害。上既伤太子,乃封李寿为邘侯,张富昌为题侯。

初,上为太子立博望苑,使通宾客,从其所好,故宾客多以异端进者。

◆臣光曰:古之明王教养太子,为之择方正敦良之士,以为保傅、师友，使朝夕与之游处。左右前后无非正人，出入起居无非正道，然犹有淫放邪僻而陷于祸败者焉。今乃使太子自通宾客，从其所好。夫正直难亲，谄谀易合，此固中人之常情，宜太子之不终也！◆

【译文】太子向东逃到了湖县，藏在泉鸠里。所藏的人家因为贫穷，经常用卖鞋子所得来的钱供给太子平常所需要的。太子有个朋友就住在那里，听说很有钱，就派人去，因此被察觉了。八月，辛亥日，就有官员来逮捕太子。太子自己想想是逃不掉的，就进到房里去，把门关上，上吊自杀了。山阳郡有个男子，名字叫作张富昌的，也在逮捕队伍里当一名士兵，就用脚把门踹开，新安令史李寿赶快走向前去抱住太子，将他解下来，主人家遂因抗旨而被打死，皇孙两人也一同遇害。汉武帝很感叹太子的去世，就把李寿封为邗侯，张富昌封为题侯。

起初，汉武帝给太子于长安杜门外修建了博望苑，使他能和宾客互相来往，依着太子的喜好去做，所以那些宾客才有机会经常拿跟正道相违背的异端，进贡给太子。

◆臣司马光评论说：古时圣明的君王教诲太子时，是会替他选择严正不偏、敦厚贤良的人来做他的师友、保傅，使得他能整天都跟他们在一块儿交往学习，使得在太子左右前后的人都是正直的人，出入起居都能遵循正道，即便如此，还会有因为言行不正放荡而致使祸害的事情发生。但是现在让太子自己做主去选择交往的宾客，而顺从着太子喜好。正直的事物人情，是不容易和他相近的，而偏好献媚的，容易和他到一块儿去，这自然是一般人经常有的情景，也难怪太子没有好下场。◆

【乾隆御批】充虽大奸，岂能谋间骨肉？特觊觎易储之萌，是以乘机窃发耳。物先腐而虫生，信哉！太子而反天下大变也，子盗父兵杀谗者，尚可合战五日，何为者？亦壶关三老上书辨其冤，所谓乱民之尤。彼必阴有以窥武帝略悔之意，觊太子之复位居首功耳。人情险，嘘吁可畏哉！

【译文】江充虽然奸诈，但又如何能离间亲生的父子关系呢？他不过是窥探到了汉武帝想换皇太子的苗头，乘机发难而已。东西总是先腐烂再生虫，确实如此啊！太子造反而天下动荡，儿子盗用父亲的军队杀死进谗言的人，还可以交战五天。这是为什么呢？至于壶关三老上书为太子申冤，可以说是最大的乱民。他肯定是私下里窥测到了武帝已略有后悔之意，才去上书，以使自己在太子复位后能居于首功。人心险恶，真是可怕啊！

癸亥，地震。

九月，商丘成为御史大夫。

立赵敬肃王小子偃为平干王。

匈奴入上谷，五原，杀掠吏民。

【译文】癸亥日，发生地震。

九月，任命商丘成为御史大夫。

立赵敬肃王小儿子偃为平干王。

匈奴侵入上谷、五原两郡，伤害抢夺当地的官吏群众。

三年（辛卯，公元前九〇年）春，正月，上行幸雍，至安定、北地。

匈奴入五原、酒泉，杀两都尉。三月，遣李广利将七万人出五原，商丘成将二万人出西河，马通将四万骑出酒泉，击匈奴。

【译文】三年（辛卯，公元前90年）春季，正月，汉武帝视察到了雍，到达北地、安定两地。

匈奴侵入酒泉、五原，杀害了两名都尉。三月，汉武帝派李广利带领七万人出五原，商丘成带领二万人走出西河，马通带领四万名骑兵出酒泉，去攻打匈奴。

夏，五月，赦天下。

匈奴单于闻汉兵大出，悉徙其辎重北邸郅居水；左贤王驱其人民度余吾水六七百里，居兜衔山；单于自将精兵渡姑且水。商丘成军至，追邪径，无所见，还。匈奴使大将与李陵将三万馀骑追汉军，转战九日，至蒲奴水；虏不利，还去。马通军至天山，匈奴使大将偃渠将二万馀骑要汉兵，见汉兵强，引去；通无所得失。是时，汉恐车师兵遮马通军，遣开陵侯成娩将楼兰、尉犁、危须等六国兵共围车师，尽得其王民众而还。贰师将军出塞，匈奴使右大都尉与卫律将五千骑要击汉军于夫羊句山陕，贰师击破之，乘胜追北至范夫人城。匈奴奔走，莫敢距敌。

【译文】夏季，五月，赦免天下。

匈奴单于听说了汉军进攻的消息，就把他们的军需品和眷口等全都向北迁徙到郅居水。左贤王的人民也被驱迫向北渡过余吾水六七百里，停住在兜衔山；单于则亲自带领精兵渡过姑且水。商丘成的军队开到了匈奴管辖范围内，从偏斜小路去追赶匈奴，却没有看见什么，于是就把军队调了回来。匈奴便派了大将，会合李陵，带领三万多名骑兵去追赶汉军，转战了九天，到达蒲奴水，匈奴军出兵失利，逃跑了。马通的军队则到了天山，匈奴派了大将偃渠带领二万多名骑兵去拦截汉军，看见汉军的强盛，便带兵逃跑了；结果是，马通军队没什么得失。这个时候，汉朝害怕车师国会来阻挡马通的部队，便派开陵侯成娩，带领了楼兰、尉犁、危须等西域六国的部队，一块儿去围攻车师国，尽得车师国的民众回去了。贰师将军出了边疆，匈奴派遣右大都尉，会合卫律，带领着千名骑兵，在夫羊句山的山隘里截击汉军，被贰师将军攻破了，贰师就乘胜追击到范夫人城（现今蒙古）；匈奴一直在逃跑，害怕与汉军对抗。

初，贰师之出也，丞相刘屈氂为祖道，送至渭桥。广利曰："愿君侯早请昌邑王为太子；如立为帝，君侯长何忧乎！"屈氂许诺。昌邑王者，贰师将军女弟李夫人子也；贰师女为屈氂子妻，故共欲立焉。会内者令郭穰告"丞相夫人祝诅上及与贰师共祷祠，欲令昌邑王为帝"，按验，罪至大逆不道。六月，诏载屈氂厨车以徇，要斩东市，妻子枭首华阳街；贰师妻子亦收。贰师闻之，忧惧，其掾胡亚夫亦避罪从军，说贰师曰："夫人、室家皆在吏，若还，不称意，适与狱会，郅居以北，可复得见乎！"贰师由是狐疑，深入要功，遂北至郅居水上。虏已去，贰师遣护军将二万骑度郅居之水，逢左贤王、左大将将二万骑，与汉军合战一日，汉军杀左大将，虏死伤甚众。军长史与决眭都尉煇渠侯谋曰："将军怀异心，欲危众求功，恐必败。"谋共执贰师。贰师闻之，斩长史，引兵还至燕然山。单于知汉军劳倦，自将五万骑遮击贰师，相杀伤甚众；夜，堑汉军前，深数尺，从后急击之，军大乱败；贰师遂降。单于素知其汉大将，以女妻之，尊宠在卫律上。宗旅行遂灭。

**【译文】**起初，在贰师将军要带军出发时，丞相刘屈氂为他送行，送到了长安北边的渭桥。李广利说："期望你能早日请求把昌邑王册封为太子；将来如果能继承皇位，那么之后还会有什么值得担心的呢!"屈氂应允了。昌邑王，是贰师将军的妹妹李夫人的儿子；贰师的女儿是屈氂的妻子，因此他们全想把昌邑王立为太子。这件事恰好被内者令郭穰知晓了，便向汉武帝告发说："丞相夫人向神明祈祷诅咒皇上，并且和贰师将军一块儿祈求，要让昌邑王为帝。"于是汉武帝便去纠察此事。果真如此，就以大逆不道的罪名治他们的罪。六月，下令用载运食物的厨车，载运着屈氂游行示威，在东市把他腰斩了，妻子在华阳街被砍了头；也把贰师将军李广利的妻子收捕了。贰师将军得知了这个消息，特别害怕担忧，他的一个属下胡亚夫也是因为躲避罪行才从军的，就向贰师将军进言说："现今都把夫人家小给捕获了，假如你回去，要是不符合别人的心思，就正好被这案件给连累。到那时，才想要到郅居水以北去投降匈奴，这还有可能吗!"贰师将军心里面开始动摇，便想要深入匈奴地界去夺取功劳，就向北到郅居水上。这个时候匈奴已经离开了，贰师将军就派护军带领二万名骑兵过了郅居水，但是碰上了左大将和左贤王所带领的二万名骑兵，和汉军交战了一天，汉军杀害了左大将，匈奴兵死伤特别多。军长史和决眭都尉辉渠侯相谋划说："贰师将军心怀鬼胎，想要害了众人以求得功劳，害怕一定会失败。"就谋划共同设法逮捕贰师将军。贰师将军知晓了这件事，便杀了长史，带兵回到燕然山。单于得知汉军已经非常疲劳，就亲自带领五万名骑兵去拦截贰师将军，杀伤了许多人；又乘着晚上，在汉军前挖掘深沟，沟深有几尺，之后从后快速攻打汉军，汉军叛乱；贰师将军便投降了。单于平时就知晓他是汉朝的一员大将，于是就把女儿嫁给了他，所受到的恩宠，多于卫律。他的宗族，也因此都被汉武帝杀灭了。

秋，蝗。

九月，故城父令公孙勇与客胡倩等谋反，倩诈称光禄大夫，言使督盗贼；淮阳太守田广明觉知，发兵捕斩焉。公孙勇衣绣衣、乘驷马车至圉；圉守尉魏不害等诛之。封不害等四人为侯。

吏民以巫蛊相告言者，案验多不实。上颇知太子惶恐无它意，会高寝郎田千秋上急变，讼太子冤曰："子弄父兵，罪当笞。天子之子过误杀人，当何罪哉！臣尝梦一白头翁教臣言。"上乃大感寤，召见千秋，谓曰："父子之间，人所难言也，公独明其不然。此高庙神灵使公教我，公当遂为吾辅佐。"立拜千秋为大鸿胪，而族灭江充家，焚苏文于横桥上，及泉鸠里加兵刃于太子者，初为北地太守，后族。上怜太子无辜，乃作思子宫，为归来望思之台于湖，天下闻而悲之。

【译文】秋季，闹蝗虫灾害。

九月，前城父县县令公孙勇和门客胡倩等人算计谋反，胡倩诈称是光禄大夫，说是派遣他来督查讨盗贼事，结果被淮阳郡太守田广明知道了，派军队去逮捕了他。公孙勇穿着绚丽的彩绣衣物，乘坐着富贵者乘坐的驷马高车，到达了圉县，被圉县守尉魏不害等人杀掉了。汉武帝于是就封不害等四个人为侯。

官员民众以有关巫蛊的事儿来告发的，经过求证查核，多不确定。汉武帝已经知道太子是被江充胁迫，害怕慌乱，无法自明，这才起兵杀掉江充，并没有其他的意思，这时候，恰好有在高庙卫寝的郎官田千秋，向汉武帝上了个特别的奏章，说："儿子窃取父亲的兵马，应该判他笞刑。而天子的儿子有过失杀了人，又有什么罪呢！臣之前做梦梦到一名白头老翁叫我这样说。"汉武帝于是完全醒悟了，就召见田千秋，告知他说："父子之间的感情关系，这是一般人所难得讲清楚的，只有你能清楚地指出。这是高庙的神灵派遣你来教我的，你应该晋级为在我前后辅佐的人。"就立即任命田千秋为大鸿胪，并且杀害了江充全家族，在横桥上烧了苏文；之前在泉鸠里追杀太子，原先被任职的北地太守的人，之后也被灭族。汉武帝伤感太子没有罪过，便修建了一座思子宫，又在湖县修建了归来望思之台，思望太子魂兮回来，天下人听说后都很悲伤。

【乾隆御批】千秋亦三老之见，至谬称白头翁，荒诞甚矣。此武帝之信邪，有以致之。遂以为丞相，不更可笑乎?

【译文】田千秋所言的动机也和壶关三老一样，至于胡说什么白发老翁，更是荒诞到了极点。这是因为武帝信邪，所以他才这么说以达目的。武帝于是让他做了丞相，这不是更可笑吗?

四年(壬辰，公元前八九年)春，正月，上行幸东莱，临大海，欲浮海求神山。群臣谏，上弗听；而大风晦冥，海水沸涌。上留十馀日，不得御楼船，乃还。

二月，丁酉，雍县无云如雷者三，陨石二，黑如黳。

三月，上耕于钜定。还，幸泰山，脩封。庚寅，祀于明堂。癸巳，禅石闾，见群臣，上乃言曰："朕即位以来，所为狂悖，使天下愁苦，不可追悔。自今事有伤害百姓，靡费天下者，悉罢之!"田千秋曰："方士言神仙者甚众，而无显功，臣请皆罢斥遣之!"上曰："大鸿胪言是也。"于是悉罢诸方士候神人者。是后上每对群臣自叹："向时愚惑，为方士所欺。天下岂有仙人，尽妖妄耳! 节食服药，差可少病而已。"夏，六月，还，幸甘泉。

丁巳，以大鸿胪田千秋为丞相，封富民侯。千秋无它材能、术学，又无伐阅功劳，特以一言寤意，数月取宰相，封侯，世未尝有也。然为人敦厚有智，居位自称，逾于前后数公。

【译文】四年（壬辰，公元前89年）春季，正月，汉武帝视察了东莱，亲自到海边，想要乘船到海上寻找神仙山。群臣都向汉武帝劝谏，汉武帝不听劝告；而这时候恰好刮着大风，天地一片黑暗，海水波涛汹涌。汉武帝在这里停留了十多天，因为找不到乘坐的船，就只能回去了。

二月，丁酉日，雍县的天气晴朗，却无故打了三次雷，同时还掉下两块陨石，黑色如痣一般。

三月，汉武帝在巨定耕田。归来后，又到泰山去修建坛台而行祭天礼。庚寅日，在明堂行祭祀礼仪。癸巳日，祭祀石闾，迎接群臣，于是汉武帝说："自从我即位以来，所做的事都很狂放，因此违背事情天理，使天下人都沉陷在愁苦之中，实在是后悔莫及。从此之后，凡是有会伤害百姓，浪费天下财物的事情，都要撤了停办。"田千秋说："讨论仙人的方士特别多，但是没有明显的验证，臣恳求都能把他们撤了。"汉武帝说："大鸿胪说得太对了啊！"便全都撤退了所有那些想说什么能迎接到仙人的方士。从这之后，汉武帝经常对着大臣们自我感叹地说："我以前也实在是愚蠢，方士把我骗了。天下怎么会有神仙，全是些妖邪胡作非为！不过，假如能节约食物，食用药物，是比较可以减轻些疾病的。"夏季，六月，归来，行幸甘泉。

丁巳日，任命大鸿胪田千秋为丞相，封为富民侯。田千秋并没有其他的才能，也没有三年功绩经验，就是以一句话的方法悟出了汉武帝的心思，只在几个月间就得到了宰相的位置，还被封了侯，这是世上没有过的事啊！但是他做人聪明敦厚，在其位名副其实，因此业绩超过了前后几任的宰相。

先是，搜粟都尉桑弘羊与丞相、御史奏言："轮台东有溉田五千顷以上，可遣屯田卒，置校尉三人分护，益种五谷；张掖、酒泉遣骑假司马为斥候；募民壮健敢徙者诣田所，益垦溉田，稍筑列亭，连城而西，以威西国，辅乌孙。"上乃下诏，深陈既往之悔曰："前有司奏欲益民赋三十，助边用，是重困老弱孤独也。而今又请遣卒田轮台。轮台西于车师千馀里，前开陵侯击车师时，虽胜，降其王，以辽远乏食，道死者尚数千人，况益西乎！曩者朕之不明，以军候弘上书，言'匈奴缚马前后足置城下，驰言"秦人，我匄若马，"'又，汉使者久留不还，故兴遣贰师将军，欲以为使者威重也。古者卿、大夫与谋，参以蓍、龟，不吉不行。乃者以缚马书遍视丞相、御史、二千石、诸大夫、郎、为文学者，乃至郡、属国都尉等，皆以'虏自缚其马，不祥甚哉！'或以为'欲以见强，夫不足者视人有馀。'公车方士、太史、治星、望气及太卜龟蓍皆以为'吉，匈奴必破，时不可再得也。'又曰：'北伐行将，于鬴山必克。封，诸将贰师最吉。'故朕亲发贰师下鬴山，诏之必毋深入。今计谋、卦兆皆反缪。重合侯得虏候者，乃言'缚马者匈奴诅军事也。'匈奴常言'汉极大，然不耐饥渴，失一狼，走千羊。'乃者贰师败，军士死略离散，悲痛常在朕心。今又请远田轮台，欲起亭隧，是扰劳天下，非所以优民也，朕不忍闻！大鸿胪等又议欲募囚徒送匈奴使者，明封侯之赏以报忿，此五伯所弗为也。且匈奴得汉降者常提掖搜索，问以所闻，岂得行其计乎！当今务在禁苛暴，止擅赋，力本农，修马复令，以补缺、毋乏武备而已。郡国二千石各上进畜马方略补边状，与计对。"

【译文】原先，搜粟都尉桑弘羊和丞相、御史上书说："在轮台东方有灌溉耕耘的农地，面积在五千顷之上，可派遣会从事垦殖的兵士前去，设置三名校尉分别去监管这个地方的事务，多种五谷；张掖、酒泉派遣骑兵司马去担当警戒；召集健壮敢于从边的群众到屯田的地方去灌溉开垦，并且渐渐地修建些亭障，直接连到西边，来威胁西域各个国家，帮助乌孙。"汉武帝就颁布了圣旨，痛苦地说了以前所做的让人后悔不已的事情："之前有司曾上奏说，想要加强人民的税务，使每个人增加三十钱，目的是补助边境的开支，原来这是在加深困破那些无依无靠的人民啊！现今却又要求派兵士前去轮台屯垦。轮台远在车师国的西边还有千里路呢，之前开陵侯攻打车师时，虽说打赢了，降了他们的皇上，但因为缺乏食物，路程遥远，在路上死了的就有几千个人那么多，现今更别说是要到再西点的国家呢！以前是我不能明察，因为军候弘的进言，说是：'匈奴绑住了马的前后蹄子，放置在城下，而且派遣人骑马赶来报告我们说："中国人，我们就送给你们马吧！"'这时候，又因为汉朝派遣去的使者，被匈奴长时间地押扣下来不放他回去，所以就派贰师将军带兵前往，想要借这件事来让我们派遣去的使臣能有些威信。古时，卿、大夫参与商议国家大事，都不能决定，还要参考蓍龟，假如卜筮时并不吉利，就害怕去做。前次曾经拿所谓匈奴捆住马匹的报告，演示给丞相、御史、二千石、诸大夫、郎、学经书的人，就这样郡、属国都尉等人去研究，结果都觉得是：'匈奴自己绑住了他的马匹，这是很不吉祥的。'也有人觉得是：'匈奴只是想要显示他的强大罢了。讲到那些能力不足的人，常常会夸他自己的才能，来向人表达他的能力不弱。'那待诏公车的方士、太史、研究星相的人、望气和太卜龟蓍诸人都觉得：'那就是吉祥的事！表示一定会把匈奴攻破，这样的好机遇，假如没有了，是不会再有第二次了。'又说是：'派遣将军向北征讨，一定在鄜山攻克敌人。经过卜卦能得到的，诸将中，以派贰师将军带军前往，最是吉利。'因此我就亲自调遣贰师去鄜山，命令他一定不能纵兵深入。现今说明卜卦时所得的和那些计议谋略征兆，居然都是荒唐的，之后重合侯逮捕了匈奴的斥候兵，这才说道：'所以把马绑起来，说是因为匈奴听说汉军要来了，所以便派遣巫人这样作法，来誓死反抗敌人，并求得神明庇佑啊！'匈奴经常说：'汉军特别强盛，但是忍不住饥渴，而且丢掉了一头狼，就会驱走千只羊。'因此以前贰师败了，士兵就有的被俘虏，有的战死，有的甚至自己解散，这种惨痛的教训，就经常在我心头萦绕，永远不会忘记。现在又请求到遥远的地方轮台去屯田，想要在那里修建隧道亭障，这是在扰乱劳动天下百姓，不是在强盛人民啊！我不忍再听闻这种事！大鸿胪等又建议，要召集些囚徒，派遣到匈奴去，奖赏刺杀单于，来打击报复对匈奴的怨恨。这种方法，是连春秋五霸都觉得羞耻而不愿做的。而且匈奴每每获得投降的汉人的时候，常常都会更加提挈夹持，身上全加以搜索，害怕会藏着兵器什么的，还会就所知道的来审问他，这样又如何能按我们的计谋去行事呢！因此现在最要紧的事，是在严禁暴敛苛征，修马复令，停止擅赋法，尽力农事，来补偿军备上的缺陷，不会空乏罢了。郡国中二千石的官吏，每个人都要上奏养畜马匹的方法和弥补边备的计划，就和派遣来呈上计簿的人一块儿赴京奏对。"

由是不复出军，而封田千秋为富民侯，以明休息，思富养民也。又以赵过为搜粟都尉。过能为代田，其耕耘田器皆有便巧，以教民，用力少而得谷多，民皆便之。

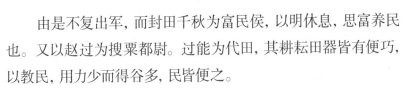

◆臣光曰：天下信未尝无士也！武帝好四夷之功，而勇锐轻

死之士充满朝廷，辟土广地，无不如意。及后息民重农，而赵过之俦教民耕耘，民亦被其利。此一君之身趣好殊别，而士辄应之，诚使武帝兼三王之量以兴商、周之治，其无三代之臣乎！◆

【译文】所以，汉朝就不再出兵匈奴，而且把田千秋封为富民侯，公告给百姓，希望能富裕人民。又把赵过任命为搜粟都尉。赵过能使用轮流耕作的方法，改良田土的贫瘠，能有好收成，耕耘所用的工具，又都很灵巧方便。他就拿这些来教诲人民，所以农民既能省力省时，而且收获得又多，人民都觉得很便利。

◆臣司马光说：天下实在是不能够缺少人才啊！当汉武帝喜欢进攻四夷，谋划边境功劳时，那些精锐勇敢不害怕死的人就充斥了朝廷，于是就向四方开阔领地，壮大国土，每件事无不如意。之后，就要安息百姓，重视农业了，就会有像赵过这样的人出来教诲人民耕种，人民也会蒙受到好处。这是因为国君自身的倾向爱好不一样，士民就会去做不一样的反应，以迎合时势的原因。假如真的能使汉武帝都有夏、商、周三王的气量，来复兴商、周那时的太平盛世，怎么会没有像夏、商、周三代时一样的臣子出来为了国家谋划事情呢！◆

【乾隆御批】"代田"分畎，岁易其处，以用力少得谷多也。然此用之土旷人稀时尚可，否则以二畎之地代种，即使一畎有二畎之获，地与谷仅足相当，又何便巧之有？

【译文】"代田法"将田地分为三畎，每年交替耕种，根据是可以减省劳力，增加收成。但这只能在地广人稀的情况下使用。否则用分为二畎的土地交替耕种。即使是一畎有二畎的收获，土地和产量也仅仅相当，哪里有什么好处可言？

秋，八月，辛酉晦，日有食之。

卫律害贰师之宠，会匈奴单于母阏氏病，律饬胡巫言："先单于怒曰：'胡故时祠兵，常言得贰师以社，何故不用？'"于是收贰师。贰师骂曰："我死必灭匈奴！"遂屠贰师以祠。

**【译文】**秋季，八月，辛酉晦日，日食。

卫律嫉妒贰师将军的受宠，恰好遇上匈奴单于的母亲阏氏病倒了。卫律就对匈奴的巫师下命令，要他这样说："先单于特别生气地说：'我们匈奴之前想要出兵时，在近郊誓师，常说要捕得贰师将军来祭神，现在为什么不用贰师祭神呢？'"于是匈奴就逮捕了贰师将军。贰师将军骂着说道："我要是死了的话，一定会灭掉匈奴。"匈奴就杀了贰师将军来祭祀社神。

**后元元年**（癸巳，公元前八八年）春，正月，上行幸甘泉，郊泰畤；遂幸安定。

昌邑哀王髆薨。

二月，赦天下。

夏，六月，商丘成坐祝诅自杀。

初，侍中仆射马何罗与江充相善。及卫太子起兵，何罗弟通以力战封重合侯。后上夷灭充宗族、党与，何罗兄弟惧及，遂谋为逆。侍中驸马都尉金日磾视其志意有非常，心疑之，阴独察其动静，与俱上下。何罗亦觉日磾意，以故久不得发。是时上行幸林光宫，日磾小疾卧庐，何罗与通及小弟安成矫制夜出，共杀使者，发兵。明旦，上未起，何罗无何从外入。日磾奏厕，心动，立入，坐内户下。须臾，何罗袖白刃从东厢上，见日磾，色变；走趋卧内，欲入，行触宝瑟，僵。日磾得抱何罗，因传曰："马何罗反!"上惊起。左右拔刃欲格之，上恐并中日磾，（上）〔止〕勿格。日磾投何罗殿下，得禽缚之。穷治，皆伏辜。

【译文】后元元年（癸巳，公元前88年）春季，正月，汉武帝巡行到了甘泉，泰畤祭祀后，就到安定去。

昌邑哀王刘髆去世了。

二月，赦免天下。

夏季，六月，商丘成因在祭拜孝文庙时，犯了出言不逊的罪，自杀。

起初，侍中仆射马何罗跟江充关系很好，等到卫太子发兵时，何罗的弟弟马通因为力战太子有功劳，把他封为重合侯。之后汉武帝杀害了江充的全族，以及他的党羽，何罗兄弟便恐惧受到连累，就密谋叛乱。侍中驸马都尉金日磾看到他们的心思不太正常，心里就怀疑他们，在暗中查看他们的举动，和他们一块儿上下宫殿。何罗也发现日磾的心思，因此一直找不到下手的时机。这时，汉武帝巡查到了林光宫，因为日磾有点生病了，就躺卧在殿中休息。何罗与马通及小弟安成假装得到命令，趁着夜黑出去了，把使役的人都杀掉了，调发士兵。第二天一大早，汉武帝还没有起床，何罗无故从外进来。这时日磾正要如厕，忽然心有所动，立即进去，坐在内门下，不多一会儿，何罗袖中暗藏凶器从东厢房来了，看见日磾，吓得脸顿时变了色，便赶紧走向汉武帝的卧房。恰好要进去的时候，一不小心触碰到宝瑟，僵了一下。日磾这才有机会抱住何罗，就大声传呼："马何罗叛乱！"汉武帝惊着了。前后的人都拔出了兵器想要抗拒他，汉武帝害怕一块儿砍中日磾，就阻拦他们，让他们不要格斗。日磾把何罗丢到殿下，绑住了他。经过追问审理，参与谋划的人都被治了罪。

秋，七月，地震。

燕王旦自以次第当为太子，上书求入宿卫。上怒，斩其使于北阙；又坐藏匿亡命，削良乡、安次、文安三县。上由是恶旦。旦辩慧博学，其弟广陵王胥，有勇力，而皆动作无法度，多过失，故上皆不立。

时钩弋夫人之子弗陵，年数岁，形体壮大，多知，上奇爱之，心欲立焉；以其年稚，母少，犹与久之。欲以大臣辅之，察群臣，唯奉车都尉、光禄大夫霍光，忠厚可任大事，上乃使黄门画周公负成王朝诸侯以赐光。后数日，帝谴责钩弋夫人；夫人脱簪珥，叩头。帝曰："引持去，送掖庭狱！"夫人还顾，帝曰："趣行，汝不得活！"卒赐死。顷之，帝闲居，问左右曰："外人言云何？"左右对曰："人言'且立其子，何去其母乎？'"帝曰："然，是非儿曹愚人之所知也。往古国家所以乱，由主少、母壮也。女主独居骄蹇，淫乱自恣，莫能禁也。汝不闻吕后邪！故不得不先去之也。"

【译文】秋季，七月，地震。

燕王刘旦觉得按照顺序当把他立为太子，上述恳求入宫宿卫。汉武帝特别气愤，便在北阙杀了他派遣来上书的人；并且因为他又犯了藏匿犯人的罪，把涿郡的良乡县和渤海郡的安次、文安两县削减了。汉武帝所以就很讨厌燕王刘旦。燕王刘旦能说会道，又聪慧，而且学问很高，他的弟弟广陵王刘胥有勇力，两人的言行举止却都不遵守法律，犯了许多错误，因此汉武帝都不立他们为太子。

那时钩弋夫人的儿子刘弗陵，只有几岁，但是身体长得很高大强壮，又懂得了很多事情，特别聪慧，汉武帝很是喜爱他，心里中意他为太子；但是考虑到他年纪还小，母亲也特别年轻，因此思索了很久，这才下定决心。于是就想要借大臣来帮助他，就查看群臣，发觉只有奉车都尉、光禄大夫霍光为人忠厚，可以把大事托付给他。汉武帝就命令内廷的画工，画了周公怀抱着成王，让他面朝前方，接受诸侯拜见的一幅图画给予霍光。过了几日，汉武帝找借口谴责钩弋夫人；夫人害怕得脱下耳饰、首饰一直磕头。汉武帝说："把她带下去，送到掖庭的监狱里去！"夫人回头看着汉武帝，汉武帝说："赶紧走！你没命了。"最后杀害了夫人。过了没多久，汉武帝闲来无事坐着，问近前的人说："外面的人对这件事怎么评价，说了些什么呢？"近前的人回答说："一般人说：'既然已经要立她的儿子为太子，为何不能留下太子的母亲呢？'"汉武帝说："确实，这不是那些平凡的人能知道的。古时国家之所以会乱，就是因为国君年龄小，他的母亲却正是壮年时候。于是女主独自居住而傲慢骄矜，并且放纵淫乱，这是没有办法禁止得了的。你们听说过吕后的事吗！因此我不能把她留下啊！"

**【译文】**策立其子为太子，而杀掉他的母亲，元氏北魏的家法以此为准则。古代的时候，如果杀了一个无辜的人，即使是因此得到天下，也不会这样做，何况是夫妻母子这样的基本伦理呢！从来就没有没母亲的国家，汉哀帝、平帝、桓帝、灵帝时候国家混乱濒临灭亡，并不都是因为外戚专权的原因啊。汉武帝可以说是很残忍了。

【译文】武帝虽然是鉴于吕雉之祸才这样做的，然而这不是人心所能忍受的。当年吕雉之祸的起因，在汉高祖时代就已经酿成。不去想如何更好地预防，反而把阴毒手段当作消除祸患的计谋，太乖谬了。

二年（甲午，公元前八七年）春，正月，上朝诸侯王于甘泉宫。二月，行幸盩厔五柞宫。

上病笃，霍光涕泣问曰："如有不讳，谁当嗣者？"上曰："君未谕前画意邪？立少子，君行周公之事！"光顿首让曰："臣不如金日磾！"日磾亦曰："臣，外国人，不如光；且使匈奴轻汉矣！"乙丑，诏立弗陵为皇太子，时年八岁。丙寅，以光为大司马、大将军，日磾为车骑将军，太仆上官桀为左将军，受遗诏辅少主，又以搜粟都尉桑弘羊为御史大夫，皆拜卧内床下。光出入禁闼二十馀年，出则奉车，入侍左右，小心谨慎，未尝有过。为人沈静详审，每出入、下殿门，止进有常处，郎、仆射窃识视之，不失尺寸。日磾在上左右，目不忤视者数十年；赐出宫女，不敢近；上欲内其女后宫，不肯；其笃慎如此，上尤奇异之。日磾长子为帝弄儿，帝甚爱之，其后弄儿壮大，不谨，自殿下与宫人戏；日磾适见之，恶其淫乱，遂杀弄儿。上闻之，大怒，日磾顿首谢，具言所以杀弄儿状。上甚哀，为之泣；已而心敬日磾。上官桀始以材力得幸，为未央厩令；上尝体不安，及愈，见马，马多瘦，上大怒曰："令以我不复见马邪！"欲下吏。桀顿首曰："臣闻圣体不安，日夜忧惧，意诚不在马。"言未卒，泣数行下。上以为爱己，由是亲近，为侍中，稍迁至太仆。三人皆上素所爱信者，故特举之，授以后事。丁卯，帝崩于五柞宫；入殡未央宫前殿。

【译文】二年（甲午，公元前87年）春季，正月，汉武帝在甘泉宫接受众诸侯拜见。二月，到达盩厔县的五柞宫。

汉武帝病重了，霍光哭着问道：“如果有什么不能预测的，谁可继立？”汉武帝说：“你还没理解到之前给你的那张画的含义吗？要立少子，你就应当像周公一样辅导他。”霍光叩头推让着说：“我不如日䃅啊！”金日䃅也说：“我，不是本国人，不如霍光；并且这样会让匈奴小看汉朝啊！”乙丑日，下令把刘弗陵立为皇太子，年龄八岁。丙寅日，任命霍光为大司马、大将军，金日䃅为车骑将军，太仆上官桀为左将军，拜受遗命，辅导少主，又把搜粟都尉桑弘羊任命为御史大夫，全在汉武帝卧室的床前接受遗命。霍光伺候武帝，在宫廷内进出了二十多年，当武帝外出时，就遵从武帝的座车，在宫中就常常伺候在武帝左右，谨慎小心，没有犯过错误，周密安详，为人稳重谦虚，每一次进出宫廷和下殿出门，行止都有固定的地方，守卫宫门的仆射和郎官曾经私下观察辨识他，发现位置准确，居然没有一点差别。日䃅虽然常常在汉武帝左右，但几十年了都不敢正眼看汉武帝；赐予他的宫女，也害怕亲近；汉武帝想把他的女儿接到后宫，他也不愿意；金日䃅戒慎笃厚如此，因此汉武帝非常看好他。日䃅的大儿子是汉武帝的弄儿，汉武帝特别喜欢他，渐渐地弄儿长大成人了，行为不谨慎，有一次在殿下和宫人玩耍，恰好被日䃅看见了，因为厌烦他的不正经，于是就把他杀掉了。汉武帝知晓以后，特别生气。日䃅叩头谢罪，仔细报告了之所以杀死弄儿的情景。汉武帝非常哀痛，因为这而流泪，后来，心里很尊敬日䃅。上官桀开始是因为特别有气力，所以汉武帝特别宠爱他，把他任命为未央厩令。汉武帝身体以前因为生病，后来好了，发现所献上的马多很瘦小，于是很气愤地说：“未央厩令觉得我再也看不见马了吗？”他被交给有司审理。桀叩头说：“我听说皇上病了，整天担心，实在不能把心思放在养马上！"话没说完，泪就流下来了。汉武帝觉得他很关心自己，所以便亲近了他，把他任命为侍中，又渐渐地提升为太仆。这三个人都是汉武帝平时所亲信喜爱的人，所以特别举荐了他们，交代给他们身后辅导幼主的任务。丁卯日，汉武帝在五柞宫驾崩，停灵在未央宫前殿。

【乾隆御批】上官桀以辩给免官耳，武帝遂信之，至于托孤，宜其后日不终所事也。然霍光、金日磾岂非武帝特识之人乎？故武帝所为，有大过人者，亦有大不可解者。

【译文】上官桀靠狡辩免除过错。武帝于是就相信了他。最后还托孤给他，上官桀后来谋反，也是很正常的了。然而，霍光、金日磾难道就不是武帝特别赏识的人吗？所以说，汉武帝的做法，有时大为过人，有时又令人难以理解。

【申涵煜评】顾命寄于金、霍，可谓知人。而上官桀以狙诈得之，已伤则哲之明。独怪桑弘羊，何人亦与斯命？岂人情爱少子，预恐其不能谋生，故留此善心计者耶？然而滥矣。

【译文】汉武帝临崩之前把国家大事托付给金日磾和霍光，可以说是知人善任了。而上官桀凭着狡猾奸诈得到顾命大臣的位置，就有损汉武帝知人识人的明智了。唯独奇怪桑弘羊也会被作为顾命大臣，为什么这个人也会成为顾命大臣呢？难道是从感情上说，大人偏爱小孩子，唯恐他不能为国家谋求生计，所以就为他留下了一个工于心计的人？这样也太随意了。


帝聪明能断，善用人，行法无所假贷。隆虑公主子昭平君尚帝女夷安公主。隆虑主病困，以金千斤、钱千万为昭平君豫赎死罪，上许之。隆虑主卒，昭平君日骄，醉杀主傅，系狱；廷尉以公主子上请。左右人人为言："前又入赎，陛下许之。"上曰："吾弟老有是一子，死，以属我。"于是为之垂涕，叹息良久，曰："法令者，先帝所造也，用弟故而诬先帝之法，吾何面目入高庙乎！又下负万民。"乃可其奏，哀不能自止，左右尽悲，待诏东方朔前上寿，曰："臣闻圣王为政，赏不避仇雠，诛不择骨崩。《书》曰：'不偏不党，王道荡荡。'此二者，五帝所重，三王所难也，陛下行之，天下幸甚！臣朔奉觞昧死再拜上万岁寿！"上初怒朔，既而善之，以朔为中郎。

【译文】汉武帝善于用人，聪明能断，执法严厉，毫不留情。汉武帝的女儿夷安公主嫁给隆虑公主的儿子昭平君，隆虑公主之后因为病太重了，就拿了千斤黄金和一千万钱要先替昭平君预赎死罪，期望他之后要是真犯了罪，能被免除死罪，汉武帝应许了。隆虑公主死后，昭平君渐渐地骄恣起来，最终因喝醉了酒把公主的保姆杀死了，被拘囚；廷尉因为他是隆虑公主的儿子，于是就请汉武帝来判罪。左右的每个人都替他向汉武帝求情说："之前他已经预先赎过罪，陛下应许了他。"汉武帝说："我妹妹到了这样大年纪才怀孕生下了一个儿子，死后又把他交给我。"说完就因为这件事情流泪了，叹了很长时间的气，又说："但是法令是先帝制定的，假如因为我妹妹而枉曲了先帝制定的法令，那我死后还有什么脸入祀高庙呢！并且这样做，也对不起在下的百姓。"于是就允许廷尉的上奏，心里面却很悲伤，左右的人也都因为这同悲。这时待诏宦者署东方朔上前去祝福说："臣听说圣王施政，有奖励的时候，并不因为是仇敌，就避开不奖励他；有所谴责，也不是因为有着至亲的关系，就差别对待。《尚书》上说：'一个当国君的人，应该公正无私，无帮派，王家所走的正道，是很开阔平坦的。'这两种是五帝所看重的，三王最难能可贵的呀，但是陛下做到了，天下人民真的是很荣幸的！臣朔捧着酒，冒死再拜，祝福万岁寿！"汉武帝原先很气东方朔，经过责问东方朔后，知道了东方朔的用心，就把东方朔任命为中郎官。

◆班固赞曰：汉承百王之弊，高祖拨乱反正，文、景务在养民，至于稽古礼文之事，犹多阙焉。孝武初立，卓然罢黜百家，表章《六经》，遂畴咨海内，举其俊茂，与之立功；兴太学，修郊祀，改正朔，定历数，协音律，作诗乐，建封禅，礼百神，绍周后，号令文章，焕焉可述，后嗣得遵洪业而有三代之风。如武帝之雄材大略，不改文、景之恭俭以济斯民，虽《诗》、《书》所称何有加焉！◆

◆臣光曰：孝武穷奢极欲，繁刑重敛，内侈宫室，外事四夷，信惑神怪，巡游无度，使百姓疲敝，起为盗贼，其所以异于秦始皇者无几矣。然秦以之亡，汉以之兴者，孝武能尊先王之道，知所统守，受忠直之言，恶人欺蔽，好贤不倦，诛赏严明，晚而改过，顾托得人，此其所以有亡秦之失而免亡秦之祸乎！◆

【译文】◆班固赞说：汉承接着历代帝王的衰弊以后，汉高祖拨乱反正，文帝、景帝则集中力在教养百姓，至于礼敬仪文，稽考古道诸事，还多缺略。孝武帝刚刚继位，就有卓越的见识，罢废了诸子杂说，而显扬了《六经》，所以就同很多人商议，访求贤良，推荐了茂才俊民，让他们去为国家建立勋功；还建了太学，整顿了郊祀的礼仪，修订岁时节气的法度，改颁历法，协调音律，创作诗乐，建立封禅仪文，敬礼百神，继续周朝之后，全部号令文章，又都可述鲜明，让后代能够延续大业而有夏、商、周三代的风范。假如以武帝的雄才大略，而且不改变文帝、景帝的勤俭恭谨，来治理人民，那么，虽然是《诗经》《书经》上所赞颂的时代，又如何赢得过他呢！◆

◆臣司马光说：孝武帝纵欲奢侈，苛敛繁刑，对内建设了那么多的宫殿，对外经常去征伐四夷，信奉神怪，过分地四处去巡游访求，让百姓生活贫困，万不得已起而为盗为贼，这样的情景，跟秦始皇相比，大概差不多。可是秦因此灭亡，汉因此而富强，正是孝武帝能尊奉先王的正道，知道该怎样继承遵守，厌恶小人的欺诈蒙蔽，能接纳忠直的言论，又能赏罚分明，好贤不倦，晚年又知迁善改过，身后托付给辅导幼主的人得当，这就是他有亡秦的过失的原因，但是能够消除亡秦的灾难的原因吧！◆

戊辰，太子即皇帝位。帝姊鄂邑公主共养省中，霍光、金日磾、上官桀共领尚书事。光辅幼主，政自己出，天下想闻其风采。殿中尝有怪，一夜，群臣相惊，光召尚符玺郎，欲收取玺。郎不肯授，光欲夺之。郎按剑曰："臣头可得，玺不可得也！"光甚谊之。明日，诏增此郎秩二等。众庶莫不多光。

三月，甲辰，葬孝武皇帝于茂陵。

夏，六月，赦天下。

秋，七月，有星孛于东方。

济北王宽坐禽兽行自杀。

冬，匈奴入朔方，杀略吏民；发军屯西河，左将军桀行北边。

【译文】戊辰日，太子继位(即汉昭帝)。汉昭帝的姐姐鄂邑公主在宫中教养年仅八岁的汉昭帝，霍光、金日磾、上官桀同掌尚书事。霍光辅导幼主，全部政令全都由自己颁布，当时，天下百姓都在期待、盼望霍光能有很好的表现和措施。殿中以前发生怪事，有一天晚上，让群臣吃了一惊，霍光害怕有变难，找来管理皇帝玺印的尚符玺郎，想要收缴皇帝的玺印。尚符玺郎不愿意把玺印给霍光，霍光想要去抢夺，郎按剑说："我宁愿被杀死，也不能够把玺印交给你！"霍光很欣赏他的尽忠职守，觉得他做得很对。第二天，下命令把这名郎官的官等提升了两级。百姓知晓了这件事情都更加敬重霍光。

三月，甲辰日，安葬孝武皇帝于茂陵。

夏季，六月，赦免天下。

秋季，七月，东方出现彗星。

济北王刘宽因为悖礼逆伦，犯下了禽兽行为，因此自杀。

冬季，匈奴侵入朔方，抢劫当地的官吏人民；汉调遣军队驻扎在西河，左将军上官桀到北方的边疆去巡察。

# 资治通鉴卷第二十三　汉纪十五

起旃蒙协洽，尽柔兆敦牂，凡十二年。

【译文】起乙未(公元前86年)，止丙午(公元前75年)，共十二年。

【题解】本卷记录了汉昭帝刘弗陵始元元年至元凤六年共十二年间的历史。记录了武帝子燕王刘旦在齐地作乱，被青州刺史隽不疑捕灭后，与盖长公主、上官桀、上官安父子、桑弘羊结党，企图杀霍光，废昭帝、立燕王，因人告密，盖长公主、燕王自杀，上官桀父子与桑弘羊被诛；记录了霍光执政初期与张安世、杜延年共同辅佐昭帝，宽和俭约，革除武帝弊政，而后独揽大权，诬杀大臣，执政严苛；记录了匈奴分裂，势力衰落，远避西北；记录了被拘十九年的苏武荣归；记录了霍光支使傅介子假装出使楼兰，刺杀楼兰王；此外还记录了些怪异事件。

## 孝昭皇帝上

**始元元年**(乙未，公元前八六年)夏，益州夷二十四邑、三万馀人皆反。遣水衡都尉吕辟胡募吏民及发犍为、蜀郡奔命往击，大破之。

秋，七月，赦天下。

大雨，至于十月，渭桥绝。

初，武帝崩，赐诸侯王玺书。燕王旦得书不肯哭，曰："玺书封小，京师疑有变。"遣幸臣寿西长、孙纵之、王孺等之长安，以问礼仪为名，阴刺候朝廷事。及有诏褒赐旦钱三十万，益封万三千户，旦怒曰："我当为帝，何赐也！"遂与宗室中山哀王子长、齐孝王孙泽等结谋，诈言以武帝时受诏，得职吏事，修武备，备非常。郎中成轸谓旦曰："大王失职，独可起而索，不可坐而得也。大王壹起，国中虽女子皆奋臂随大王。"旦即与泽谋，为奸书，言："少帝非武帝子，大臣所共立；天下宜共伐之！"使人传行郡国以摇动百姓。泽谋归发兵临菑，杀青州刺史隽不疑。旦招来郡国奸人，赋敛铜铁作甲兵，数阅其车骑、材官卒，发民大猎以讲士马，须期日。郎中韩义等数谏旦，旦杀义等凡十五人。会觟侯成知泽等谋，以告隽不疑。八月，不疑收捕泽等以闻。天子遣大鸿胪丞治，连引燕王。有诏，以燕王至亲，勿治；而泽等皆伏诛。迁隽不疑为京兆尹。

【译文】始元元年（乙未，公元前86年）夏季，益州的夷人，共有二十四个市邑、三万多人都来反叛。朝廷于是就派遣水衡都尉吕辟胡去招募官兵，并调发蜀郡和犍为郡的精勇，组成了救急部队，前往征讨，大破了叛乱的夷人。

秋季，七月，赦免天下。

下大雨，一直下到十月，渭桥因此断绝不通。

起初，武帝刚刚去世的时候，曾经发给诸侯王报丧的诏敕，燕王刘旦接到诏书后不愿意哭，说："诏书封口太小，京师恐怕发生叛乱了。"便调派亲近的臣子寿西长、孙纵之、王孺等到长安去，以问礼仪为借口，暗暗地打听朝廷的事儿。等到下了诏令奖赏旦三十万钱，增加了一万三千户之后，燕王刘旦特别气愤地说："我应该被立为皇帝，说些什么奖励呢！"就和宗室中山哀王的儿子刘长、齐孝王的孙子刘泽等人勾结商量，谎称在武帝时曾接到诏令，命令他主持国家大事，整理军备，治理人民，来防治非常事故。郎中成轸告知刘旦说："大王当为汉朝的嗣君而竟然不升用，你应出面去求取，不可能坐等着得到啊！假如大王一起兵，全国人民即便是女子，也全会欢呼起来，来追随大王的。"刘旦就马上和刘泽商量，发出奸诈的信件，说："少帝不是武帝的儿子，是所有大臣一块儿扶立的；天下百姓应当一起来攻打他们！"就派遣人把它播散到郡国去，来动摇民心。刘泽回去就计划从临淄起兵，准备把青州刺史隽不疑杀掉。郡国中的一些无赖奸猾被刘旦招来，收集了铜铁来制造甲兵，好多次检查他勇健有力的官兵和机动部队，调派人民，来练习士卒马匹，大举射猎，以等候日期，配合临淄的发兵。郎中韩义等人有几次劝说燕王刘旦不能够这样做，刘旦就把韩义等共十五人给杀了。这时候恰好有鉼侯刘成知晓了刘泽等人的计划，就告知了隽不疑。八月，不疑逮捕了刘泽等，而且报告了朝廷。朝廷派了大鸿胪丞来受理这个案子，牵扯出了燕王。最后，朝廷下来命令，说因为燕王是天子至好的亲人，不会去追究；但是刘泽等都被杀害了。隽不疑因为这样被升为管理京师的京兆尹。

**【乾隆御批】**燕王请入宿卫，不臣之迹已著。至连兵、构衅，更当伏管蔡之诛，乃曲赦，弗治。是霍光有公旦之诚矣，而无公旦之才识矣。

**【译文】**燕王请求入宫侍卫，不愿做臣子的迹象已经很明显。到他准备兵变、挑起事端之际，更应当像当年周公诛杀管叔鲜、蔡叔度那样惩治他，可是反倒违背事理赦免了他，不治他的罪。可见霍光虽有周公旦的忠诚，却无周公旦的才识。

不疑为京兆尹，吏民敬其威信。每行县、录囚徒还，其母辄问不疑："有所平反？活几何人？"即不疑多有所平反，母喜笑异于他时；或无所出，母怒，为不食。故不疑为吏，严而不残。

九月，丙子，秺敬侯金日磾薨。初，武帝病，有遗诏，封金日磾为秺侯，上官桀为安阳侯，霍光为博陆侯；皆以前捕反者马何罗等功封。日磾以帝少，不受封，光等亦不敢受。及日磾病困，光白封，日磾卧受印绶；一日薨。日磾两子赏、建俱侍中，与帝略同年，共卧起。赏为奉车，建驸马都尉。及赏嗣侯，佩两绶，上谓霍将军曰："金氏兄弟两人，不可使俱两绶邪？"对曰："赏自嗣父为侯耳。"上笑曰："侯不在我与将军乎？"对曰："先帝之约，有功乃得封侯。"遂止。

闰月，遣故廷尉王平等五人持节行郡国，举贤良，问民疾苦、冤、失职者。

冬，无冰。

【译文】不疑当上了京兆尹，吏民都特别尊敬他的威严。每巡查到县里去，省录囚徒的罪况，查验有没有被冤枉的事情，回来后，他的母亲就问他："是否有被冤枉而减少罪行的案件？又救活了多少个人？"假如不疑纠正了许多件冤枉的案子，他的母亲就非常开心；假如没什么要平反的，他的母亲便会特别生气，甚至就不饮食。因此不疑为官，严格而不残酷。

九月，丙子日，秺敬侯金日磾去世。武帝病得很严重的时候，曾经留过遗书，把金日磾封为秺侯，上官桀为安阳侯，霍光为博陆侯；全是按照从前逮捕叛逆者马何罗等的功劳大小来封赏的。日磾觉得汉昭帝年龄尚小，不愿意接受赏赐，霍光等人也害怕接受。等到日磾病得严重了，霍光告知他封赏的事情，日磾这才躺在床上接受了印绶，就在这一天去世了。汉昭帝的左右有日磾的两个儿子赏和建随侍，年龄和汉昭帝相当，和汉昭帝起居作息都在一起。赏为奉车都尉，建为驸马都尉。待到赏继承为侯，佩戴两条承印的丝绶，汉昭帝就告知霍将军说："金氏兄弟两人，不能够使他们都佩戴两条丝绶吗？"霍光回答说："赏是继他父亲为侯。"汉昭帝笑着说："侯爵的赏赐，就是在将军和我的把握中吗？"霍光回答说："按照先帝的规定，被封为侯的人都是对朝廷有功劳的人才。"这件事就没再谈论下去。

闰月，派之前的廷尉王平等五个人，揣着信符，举荐良才，巡行郡国，询问民生有无受冤枉的、疾苦的，官吏中有无没有尽职的人。

冬季，大地不结冰。

二年（丙申，公元前八五年）春，正月，封大将军光为博陆侯，左将军桀为安阳侯。

或说霍光曰："将军不见诸吕之事乎？处伊尹、周公之位，摄政擅权，而背宗室，不与共职，是以天下不信，卒至于灭亡。今将军当盛位，帝春秋富，宜纳宗室，又多与大臣共事，反诸吕道。如是，则可以免患。"光然之，乃择宗室可用者，遂拜楚元王孙辟彊及宗室刘长乐皆为光禄大夫，辟彊守长乐卫尉。

三月，遣使者振贷贫民无种、食者。

秋，八月，诏曰："往年灾害多，今年蚕、麦伤，所振贷种、食勿收责，毋令民出今年田租！"

【译文】二年（丙申，公元前85年）春季，正月，把大将军霍光封为博陆侯，左将军上官桀封为安阳侯。

有人向霍光进谏说："将军听见过诸吕的事情吗？因为处在

伊尹、周公辅导帝王的位置，代理国事，专横独断，却离弃皇室的人，不跟他们一块儿承担职务，因此得不到天下人的信任，最终遭受败亡的命运。现今将军担负着特别重要的位置，皇帝又是少年，因此应当接受皇室里的人，还要经常和大臣们一起商量国事，一反诸吕的所有作为。如此，就能免除灾患。"霍光很赞同这个劝说，于是就选择宗室中能够重用的人，楚元王的孙子刘辟疆和宗室刘长乐被任命为光禄大夫，刘辟疆又为长乐卫尉，管理长乐宫的守卫事宜。

三月，派使者向缺乏种子和口粮的贫民发放赈贷。

秋季，八月，下诏令说："以前经常闹灾害，今年麦子和蚕丝的收成不太好，所救济出借的食粮和种子不要归还，今年的田赋也不能让人民再缴。"

初，武帝征伐匈奴，深入穷追，二十馀年，匈奴马畜孕重堕殰，罢极，苦之。常有欲和亲意，未能得。狐鹿孤单于有异母弟为左大都尉，贤，国人乡之，母阏氏恐单于不立子而立左大都尉也，乃私使杀之。左大都尉同母兄怨，遂不肯复会单于庭。是岁，单于病且死，谓诸贵人："我子少，不能治国，立弟右谷蠡王。"及单于死，卫律等与颛渠阏氏谋，匿其丧，矫单于令，更立子左谷蠡王为壶衍鞮单于。左贤王、右谷蠡王怨望，率其众欲南归汉，恐不能自致，即胁卢屠王，欲与西降乌孙。卢屠王告之单于，使人验问，右谷蠡王不服，反以其罪罪卢屠王，国人皆冤之。于是，二王去居其所，不复肯会龙城，匈奴始衰。

【译文】当初，武帝征伐匈奴，深入到匈奴境界，猛追匈奴，总共有二十多年，使匈奴的马匹牛羊都不能够顺利地怀孕生产，匈奴困顿至极，并且感到特别厌苦，就经常有要和汉朝和亲的意思，但是都不能够实现愿望。狐鹿孤单于有一个同父异母的弟弟任左大都尉，做人很是贤能，国人都归降他。单于的母亲阏氏，害怕之后单于不能让他的儿子继承王位，而立了左大都尉，于是就暗暗派人把左大都尉杀害了。与左太尉同一个母亲的哥哥很怨恨这件事情，就不愿意在每年的正月，到单于的庭院去参与集会。这一年，单于病得很严重，临死的时候，告知全部的贵族说："我的儿子年龄尚小，还没有本事去管理国家大事，我想要立我的兄弟右谷蠡王。"待到单于去世后，单于的正后颛渠阏氏就和卫律等人商议，隐藏了单于死亡的消息，假装带着单于的命令，把他的儿子左谷蠡王改立为壶衍鞮单于。右谷蠡王和左贤王就都怀着埋怨，想要带领他的手下向南去归降汉朝，因为害怕单靠自身不能实现愿望，便威胁卢屠王，要和他一块儿向西去归降乌孙。卢屠王向单于揭发了这件事情，单于就派遣人去审问查证。右谷蠡王不仅不服罪，而且把这个叛国罪行加到卢屠王身上，国人都觉得他特别冤枉。于是二王就远去了，回到他们住的地方，不愿意在每年的五月到龙城去祭祀鬼神天地。匈奴的势力从此开始衰落。

**三年**( 丁酉，公元前八四年）春，二月，有星孛于西北。

冬，十一月，壬辰朔，日有食之。

初，霍光与上官桀相亲善。光每休沐出，桀常代光入决事。光女为桀子安妻，生女，年甫五岁，安欲因光内之宫中；光以为尚幼，不听。盖长公主私近子客河间丁外人，安素与外人善，说外人曰："安子容貌端正，诚因长主时得入为后，以臣父子在朝而有椒房之重，成之在于足下。汉家故事，常以列侯尚主，足下何忧不封侯乎！"外人喜，言于长主。长主以为然，诏召安女入为倢伃，

资治通鉴

安为骑都尉。

【译文】三年(丁酉，公元前84年)春季，二月，西北方显现了彗星。

冬季，十一月，壬辰朔日，发生日食。

当时，上官桀和霍光彼此的关系很友善。霍光休假出宫的时候，上官桀经常代替霍光入宫去审问政务。霍光的女儿是上官桀的儿子上官安的妻子，他们有一个女儿，年龄才五岁，上官安想借霍光的举荐，把她接到后宫去；霍光觉得她年龄还小，不愿意。昭帝大姐盖长公主，暗暗接近宠幸他儿子的宾客河间人丁外人，上官安平常就和丁外人关系很好，就说服外人说："我的闺女长相端正，假如能凭着盖长公主而能有机遇得以入宫为皇后，这样，凭着我父子在朝廷任职，又能够有皇后内亲的关系，而能再位居更尊显的位置，这依赖于您的玉成。按照汉朝原先的制度，经常以列侯来配给公主，因此到了那个时候，您不必害怕不被封侯呢！"丁外人听说了特别高兴，就把这事向盖长公主说了。盖长公主也非常愿意，便下命令把上官安的女儿征召入宫为婕妤，又任命上官安为骑都尉。

【申涵煜评】桀父子徒欲擅权固宠，以女入宫，遂不顾有五岁皇后，为天下后世僇笑。霍光初不肯听，后勉从之，未免私其外孙，想不能拗显于内耳。观桀诛而后得不废，可窥其隐矣。

【译文】上官桀父子只知道独揽大权巩固自己的地位，把自己的女儿送进皇宫，也不管这会造成一个国家有个五岁的皇后的笑话，被天下人和后人耻笑。霍光一开始不愿这样，后来勉为其难地听从了他，未免也太偏爱自己的外孙了，我想大概是拗不过妻子霍显吧。观察后来上官桀被诛杀，而没有废掉上官皇后，就可以看出其中隐情了。

四年(戊戌, 公元前八三年)春, 三月, 甲寅, 立皇后上官氏,
赦天下。

西南夷姑缯、叶榆复反, 遣水衡都尉吕辟胡将益州兵击之。
辟胡不进, 蛮夷遂杀益州太守, 乘胜与辟胡战, 士战及溺死者
四千馀人。冬, 遣大鸿胪田广明击之。

廷尉李种坐故纵死罪弃市。

是岁, 上官安为车骑将军。

【译文】四年(戊戌, 公元前83年)春季, 三月, 甲寅日, 把
上官氏立为皇后, 赦免天下。

西南夷中的姑缯、叶榆这两个种族的人又叛乱了, 汉朝就
派了水衡都尉吕辟胡, 带领益州的手下去进攻他们。辟胡按兵
不进, 蛮夷就把益州太守杀掉了, 趁着战胜的余威和辟胡决战,
军士因为战死和淹死的有四千多人。冬季, 又派了大鸿胪田广
明去进攻他们。

廷尉李种因为故意放走死囚, 而被处死。

这一年, 任命上官安为车骑将军。


五年(己亥, 公元前八二年)春, 正月, 追尊帝外祖赵父为顺
成侯。顺成侯有姊君姁, 赐钱二百万、奴婢、第宅以充实焉。诸
昆弟各以亲疏受赏赐, 无在位者。

有男子乘黄犊车诣北阙, 自谓卫太子; 公车以闻。诏使公、
卿、将军、中二千石杂识视。长安中吏民聚观者数万人。右将军
勒兵阙下以备非常。丞相、御史、中二千石至者并莫敢发言。京
兆尹不疑后到, 叱从吏收缚。或曰:"是非未可知, 且安之!"不疑
曰:"诸君何患于卫太子! 昔蒯聩违命出奔, 辄距而不纳,《春秋》

是之。卫太子得罪先帝，亡不即死，今来自诣，此罪人也！"遂送诏狱。天子与大将军霍光闻而嘉之曰："公卿大臣当用有经术、明于大谊者！"繇是不疑名声重于朝廷，在位者皆自以为不及也。廷尉验治何人，竟得奸诈，本夏阳人，姓成，名方遂，居湖，以卜筮为事。有故太子舍人尝从方遂卜，谓曰："子状貌甚似卫太子。"方遂心利其言，冀得以富贵。坐诬罔不道，要斩。

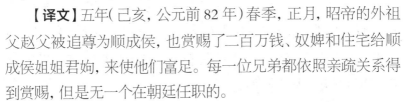

**【译文】**五年(己亥，公元前82年)春季，正月，昭帝的外祖父赵父被追尊为顺成侯，也赏赐了二百万钱、奴婢和住宅给顺成侯姐姐君姁，来使他们富足。每一位兄弟都依照亲疏关系得到赏赐，但是无一个在朝廷任职的。

　　有一个男子，乘坐着黄牛车，到达未央宫北阙，说自己是卫太子。设在奏事的公车和北阙掌管上书的官署，就向上级奏报了这件事情。上面就下命令让公、卿、将军、中二千石的官员一块儿去辨认。长安城内聚来几万围观的吏民。右将军带领手下在阙下守卫，以备非常。到场辨认的丞相、御史和中二千石等官吏都害怕发言。京兆尹隽不疑到了之后，就下命令让随从逮捕了这人。有人说："这是不是卫太子尚不能肯定，不能操之过急！"不疑说："各位为什么怕卫太子！春秋时代，卫灵公太子蒯聩，把卫灵公得罪了，抗旨出奔晋，等到蒯聩的儿子辄继承灵公之位，就拒绝了蒯聩，不让他回国当卫君,《春秋》上特别赞成他这样不因为父亲的命令而拒绝祖父之命的做法。卫太子把先帝得罪了，逃跑后而不归罪就死了，但是现今却自己跑来了，这是一个罪人呀！"就把他送往奉诏系治罪犯的监狱里去。汉昭帝和大将军霍光听说了这事，很奖赏隽不疑的想法，说："任命公卿大臣，应该用明大义、经术的人。"所以，满朝廷的人就很崇拜不疑，一些在显要地位的人，都觉得比不上他。之后廷尉就问那个自称是卫太子的男子姓甚名谁，哪儿的人。结果审出了是来骗人的。原来这个人是夏阳人，姓成，名方遂，家住在湖县，以卜筮为生。有一个前太子的舍人曾经向方遂问卜，告知他说："你长得很像卫太子。"方遂心想他这话有利益可图，就期望能假装卫太子来谋取富贵。最后，这个人因为诬罔不道，被判刑，腰斩而死。

夏，六月，封上官安为桑乐侯。安日以骄淫，受赐殿中，对宾客言："与我婿饮，大乐！见其服饰，使人归欲自烧物！"子病死，仰而骂天。其顽悖如此。

罢儋耳、真番郡。

秋，大鸿胪广明、军正王平击益州，斩首、捕虏三万馀人，获畜产五万馀头。

谏大夫杜延年见国家承武帝奢侈、师旅之后，数为大将军光言："年岁比不登，流民未尽还，宜修孝文时政，示以俭约、宽和，顺天心，说民意，年岁宜应。"光纳其言。延年，故御史大夫周之子也。

【译文】夏季，六月，封上官安为桑乐侯。上官安渐渐淫乱骄恣，在宫中赐宴之后，都会对来的客人说："我的女婿和我一块儿喝酒，喝得非常高兴！"看到皇帝的服饰，就要人回去，想要用火烧掉自己的东西。他的儿子因为生病去世了，就仰头破口大骂上天。他的悖理顽劣就像这样。

罢去儋耳、真番两个郡。

秋季，大鸿胪广明、军正王平攻打益州，砍掉的敌人首级以及捕捉到的敌人共有三万多名，同时又获得了马畜等五万多头。

谏大夫杜延年看见国家承续武帝连年的兴兵和奢侈之后，多次向大将军霍光说："每年年谷的收成都不好，大部分人民还在外流浪，应当修立孝文帝时的政事，拿宽和和俭约来怡悦民意，垂示大众，顺应天心，这样，年谷的收成可能会渐渐变好。"霍光接受了他的建议。延年是之前的御史大夫杜周的儿子。

**六年**(庚子，公元前八一年)春，二月，诏有司问郡国所举贤良、文学，民所疾苦、教化之要，皆对："愿罢盐、铁、酒榷、均输官，毋与天下争利，示以俭节，然后教化可兴。"桑弘羊难，以为："此国家大业，所以制四夷，安边足用之本，不可废也。"于是盐铁之议起焉。

**【译文】**六年(庚子，公元前 81 年)春季，二月，下令有关官员问郡国所推荐出来的文学贤良之士，了解他们对于民生疾苦，以及怎样教化的大事，建议如何。都回答道："请废掉盐、酒、铁等由政府专门买卖的条制和汉武帝时所设置的用来运输货物的那些均输官，不能和天下人民争夺利益，要以节俭来示众，这样，教化一定强盛起来。"桑弘羊认为这种提议不好，加以辩难，觉得："这是国家的大事业，是制裁四夷、安定边疆、充足费用的基础，是不能够被放弃的！"于是关于盐铁专卖等问题的辩论，就从这儿开始了。

初，苏武既徙北海上，禀食不至，掘野鼠去草实而食之。杖汉节牧羊，卧起操持，节旄尽落。武在汉，与李陵俱为侍中；陵降匈奴，不敢求武。久之，单于使陵至海上，为武置酒设乐，因谓武曰："单于闻陵与子卿素厚，故使来说足下，虚心欲相待，终不得归汉，空自苦；亡人之地，信义安所见乎！足下兄弟二人，前皆坐事自杀；来时，太夫人已不幸；子卿妇年少，闻已更嫁矣；独有女弟二人、两女、一男，今复十馀年，存亡不可知。人生如朝露，何久自苦如此！陵始降时，忽忽如狂，自痛负汉，加以老母系保宫。子卿不欲降，何以过陵！且陛下春秋高，法令无常，大臣无罪夷灭者数十家。安危不可知，子卿尚复谁为乎！"武曰："武父子无功德，皆为陛下所成就，位列将，爵通侯，兄弟亲近，常愿肝脑涂地。今得杀身自效，虽斧钺、汤镬，诚甘乐之！臣事君，犹子事父也；子为父死，无所恨。愿勿复再言！"陵与武饮数日，复曰："子卿壹听陵言！"武曰："自分已死久矣，王必欲降武，请毕今日之欢，效死于前！"陵见其至诚，喟然叹曰："嗟乎，义士！陵与卫律之罪上通于天！"因泣下沾衿，与武决去。赐武牛羊数十头。

【译文】当时，匈奴把苏武迁移到北海边之后，匈奴就不再供应苏武的食物，苏武没有办法，只能把野鼠储藏在洞穴中的野生果实挖掘出来充饥。拿着汉朝的符节去放羊，不管睡眠还是起身都一直带着，因此节上的旄都脱落了。苏武在汉朝时，同李陵都官拜侍中；李陵投降匈奴时，心怀愧疚，所以害怕去拜访苏武。时间长了，单于就派遣李陵去北海，并为苏武备好了酒食，还有很多歌舞节目，之后便告知苏武说："单于听说子卿和陵平时交情很深厚，因此派我来开导你，计划很心平气和地以礼来相待。我觉得你终究是没有机会再回汉朝去的，只能在这里白白地受罪，在这种荒凉的地方，你的守义守信又怎样能被别人看见呢！你的两位兄弟苏贤和苏嘉，之前都因为犯了罪自杀了；我到这里的时候，太夫人很不幸已经去世了；你的太太尚年轻，听说已改嫁了；只剩下两个女儿、两个妹妹，跟一个男孩子，现在已经过了十多年了，还不知生死。人生像朝露一样，只要太阳出来，就会被晒干，是很短暂的啊！为什么要长久地这样自讨苦吃呢! 陵刚归降的时候, 心里也是迷迷惘惘, 恍恍惚惚的, 像是失去什么似的, 自己很痛心, 觉得对不起汉朝, 再加上年老的母亲当年又被囚禁在少府的保宫里。因此子卿现在坚决不想投降匈奴时的心情, 比较起来, 怎么能超过陵当时的境遇呢! 而且陛下现在已经很年老了, 法令常常随意更改, 而且大臣们没有罪而遭到杀害的已有几十家, 所以, 假如能重回朝廷, 也不知道能不能保住性命。子卿! 你这样守节, 是为了什么呢!"苏武说: "苏武父子没有建立什么功德, 但是能有今天的地位, 全是陛下成全的, 我们兄弟, 或爵封通侯, 或位为列将, 都是朝廷的大臣, 我总是希望能有机遇来为国牺牲。现在有了牺牲性命报答国家的机会了, 虽是受到汤镬的烹煮, 或斧钺的砍杀, 我实在是很心甘情愿的! 臣子侍奉国君, 就像儿子侍奉父亲一样。儿子为父亲而牺牲, 是没什么可怨恨的。请你不要再说了!"李陵和苏武宴饮了几天, 又说: "子卿, 你不管怎样一定要听我的话啊!"苏武说: "我自知我是一个就要死的人了, 右校王, 你假如非要我投降, 那么就请结束今日的欢聚, 我立刻就死在你的面前!"李陵看见他为国尽忠的忠诚, 叹了口气说: "唉! 真是一个正义之人! 陵和卫律的罪行, 真是可以上通天庭了!"就流下了眼泪, 衣襟都被沾湿了, 然后和苏武离别了。赠给苏武几十头牛羊。

后陵复至北海上, 语武以武帝崩。武南乡号哭欧血, 且夕临, 数月。及壶衍鞮单于立, 母阏氏不正, 国内乖离, 常恐汉兵袭之, 于是卫律为单于谋, 与汉和亲。汉使至, 求苏武等, 匈奴诡言武死。后汉使复至匈奴, 常惠私见汉使, 教使者谓单于, 言: "天子射上林中, 得雁, 足有系帛书, 言武等在某泽中。"使者大喜，如惠语以让单于。单于视左右而惊，谢汉使曰："武等实在。"乃归武及马宏等。马宏者，前副光禄大夫王忠使西国，为匈奴所遮；忠战死，马宏生得，亦不肯降。故匈奴归此二人，欲以通善意。于是，李陵置酒贺武曰："今足下还归，扬名于匈奴，功显于汉室，虽古竹帛所载，丹青所画，何以过子卿！陵虽驽怯，令汉贳陵罪，全其老母，使得奋大辱之积志，庶几乎曹柯之盟，此陵宿昔之所不忘也。收族陵家，为世大戮，陵尚复何顾乎！已矣，令子卿知吾心耳！"陵泣下数行，因与武决。

**【译文】**从这之后，李陵又到达北海，告知苏武汉武帝已经去世了。苏武就向南痛哭得特别伤心，一连几个月，整天都要哭泣守丧。待到壶衍鞮单于继位，他的母亲阏氏因为不能守正，所以国内显现出乖析离异，不能团结，便常常害怕汉兵会来偷袭，于是卫律就和单于商量，要匈奴能够和汉朝和亲。汉使到达匈奴国，要求能把苏武等人放回来，匈奴假称苏武已经去世了。之后，汉使再次来到匈奴国，常惠私底下见到了汉使，就让汉使告知单于说："天子在上林苑中狩猎时，射到了一只绑有用绢帛写的一封信的大雁，里面说苏武等人被囚禁在海上荒无人烟处。"汉使听说了非常高兴，就用常惠所说的话去怪罪单于。单于听完话后，看着左右，表情很是惊讶，就向汉使谢罪说："苏武等人的确还活着。"就把苏武和马宏等人放回。马宏这个人，他曾和前副光禄大夫王忠一起出使西域各国，但是他的部队被匈奴所攻击，王忠战死了，把马宏活捉了，当时他也不愿意投降。因此匈奴把这两个人放回来了，是期望能借这个机会来表达对汉朝的亲近。于是李陵就备好了酒食向苏武庆祝说："现在你能够回到汉朝去了，匈奴人都称道你忠贞的名节和不辱使命的事迹，也已扬名于汉廷，就算是以前刻画在竹帛上和借着彩笔所绘画出来的史书里，那些杰出的人物和不朽功业，也胜不过你现在的功绩！陵虽然胆怯懦弱，拙劣无能，但是当时假如汉廷能宽恕饶过我的罪过，保护我年老的母亲，使我能有这个机会去施展那抑积在心中，想要去洗尽丧败的奇耻大辱的愿望，或许我也会像春秋时代鲁国的曹刿似的，在柯邑联盟时，代替鲁庄公齐桓公，使得全归还鲁国侵略的土地，而且对汉朝也会有所报答，这是我那时一整天都不会忘记的想法。想不到汉朝居然逮捕杀害了我全家，造成了世上一件最大的耻辱，事情既然已经到了这个地步，那我还有什么好留恋的呢！唉！全部都完了，我这才向你提起来，是想让你知道我那时的心意罢了！"李陵说完，非常伤心地流下了眼泪，就和苏武告别。

**【申涵煜评】**陵不死而降，负国辱家，正柳州所谓"立身一败，万事瓦解"者。太史迁以交游而强为之词，昧于大义矣！坐罪固宜，腐之则甚。

**【译文】**李陵战败，不自杀而投降匈奴，对不起国家，有辱家族，正像柳宗元说的"自身的修行一旦败坏，一切的事都会土崩瓦解付之东流"一样。太史公司马迁因为与李陵的关系很好而固执地为他辩解，因此获罪固然应该，但施以腐刑则太过了。

单于召会武官属，前已降及物故，凡随武还者九人。既至京师，诏武奉一太牢谒武帝园庙，拜为典属国，秩中二千石，赐钱二百万，公田二顷，宅一区。武留匈奴凡十九岁，始以强壮出，及还，须发尽白。霍光、上官桀与李陵素善，遣陵故人陇西任立政等三人俱至匈奴招之。陵曰："归易耳，丈夫不能再辱！"遂死于匈奴。

资治通鉴卷第二十三 汉纪十五

【译文】单于集聚了当时跟苏武一块儿来的随从官吏，除去原先已经投降和死亡的，随着苏武回汉朝去的，总共有九个人。到达京师，汉昭帝下令苏武呈上一份备有牛、羊、猪的祭礼，去祭祀汉武帝的陵庙，又任命他为管理各外族属国政务的典属国，每月俸禄为一百八十斛俸米的中二千石，还奖赏了二百万钱，住宅一处，公田二顷。苏武被拘禁在匈奴总共是十九年，刚刚出使到匈奴的时候还是壮年，等到鬓发白了才回来。霍光、上官桀过去和李陵有很深的交情，于是就派了李陵的老朋友陇西人任立政等三个人，一块儿到匈奴去想接他回去。李陵说："要回到汉朝不是件难事，但是大丈夫已经遭受过一次羞辱，不能再有第二次羞辱！"李陵害怕回到汉朝之后，会遭到丧师投降的怪罪，于是就留在匈奴不回去了，最后死在匈奴。

【乾隆御批】武、宏等之归，盖匈奴以旧使老而无用，聊为和亲之计耳。使上林雁帛云云果足动听，则索及叛降之陵、津，匈奴亦将与之乎？

【译文】苏武、马宏等人能够回到汉朝，是因为匈奴认为原来的汉朝使者已经老了，没有用处了，就姑且用于和亲之计。如果上林苑雁脚上的书信真的能使匈奴相信，那么向匈奴要回叛降的李陵和卫津，匈奴也会归还吗？

【申涵煜评】武帝穷兵黩武，征伐四出，欲以重国威，予以为皆不足重。唯武咽氈啮雪，九死不回，使知中国有守义之臣，乃足重耳。典属国之报，惜其赏不酬功。

【译文】汉武帝穷兵黩武，四处征伐，想要凭借武力增重国威，我以为这些都不足以增重国威。只有苏武身陷匈奴啮雪吞毡，宁死也不退缩的气节，才是足以增重国威的表现。可惜赏赐一个典属国的职务，不足以酬谢苏武所立的功劳啊。

夏，旱。

秋，七月，罢榷酤官，从贤良、文学之议也。武帝之末，海内虚耗，户口减半，霍光知时务之要，轻徭薄赋，与民休息。至是匈奴和亲，百姓充实，稍复文、景之业焉。

诏以钩町侯毋波率其邑君长、人民击反者有功，立以为钩町王。赐田广明爵关内侯。

【译文】夏季，发生旱灾。

秋季，七月，按照文学贤良之士的建议，把掌管专利事业的官员撤销了。汉武帝末年的时候，天下因为虚损，户口减了一半。所以霍光得知了那时政务的重要，就减轻徭赋，与民休养生息。至今，又要和匈奴和亲，为了让百姓富足，天下太平，所以就稍微有了文帝和景帝时候的政绩。

因为西南夷的钩町侯毋波，曾经带领西南夷的君长和人民，攻击造反的人，立下大功，因此就下诏令把他封为钩町王。将田广明赐为关内侯。

元凤元年（辛丑，公元前八〇年）春，武都氐人反，遣执金吾马适建、龙颔侯韩增、大鸿胪田广明将三辅、太常徒，皆免刑，击之。

夏，六月，赦天下。

秋，七月，乙亥晦，日有食之，既。

八月，改元。

上官桀父子既尊，盛德长公主，欲为丁外人求封侯，霍光不许。又为外人求光禄大夫，欲令得召见，又不许。长主大以是怨光，而桀、安数为外人求官爵弗能得，亦惭。又桀妻父所幸充国为太医监，阑入殿中，下狱当死；冬月且尽，盖主为充国入马二十匹赎罪，乃得减死论。于是桀、安父子深怨光而重德盖主。自先帝时，桀已为九卿，位在光右，及父子并为将军，皇后亲安女，光乃其外祖，而顾专制朝事，由是与光争权。燕王旦自以帝兄不得立，常怀怨望。及御史大夫桑弘羊建造酒榷、盐、铁，为国兴利，伐其功，欲为子弟得官，亦怨恨光。于是盖主、桀、安、弘羊皆与旦通谋。

资治通鉴

【译文】元凤元年（辛丑，公元前80年）春季，武都郡的氐人叛乱，便派了执金吾马适建、龙𬤇侯韩增、大鸿胪田广明，带领了三辅和太常中的罪犯，把他们的刑罚免掉，前去攻打叛乱的氐人。

夏季，六月，赦免天下。

秋季，七月，乙亥晦日，日全食。

八月，改年号为元凤元年。

上官桀父子已经得到显贵的地位，很感怀盖长公主帮忙的恩德，就想要代替丁外人请求能把他封为侯，但是霍光居然不答应。又替外人希望能任命他为光禄大夫，为了让他有被汉昭帝召见的机会，最后霍光又不接受。盖长公主所以很怨恨霍光，而上官桀、上官安父子多次替外人请求官爵都不能实现，也觉得很惭愧。又因为上官桀的岳父所信任的一个在少府充任太医监，名字叫作充国的人，没有经过允许，盲目进入宫殿里，就被囚在监狱中，还被判了死刑。看着冬月就要过去了，处决的日子也快到了，盖长公主就替充国用了二十匹马去赎罪，所以才被免除了死刑。于是上官桀、上官安父子便特别怨恨霍光而更感谢盖长公主。在先帝时，桀拜官为九卿之一的太仆，地位在霍光之上，待到上官桀、上官安父子都当上了将军，上官安的亲生女儿又是上官皇后，霍光只是他的外祖父，反而独揽朝政，不让其他人来过问，所以，上官桀父子就跟霍光开始争夺权力了。燕王刘旦觉得是昭帝的哥哥，应该成为皇帝，最后竟没有当上皇帝，所以一直怀恨在心。还有御史大夫桑弘羊，为朝廷创下了酒业专卖的法规，以及铁、盐也由政府专门开发，不让民间自己经营的法规，为国家取得了许多的利益，就自己矜夸对国家有功，因此想要替子弟谋个一官半职，所以也和霍光之间有了怨隙。于是盖长公主、上官桀、上官安、桑弘羊就全和燕王刘旦一起商议反对霍光。

　　旦遣孙纵之等前后十馀辈，多赍金宝、走马赂遗盖主、桀、弘羊等。桀等又诈令人为燕王上书，言光出都肄郎、羽林，道上称跸，太官先置。又引"苏武使匈奴二十年不降，乃为典属国；大将军长史敞无功，为搜粟都尉；又擅调益莫府校尉。光专权自恣，疑有非常。臣旦愿归符玺，入宿卫，察奸臣变。"候司光出沐日奏之，桀欲从中下其事，弘羊当与诸大臣共执退光。书奏，帝不肯下。明旦，光闻之，止画室中不入。上问："大将军安在？"左将军桀对曰："以燕王告其罪，故不敢入。"有诏："召大将军。"光入，免冠、顿首谢。上曰："将军冠！朕知是书诈也，将军无罪。"光曰："陛下何以知之？"上曰："将军之广明都郎，近耳；调校尉以来，未能十日，燕王何以得知之！且将军为非，不须校尉。"是时帝年十四，尚书、左右皆惊。而上书者果亡，捕之甚急。桀等惧，白上："小事不足遂。"上不听。后桀党与有谮光者，上辄怒曰："大将军忠臣，先帝所属以辅朕身，敢有毁者坐之！"自是桀等不敢复言。

【译文】燕王刘旦派遣孙纵之等一共十多批人，带了很多善于奔驰的良马和金银财宝去贿赂盖长公主、上官桀、桑弘羊等人。上官桀等再派人假装是燕王的使臣，想向汉昭帝进谏，说："霍光把郎、羽林军等禁卫军，都聚集起来，开始大规模地训练检阅，和皇上巡查时的情况一样，也戒严管制全部的交通要道，而且在少府中，专给皇上准备膳食的太官，预先派遣到目的地去把饮食备好。霍光只是个大臣，是不应该这样的。"又说，"苏武出使到匈奴，一共约有二十年，都没有愿意投降匈奴，把他释放回国后，只把他任命为典属国；大将军的长史杨敞，并没有什么功劳，但是当上了搜粟都尉，又自作主张选调加强他自己的校尉。霍光如此地专制恣意，恐怕会有不轨。臣旦愿意归还王爵的符节玺印给朝廷，回到宫中去，侍卫在皇上左右，好侦察奸臣的变乱。"他们商量要等到霍光休假出宫的时候，才把这个燕王的奏章呈上去。这时代理霍光职务的上官桀，就想要利用职权，把这个事批交给手下负责的官员去处理，桑弘羊想要和其他的大臣一同威胁霍光，逼他退让屈服。最后等奏章呈上去以后，汉昭帝居然把它留了下来，不愿意批交下去。第二天早上，霍光听说了这消息，便停在绘有周公辅成王像的西阁中待命，没有进到殿内去见昭帝。汉昭帝就问："大将军在哪儿呢？"左将军上官桀回答说："因为燕王揭发了他的罪状，因此害怕进来。"汉昭帝就宣读："召大将军。"霍光进来了，脱下他的帽子，叩头谢罪。汉昭帝说："将军，请把官帽戴上，我知道这奏章不是真的，你没有罪。"霍光说："陛下是怎样知道的呢？"汉昭帝说："你到广明去检查禁卫军，是这几天的事儿；从你被选拔为校尉那天起，距离现在也没有十天，燕王怎会知道这个事件呢？并且你假如真想要图谋不轨，也用不上校尉呀。"这时候汉昭帝只有十四岁，居然能如此明辨是非，这就使得在场的左右侍从和尚书等人都很吃惊。那呈上奏章的人，因为不是真的，最后果然害怕得跑掉了，于是就下令赶紧去收捕他。上官桀等心里都特别害怕，就向汉昭帝说："这是小事，也不必去深究了。"汉昭帝不愿意听从。后来，上官桀的同伙还有人进谗言去诬陷霍光的，汉昭帝就非常生气地说："大将军是一个忠臣，是先帝委托来辅佐我的人，胆敢有毁谤他的，要依法治罪。"这以后上官桀等就不敢再说什么了。

　　◆李德裕论曰：人君之德，莫大于至明，明以照奸，则百邪不能蔽矣。汉昭帝是也。周成王有惭德矣；高祖、文、景俱不如也。成王闻管、蔡流言，遂使周公狼跋而东。汉高闻陈平去魏背楚，欲舍腹心臣。汉文惑季布使酒难近，罢归股肱郡；疑贾生擅权纷乱，复疏贤士。景帝信诛晁错兵解，遂戮三公。所谓"执狐疑之心，来谗贼之口"。使昭帝得伊、吕之佐，则成、康不足侔矣。◆

　　桀等谋令长公主置酒请光，伏兵格杀之，因废帝，迎立燕王为天子。且置驿书往来相报，许立桀为王，外连郡国豪桀以千数。且以语相平，平曰："大王前与刘泽结谋，事未成而发觉者，以刘泽素夸，好侵陵也。平闻左将军素轻易，车骑将军少而骄，臣恐其如刘泽时不能成，又恐既成反大王也。"旦曰："前日一男子诣阙，自谓故太子，长安中民趣乡之，正讙不可止。大将军恐，出兵陈之，以自备耳。我，帝长子，天下所信，何忧见反！"后谓群臣："盖主报言，独患大将军与右将军王莽。今右将军物故，丞相病，幸事必成，征不久。"令群臣皆装。

　　【译文】◆唐代李德裕评论说：人君的德行，至明是最为崇高伟大的。能明察就可以照见奸邪，这样，不管是什么邪恶也都没有办法蒙蔽得了他，像汉昭帝就是一个先例。周成王跟他比起来，就有愧色了。汉高祖、文帝、景帝都比不上他呀！当成王听到蔡叔、管叔放出对周公无益处的谣言时，就派周公进退两难地带兵东征。汉高祖听说陈平以前在魏、楚做过事，之后又叛离了楚、魏，就想要丢掉他这个心腹大臣不再用了。汉文帝原来想让在河东任郡守的季布，命为御史大夫，但是有人说他好酗酒使气，不好接近，不能为天子的大臣，于是就把他遣归河东郡；又因为听信了不好的话，疑心贾谊是一个专好弄权、坏乱体制的人，就有意疏远了这个有才能的人。汉景帝误信只要杀了晁错就能够退解七国之乱的话，最后杀了位为三公之一的御史大夫晁错。刘向所说的："执持着怀疑的心思，就可能会招来一些谗贼的人对于贤哲忠良的残害毁谤。"就是这个道理。如果昭帝能够得到像伊尹和吕尚一样的能人去辅助他，这样，所造成的太平盛世，将连康王和周成王也不能同他比较呀！◆

　　上官桀等计划让盖长公主备好酒席，请霍光去赴宴席，之后埋伏士兵，把霍光杀了，趁机把昭帝废掉，迎立燕王刘旦来做天子。刘旦就派了驿马往来传递信息，答应事成之后，把上官桀封为王，还向外联系了好几千名郡国中的英雄。燕王刘旦把这个计划告知了燕相平，平说："大王之前也和刘泽联盟商议过，最后事情没能办成就被发现的原因，是刘泽平时凡事都喜好浮夸，又爱好侵凌，因此失败了。平听说左将军上官桀平时也很草率简慢，车骑将军又年少而骄矜，臣害怕他们会像刘泽的命运一样，不会做成大事；又害怕事成的话，他们会背叛大王，不让大王去接天子位。"燕王刘旦说："前日有一个男子来到了北阙，自己说是以前的卫太子，长安城内的群众听说了这消息，都赶来围观，正在喧哗议论得不可开交时，大将军害怕会闹事，就派遣士兵列阵，以防万一。而我，是先帝的长子，是天下人特别信任的，不必担心他们会不同意我呢！"之后燕王告知群臣说："盖长公主送来的消息说，我们的计划就怕被大将军和右将军王莽发觉。现在右将军去世了，丞相也病了，期望这次事情一定可以办成功，没多久就可以得到验证的。"于是就命令群臣都备好行装，计划到长安去。

安又谋诱燕王至而诛之，因废帝而立桀。或曰："当如皇后何？"安曰："逐麋之狗，当顾菟邪！且用皇后为尊，一旦人主意有所移，虽欲为家人亦不可得。此百世之一时也！"会盖主舍人父稻田使者燕仓知其谋，以告大司农杨敞。敞素谨，畏事，不敢言，乃移病卧，以告谏大夫杜延年；延年以闻。九月，诏丞相部中二千石逐捕孙纵之及桀、安、弘羊、外人等，并宗族悉诛之；盖主自杀。燕王旦闻之，召相平曰："事败，遂发兵乎？"平曰："左将军已死，百姓皆知之，不可发也！"王忧懑，置酒与群臣、妃妾别。会天子以玺书让旦，旦以绶自绞死，后、夫人随旦自杀者二十馀人。天子加恩，赦王太子建为庶人，赐量谥曰剌王。皇后以年少，不与谋，亦霍光外孙，故得不废。

庚午，右扶风王䜣为御史大夫。

【译文】上官安又谋划要诱骗燕王刘旦，等他来了之后，便要把他杀掉，之后趁机把昭帝废掉，把上官桀改立继位者。有人就问："那么皇后要如何做呢？"上官安说："追逐麋鹿的猎狗，怎么还顾得上小兔子呢！而且现在只是依恃皇后的尊重，只要国君的心思转移时，那我们只想做一个平凡的人，也是达不到的。这实在是特别难遇到的一个好机会啊！"恰好有一个盖长公主的舍人的父亲，掌管收取稻田租税的稻田使者燕仓，知晓了这个计划，就向大司农杨敞揭发。杨敞平素就很慎重，也害怕事，因此不敢向上揭发，就请了病假歇息，而转向谏大夫杜延年检举。延年就向上报告了。九月，便下令丞相率领着中二千石的官员，去追捕孙纵之和上官桀、安、丁外人、桑弘羊等，连同他们的宗族，都一块儿杀了，于是盖长公主也自杀了。燕王刘旦听说计划已经泄露，便把燕相平找来，告诉他说："事情失败了，我们就趁此举兵可以吗？"平回答说："左将军已经死了，这件事老百姓都已经知道了，不可发兵啊！"燕王很担心烦恼，便准备了酒席，和妃妾、群臣饮别。这个时候正好汉昭帝下达了盖有印玺的公文来责备燕王刘旦，刘旦就用印绶绞死了自己。王后、夫人跟着燕王刘旦一块儿自杀，有二十多人。最后天子还特别地用了恩惠，赦免了王太子建的死罪，把他废为平民，燕王刘旦被赐给一个刺王的谥号。皇后因为年龄还小，没有参与计谋，又因为她是霍光的外孙女，因此没被废掉。

庚午日，任命右扶风王䜣为御史大夫。

冬，十月，封杜延年为建平侯；燕仓为宜城侯；故丞相征事任宫捕得桀，为弋阳侯；丞相少史王山寿诱安入府，为商利侯。久之，文学济阴魏相对策，以为："日者燕王为无道，韩义出身强谏，为王所杀。义无比干之亲而蹈比干之节，宜显赏其子以示天下，明为人臣之义。"乃擢义子延寿为谏大夫。

大将军光以朝无旧臣，光禄勋张安世自先帝时为尚书令，志行纯笃，乃白用安世为右将军兼光禄勋以自副焉。安世，故御史大夫汤之子也。光又以杜延年有忠节，擢为太仆、右曹、给事中。光持刑罚严，延年常辅之以宽。吏民上书言便宜，辄下延年平处复奏。言可官试者，至为县令；或丞相、御史除用，满岁，以状闻；或抵其罪法。

是岁匈奴发左、右部二万骑为四队，并入边为寇。汉兵追之，斩首、获虏九千人，生得瓯脱王；汉无所失亡。匈奴见瓯脱王在汉，恐，以为道击之，即西北远去，不敢南逐水草；发人民屯瓯脱。

【译文】冬季，十月，封杜延年为建平侯，燕仓为宜城侯，故丞相征事任宫因为追捕到了上官桀，封为弋阳侯，丞相少史王山寿以引诱上官安入府门，封为商利侯。很久以后，文学济阴郡魏相在对策的时候，认为："之前，燕王大逆不道图谋的时候，韩义挺身而出竭力诤谏，结果被燕王杀了。韩义并没有像比干跟纣王似的，和燕王有任何亲戚关系，却践行了比干的节操，因此应该封赏显扬他的儿子，来显示给天下人民知道，让他们明白身为人臣应该遵守的道理。"于是就把韩义的儿子韩延寿提拔为谏大夫。

大将军霍光因为朝中没有勋旧大臣，而光禄勋张安世，从先帝那时起就官拜尚书令，志节行谊都很纯正笃实，就建议任用张安世为右将军兼光禄勋，来辅助他处理朝政。张安世是故御史大夫张汤的儿子。霍光又因为杜延年揭发了叛乱阴谋，对国家有贞节忠义，就提升他为太仆，又加官为右曹官及侍中。霍光执法严厉，杜延年则经常以宽大的处世态度来协助他。吏民有上书疏陈政事时，经常先交予延年去审查可否，之后再上奏。可以试用为官的，就奏请试用，内则或为丞相和御史两府所试用的胥吏属官，外则或为县令。试满一年，就将这些试用官员的任职情状，向上奏闻；如果有奸邪不实的，就依据法律判他应有的罪刑。

这一年，匈奴调发屯驻在西、东两方的右、左两部，总共两万名的骑兵，分为四队，一起入侵边境。汉军便去追赶他们，被砍掉首级和被俘虏的匈奴兵总共有九千人，还活捉了瓯脱王。汉军并没有损失伤亡。匈奴看见瓯脱王被捉到汉朝去，害怕他会指引汉军去攻击他们，就远去到西北方，不敢向南来追逐水草，放牧牛羊；朝廷于是就调派人民驻屯在边疆瓯脱地区。

**二年**（壬寅，公元前七九年）夏，四月，上自建章宫徙未央宫。

六月，赦天下。

是岁，匈奴复遣九千骑屯受降城以备汉，北桥余吾水，令可度，以备奔走；欲求和亲，而恐汉不听，故不肯先言，常使左右风汉使者。然其侵盗益希，遇汉使愈厚，欲以渐致和亲。汉亦羁縻之。

**三年**（癸卯，公元前七八年）春，正月，泰山有大石自起立；上林有柳树枯僵自起生；有虫食其叶成文，曰"公孙病已立"。符节令鲁国眭弘上书，言："大石自立，僵柳复起，当有匹庶为天子者。枯树复生，故废之家公孙氏当复兴乎？汉家承尧之后，有传国之运，当求贤人禅帝位，退自封百里，以顺天命。"弘坐设妖言惑众伏诛。

匈奴单于使犁汙王窥边，言酒泉、张掖兵益弱，出兵试击，冀可复得其地。时汉先得降者，闻其计，天子诏边警备。后无几，右贤王、犁汙王四千骑分三队，入日勒、屋兰、番和。张掖太守、属国都尉发兵击，大破之，得脱者数百人。属国义渠王射杀犁汙王，赐黄金二百斤，马二百匹，因封为犁汙王。自是后，匈奴不敢入张掖。

【译文】二年（壬寅，公元前 79 年）夏季，四月，汉昭帝从建章宫移居到未央宫。

六月，赦免天下。

这年，匈奴又派了九千名骑兵屯驻到受降城，来防备汉军，在余吾水兴建桥梁，为了万一遇上急迫的事情发生的时候，可以渡过此桥，向北逃走。匈奴想要向汉朝请求和亲，又害怕汉朝不答应，因此就不愿意先提起和亲的事，却常常让左右的人去暗示汉朝的使者。于是劫略侵凌汉朝边境的事情就越来越少，对待汉朝使者的态度越来越好，期望能因此渐渐地达到和亲的目的。汉朝也利用这个机会来牵制着他们。

三年（癸卯，公元前 78 年）春季，正月，泰山有一块大石头可以自己竖立起来；上林苑中有一棵早已枯死，横倒在地上的柳树，又自己生长起来，有一只虫把它的叶子吃成了一些文字，说是："公孙病已立。"于是少府属官符节令鲁国人眭弘便上书说："枯倒的柳树又现生机，大石自行竖起，应该是会有平民出来当上皇帝的。枯树再生，是表明那已废的公孙氏，会又强盛起来吧？汉室承继尧运之后，有他传国的年数，应该寻求贤人，把帝位禅让给他，自己退为百里侯，来顺应天命。"结果，眭弘因为这而犯了造作妖言，迷惑众人的罪，被杀了。

匈奴单于派犁污王来侦察汉朝的边塞，得到情报后，就回去汇报，说是酒泉、张掖两郡的兵力不比从前了，假如出兵试着去攻打，有希望能够得到这些地方。这时，汉军先已获得来降的匈奴人，从那里得知他们的计谋，天子就下令边塞守军要非常注意防备警戒。没过多久，匈奴的犁污王和右贤王果然带领了四千名骑兵，分成三队，侵入张掖郡的日勒、屋兰、番和三县。属国都尉和张掖郡太守就派兵出击，大破匈奴兵，只有几百人逃脱。汉属国义渠胡的君长义渠王射杀了犁污王，汉就奖赏了他二百斤黄金、二百匹马，同时把他封为犁污王。从这以后，匈奴再也不敢侵入张掖郡了。

【乾隆御批】眭弘伏诛，罪当也。宣帝官其子，何为乎?

【译文】眭弘被处死，该当其罪。汉宣帝又给他的儿子封官，这是为什么呢?

燕、盖之乱，桑弘羊子迁亡，过父故吏侯史吴，后迁捕得，伏法。会赦，侯史吴自出系狱。廷尉王平与少府徐仁杂治反事，皆以为"桑迁坐父谋反而侯史吴臧之，非匿反者，乃匿为随者也"，即以赦令除吴罪。后侍御史治实，以"桑迁通经术，知父谋反而不谏争，与反者身无异。侯史吴故三百石吏，首匿迁，不与庶人匿随从者等，吴不得赦。"奏请覆治，劾廷尉、少府纵反者。少府徐仁，即丞相车千秋女婿也，故千秋数为侯史吴言;恐大将军光不听，千秋即召中二千石、博士会公车门，议问吴法。议者知大将军指，皆执吴为不道。明日，千秋封上众议。光于是以千秋擅召中二千石以下，外内异言，遂下廷尉平、少府仁狱。朝廷皆恐丞相坐之。太仆杜延年奏记光曰:"吏纵罪人，有常法。今更诋吴为不道，恐于法深。又，丞相素无所守持而为好言于下，尽其素行也。至擅召中二千石，甚无状。延年愚以为丞相久故及先帝用事，非有大故，不可弃也。间者民颇言狱深，吏为峻诋;今丞相所议，又狱事也，如是以及丞相，恐不合众心，群下讙哗，庶人私议，流言四布。延年窃重将军失此名于天下也。"

光以廷尉、少府弄法轻重，卒下之狱。夏，四月，仁自杀，平与左冯翊贾胜胡皆要斩。而不以及丞相，终与相竟。延年论议持平，合和朝廷，皆此类也。

【译文】因为盖长公主和燕王的叛乱，桑弘羊的儿子桑迁戴罪逃亡，被藏在他父亲的旧属侯史吴家。之后桑迁被捕获，依法处决了，侯史吴也因为这被关进监狱。等到有了一个能够减免刑罚的机会，侯史吴这才从监牢里被释放出米。当廷尉王平和少府徐仁奉命一起审理此谋反的案件时，都觉得"桑迁因为父亲谋反，依据法律被治了罪，而侯史吴在他逃亡时，虽然藏匿了他，但这算不上藏隐造反的人，而是藏匿了牵连入罪的关系人"，所以就依赦免令免除了吴的罪名。但是后来侍御史再次审理这件案子时，却以"桑迁通达经术，明知父亲谋反而不去谏诤，就和造反的人本身的罪刑一样了。侯史吴之前是一个月俸三百石米粮的官吏，竟身为谋首而藏了人犯，这就不会和平民藏匿从犯的情形一样了，因此吴不能赦免"的理由，奏请重核治罪。并且弹劾廷尉和少府纵容了反叛者。少府徐仁，正是丞相田千秋的女婿，因此田千秋多次都在为侯史吴说话；但是又害怕大将军霍光不愿意听从，田千秋就聚集了中二千石的官员和博士在未央宫北阙的公车门聚集，讨论侯史吴依照法律当得何罪。参加议论的人得知了大将军的意思，都觉得侯史吴违法不道。第二天，田千秋把大家的意见密奏上去。霍光于是由于田千秋擅自召集中二千石以下的官员商议时事，又因为在内朝和外朝的言论不一样，就要把廷尉王平和少府徐仁都关进监狱去审问。满朝官员都害怕丞相会因为这也受牵连入罪。太仆杜延年就书写了建议上陈霍光，说是："官吏纵容了犯人，应当治何罪，可有常法可循。现在竟污蔑侯史吴为不道，这恐怕是用法太过分深刻。又丞相往常并没有什么意见执持，只有一点，就是好与在下的人商议罢了。但他现在的行为，不过就是按他平时言行的表现罢了，别无他意。对于自作主张召集中二千石官员聚集，确实是很不对，很无礼。但是我觉得丞相在位已久，也算得上是一个故旧老臣，而且曾经在先帝时辅佐过先帝，要不是因为有重大的变化，是不会轻言把他废弃的。偶尔民众会有一些埋怨狱法太过分苛刻，官吏办案太过于严酷诬罔。现在丞相所讨论的，又是有关讼案的事，假如因此让案情也牵扯到丞相身上，恐怕是不符合百姓心中的期望的，这样将会使得下面的人喧哗惊异，群众私下评论是非，而弄得谣言四起。我很为将军担忧或许会因为这而有损声誉，而且令天下人失望。"但霍光仍觉得廷尉和少府是在玩法就随意轻重，终于最后都把他们拘关进监狱里去。夏季，四月，少府徐仁自杀，王平和官拜左冯翊的贾胜胡都被腰斩了。最后丞相终于没有被牵连到，而且终丞相一生，霍光都和他做同事，他没有被贬黜过。杜延年论议公正，而且能和睦朝廷，他的所作所为，就像这样。

冬，辽东乌桓反。初，冒顿破东胡，东胡馀众散保乌桓及鲜卑山为二族，世役属匈奴。武帝出破匈奴左地，因徙乌桓于上谷、渔阳、右北平、辽东塞外，为汉侦察匈奴动静。置护乌桓校尉监领之，使不得与匈奴交通。至是，部众渐强，遂反。

先是，匈奴三千馀骑入五原，杀略数千人；后数万骑南旁塞猎，行攻塞外亭障，略取吏民去。是时汉边郡烽火候望精明，匈奴为边寇者少利，希复犯塞。汉复得匈奴降者，言乌桓尝发先单于冢，匈奴怨之，方发二万骑击乌桓。霍光欲发兵邀击之，以问护军都尉赵充国，充国以为："乌桓间数犯塞，今匈奴击之，于汉便。又匈奴希寇盗，北边幸无事，蛮夷自相攻击而发兵要之，招寇生事，非计也！"光更问中郎将范明友，明友言可击，于是拜明友为度辽将军，将二万骑出辽东。匈奴闻汉兵至，引去。初，光诫明友："兵不空出；即后匈奴，遂击乌桓。"乌桓时新中匈奴兵，明友既后匈奴，因乘乌桓敝，击之，斩首六千馀级，获三王首。匈奴由是恐，不能复出兵。

【译文】冬季，辽东郡的乌桓族叛乱。起初，由于冒顿攻破了东胡，溃散的东胡人就散布在鲜卑山和乌桓山，这些人最终演变为鲜卑、乌桓两族，世代都臣属于匈奴，接受匈奴人的指挥差遣。汉武帝派霍去病攻破了匈奴的左地，就把乌桓人迁徙到上谷、渔阳、右北平、辽东各郡的塞外去，为汉朝观察匈奴的动静。设置了护乌桓校尉来监督管理他们，让他们不得和匈奴再有来往。可是从这以后，他们的势力却逐渐壮大起来，最终造反了。

原先是匈奴以三千多名的骑兵侵入五原郡，屠掠了几千人。之后，更派遣了几万名骑兵，向南沿着边塞到处猎取，还攻打塞外的亭障城堡，抢夺吏民而去。这时，汉朝边郡的烽火警报特别地灵通精明，匈奴每每到边郡来劫掠骚扰的时候，都很快就被警觉，一经发觉，致斩获不多，这样，就很少再来入侵边塞。汉朝又捕得归降匈奴人，依据他们说的，乌桓人曾经把先单于的坟墓挖掘了，因此匈奴人特别恨他们，正要派遣二万名骑兵去攻打乌桓。霍光听说了这消息以后，就要派兵去拦截匈奴，把这计划告知了护军都尉赵充国，征求他的意见。充国觉得："乌桓最近常来边塞，现在匈奴要去攻打他们，这对于我们汉朝来说，无疑是有利的。并且匈奴最近也很少再来侵盗掠夺，北方边境幸好已能平安无事，假如在蛮夷自相攻打的时候，我们也插上一手，出兵去拦截他们，以至于又招来了蛮夷的侵扰，生出了不必要的事情来，这可不是什么好计谋啊！"霍光就改问中郎将范明友的建议，明友说是能够出击。于是就任命明友为度辽将军，带领二万名骑兵出了辽东。匈奴得到了汉军要来的消息，就带兵退走。那时，霍光曾经告诫明友说："部队不会空无所获平白地开出去，假如落在匈奴之后，来不及攻击他们，就改去攻击乌桓。"乌桓那时正为匈奴兵所中伤，明友的部队既落在匈奴之后，来不及去拦截他们，就趁乌桓疲敝时，向它进兵攻击。最后砍得了六千多个首级，虏获了三个乌桓王的头颅。匈奴因为这害怕得很，就不敢再行出兵了。

四年（甲辰，公元前七七年）春，正月，丁亥，帝加元服。

甲戌，富民定侯田千秋薨。时政事壹决大将军光；千秋居丞相位，谨厚自守而已。

夏，五月，丁丑，孝文庙正殿火。上及群臣皆素服，发中二千石将五校作治，六日，成。太常及庙令丞、郎、吏，皆劾大不敬；会赦，太常辕阳侯德免为庶人。

六月，赦天下。

初，扜罙遣太子赖丹为质于龟兹；贰师击大宛还，将赖丹入至京师。霍光用桑弘羊前议，以赖丹为校尉，将军田轮台。龟兹贵人姑翼谓其王曰："赖丹本臣属吾国，今佩汉印绶来，迫吾国而田，必为害。"王即杀赖丹而上书谢汉。

【译文】四年（甲辰，公元前 77 年）春季，正月，丁亥日，昭帝加冠。

甲戌日，富民定侯田千秋去世。当时朝廷大事都取决于大将军霍光。千秋虽然身居丞相的地位，并没有实际的权力，只是厚重敬慎，自守本分罢了。

夏季，五月，丁丑日，孝文帝庙的正殿有人纵火，引起火灾。汉昭帝和众臣都穿着素服，调遣中二千石官员，督导着将作大匠的属官左、右、后、前、中五校人员前去重新修建。经过六天的整修，终于兴建完成了。掌管孝文帝陵寝事宜的太常和庙令、丞、吏、郎，都被判了一个大不敬的罪名；由于这时正好遇到六月的大赦，太常辕阳侯江德被免为平民。

六月，赦免天下。

当初，扜采派遣了太子赖丹到龟兹国去做人质；后来贰师将军出击大宛回国，就带着赖丹到了京师。霍光于是采用桑弘羊以前提议屯田轮台的意见，任命赖丹为校尉，带领军队屯驻轮台。这时龟兹的贵族姑翼便报告他的国王："赖丹本来是派到我国来当人质，臣属于我国的，现在却到了汉朝去，当了汉朝的官员，来到轮台，逼近了我国，要在那里屯田，这必危害我国。"龟兹王就杀掉了赖丹，然后上书汉廷去谢罪。

楼兰王死，匈奴先闻之，遣其质子安归归，得立为王。汉遣使诏新王令入朝，王辞不至。楼兰国最在东垂，近汉，当白龙堆，乏水草，常主发导，负水担粮，送迎汉使；又数为官吏卒所寇，惩艾，不便与汉通。后复为匈奴反间，数遮杀汉使。其弟尉屠耆降汉，具言状。骏马监北地傅介子使大宛，诏因令责楼兰、龟兹。介子至楼兰、龟兹，责其王，皆谢服。介子从大宛还，到龟兹，会匈奴使从乌孙还，在龟兹，介子因率其吏士共诛斩匈奴使者。还，奏事，诏拜介子为中郎，迁平乐监。

【译文】楼兰王去世，这消息被匈奴第一个探知，就让楼兰王派在匈奴当人质的儿子安归回到楼兰国去，因此得以被拥立为新的楼兰王。后来汉廷便派遣使者到楼兰国去，要新王到汉廷去朝见汉帝，楼兰王推辞不去。楼兰国的位置于西域各国中，最靠近东边，距汉朝最近，正对着白龙堆沙漠地带，这里水草缺乏，过去常常要迎送汉使，为他们提水担粮，负责引路，又多次受到那些吏卒的抢夺，于是在心里对汉朝早早就有了警戒，觉得不宜和汉朝交往。之后楼兰又为匈奴当反间，在中间挑拨，好几次截杀汉朝的使者。在汉朝当人质的楼兰王的弟弟尉屠耆，后来归顺汉朝，才把这些一一地说了出来。所以当骏马监北地郡人傅介子出使大宛国时，汉昭帝就命令他趁机去责备龟兹和楼兰。介子到了龟兹、楼兰，责问了他们的国王，他们就都向汉朝表示顺服谢罪。介子从大宛回国时，又到龟兹，正好遇见匈奴使者也从乌孙回来，正在龟兹，介子就带领着和他出使西域的那些吏士，一起把匈奴使者给杀了。回国后，就把这些事情奏闻汉昭帝，汉昭帝就把介子任命为中郎，又提升为平乐监。

介子谓大将军霍光曰："楼兰、龟兹数反覆，而不诛，无所惩艾。介子过龟兹时，其王近就人，易得也；愿往刺之以威示诸国！"大将军曰："龟兹道远，且验之于楼兰。"于是白遣之。介子与士卒俱赍金币，扬言以赐外国为名，至楼兰。楼兰王意不亲介子，介子阳引去，至其西界，使译谓曰："汉使者持黄金、锦绣行赐诸国。王不来受，我去之西国矣。"即出金、币以示译。译还报王，王贪汉物，来见使者。介子与坐饮，陈物示之，饮酒皆醉。介子谓王曰："天子使我私报王。"王起，随介子入帐中屏语，壮士二人从后刺之，刃交匈，立死；其贵人、左右皆散走。介子告谕以王负汉罪，"天子遣我诛王，当更立王弟尉屠耆在汉者。汉兵方至，毋敢动，自令灭国矣！"介子遂斩王安归首，驰传诣阙，县首北阙下。

【译文】傅介子告知大将军霍光说："龟兹、楼兰心意不定，多次叛乱，但没受到该有的诛讨，对他们没什么惩罚。介子经过龟兹时，认为他们的国王对人很友好，没有怀疑，我们如果要惩处他，能够很容易得手；希望能奉命前往刺杀他，来显示汉朝的威望，使西域各国看到！"大将军说："龟兹离汉朝路程这样遥远，我们先从楼兰国开始试试吧。"于是就奏明昭帝，派了傅介子前往。介子和同往的士卒，都带着币帛黄金，对外宣称，说这些全是要拿去赏赐给外国的，就到了楼兰。楼兰王不愿意亲近傅介子，介子就假装要带兵离去，到达楼兰国的西界，傅介子就要那楼兰国管理通译的人去转告楼兰王说："汉朝的使者带着锦绣和黄金要来赏赐给西域各国，但是楼兰王不接受，我这就要离开贵国，要往西边的其他各国去了。"同时，拿出了币帛和黄金展示给译者观看。译使回去向楼兰王汇报了这个消息，楼兰王想要贪图汉朝的钱物，就赶来接见汉朝的使者。傅介子便接待了他，跟他一起坐饮，还陈列了所携带的财物展示给他看，大家全喝醉了酒。介子告知楼兰王说："天子派遣我来，有机密的话要私底下报告给国王知晓。"楼兰王就站了起来，跟着傅介子到了军帐中，把左右随从屏退了，要独自和汉使谈话。于是有两名汉朝的壮士就从楼兰王背后去刺杀楼兰王，两把刀刃交叉贯穿到了胸前，楼兰王马上就死了，他左右的那些人和显贵的大臣就都散走。傅介子将楼兰王身负汉朝的罪行告诉了楼兰人，说是："汉天子派了我来诛罚你们的国王，要改立在汉朝当人质的前王的弟弟尉屠耆。汉朝的大军立刻就开到，大家不要轻举妄动，不然将会自己招来亡国的惩罚！"傅介子就砍下了楼兰王安归的首级，坐着轻快的马车赶回汉京，将楼兰王首级在北阙悬挂示众。

乃立尉屠耆为王，更名其国为鄯善，为刻印章；赐以宫女为夫人，备车骑、辎重。丞相率百官送至横门外，祖而遣之。王自请天子曰："身在汉久，今归单弱，而前王有子在，恐为所杀。国中有伊循城，其地肥美，愿汉遣一将屯田积谷，令臣得依其威重。"于是汉遣司马一人、吏士四十人田伊循以填抚之。

秋，七月，乙巳，封范明友为平陵侯，傅介子为义阳侯。

◆臣光曰：王者之于戎狄，叛则讨之，服则舍之。今楼兰王既服其罪，又从而诛之，后有叛者，不可得而怀矣。必以为有罪而讨之，则宜陈师鞠旅，明致其罚。今乃遣使者诱以金币而杀之，后有奉使诸国者，复可信乎！且以大汉之强而为盗贼之谋于蛮夷，不亦可羞哉！论者或美介子以为奇功，过矣！◆

【译文】于是把尉屠耆立为国王，楼兰国改称为鄯善国，为他刻了国王的图章，还将宫女赏赐给他当夫人，又给他准备了行李和坐车。由丞相带领着文武百官送到长安城北的横门外，给他饯行。鄯善国王自己向天子恳求说："我身在汉朝已有很长时间了，现在回国去，自己觉得形单势弱，而且前王还有儿子在，我回去后害怕会被他们杀害。我国中有一座伊循城，那里的土地很好，希望汉朝能派一位将领去那里积谷屯田，让我能够依赖他的威势自保。"汉朝于是派了四十名吏士和一名司马，到伊循去屯田，以镇抚鄯善国。

秋季，七月，乙巳日，封范明友为平陵侯，傅介子为义阳侯。

◆司马光评论说：王者对于戎狄的态度是，当他们叛乱时，

402

就去攻讨他们,归顺了就放了他们。现今楼兰王既然已经认罪了,却马上就杀掉他,这样,之后再有叛乱的人,就没有办法去抚慰他们了。假如觉得他们有罪而一定要去征讨他们,就应该派军誓师,明示他们应得的惩罚。现在却派遣使者,拿币帛黄金去诱杀他,那么,以后再有奉命出使到各国去的,还会得到他们的信任吗!而且以大汉的强盛,却对蛮夷施行盗贼式的伎俩,不也是一件很可耻的事吗!论者或许会赞美傅介子,认为他的功劳很大,其实这是不对的啊! ◆

**五年**(乙巳,公元前七六年)夏,大旱。

秋,罢象郡,分属郁林、牂柯。

冬,十一月,大雷。

十二月,庚戌,宜春敬侯王䜣薨。

**六年**(丙午,公元前七五年)春,正月,募郡国徒筑辽东、玄菟城。

夏,赦天下。

乌桓复犯塞,遣度辽将军范明友击之。

冬,十一月,乙丑,以杨敞为丞相,少府河内蔡义为御史大夫。

【译文】五年(乙巳,公元前76年)夏季,发生了大旱灾。

秋季,撤销了象郡的设置,使它分属于牂柯、郁林两郡。

冬季,十一月,打起了大雷。

十二月,庚戌日,宜春敬侯王䜣去世。

六年(丙午,公元前75年)春季,正月,招募郡国中的囚徒去修建东郡玄菟郡的城池。

夏季,赦免天下。

乌桓又来入侵边塞，于是派度辽将军范明友出击乌桓。

冬季，十一月，乙丑日，任命杨敞为丞相，官居少府的河内郡人蔡义为御史大夫。

# 资治通鉴卷第二十四　汉纪十六

起强圉协洽, 尽昭阳赤奋若, 凡七年。

【译文】起丁未( 公元前 74 年), 止癸丑( 公元前 68 年), 共七年。

【题解】本卷记录了昭帝刘弗陵元平元年至宣帝刘询地节二年共七年间的历史。记录了昭帝无子去世, 被立的昌邑王刘贺因荒唐悖谬被废; 记录了宣帝的成长经历, 因昌邑王被废, 被迎立为帝; 记录了霍光掌控朝权, 包庇毒死宣帝发妻许皇后的妻子; 记录了霍光之死, 张安世主政, 魏相上书压抑霍氏权力; 记录了赵广汉用峻法治京城, 于定国为廷尉, 受到朝野称颂; 记录了夏侯胜平易敢言, 受太后、皇帝尊敬, 儒士引以为荣; 记录了匈奴不断受挫、势力衰弱而想与汉朝和亲; 记录了宣帝亲政后加强法制, 发挥郡国长官作用。

## 孝昭皇帝下

**元平元年**( 丁未, 公元前七四年)春, 二月, 诏减口赋钱什三。

夏, 四月, 癸未, 帝崩于未央宫; 无嗣。时武帝子独有广陵王胥, 大将军光与群臣议所立, 咸持广陵王。王本以行失道, 先帝所不用; 光内不自安。郎有上书言:"周太王废太伯立王季, 文王舍伯邑考立武王, 唯在所宜, 虽废长立少可也。广陵王不可以承宗嗣。"言合光意。光以其书示丞相敞等,擢郎为九江太守。即日承皇后诏,遣行大鸿胪事少府乐成、宗正德、光禄大夫吉、中郎将利汉,迎昌邑王贺,乘七乘传诣长安邸。光又白皇后,徙右将军安世为车骑将军。

【译文】元平元年(丁未,公元前74年)春季,二月,朝廷下诏减免七岁到十四岁的百姓每年每人必须交给天子的口赋钱十分之三。

夏季,四月,癸未,汉昭帝在未央宫驾崩,没有儿子来继承皇位。当时,汉武帝的儿子只有广陵王刘胥一人,大将军霍光和群臣商议将让何人继位的时候,大家都赞同广陵王。广陵王本因为品行失检,所以先帝弃用他,因此霍光内心觉得很不安。在郎官中有人就上书说:"之前周太王把长子太伯废弃了,而立太伯的弟弟王季为继承人;文王也把长子伯邑考舍弃了,而立武王为后。这都说明怎样处置才是最合适的,如果合适的话,虽是废长立少,也是行得通的。像广陵王这样的人,不能够继承大统。"这些话正切合霍光的心思。霍光就把郎官的奏章出示给丞相杨敞等人看,而且提拔了这个郎官上任了九江太守。当天就奉了皇后的命令,派行大鸿胪事少府史乐成、宗正刘德、光禄大夫丙吉、中郎将利汉等人去迎接昌邑王刘贺,派遣了七辆传车,火速去把他载来迎接到长安的官邸。霍光又向皇后禀告,把右将军张安世改调为车骑将军。

贺,昌邑哀王之子也,在国素狂纵,动作无节。武帝之丧,贺游猎不止。尝游方与,不半日驰二百里。中尉琅邪王吉上疏谏曰:"大王不好书术而乐逸游,冯式撙衔,驰骋不止,口倦虖叱咤,手苦于棰辔,身劳乎车舆,朝则冒雾露,昼则被尘埃,夏则为大暑之所暴炙，冬则为风寒之所匽薄，数以奊脆之玉体犯勤劳之烦毒，非所以全寿命之宗也，又非所以进仁义之隆也。夫广厦之下，细旃之上，明师居前，勤诵在后，上论唐、虞之际，下及殷、周之盛，考仁圣之风，习治国之道，欣欣焉发愤忘食，日新厥德，其乐岂衔橛之间哉！休则俛仰屈伸以利形，进退步趋以实下，吸新吐故以练臧，专意积精以适神，于以养生，岂不长哉！大王诚留意如此，则心有尧、舜之志，体有乔、松之寿，美声广誉，登而上闻，则福禄其臻而社稷安矣。皇帝仁圣，至今思慕未怠，于宫馆、囿池、戈猎之乐未有所幸，大王宜夙夜念此以承圣意。诸侯骨肉，莫亲大王，大王于属则子也，于位则臣也，一身而二任之责加焉。恩爱行义，孅介有不具者，于以上闻，非缋国之福也。"王乃下令曰："寡人造行不能无惰，中尉其忠，数辅吾过。"使谒者千秋赐中尉牛肉五百斤，酒五石，脯五束。其后复放纵自若。

**【译文】**刘贺，是昌邑哀王的儿子，在封国中平时的表现就是特别狂放，行为没有节制。在汉武帝的丧期里，他照常去游猎。曾到方与县去，没有半天就驰骋了两百里。中尉琅邪人王吉上奏章向他上书说："大王不喜好读书求学问，但是很爱好到处游玩，勒马乘车，无度奔驰，所以嘴巴就一整天不得不疲于怒喝呼喊，双手就为了系绳执鞭而忍受辛苦，身体也会遭到驾车驰骋的劳累的，早上就要冒着雾露的侵袭，白天则要蒙受灰尘的吹拂，夏天便要接受酷暑的暴晒，冬天又要为疾风所偃仆侵迫，常常用那柔弱的身体，去触犯那劳心尽力的毒害和烦扰，这不是养生的道义，也不是进仁修义的长策。在宽敞的屋子里，坐在细软的地毯上，有高超的老师在前面监督，然后跟着去勤奋诵读，从上古的唐尧、虞舜的圣迹，论到商、周的强盛，考求仁人圣贤的风范，学习治国平天下的道理，高兴地奋发研习，高兴得忘记了饮食，于是能慢慢地革新自己的品德，这样的快乐，哪是在纵马奔驰上所能得到的呢！当读完了书，歇息的时候，就把左右手伸一伸，身体弯一弯，头上下动一动，转一转，来增强形体的健康，进进退退地走走路，来坚实脚力，还可以吸进新鲜的空气，吐出废气，来练练五脏，专心聚神，来使我们的精气舒畅，使心神愉快，这样养生，怎能不长寿呢！大王真能专注这样做，那么，心里存有了尧、舜的志向，形体上又有古代仙人王子乔和赤松子一样的寿命，美好的声誉，渐渐地传到了朝廷，一切的福禄自然就会降临，而国家也一定安定太平了。皇帝特别地圣明仁爱，对于武帝的去世，到现在还没有忘记，思慕不已，因此关于宫中别馆、园囿池榭、弋射行猎等任何一种游乐，都还没有去接触过，大王也应当早晚注意以此为念，来迎合皇帝的心思。现在全部的诸侯当中，说起骨肉亲情，是没有比大王更加亲的了。大王与皇帝论亲属关系来说，则如同是皇上的儿子，有着父子的情分；就地位来说，则有君臣的关系。一个人同时拥有两种身份，肩负着两种责任。所以在施恩加爱和行仁由义等言行中，假如仅有一点点细微的地方疏忽了，注意力不够集中，只要传闻到朝廷中去，就会影响大王享国在位的幸福啊！"昌邑王于是下令说："我对于学行的造诣，是有过失，不能勤勉努力，中尉对我特别尽忠，多次辅佐我，把我的错误指正。"就派遣谒者千秋赏赐中尉五百斤牛肉、五石酒、五束干肉。但是后来昌邑王贺依然肆无忌惮地放纵起来。

郎中令山阳龚遂，忠厚刚毅，有大节，内谏争于王，外责傅相，引经义，陈祸福，至于涕泣，蹇蹇亡已，面刺王过。王至掩耳起走，曰："郎中令善愧人！"王尝久与驺奴、宰人游戏饮食，赏赐无度，遂入见王，涕泣膝行，左右侍御皆出涕。王曰："郎中令何为哭？"遂曰："臣痛社稷危也！愿赐清閒，竭愚！"王辟左右。遂曰："大王知胶西王所以为无道亡乎？"王曰："不知也。"曰："臣闻胶西王有谀臣侯得，王所为儗于桀、纣也，得以为尧、舜也。王说其谄谀，常与寝处，唯得所言，以至于是。今大王亲近群小，渐渍邪恶所习，存亡之机，不可不慎也！臣请选郎通经有行义者与王起成，坐则诵《诗》、《书》，立则习礼容，宜有益。"王许之。遂乃选郎中张安等十人侍王。居数日，王皆逐去安等。

【译文】郎中令山阳郡人龚遂，为人刚毅忠厚，特别有节操，看见昌邑王这样，对内就向昌邑王极力劝谏，对外就指责傅相的辅佐无方，更是引据经典的旨义，罗列祸福得失的道理，痛切规诫，以至于涕泗交流，当面去说昌邑王的错误。使得昌邑王害怕得甚至掩着耳朵起身离去，说："郎中令真会羞辱人啊！"昌邑王曾有过很长一段时间，跟掌管膳食的导车侍从的驺奴和宰人，一起游戏娱乐，吃喝玩乐，并且过分地赏赐他们。龚遂入宫见昌邑王，流着眼泪，爬行向前，连左右侍从都跟着流下眼泪。昌邑王说："郎中令为何哭呢？"龚遂说："臣心痛国家危险了！特此来请求大王可以赐给我一些时间，我要私下向大王说出我心里面的话！"昌邑王就把左右侍从屏退了。龚遂说："大王知晓胶西王因为无道而遭到灭亡的事吗？"昌邑王说："不知晓啊！"龚遂说："臣知道胶西王有一个佞臣侯得，胶西王的所作所为，实在就像夏桀和商纣一样，但是侯得却说像尧、舜。胶西王非常喜欢他的巴结逢迎，就经常和他坐卧在一起，而且只相信他的乱语邪言，导致灭亡。现在大王也在亲近那一班小人，慢慢地浸染了那些邪恶的人全部的习气，这是一个存亡的紧要关头，必须要谨慎小心啊！臣请求既能通达经书又品行端正的郎官,和大王生活在一起,等到坐下来的时候,就可以诵读诗书,站起来的时候,也会有机会学习一些仪文礼制,这样对于大王来说,应当是有好处的。”昌邑王应允。龚遂就挑中了郎中张安等十个人去伺候昌邑王。但是只过了几天时间,昌邑王就把张安等人全都赶走了。

王尝见大白犬,颈以下似人,冠方山冠而无尾,以问龚遂,遂曰:“此天戒,言在侧者尽冠狗也,去之则存,不去则亡矣。”后又闻人声曰:“熊!”视而见大熊,左右莫见,以问遂,遂曰:“熊,山野之兽,而来之宫室,王独见之,此天戒大王,恐宫室将空,危亡象也。”王仰天而叹曰:“不祥何为数来!”遂叩头曰:“臣不敢隐忠,数言危亡之戒;大王不说。夫国之存亡,岂在臣言哉!愿王内自揆度。大王诵《诗》三百五篇,人事浃,王道备。王之所行,中《诗》一篇何等也?大王位于诸侯王,行污于庶人,以存难,以亡易,宜深察之!”后又血污王坐席,王问遂;遂叫然号曰:“宫空不久,妖祥数至。血者,阴忧象也,宜畏慎自省!”王终不改节。

【译文】昌邑王曾经看见一只高大的白狗,颈部以下和人长得差不多,头上戴着乐舞人所用的,由五彩丝线织成的方山冠,但是却没有尾巴,就问龚遂,龚遂说:“这是上天用来警告大王的,表明大王身边的人,都是披戴着人的衣裳的狗啊,假如能把他们丢掉,就会得到永存,不去掉他们,就会灭亡。”后来又听到有人喊叫:“熊!”仔细一看,果然看到了大熊,但是左右大臣都没有看见,昌邑王就又问龚遂,龚遂说:“熊是山野里的野兽,却来到了宫室中,但是被大王一个人看见,这是上天在警告大王,害怕将来宫室中要变得一无所有,这是国家危亡的征象啊!”昌邑王就仰天长叹说:“那些不吉祥的事物,为何一件接一件地出现呢!"龚遂叩头说:"臣不敢欺瞒那一片忠心,所以多次说到上天对于国家的危亡所表示的劝诫,让大王不高兴。其实说起那国家的存亡,怎么是臣如何说就会怎样应验的呢!那全在于大王自己的啊!恳请大王能在心里自己想想。大王如果能诵读三百零五篇的《诗经》,让言行能合于诗中的义理,那么就能使得王道完备,人事和洽。现今大王的所作所为,有哪一样是合于《诗经》中哪一篇的义理的呢?大王的位置,是诸侯国的国王,但是行为确实比平民还要浑浊,像这样的情形,要求能继续生存下去,是很难的。要想败亡,却很容易,大王应当要深深地去省察!"之后又有血污染在昌邑王的座位上,昌邑王又问龚遂,龚遂大喊道:"宫室中不多久将变得空无所有了,妖异的事情,一件一件地来。国家已面临着危亡了。见到了血,这是一样将要有忧惧阴险的事发生的征兆啊!大王应当要谨慎敬畏,自我反省!"但是昌邑王一直改不掉他那荒诞的言行。

及征书至,夜漏未尽一刻,以火发书。其日中,王发;晡时,至定陶,行百三十五里,侍从者马死相望于道。王吉奏书戒王曰:"臣闻高宗谅阍,三年不言。今大王以丧事征,宜日夜哭泣悲哀而已,慎毋有所发!大将军仁爱、勇智、忠信之德,天下莫不闻;事孝武皇帝二十馀年,未尝有过。先帝弃群臣,属以天下,寄幼孤焉。大将军抱持幼君襁褓之中,布政施教,海内晏然,虽周公、伊尹无以加也。今帝崩无嗣,大将军惟思可以奉宗庙者,攀援而立大王,其仁厚岂有量哉!臣愿大王事之,敬之,政事壹听之,大王垂拱南面而已。愿留意,常以为念!"

【译文】等到征召昌邑王到长安的文书给送来了,夜漏还没过完一刻,就赶快借火揭开文书。当日正午,昌邑王就动身进京；下午申时，就到达了定陶县，总共奔跑了一百三十五里的路程，因此侍从们的坐骑沿路上累死了不少。王吉上书劝诫昌邑王说："臣听说殷高宗武丁居丧的时候，有三年不言语。现今大王也因为昭帝的丧事被征召入京，因此应当日夜哭泣悲伤而已，对于国事要小心谨慎，不要任意发号施令！大将军仁爱、勇智、忠信德行，天下人都知晓，他侍奉孝武帝二十多年，没有过错误。先帝临终时，把天下大事托付给他，要他辅佐幼君。大将军就怀抱在襁褓中的幼君，施展教化，代行政事，使得天下太平，即使是周公和伊尹的政绩，也超不过他。现在昭帝逝世，因为没有后代，大将军就考虑到谁是能够继承帝位的人，于是就牵持攀引，而立了大王，他的忠厚和仁爱哪里是有限量的呢！所以臣希望大王能去侍奉他，尊敬爱戴他，国家大事都听从他的，大王只要拱手而治，南面称帝就行了，不需要去有所指挥。请大王能留意，常常记住我这些话，不要把它疏忽了。"

王至济阳，求长鸣鸡，道买积竹杖。过弘农，使大奴善以衣车载女子。至湖，使者以让相安乐。安乐告龚遂，遂入问王，王曰："无有。"遂曰："即无有，何爱一善以毁行义！请收属吏，以湔洒大王。"即捽善属卫士长行法。

王到霸上，大鸿胪郊迎，驷奉乘舆车。王使寿成御，郎中令遂参乘。且至广明、东都门，遂曰："礼，奔丧望见国都哭。此长安东郭门也。"王曰："我嗌痛，不能哭。"至城门，遂复言，王曰："城门与郭门等耳。"且至未央宫东阙，遂曰："昌邑帐在是阙外驰道北，未至帐所，有南北行道，马足未至数步；大王宜下车，乡阙西面伏哭，尽哀止。"王曰："诺。"到，哭如仪。六月，丙寅，王受皇帝玺绶，袭尊号，尊皇后曰皇太后。

【译文】昌邑王到达济阳县，居然去求买会常常鸣叫的长鸣鸡，在路上又去买了汇集竹木做成的积木杖。路过弘农县时，又差使奴仆长善，将从民间弄来的美女藏在装载衣物的车上。到达湖县，长安派遣来的使者，就为他抢夺女子的事去责怪昌邑王相安乐。安乐告知了龚遂，龚遂就去问昌邑王，王说："没有听说这件事啊！"龚遂说："假如真的没有，那就不用为了爱护一名奴仆，而败坏了自己的道义品行！请收捕长善，交了官吏去处理，来冲洗大王的污点。"于是就拽着长善的头发，交予卫士长去依据法律处置。

昌邑王到了霸上，大鸿胪便到郊外去迎接，掌管车马的骖奴就奉献上天子的坐车。昌邑王就派遣他的太仆寿成驾车，郎中令龚遂陪在车右。将要到安城东的广明亭和东都门时，龚遂说："根据礼法，奔丧的，望见了国都全部要哭。那是长安城的东都门了啊！"王说："我因为喉咙痛，所以不能哭。"到了城门，遂又提醒昌邑王。王说："城门和外郭门一样的嘛！"快要到未央宫的东门时，龚遂说："昌邑王的吊哭帐设置在这个东阙外大马路的北边，在未到吊哭帐的地方，有一条南北通道，距离吊哭帐骑马只有几步路罢了。到了那儿，大王应当下车，然后面对着东阙，向西面匍匐哭泣，直到尽哀为止。"王说："好。"到达应该下车的地方，昌邑王依照该有的仪式哭泣了一番。六月，丙寅日，昌邑王接受了皇帝的印信，继承了皇帝的称号。并把皇后尊奉为皇太后。

壬申，葬孝昭皇帝于平陵。

昌邑王既立，淫戏无度。昌邑官属皆征至长安，往往超擢拜官。相安乐迁长乐卫尉。龚遂见安乐，流涕谓曰："王立为天子，日益骄溢，谏之不复听。今哀痛未尽，日与近臣饮酒作乐，斗虎豹，召皮轩车九旒，驱驰东西，所为悖道。古制宽，大臣有隐退；今去不得，阳狂恐知，身死为世戮，奈何？君，陛下故相，宜极谏争！"

王梦青蝇之矢积西阶东，可五六石，以屋版瓦覆之，以问遂，遂曰："陛下之《诗》不云乎：'营营青蝇，止于藩。恺悌君子，毋信谗言。'陛下左侧谗人众多，如是青蝇恶矣。宜进先帝大臣子孙，亲近以为左右。如不忍昌邑故人，信用谗谀，必有凶咎。愿诡祸为福，皆放逐之！臣当先逐矣。"上不听。

【译文】壬申日，安葬孝昭皇帝于平陵。

昌邑王被立为帝之后，荒淫嬉戏，没有节制。原来在昌邑的官吏，都被征调到长安来，而且经常不依资历，就把他们的官爵升迁了。之前的昌邑王相安乐，被提升为长乐宫的卫尉。龚遂看见了安乐，就流着泪向他说："大王被立为天子之后，渐渐自满骄傲，而且不再听从我的劝谏了。现今还在昭帝的丧期，却整天和左右近臣在一起吃喝游戏，看虎豹相斗，还聚集了九旒的旌旗和作为前导的革车，到东西四处去盘游，所作所为都违背了常理。古制宽大，规定了大臣可隐退；现今却欲退不得，想要假装发狂，又害怕被人看穿了。再这样下去，未来恐怕要牺牲了生命，世人还要耻笑的啊！这该怎么办呢？您，是陛下当昌邑王时的丞相，应当要极力去劝阻才是啊！"

昌邑王梦里看见有苍蝇的粪便堆在西阶东边，大约有五六石那么多，用大的屋瓦盖着，就问龚遂这是为什么。龚遂说："陛下读的《诗经》中不是之前已说过了：'那飞来飞去的苍蝇，因为会变黑为白，使干净的变成脏乱，因此应当让它远远地停留在那园圃的篱笆上，不能够让它飞到室内来。一样的道理，一个平易和乐的君子，也不会去听信谗言。'现今陛下左右的谗人非常多，就像是这些苍蝇的粪便。因此应当注意进用先帝大臣的子孙，去接近他们，让他们成为陛下的左右近臣。假如舍不得放弃从昌邑来的那些故旧，而且听信了谗言阿谀的人，必定发生灾祸。希望能转祸为福，那些人全部都被加以摒除，我就是该先被弃逐的一个。"昌邑王不听从。

太仆丞河东张敞上书谏，曰："孝昭皇帝早崩无嗣，大臣忧惧，选贤圣承宗庙，东迎之日，唯恐属车之行迟。今天子以盛年初即位，天下莫不拭目倾年，观化听风。国辅大臣未褒，而昌邑小辈先迁，此过之大者也。"上不听。

大将军光忧懑，独以问所亲故吏大司农田延年。延年曰："将军为国柱石，审此人不可，何不建白太后，更选贤而立之？"光曰："今欲如是，于古尝有此不？"延年曰："伊尹相殷，废太甲以安宗庙，后世称其忠。将军若能行此，亦汉之伊尹也。"光乃引延年给事中，阴与车骑将军张安世图计。

王出游，光禄大夫鲁国夏侯胜当乘舆前谏曰："天久阴而不雨，臣下有谋上者。陛下出，欲何之？"王怒，谓胜为祅言，缚以属吏。吏白霍光，光不举法。光让安世，以为泄语。安世实不言；乃召问胜。胜对言："在《鸿范传》曰：'皇之不极，厥罚常阴，时则有下人伐上者。'恶察察言，故云'臣下有谋'。"光、安世大惊，以此益重经术士。侍中傅嘉数进谏，王亦缚嘉系狱。

【译文】太仆丞河东郡人张敞上书进谏道："孝昭皇帝早年逝去没有儿子，大臣们都很害怕，就去推举贤才，要来继承宗庙，当向东去欢迎大王的时候，就害怕进京太迟了。现今天子以壮年刚刚即位，天下人都拭目以待，着急想看到有哪些美俗善政。但是结果却是辅国的大臣还没有受到褒奖，从昌邑来的那些后进小臣居然先得到升迁，这是最大的失误啊！"昌邑王也不听信他的话。

　　大将军霍光这个时候很是烦懑忧心，就私下为这件事情亲自向平时所亲近的旧属大司农田延年问计。延年说："将军是国家的重要的大臣，既知晓这个人不能够承当重任，为什么不去报告太后，建议另外改选贤能的人来拥立他呢？"霍光说："现今就是想要这么办，不知道古时候曾经有过这种事情没有？"延年说："伊尹辅佐商朝的时候，以前放逐了昏庸无道的太甲，来安定国家，后代的人都赞扬他的忠心。将军如能也这么做，那就是汉朝的伊尹了。"霍光就引荐延年供职在殿中，被任命为给事中，为了随时商量国家大事，暗中又和车骑将军张安世商议策划。

　　当昌邑王出去游玩的时候，光禄大夫鲁国人夏侯胜就挡在车驾前面进谏说："上天长久阴霾而不下雨，这表示人臣将会有谋逆的事情发生，将要对皇上不利。现今陛下外出，是想要到哪儿去呢？"昌邑王很生气，指责夏侯胜妄作邪说妖言，就把他捆绑了，交予官吏去审理。官吏将这件事报告了霍光，霍光没有依法处理他。后来霍光以为是张安世泄漏了他们的说话，就去责备张安世，其实张安世是一点也没泄漏什么，于是就把夏侯胜找来追究原因。夏侯胜回答说："在《鸿范传》里说：'一个当国君的人，如果处事多失，得不到中道，就会上招天罚，使得天气经常阴霾，不会放晴。君乱且弱，下激民怒，因此就有下人要讨伐皇上的灾祸。'因此不敢明言下人将要讨伐皇上，所以只说是'臣下有逆谋'。"霍光和张安世听了，都大吃一惊，因此更加重视熟悉经术的人。侍中傅嘉也多次进谏，王也把嘉捆绑了，把他关进监狱里去。

　　光、安世既定议，乃使田延年报丞相杨敞。敞惊惧，不知所言，汗出洽背，徒唯唯而已。延年起，至更衣，敞夫人遽从东厢谓敞曰："此国大事，今大将军议已定，使九卿来报君侯，君侯不疾应，与大将军同心，犹与无决，先事诛矣！"延年从更衣还，敞夫人与延年参语许诺："请奉大将军教令！"

　　癸巳，光召丞相、御史、将军、列侯、中二千石、大夫、博士会议未央宫。光曰："昌邑王行昏乱，恐危社稷，如何？"群臣皆惊鄂失色，莫敢发言，但唯唯而已。田延年前，离席按剑曰："先帝属将军以幼孤，寄将军以天下，以将军忠贤，能安刘氏也。今群下鼎沸，社稷将倾；且汉之传谥常为'孝'者，以长有天下，令宗庙血食也。如汉家绝祀，将军虽死，何面目见先帝于地下乎？今日之议，不得旋踵，群臣后应者，臣请剑斩之！"光谢曰："九卿责光是也！天下匈匈不安，光当受难。"于是议者皆叩头曰："万姓之命，在于将军，唯大将军令！"

　　**【译文】**霍光和张安世已经商量好了，就派田延年去向丞相杨敞报告。杨敞听后，特别吃惊害怕，不知道该说些什么，吓得汗流浃背，只是恭维地应诺而已。延年站了起来，就到了更衣处去。杨敞夫人慌忙从东厢跑出来告诉杨敞说："这是国家大事，现今大将军已经商量好了，派九卿来告诉你，你还不快答应，和大将军同心合力，还在那里犹豫不决，是会先被杀害的啊！"延年从更衣处回来，杨敞夫人就向延年应允了这个计划，说是："遵奉大将军的命令。"

　　癸巳日，霍光召集丞相、御史、将军、列侯、中二千石、大夫、博士在未央宫会议。霍光说："昌邑王德行混乱，害怕会危害到国家的安宁，该如何呢？"群臣听了都发愣惊慌，吓得面无人色，不敢发言，只是恭敬地应诺着而已。田延年便站起身来，走上前去，离开了座席，手按着剑，说："先帝把年幼的孤儿托付给将军，也把治理天下的重责大任寄托给将军，这是因为知道将军是既忠心又贤能，能够安定刘氏的天下。现在自从昌邑王为帝以来，下面的群众对他的行为非常不满，因此人心不安，纷纷议论着，国家将会因此沉陷进倾亡的危险境地；但是汉朝的历代帝王所传用的谥号，都加有一个'孝'字，就是为了要使子孙能永远保全天下，让祖先可以享受到子孙的祭祀。现今假如汉家因此而亡国绝祀，那么将军即使也因为这而死，又有什么脸去见先帝于九泉之下呢？因此今天所讨论的事，应当赶快做一个决定，不得再迟延推托，群臣中如果有犹豫不决，迟迟才答应的，请应允我立刻用剑杀了他！"霍光谢罪说："九卿对我的责怪是对的！天下人纷纷议论着，对政局都觉得不安，我霍光是应该受到责难的。"因此参与计议的人全叩头请求说："天下全部的人民的生命安危，都维系在将军一人的身上，我们都将听从大将军的命令！"

【申涵煜评】敞身为三公，闻燕、盖之谋，移疾不敢言；知废立之举，惊惧汗浃背，而反决大计于夫人，庸懦如此，有忝大位。所以久得苟容者，岂以谨畏易于承顺耶？奏记俨然居首，难免负乘之羞矣。

【译文】杨敞身为三公，听说了燕王和盖主的奸谋，却称病求退不敢说出来；听说了霍光要废昌邑王另立新君的举动，便吓得汗流浃背，反而靠自己夫人替他拿主意，如此庸碌懦弱，有愧于三公的位置。他之所以长久地容身于政治中心，难道是因为谨小慎微，容易顺承他人吗？在请废昌邑王的奏疏上，他一本正经地居于首位，不能不为他的不称职感到耻辱。

光即与群臣俱见，白太后，具陈昌邑王不可以承宗庙状。皇太后乃车驾幸未央承明殿，诏诸禁门毋内昌邑群臣。王入朝太后还，乘辇欲归温室。中黄门宦者各持门扇，王入，门闭，昌邑群臣不得入。王曰："何为？"大将军跪曰："有皇太后诏，毋内昌邑群臣！"王曰："徐之，何乃惊人如是！"光使尽驱出昌邑群臣，置金马门外。车骑将军安世将羽林骑，收缚二百馀人，皆送廷尉诏狱。令故昭帝侍中中臣侍守王。光敕左右："谨宿卫！卒有物故自裁，令我负天下，有杀主名。"王尚未自知当废，谓左右："我故群臣从官安得罪，而大将军尽系之乎！"

【译文】霍光就和群臣一同进见太后，向太后详细地说明昌邑王不能继立为帝的情况。皇太后就乘车到了未央宫的承明殿，下命令各处宫门的守卫，不让昌邑王手下的群臣入宫。当昌邑王去觐见了太后回来，坐着车想要回到未央宫的温室殿去时，在宫中黄门内工作，属少府黄门令掌管的宦官们，每个人都各自把持控制着一扇门，在昌邑王进去以后，就把门关起来，昌邑王手下的群臣都不得进入。昌邑王问："为什么关了宫门？"大将军霍光跪着说："有皇太后的命令，不允许昌邑王部下的臣子们进宫！"昌邑王说："慢慢来吧，何必弄得这样吓人呢！"霍光派人把昌邑王的臣子们都赶到了金马门外去。然后让车骑将军张安世率领禁卫骑兵去逮捕了二百多人，把他们送到廷尉的监狱去。还命令以前在昭帝宫中的侍中和中常侍们看守着昌邑王。霍光又告诫那些中常侍和侍中说："要小心地看住他，假如让昌邑王突然间死了或是自杀了，那就要让我对不起天下人，我就担了一个谋害君主的罪名。"昌邑王这个时候还不知道自己会被废掉，就告诉左右的人说："我那些在昌邑王府任职的臣僚侍从们犯了什么罪，为何大将军把他们都逮捕起来了呢?"

顷之，有太后诏召王。王闻召，意恐，乃曰："我安得罪而召我哉?"太后被珠襦，盛服坐武帐中，侍御数百人皆持兵，期门武士陛戟陈列殿下，群臣以次上殿，召昌邑王伏前听诏。光与群臣连名奏王，尚书令读奏曰："丞相臣敞等昧死言皇太后陛下：孝昭皇帝早弃天下，遣使征昌邑王典丧，服斩衰，无悲哀之心，废礼谊，居道上不素食，使从官略女子载衣车，内所居传舍。始至谒见，立为皇太子，常私买鸡豚以食。受皇帝信玺、行玺大行前，就次，发玺不封。从官更持节引内昌邑从官、驺宰、官奴二百馀人，常与居禁闼内敖戏。为书曰：'皇帝问侍中君卿：使中御府令高昌奉黄金千斤，赐君卿取十妻。'大行在前殿，发乐府乐器，引内昌邑乐人击鼓，歌吹，作俳倡；召内泰壹、宗庙乐人，悉奏众乐。驾法驾驱驰北宫、桂宫，弄彘，斗虎。召皇太后御小马车，使官奴骑乘，游戏掖庭中。与孝昭皇帝宫人蒙等淫乱，诏掖庭令：'敢泄言，要斩!'……"太后曰："止! 为人臣子，当悖乱如是邪!"王离席伏。尚书令复读曰："……取诸侯王、列侯、二千石绶及墨绶、黄绶以并佩昌邑郎官者免奴。发御府金钱、刀剑、玉器、采缯，赏赐所与游戏者。与从官、官奴夜饮，湛沔于酒。独夜设九宾温室，延见姊夫昌邑关内侯。祖宗庙祠未举，为玺书，使使者持节以三太牢祠昌邑哀王园庙，称'嗣子皇帝'。受玺以来二十七日，使者旁午，持节诏诸官署征发凡一千一百二十七事。

荒淫迷惑，失帝王礼谊，乱汉制度。臣敞等数进谏，不变更，日以益甚。恐危社稷，天下不安。臣敞等谨与博士议，皆曰：'今陛下嗣孝昭皇帝后，行淫辟不轨。"五辟之属，莫大不孝。"周襄王不能事母，《春秋》曰："天王出居于郑，"由不孝出之，绝之于天下也。宗庙重于君，陛下不可以承天序，奉祖宗庙，子万姓，当废！'臣请有司以一太牢具告祠高庙。"皇太后诏曰："可。"光令王起，拜受诏，王曰："闻'天下有争臣七人，虽亡道不失天下。'"光曰："皇太后诏废，安得称天子！"乃即持其手，解脱其玺组，奉上太后；扶王下殿，出金马门，群臣随送。王西面拜曰："愚戆，不任汉事！"起，就乘舆副车，大将军光送至昌邑邸。光谢曰："王行自绝于天，臣宁负王，不敢负社稷！愿王自爱，臣长不复左右。"光涕泣而去。

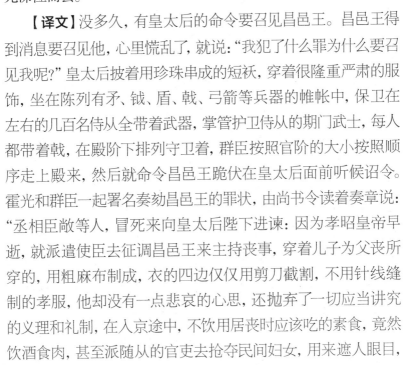

【译文】没多久，有皇太后的命令要召见昌邑王。昌邑王得到消息要召见他，心里慌乱了，就说："我犯了什么罪为什么要召见我呢？"皇太后披着用珍珠串成的短袄，穿着很隆重严肃的服饰，坐在陈列有矛、钺、盾、戟、弓箭等兵器的帷帐中，保卫在左右的几百名侍从全带着武器，掌管护卫侍从的期门武士，每人都带着戟，在殿阶下排列守卫着，群臣按照官阶的大小按照顺序走上殿来，然后就命令昌邑王跪伏在皇太后面前听候诏令。霍光和群臣一起署名奏劾昌邑王的罪状，由尚书令读着奏章说："丞相臣敞等人，冒死来向皇太后陛下进谏：因为孝昭皇帝早逝，就派遣使臣去征调昌邑王来主持丧事，穿着儿子为父丧所穿的，用粗麻布制成，衣的四边仅仅用剪刀截割，不用针线缝制的孝服，他却没有一点悲哀的心思，还抛弃了一切应当讲究的义理和礼制，在入京途中，不饮用居丧时应该吃的素食，竟然饮酒食肉，甚至派随从的官吏去抢夺民间妇女，用来遮人眼目，用装饰有帷幕的车子载运着，送到他沿路上在驿站中所住的房舍里去。刚刚到达京师，拜见了太后，把他立为昭帝的太子，在守丧时期，也常常私自命人购买鸡肉、猪肉来吃。在昭帝灵柩前，行了受玺礼，接受了皇帝的玺印，就了位后，随即把玺拿了出来，就没有再封存起来，这是特别不慎重，很不当的行为。还让侍从官分别带着符节，接进昌邑王府中的侍从官、管马厩的人，以及官奴等共二百多人，到宫中来，常常和他们在宫内游乐。又给昌邑王府中的侍中写了一封信，说：'皇帝问候侍中君卿：命令府中的中御府令高昌，取府中藏的黄金千斤，赏赐给君卿，好去娶十个太太。'昭帝灵柩还停放在前殿，却拿出乐府中的器乐，迎进昌邑中的乐府人，在后宫击鼓打拍，歌唱吹奏，演奏欢乐着；昌邑王还把祭祖庙时祭泰一神和奏乐的乐工都召入后宫，把全部的音乐都演奏了起来。又乘着很隆重的供天子巡行时乘坐的车驾，跑到未央宫北边的北宫和桂宫一带去游观弄猪斗虎的杂技。又取用皇太后所乘坐的小马车，使官奴乘着在宫廷两边奔驰嬉游。还和孝昭帝从前的宫女蒙等人淫乱，并下命令给在宫廷内管理宫女的少府属庭令官掖，说：'有谁胆敢把这件事情泄漏出去，就要处以腰斩的罪刑！'……"皇太后听到这儿，中途把尚书令的诵读打断了，喊了一声："停！一个做晚辈的，应当这样地违背常理乱来吗！"昌邑王听了皇太后的责怪，就离开座席，跪伏于地。尚书令又继续念着说："……昌邑王把诸侯王、列侯和二千石官所戴着的青绶、紫绶、赤绶等印绶，和秩比六百石以上官员所戴着的墨绶，及二百石以上的官员所佩戴的黄绶，全拿给昌邑府中的郎官们和一些被赦免为良人的奴隶们佩戴。把宫中库藏的金钱、刀剑、玉器、有文采的绸缎等许多器物，全赏给了同自己在一起游戏的人。还和侍从官、官奴在夜里饮宴，荒迷在酒食当中。又单独在夜里，在温室殿中，陈设了接受贵宾时才有的很隆重的九宾仪式，接见他的姐夫昌邑关内侯。新君继位，在既葬故君未满三十六天，还没有举行祭祀祖先宗庙的仪式时，就下令派使者拿着符节，准备了三份羊、猪、牛兼具的祭品，去祭祀他的父亲昌邑王刘贺的陵墓，而且既入继昭帝，竟还口称'嗣子皇帝'。自从即帝位以来，才二十七天，就派了使者，来来往往，一直不断地，携带着符节，下令给各官署，去征调物质，总共有一千一百二十七次。昌邑王这种迷乱胡为，无道荒淫，失掉了皇帝应有的仪法和礼制，败坏了汉室的制度。臣敞等人多次向他劝谏，非但不改，反而一天天严重。唯恐因为这样会危害国家，让天下不安。臣敞等人曾小心地和博士商量过，他们全都说：'现今陛下继承孝昭皇帝之后，行为却是这样邪僻荒淫，不守法度。''在五辟之中，罪名最大的，莫过于不孝了。'之前的周襄王，因为不能体会母亲的心意，好好地去侍奉她，使得弃国出奔，《春秋》上就说：'天王出奔于郑。'因为不孝而出奔在外，被天下人所弃绝。祖宗是比国君还要重要的，像陛下这样的人，是不能够顺应天心，也不配去祭祀祖庙，不配去当老百姓的君父，因此要废掉他！臣请派能负责的官员，准备一份牛、羊、猪的祭礼，前去祭祀高庙，向高祖仔细地说明废立昌邑王的事情。"皇太后就下命令说："照准！"霍光让昌邑王站起来，之后行跪拜礼去接受皇太后的诏令，昌邑王说："我听说：'天子只要有七个谏诤的臣子，就算他荒淫无道，也不会丧失天下的。'我怎么能就被废掉呢？"霍光说："现今皇太后已经下诏令把你废除了，如何能把你称作天子呢！"就走上前去抓住他的手，把他身上所戴着的玺绶解了下来，献给了皇太后；然后扶着昌邑王走下台阶，出了金马门，群臣都跟着去送行。昌邑王朝着西面拜辞说："我这人真的是太愚蠢糊涂，担负不起汉朝的大事！"就起来坐上了天子的副车，大将军霍光把他保护着送到昌邑王原设在京师的住宅。霍光谢罪说："你昌邑王的种种作为，上天把你弃绝了，我宁愿对不起你，也不会对不起国家，希望你自己保重，我再也不会跟着你了。"霍光说完，流着眼泪便离开了。

资治通鉴

群臣奏言："古者废放之人，屏于远方，不及以政。请徙王贺汉中房陵县。"太后诏归贺昌邑，赐汤沐邑二千户，故王家财物皆与贺；及哀王女四人，各赐汤沐邑千户；国除，为山阳郡。

昌邑群臣坐在国时不举奏王罪过，令汉朝不闻知，又不能辅道，陷王大恶，皆下狱，诛杀二百馀人；唯中尉吉、郎中令遂以忠直数谏正，得减死，髡为城旦。师王式系狱当死，治事使者责问曰："师何以无谏书？"式对曰："臣以《诗》三百五篇朝夕授王，至于忠臣、孝子之篇，未尝不为王反复诵之也；至于危亡失道之君，未尝不流涕为王深陈之也。臣以三百五篇谏，是以无谏书。"使者以闻，亦得减死论。

霍光以群臣奏事东宫，太后省政，宜知经术，白令夏侯胜用《尚书》授太后，迁胜长信少府，赐爵关内侯。

【译文】群臣都启奏说："古时候但凡被放逐废弃的人，都会把他们斥退隔绝到很远的地方去，不让他再干预政事。因此请把昌邑王驱逐到汉中郡的房陵县去。"皇太后就下了诏令，命刘贺回到昌邑去，而且赏赐了他一块有两千户的汤沐邑，特供给他沐浴斋戒的资费，作为日常的费用，以前王府中的家财也全送给刘贺；就连哀王的四个女儿，每人也被赐给汤沐邑一千户；只是撤销了昌邑国的封国，依然改名为原来的山阳郡。

昌邑王手底下的群臣，因为在昌邑国时，对于昌邑王的罪过，不会及时奏闻举发，因此汉廷不能事先有所知悉，也不能全心地诱导辅佐昌邑王，使昌邑王陷入罪大恶极的地步，因此把他们都关进监狱，总共诛杀了两百多人；唯有中尉王吉和郎中令龚遂因为曾经多次忠直地去进谏昌邑王，得免死罪，他们被剃掉头发，判了一个前去筑城伺寇的罪刑。昌邑王的老师王式也被关在监狱里，原判决也应当处以死刑，后来治狱使者审问他说："你作为昌邑王的老师，为何不上奏劝谏昌邑王呢？"王式回说："我是拿《诗经》三百零五篇整天去教导昌邑王的，讲到忠臣、孝子的篇章，就特别为昌邑王反复诵读；讲到陷于无道危亡的国君，就流泪为昌邑王深切地说明。我是用三百零五篇的《诗经》去劝谏昌邑王，因此就别无谏书。"治狱使者就把这话上奏上去，所以也被免除了死罪的判决。

霍光觉得群臣既向皇太后上奏，而由太后来督察政事，太后就应当明了经学，于是就向太后报告，命令由夏侯胜教导太后研读《尚书》，因此就提升了夏侯胜为长信少府，去掌管太后所住的长信宫的各种事宜，还把关内侯的爵位赐给他。

**【乾隆御批】**奉迎昌邑，光倥偬不能慎始，以致废立滋事。幸其所处得当，为无过耳。其时皇曾孙素有贤名，使早谘访立之，何待丙吉奏记？谋之不臧，乃转咎旧日师傅不举之罪，岂非辞遁？

**【译文】**迎接昌邑王继位，原本就是霍光太草率匆忙做的决定，他一开始就没有谨慎行事，最后导致废帝生事。万幸他处理得还比较得当，没有什么过失。当时武帝的曾孙早就有很好的名声，假如早些寻访并立他为帝，又何必要等到丙吉上奏呢？自己谋划不周，反倒归咎为昌邑王以前的老师没有检举，这难道不是逃避之辞吗？

初，卫太子纳鲁国史良娣，生子进，号史皇孙。皇孙纳涿郡王夫人，生子病已，号皇曾孙。皇曾孙生数月，遭巫蛊事，太子三男、一女及诸妻、妾皆遇害，独皇曾孙在，亦坐收系郡邸狱。故廷尉监鲁国丙吉受诏治巫蛊狱，吉心知太子无事实，重哀皇曾孙无辜，择谨厚女徒谓城胡组、淮阳郭征卿，令乳养曾孙，置闲燥处。吉日再省视。

巫蛊事连岁不决，武帝疾，来往长杨、五柞宫，望气者言长安狱中有天子气。于是，武帝遣使者分条中都官，诏狱系者，无轻重，一切皆杀之。内谒者令郭穰夜到郡邸狱，吉闭门拒使者不纳，曰："皇曾孙在。他人无辜死者犹不可，况亲曾孙乎！"相守至天明，不得入。穰还，以闻，因劾奏吉。武帝亦寤，曰："天使之也。"因赦天下。郡邸狱系者，独赖吉得生。

【译文】起初，卫太子娶了鲁国的史良娣，生了个儿子刘进，被称为史皇孙。皇孙娶了涿郡的王夫人，生了儿子病已，被称为皇曾孙。皇曾孙生下来几个月，就遭受到巫蛊的祸害，卫太子的三个儿子、一个女儿，以及全部的妻、妾都遭到杀害，只有皇曾孙活了下来，但也受牵连被关在大鸿胪的郡邸狱。之前的廷尉监鲁国人丙吉奉命审理巫蛊的案子，丙吉心里知道卫太子没有叛乱的事实，更加可怜皇曾孙的幼小无罪，就选择了较为敦厚谨慎的女囚徒渭城人胡组和淮阳人郭征卿，让她们来养育皇曾孙，住在一个宽敞明净的地方，丙吉每天都去看望他两次。

巫蛊的案子常年不能被审定，之后汉武帝病了，来往于长杨宫和五柞宫，那些专门从事观望云气、占候征兆的人就说，在长安城的监狱中，有天子的气象，于是汉武帝就派了使者，分别去通知被关在长安各官府中的监狱里的人犯，无论罪名轻重，全部都要杀掉。官拜内谒者令的郭穰，就在夜里到了郡邸

狱去调查，丙吉紧闭着门，不让使者进来，说："这里有皇曾孙
在。其他人尚不能无罪就被处死，更别说是皇上的亲曾孙呢？"
双方僵持到天亮，郭穰一直没办法到郡邸狱去查案，只能回
去奏闻汉武帝，于是就弹劾了丙吉。这时汉武帝也醒悟了，说：
"这应当是上天的旨意呀！"就赦免了全部关在郡邸狱的囚犯，
皇曾孙靠着丙吉的保护才得以逃生。

【乾隆御批】非独望气之言不足为据，即"帝亦寤"之语，岂当
时所应有？史臣事后附会，更何待言？

【译文】不单单占卜云气的人所说的话不足为据。即便是"武帝也
幡然醒悟"这种话，又怎么会是当时应该有的呢？这是史官事后附加上
去的，还用怀疑吗？

既而吉谓守丞谁如："皇孙不当在官。"使谁如移书京兆尹，
遣与胡组俱送；京兆尹不受，复还。及组日满当去，皇孙思慕，
吉以私钱雇组令留，与郭征卿并养，养月，乃遣组去。后少内啬
夫白吉曰："食皇孙无诏令。"时吉得食米、肉，月月以给皇曾孙。
曾孙病，几不全者数焉，吉数敕保养乳母加致医药，视遇甚有恩
惠。吉闻史良娣有母贞君及兄恭，乃载皇曾孙以付之。贞君年
老，见孙孤，甚哀之，自养视焉。

后有诏掖庭养视，上属籍宗正。时掖庭令张贺，尝事戾太
子，思顾旧恩，哀曾孙，奉养甚谨，以私钱供给，教书。既壮，贺
欲以女孙妻之。是时昭帝始冠，长八尺二寸。贺弟安世为右将
军，辅政，闻贺称誉皇曾孙，欲妻以女，怒曰："曾孙乃卫太子后
也，幸得以庶人衣食县官足矣，勿复言予女事！"于是贺止。时暴
室啬夫许广汉有女，贺乃置酒请广汉，酒酣，为言："曾孙体近，

下乃关内侯，可妻也。"广汉许诺。明日，妪闻之，怒。广汉重令人为介，遂与曾孙。贺以家财聘之。曾孙因依倚广汉兄弟及祖母家史氏，受《诗》于东海澓中翁，高材好学；然亦喜游侠，斗鸡走狗，以是俱知闾里奸邪，吏治得失。数上下诸陵，周遍三辅，尝困于莲勺卤中，尤乐杜、鄠之间，率常在下杜。时会朝请，舍长安尚冠里。

**【译文】**事后，丙吉告知郡邸狱的守丞谁如说："皇曾孙不应该住在郡邸狱中。"就让谁如致书京兆尹，连同胡组一块儿都送到京兆尹那儿去；最后京兆尹不愿意接受，就回来了。等到胡组的刑期届满，把她释放回去的时候，因为皇曾孙被她带惯了，产生了感情，特别想念她，丙吉就拿出了自己的钱来雇用胡组，把她留下来，同郭征卿一块儿继续抚养皇曾孙。等过了几个月，皇曾孙比较适应了，才让胡组离去。之后，主管掖庭府库的少内的属官啬夫，告知丙吉说："我们没有了诏令依据，没有办法得到粮食来供养皇曾孙。"丙吉就把他自己所得到的肉类和食米，每月拿去供给皇曾孙食用。皇曾孙生病了，有好几次严重得几乎没有办法救活，丙吉就常常要保育皇曾孙的保姆注意给他服药，他对皇曾孙的照料爱护，是很有恩惠的。之后丙吉听说史良娣有母亲贞君和哥哥恭都还健在，就带着皇曾孙去交给他们抚养。贞君这时年龄已经特别大了，看到这个曾孙孤苦伶仃，特别可怜，就由她自己来照顾抚养。

那时的掖庭令张贺，曾经侍奉过戾太子，因为怀念过去戾太子的恩德，又特别同情皇曾孙的遭遇，就很谨慎尽心地看护着皇曾孙，还拿出了自己的钱来给他，教他读书。到皇曾孙长大成人了，张贺便想把孙女嫁给他。这个时候，昭帝刚刚成年，身高八尺二寸，张贺的弟弟张安世为右将军，辅助昭帝施政，听

说贺赞扬皇曾孙，想把孙女嫁给他，就特别生气地说："皇曾孙
是卫太子的后代，幸好能以平民身份得到了天子施给衣食，就
已经很好了，不要再提起嫁女给他的事情。"于是张贺就不再
提这件事了。那时任职在掖庭令的暴室啬夫的许广汉，有一个
女儿，张贺就备好了酒食邀请许广汉饮宴，到了酒酣耳热时，
张贺就代替皇曾孙做媒说："皇曾孙是皇帝的近亲，未来就是再
差，也是一个关内侯，可以把女儿嫁给他啊。"广汉应允了。第
二天，广汉的妻子听说了这件事，特别生气。但是因为许广汉
很尊敬掖庭令张贺做媒，于是不受他妻子反对的影响，就跟皇
曾孙定了亲，结了婚；张贺拿出了家财作为聘礼。皇曾孙从这
以后就依赖广汉兄弟和他的外祖母家史氏，他还跟东海人澓中
翁读《诗经》，资质特别高，也很好学；同时也很喜欢交游助人，
斗弄鸡狗的，所以对于乡里间的邪恶奸诈，官吏做事的好坏，全
都很了解。他经常在各皇帝的陵庙间周游往来，也走遍了三辅
的每一个地方，更是曾经在左冯翊莲勺县的盐池中被人困辱
过。特别喜欢到京兆的杜县和扶风的鄠县这一带去，常常就待
在长安南边的下杜城。每当在春天或秋天宗室朝会时，就住在
长安城中的尚冠里。

　　及昌邑王废，霍光与张安世诸大臣议所立，未定。丙吉奏
记光曰："将军事孝武皇帝，受襁褓之属，任天下之寄。孝昭皇帝
早崩亡嗣，海内忧惧，欲亟闻嗣主。发丧之日，以大谊立后，所
立非其人，复以大谊废之；天下莫不服焉。方今社稷、宗庙、群
生之命在将军之壹举，窃伏听于众庶，察其所言诸侯、宗室在列
位者，未有所闻于民间也，而遗诏所养武帝曾孙名病已在掖庭、
外家者，吉前使居郡邸时，见其幼少；至今十八九矣，通经术，有

美材，行安而节和。愿将军详大义，参以蓍龟岂宜，褒显先使入侍，令天下昭然知之，然后决定大策，天下幸甚！"杜延年亦知曾孙德美，劝光、安世立焉。

秋，七月，光坐庭中，会丞相以下议定所立，遂复与丞相敞等上奏曰："孝武皇帝曾孙病已，年十八，师受《诗》、《论语》、《孝经》，躬行节俭，慈仁爱人，可以嗣孝昭皇帝后，奉承祖宗庙，子万姓。臣昧死以闻！"皇太后诏曰："可。"光遣宗正德至曾孙家尚冠里，洗沐，赐御衣；太仆以𫐐猎车迎曾孙，就斋宗正府。庚申，入未央宫，见皇太后，封为阳武侯。已而群臣奏上玺绶，即皇帝位，谒高庙；尊皇太后为太皇太后。

【译文】待到昌邑王被废弃，霍光和张安世诸大臣商议继位的人选，还没有所决定时，丙吉就上书给霍光说："将军侍奉孝武皇帝，接受辅佐幼孤的托付，担负天下的重责大任。孝昭皇帝早逝而且没有子嗣，因此人民都觉得非常忧惧，想要赶紧知道到底谁是继立的君主。在发丧时，就依大义确立了支属的昌邑王为继承人选，但是因为所立的昌邑王无道荒淫，因此又依大义把他废掉；天下百姓对于这种种决定，没有不钦服的。现在国家、宗庙和群众的生命都操在将军的一言一行之中，我曾经私底下去收集群众的建议，发现他们所谈论的，在列位中的诸侯和宗室，并无著闻于民间的。而遗诏所扶养的处身在掖庭和外家史氏中的那位汉武帝的曾孙名叫病已的，吉以前奉命在郡邸办巫蛊的案子时，看见他还很幼小；现在已经十八九岁了，他通达经学，有好的资质，品行节操都很安雅平和。请将军详细大义，参卜蓍龟，像这样的人才，是应当受到褒奖显扬的，就先让他入宫侍奉太后，使天下的人都能很清楚地认识了解他，然后再决定大计，那天下百姓全都蒙福了！"杜延年也知道皇曾孙品德很好，所以也劝霍光和张安世能立他为帝。

秋季，七月，霍光坐在掖庭上，聚集丞相以下的官员一同商议继立皇帝的人选，便又和丞相杨敞等人上奏皇太后说："孝武皇帝的曾孙病已，今年十八岁，从师学过《诗经》《论语》《孝经》，持身节俭，仁慈爱人，可以继立孝昭皇帝之后，来奉承宗庙的祭祀，治理天下百姓。臣冒死奏闻！"皇太后就下命令说："行。"霍光就派宗正刘德到皇曾孙在长安尚冠里的家去，请皇曾孙沐浴，赐给他天子府库中的衣服，并由太仆杜延年驾着轻便小车，把他迎到宗正府来斋戒休息。庚申，到达未央宫，见到了皇太后，先封他为阳武侯。过了很久，再由群臣奉上天子的印绶，即了皇帝位，就是汉宣帝，之后去谒见高庙；尊皇太后为太皇太后。


侍御史严延年劾奏"大将军光擅废立主，无人臣礼，不道。"奏虽寝，然朝廷肃然敬惮之。

八月，己巳，安平敬侯杨敞薨。

九月，大赦天下。

戊寅，蔡义为丞相。

初，许广汉女适皇曾孙，一岁，生子奭。数月，曾孙立为帝，许氏为倢伃。是时霍将军有小女与皇太后亲，公卿议更立皇后，皆心拟霍将军女，亦未有言。上乃诏求微时故剑。大臣知指，白立许倢伃为皇后。十一月，壬子，立皇后许氏。霍光以后父广汉刑人，不宜君国；岁馀，乃封为昌成君。

太皇太后归长乐宫。长乐宫初置屯卫。

【译文】掌理举劾按章，接受公卿奏事的侍御史严延年弹劾霍光说："大将军专擅人主的废弃，无人臣的礼法，不符合道统。"奏章虽然被压下来了，但是朝廷特别敬畏他。

八月，己巳日，丞相安平敬侯杨敞去世。

九月，大赦天下

戊寅日，任命蔡义为丞相。

当初，许广汉把女儿嫁给了皇曾孙刘病已，过了一年，生了一个儿子刘奭。过了几个月后，皇曾孙刘病已被立为皇帝，许氏被封为婕妤。这个时候，霍将军有一个小女儿，和皇太后有特别近的亲戚关系，当公卿商议要改立皇后的时候，大家心里都猜测应是霍将军的女儿，但是没说出来。此时宣帝却下令要寻找没当皇帝之前的一把老剑。大臣们都知道宣帝是用旧剑来比喻旧妻的含义，就把许婕妤立为皇后。十一月，壬子日，就立了许氏为皇后。霍光觉得皇后的父亲许广汉之前曾经下蚕室，被罚过宫刑，不适合封国，后来过去一年多，才被封为昌成君。

太皇太后从未央宫来到长乐宫居住。长乐宫开始有驻军宿卫。

【乾隆御批】霍光阻封广汉，已有无后之心。论者归罪妻显邪谋，谬责光以不能大义灭亲，真梦呓语耳！

【译文】霍光阻挠许广汉受封，说明他已经有了无视皇后的心。评论者却最终归罪于他的妻子霍显有邪恶的阴谋，胡乱指责霍光不能大义灭亲，这简直就是在说梦话！

【申涵煜评】博陆废立，天下皆服其公，延年忽为劾奏。酷吏故将虎须，未免生事沽名。然存此一番正议，亦可为不学无术人作当头棒喝。

【译文】博陆侯霍光废立皇帝，天下的人都佩服他的公正，严延年却忽然站出来弹劾他。一个酷吏，这个时候故意捋胡须，未免有些故

资治通鉴

意生事获取名誉的嫌疑。然而存在这样一番正直的议论，也可以给不学无术的那些人当作当头棒喝了。

## 中宗孝宣皇帝上之上

**本始元年**（戊申，公元前七三年）春，诏有司论定策安宗庙功。大将军光益封万七千户，与故所食凡二万户。车骑将军富平侯安世以下益封者十人，封侯者五人，赐爵关内侯者八人。

大将军光稽首归政，上谦让不受；诸事皆先关白光，然后奏御。自昭帝时，光子禹及兄孙云皆为中郎将，云弟山奉车都尉、侍中、领胡、越兵，光两女婿为东、西宫卫尉，昆弟、诸婿、外孙皆奉朝请，为诸曹、大夫、骑都尉、给事中，党亲连体，根据于朝廷。及昌邑王废，光权益重，每朝见，上虚己敛容，礼下之已甚。

夏，四月，庚午，地震。

五月，凤皇集胶东、千乘。赦天下，勿收田租赋。

【译文】本始元年（戊申，公元前73年）春季，汉宣帝下令有关官员审定大臣们商议大事，扶立皇帝，以安宗庙的功劳。大将军霍光加封了一万七千户，连同以前所食采邑的户口数，一共是两万户。从车骑将军富平侯张安世以下，加封的有十个人，封侯的有五个人，赐爵位为关内侯的有八个人。

大将军霍光叩头要归还执政权给宣帝，但是汉宣帝谦让不愿意接受；所以全部的大小事情都先向霍光说明，之后再奏闻汉宣帝。自从昭帝时起，霍光的儿子霍禹和他的哥哥的孙子霍云就都当了中郎将，霍云的弟弟霍山为奉车都尉、侍中，率领胡、越等外族归附的部队，霍光的两个女婿邓广汉、范明友分别为长乐宫卫尉和未央宫卫尉，霍光的兄弟，以及兄弟辈的女婿，和霍光的外孙辈，都分别为奉朝请，遇朝廷有事，全都可以召请参加朝会，或任命为诸曹、大夫、骑都尉、给事中等官，全部的远近亲族，都在朝廷上，盘根错节地盘据了朝廷的显要地位。等到昌邑王被废了，霍光的权力更加威重，每次朝见汉宣帝，汉宣帝都显得很虚心，表情也很严肃，对霍光表现得非常有礼貌。

夏季，四月，庚午日，地震。

五月，凤凰飞集在胶东国和干乘郡一带。于是就赦免天下，停止征田地租赋。

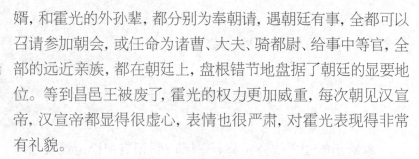

【乾隆御批】政自人主之政，苟不幸遇冲龄，大臣代摄，长听自理其政，可也。无请归之体。况宣帝年已弱冠，习民事，宜自理。无二议。光请归政，名已不正。让而弗受，岂非因骖乘之惮故为是假藉权术乎？卒至酿成弑后之祸，谁执其咎哉？

【译文】朝政是天子的朝政。如果不幸遇到天子年幼，由大臣代为摄政，天子长大后就可自行治理，本来就没有请求归还的道理。何况宣帝已经成年，又懂得民间事务，本应自行治理。霍光请求归还朝政，在名义上已经不正。宣帝推让而不接受，难道不是因为害怕才假借这种权术吗？导致皇后被杀大祸的最终酿成，应当由谁来承担这一错误呢？

六月，诏曰："故皇太子在湖，未有号谥，岁时祠；其议谥，置园邑。"有司奏请："礼，为人后者，为之子也；故降其父母，不得祭，尊祖之义也。陛下为孝昭帝后，承祖宗之祀，愚以为亲谥宜曰悼，母曰悼后；故皇太子谥曰戾，史良娣曰戾夫人。"皆改葬焉。

秋，七月，诏立燕剌王太子建为广阳王；立广陵王胥少子弘为高密王。

初，上官桀与霍光争权，光既诛桀，遂遵武帝法度，以刑罚痛绳群下，由是俗吏皆尚严酷以为能；而河南太守丞淮阳黄霸独用宽和为名。上在民间时，知百姓苦吏急也，闻霸持法平，乃召以为廷尉正；数决疑狱，庭中称平。

【译文】六月，下诏令说："之前的皇太子葬在湖县，还没封给谥号，也没按照时间去祭祀；现今应当议定谥号，并设置园邑。"主管官员就上奏说："依照礼法，继为人后的，就是要过继为他人的子嗣；因此要贬抑他的亲生父母，不得不去祭祀他们，这就是敬爱祖宗的义理啊。陛下现今继为孝昭帝之后，承继他宗庙的祭祀。因此我觉得陛下亲生父亲的谥号能够称为悼，本生母亲的谥号为悼后；所以皇太子谥号戾，史良娣谥号戾夫人。"并且改葬了戾太子和戾夫人。

秋季，七月，下诏令封燕剌王太子刘建为广阳王；立广陵王刘胥的小儿子刘弘为高密王。

当初，因为上官桀和霍光争权，之后霍光就把上官桀杀害了，于是就遵循武帝的法令制度，用刑罚来严格要求属下，因此不学无术只知徇俗的官吏，就都崇尚严酷，竟然以严厉苛刻酷虐残暴为有才干；但是河南太守丞淮阳人黄霸却不同寻常，他用法宽和，所以独以温和宽厚知名。汉宣帝流落在民间时，深知人民都苦于官吏的急迫苛察，现今听说黄霸用法平和，就征召来担任廷尉正的工作；他多次审决疑案，朝廷上都称赞他持法公平。

二年(己酉，公元前七二年)春，大司农田延年有罪自杀。

昭帝之丧，大司农僦民车，延年诈增僦直，盗取钱三千万，为怨家所告。霍将军召问延年，欲为道地。延年抵曰："无有是事！"光曰："即无事，当穷竟！"御史大夫田广明谓太仆杜延年曰："《春秋》之义，以功覆过。当废昌邑王时，非田子宾之言，大事不成。今县官出三千万自乞之，何哉？愿以愚言白大将军！"延年言之大将军，大将军曰："诚然，实勇士也！当发大议时，震动朝廷，"光因举手自抚心曰："使我至今病悸。谢田大夫晓大司农，通往就狱，得公议之。"田大夫使人语延年，延年曰："幸县官宽我耳，何面目入牢狱，使众人指笑我，卒徒唾吾背乎！"即闭阁独居斋舍，偏袒，持刀东西步。数日，使者召延年诣廷尉。闻鼓声，自刎死。

【译文】二年( 己酉，公元前 72 年) 春季，大司农田延年因为犯罪自杀。原来是处理昭帝的丧事时，由大司农负责去租用民车，田延年就谎报租车的价钱，以少报多，总共骗取了三千万钱，最后被仇家揭发了。霍将军就把延年找出来询问，本来想代替他开脱，找了一些能够使他安全而不必受刑罚的办法，没想到延年居然拒绝霍光有意为他避忌隐讳，说："根本就没这回事！"霍光就说："假如真的没这回事，那就要让有司去追问到底了！"之后，御史大夫田广明看到这件事情的严重性，就为田延年去告知太仆杜延年说："依《春秋》大义是能够将功补过的。当在商议废立昌邑王的时候，要不是田延年子宾的一番话，废立的事情，将不能如愿达成。因此现在就由汉宣帝出三千万来赔偿，你看怎么样？请能把我的话转告大将军。"杜延年就把这话告诉了大将军霍光，大将军说："真的，他确是一名勇士啊！当他发表他的高见时，确实曾震惊朝廷。"霍光讲到这里，就举手摸着自己的心说："使我到现在心里还特别害怕。感谢田大夫，就请去告诉大司农，要他明白，让他到牢狱去，由大家秉公审理吧。"御史大夫田广明听了霍光这一些话,知道霍光很气田延年的拒讳,所以不肯原谅他,就派人去告诉田延年,田延年说:"这件事就只有期望天子能宽恕我了,我有什么脸去坐牢,让大家来指我,笑我,让那些狱卒囚徒在我背后吐口水骂我呢!"于是便紧闭阁门,一个人待在书斋里,祖露着一只手臂,拿着刀,东西来回地走着。几天以后,有使者呼唤田延年到廷尉那里去。当田延年听到使者已到司农,司农在揭开诏书鸣鼓时,就自杀了。

　　夏,五月,诏曰:"孝武皇帝躬仁谊,励威武,功德茂盛,而庙乐未称,朕甚悼焉。其与列侯、二千石、博士议。"于是群臣大议庭中,皆曰:"宜如诏书。"长信少府夏侯胜独曰:"武帝虽有攘四夷、广土境之功,然多杀士众,竭民财力,奢泰无度,天下虚耗,百姓流离,物故者半,蝗虫大起,赤地数千里,或人民相食,畜积至今未复;无德泽于民,不宜为立庙乐。"公卿共难胜曰:"此诏书也。"胜曰:"诏书不可用也。人臣之谊,宜直言正论,非苟阿意顺指。议已出口,虽死不悔!"于是丞相、御史劾奏胜非议诏书,毁先帝,不道;及丞相长史黄霸阿纵胜,不举劾;俱下狱。有司遂请尊孝武帝庙为世宗庙,奏《盛德》、《文始五行》之舞。武帝巡狩所幸郡国皆立庙,如高祖、太宗焉。夏侯胜、黄霸既久系,霸欲从胜受《尚书》,胜辞以罪死。霸曰:"朝闻道,夕死可矣。"胜贤其言,遂授之。系再更冬,讲论不怠。

　　【译文】夏季,五月,宣布诏令说:"孝武皇帝亲行仁义,奖励威武,功德显盛,可是在他的庙寝里,却没有适当的舞乐相配合,朕觉得特别地哀伤。这要跟列侯、二千石和博士们一同来商议商议。"于是群臣便在朝廷中开了个大会来讨论这件事情，大家全说："应当如诏书所指示，为武帝庙演奏相称的舞乐。"长信少府夏侯胜却说："武帝虽然有攘斥四方边夷，拓广我国疆域的功劳，但是杀了太多的民众，费尽了人民的财力，奢侈无度，使得天下虚耗，百姓离散，死亡了大半的人口，蝗虫的灾害到处都是，数千里地都不长五谷，甚至因饥饿而人吃人，国力财货到现在都不能有什么储积；对人民并无德泽，所以不应该替他选立庙乐。"公卿们就都责难夏侯胜说："这是诏书的意思啊！"夏侯胜说："不可全凭诏书。人臣的道理，应该直言进谏，持论公正，不能够苟且曲意去顺服旨意。我的建议已经说出口了，即便因此而死，也不后悔！"于是丞相和御史都向汉宣帝弹劾夏侯胜非议诏令，毁谤先帝，不合人臣应守的道理；也指责丞相长史黄霸曲护放纵夏侯胜，不检举夏侯胜的不是；最后两个人都下了牢狱。主管官员便上请尊称孝武庙为世宗庙，庙乐奏用《盛德舞》和《文始五行舞》。武帝当年巡狩所到过的郡国也都立了庙，就像高祖庙和太宗庙一样。夏侯胜和黄霸在监狱里关久了，黄霸就想向胜学习《尚书》，夏侯胜拿因罪将死的理由加以推脱。黄霸说："早上能听受到道理，就算是晚上死了，也无遗憾的。"夏侯胜很赞扬他的话，就教他《尚书》。在监狱里又过了一年，他们都不断地讲论着。

初，乌孙公主死，汉复以楚王戊之孙解忧为公主，妻岑娶。岑娶胡妇子泥靡尚小，岑娶且死，以国与季父大禄子翁归靡，曰："泥靡大，以国归之。"翁归靡既立，号肥王，复尚楚主，生三男两女。长男曰元贵靡，次曰万年，次曰大乐。昭帝时，公主上书言："匈奴与车师共侵乌孙，唯天子幸救之！"汉养士马，议击匈奴。会昭帝崩，上遣光禄大夫常惠使乌孙。乌孙公主及昆弥皆遣使上书，言："匈奴复连发大兵，侵击乌孙。使使谓乌孙'趣持公主来！'欲隔绝汉。昆弥愿发国精兵五万骑，尽力击匈奴。唯天子出兵以救公主、昆弥！"先是匈奴数侵汉边，汉亦欲讨之。秋，大发兵，遣御史大夫田广明为祁连将军，四万馀骑，出西河；度辽将军范明友三万馀骑，出张掖；前将军韩增三万馀骑，出云中；后将军赵充国为蒲类将军，三万馀骑，出酒泉；云中太守田顺为虎牙将军，三万馀骑，出五原；期以出塞各二千馀里。以常惠为校尉，持节护乌孙兵共击匈奴。

【译文】当时，嫁到乌孙去的江都公主去世了，汉朝又使楚王戊的孙女解忧为公主，嫁给岑娶为妻。岑娶的匈奴妻子生的儿子泥靡年龄还小，在岑娶就要死的时候，就把国家让给叔父的儿子翁归靡，告知他说："等泥靡长大了，要把国家还给他。"翁归靡立为乌孙王后，号为肥王，仍娶了楚王戊的孙女解忧公主为妻，生了三男、二女。长男叫作元贵靡，次男叫万年，三男叫大乐。昭帝时，公主上奏给朝廷说："匈奴和车师一起来侵略乌孙，希望天子能来救援乌孙！"于是汉朝就蓄养士卒马匹，商量要去攻打匈奴，恰好遇到昭帝逝世，宣帝就派遣光禄大夫常惠出使乌孙。嫁给乌孙王的解忧公主和乌孙昆弥便都派遣使者上书说："匈奴又接连调发大军，入侵乌孙。还派遣了使者来告知乌孙说：'赶紧把公主带来！'想要断绝乌孙和汉朝的联系。乌孙昆弥愿意派出国内五万名精悍的骑兵，尽全力去抗击匈奴，希望天子也能派兵来救救公主和昆弥！"起先，匈奴曾多次侵犯汉朝的边境，因此汉朝也想要出兵去讨伐匈奴。于是，在秋天，就大举出兵，调派御史大夫田广明为祁连将军，率领四万多名骑兵，出西河郡；度辽将军范明友带领三万多名骑兵，出张掖郡；前将军韩增带领三万多名骑兵，出云中郡；后将军赵充国为蒲类将军，带领三万多名骑兵，出酒泉郡；云中太守田顺为虎牙将军，率领三万多名骑兵，出五原郡；约好各开到边塞外两千多里地去。还用常惠为校尉，带着符节，监护乌孙的部队，一块儿去攻打匈奴。

三年（庚戌，公元前七一年）春，正月，癸亥，恭哀许皇后崩。时霍光夫人显欲贵其小女成君，道无从。会许后当娠，病，女医淳于衍者，霍氏所爱，尝入宫侍皇后疾。衍夫赏为掖庭户卫，谓衍："可过辞霍夫人，行为我求安池监。"衍如言报显，显因生心，辟左右，字谓衍曰："少夫幸报我以事，我亦欲报少夫，可乎！"衍曰："夫人所言，何等不可者！"显曰："将军素爱小女成君，欲奇贵之，愿以累少夫！"衍曰："何谓邪？"显曰："妇人免乳，大故，十死一生。今皇后当免身，可因投毒药去也，成君即为皇后矣。如蒙力，事成，富贵与少夫共之。"衍曰："药杂治，当先尝，安可？"显曰："在少夫为之耳。将军领天下，谁敢言者！缓急相护，但恐少夫无意耳。"衍良久曰："愿尽力！"即捣附子，赍入长定宫。皇后免身后，衍取附子并合太医大丸以饮皇后，有顷，曰："我头岑岑也，药中得无有毒？"对曰："无有。"遂加烦懑，崩。衍出，过见显，相劳问，亦未敢重谢衍。后人有上书告诸医侍疾无状者，皆收系诏狱，劾不道。显恐急，即以状具语光，因曰："既失计为之，无令吏急衍！"光大惊，欲自发举，不忍，犹与。会奏上，光署衍勿论。显因劝光内其女入宫。

【译文】三年（庚戌，公元前71年）春季，正月，癸亥日，恭哀许皇后驾崩。那时，霍光夫人霍显想要让她的小女儿霍成君为皇后，但是想不出办法来。恰好遇见许皇后怀孕，生病了，有一名叫淳于衍的女医，被霍显所钟爱，曾经入宫去看护皇后的疾病。淳于衍的丈夫赏是一名掖庭户卫，告诉淳于衍说："你可以去拜见霍夫人，求她能让我当安池监。"淳于衍就依赏的话去求霍夫人显。霍显便心生一计，辞退了左右的人，称呼淳于衍的字号，告诉淳于衍说："多亏少夫以事来相求，我也有事要求少夫，可以吗？"淳于衍说："夫人的话，有什么不可以的呢！"霍显说："将军向来就很喜爱小女成君，想要使她大大地显贵，希望能拜托少夫你啊！"淳于衍说："这怎么说呢？"霍显说："妇女生产是一件危险的大事，经常是十死一生。现在皇后即将生产，可趁着这机会下毒药把她除去，成君就可以成为皇后了。如承蒙你的尽力，事成以后，将和少夫同享这些富贵。"淳于衍说："药是由很多医生共同诊断调配的，而且又有先行尝药再上给皇后的人，这怎么会有机会去行毒呢？"霍显说："这一切都在于少夫的安排了。现在将军统领天下，谁也不敢说任何话！要是有什么紧急的事情发生，一定会袒护你的，只怕少夫没这个意思罢了。"淳于衍考虑了很久，最后说："我愿意尽力而为！"就槌打了有剧毒的附子，带进了长定宫。皇后生产后，衍取了附子掺入太医所开的大丸药中让皇后饮用，过了一会儿，皇后说："我的头麻痹烦苦，药中莫非有毒吗？"回答说："没有啊！"于是就更加烦闷，终于去世了。淳于衍出来后，就拜见霍显，霍显就慰问了她，但是不敢马上重谢淳于衍。后来有人上书告发群医对皇后的医护没有尽心尽力，便把他们都关进监狱，弹劾他们未尽人臣之道。霍显很害怕着急，就把这些事情全部告诉了霍光，然后说："既然做错了，现在便只好设法不要让官吏去逼问淳于衍了。"霍光听了，大为惊讶，就想要自行检举，却又忍不下心，在那里犹豫不决。这时正好告发的奏书呈上来了，霍光就签署奏书，而不追究淳于衍的罪。于是霍显就劝霍光把他的女儿纳进宫去。

戊辰，五将军发长安。匈奴闻汉兵大出，老弱奔走，驱畜产远遁逃，是以五将少所得。夏，五月，军罢。度辽将军出塞千二百馀里，至蒲离候水，斩首、捕虏七百馀级；前将军出塞千二百馀里，至乌员，斩首、捕虏百馀级；蒲类将军出塞千八百馀里，西至候山，斩首、捕虏，得单于使者蒲阴王以下三百馀级。闻虏已引去，皆不至期还。天子薄其过，宽而不罪。祁连将军出塞千六百里，至鸡秩山，斩首、捕虏十九级。逢汉使匈奴还者冉弘等，言鸡秩山西有虏众，祁连即戒弘，使言无虏，欲还兵。御史属公孙益寿谏，以为不可。祁连不听，遂引兵还。虎牙将军出塞八百馀里，至丹馀吾水上，即止兵不进，斩首、捕虏千九百馀级，引兵还。上以虎牙将军不至期，诈增卤获，而祁连知虏在前，逗遛不进，皆下吏，自杀。擢公孙益寿为侍御史。

【译文】戊辰日，五名将军从长安出发出征匈奴。匈奴听说汉兵大举出击，老弱的便先奔走，都驱赶着牲畜，远远地逃跑了，所以五名将军攻战便没有太多的俘获。夏季，五月，罢兵。度辽将军自张掖出塞一千二百多里，到了蒲离候水，斩首及捕获的敌人共有七百多名。前将军从云中出塞一千二百多里，到了乌员，斩首及捕获的敌人共有一百多名；蒲类将军从酒泉出塞一千八百多里，西到候山，斩首及捕获的敌人，加上所捕得的单于使者蒲明王以下的人员，一共有三百多名。因为听说匈奴已经退走了，所以都没有到达所预期的地点就收兵回师。于是汉宣帝便轻轻地责备了他们的过失，而宽恕了他们，没加给他们罪刑。祁连将军则从西河出塞一千六百里，到了鸡秩山，斩首及捕获的敌人总共有十九名。这时正好遇到奉派到匈奴去，现今要回汉朝的冉弘等人，居然说是鸡秩山西边有很多匈奴的军队，祁连将军就警告冉弘，教他要说这里已经没有匈奴了，他们要准备撤兵回朝。御史属官公孙益寿进谏，以为不可以如此欺上瞒下。祁连将军不听，于是就引兵回朝了。虎牙将军从五原出塞八百多里，到了丹馀吾水边，就按兵不动，斩首及捕获了一千九百多名敌人，带兵回来。汉宣帝因为虎牙将军没有到达所预定到的地方去，还假称所虏获的战果，以少报多了，而祁连将军明明知道有敌人在前，却停留不进，所以都把他们交给了官吏去审理，于是他们就都自杀了。汉宣帝便提升公孙益寿为侍御史。

乌孙昆弥自将五万骑与校尉常惠从西方入，至右谷蠡王庭，获单于父行及嫂、居次、名王、犁汗都尉、千长、骑将以下四万级，马、牛羊、驴、橐佗七十馀万头。乌孙皆自取所虏获。上以五将皆无功，独惠奉使克获，封惠为长罗侯。然匈奴民众伤而去者及畜产远移死亡，不可胜数。于是匈奴遂衰耗，怨乌孙。

上复遣常惠持金币还赐乌孙贵人有功者。惠因奏请龟兹国尝杀校尉赖丹，未伏诛，请便道击之。帝不许。大将军霍光风惠以便宜从事。惠与吏士五百人俱至乌孙，还，过，发西国兵二万人，令副使发龟兹东国二万人，乌孙兵七千人，从三面攻龟兹。兵未合，先遣人责其王以前杀汉使状。王谢曰："乃我先王时为贵人姑翼所误耳，我无罪。"惠曰："即如此，缚姑翼来，吾置王。"王执姑翼诣惠，惠斩之而还。

【译文】乌孙昆弥亲自带领五万骑兵，会合校尉常惠，从西方出击匈奴。到达右谷蠡王的王庭，捕获了单于的父辈尊长，以及嫂嫂、居次、名王、犁污王的都尉、千长、骑将以下四万人，还有马、牛、羊、驴、骆驼七十多万头。乌孙都取回了自己所获得的战利品。汉宣帝因为五名将军全是劳师而无功，只是常惠奉命出击匈奴而能有所斩获，就封他为长罗侯。匈奴的民众负伤逃去的，和畜生因远迁其他地方而死亡的，特别地多。于是匈奴的威势就从此衰竭，因此很怨恨乌孙。

汉宣帝又派遣常惠，带着黄金和币帛，去奖赏给乌孙有功的贵人。于是常惠就趁机奏闻汉宣帝，说是龟兹国以前杀掉校尉赖丹，还未受到诛讨，请求顺路去打击他。汉宣帝不应允。大将军霍光就暗示常惠，到了西域时，要能够审度事宜，见机行事。常惠和吏士五百人一起到了乌孙，当从乌孙回来时，就派遣了所经过的在龟兹国西边的各国士兵，总共有二万人，又命令副使去征召了在龟兹国东边的各国部队二万人，和乌孙的军队七千人，从三面去攻击龟兹。在双方的兵士还未交战之前，常惠就先派人去责问龟兹王以前杀掉汉朝使者的罪状。龟兹王就谢罪说："那是在我先王时，被贵族姑翼所迷惑，与我没有关系，我是无罪的。"常惠说："假如是这样的话，就把姑翼捆送过来，我就放了你。"龟兹王就抓了姑翼送到惠那里去，常惠便杀了姑翼，然后回国。

大旱。

六月，己丑，阳平节侯蔡义薨。

甲辰，长信少府韦贤为丞相。

大司农魏相为御史大夫。

冬，匈奴单于自将数万骑击乌孙，颇得老弱，欲还，会天大雨雪，一日深丈馀，人民、畜产冻死，还者不能什一。于是丁令乘弱攻其北，乌桓入其东，乌孙击其西，凡三国所杀数万级，马数万匹，牛羊甚众；又重以饿死，人民死者什三，畜产什五。匈奴大虚弱，诸国羁属者皆瓦解，攻盗不能理。其后汉出三千馀骑为三道，并入匈奴，捕虏得数千人还；匈奴终不敢取当，滋欲乡和亲，而边境少事矣。

【译文】发生大旱灾。

六月，己丑日，丞相阳平节侯蔡义去世。

甲辰日，任命长信少府韦贤为丞相。

任命大司农魏相为御史大夫。

冬季，匈奴单于亲自率领几万名骑兵攻打乌孙，逮捕了一些老弱残兵。正好要回去时，遇到下大雪，只一天时间，积雪就有一丈多深，人民、畜生冻死了不少，生还的不到十分之一。于是在匈奴北方的丁令人，便趁着匈奴衰弱的时候，进攻了匈奴的北方，乌桓又入侵匈奴的东方，乌孙攻打了匈奴的西方，三国所攻杀的匈奴人共有几万名，还有几万匹马，牛羊则不计其数；再加上饿死的，人民总共死掉了十分之三，畜生去掉了十分之五。匈奴因此大为虚弱，原臣服于匈奴的国家，这时候都叛乱了，这些小国不断对其进行攻击和骚扰，匈奴都再也无能为力去加以理会。后来，汉朝又派出三千名骑兵，分为三路，一起攻入匈奴地境，逮捕了几千名匈奴人而回；匈奴始终不敢报复，而且更加向往与汉和亲，汉朝的边境因此便较为太平了。

是岁，颍川太守赵广汉为京兆尹。颍川俗，豪桀相朋党。广汉为缿筒，受吏民投书，使相告讦，于是更相怨咎，奸党散落，盗贼不敢发。匈奴降者言匈奴中皆闻广汉名，由是入为京兆尹。广汉遇吏，殷勤甚备，事推功善，归之于下，行之发于至诚，吏咸愿为用，僵仆无所避。广汉聪明，皆知其能之所宜，尽力与否；其或负者，辄收捕之，无所逃；案之，罪立具，即时伏辜。尤善为钩距以得事情，间里铢两之奸皆知之。长安少年数人会穷里空舍，谋共劫人；坐语未讫，广汉使吏捕治，具服。其发奸擿伏如神。京兆政清，吏民称之不容口。长老传以为自汉兴，治京兆者莫能及。

**【译文】**这一年，颍川太守赵广汉被任命为京兆尹。颍川的习惯是，豪杰全会结为朋党。所以广汉便设置了信箱，接受吏民的投书，使他们能相互告发，于是他们之间就有了怨恨嫌隙，奸党就因此零落解散了，盗贼不敢兴起。后来，投降汉朝的匈奴人说，在匈奴中都听到广汉的声名，所以他就被提升为京兆尹。广汉对待部属，特别委曲求全，当追究事功，褒扬善举时，就把一切的功劳，都推给他的属下，而且是诚心诚意，发自至诚，自然而行的，所以属吏们都愿意听从他的差遣即便赴死也不逃避。广汉耳聪目明，都能深知属吏们力所能及的，以及他们做事时是否能全力去做；假如有不尽力的，便收捕他，使他没有办法逃脱罪刑；审判调查之后，罪名马上成立的话，就立即伏罪。广汉特别善于辨明真伪，以得实情，连乡里间一点点的非法奸诈，都能知道。长安曾有几个少年人，在里邻中一个极隐僻的空房子里聚会，计划共同去抢劫人家的财物；才坐下来谈论，话还没说完，广汉就派属吏来收捕他们，办了他们的罪，使得他们都一一口服心服。他对于秘密罪案的举发，精察如神。京兆的吏治，因此清明，吏民们都不住地称扬他。长老们相互传闻，认为从汉兴以来，所有掌理过京兆的长官，没有一个能及得上他的。

四年( 辛亥, 公元前七〇年)春, 三月, 乙卯, 立霍光女为皇后; 赦天下。初, 许后起微贱, 登至尊日浅, 从官车服甚节俭。及霍后立, 辇驾、侍从益盛, 赏赐官属以千万计, 与许后时县绝矣。

【译文】四年( 辛亥, 公元前 70 年)春季, 三月, 乙卯日, 册立霍光的女儿为皇后; 赦免天下。起初, 许后因为出身微贱, 升登皇后的日子也不长, 因此所使用的随从坐车服饰等都很节俭。等到霍后被拥立了, 所乘用的车驾, 以及侍从官, 就越来越多, 每对官属有所恩赐, 出手便以千万计, 和许后时的情形, 是完全不一样了。

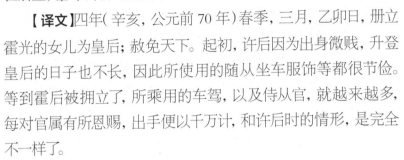

夏, 四月, 壬寅, 郡国四十九同日地震, 或山崩, 坏城郭、室屋, 杀六千余人。北海、琅邪坏祖宗庙。诏丞相、御史与列侯、中二千石博问经学之士, 有以应变, 毋有所讳。令三辅、太常、内郡国贤举良方正各一人。大赦天下。上素服, 避正殿五日。释夏侯胜、黄霸; 以胜为谏大夫、给事中, 霸为扬州刺史。

胜为人, 质朴守正, 简易无威仪, 或时谓上为君, 误相字于前; 上亦以是亲信之。尝见, 出道上语, 上闻而让胜, 胜曰: "陛下所言善, 臣故扬之。尧言布于天下, 至今见诵。臣以为可传, 故传耳。"朝廷每有大议, 上知胜素直, 谓曰: "先生建正言, 无惩前事!"胜复为长信少府, 后迁太子太傅。年九十卒, 太后赐钱二百万, 为胜素服五日, 以报师傅之恩。儒者以为荣。

【译文】夏季, 四月, 壬寅日, 有四十九个郡国同一天发生地震, 有的地方山崩, 有的地方毁坏城郭、房子, 总共死亡了六千多人。北海和琅邪两地都震坏了宗庙。汉宣帝于是下诏令给丞相、御史, 以及中列侯、二千石和博问经学的才士, 问他们怎样去应付灾异，没必要隐讳。还下令给三辅、太常和内郡国等，要他们各推荐一名贤良方正之人。之后大赦天下。汉宣帝则穿着素色的衣服，避开正殿五天。又释放了夏侯胜和黄霸；还命夏侯胜为谏大夫、给事中，黄霸为扬州刺史。

夏侯胜的为人，执守正道，又很质朴无华，平易而没有官架子，有些时候，会常常称呼汉宣帝为君，或是在汉宣帝面前，不称群臣的姓名，而误称他们的字号；汉宣帝也因他的质朴而亲信他。他曾经入见汉宣帝，出来后，便将汉宣帝告诉他的话向外传开，之后被汉宣帝听见了，便责问夏侯胜，夏侯胜说："因为陛下所说的，特别善美，因此臣就向外宣扬了。尧帝的言语布满天下，到今天还被人所传颂。臣觉得陛下的言论也可以传颂，因此就加以传颂了。"朝廷每有重大的议论，汉宣帝知晓胜平素就很正直，就告诉他说："先生要提出直言，不要因为以前议立庙乐事，被下过监牢，就有所畏惧！"又把夏侯胜任命为长信少府，之后又被改任为太子太傅。夏侯胜九十岁时去世，太后曾因此赐钱二百万，又为胜守五天的丧，来报答胜曾经当过她老师的恩德。儒者都引以为荣。


五月，凤皇集北海安丘、淳于。

广川王去坐杀其师及姬妾十馀人，或销铅锡灌口中，或支解，并毒药煮之，令糜尽，废徙上庸；自杀。

【译文】五月，凤凰飞集到了北海郡的安丘和淳于两县。

广川王去因为犯了杀害他的老师和姬妾共十多个人的罪，有的是销熔了铅、锡灌到他们的口中致死，有的是加以分尸，还掺入毒药去煮他，使他腐烂。于是被废去王号，迁移到上庸；所以他便自杀了。

资治通鉴

地节元年(壬子,公元前六九年)春,正月,有星孛于西方。

楚王延寿以广陵王胥,武帝子,天下有变,必得立,阴附助之,为其后母弟赵何齐取广陵王女为妻,因使何齐奉书遗广陵王曰:"愿长耳目,毋后人有天下!"何齐父长年上书告之,事有下司考验,辞服。冬,十一月,延寿自杀。胥勿治。

十二月,癸亥晦,日有食之。

是岁,于定国为廷尉。定国决疑平法,务在哀鳏寡,罪疑从轻,加审慎之心。朝廷称之曰:"张释之为廷尉,天下无冤民。于定国为廷尉,民自以不冤。"

【译文】地节元年(壬子,公元前69年)春季,正月,西方出现了彗星。

楚王刘延寿因为广陵王刘胥是武帝的儿子,万一天下有了改变,必定会被拥立为皇帝,就暗中依附并且帮助他,还为他的后母弟赵何齐娶了广陵王的女儿作为妻子,又顺道派何齐奉上书信给广陵王说:"请常常注意听听,看看外面的情况,不要落在别人的后面,以致失去得天下的机遇!"何齐的父亲长年就上书汉宣帝揭发了他,这件事就交给有司去审问,于是都谢罪承认了。冬季,十一月,刘延寿自杀。刘胥则被免于追究。

十二月,癸亥晦日,发生日食。

这一年,于定国当了廷尉。于定国判处疑案,执行法律,专在可怜那些鳏寡无依的人,过恶的事实或犯法,假如不能确定的话,就从轻发落,对于罪案,能特别谨慎小心地去处理。因此朝廷便赞扬他说:"张释之当廷尉时,决罪皆当,因此天下无冤民;于定国当了廷尉,人民知道他执法宽平,因此都没有会被冤枉的担心。"

资治通鉴

【申涵煜评】定国为廷尉,民自以不冤。而赵、盖、韩、杨辈,皆以语言暧昧罹于大辟,安在其不冤耶?或曰:"帝好以刑绳下,非廷尉所得自主,犯跸盗环之争,有愧释之多矣。"

【译文】于定国做廷尉,百姓都说自己没有受过冤屈。但赵广汉、盖宽饶、韩延寿、杨恽这些人,都是因为说了些不明不白的话,才被处以大辟的,他们哪里没被冤枉了呢?有人说:"皇帝喜欢用刑罚约束臣下,不是廷尉能自作主张的,对于汉文帝时候张释之处理冒犯皇帝、偷盗高庙里的玉环的两件案子,于定国应该感到很羞愧了。"


二年(癸丑,公元前六八年)春,霍光病笃。车驾自临问,上为之涕泣。光上书谢恩,愿分国邑三千户以封兄孙奉车都尉山为列侯,奉兄去病祀。即日,拜光子禹为右将军。三月,庚午,光薨。上及皇太后亲临光丧,中二千石治冢,赐梓宫、葬具皆如乘舆制度,谥曰宣成侯。发三河卒穿复土,置园邑三百家,长、丞奉守;下诏复其后世,畴其爵邑,世世无有所与。

御史大夫魏相上封事曰:"国家新失大将军,宜显明功臣以填藩国,毋空大位,以塞争权。宜以车骑将军安世为大将军,毋令领光禄勋事;以其子延寿为光禄勋。"上亦欲用之。夏,四月,戊申,以安世为大司马、车骑将军,领尚书事。

凤皇集鲁,群鸟从之。大赦天下。

【译文】二年(癸丑,公元前 68 年)春季,霍光病重了。宣帝亲临慰问,因为霍光的病,宣帝常常哭泣。霍光就进谏感谢汉宣帝探病的恩德,同时表明愿意分出自己侯国的封邑三千户,来封给他哥哥的孙子奉车都尉霍山为列侯,使能继承他哥哥霍去病的基业。当天,便任命霍光的儿子霍禹为右将军。三月,庚午日，霍光去世。皇太后及汉宣帝都亲自去吊丧，还命令由中二千石的官员去负责治丧事宜，赐给他的棺木和其他埋葬等应用的器物，都和汉宣帝的制度相似，给他的谥号叫作宣成侯。又征调河内、河南、河东三郡的差役去挖掘修建霍光的坟墓，设置了一个有三百户人家的园邑，作为霍光的墓园，还派有主管和丞掾等官吏去伺候护卫；并下诏令免除他后代子孙的租赋徭役，赐予他们同等的爵邑，使他们世世代代都不会有赋役之累。

御史大夫魏相上封事说："国家新近丧失了大将军，应该提拔功臣来镇抚诸侯国，不要空下那显要的官位，来杜塞他人对于权位的争夺。可以任用车骑将军张安世为大将军，不要使他兼掌光禄勋事宜，让他的儿子延寿为光禄勋。"汉宣帝也想要任用他。夏季，四月，戊申日，便派用张安世为大司马、车骑将军，掌领尚书事。

凤凰飞集到了鲁国，众鸟也全跟着它。于是大赦天下。

【乾隆御批】魏相封事自正论不刊。特因广汉以进，则是门户报复起见，当分别观之。

【译文】魏相在密封奏章里陈述的事情是正确的，不用刊正。他特别通过许广汉呈上，则是为了派别报复，这两点要分别看待。

上思报大将军德，乃封光兄孙山为乐平侯，使以奉车都尉领尚书事。魏相因昌成君许广汉奏封事，言《春秋》讥世卿，恶宋三世为大夫及鲁季孙之专权，皆危乱国家。自后元以来，禄去王室，政由冢宰。今光死，子复为右将军，兄子秉枢机，昆弟、诸婿据权势，在兵官，光夫人显及诸女皆通籍长信宫，或夜诏门出入，骄奢放纵，恐浸不制，宜有以损夺其权，破散阴谋，以固万世之基，全功臣之世。"又故事：诸上书者皆为二封，署其一曰"副"，领尚书者先发副封，所言不善，屏去不奏。相复因许伯白去副封以防壅蔽。帝善之，诏相给事，皆从其议。

帝兴于闾阎，知民事之艰难。霍光既薨，始亲政事，厉精为治，五日一听事。自丞相以下各奉职奏事，敷奏其言，考试功能。侍中、尚书功劳当迁及有异善，厚加赏赐，至于子孙，终不改易。枢机周密，品式备备，上下相安，莫有苟且之意。及拜刺史、守、相，辄亲见问，观其所由，退而考察所行以质其言，有名实不相应，必知其所必然。常称曰："庶民所以安其田里而亡叹息愁恨之心者，政平讼理也。与我共此者，其唯良二千石乎！"以为太守，吏民之本，数变易则下不安；民知其将久，不可欺罔，乃服从其教化。故二千石有治理效，辄以玺书勉厉，增秩、赐金，或爵至关内侯；公卿缺，则选诸所表，以次用之。是以汉世良吏，于是为盛，称中兴焉。

【译文】汉宣帝为了报答大将军的恩德，就把霍光的兄长霍去病的孙子霍山册封为乐平侯，命令他以奉车都尉去掌管尚书事。于是魏相就借由昌成君许广汉上奏封事，说："《春秋》讥贬了世代为卿的人，也憎恨宋国的成公、襄公、昭公三世都无大夫，使得诸侯和大夫没有上下之分，还痛恨鲁国大夫季孙氏的专擅政权，这些全使得公族日渐卑微，终于危乱了国家。自从后元以后，王室势弱，政由显要大臣专擅。现今霍光死了，他的儿子又为右将军，他哥哥的儿子则为近要之官，领尚书事，兄弟和女婿们都具有权势，为带兵官，霍光夫人霍显和女儿们都在长信宫里著有名籍，有的时候在夜里也自由地进出匍匐，骄奢放肆，恐怕会慢慢地变得不可制约，所以应该设法去减损他们的权力，破解他们的阴谋，好稳固汉家万世的基业，保全功臣

资治通鉴

的后代。"又按照旧例：所有的上书，全要写成两份，其中一份标明是副本，掌领尚书事的人，就可以先揭开来看看，假如认为所说的不够善美，不合心意，就斥去而不去奏闻。魏相又通过许广汉向汉宣帝建议，取消奏章副本，防止言路蔽塞而欺骗汉宣帝。汉宣帝接纳了魏相的意见，认为很对，就下令任用魏相为给事中，全部都顺从他的计划。

汉宣帝因由里巷中被拥立为天子，知道民事的艰难。自从霍光去世，才亲自料理政事，所以便励精图治，每五天就要亲自听取政事。所以从丞相以下，都要各自依靠他们的职位，上奏所管理的事情，表达他们的意见，之后从中来考求他们的功德才能。那些侍中及尚书，获有功劳，当予升迁，以及具有特殊善行的，就都从优封赏，而且延及子孙，使他们都能久在职位，而不常去改换。所以尚书权重，而且能谙习故事，法度也都很全备，君臣都能安于政事，一点也没有敷衍随便的意思。当任命诸侯、刺史，和郡守辅相时，就亲自接见咨询他们，留意他们的心意所向，再在事后考察他们的所作所为，来考证他们的言论，有言行不符合的，一定要探知原因。还经常赞扬他们说："民众之所以能安居乐业，而无叹息愁恨的心意，是政治清平，所有的诉讼都能受到审理而毫无冤滞的原因啊。能和我一起治理这种和乐太平的国家的，就是那些优秀的郡守、诸侯相和刺史吧！"他认为太守是吏民的根本，经常改变他们，吏民就不能安心接受他们的管辖；假如人民知晓他们将长时间治理他们，不可诬罔欺骗他们，就会顺从他们的教化。所以当这二千石官员有了治理的成效时，就颁下玺书去激励他们，提高他们的俸禄品位，奖赏给他们奖金，有的甚至封到了关内侯；有了公卿出缺，就从所嘉勉表扬的二千石官员中，依次选用。因此汉代中的优良官吏，这时候是最多的，世人称这时为汉室中兴。

匈奴壶衍鞮单于死，弟左贤王立为虚闾权渠单于，以右大将女为大阏氏，而黜前单于所幸颛渠阏氏。颛渠阏氏父左大且渠怨望。是时汉以匈奴不能为边寇，罢塞外诸城以休百姓。单于闻之，喜，召贵人谋，欲与汉和亲。左大且渠心害其事，曰："前汉使来，兵随其后。今亦效汉发兵，先使使者入。"乃自请与呼卢訾王各将万骑，南旁塞猎，相逢俱入。行未到，会三骑亡降汉，言匈奴欲为寇。于是天子诏发边骑屯要害处，使大将军军监治众等四人将五千骑，分三队，出塞各数百里，捕得虏各数十人而还。时匈奴亡其三骑，不敢入，即引去。是岁，匈奴饥，人民、畜产死者什六七，又发两屯各万骑以备汉。其秋，匈奴前所得西嗕居左地者，其君长以下数千人皆驱畜产行，与瓯脱战，所杀伤甚众，遂南降汉。

【译文】匈奴的壶衍鞮单于去世了，他的弟弟左贤王就被拥立为虚闾权渠单于，于是以右大将的女儿为大阏氏，而贬退了以前的单于所宠爱的颛渠阏氏。颛渠阏氏的父亲左大且渠便心怀怨恨。这时汉朝因为匈奴不能再来侵犯边境，就废弃了塞外的那些城堡，使人民得到休养生息。单于听说了这个消息，特别高兴，便召集贵族一起计议，想要和汉室和亲。左大且渠想破坏这件事情，就说："从前汉使到我们这里来的时候，部队就紧跟在使者的后面。现在我们能够效仿汉朝，也派出兵士跟随使者，先让使者到汉朝去。"于是就亲自恳请要和呼卢訾王各率领一万名骑兵，向南依靠着边塞前行猎取，之后会合，再一起进入汉朝的边境。当他们远在塞外行军，还没达到汉朝边境的时候，却遇到了三名骑兵，逃到汉朝去投降，说是匈奴想来入寇汉边。于是汉宣帝就下令守边的骑兵，驻扎到要害的地方去，还派了大将军的军监治众等四个人，带领五千名骑兵，分为三队，都开到塞外的几百里地去，各捕获了几十名匈奴人回来。当时匈奴因为逃掉了三名骑兵，因此不敢入侵汉边，就引兵退去。这一年，匈奴闹饥荒，畜生和人民死了十分之六七，还要调派两支各有一万名骑兵的部队去防备汉朝。秋天，以前被匈奴征服，让居住在左边地境的西嚼人，从君长以下几千人，便都驱赶着畜生，离开匈奴，在边境上，跟匈奴的守军交战，很多人被杀伤了，之后南奔去投降汉朝。

# 资治通鉴卷第二十五 汉纪十七

起阏逢摄提格，尽屠维协洽，凡六年。

**【译文】**起甲寅(公元前67年)，止己未(公元前62年)，共六年。

**【题解】**本卷记录了宣帝刘询地节三年至元康四年共六年间的历史。记录了霍氏家族骄奢横行，权势削弱，就准备屠戮大臣，废掉宣帝，最后被灭；记录了大臣上奏协调宣帝与霍氏关系，宣帝不纳；记录了能吏尹翁归、黄霸、龚遂的事迹；记录了郑吉、司马喜经略西域，冯奉世讨平莎车，赵充国经略西羌；记录了丙吉有功不言，疏广与其侄疏受隐退，以及疏广教子等等。

## 中宗孝宣皇帝上之下

地节三年(甲寅，公元前六七年)春，三月，诏曰："盖闻有功不赏，有罪不诛，虽唐、虞不能以化天下。今胶东相王成，劳来不怠，流民自占八万馀口，治有异等之效。其赐成爵关内侯，秩中二千石。"未及征用，会病卒官。后诏使丞相、御史问郡、国上计长史、守丞以政令得失。或对言："前胶东相成伪自增加以蒙显赏。"是后俗吏多为虚名云。

夏，四月，戊申，立子奭为皇太子，以丙吉为太傅，太中大夫疏广为少傅。封太子外祖父许广汉为平恩侯。又封霍光兄孙中郎将云为冠阳侯。

霍显闻立太子，怒恚不食，欧血，曰："此乃民间时子，安得立！即后有子，反为王邪？"复教皇后令毒太子。皇后数召太子赐食，保、阿辄先尝之，后挟毒不得行。

【译文】地节三年（甲寅，公元前 67 年）春季，三月，汉宣帝下诏令说："我曾听说有功劳而不奖赏，有罪行而不诛讨，那么，虽是唐尧、虞舜来管理天下，也不会教化天下人民。现今胶东国的辅相王成，招怀百姓，劝勉不怠，使得流亡各地的人民，自己来申报户籍的，有八万多人，治绩非比寻常。应封赐成关内侯的爵位，俸禄为中二千石。"但王成在还没来得及被征用时，就病死了。之后又下诏命令丞相、御史，去询问郡、国派来京师呈上财政簿书给中央的诸侯国长史或郡的守、丞等人，问问他们对于政令得失的见解如何。有的人就回答说："之前的胶东国辅相成，假报户籍，伪自增加户口数，来得到奖赏显扬。之后一些俗吏就多半只是虚名，而没有实际。"

夏季，四月，戊申日，宣帝把他的儿子刘奭立为皇太子，任命丙吉为太傅，太中大夫疏广为少傅，又封太子的外祖父许广汉为平恩侯，封霍光的哥哥的孙子中郎将霍云为冠阳侯。

霍显听说立了太子，气得吃不下东西，还吐了血，说："他是汉宣帝还在民间未被拥立为皇帝时生的儿子，如何能被立为皇太子！假如往后皇后生了儿子，难道反令他只被封为王而已吗？"同时还唆使皇后，教她去毒杀太子。于是皇后屡次召赐太子饮食，保姆和乳母就先试吃，所以皇后虽然每次都带有毒药，却苦无机会下手。

【乾隆御批】宣帝课吏可谓周详，然王成首以伪增户口赐爵。

则知综核名实，本不如王道之易行也。

【译文】宣帝考察官吏已是十分周详，然而王成率先靠弄虚作假的户口数字被赐给爵位。由此可知，综合考察治理成绩和实际效果，本来就不如推行王道那样容易。

【申涵煜评】成果伪增户口，以宣帝聪察，岂受其欺。滥加显荣，即举朝岂无一人知之者？而此言乃发自计吏，安知不为妒者之口？史两存之，亦阙疑遗义。

【译文】王成如果真的伪造增加户口，凭借汉宣帝的聪明洞察，怎么会受到欺骗，不加节制地赐予他显贵尊荣的地位，难道满朝文武没有一个人知道真实情况的吗？然而这些话是出自于计吏，怎么能知道这不是出自嫉妒他的人口中呢？史书记载把两种情况都保存下了，也是为了留下有疑惑的问题不予评论，让后人来解答啊。


五月，甲申，丞相贤以老病乞骸骨；赐黄金百斤、安车、驷马，罢就第。丞相致仕自贤始。

六月，壬辰，以魏相为丞相。辛丑，丙吉为御史大夫，疏广为太子太傅，广兄子受为少傅。

太子外祖父平恩侯许伯，以为太子少，白使其弟中郎将舜监护太子家。上以问广，广对曰："太子，国储副君，师友必于天下英俊，不宜独亲外家许氏。且太子自有太傅、少傅，官属已备，今复使舜护太子家，示陋，非所以广太子德于天下也。"上善其言，以语魏相，相免冠谢曰："此非臣等所能及。"广由是见器重。

京师大雨雹，大行丞东海萧望之上疏，言大臣任政，一姓专权之所致。上素闻望之名，拜为谒者。时上博延贤俊，民多上书言便宜，辄下望之问状；高者请丞相、御史，次者中二千石试事，满岁以状闻; 下者报闻, 罢。所白处奏皆可。

【译文】五月, 甲申日, 丞相韦贤因为年纪大了, 身体又不好, 请求退休。所以就赏赐给他一百斤黄金, 和用四匹骏马拉的车子, 可供坐乘, 让他辞职, 退隐到他的私宅去。丞相退休的先例, 是从韦贤开始的。

六月, 壬辰日, 任命魏相为丞相。辛丑日, 丙吉被任命为御史大夫, 疏广为太子太傅, 疏广的侄儿疏受为少傅。

太子的外祖父平恩侯许伯, 觉得太子年龄太小, 提议让他的弟弟中郎将舜去监护太子家。汉宣帝就问疏广的建议, 疏广回答道:"太子是国家的储君, 所接触的师友, 一定是天下的俊才, 不应当单和外家许氏接近。并且太子本身已有太傅、少傅的辅佐, 需要的官属已经备全, 如今又让舜去监护太子家, 这就表明太子是亲外家, 不会广受辅佐, 是很浅显的, 这不是使太子得从天下俊才中增加他的德行的方法啊。"汉宣帝很赞赏他的话, 于是就把这件事情告知了魏相, 魏相居然脱下官帽谢罪说:"这样的见解, 不是我们比得上的。"疏广所以受到汉宣帝的器重。

京师下了特别大的雹, 大行丞东海人萧望之便上疏说, 这是由于大臣当政, 由一姓专权所致。汉宣帝平时就听到萧望之的声望, 就把他任命为谒者。那时汉宣帝正在广招贤良, 人民就常常上书说出他们的意见, 这些意见就都交给萧望之去处理调查; 萧望之就将比较高明的, 转请丞相、御史去提拔他们, 次者, 由中二千石官员去命令他们试行所提出的方法, 或从事其他的工作, 等到任满一年, 再奏闻他们试行的结果怎么样; 所提出的意见不足以采行的, 就上奏汉宣帝, 然后将他们遣归故里。但凡所处理上奏的, 都能符合宣帝的旨意。

【乾隆御批】池塘假民，与郑侨乘舆济人不大径庭。遇灾而惧，何如惧于未遇之前？然较之不知惧者，为已善矣。

【译文】把园林池塘借给民众，和当年郑侨把乘的车子借给过河的百姓一样。遇到灾害后就惧怕，为什么不在灾害发生前就惧怕呢？然而，这比起不知道害怕的，已是不错了。

冬，十月，诏曰："乃者九月壬申地震，朕甚惧焉。有能箴朕过失，及贤良方正直言极谏之士，以匡朕之不逮，毋讳有司！朕既不德，不能附远，是以边境屯戍未息。今复饬兵重屯，久劳百姓，非所以绥天下也。其罢车骑将军、右将军屯兵！"又诏："池籞未御幸者，假与贫民。郡国宫馆勿复修治。流民还归者，假公田，贷种食，且勿算事。"

霍氏骄侈纵横。太夫人显，广治第室，作乘舆辇，加画，绣细冯，黄金涂；韦絮荐轮，侍婢以五采丝挽显游戏第中；与监奴冯子都乱。而禹、山亦并缮治第宅，走马驰逐平乐馆。云当朝请，数称病私出，多从宾客，张围猎黄山苑中，使仓头奴上朝谒，莫敢谴者。显及诸女昼夜出入长信宫殿中，亡期度。

【译文】冬季，十月，汉宣帝下诏说："上次在九月壬申日发生的地震，朕特别地害怕。有能规诫朕失过的，以及那些贤良方正和直言极谏的才士，都应来匡正朕所注意不到的地方，对在显职的官吏，也可提出他们的过失，不要有所隐避！朕鲜能寡德，不会使夷狄顺眼，所以在边境驻屯以防备外族侵入的部队，就一直不被撤除。现在如又要整顿军队，增派到外地去屯守，长久地劳苦百姓，这不是用来安定天下的办法。因此应当罢去车骑将军张安世和右将军霍禹这两位将军的屯兵！"又下诏令说:"所有划定为养鱼畜兽的园圃,凡是还没用来供赏玩,我还没去过的,都开放租借给贫民去生产使用。郡国中的馆舍,也不要再去修建。流亡在外的人民,有重回到乡里的,就借给他们公田和五谷种子去开发利用,并且不征收他们的丁口税,也不派给他们徭役。"

霍氏家族的人骄慢奢侈,放肆无节制。太夫人霍显,广筑府第,大兴土木,还修造坐车,车上的扶手处和坐垫上,都加上彩画和绣花,车子的外表也全镀上黄金的颜色来装饰它;皮里面填满棉絮,又用熟皮包住车轮,来衬垫车轮,减少车行的颠簸,由侍婢们用五彩的丝绳拉着车子,带着她在府第里游玩,还和家奴的总管冯子都淫乱。霍禹和霍山也都在那里修建房宅,常常骑着快马在长安西上林苑中的平乐馆驰骋。霍云上朝谒见汉宣帝时,就多次托病不去,而私自外出游玩,带着众多的宾客,到黄山宫的苑圃中去张围打猎,只派个戴苍巾的官奴上朝递个名片通名报姓而已,并不亲自朝见,这种悖理的行为,都没有人敢责备他。霍显和女眷们不分日夜地,随时出入上官太后所居住的长信宫中,没有时间,也没有一定的顺序。

帝自在民间,闻知霍氏尊盛日久,内不能善。既躬亲朝政,御史大夫魏相给事中。显谓禹、云、山:"女曹不务奉大将军馀业,今大夫给事,他人壹间女,能复自救邪!"后两家奴争道,霍氏奴入御史府,欲蹋大夫门;御史为叩头谢,乃去。人以谓霍氏,显等始知忧。

会魏大夫为丞相,数燕见言事;平恩侯与侍中金安上等径出入省中。时霍山领尚书,上令吏民得奏封事,不关尚书,群臣进见独往来,于是霍氏甚恶之。上颇闻霍氏毒杀许后而未察,乃徙光女婿度辽将军、未央卫尉、平陵侯范明友为光禄勋，出次婿诸吏、中郎将、羽林监任胜为安定太守。数月，复出光姊婿给事中、光禄大夫张朔为蜀郡太守，群孙婿中郎将王汉为武威太守。顷之，复徙光长女婿长乐卫尉邓广汉为少府。戊戌，更以张安世为卫将军，两宫卫尉、城门、北军兵属焉。以霍禹为大司马，冠小冠，亡印绶；罢其屯兵官属，特使禹官名与光俱大司马者。又收范明友度辽将军印绶，但为光禄勋；及光中女婿赵平为散骑、骑都尉、光禄大夫，将屯兵，又收平骑都尉印绶。诸领胡、越骑、羽林及两宫卫将屯兵，悉易以所亲信许、史子弟代之。

【译文】宣帝从在民间时，就听说霍氏因为受到显盛尊贵的日子已经太长了，内德的表现已不很善美。现在既亲临执政，就任命御史大夫魏相在宫中供职办事。霍显就告诉霍禹、霍云、霍山等人说："你们从不想怎样去继承大将军遗下的功业，现今由大夫魏相在宫中供职任事，如果别人一说你们的坏话，还能保全得了自己的身家性命吗？"后来，魏家和霍家的家奴，有一次在路上相遇，彼此都不肯让路，霍氏的家奴就冲进御史府，想要去踢御史大夫的府门。御史为此向霍氏家奴叩头，霍氏的家奴才肯离去。有人将这件事告知了霍氏的主人们，霍显等才感到忧虑。

正好魏大夫后来当上了丞相，屡次在退朝时去谒见宣帝谈论政事；并且平恩侯和侍中金安上等人，也能够随意地直接在宫禁中掌管机要的尚书省出入。当时霍山当尚书令，汉宣帝又下令凡官吏人民假如要奏事，可以用密封的方式，直接呈奏，不必经由尚书令来转达，群臣如果要觐见皇帝，也可以径自来去，不必通报尚书令，于是霍氏更感到已无实权，便非常嫌忌厌恶他们。汉宣帝略略听说过霍氏毒杀许皇后的事情，却还未能查明，就改调霍光的女婿度辽将军、未央卫尉、平陵侯范明友为光禄勋，调出他的二女婿诸吏、中郎将、羽林监任胜为安定太守。几个月以后，又调出霍光的姐夫给事中、光禄大夫张朔为蜀郡太守，关系很远的孙女婿中的中郎将王汉为武威太守。不久，又改调霍光的长女婿长乐卫尉邓广汉为少府。戊戌日，改由张安世为卫将军，凡长乐、未央两宫卫尉以及城门、北军的部队都归他管辖。把霍禹任命为大司马，但无实权，在服制方面也只让他戴小冠罢了，不是以前大司马大将军时代的戴武弁大冠，又无印绶；还撤去了他所带领的手下的那些屯兵和官属，只让霍禹的官名跟以前的霍光一样，都称作大司马罢了。又收回范明友度辽将军的印绶，只给他担任光禄勋而已；还有霍光的第三个女婿赵平，本是散骑、骑都尉、光禄大夫，也带领着一部分驻屯军，现在也把赵平的骑都尉印绶收回了。凡是统率胡骑、越骑的将官，或是带领羽林军的，和担任长乐、未央两宫卫尉的，和那些率领驻屯军的人，一律都调换成宣帝所亲信的皇后许氏家和外祖史家的外戚子弟来代替。

初，孝武之世，征发烦数，百姓贫耗，穷民犯法，奸轨不胜，于是使张汤、赵禹之属，条定法令，作见知故纵、监临部主之法，缓深、故之罪，急纵、出之诛。其后奸猾巧法转相比况，禁罔寖密，律令烦苛，文书盈于几阁，典者不能遍睹。是以郡国承用者驳，或罪同而论异，奸吏因缘为市，所欲活则傅生议，所欲陷则予死比，议者咸冤伤之。

【译文】起初，在孝武帝的时候，因为征调频繁，百姓耗损，那些极度困乏的人民，就铤而走险，做出很多犯法的事情来，奸诈寇盗的事件一直不断，于是就命令张汤、赵禹这一班人去制定法令,而定出了所监临的主管犯罪以及知人犯法不举告是为故纵罪,属下要一起判刑的法条;对于定罪过严,栽赃陷害之罪的官吏,假如犯了错误,都加以宽恕;官吏释放囚犯,如有疑心是有意放纵的,就加上更多诛罚。从那之后,一些虚浮奸邪的人,和诈伪险狡的法令,就都以此转相比拟,禁条就越来越多,律法的苛细繁杂,使得公牍规条满桌满室,到处都是,连主管官员都不能看完。所以,郡国中那些承办官员,引用法条时,就互相解释不同,不能统一,有的犯的罪行一样,却有不一样的判决。那班奸猾的官吏,就可以像生意人做买卖似的,去受财弄法,想要放他一条生路的,就依靠能够活命的法规去审理;想要他死的,就利用可以判他死刑的案例来给他定罪,让那些评论是非的人,对于这种情况,都感到很哀伤冤屈。

廷尉史巨鹿路温舒上书曰:"臣闻齐有无知之祸而桓公以兴,晋有骊姬之难而文公用伯;近世赵王不终,诸吕作乱,而孝文为太宗。繇是观之,祸乱之作,将以开圣人也。夫继变乱之后,必有异旧之恩,此贤圣所以昭天命也。往者昭帝即世无嗣,昌邑淫乱,乃皇天所以开至圣也。臣闻《春秋》正即位、大一统而慎始也。陛下初登至尊,与天合符,宜改前世之失,正始受命之统,涤烦文,除民疾,以应天意。臣闻秦有十失,其一尚存,治狱之吏是也。夫狱者,天下之大命也,死者不可复生,绝者不可复属。《书》曰:'与其杀不辜,宁失不经。'今治狱吏则不然,上下相驱,以刻为明,深者获公名,平者多后患。故治狱之吏皆欲人死,非憎人也,自安之道在人之死。是以死人之血流离于市,被刑之徒,比肩而立,大辟之计,岁以万数。此仁圣之所以伤也,太平之未洽,凡以此也。夫人情,安则乐生,痛则思死,棰楚之下,何求而不得! 故因人不胜痛，则饰辞以示之；吏治者利其然，则指导以明之；上奏畏却，则锻练而周内之。盖奏当之成，虽皋陶听之，犹以为死有馀辜。何则? 成练者众，文致之罪明也。故俗语曰：'画地为狱，议不入；刻木为吏，期不对。'此皆疾吏之风，悲痛之辞也。唯陛下省法制，宽刑罚，则太平之风可兴于世。"上善其言。

**【译文】**廷尉史巨鹿人路温舒就进谏说："臣听说春秋时，齐国因为有姜无知杀害齐襄公所制造的祸害，才有之后桓公的兴起，晋国有献公听信骊姬谣言世子申生，并逐出夷吾、公子重耳等的灾难，晋文公也因此才会在诸侯中称霸；近代也有由于赵王如意的不得善终，又因为诸吕的叛乱，而孝文皇帝乃得立为太宗的事情。这样看来，祸乱的变作，是将要开启圣人的兴起，在连续变乱的局势之后，必定会有特别的恩德，这就是贤人圣哲所以用来彰明天命的呀。从前，昭帝去世而无后代，立了昌邑王刘贺之后，却是那样地荒淫悖乱，这就是上天要用来开启圣哲，使他能有机会兴起。臣听说：按照《春秋》的义法，在国君被杀之后继任君位的，就不说即位，这是要求继位必得于正道，是在重视国君的布政施教，一统天下，要他能在刚受命执政的时候，就能谨慎小心。现在陛下初即帝位，这是顺应天意，所以应该改掉前代的过失，在刚接受天命之始，就使一切政教的布施，合乎正道，去掉那些无谓的虚礼具文，解决人民的疾苦，来顺应上天的旨意。臣听说，暴秦时，有十项大的缺失，其中有一项缺失，现在还存在，就是那些办案的官吏过于残暴了。狱讼，是关乎天下国家命运的，已死的人，是不会复生的，已经断了的东西，是不能使它再连续起来的。《尚书》上记载皋陶的话说：'与其枉杀无罪的人，不如妄免犯有大错的人。'现今那些办案的官员，不是这样的，他们彼此之间相互驱使，都认为办案要能苛刻，才算得上能明察秋毫，于是对所有事深求的人，就获得无私公正之名，而平和的人，却会给他带来许多灾祸。所以那些办案的官吏，都期望能将人置于死地，并不是他们怨恨某人，是因为想得到平安，所以就只有将人处死罢了。因此死人的血，在市区里流转，受刑的囚犯，四处都是，被判死刑的人，每年有好几万。这是圣贤仁人所引为哀伤的事，天下之所以没能太平，就是这个原因。说到人之常情，全是在安和时，就乐于生计，一旦有了哀愁，就想找死，在残酷的刑罚下，什么样的口供都会取得！所以囚犯因为受不了刑罚的痛苦，就假托言辞，胡乱地承认了过错；官吏为了方便取得囚犯的罪证，就指引着他去做不实的表白；等到要将案情呈上去时，又担心不是事实口供会被上级批驳下来，又用心计谋，下一次周全地推敲，于是奏上去的罪状，就是使善听狱讼的皋陶听了，也认为这个人是死得活该，虽判了死刑，还不足抵偿他的罪名。为什么会这样呢？因为熬审成狱的人太多，而且舞弄文法所罗织的罪证看起来又特别明确的呀。因此俗话说：'虽然是在地上画成一个牢狱，无论怎样也不愿意陷进去；即便只是把木头雕刻成官吏，也必定不肯入对质证。' 这全是在疾恨狱吏的残暴成风，是人民悲痛的写照啊。期望陛下能减少法制，宽免刑罚，那么天下又可以太平，教化又可以风行于世。" 汉宣帝很赞赏他的意见。

十二月，诏曰："间者吏用法巧文寖深，是朕之不德也。夫决狱不当，使有罪兴邪，不辜蒙戮，父子悲恨，朕甚伤之！今遣廷史与郡鞫狱，任轻禄薄，其为置廷尉平，秩六百石，员四人。其务平之，以称朕意！" 于是每季秋后请谳时，上常幸宣室，斋居而决事, 狱刑号为平矣。

涿郡太守郑昌上疏言: "今明主身躬垂明听, 虽不置廷平, 狱将自正; 若开后嗣, 不若删定律令。律令一定, 愚民知所避, 奸吏无所弄矣。今不正其本, 而置廷平以理其末, 政衰听怠, 则廷平将召权而为乱首矣。"

昭帝时, 匈奴使四千骑田车师。及五将军击匈奴, 车师田者惊去, 车师复通于汉; 匈奴怒, 召其太子军宿, 欲以为质。军宿, 焉耆外孙, 不欲质匈奴, 亡走焉耆, 车师王更立子乌贵为太子。及乌贵立为王, 与匈奴结婚姻, 教匈奴遮汉道通乌孙者。

【译文】十二月, 下命令说: "最近官吏执法, 越来越善于用文辞, 而善于巧饰, 这是由于朕的寡德所制造的啊! 审判讼案时, 假如审判得不合适, 就会使有罪的人产生罪恶的心理, 而使没有罪刑的人遭受到刑戮, 这样的人世间的不平, 会制造出父子间的怨恨, 朕特别地忧伤! 目前派廷尉史在郡里审理罪案, 职位太轻了, 俸禄也太少了, 因此要设置廷尉平来平决诏狱, 俸禄六百石, 员额四名。一定要能谨慎公平, 来符合朕的心意!" 于是就在每年秋天以后, 呈上议定刑案时, 汉宣帝就常常在未央宫的宣室殿斋戒居住, 之后谨慎地判下他的决断, 案件的审理被称为公正平允。

涿郡太守郑昌上书说: "现今圣明的君主亲自去诉讼, 虽不设置廷尉平, 刑案的审理, 也将自己能平正; 因此假如是为后代着想, 倒不如去注意削除那些不方便人们的禁令法律。复杂的律令, 等整理确定之后, 乡民就知晓该怎样去避免触犯法令, 奸猾的官吏也将没有办法舞文弄法了。现今不去厘正狱政的基础所在, 却设置了延尉平来注意到弊端的末梢, 等到有一天, 政治衰弱, 汉宣帝疲倦听事时, 这样, 新设置的延尉平, 就将会弄权乱法而成为祸首了。"

昭帝时，匈奴派遣了四千名骑兵到达车师国去屯田。等到汉朝派了五将军攻打匈奴时，屯军在车师的匈奴骑兵就慌乱地逃跑，车师就又和汉朝通好；于是匈奴特别生气，就要车师国的太子军宿到匈奴去做人质。军宿，是焉耆国王的外孙，不想去匈奴做人质，就逃到焉耆去，车师王就改立另一个儿子乌贵作为太子。待到乌贵立为车师王，就和匈奴结了姻亲，教唆匈奴去拦住路经乌孙的汉朝使者。

是岁，侍郎会稽郑吉与校尉司马憙，将免刑罪人田渠犁，积谷，发城郭诸国兵万馀人与所将田士千五百人共击车师，破之；车师王请降。匈奴发兵攻车师；吉、憙引兵北逢之，匈奴不敢前。吉、憙即留一候与卒二十人留守王，吉等引兵归渠犁。车师王恐匈奴兵复至而见杀也，乃轻骑奔乌孙。吉即迎其妻子，传送长安。匈奴更以车师王昆弟兜莫为车师王，收其馀民东徙，不敢居故地；而郑吉始使吏卒三百人往田车师地以实之。

上自初即位，数遣使者求外家；久远，多似类而非是。是岁，求得外祖母王媪及媪男无故、武。上赐无故、武爵关内侯。旬月间，赏赐以巨万计。

【译文】这一年，侍郎会稽人郑吉和校尉司马憙，带领着一批被免除刑罚而被改判屯田的罪犯，到渠犁去屯田积谷，于是征调了一万多名不会再逐水草而是去过城居生活的西域诸国兵士，连同所率领的一千五百名屯田兵士，一块儿去攻打车师国，最后直接攻破了车师国。车师王请求投降。匈奴就派兵攻击车师。郑吉和司马憙就率兵北向，与匈奴遭遇，匈奴不敢进前。郑吉、司马憙留下一名掌管候望的候吏和二十名士卒守护着车师王，吉自己则带兵回到渠犁去。车师王害怕匈奴会带兵来杀害他，就以轻骑飞奔乌孙。吉就迎娶他的妻子，送到长安。匈奴把车师王的弟弟兜莫改立为车币王，汇集一些留下来的民众向东迁移，害怕再居留在原住地。于是郑吉就派了三百名吏卒开始驻屯到车师去补这个空缺。

汉宣帝从刚即位，就常常遣使者去寻找他的外祖父母这一家人；找了很久，也找了许多地方，特别多的人都好像是，但确实都不是。这一年，终于找到了外祖母王老太太，和这位老妇人的儿子无故和武。汉宣帝就赏赐给无故和武关内侯的爵位。才十天左右，就赏赐了好几万。

**四年**（乙卯，公元前六六年）春，二月，赐外祖母号为博平君；封舅无故为平昌侯，武为乐昌侯。

夏，五月，山阳、济阴雹如鸡子，深二尺五寸，杀二十馀人，飞鸟皆死。

诏："自今子有匿父母、妻匿夫、孙匿大父母，皆勿治。"

立广川惠王孙文为广川王。

霍显及禹、山、云自见日侵削，数相对啼泣自怨。山曰："今丞相用事，县官信之，尽变易大将军时法令，发扬大将军过失。又，诸儒生多窭人子，远客饥寒，喜妄说狂言，不避忌讳，大将军常雠之。今陛下好与诸儒生语，人人自书对事，多言我家者。尝有上书言我家昆弟骄恣，其言绝痛；山屏不奏。后上书者益黠，尽奏封事，辄使中书令出取之，不关尚书，益不信人。又闻民间讙言'霍氏毒杀许皇后'，宁有是邪？"显恐急，即具以实告禹、山、云。禹、山、云惊曰："如是，何不早告禹等！县官离散、斥逐诸婿，用是故也。此大事，诛罚不小，奈何？"于是始有邪谋矣。

【译文】四年(乙卯,公元前66年)春季,二月,赐外祖母为博平君,封舅父无故为平昌侯,武为乐昌侯,

夏季,五月,山阳、济阴下了像鸡蛋一样大小的冰雹,积深有二尺五寸,砸死了二十多人,飞鸟也都被击打死了。

下诏令说:"从现今开始,但凡是身为人子的,藏匿了父母,不去揭发父母的罪状,或是妻子隐藏她丈夫的罪行,孙子藏了祖父母的罪状的,都不会去办他们隐藏嫌犯的罪。"

把广川惠王的孙子文立为广川王。

霍显和霍禹、霍山、霍云等人看见自己的势力一天天被剥夺,经常相互面对哭泣埋怨。霍山说:"现今丞相魏相掌握政权,皇帝特别地相信他,彻底改变了大将军时候定下的法令,揭发了大将军的错误。还有,那些读书的儒生,大部分是贫家出身的人,他们离家乡很远,客居京师,大部分生活困苦,饥寒交迫,因此都喜欢说大话,胡言乱语,没有一点顾虑,不晓得去避开忌讳,大将军原先经常很敌恨这班人。现在陛下却喜欢和这班儒生讨论事情,不管什么人,都能够擅自呈上奏章,批判是非,这些奏章大多是讨论我们家的。曾有人上了奏章,说我们家兄弟全都很骄慢放肆,话里说得特别痛切,我就把这封奏书放到一边,没呈给皇帝看。后来上书的人越来越狡诈,他们居然完全进呈密封的奏章了,皇帝每次看见有人上书,就派中书令出来把奏章拿走,根本不经过尚书来转呈,是越来越不信任我了。我听到民间纷纷传说:'霍氏毒杀了许皇后。'难道真的有这种事吗?"霍显听了,心里很害怕,就把实情一一告诉了霍禹、霍山、霍云。霍禹、霍山、霍云都特别意外地说:"既然这样的话,为什么不早点告诉禹等人呢!汉宣帝外调、拆离了我家的很多女婿,原来都是这个原因。这是大事,假如被揭开了,所遭受

的惩罚不会小,这该如何办呢?"于是霍氏就开始产生图谋不轨的心思了。

云舅李竟民善张赦,见云家卒卒,谓竟曰:"今丞相与平恩侯用事,可令太夫人言太后,先诛此两人。移徙陛下,在太后耳。"长安男子张章告之,事下廷尉、执金吾,捕张赦等。后有诏,止勿捕。山等愈恐,相谓曰:"此县官重太后,故不竟也。然恶端已见,久之犹发,发即族矣,不如先也。"遂令诸女各归报其夫,皆曰:"安所相避!"

【译文】霍云的舅舅李竟有一个好朋友张赦,看到霍云家的人终日惶惶不安,便告诉李竟说:"现在是丞相和平恩侯在掌权,可以让太夫人去同上官太后商量,先把许广汉和魏相这两个人杀掉。能够左右皇帝的,现在就全仗太后一个人了。"结果,这些事情被长安城里的一个平民张章知道了,就去出首告发,这案子就交给延尉、执金吾去审理,就逮捕了张赦等人。后来又下了诏令,要他们停止抓人。霍山等人更加恐惧,都以为是:"这是皇帝碍着太后的面子,所以才不追究的。可是要整我们的迹象已经显露了,时间长了,还是会发生的,等到再一发生,那就要灭族了,不如我们先下手吧。"于是就让霍家诸女都各自回去通知他们的丈夫早做防备,他们都说:"这灾祸是免不了的了,我们怎么会躲得过呢!"

会李竟坐与诸侯王交通,辞语及霍氏,有诏:"云、山不宜宿卫,免就第。"山阳太守张敞上封事曰:"臣闻公子季友有功于鲁,赵衰有功于晋,田完有功于齐,皆畴其庸,延及子孙。终后田氏篡齐,赵氏分晋,季氏颛鲁。故仲尼作《春秋》,迹盛衰。讥世卿最甚。乃者大将军决大计，安宗庙，定天下，功亦不细矣。夫周公七年耳，而大将军二十岁，海内之命断于掌握。方其隆盛时，感动天地，侵迫阴阳。朝臣宜有明言曰：'陛下褒宠故大将军以报功德足矣。间者辅臣颛政，贵戚太盛，君臣之分不明，请罢霍氏三侯皆就第；及卫将军张安世，宜赐几杖归休，归存问召见，以列侯为天子师。'明诏以恩不听，群臣以义固争而后许之，天下必以陛下为不忘功德而朝臣为知礼，霍氏世世无所患苦。今朝廷不闻直声，而令明诏自亲其文，非策之得者也。今两侯已出，人情不相远，以臣心度之，大司马及其枝属必有畏惧之心。夫近臣自危，非完计也。臣敞愿于广朝白发其端，直守远郡，其路无由。唯陛下省察！"上甚善其计，然不召也。

【译文】恰好这时发生李竟因为犯了和贵族往来的罪被审讯，在供词中涉及了霍氏，汉宣帝便下诏说："霍云、霍山不适宜居住在宫禁中，应当免去他们宿卫的职务，回到自己的府上去。"山阳太守张敞就呈了一个密封的奏章给宣帝说："臣听说鲁国的公子季友，因为立了鲁僖公，安定了鲁国，有功于鲁；晋国的赵衰，因为随从重耳的出亡，以及返国即位，称霸诸侯，建有功劳；陈国的田完，从陈国逃奔到齐国去，帮助齐桓公完成了霸业。这些人因此便都得到应有的酬劳，恩泽甚至延及他们的子孙。结果，田氏子孙任为齐卿，田和便篡夺了齐国。到周安王的时候，赵氏世为晋卿，到了赵籍，便和魏、智、韩瓜分了晋国；季氏则世为上卿，专掌了鲁国的政事。所以孔子撰作《春秋》一书，追究各国盛衰的原因，就极力地讥刺世卿的把持朝政，认为是使国家遭受衰乱的原因。从前，因为大将军来决定国家大计，安定了宗庙，把天下统一了，功劳也不小。但是周公的辅佐成王，也不过是七年，就把政权还给成王，而大将军霍光从武帝后元二年起，到宣帝地节二年去世时止，却已有二十年的岁月，在这二十年间，全国的命运，全在他的掌握之中。在他权势鼎盛的时候，真的可以惊动天地，而侵逼阴阳，自天子以下，天下事一直受到他的左右。所以，朝廷大臣应当要有人出来明言进奏，说：'陛下奖赏宠赐之前的大将军，来感谢他的功德，已经是很尽意尽心了。但是近来有一些辅政大臣，却又开始专权，外戚内亲的势力都要强盛了，使得君臣的分别混淆不清，因此请能罢退霍氏的三名列侯，使他们都回到自己的府中去；还有卫将军张安世，也应当赏赐给他几杖，使他退休，之后在一年四时中，常常派人去慰问他，或是召见他，以列侯的身份来当皇上的顾问。'之后皇上再次颁布诏书，说是因为霍大将军过去对朝廷有着太多的恩惠，所以不许所奏，经过群臣依循义理再三地谏诤之后，皇上才答应了。这样一来，天下人民一定都会认为陛下是一位不忘功德的君主，而且也会觉得在朝的大臣们都很知书达理，霍氏的世世代代子孙，也不会有什么忧患苦难发生。但是现在朝廷上却听不到有什么人出来直言进谏，而直接让皇上亲自去颁下诏书处置他们，这不是一个好的方法啊。现在霍山、霍云两位诸侯已经被罢黜，一般人的心情相去是不太远的，所以依臣的心理来揣测，如此一来，大司马和他的那些亲族部属等关系人物，必定都会产生害怕的心理。那么让皇上的近侍臣子们有了自危的心理，这不是一个好的方法。臣敝愿意在朝廷为这件事首先发言，只是我现在远在山阳为太守，无法晋见皇上，请陛下审察！"汉宣帝很赞同他这个计谋，可是却不召见他。

禹、山等家数有妖怪，举家忧愁。山曰："丞相擅减宗庙羔、菟、黿，可以此罪也！"谋令太后为博平君置酒，召丞相、平恩侯以下，使范明友、邓广汉承太后制引斩之，因废天子而立禹。约定，未发，云拜为玄菟太守，太中大夫任宣为代郡太守。会事发觉，秋，七月，云、山、明友自杀，显、禹、广汉等捕得；禹要斩，显及诸女昆弟皆弃市；与霍氏相连坐诛灭者数十家。太仆杜延年以霍氏旧人，亦坐免官。八月，己酉，皇后霍氏废，处昭台宫。乙丑，诏封告霍氏反谋者男子张章、期门董忠、左曹杨恽、侍中金安上、史高皆为列侯。恽，丞相敞子；安上，车骑将军日磾弟子；高，史良娣兄子也。

【译文】霍禹、霍山等人的家里，常有一些稀奇古怪的事情发生，全家人都很忧愁。霍山说："丞相擅自削减了祭祀宗庙用的羊、兔、蛙等动物的祭品，我们可以就这个理由来办他擅议宗庙的罪！"于是就商议要让太后为宣帝的外祖母博平君设宴，同时也宣召丞相魏相和平恩侯许广汉等以下的大臣来赴宴，之后派范明友和邓广汉假装太后的名义，捕杀许、魏这一班人，再趁此废掉宣帝，改立霍禹为帝。计划已经约定好了，还没有动手，霍山却被任命为玄菟太守，太中大夫任宣也被任命为代郡太守。结果此阴谋竟被人发现了。秋季，七月，霍云、霍山、范明友自杀。霍显、霍禹、邓广汉等人被捕；霍禹被处腰斩，霍显及她的女儿们和霍禹的同辈弟兄都被判死刑弃市；一起被霍氏牵连定罪遭到杀害的总共有几十家。太仆杜延年因为是霍氏的旧交，也被免官。八月，己酉日，皇后霍氏被废，移居到上林苑中的昭台宫去。乙丑日，下诏令封赏告发霍氏阴谋造反的人张章，和期门董忠、左曹杨恽、侍中金安上、史高等人，章为博成侯，高为乐陵侯，恽为平通侯，安上为都成侯，忠为高昌侯。恽是丞相杨敞的儿子；安上是车骑将军金日磾的侄儿，高是史良娣的侄儿。

初，霍氏奢侈，茂陵徐生曰："霍氏必亡。夫奢则不逊，不逊必侮上。侮上者，逆道也，在人之右，众必害之。霍氏秉权日久，害之者多矣；天下害之，而又行以逆道，不亡何待！"乃上疏言："霍氏泰盛，陛下即爱厚之，宜以时抑制，无使至亡！"书三上，辄报闻。其后霍氏诛灭，而告霍氏者皆封，人为徐生上书曰："臣闻客有过主人者，见其灶直突，傍有积薪，客谓主人：'更为曲突，远徙其薪，不者且有火患！'主人嘿然不应。俄而家果失火，邻里共救之，幸而得息。于是，杀牛置酒，谢其邻人，灼烂者在于上行，馀各以功次坐，而不录言曲突者。人谓主人曰：'乡使听客之言，不费牛酒，终亡火患。今论功而请宾，曲突徙薪无恩泽，焦头烂额为上客邪？'主人乃寤而请之。今茂陵徐福，数上书言霍氏且有变，宜防绝之。乡使福说得行，则国无裂土出爵之费，臣无逆乱诛灭之败。往事既已，而福独不蒙其功，唯陛下察之，贵徙薪曲突之策，使居焦发灼烂之右！"上乃赐福帛十匹，后以为郎。

【译文】起初，因为霍氏的奢侈，茂陵人徐福便说："霍氏必定会灭亡。太奢侈了就不知道谦顺，不知谦顺就会犯上。犯上的人，就是违背常道，一个位在众人之上的人这样，那么大家必定会来忌害他。霍氏掌权的时日已经很久了，因此想要杀害他的人也有很多。天下人都想去谋害他，而他们的言语和行为又违反常道，这样，他们不被灭亡，还等什么呢！"于是就上了奏章说："霍氏的权位太显盛了，陛下假如是在宠爱厚待他们，就应当及时去节制他们，不要让他们因为这样发展到过分的程度，而灭亡了！"连续上了三次奏章，全没有被采纳，只回说"知道了"而已。之后霍氏被杀害了，那些告发霍氏谋反的人都得到封赏，有人就为徐福上了奏章给汉宣帝说："臣听说有一名客人去拜访一家主人，看到主人的炉灶有一个直立的烟囱，烟囱的旁边堆积了一些木柴，客人就告诉主人说：'烟囱要改造得弯曲一点，并且要把那些木柴搬离得远一点，不然将会发生火灾！'主人听了不言不语，不表示任何意见。不久，主人家果然失火了，幸亏经过左右邻居共同的救助，火才被扑灭。于是主人家就杀了牛，备了酒席，来感谢邻人的帮助，被火烧得皮肉焦烂的人被请坐在上席，其他的人都被照着他们帮忙救火时卖力的情形如何依次而坐，却没有把建议改装烟囱的人列在邀请的名单内。便有人告诉主人说：'以前如果你能听从那位客人的话，现在就不必花费这些牛肉酒食来请客，根本都不会有什么火灾发生。现在论起救火的功劳而邀请宾客，这是什么道理呢？'主人这才恍然大悟，把那位客人也请了来。现在茂陵人徐福，就曾几次上书说到了霍氏将会有变乱发生，应当事先去预防杜绝。过去如果徐福的建议能够得到重视采行，那么，国家就不必破费土地和爵位去封赏给那些告密的人，大臣也不致有因叛乱而被诛杀灭族的恶果。过去的事情既然已经过去了，但是徐福却没有蒙受到赏赐，请陛下再审察审察，希望能重视那富有预见性的建议，让他能处在后来才劳碌奔忙的那些人之上！"汉宣帝这才赏赐给徐福十匹布帛，之后还任用他为郎官。

　　帝初立，谒见高庙，大将军光骖乘，上内严惮之，若有芒刺在背。后车骑将军张安世代光骖乘，天子从容肆体，甚安近焉。及光身死而宗族竟诛，故俗传霍氏之祸萌于骖乘。后十二岁，霍后复徙云林馆，乃自杀。

◆班固赞曰：霍光受襁褓之托，任汉室之寄，匡国家，安社稷，拥昭，立宣，虽周公、阿衡何以加此！然光不学亡术，阇于大理；阴妻邪谋，立女为后，湛溺盈溢之欲，以增颠覆之祸，死财三年，宗族诛夷，哀哉！◆

【译文】宣帝才即位的时候，去拜祭高庙，大将军霍光随侍皇帝的车驾，侍从在身旁，这时汉宣帝的内心便特别怕他，就如同有针刺在背上一般的感觉。之后车骑将军张安世替代霍光随侍，汉宣帝身体才敢从容伸展，才觉得自然舒坦，不再紧张，而安宁妥帖。等到霍光死了，他的宗族都遭到了杀害，所以民间便传言：霍氏的灾祸，早从随宣帝去拜祭高庙时，就已经萌生了祸根。过了十二年后，又把霍皇后迁到了云林馆去，于是霍皇后就自杀了。

◆班固评论说：霍光接受武帝要他辅佐幼主的嘱咐，承担汉朝皇室的重托，匡正国家，安定社稷，拥立昭帝、宣帝，即使是周公和伊尹的功业，也胜不过他！可是霍光不学无术，昧于事理；掩饰了他的妻子霍显毒杀许皇后的计谋，把他的女儿立为宣帝的皇后，沉浸在满足权势地位的欲望中，增加了灭亡的灾祸，所以死了才三年，宗族便都被杀害，真是悲哀啊！◆

◆臣光曰：霍光之辅汉室，可谓忠矣；然卒不能庇其宗，何也？夫威福者，人君之器也；人臣执之，久而不归，鲜不及矣。以孝昭之明，十四而知上官桀之诈，固可以亲政矣。况孝宣十九即位，聪明刚毅，知民疾苦，而光久专大柄，不知避去，多置亲党，充塞朝廷，使人主蓄愤于上，吏民积怨于下，切齿侧目，待时而发，其得免于身幸矣，况子孙以骄侈趣之哉！虽然，向使孝宣专以禄秩赏赐富其子孙，使之食大县，奉朝请，亦足以报盛德矣；乃复任之以政，授之以兵，及事丛萃积，更加裁夺，遂至怨惧以生邪谋，岂徒霍氏之自祸哉？亦孝宣酝酿以成之也。昔鬬椒作乱于楚，庄王灭其族而赦箴尹克黄，以为子文无后，何以劝善。夫以显、禹、云、山之罪，虽应夷灭，而光之忠勋不可不祀；遂使家无噍类，孝宣亦少恩哉！◆

资治通鉴

【译文】◆臣司马光评论说：霍光辅佐汉室，是个很忠义的人；但是竟不能因此而庇护他的宗族，使其免于刑祸，这是为什么呢？说到那威势和福禄，原是属于国君刑赏统御人民的利器；为人臣子的掌握了它，而且久久不归还国君的话，就很少有不遭到祸害的。以孝昭皇帝的聪明，十四岁便知道上官桀的奸谋，他那时就已经是可以亲理政事的了。何况孝宣帝十九岁才即位，人又那么聪明刚毅，且能明了民生疾苦，而霍光却久掌大权，不知避忌，还多方面安插自己的人，分置在朝廷上担任显要的职务，使得下则为吏民所埋怨，上则为人主所怨恨，大家都切齿痛恨，侧目而视，只要时机一到，就会动手去除掉他，霍光居然能避免自身遭到祸害，这真是侥幸，更何况他的子孙又都是那么骄慢奢侈，这就更促成了灾祸的来临！虽是如此，这时，假如孝宣帝能只以俸禄地位恩赐给他的子孙，使他的子孙们成为富有的人，使他们去享食丰厚收入的大县，按时上朝去聚会，也就足够报答霍光对汉室的恩德了；但是宣帝却又委任给他们政事，授予他们兵权，等到事故丛生，争端也累积得多起来了，对于他们的兵权和官职才加以裁撤剥夺，于是就引起他们的怨恨忧惧，而产生了叛乱的阴谋，所以这哪里全是由于霍氏自家加给他们私人的灾祸呢？也是由于孝宣帝的放纵所慢慢地造成的啊。从前斗椒在楚国作乱，庄王就把他的宗族诛灭了，但是却赦免了子文的孙子箴尹克黄，觉得子文如果因此绝了后代，那么以后将如何来奖励像楚成王的令尹子文那种曾经毁家以纾国难的好人呢！像霍显、霍禹、霍云、霍山等人所犯的罪，虽然都应该判他们死刑，但是霍光对汉室的忠勋，却不可因此让他无后；现在竟使得霍家没有一个生存的人，孝宣帝也是太过于刻薄少恩了！◆

九月，诏减天下盐贾。又令郡国岁上系囚以掠笞若瘐死者，所坐县、名、爵、里，丞相、御史课殿最以闻。

十二月，清河王年坐内乱废，迁房陵。

是岁，北海太守庐江朱邑以治行第一入为大司农，勃海太守龚遂入为水衡都尉。先是，勃海左右郡岁饥，盗贼并起，二千石不能禽制。上选能治者，丞相、御史举故昌邑郎中令龚遂，上拜为勃海太守。召见，问："何以治勃海，息其盗贼？"对曰："海濒遐远，不沾圣化，其民困于饥寒而吏不恤，故使陛下赤子盗弄陛下之兵于潢池中耳。今欲使臣胜之邪，将安之也？"上曰："选用贤良，固欲安之也。"遂曰："臣闻治乱民犹治乱绳，不可急也；唯缓之，然后可治。臣愿丞相、御史且无拘臣以文法，得一切便宜从事。"上许焉，加赐黄金赠遣。乘传至勃海界，郡闻新太守至，发兵以迎。遂皆遣还。移书敕属县："悉罢逐捕盗贼吏，诸持锄、钩、田器者皆为良民，吏毋得问；持兵者乃为贼。"遂单车独行至府。盗贼闻遂教令，即时解散，弃其兵弩而持锄、钩，于是悉平，民安土乐业。遂乃开仓廪假贫民，选用良吏尉安牧养焉。遂见齐俗奢侈，好末技，不田作，乃躬率以俭约，劝民务农桑，各以口率种树畜养。民有带持刀剑者，使卖剑买牛，卖刀买犊，曰："何为带牛佩犊!"劳来循行,郡中皆有畜积,狱讼止息。

【译文】九月,下诏减少各地的盐价。又命令各郡国中每年所解上的囚犯,有因被鞭打以及饥寒疾病而死的,就记下他们的籍贯、姓名、官爵、履历、住址等,由丞相和御史考核数目的多少呈报上来。

十二月,清河王刘年因为乱伦被罢废,移居到房陵去。

这一年,北海太守卢江人朱邑因为治绩最好被升迁为大司农,渤海太守龚遂被调入为水衡都尉。原先,渤海的邻郡盗贼到处都是,原因是到处在闹饥荒,二千石的大官员无法制伏他们。汉宣帝要选出一个能去治理那些乱贼的人,丞相和御史就推荐以前昌邑王的郎中令龚遂,汉宣帝于是就把他任命为渤海太守。当召见龚遂时,汉宣帝问他:"你要怎么样去治理渤海郡,来使那些盗贼平息?"龚遂回答说:"海边的地方,没有受到汉宣帝的教化,离京师太远了,那里的人民遇到饥寒交迫的困境,而官吏却不去体恤他们,因此使得陛下的那些原本是纯洁善良的人民,没有办法所以聚集为寇。现在陛下是要派臣去借由兵威来平定他们,还是要以德去感化安抚他们?"汉宣帝说:"我之所以要选择贤良的人去,当然是要他能去安抚他们啊。"遂说:"臣听说,治理乱民就好像是治理乱绳一样,是不可以急躁的;只有慢慢来,才有希望治好他们。臣希望丞相和御史暂且不要拿法规来拘束臣,让臣去全权处理。"汉宣帝应允了他的要求,还赐给他黄金来勉励他。龚遂坐着传车到了渤海郡边界,郡里的官吏听到新太守来了的消息,就派遣了士兵去迎接他。龚遂把他们遣散回去,还下了公文命令所属各县说:"立马撤掉全部预备去逮捕盗贼的官吏,那些拿着锄头、镰刀和耕田用具的人,全是良民,官吏不得去审问搜捕他们;只有拿兵器的人才是盗贼。"于是就独自一部车子，在无随从护卫下，独行到太守官邸。盗贼获得了龚遂颁布下来的教令之后，马上便解散了，都放弃了他们原先所拿的弓弩兵器，改拿锄头、镰刀，于是把匪乱就都平定了，人民又都能安居乐业。龚遂又下命令打开官府的粮库去救援贫民，派用贤良的官吏去安抚治理人民。龚遂看见齐地的民俗奢侈，偏好一些小技艺，不从事耕作，便以身作则，起居衣食都很朴实省俭，还劝诫人民要勤于农桑，要每人都去种树养家畜。人民有带刀带剑的，就要卖了剑改去买小牛，或他们把刀卖了改去买牛，还会问他们："你为什么把壮牛和牛犊佩戴在身上？"龚遂常常去劝勉人民，还经常到各处去巡行，于是渐渐地，郡中的人民，每家便都有了积蓄，就再也没有讼案发生了。

**【乾隆御批】**卖剑卖刀，义有售者，则仍郡民也。使皆不售卖，又何为遂之劳来。务本，固属循吏，予但恶史之饰辞。

**【译文】**卖刀卖剑，就肯定是有买的人，这说明依旧允许郡中百姓出售。如果全部禁止他们出售，龚遂又何必如此辛劳呢。重视农业，固然可以说是循吏，我只是讨厌史书里的修饰之语。

乌孙公主女为龟兹王绛宾夫人。绛宾上书言："得尚汉外孙，愿与公主女俱入朝。"

**【译文】**乌孙公主的女儿嫁给龟兹王绛宾为夫人。绛宾就上书给汉朝说："很高兴能娶到汉天子的外孙女，所以愿意和乌孙公主的女儿一块儿朝见汉天子。"

元康元年(丙辰，公元前六五年)春，正月，龟兹王及其夫人来朝；皆赐印绶，夫人号称公主，赏赐甚厚。

初作杜陵。徙丞相、将军、列侯、吏二千石、訾百万者杜陵。

三月，诏以凤皇集泰山、陈留，甘露降未央宫，赦天下。

有司复言悼园宜称尊号曰皇考；夏，五月，立皇考庙。

冬，置建章卫尉。

【译文】元康元年（丙辰，公元前65年）春季，正月，龟兹王同他的夫人来朝见汉宣帝，汉宣帝把印绶颁赐给他们，还把夫人封为公主，所给的赏赐特别优厚。

开始在京兆杜县兴建宣帝的陵寝，改杜县为杜陵。把丞相、将军、列侯、有二千石的大官员和百万钱财的富翁都迁到杜陵去。

三月，因为凤凰飞集到泰山和陈留，在未央宫也降了甘露，因此下诏赦免天下。

主管官员又奏言，宣帝生父史皇孙的园邑悼园，应该上尊号，称作皇考；夏季，五月，兴立了皇考庙。

冬季，设置了掌理建章宫宫门的卫尉。

【**申涵煜评**】宣帝以从孙继统，加本生祖曰戾，父曰悼，后从有司请尊为皇考，另为立庙。汉庭多经术之士，并无异议。后世濮王、兴献之事，聚讼不已，亦独何哉！

【译文】汉宣帝以武帝重孙的身份继承皇位，给自己的祖父上谥号戾，给父亲上谥号悼，后来才听从有关部门的请求，尊为皇考，另外给他立庙。汉代朝廷上，有很多精通经术的士人，并没有什么不同意见。后来宋朝濮王赵允让、明朝兴献王朱佑杬事件，众说纷纭不能有个结论，为什么单单会这样呢？

赵广汉好用世吏子孙新进年少者，专厉强壮蜂气，见事风生，无所回避，率多果敢之计，莫为持难，终以此败。广汉以私怨论杀男子荣畜，人上书言之，事下丞相、御史按验。广汉疑丞相夫人杀侍婢，欲以此胁丞相，丞相按之愈急。广汉乃将吏卒入丞相府，召其夫人跪庭下受辞，收奴婢十馀人去。丞相上书自陈，事下廷尉治，实丞相自以过遣笞婢，出至外第乃死，不如广汉言。帝恶之，下广汉廷尉狱。吏民守阙号泣者数万人，或言："臣生无益县官，愿代赵京兆死，使牧养小民！"广汉竟坐要斩。广汉为京兆尹，廉明，威制豪强，小民得职，百姓追思歌之。

是岁，少府宋畸坐议"凤皇下彭城，未至京师，不足美"，贬为泗水太傅。

**【译文】**赵广汉喜爱任用新进而世代为吏又年少的官家子孙，专在奖励劝勉他们的强劲以及锋锐的气节，做事要求迅疾，一切不求曲避，所作所为，大部分都很敢行果决，一点也不迟疑为难，最后居然因此而遭到败亡。广汉曾经因为私人的怨恨，找了个可以判死刑的借口，杀掉了荣畜。有人就上书告了赵广汉，这件事便交给丞相及御史去查办。广汉觉得怀疑丞相夫人曾因嫉妒而杀害侍婢，便想要拿它来威胁丞相办案，丞相却反查办得更为急迫，毫不理会他。广汉就带领着吏卒等部属到了丞相府去，把丞相夫人找来跪在庭下接受审问，又抓走了十多名奴婢。丞相便上书自诉，这个事情就交给廷尉去审理。最后，事实上丞相因为婢女犯了过失，就鞭打责罚了她，等到了外宅，她却自缢而死，并不是像广汉所说的那种情形。汉宣帝便把广汉关进廷尉掌管的监狱去，很厌恶广汉，让廷尉去审判。有几万吏民听说了，就围守在宫阙外面哭泣，说："臣民们活着对皇上并没什么好处，因此愿意代替赵京兆死，使得京兆尹赵广汉再继续来治理养护小民们!"广汉终于还是被判处腰斩而死。广汉担任京兆尹的时候，为人处事很是清明廉洁，可以制驭威震一些势强豪横的达官贵人，让人民得以乐业安居，所以老百姓都怀念歌颂他。

这一年，少府宋畴因为随意讨论，"凤凰没到京师去，只飞到彭城，不足颂扬赞美"，最后把他贬为泗水王综的太傅。

上迁博士、谏大夫通政事者补郡国守相，以萧望之为平原太守。望之上疏曰："陛下哀愍百姓，恐德之不究，悉出谏官以补郡吏。朝无争臣，则不知过，所谓忧其末而忘其本者也。"上乃征望之入守少府。

东海太守河东尹翁归，以治郡高第入为右扶风。翁归为人，公廉明察，郡中吏民贤、不肖及奸邪罪名尽知之。县县各有记籍，自听其政;有急名则少缓之。吏民小解，辄披籍。取人必于秋冬课吏大会中及出行县，不以无事时。其有所取也，以一警百。吏民皆服，恐惧，改行自新。其为扶风，选用廉平疾奸吏以为右职，接待以礼，好恶与同之;其负翁归，罚亦必行。然温良谦退，不以行能骄人，故尤得名誉于朝廷。

【译文】汉宣帝选用能通达政事的博士和谏大夫，到各郡国中去当郡守或诸侯王相，任命萧望之为平原太守。望之上奏章说："陛下哀怜百姓，恐怕教化不能遍及天下，所以把谏官都外调到各郡去当地方官。朝廷上就会觉察不出施政时是否犯了过错，因为没有了直言劝谏的诤臣，这就是所谓的忧念到了那些末端细节，却忽略了它的内在啊!"汉宣帝就征召望之回到中央来担任少府的工作。

东海太守河东人尹翁归，被调入为右扶风，因为在郡里的治绩很优良。翁归为人，公正、廉洁、详审、精明，郡中的官吏人民，对那些奸猾邪恶作奸犯科的人，贤和不贤，都了解认识他们。这些吏民的资料，每一县都各设有簿籍登录，对于各县一些奸邪犯法的事，翁归都能亲自去审断，不假手他人。有以严急著名的县令，翁归就要他稍稍宽缓些。吏民稍有怠慢的，就登录披阅他们资料的那些簿籍来看清楚他们平常的行为，方便处理。逮捕犯人一定是在秋、冬的课吏大会中，和巡视各县时，而不在无事的时候，这样更可以用来警惕群众。对于罪犯的逮捕，是用以一儆百的方式，并不一网打尽。因此上至官吏，下至人民，对他的施政执法，都很顺从，也都很害怕犯错，而能改正。他在扶风任上，选用了清廉平正疾恶如仇的属吏，让他们去担任较为显要的职务，还以礼接见他们，忧乐好恶都和他们相同；有辜负翁归的，也一定依法处罚他们。翁归功绩如此，但他还是那么温和、善良、谦恭、退让，并不因为自己的才能而对人有所骄慢，所以在朝廷上更获得了大家的推许称誉。

初，乌孙公主少子万年有宠于莎车王。莎车王死而无子，时万年在汉，莎车国人计，欲自托于汉，又欲得乌孙心，上书请万年为莎车王。汉许之，遣使者奚充国送万年。万年初立，暴恶，国人不说。

上令群臣举可使西域者，前将军韩增举上党冯奉世以卫候使持节送大宛诸国客至伊循城。会故莎车王弟呼屠征与旁国共杀其王万年及汉使者奚充国，自立为王。时匈奴又发兵攻车师城，不能下而去。莎车遣使扬言"北道诸国已属匈奴矣"，于是攻劫南道，与歃盟畔汉，从鄯善以西皆绝不通。都护郑吉、校尉司马憙皆在北道诸国间，奉世与其副严昌计，以为不骝击之，则莎车日强，其势难制，必危西域，遂以节谕告诸国王，因发其兵，南北道合万五千人，进击莎车，攻拔其城。莎车王自杀，传其首诣长安，更立它昆弟子为莎车王。诸国悉平，威振西域，奉世乃罢兵以闻。帝召见韩增曰："贺将军所举得其人。"

【译文】起初，乌孙公主的小儿子万年很想得到莎车王的宠爱，莎车王死后无子，当时万年身在汉朝，莎车国的人民想要得到汉朝的保护，又想要得到乌孙国的欢心，便上书汉朝，请求万年能来当莎车王。汉朝应允了这件事，就派了使者奚充国护送万年到莎车国去。万年刚立为莎车王，便显得很凶暴，莎车国的人民全都不是很高兴。

汉宣帝命令群臣推荐可以奉派到西域去的贤才，前将军韩增举荐了上党人冯奉世，于是冯奉世就以尉卫的属官卫候的身份，带着信节，护送大宛各国的宾客到伊循城去。那时，正好遇到以前的莎车王的弟弟呼屠征，会同邻国，一起杀害了莎车王万年和汉朝的使者奚充国，自立为王。当时匈奴又派兵去攻打北道上的车师城，因为攻不下城离去了。莎车国便派遣使者到处扬言："汉朝和西域交通往来的北道上各国，都已经顺服匈奴了。"于是便攻取南道上各国，与他们一起饮血为盟，叛离汉朝。从鄯善国以西，汉朝要通西域各国的南方道路，就阻断不通了。那时都护校尉郑吉和司马憙都在北道上的西城各国，奉世和他的副手严昌便一起计议，觉得假如不赶快去攻击这个叛离的国家，莎车国就会渐渐强盛，局势便不好控制，而一定会危害到西域各国。于是就拿着汉朝的信节，去通告西域各国的国王，调派了他们的部队，南北道各国的军队一共有一万五千人，一块儿去进攻莎车国。攻下了莎车国的城池，莎车王自杀，就把他的首级传送到长安去，改立了他另一兄弟的儿子为莎车王。于是西域各国又都平定下来，声威震惊了整个西域，这个时候，奉世才撤兵报告汉宣帝。汉宣帝就召见韩增说："恭喜将军举荐得人。"

奉世遂西至大宛。大宛闻其斩莎车王，敬之异于它使，得其名马象龙而还。上甚说，议封奉世。丞相、将军皆以为可，独少府萧望之以为："奉世奉使有指，而擅矫制违命，发诸国兵，虽有功效，不可以为后法。即封奉世，开后奉使者利以奉世为比，争逐发兵，要功万里之外，为国家生事于夷狄，渐不可长。奉世不宜受封。"上善望之议，以奉世为光禄大夫。

【译文】奉世在事平以后，就向西到了大宛国。他斩杀了莎车王的消息被大宛王听说，对他的礼敬比其他人还要隆重，因此，得到了大宛国的名马"象龙"，回归到了汉朝。汉宣帝特别高兴，便计议要封赏奉世。丞相和将军都觉得可以封赏他，只有少府萧望之以为"奉世奉派到西域去，是有特别任务的，却擅自假借君命，节外生枝，调发了西域各国的部队去攻击莎车国，虽立有功劳，但是不足为后人效法。假如因此而封赏奉世，就开创了之后奉派到西域去的人，因为利之所在，都会以奉世作为仿效对象，大家都会动不动便争着去调派西域兵，在万里外的西域去求取功劳，而为国家在夷狄间惹是生非，这种风气是不能够被鼓励的。所以奉世不应该接受封赏。"汉宣帝很赞赏望之的意见，就任命奉世为光禄大夫。

二年(丁巳，公元前六四年)春，正月，赦天下。

上欲立皇后，时馆陶主母华婕妤及淮阳宪王母张婕妤、楚孝王母卫婕妤皆爱幸。上欲立张婕妤为后；久之，惩艾霍氏欲害皇太子，乃更选后宫无子而谨慎者。二月，乙丑，立长陵王婕妤为皇后，令母养太子；封其父奉光为邛成侯。后无宠，希得进见。

【译文】二年（丁巳，公元前 64 年）春季，正月，赦免天下。

汉宣帝想要封立皇后，当时魏郡馆陶公主的母亲华婕妤、淮阳宪王钦的母亲张婕妤和楚孝王嚣的母亲卫婕妤，宣帝都很宠爱她们。汉宣帝想要立张婕妤为皇后；过了一段时间以后，因为受到霍氏想陷害皇太子的戒惕，便改选后宫中没有儿子而且谨慎的人为皇后。二月，乙丑日，封了长陵人王婕妤为皇后，要她善尽母职，去抚养太子，封他的父亲奉光为邛成侯。但是皇后并没受到宠幸，很难觐见皇帝。

五月，诏曰："狱者，万民之命。能使生者不怨，死者不恨，则可谓文吏矣。今则不然。用法或持巧心，析律贰端，深浅不平，奏不如实，上亦亡由知，四方黎民将何仰哉！二千石各察官属，勿用此人。吏或擅兴徭役，饰厨传，称过使客，越职逾法以取名誉，譬如践薄冰以待白日，岂不殆哉！今天下颇被疾役之灾，朕甚愍之，其令郡国被灾甚者，毋出今年租赋。"

又曰："闻古天子之名，难知而易讳也；其更讳询。"

匈奴大臣皆以为"车师地肥美，近匈奴，使汉得之，多田积谷，必害人国，不可不争"，由是数遣兵击车师田者。郑吉将渠犁田卒七千馀人救之，为匈奴所围。吉上言："车师去渠犁千馀里，汉兵在渠犁者少，势不能相救，愿益田卒。"上与后将军赵充国等议，欲因匈奴衰弱，出兵击其右地，使不得复扰西域。

【译文】五月，下诏令说："讼狱，关系到万民的生命。如果能使得在生的人一点都不觉得怨恨，死去的人也不觉得遗憾，这才叫作精通法律的官吏啊。现在的情况却不是这个样子。执法的时候，有的狱吏用心巧诈，随意割裂法条，作两可的解释，便于出入人罪；律令的引用，深浅各不相同；所上奏的报告，不符合事实，连汉宣帝也没有办法辨识。所以，四方百姓将有何仰赖呢！因此二千石的大官员，应当各自去督察你们的官属，不要任用这种欺心枉法的人。官吏之中，如有人擅自差遣人民去从事劳役，饰治饮食传舍，来接待打发使臣以及宾客，使他们称心如意，以致逾越了职责，冒犯了刑法，来攫取不该有的声名称誉，这就譬如站在薄薄的冰层上面，来等待太阳的出来一样，不是很危险的吗！现今天下人民遭受到流行病的灾害侵袭，非常严重，朕很同情他们，因此各郡国中遭到严重灾害的人民，不必缴今年的田租赋税了。"

又说："听说之前天子的名字，原因是不常被用到而难知，但是却易于避讳。所以现在我要把我的名字改叫作询。"

匈奴的大臣们都觉得："车师国的土地很肥美，又靠近匈奴，现今却让汉朝获得了它，等他们多开垦了田地，积蓄了粮食，一定会来危害我们的国家，不可以不去争取。"因此便好几次派兵攻击在车师国屯田的人。郑吉就率领着在渠犁屯田的七千多名士卒去救援他们，结果匈奴把他们围困了。郑吉就上书说："车师距离渠犁还有一千多里，在渠犁的汉兵很少很少，照这种形势看起来，是无法去救援车师的，请增加屯田的士卒。"汉宣帝就和后将军赵充国等人商议，想要趁着匈奴现在正是衰弱时，派兵去攻击它的右地，使它无法再去骚扰西域。

**魏相上书谏曰："臣闻之：救乱诛暴，谓之义兵，兵义者王；**

敌加于己，不得已而起者，谓之应兵，兵应者胜；争恨小故，不忍愤怒者，谓之忿兵，兵忿者败；利人土地、货宝者，谓之贪兵，兵贪者破；恃国家之大，矜民人之众，欲见威于敌者，谓之骄兵，兵骄者灭。此五者，非但人事，乃天道也。间者匈奴尝有善意，所得汉民，辄奉归之，未有犯于边境；虽争屯田车师，不足致意中。今闻诸将军欲兴兵入其地，臣愚不知此兵何名者也！今边郡困乏，父子共犬羊之裘，食草莱之实，常恐不能自存，难以动兵。'军旅之后，必有凶年，'言民以其愁苦之气伤阴阳之和也。出兵虽胜，犹有后忧，恐灾害之变因此以生。今郡国守相多不实选，风俗尤薄，水旱不时。按今年计子弟杀父兄、妻杀夫者凡二百二十二人，臣愚以为此非小变也。今左右不忧此，乃欲发兵报纤介之忿于远夷，殆孔子所谓'吾恐季孙之忧不在颛臾而在萧墙之内也'。"上从相言，止。遣长罗侯常惠将张掖、酒泉骑往车师，迎郑吉及其吏士还渠犁。召故车师太子军宿在焉耆者，立以为王；尽徙车师国民令居渠犁，遂以车师故地与匈奴。以郑吉为卫司马，使护鄯善以西南道。

**【译文】**魏相却上书劝谏说："臣听说：救乱诛暴的部队，叫作义兵，兵以义动，可以王天下；敌人加兵于我们，不得已而起兵应敌的，叫作应兵，以兵去应敌，可以胜敌；为了一点小事故而好勇斗狠，忍不下心中的愤怒而出兵的，叫作愤兵，为了好勇斗狠而出兵，一定会失败；为了贪求别人的土地和财货宝物而出的兵，叫作贪兵，因贪而兴起的部队，一定会被击破；依仗着国家的广大和人民的众多，为了想向敌人表现威风而动员的部队，叫作骄兵，骄矜的部队一定会被灭掉。以上这五种胜败的原因，不只因为人事不同的关系，实因天道如此啊。近来匈奴

曾对我们表示出一些善情美意，所捕得的汉人，马上就把他们
遣送回国，也未曾再来侵犯我国边境；这一次，虽然争着要在
车师国屯田，那是不足介意的。听说诸位将军想要兴兵侵入匈
奴地境，臣不知道如何兴兵，将假借什么名义！现今边境各郡
都很困穷匮乏，连皮衣都要父子轮流共穿，吃野草的果实，常
常都会有活不下去的忧心，所以不可以再动用他们去从军杀敌。
所谓'大军之后，必有凶年'，就是因为人民以他们那愁苦的气
息，伤害到了天地间那阴阳寒暑的调和。出兵虽然打了胜仗，
还会有跟着来的忧患，害怕灾害的变乱，会由此而生。现在郡
国中担任郡守或诸侯相的人选，都不得其人，风俗非常浅薄，
不时有水灾、旱灾发生。依今年的情形统计，子弟凶杀父兄、妻
子杀害丈夫的，就有二百二十二人，臣认为这种情形，算不上是
叛乱。现在皇上左右的近臣，不知忧此，却为了一点点的愤恨
不如意，要兴兵到远方的夷狄去报复，这恐怕会是像孔子所说
的：'我担忧季孙的忧患，不在外边的颛臾国，而是将发生在他
自己家的屏风之内啊。'"汉宣帝接受魏相的意见，只派长罗侯
常惠，率领着张掖、酒泉的骑兵，到车师去接应郑吉和那些吏
士回到渠犁去。又征召在焉耆的前车师太子军宿，立他为车师
王，把车师国的人民都改迁到渠犁去。于是将原为车师国的那
一片土地都送给了匈奴。把郑吉任命为卫司马，派他监护鄯善
国以西，汉与西域交通的南道。


　　魏相好观汉故事及便宜章奏，数条汉兴已来国家便宜行事
及贤臣贾谊、晁错、董仲舒等所言，奏请施行之。相敕掾史按事
郡国，及休告，从家还至府，辄白四方异闻。或有逆贼、风雨灾
变，郡不上，相辄奏言之。与御史大夫丙吉同心辅政，上皆重之。

丙吉为人深厚，不伐善。自曾孙遭遇，吉绝口不道前恩，故朝廷莫能明其功也。会掖庭宫婢则令民夫上书，自陈尝有阿保之功，章下掖庭令考问，则辞引使者丙吉知状。掖庭令将则诣御史府以视吉，吉识，谓则曰："汝尝坐养皇曾孙不谨，督笞汝，汝安得有功！独渭城胡组、淮阳郭征卿有恩耳。"分别奏组等共养劳苦状。诏吉求组、征卿；已死，有子孙，皆受厚赏。诏免则为庶人，赐钱十万。上亲见问，然后知吉有旧恩而终不言，上大贤之。

**【译文】**魏相喜好观览国家故事以及前人所呈给皇帝的一些便宜章奏，常常条录汉兴以来的国家便宜行事，以及贤臣贾谊、晁错、董仲舒等所建言的，奏请汉宣帝施行。魏相又命令他的属官到各郡国去考核，和那些休假的官员休假期满，从家里回到丞相府时，他们把在各地所听见的一些特殊的消息拿来向魏相报告。偶然有逆贼或风雨的灾变，郡守按下不往上报告的，魏相就把它上报上去。和御史大夫丙吉共同辅佐宣帝施政，汉宣帝都很看重他们。

丙吉为人深沉厚重，为人谦虚。自从宣帝即位，一直不提之前对宣帝的恩德，因此汉宣帝从来都不晓得他过去对自己的功劳。恰好遇见掖庭的宫婢则，让她在民间的丈夫上奏章给宣帝，说是自己以前有过抚养保护汉宣帝的功劳，奏章便交到掖庭让他们去查问，则的答话当中，引到使者丙吉，说他知道情况。掖庭就让人带着则到御史府去看望丙吉，丙吉认出了他，告知则说："你以前犯了抚养皇曾孙不谨慎的过失，被鞭打了，你有什么功劳！只有渭城人胡组和淮阳人郭征卿是真正有恩德于汉宣帝的。"于是就分别奏陈胡组等人一起抚养时的劳苦情形。汉宣帝就下命令让丙吉去寻找胡组和郭征卿；结果他们都已经死了，不过有子孙存在，便都接受了很多的赏赐。又下令让则不必再在掖庭当宫里的婢女，让她外出恢复平民的身份，赐给她十万钱。汉宣帝还亲自问她当时的情形，然后才知道丙吉过去对自己曾有过恩惠，却始终不肯说出来，于是汉宣帝就特别赞许他。

　　帝以萧望之经明持重，议论有馀，材任宰相，欲详试其政事，复以为左冯翊。望之从少府出为左迁，恐有不合意，即移病。上闻之，使侍中成都侯金安上谕意曰："所用皆更治民以考功。君前为平原太守日浅，故复试之于三辅，非有所闻也。"望之即起视事。

　　初，掖庭令张贺数为弟车骑将军安世称皇曾孙之材美及征怪，安世辄绝止，以为少主在上，不宜称述曾孙。及帝即位而贺已死，上谓安世曰："掖庭令平生称我，将军止之，是也。"上追思贺恩，欲封其冢为恩德侯，置守冢二百家。贺有子蚤死，子安世小男彭祖。彭祖又小与上同席研书指，欲封之，先赐爵关内侯。安世深辞贺封；又求损守冢户数，稍减至三十户。上曰："吾自为掖庭令，非为将军也！"安世乃止，不敢复言。

　　【译文】汉宣帝因为萧望之对于经典很是明白，又能守正不浮躁，讨论从容而有见地，才华足以担任宰相的职务，想要仔细试一试他从政办事的能力，又把他调到地方去，任命他为左冯翊。望之从中央的少府被降调到地方去，担心是因为自己的言行有不合汉宣帝的意思，便移书称病，不去就职。汉宣帝知道萧望之的心思，就派侍中成都侯金安去转达他的本意，劝解望之说："我所重用的大臣，都是让他经历尝试过怎样治理人民这个阶段，之后来考核他办事的能力。因为君从前担任平原太守的时日浅短，因此现在又拿三辅的政事来考量你的能力，并不是因为听到你有什么缺失，才降调你的。"萧望之于是便去就职治事。

从前，掖庭令张贺经常在他的弟弟车骑将军张安世的面前，称赞皇曾孙的才能之美并谈一些怪异的征候，张安世则每次都制止他，认为少主昭帝在上，不应当去称述曾孙。等到宣帝即位，张贺已经死了，汉宣帝告知张安世说："掖庭令生前常称赞我，将军阻止了他，这是对的。"汉宣帝为了追念张贺的恩德，想要祭告他，把他追封为恩德侯。还要派两百户人家为他守墓园。张贺有个儿子早死，就抚养了安世的小儿子彭祖当作自己的儿子。彭祖小时候又同汉宣帝坐在一起读书，因此汉宣帝也想要封赏他，打算先赐给他关内侯的爵位。可是安世却极力地辞谢汉宣帝要给张贺的封赏；又要求减少守护墓园的户口数，使少到三十户。汉宣帝说："我这是为了掖庭令，不是为将军你啊！"张安世才没有坚持，不敢再说话。

上心忌故昌邑王贺，赐山阳太守张敞玺书，令谨备盗贼，察往来过客；毋下所赐书。敞于是条奏贺居处，著其废亡之效曰："故昌邑王为人，青黑色，小目，鼻末锐卑，少须眉，身体长大，疾痿，行步不便。臣敞尝与之言，欲动观其意，即以恶鸟感之曰：'昌邑多枭。'故王应曰：'然。前贺西至长安，殊无枭；复来，东至济阳，乃复闻枭声。'察故王衣服、言语、跪起，清狂不惠。臣敞前言：'哀王歌舞者张脩等十人无子，留守哀王园，请罢归。'故王闻之曰：'中人守园，疾者当勿治，相杀伤者当勿法，欲令亟死。太守奈何而欲罢之？'其天资喜由乱亡，终不见仁义如此。"上乃知贺不足忌也。

494

【译文】汉宣帝心里忌讳着被废居在山阳郡的前昌邑王刘贺，就下诏敕给山阳太守张敞，要他谨慎防备为乱的盗贼，审查往来过客的动静言行，并命他不得泄露密令他去督察的诏书。敞于是条录呈奏刘贺的居处情形，说明他被废黜以后的种种征验，说："前昌邑王的样子是，皮肤青黑色，眼睛小小的，鼻尖锐小卑下，须眉很少，身体高大，半身不遂，行走不便。臣敞曾经和他说话，想要探问他的想法，就拿猫头鹰作比喻来启发他说：'昌邑这里有很多的猫头鹰。'前昌邑王说：'是啊！从前贺到西边的长安去时，没什么猫头鹰，等到回来的时候，向东到了济阳，这才听到猫头鹰的叫声。'观察前昌邑王的服饰、言谈、坐起等的表现，就像是一个白痴一样。臣敞还上前进言：'之前为哀王歌舞的人张修等十人，都没有儿子，留在哀王的墓园里，可以放他们回家。'前昌邑王听说了之后说：'这些宦者守护着墓园，生病了我不去理会他们，彼此杀伤了，也不去治疗他们，我要他们早些去死，太守为何要把他们遣走呢？'他在本质上就是喜好乱亡，根本没有仁义之心。"汉宣帝因此知道刘贺是不足畏惧的人。

三年（戊午，公元前六三年）春，三月，诏封故昌邑王贺为海昏侯。

乙未，诏曰："朕微眇时，御史大夫丙吉，中郎将史曾、史玄，长乐卫尉许舜，侍中、光禄大夫许延寿，皆与朕有旧恩，及故掖庭令张贺，辅导朕躬，修文学经术，恩惠卓异，厥功茂焉。《诗》不云乎：'无德不报'，封贺所子弟子侍中、中郎将彭祖为阳都侯，追赐贺谥曰阳都哀侯，吉为博阳侯，曾为将陵侯，玄为平台侯，舜为博望侯，延寿为乐成侯。"贺有孤孙霸，年七岁，拜为散骑、中郎将，赐爵关内侯。故人下至郡邸狱复作尝有阿保之功者，皆受官禄、田宅、财物，各以恩深浅报之。

吉临当封，病；上忧其不起，将使人就加印绂而封之，及其生存也。太子太傅夏侯胜曰："此未死也！臣闻有阴德者必飨其乐，以及子孙。今吉未获报而疾甚，非其死疾也。"后病果愈。

【译文】三年（戊午，公元前63年）春季，三月，下诏令册封以前的昌邑王刘贺为海昏侯。

乙未日，下诏令说："朕在卑微时，御史大夫丙吉、中郎将史曾、史玄、长乐卫尉许舜，侍中、光禄大夫许延寿等，都曾有恩德于朕，还有之前的掖庭令张贺，辅导着朕去研求文学经术，恩德尤深，功劳特别大。《诗经》上面不是说过：'接纳了人家的恩德，一定要去报答他。'原是他弟弟安世的儿子，所以现在要封张贺所领养的儿子侍中，中郎将彭祖，为阳都侯，追谥张贺为阳都哀侯，丙吉为博阳侯，史曾为将陵侯，史玄为平台侯，许舜为博望侯，许延寿为乐成侯。"张贺有一个孤孙名叫张霸，才七岁，也被任命为散骑、中郎将，赐给他关内侯的爵位。下至郡邸狱中的囚犯，所有过去曾帮助过皇帝的人，凡曾经有过保护抚养皇曾孙的功劳的，都受到了官禄、田宅、财物的赏赐，宣帝都各依他们恩德的深浅来报答他们。

丙吉就在临到要受封的时候却病了；汉宣帝担心他将一病不起，便打算派人在授给他印绶时，趁便在他家里封拜他，要给他这项荣誉必须赶在他还活着时。太子太傅夏侯胜说："这病不会让他死的；臣听说，积有阴德的人，必定会享受到他应得的富贵荣华，而且还会荫及子孙。现在吉还未受到报偿而得了重病，这病绝不会是绝症的。"之后丙吉的病果然治好了。

【乾隆御批】宣帝亟亟修恩报德，乃至郡邸狱复作皆受官禄田产。细人感其私，君子讥其鄙。非君道也。

【译文】宣帝急急忙忙地感恩报德，连在监狱服劳役的人都到了官禄和田产。一般人会感恩他的私情，君子却批评他的浅陋。这不符合为君之道。

张安世自以父子封侯，在位太盛，乃辞禄，诏都内别藏张氏无名钱以百万数。安世谨慎周密，每定大政，已决，辄移病出。闻有诏令，乃惊，使史之丞相府问焉。自朝廷大臣，莫知其与议也。尝有所荐，其人来谢，安世大恨，以为"举贤达能，岂有私谢邪！"绝弗复为通。有郎功高不调，自言安世，安世应曰："君之功高，明主所知，人臣执事，何长短而自言乎！"绝不许。已而郎果迁。安世自见父子尊显，怀不自安，为子延寿求出补吏，上以为北地太守；岁馀，上闵安世年老，复征延寿为左曹、太仆。

夏，四月，丙子，立皇子钦为淮阳王。皇太子年十二，通《论语》、《孝经》。太傅疏广谓少傅受曰："吾闻'知足不辱，知止不殆。'今仕宦至二千石，官成名立，如此不去，惧有后悔。"即日，父子俱移病，上疏乞骸骨。上皆许之，加赐黄金二十斤，皇太子赠以五十斤。公卿故人设祖道供张东都门外，送者车数百两。道路观者皆曰："贤哉二大夫！"或叹息为之下泣。

【译文】张安世自己觉得，地位太过于显盛，因为父子都封了侯，就辞退了一些官俸，宣帝就下命令给大司农的都内，不必登录为公产，要他把张安世退还的这几百万没有名目的钱另外保管。张安世为人谨慎周详，每次参与商议国家大事，等到做出决议之后，就称病请假外出。听到有诏令发下来之后，才显

资治通鉴卷第二十五　汉纪十七

示出惊异，之后派属官到丞相府去探听消息。因此从朝廷的大臣以下，无人知道他曾参加过这项商议。他曾经推荐过别人，推荐的人知道了以后，就赶来道谢，安世特别生气，觉得："推举贤达的人，是应当做的，不用私下来道谢！"就告诉门房，谢绝他的来访，不想再见到他。有个郎官，始终没被升迁过，但是立过很大的功劳，便自行向安世表明了他的意思，张安世回答说："明主知道你的功劳很大，替国君办了事，为人臣子的，虽然有了功劳，怎么能够自己来说呢！"就拒绝了他的要求。但是没过多久，这位郎官却得到了升迁。安世自己认为他父子的地位都很富贵，心里很不自在，就代替他的儿子延寿请求外调为地方官，于是汉宣帝就把延寿任命为北地太守；一年多之后，汉宣帝体谅到安世的年老，又征调延寿为左曹、太仆。

夏季，四月，丙子日，把皇子刘钦册立为淮阳王。这个时候皇太子已经十二岁，读通了《论语》和《孝经》。太傅疏广就告知他的侄儿少傅疏受说："我听说：'知道满足，就不会受到屈辱，知道适可而止，就不会带来危险。'现今官已然当到了二千石，可以说是官成名立了，在这种情形下，假如还留恋不愿意离去，害怕之后会有令人悔恨的事情发生。"那天，疏广、疏受父子就一起称病，上疏恳请退休。汉宣帝也批准了，还赏赐了二十斤黄金给他们，皇太子也送了五十斤。一些公卿旧交在东都门外设置了酒席为他们饯行，总共有几百辆送行的车子。道路上围观的人都说："这两位大夫真是贤明啊！"有的人在赞扬叹息之余，甚至为他们激动得流泪了。

广、受归乡里，日令其家卖金共具，请族人、故旧、宾客，与相娱乐。或劝广以其金为子孙颇立产业者，广曰："吾岂老悖不念子孙哉! 顾自有旧田庐, 令子孙勤力其中, 足以共衣食, 与凡人齐。今复增益之以为赢馀, 但教子孙怠堕耳。贤而多财, 则损其志; 愚而多财, 则益其过。且夫富者众之怨也, 吾既无以教化子孙, 不欲益其过而生怨。又此金者, 圣主所以惠养老臣也, 故乐与乡党、宗族共飨其赐, 以尽吾馀日, 不亦可乎!" 于是族人悦服。

**【译文】**疏广、疏受返回了故乡, 天天都让他的家人去卖些黄金来置办些饮食, 宴请族人故旧、宾客, 跟他们一块儿娱乐。有些人就劝疏广拿些黄金去替子孙买些产业, 疏广说: "我难道是老到昏了头, 连子孙全都不知道体念! 我只是想到, 我自己原有一些旧的房舍田产, 就让子孙在那些产业中去勤勉耕种, 就足够提供衣食的需要, 和一般人的生活情况一样了。假如现在又增加了一些产业给他们, 让他们有了盈余, 那只会让子孙因为这懈怠堕落罢了。一个多财货而贤能的人, 就会减少他的志气; 一个愚蠢而多财的人, 便会增加他的过失。而且富有的人, 常常是众人怨恨的对象, 我不可以因为没有能力来教化我的子孙, 去增加他们的过失而招惹众人的怨恨。况且这些黄金, 是圣君用来赡养老臣的, 所以便乐于和邻里、族人一起来享受皇上的赏赐, 以颐养我的天年, 这很恰当!" 于是全宗族的人都对他心服口服。

**【乾隆御批】**二疏请老, 用以风世之恋栈不已者则可。然彼或豫知孝元庸懦, 不堪辅导, 是以见几远祸。亦不过工于自计耳。且五年才通《论语》、《孝经》, 安淂遽谓之尽职? 而悠然求去, 帝及太子何必各赐如许之金? 今以其斤两计之, 已逾千两。千金不易致, 太子又安得有五十斤之金以赐未卒业之师傅哉? 班史欲艳传其事, 不觉措词过当, 未可尽信也。

【译文】疏广、疏受请求告老还乡，用来教育那种贪恋不止的社会风气，固然可以。但他们也许已经预先知道孝元帝平庸懦弱，不堪辅导，便挑选时机远离灾祸，不过是工于心计而已。况且五年才通晓《论语》《孝经》，怎么能说他们是尽职的呢？他们请求辞官回乡，宣帝和太子又何必各自赏如此之多的黄金？按照今天计算，已经超过了一千两。一千两黄金是很不容易得到的，太子又怎么会有五十斤黄金赐给还没有让他毕业的老师呢？班固想美化他们的事迹，不自觉地措辞不当，不可全信。

颍川太守黄霸使邮亭、乡官皆畜鸡、豚，以赡鳏、寡、贫、穷者；然后为条教，置父老、师帅、伍长，班行之于民间，劝以为善防奸之意，及务耕桑、节用、殖财、种树、畜养，去浮淫之费。其治，米盐靡密，初若烦碎，然霸精力能推行之。吏民见者，语次录绎，问它阴伏以相参考，聪明识事，吏民不知所出，咸称神明，豪厘不敢有所欺。奸人去入它郡，盗贼日少。霸力行教化而后诛罚，务在成就全安长吏。许丞老，病聋，督邮白欲逐之。霸曰："许丞廉吏，虽老，尚能拜起送迎，正颇重听何伤！且善助之，毋失贤者意！"或问其故，霸曰："数易长吏，送故迎新之费，及奸吏因缘，绝簿书，盗财物，公私费耗甚多，皆当出于民。所易新吏又未必贤，或不如其故，徒相益为乱。凡治道，去其泰甚者耳。"霸以外宽内明，得吏民心，户口岁增，治为天下第一，征守京兆尹。顷之，坐法，连贬秩；有诏复归颍川为太守，以八百石居。

【译文】颍川太守黄霸命令传送文书的邮亭、每一乡的长官都要养鸡喂猪，用来赡养那些鳏夫、寡妇和孤苦无依的人；之后又发出手示，命令遍设父老、师帅、伍长等地方上的属官，分置在民间各处，劝解乡民怎样去行善防奸，并且要他们勤于农

资治通鉴

事，努力生产，讲求节用，种植树木，畜养禽兽，戒除奢侈浪费。对于政事的处理，细碎得就像米盐一样，在刚开始时，好像啰唆繁杂得很，但是黄霸却是这样地专精注意而能把它推行起来。见到了吏民，在交谈之际，黄霸就会从中去追究端绪，问他一些隐私的事情，来供参考。因为他的聪明和远见，吏民常常没有办法知道他是用怎样的办法来知道这么多的事情的，大家都很赞赏他的神奇督察，对他是连一点小事也不敢欺骗的。于是一些奸邪妄为的都逃亡到了别郡去，在他管理的郡里，盗贼便逐渐地减少。黄霸运用勤力以德服人，如果有不能因为这顺从善良的，然后才被运用刑罚。对于重要的僚属，都尽可能地使他能够安心地做事，而不去任意伤害或更动他。颍川郡许县的县丞年纪大了，耳朵聋了，督邮提议要将他免职。黄霸说："许县丞是一个清正的好官员，虽然老了，还能接待宾客，进退应对，即使有些重听，怎么会有关系呢！姑且好好地照顾他，不要亏待了贤人。"有的人就问他这是为什么，黄霸说："假如经常更动幕僚的话，那些被送走旧吏迎接新官的费用，和那些奸吏趁着新旧交接的机遇，隐藏了账簿，窃取了财物，这种种公私方面的消费，都相当可观，都要出自民膏民脂。所换了的新僚属，又不知就是好的，有的甚至还不如之前的，所以就仅仅增加一些慌乱而已。治理人民的办法是，只要把那些太过分、太不像话的去掉就可以了，不要太刻薄。"黄霸对人宽和而内心严明，很得吏民的爱戴，辖下的户口数逐年地增加，治绩被评定为全天下最优秀的，所以被征召为京兆尹。可是不久，由于犯了罪，连续好几次被减了官俸；之后又下了诏令，让他仍然回到颍川去当太守，太守的俸禄本有二千石，最后他是以八百石居官。

**四年**(己未,公元前六二年)春,正月,诏:"年八十以上,非诬告、杀伤人,它皆勿坐。"

右扶风尹翁归卒,家无馀财。秋,八月,诏曰:"翁归廉平乡正,治民异等。其赐翁归子黄金百斤,以奉祭祀。"

上令有司求高祖功臣子孙失侯者,得槐里公乘周广汉等百三十六人,皆赐黄金二十斤,复其家,令奉祭祀,世世勿绝。

**【译文】**四年(己未,公元前 62 年)春季,正月,诏令说:"年龄在八十岁以上的人,假如不是由于诬告罪,或是杀伤了人,剩余的错误都不论罪。"

右扶风尹翁归去世,家中没有一点积蓄。秋季,八月,汉宣帝下命令说:"翁归为人廉洁清平,做事很公平,治理人民,政绩很突出。因此现在要赏赐给翁归的儿子一百斤黄金,让他可以去祭祖祀神。"

汉宣帝命令有司去追查现在已经失去侯爵的高祖时候的功臣子孙们,结果查到了在槐里的公乘周广汉等一百三十六人,汉宣帝赏赐给他们每人二十斤黄金,还把他们的徭役免除了,让他们能够去奉祀祖先,世世代代,永不衰绝。

**【乾隆御批】**赐功臣子孙,固奖劢、善政。然酌给金,复其家,使奉祀,足矣。百三十六,人人各与以黄金二十斤,当值白金四十余万。孝宣去武帝财赂衰耗时不远,安得如许帑藏为挥霍之费乎?足证其妄。

**【译文】**奖励功臣子孙,这固然是奖励功勋、完善政绩的举措。不过酌情给予黄金,恢复他们的家业,使他们供奉祭祀,这也就足以了。一百三十六人,人人都给黄金二十斤,价值相当于现在白金四十多万两。汉宣帝离财物耗尽的武帝时代不远,怎么会有如此之多的积蓄供他挥霍呢? 足以证明史料记载不实。

丙寅, 富平敬侯张安世薨。

初, 扶阳节侯韦贤薨, 长子弘有罪系狱, 家人矫贤令, 以次子大河都尉玄成为后。玄成深知其非贤雅意, 即阳为病狂, 卧便利, 妄笑语, 昏乱。既葬, 当袭爵, 以狂不应召。大鸿胪奏状, 章下丞相、御史案验。案事丞相史乃与玄成书曰:"古之辞让, 必有文义可观, 故能垂荣于后。今子独坏容貌, 蒙耻辱为狂痴, 光曜晻而不宣, 微哉子之所托名也! 仆素愚陋, 过为宰相执事, 愿少闻风声; 不然, 恐子伤高而仆为小人也。"玄成友人侍郎章亦上疏言:"圣王贵以礼让为国, 宜优养玄成, 勿枉其志, 使得自安衡门之下。"而丞相、御史遂以玄成实不病, 劾奏之, 有诏勿劾, 引拜; 玄成不得已, 受爵。帝高其节, 以玄成为河南太守。

【译文】丙寅日, 富平敬侯张安世去世。

起初, 扶阳节侯韦贤去世, 长子韦弘因为犯了罪被囚禁在监牢里, 家人就假托是韦贤的遗命, 要次子大河郡都尉玄成为承袭爵位的后嗣。玄成很清楚这不是他父亲韦贤的心思, 就装疯卖狂, 躺到大小便上, 并且胡言乱语, 表现出昏乱的样子来。等韦贤被埋葬了以后, 应该有人去承继韦贤的爵位时, 玄成就凭着病狂而不去接受征召。大鸿胪就将这种情况呈奏上去, 汉宣帝就把它批交给丞相和御史去办理。负责查办这件事情的丞相属官就给了玄成一封信说:"古人的辞让, 必定有他的文采义理可供观览, 因此能够传后世。现在你只是毁坏容貌, 装疯卖傻, 蒙受屈辱而已, 光彩暗然而不彰, 这确实没有意义! 你的托词, 是没有道理的。我这个人一直就很鄙陋愚笨, 现今谬为丞相的属吏, 来审查这件事情, 期望你能稍稍听听外间对你的疑议，明知悔改；否则的话，等到被查出来是假病，恐怕就会有损你的清高，也会让我变成一个不肖的小人。"玄成的朋友侍郎章也上奏说："圣明的君王是贵能以礼让来治国的，因此应当要厚待玄成，不要小看了他的心志，应该使他能安贫乐道，优游自得。"可是丞相和御史却以玄成实际上并没得狂病，而把实情呈奏上去要弹劾他，汉宣帝便下令免罪，要引他来接受任命；玄成不得已，接受了爵位。汉宣帝嘉勉他的志节，任命他为河南太守。

【乾隆御批】安世匿名迹，远权势。盖上惮宣帝之英明，下惩霍氏之专恣，谨慎自全。犹庶几记之所云大臣法者。秦观薄之为具臣，论过刻矣。

【译文】张安世不求出名，躲避权势，原因是对上畏惧汉宣帝的英明，在下以霍氏擅权自恣为教训，所以谨慎行事，保全自身。这差不多就是记载中所说的大臣应该效法的做法。宋人秦观批评他是滥竽充数、不称职守的大臣，评论未免过于苛刻。

车师王乌贵之走乌孙也，乌孙留不遣。汉遣使责乌孙，乌孙送乌贵诣阙。

初，武帝开河西四郡，隔绝羌与匈奴相通之路，斥逐诸羌，不使居湟中地。及帝即位，光禄大夫义渠安国使行诸羌；先零豪言："愿时度湟水北，逐民所不田处畜牧。"安国以闻。后将军赵充国劾安国奉使不敬。是后羌人旁缘前言，抵冒度湟水，郡县不能禁。

【译文】车师王乌贵逃亡到乌孙去，乌孙便留下了他，不把他遣回。汉朝就派遣使者前去责备乌孙，乌孙便把乌贵送到汉天子那里去。

起初，武帝开设了武威、敦煌、张掖、酒泉等河西的四个郡，隔绝了羌和匈奴相通的道路，也赶走了羌人，不使他们居住在湟水附近的肥美地带。等到宣帝继承皇位，光禄大夫义渠安国奉派到羌人所住的地方去巡行；先零族的酋长就说："期望能常常让我们渡过湟水，到达湟水的北边去，准许我们在民众所不耕种的地方去放牧。"安国就答应把这件事情呈奏给汉宣帝。后将军赵充国便弹劾安国奉使在外，处事不谨慎。以后，羌人就依照从前所提的这些请求，抵法冒禁地去强渡湟水，郡县无法去禁止他们。

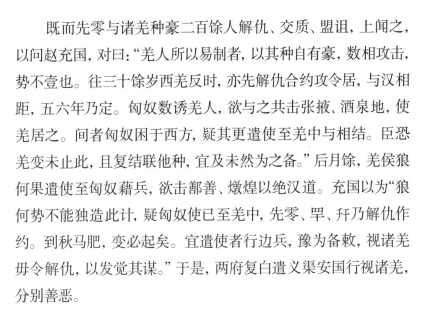

既而先零与诸羌种豪二百馀人解仇、交质、盟诅，上闻之，以问赵充国，对曰："羌人所以易制者，以其种自有豪，数相攻击，势不壹也。往三十馀岁西羌反时，亦先解仇合约攻令居，与汉相距，五六年乃定。匈奴数诱羌人，欲与之共击张掖、酒泉地，使羌居之。间者匈奴困于西方，疑其更遣使至羌中与相结。臣恐羌变未止此，且复结联他种，宜及未然为之备。"后月馀，羌侯狼何果遣使至匈奴藉兵，欲击鄯善、燉煌以绝汉道。充国以为"狼何势不能独造此计，疑匈奴使已至羌中，先零、䍐、开乃解仇作约。到秋马肥，变必起矣。宜遣使者行边兵，豫为备救，视诸羌毋令解仇，以发觉其谋。"于是，两府复白遣义渠安国行视诸羌，分别善恶。

是时，比年丰稔，谷石五钱。

【译文】从这以后，先零就和其他的羌人首领二百多人，解除了过去的仇恨，相互交换了人质以取信，还订下誓约，彼此自相亲结，想要入汉为寇。汉宣帝知道了这件事，便问赵充国，充国回答说："羌人以往能够容易被控制，是因为他们无大君

资治通鉴卷第二十五 汉纪十七

505

长，诸羌种都各自有他们的酋长，经常互相攻击，权势不可以合并。三十多年前西羌反叛时，他们也是相互之间先解除仇恨，订下合约，再去攻打令居，之后与汉相互抗衡，过了五六年才平定。匈奴常常引诱羌人，要和他们一块儿攻击张掖、酒泉等地，然后就让羌人居住在那里。近来匈奴被困在西方，我怀疑他们曾经又派遣了使者到羌中去和他们相互勾结。臣恐怕羌人的变乱不只是这样罢了，他们将会和其他的种族再次结合起来，所以应当在他们还没反叛的时候，事先设法去防备他们。"之后过去了一个多月，羌侯狼何果然派了使者到匈奴去借兵，要去攻打鄯善和敦煌，来断绝汉朝到西域各国的通路。充国觉得："依狼何的威势，是没有办法独自想出这个计策的，我怀疑匈奴的使者已经到达羌中，先零、罕、幵等部落才会把仇恨解除，互相订下盟约。到了秋天马肥时，必定会发生羌变的。现今我们应当派使者去巡查守卫在边疆上的部队，要他们预先防御，还要命令他们去监视各羌种的动态，要让诸羌化解掉他们之间的联盟，来发觉羌人的阴谋。"于是御史和丞相两府又提议派遣义渠安国去巡视观察各羌人的情况，辨别他们逆顺的情况。

这时，农业每年都丰收，一石谷子的价格是五钱。

# 资治通鉴卷第二十六　汉纪十八

起上章涒滩，尽玄黓阉茂，凡三年。

**【译文】**起庚申（公元前 61 年），止壬戌（公元前 59 年），共三年。

**【题解】**本卷记录了宣帝刘询神爵元年至神爵三年共三年间的历史。记录了宣帝迷信鬼神，王褒、张敞上书劝谏，宣帝罢之；记录了宣帝奢侈浪费，宠信外戚，宣帝不听从王吉的劝谏与提出的执政弊政，使王吉谢归；记录了西羌起祸，赵充国平息叛乱。记录了郑吉因功封侯，首任西域都护；记录了丙吉任丞相识大体；详细记录了韩延寿任颍川太守与任左冯翊时的礼义教化，政绩斐然；记录了匈奴握衍朐鞮单于自私残暴，使匈奴分裂等等。

## 中宗孝宣皇帝中

**神爵元年**（庚申，公元前六一年）春，正月，上始行幸甘泉，郊泰畤；三月，行幸河东，祠后土。上颇修武帝故事，谨斋祀之礼，以方士言增置神祠；闻益州有金马、碧鸡之神，可醮祭而致，于是遣谏大夫蜀郡王褒使持节而求之。

**【译文】**神爵元年（庚申，公元前 61 年）春季，正月，汉宣帝第一次巡行到了甘泉宫，在泰畤祭祀天神；三月，巡行到河东，祭祀后土神。汉宣帝仿照武帝旧规，对于斋戒祭祀的礼仪，非常小心谨慎，又采纳方士的建议，增修了很多的神祠；汉宣帝还听说益州有金马神和碧鸡神（今云南省昆明县东有金马山，县西南有碧鸡山），可以通过设坛祭拜请到，于是就派遣谏大夫蜀郡人王褒带着符节前去寻找。

初，上闻褒有俊才，召见，使为《圣主得贤臣颂》。其辞曰："夫贤者，国家之器用也。所任贤，则趋舍省而功施普；器用利，则用力少而就效众。故工人之用钝器也，劳筋苦骨，终日矻矻；及至巧冶铸干将，使离娄督绳，公输削墨，虽崇台五层、延袤百丈而不湎者，工用相得也。庸人之御驽马，亦伤吻、敝策而不进于行；及至驾啮膝、骖乘旦，王良执靶，韩哀附舆，周流八极，万里一息，何其辽哉？人马相得也。故服絺绤之凉者，不苦盛暑之郁燠；袭貂狐之暖者，不忧至寒之凄怆。何则？有其具者易其备。贤人、君子，亦圣王之所以易海内也。昔周公躬吐捉之劳，故有圄空之隆；齐桓设庭燎之礼，故有匡合之功。由此观之，君人者勤于求贤而逸于得人。人臣亦然。昔贤者之未遭遇也，图事揆策，则君不用其谋；陈见悃诚，则上不然其信；进仕不得施效，斥逐又非其愆。是故伊尹勤于鼎俎，太公困于鼓刀，百里自鬻，宁子饭牛，离此患也。及其遇明君、遭圣主也，运筹合上意，谏净即见听，进退得关其忠，任职得行其术，剖符锡壤而光祖考。故世必有圣知之君，而后有贤明之臣。故虎啸而风冽，龙兴而致云，蟋蟀竢秋唫，蜉蝤出以阴。《易》曰：'飞龙在天，利见大人。'《诗》曰：'思皇多士，生此王国。'故世平主圣，俊乂将自至。明明在朝，穆穆列布，聚精会神，相得益章，虽伯牙操递钟，逢门子弯乌号，犹未足以喻其意也。故圣主必待贤臣而弘功业，俊士亦俟明主以显其德。上下俱欲，欢然交欣，千载壹合，论说无疑，翼乎如鸿毛遇顺风，沛乎如巨鱼纵大壑。其得意若此，则胡禁不止，曷令不行！行溢四表，横被无穷。是以圣王不遍窥望而视已明，不殚倾耳而听已聪，太平之责塞，优游之望得，休征自至，寿考无疆，何必偓仰屈伸若彭祖，呴嘘呼吸如侨、松，眇眇绝俗离世哉！"是时上颇好神仙，故褒对及之。

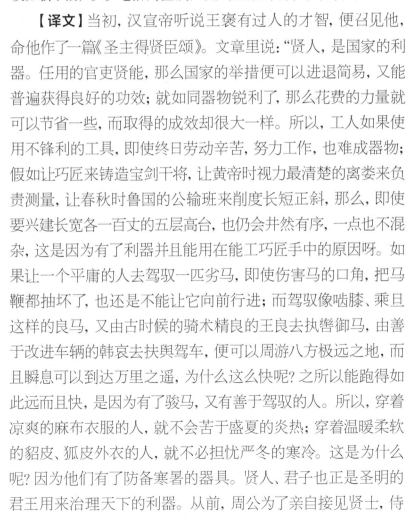

【译文】当初，汉宣帝听说王褒有过人的才智，便召见他，命他作了一篇《圣主得贤臣颂》。文章里说："贤人，是国家的利器。任用的官吏贤能，那么国家的举措便可以进退简易，又能普遍获得良好的功效；就如同器物锐利了，那么花费的力量就可以节省一些，而取得的成效却很大一样。所以，工人如果使用不锋利的工具，即使终日劳动辛苦，努力工作，也难成器物；假如让巧匠来铸造宝剑干将，让黄帝时视力最清楚的离娄来负责测量，让春秋时鲁国的公输班来削度长短正斜，那么，即使要兴建长宽各一百丈的五层高台，也仍会井然有序，一点也不混杂，这是因为有了利器并且能用在能工巧匠手中的原因呀。如果让一个平庸的人去驾驭一匹劣马，即使伤害马的口角，把马鞭都抽坏了，也还是不能让它向前行进；而驾驭像啮膝、乘旦这样的良马，又由古时候的骑术精良的王良去执辔御马，由善于改进车辆的韩哀去扶舆驾车，便可以周游八方极远之地，而且瞬息可以到达万里之遥，为什么这么快呢？之所以能跑得如此远而且快，是因为有了骏马，又有善于驾驭的人。所以，穿着凉爽的麻布衣服的人，就不会苦于盛夏的炎热；穿着温暖柔软的貂皮、狐皮外衣的人，就不必担忧严冬的寒冷。这是为什么呢？因为他们有了防备寒暑的器具。贤人、君子也正是圣明的君王用来治理天下的利器。从前，周公为了亲自接见贤士，侍奉天下君子，吃一顿饭要停顿三次，沐浴一次要束起三次头发，所以能教化人民，因此刑罚措施都用不到，老百姓不触犯法律，牢房都被空置；齐桓公用苇、松、竹加上油脂制成巨大的火炬，在庭中照明，用来不分昼夜地礼贤下士，贤士便从四面八方而来，因此成就了他九合诸侯，平定天下的霸业。由此看来，作为君临天下的一国之主，当没有得到贤人的时候，旁招博访，在天下广求贤才，是何等地勤劳，等到任用了贤才以后，便将国家政事一一托付给他们去办理，那又是何等安逸。作为臣子的，也要善于选择君王。从前，贤能的人在没有得到明君的赏识之前，他所图谋的事，所揣度的计策，都不能得到君王的重用；即使披肝沥胆，表露忠诚，君王还是不能信任他；做官不能施展他的才能，遭斥逐也并非有什么过错。所以成汤的贤相伊尹，在地位微贱的时候，相传曾屈就在庖厨鼎俎之间，做烹调饮食的活，用滋味去取悦汤；姜太公吕尚在没有得到周文王的提拔之前，也曾困在朝歌磨刀当屠夫，宰杀牲口；虞国的大夫百里奚，在晋国灭虞国之后，相传曾以五件羊皮，被赎到秦穆公那里去，最后被授以国政；卫国人宁戚，在不得志的时候，曾是车夫，借着齐桓公外出时，在车下喂牛时叩牛角而歌，才能成为齐大夫。这些有贤能的人，都曾遭受过失意的忧患。等到他们遇到明君、圣主，所做的计谋筹划，都符合君王的心意，规劝进谏立即被君王采纳，无论进退左右都能表现出他的忠诚，居位任职也能施展他的才能谋略，于是功成名立，朝廷便用土地、爵位来封赏他，使他光宗耀祖。因此，国家一定要先有圣明的君王，然后才会有贤能的人臣。所以老虎一长啸，风声自然凛冽，飞龙一兴起，云气自然涌出，蟋蟀一定待到秋天才鸣叫，蜉蝣一定在阴天才出现。《易经》说：'圣君在位德备天下，就像神龙飞腾在天空，为万物所瞻依，这是大人之路亨通，有才德的人，应当趁此时机去行志立功。'《诗经》说：'生在周王的国度里贤士众多。' 因此，世道太平，主上圣明，那么俊美而有才能的人，就会不求自来了。所以元首是那么明哲显盛，而股肱又是那么敬慎有威仪，精神意气，聚为一体，这种君臣的相得益彰，更加表露出了君主的圣明，以及臣子的贤能，即使用擅长鼓琴的伯牙操弄古琴'递钟'，善于射箭的逢门子使用良弓'乌号'，他们得心应手，志意相合的情形，也不足以用来比喻此时君臣融洽的种种。所以圣主必须等待贤臣的辅佐，而后才能光大他的功业，贤士也只有等待明主的赏识，才能显示出他的才干。君上臣下相互需要，欢乐无憾，如此融洽，实在是千载难逢，有任何的言论，都可以不生猜疑，就像鸿雁的毛羽遇到了顺风，便越飞越高，大鱼放到大溪流里乘着顺水，越游越远一样。君臣之间，如果能如此地融洽，那么，有什么弊端不能被破除的，有什么利益不能被兴举的！于是圣贤的教化必将充满四海，和乐传播天下，远近都来贡献，万福也全聚集起来了。所以圣主目力所及，不必处处窥望，就能通过贤臣，看清天下万事万物；耳力所及，也不必处处周全，就能通过贤臣，听到所有的言论。这样既尽到了使天下太平的责任，也满足了安乐悠闲的期望，祥瑞自然降临，人君的寿命也将因此而无穷尽了，这就是长生之道，何必像长寿的彭祖那样去俯仰屈伸，像仙人王侨、赤松子那样去呼吸吐纳，去与世俗隔绝，离群独居，然后才可以长寿成仙呢！"此时，汉宣帝也喜好寻求有关神仙的事迹，所以王褒在这篇颂词里，便特别提到有关神仙的事情。

**【申涵煜评】**《圣主得贤臣》一颂，中寓讽谏。然西汉文章古朴，而此独为浮缛之词，遂开六朝蹊径风气之靡也，实自褒始，其殆学邹、枚辈而滥觞者欤？

【译文】《圣主得贤臣》这篇文章，文中蕴含了臣子对皇帝的劝谏。西汉时候的文章崇尚古朴，唯独这篇文章用了大量铺张华丽的词句，于是开启了六朝时另辟蹊径，崇尚文辞华丽的盛况，这实际上是从王褒开始的，他大概是学习邹阳、枚乘一类人的文风而受到影响的吧。

京兆尹张敞亦上疏谏曰："愿明主时忘车马之好，斥远方士之虚语，游心帝王之术，太平庶几可兴也。"上由是悉罢尚方待诏。初，赵广汉死后，为京兆尹者皆不称职，唯敞能继其迹；其方略、耳目不及广汉，然颇以经术儒雅文之。

【译文】京兆尹张敞也上了奏章进谏汉宣帝说："请求明君能抛弃对车马的喜好，疏远方士那些荒唐的言论，潜心研究帝王之术，天下大概就可以兴盛太平了。"汉宣帝因此便完全罢斥了那些主制药物的方士。最初，在赵广汉死了以后，被任命为京兆尹的人都不称职，只有张敞能继承广汉的政绩；他的谋略聪明，虽然远不如赵广汉，但是他能借助经术和温文雅正来弥补他的不足。

上颇修饰，宫室、车服盛于昭帝时；外戚许、史、王氏贵宠。谏大夫王吉上疏曰："陛下躬圣质，总万方，惟思世务，将兴太平，诏书每下，民欣然若更生。臣伏而思之，可谓至恩，未可谓本务也。欲治之主不世出，公卿幸得遭遇其时，言听谏从，然未有建万世之长策，举明主于三代之隆也。其务在于期会、簿书、断狱、听讼而已，此非太平之基也。臣闻民者，弱而不可胜，愚而不可欺也。圣主独行于深宫，得则天下称诵之，失则天下咸言之，故宜谨选左右，审择所使。左右所以正身，所使所以宣德，此其本也。孔子曰：'安上治民，莫善于礼，'非空言也。王者未制礼之时，引先王礼宜于今者而用之。臣愿陛下承天心，发大业，与公卿大臣延及儒生，述旧礼，明王制，驱一世之民跻之仁寿之域，则俗何以不若成、康，寿何以不若高宗！窃见当世趋务不合于道者，谨条奏，唯陛下财择焉。"吉意以为："世俗聘妻、送女无节，则贫人不及，故不举子。又，汉家列侯尚公主，诸侯则国人承翁主，使男事女，夫屈于妇，逆阴阳之位，故多女乱。古者衣服、车马，贵贱有章；今上下僭差，人人自制，是以贪财诛利，不畏死亡。周之所以能致治刑措而不用者，以其禁邪于冥冥，绝恶于未萌也。"又言："舜、汤不用三公、九卿之世而举皋陶、伊尹，不仁者远。今使俗吏得任子弟，率多骄骜，不通古今，无益于民，宜明选求贤，除任子之令；外家及故人，可厚以财，不宜居位。去角抵，减乐府，省尚方，明示天下以俭。古者工不造彫瑑，商不通侈靡，非工、商之独贤，政教使之然也。"上以其言为迂阔，不甚宠异也。吉遂谢病归。

【译文】汉宣帝很注意修饰，所使用的宫室和车服都比汉昭帝时华丽奢侈；外戚许氏、史氏、王氏又很受尊宠。谏大夫王吉便上书汉宣帝说："陛下以圣明的资质，总揽万方事物，专心思虑天下大事，将要实现天下太平，所以每次下达诏书，百姓都高兴得好像又重获生机一样。臣低头想想，天子如此，对于百姓，可以说是极大的恩德，但是却不可以说是尽到了治国理民应有的根本。能使天下长治久安的君主，并不是世间所常有的，如今的公卿贵臣有幸遇到明君圣主，却只是言听计从而已，却未有能提出建立万世基业的长远计策，来使圣明君主治理天下，能有夏、商、周三代那样的太平盛世。他们只专注于约期聚会、审理报告、听断狱诉罢了，这不是建立太平盛世的基础。臣听说，对于人民，不能因为他们弱小无助，就去克制他们，不可因为他们愚昧无能，就去欺凌他们。圣主在皇宫中听治天下，举措得当，则受到万民称颂，政事稍有差失，那么，天下人便都会提出批评，所以应该谨慎挑选身边的辅佐大臣，注意任用执行命令的官员。选任在身边的大臣，可以用来帮助端正自己的身心，执行命令的官员，能替皇上去宣扬德行教化，这才是建立太平盛世的根本所在。《孝经》记载孔子的话说：'使君王平安，百姓得到治理的，没有比推行礼更好的办法了。'这不是一句空话。作为君王，在尚未制定新的礼仪之前，可先实施与当今情况相适用的古代圣明君主制定的礼法，去挑选引用。臣请求陛下能顺承天意，弘扬大业，和公卿大臣以及儒生们，一起研究古代的礼仪制度，推行圣王的制度，使我们这一代的人民，都能达到不鄙诈、不夭折的既仁义且福寿的境地。果真如此，自然能蔚成成王、康王时候的良风美俗，且能像殷高宗武丁一样享国百年！臣私下见闻所及，将我现在所注意到的，不合正道的事物，分条列出呈奏陛下，恭请陛下裁定。"王吉认为："当今世俗聘娶妻子，要送给女方很多财物，贫困的人家便付不起这些聘礼，因此便不想生孩子。还有，在汉室的那些列侯，聘娶了天子的女儿，或是在诸侯国中，国人娶到了诸侯的女儿，都让男方去侍奉女方，让丈夫去屈从妇女，颠倒了阴阳刚柔的次第，所以发生了很多次女人为乱的情况。古人所使用的衣服、车马，都按照地位的贵贱，有很清楚的区别；现在则上下不分，混乱一团，毫无节度，因此使得人人只知贪财求利，甚至连死都不害怕了。周王之所以能使得天下太平，让刑罚形同虚设而不须用到它，就是因为他能防微杜渐，在邪恶还未萌发的时候便去禁绝它。"王吉又说："舜和汤不袭用三公、九卿的后代，而举荐了贤人皋陶、伊尹，结果那些谗佞的小人，自然便都远避他而去了。现在却让那些鄙俗的官吏可以庇荫他们的子弟担任官职，这些人大多都是些骄慢不顺，不明古今义理的人，对老百姓一点好处也没有，所以官吏应该要公开征选，寻求贤才来充任，应该废除父兄可以荫任子弟为官的法令；对于陛下的外戚及故旧，可以赏赐他们丰厚的财物，却不宜让他们身居高位。还要禁止那种角力的角抵游戏，减少乐府艺人，节省那些掌管刀剑及玩好器物的少府属官的尚方用度，向天下表明，提倡勤俭建国。古代的工匠不去造作细致华丽的器物，商人不会去买卖奢侈浪费的东西，这并不是以前的工匠、商人要比别人贤明，而是因为当时的政治教化使他们能如此的啊。"汉宣帝认为王吉的建议太过于迂腐而不切实际，不再宠信他。王吉就称病回到他的家乡琅邪郡去了。

义渠安国至羌中，召先零诸豪三十馀人，以尤桀黠者皆斩之；纵兵击其种人，斩首千馀级。于是，诸降羌及归义羌侯杨玉等怨怒，无所信乡，遂劫略小种，背畔犯塞，攻城邑，杀长吏。安国以骑都尉将骑三千屯备羌；至浩亹，为虏所击，失亡车重、兵器甚众。安国引还，至令居，以闻。

时赵充国年七十馀，上老之，使丙吉问谁可将者。充国对曰："无逾于老臣者矣！"上遣问焉，曰："将军度羌虏何如？当用几人？"充国曰："百闻不如一见。兵难隃度，臣愿驰至金城，图上方略。羌戎小夷，逆天背畔，灭亡不久，愿陛下以属老臣，勿以为忧！"上笑曰："诺。"乃大发兵诣金城。夏，四月，遣充国将之，以击西羌。

【译文】义渠安国到羌中，便召集先零部落各首领共三十多人，然后将其中特别傲慢不顺从的都杀了；又纵兵去攻击先零人，杀掉了一千多人。于是所有已经归顺的羌族部落以及归义羌侯杨玉等，都觉得又愤怒，又恐惧，想到羌族尚未有什么变乱，而汉朝官吏竟已无故杀人，于是认为汉朝不可信赖，不足以归顺，就威胁其他弱小种族，一起背叛汉朝侵犯边境，攻击城镇，杀死官吏。义渠安国便派骑都尉带领三千名骑兵去防备羌人。行进到浩亹，遭到羌人的袭击，损失了很多的军需装备和武器。安国便率兵撤退，到达令居，将战况呈奏朝廷。

此时赵充国已经七十多岁，汉宣帝觉得他年纪太大了，便派丙吉去询问哪一位可以带兵。充国回答说："没有哪一个可以比老臣更好的了！"汉宣帝就派人去问他说："将军估计羌人的势力如何？我们应当派多少兵力去？"充国说："百闻不如一见。行兵打仗之事很难预测，应该身入其境，才能确切了解状况。臣愿到金城郡去，绘制当地的地形，制定攻讨的方略，再一起奏闻。那羌人不过是蛮夷小种，逆天背叛汉朝，不久就会灭亡，请陛下把这责任交给老臣，不必担心！"汉宣帝笑着说："好。"便派出大军到金城去。夏季，四月，派赵充国率领金城军队，去攻打西羌。

六月，有星孛于东方。

赵充国至金城，须兵满万骑，欲渡河，恐为虏所遮，即夜遣三校衔枚先渡，渡，辄营陈；会明毕，遂以次尽渡。虏数十百骑来，出入军傍，充国曰："吾士马新倦，不可驰逐，此皆骁骑难制，又恐其为诱兵也。击虏以殄灭为期，小利不足贪！"令军勿击。

遣骑候四望陜中无虏，夜，引兵上至落都，召诸校司马谓曰："吾知羌虏不能为兵矣！使虏发数千人守杜四望陜中，兵岂得入哉！"

充国常以远斥候为务，行必为战备，止必坚营壁，尤能持重，爱士卒，先计而后战。遂西至西部都尉府，日飨军士，士皆欲为用。虏数挑战，充国坚守。捕得生口，言羌豪相数责曰："语汝无反，今天子遣赵将军来，年八九十矣，善为兵；今请欲壹斗而死，可得邪！"

初，罕、幵豪靡当儿使弟雕库来告都尉曰："先零欲反。"后数日，果反。雕库种人颇在先零中，都尉即留雕库为质。充国以为无罪，乃遣归告种豪："大兵诛有罪者，明白自别，毋取并灭。天子告诸羌人：犯法者能相捕斩，除罪，仍以功大小赐钱有差；又以其所捕妻子、财物尽与之。"充国计欲以威信招降罕、幵及劫略者，解散虏谋，俟其疲剧，乃击之。

**【译文】**六月，在东方天空出现了彗星。

赵充国到了金城，等到兵士集结到一万人时，便打算渡过黄河，又恐怕被羌人所截击，于是夜里派遣了三个营部的军士，令他们悄无声息先去渡河，渡过黄河后，即刻建立阵地，防备羌人来犯；到了天亮，全部准备好了，于是大军便按照顺序渡过了黄河。羌人发现以后，派遣数十上百名骑兵，在汉军左右奔驰骚扰，赵充国说："我们的兵马刚渡过河，还很疲倦，不可以去追击这些羌人，他们必定都是些骁勇的骑士，很难制伏他们，同时还恐怕他们只是来引诱我们的部分兵士而已。要攻击羌人的话，就要以能消灭他们为目标，小小的战利，不要去贪求。"便下命令不去攻击羌人。赵充国一方面派骑兵去四望峡侦察，发现峡中并无羌人出入，于是又趁夜引兵到了落都，然后聚集各营部的高级将领说："我就知晓羌人不太擅长用兵！如果他们能调派几千人守在四望峡中，绝了我们的去路，我军哪能到达这里呢！"

赵充国带兵，经常都很注意派出侦探敌情的斥候兵到远处四面八方去侦察，行军时必定做好战备工作；扎营时，必定注意营垒的坚固，做事待人尤能守正不矜躁，能爱护士卒，与敌相遇，一定是先做好作战计划才派兵交战。于是一路上便很顺利地向西推进到了在金城的西部都尉府，每天都用丰盛的食物让将士们饱餐，士卒都希望能有机会为他效力立功。羌人好几次来挑战，赵充国都下令坚守。后来活捉到了敌人，从他们口中得知羌族的首领经常相互责备说："告诉你不要造反，现在汉天子派赵将军率军前来，他已经八九十岁了，善于用兵。我们想要跟他拼一死战，不会有这个机会的。"

起初，罕、开的首领靡当儿派他的弟弟雕库来告诉金城西部都尉说："先零人企图反叛。"几天后，果然反了。雕库族人有很多就在先零部族中，都尉便留在雕库作为人质。赵充国到了这里，认为雕库无罪，便放了他，要他回去告诉各戎夷首领说："汉朝的大军是来诛讨有罪的人，你们分清楚彼此，不要和有罪的人一起遭到被灭亡的命运。汉天子要我通告所有的羌人：犯了法的人如果能戴罪立功，去捕杀其他犯法的人，可以免除罪刑，还会根据他捕杀大豪、中豪、下豪以至女子及老弱的功劳大小，给他几十到几千钱的赏赐；又会把他所捕到的妇女和财物全部赐给他。"赵充国打算先凭借着威信去招降罕部落、开部落以及那些因被劫持而反叛的人，来破解羌人的阴谋，等到他们非常疲困的时候，再去攻击他们。

【康熙御批】赵充国所上诸书，洞悉机宜，矢竭忠悃，不恤利害，卒致万全。古大臣悉心谋国罕有出其右者，不只以将略胜人。

【译文】赵充国上书所言，可以说是清楚地知道处理事情的策略，他竭尽忠诚，不顾利害，最终导致万无一失。古代大臣尽心谋划国事很少有胜过他的，他不只是为将的谋略超出一般人。

【申涵煜评】边计之坏，率由中挠。充国反覆条奏，卒歼先零。观其拒浩星赐言，不让功，以为后法，心如光天化日，真汉家第一谋将。

【译文】守边之计被破坏，都是因为朝中有奸佞阻挠。赵充国反复逐条上奏自己的战略计划，最终歼灭了先零国。观察他拒绝浩星赐说的话，不把自己的功劳让给别人，敢说真话，要把这事作为后代人的法则，他的心就像大白天一样被看得清清楚楚，真是汉朝谋将中的第一名啊。

时上已发内郡兵屯边者合六万人矣。酒泉太守辛武贤奏言："郡兵皆屯备南山，北边空虚，势不可久。若至秋冬乃进兵，此虏在境外之册。今虏朝夕为寇，土地寒苦，汉马不耐冬，不如以七月上旬赍三十日粮，分兵出张掖、酒泉，合击罕、幵在鲜水上者。虽不能尽诛，但夺其畜产，虏其妻子，复引兵还，冬复击之，大兵仍出，虏必震坏。"天子下其书充国，令议之。充国以为："一马自负三十日食，为米二斛四斗，麦八斛，又有衣装、兵器，难以追逐。虏必商军进退，稍引去，逐水草，入山林。随而深入，虏即据前险，守后厄，以绝粮道，必有伤危之忧，为夷狄笑，千载不可复。而武贤以为可夺其畜产，虏其妻子，此殆空言，非至计也。先零首为畔逆，它种劫略，故臣愚册，欲捐罕、幵闇昧之过，隐而勿章，先行先零之诛以震动之，宜悔过反善，因赦其罪，选择良吏知其俗者，拊循和辑。此全师保胜安边之册。"

【译文】此时，汉宣帝已经征发内郡各处的士兵以及屯边的士卒共六万人。酒泉太守辛武贤上奏说："各郡军队都屯扎在南山，使北边边境很空虚，这种形势不能维持太久。如要等到秋、冬再出兵，那是羌虏还远在边境外时的策略。现在羌虏早晚都来寇边进行骚扰，当地气候寒冻困苦，汉军马匹是耐不住寒冬的。不如在七月上旬，携带三十天的粮食，分兵从张掖、酒泉，去合攻在鲜水上的罕、开两部羌人。虽不能歼灭他们，但是可以夺取他们的畜产，俘虏他们的妻女，然后就率兵退还，等到冬天再次出击，我们的大军经常如此攻击，羌人一定会被吓坏。"汉宣帝把这奏章交给赵充国，让他发表意见。赵充国认为："每匹马要去背负一个战士三十天的粮食，就有米二斛四斗，麦八斛，又有衣装、兵器要负载，在如此重负下，很难再去追逐羌虏。羌虏必定会计算出我军进退的速度，稍稍撤退，随着有水草的地方，遁入山林去。我军如果也跟着深入，羌虏就会依据前方的险要，守住后方的要塞，断绝我军粮道，那么便一定会使我军有伤亡危险的顾虑，而受到夷狄的嘲笑，这种耻辱是很难报复回来的。而辛武贤却认为可以因此得到他们的畜产，俘虏他们的妻女，这些应该都只是空话，并非最好的计策。要知道，是先零第一个起来反叛的，其他部族只是因为受到胁迫才起来作乱。因此臣认为，要舍弃因反叛和遭劫略而附的这种愚昧过失，放在一边不去提起，先对先零进行诛讨，来威胁罕、开两部，让他们知道应该悔过迁善，停止叛乱，汉朝便会因此赦免他们叛逆的罪责，然后再选派熟识他们习俗的贤良官吏去加以抚慰和解。这才是既能保全兵力，又能获得胜利，安定边境的策略。"

资治通鉴

　　天子下其书，公卿议者咸以为"先零兵盛而负罕、幵之助。不先破罕、幵，则先零未可图也。"上乃拜侍中许延寿为强弩将军，即拜酒泉太守武贤为破羌将军，赐玺书嘉纳其册。以书敕让充国曰："今转输并起，百姓烦扰，将军将万馀之众，不早及秋共水草之利，争其畜食，欲至冬，虏皆当畜食，多臧匿山中，依险阻，将军士寒，手足皲瘃，宁有利哉！将军不念中国之费，欲以岁数而胜敌，将军谁不乐此者！今诏破羌将军武贤等将兵，以七月击罕羌。将军其引兵并进，勿复有疑！"

　　**【译文】**汉宣帝又把赵充国的奏章交给群臣去讨论，参与商议的公卿都认为："先零的兵力强盛，而且又依仗着罕、幵的帮助，不先击破罕、幵两部，对先零是没有办法进攻的。"于是汉宣帝任命侍中许延寿为强弩将军，就近任命酒泉太守武贤为破羌将军，颁赐给他玺书，褒奖接纳他所提出的策略。又下诏书责备赵充国说："现在到处都在向前方输送粮食，百姓为此都很受骚扰，将军率领一万多名部众，不及早利用秋天水草旺盛的时候，去同羌人争夺他们的畜产牛羊以及谷麦粮食，却要等到冬天，羌虏都要聚积准备过冬时，才去攻击他们，但那时羌人大多藏匿在山中，依恃着险要的地方，将军手下的兵士，却要忍耐着寒苦，连手脚都冻裂了，如此又有什么好处呢！将军不体念国家耗费巨大，想要拖延数年，然后来战胜敌人，当将军的人，有谁不想要打这个如意算盘呢！现在命令破羌将军辛武贤等带兵，在七月去攻击罕、羌两部。将军要率兵同时出击，不得再有迟疑！"

　　充国上书曰："陛下前幸赐书，欲使人谕罕，以大军当至，汉不诛罕，以解其谋。臣故遣幵豪雕库宣天子至德；罕、幵之属皆闻知明诏。今先零羌杨玉阻石山木，候便为寇，罕羌未有所犯，乃置先零，先击罕，释有罪，诛无辜，起壹难，就两害，诚非陛下本计也！臣闻兵法：'攻不足者守有馀。'又曰：'善战者致人，不致于人。'今罕羌欲为燉煌、酒泉寇，宜饬兵马，练战士，以须其至。坐得致敌之术，以逸击劳，取胜之道也。今恐二郡兵少，不足以守，而发之行攻，释致虏之术而从为虏所致之道，臣愚以为不便。先零羌虏欲为背畔，故与罕、幵解仇结约，然其私心不能无恐汉兵而罕、幵背之也。臣愚以为其计常欲先赴罕、幵之急以坚其约。先击罕羌，先零必助之。今虏马肥、粮食方饶，击之恐不能伤害，适使先零得施德于罕羌，坚其约，合其党。虏交坚党，合精兵二万馀人，迫胁诸小种，附著者稍众，莫须之属不轻得离也。如是，虏兵寖多，诛之用力数倍。臣恐国家忧累，由十年数，不二三岁而已。于臣之计，先诛先零已，则罕、幵之属不烦兵而服矣。先零已诛而罕、幵不服，涉正月击之，得计之理，又其时也。以今进兵，诚不见其利！"戊申，充国上奏。秋，七月，甲寅，玺书报，从充国计焉。

【译文】赵充国上书汉宣帝说："陛下以前曾赐下诏书，打算派人去劝晓罕人，告诉他们汉朝的大军将要到来，但是汉军并不是诛讨罕人，想要以此来瓦解羌人联合叛汉的计谋。臣因此派遣幵酋首领雕库去宣扬天子的恩德；罕、幵等羌人都得知了天子的诏令。如今先零羌杨玉依恃山形木石的坚固，并等待机会出山骚扰，罕羌没什么犯乱，而现在却要放掉有罪的先零，先去攻击无罪的罕人，免了罪犯的诛讨，而去击杀无罪的人，兴起一次兵难，造成两件祸害，这不是陛下的本意啊！臣听说《孙子兵法》上有一句话，说的是：'胡乱进攻敌人的话，就会使自己

资治通鉴

处于劣势；可以注意防守自己，就会使攻守都能绰有余裕。'又说：'善于打仗的人，会设法去引诱敌人，不会被敌人所引诱。'如今，羌企图入寇敦煌、酒泉，我们本应该整饬兵马，训练战士，等待敌人的到来，坐在那里，用引诱敌人的战术，以我方的安逸精锐，去攻击敌人的疲倦劳苦，这才是使我们获胜的方法啊。现在因为敦煌和酒泉二郡的兵力太少，还不足以防守，却反要去攻击羌虏，放弃制伏羌人的战术，改为会被羌人所制伏的战术，臣认为这样做是不对的。先零羌人因为想要反叛汉朝，所以和罕、幵化解了过去的仇恨，而且订立了盟约，但是他们心里也会担心汉兵一到，罕、幵会背叛他们。臣认为先零羌的计谋应当是希望罕、幵先受到攻击，然后再去解救罕、幵，来巩固他们彼此间的约定。所以当我们先去攻罕、幵的时候，先零羌一定会帮助他们。现在是羌虏马匹正肥壮，粮食正富足的时候，我们如果去进攻，恐怕不能损害到他们什么，却正好让先零有机会去施加恩德给罕、羌，来坚定他们间的盟约，团结他们的党羽。羌虏间的交往一稳固，且能彼此党同密合，只要聚集精兵二万多人，再去胁迫其他的弱小部族，附和他们的羌人一多，像莫须这些小族羌人，就不能轻易脱离其控制。如此，羌兵越来越多，再想要去诛讨他们，就得用多上好几倍的力量。臣担心那时候，国家的忧烦困扰，当以十年计，就不只是两三年的事了。依据臣的计策，先诛灭先零以后，罕、幵这些羌人就无须再劳动大军的诛讨，他们自然就都会屈服。万一先零被诛灭，而罕、幵仍不屈服，那么，到了正月，我们再去攻打他们，这才是合理的计策，时机也才能恰到好处。如果现在出兵，确实看不出有何好处！"戊申，赵充国上了奏章。秋季，七月，甲寅，汉宣帝再下诏书，听从了赵充国的计议。

充国乃引兵至先零在所。虏久屯聚，懈驰，望见大军，弃车重，欲渡湟水，道厄隘；充国徐行驱之。或曰："逐利行迟。"充国曰："此穷寇，不可迫也。缓之则走不顾，急之则还致死。"诸校皆曰："善。"虏赴水溺死者数百，降及斩首五百馀人。虏马、牛、羊十万馀头，车四千馀两。兵至罕地，令军毋燔聚落、刍牧田中。罕羌闻之，喜曰："汉果不击我矣！"豪靡忘使人来言："愿得还复故地。"充国以闻，未报。靡忘来自归，充国赐饮食，遣还谕种人。护军以下皆争之曰："此反虏，不可擅遣！"充国曰："诸君但欲便文自营，非为公家忠计也！"语未卒，玺书报，令靡忘以赎论。后罕竟不烦兵而下。

【译文】赵充国带兵到了先零所在的地方。羌虏屯驻太长时间，已经懈怠下来，忽然见汉朝大军到来，慌忙抛弃军需装备，企图渡过湟水，但是逃亡的道路却非常狭隘，赵充国便慢慢地去追赶他们。有人便说："逐利宜速，而我们却太慢了。"赵充国说："这些都是走投无路的穷寇，不可以去逼迫他们。慢慢地追赶，他们就会没命地逃走，假如被逼急了，他们便会回过头来拼命的。"大家都说："有道理。"羌虏几百个人被水淹死，投降以及被汉军杀掉的，有五百多人。又俘获了十万多头马、牛、羊，车子四千多辆。当汉军到了罕人居住的地方以后，赵充国下令不得烧毁他们的部落，不得在他们的田里放牧牛马或收割农作物。罕羌听说此事，都很高兴地说："汉军果然不攻击我们啊！"羌人的酋长靡忘就派人来说："期望能让我们回到原住地去。"赵充国就上奏朝廷，没有得到回音。靡忘亲自跑来归顺，赵充国赐给他饮食，还放他回去劝晓他的族人。护军以下的军官都向赵充国进谏说："他是一个叛逆的羌贼，不可以擅自释放他！"赵充国说："各位这样说，只是寻求公事上的名正言顺，认为不释放靡忘，便不触犯刑法，是为了保护自己，免遭罪责而已，并不是忠心为国家！"话还没说完，汉宣帝的诏令下来了，命令靡忘将功赎罪。后来罕羌果然没有用兵就被平定了。

　　上诏破羌、强弩将军诣屯所，以十二月与充国合，进击先零。时羌降者万馀人矣，充国度其必坏，欲罢骑兵，屯田以待其敝。作奏未上，会得进兵玺书，充国子中郎将印惧，使客谏充国曰："诚令兵出，破军杀将，以倾国家，将军守之可也。即利与病，又何足争？一旦不合上意，遣绣衣来责将军，将军之身不能自保，何国家之安！"充国叹曰："是何言之不忠也！本用吾言，羌虏得至是邪！往者举可先行羌者，吾举辛武贤；丞相御史复白遣义渠安国，竟沮败羌。金城、湟中谷斛八钱，吾谓耿中丞：'籴三百万斛谷，羌人不敢动矣！'耿中丞请籴百万斛，乃得四十万斛耳；义渠再使且费其半。失此二册，羌人致敢为逆。失之毫厘，差以千里，是既然矣。今兵久不决，四夷卒有动摇，相因而起，虽有知者不能善其后，羌独足忧邪？吾固以死守之，明主可为忠言。"

　　【译文】汉宣帝下诏书命令破羌将军和强弩将军到赵充国屯驻的地方去，在十二月的时候，和充国会合，进攻先零。当时投降的羌人有一万多名，赵充国预想他们一定失败，本打算撤除骑兵，改让他们去屯田积谷，等待羌人因自身疲惫而败亡。正在草拟奏章，还没有呈奏上去时，就得到进兵的命令，赵充国的儿子中郎将赵印便很担心，就让人去劝赵充国说："如果下令出兵，真的会使我们损兵折将，倾覆国家的话，那么，将军是可以固守而不出兵的。如果出兵是有利有弊，不一定就会使国家倾覆，那便出兵算了，何必和汉宣帝去争论呢？否则，一旦不合汉宣帝的意思，派那尊宠的绣衣御史来指责将军的不是，将军自身很难保全，还操心什么国家的安危呢！"赵充国感叹地说：
"怎么话说得这么不忠于国家呢！如果原先能采纳我的建议去
预防羌人，羌虏会闹到现在这样猖獗的地步吗！当初要推荐能
够先行派遣到羌中去的人，我推举辛武贤；丞相和御史却又建
议派遣义渠安国，最后义渠安国一去，居然败坏了大事，激起
了羌变。在金城、湟中的粮价一斛才八钱时，我告知司农中丞
耿寿昌说：'赶快买进三百万斛的粮食储藏起来，羌人看到我们
兵精粮足，就不敢妄动了！'最后耿中丞只请求买进一百万斛，
而实际上只是得四十万斛而已；义渠安国再次出行，又耗费了
一半。错失了这两个计策，才使得羌人敢起来叛逆。只要以前
小有差错，就会造成大错，这是过去已经被应验的事实。现在
战事久持不下，假如四方的夷狄有什么忽然的变动，大家都趁
机起兵造反，那么，即使再明智的人出来，也不能把残局收拾
好。到了那个时候，让人担心的事情，就不只是羌人了。所以
我主张要死守，圣明的君主应该体会到我的忠言。"

　　遂上屯田奏曰："臣所将吏士、马牛食所用粮谷、荄藁，调度
甚广，难久不解，徭役不息，恐生它变，为明主忧，诚非素定庙胜
之册。且羌易以计破，难用兵碎也，故臣愚心以为击之不便！计
度临羌东至浩亹，羌虏故田及公田，民所未垦，可二千顷以上，
其间邮亭多坏败者。臣前部士入山，伐林木六万馀枚，在水次。
臣愿罢骑兵，留步兵万二百八十一人，分屯要害处，冰解漕下，缮
乡亭，浚沟渠，治湟陿以西道桥七十所，令可至鲜水左右。田事
出，赋人二十畮；至四月草生，发郡骑及属国胡骑各千，就草为田
者游兵，以充入金城郡，益积畜，省大费。今大司农所转谷至者，
足支万人一岁食，谨上田处及器用簿。"

上报曰:"即如将军之计,虏当何时伏诛?兵当何时得决?孰计其便,复奏!"

【译文】于是,赵充国便呈上他主张屯田的奏章说:"臣所率领官吏军士,和牛马饮食需要的粮食、稻草,需求甚多,现在兵难又僵持不下,徭役征调不断,恐怕会因此生出其他的变故,臣很替陛下担忧,这实在不是当初在庙堂上所谋算的可以克敌制胜的策略。而且羌人很容易通过计谋来攻破,而难以依靠武力镇压去瓦解,因此臣心里觉得攻击不是上策!据臣估计,从临羌向东到浩亹,羌虏以前所开垦的私田和公田,加上民众还没有开垦的,有两千顷以上,这之间,原先所建造的用来传递文书的邮亭驿站,大多数已经被破坏。臣以前曾带着兵士入山,砍伐掉六万多棵木材,都放在湟水之滨。臣恳请能撤除骑兵,剩下步兵一万二百八十一人,分别屯驻在各紧要的地方,到了冰雪融解时,再顺着水流运下木材,拿来修筑那些乡间的邮亭,疏导沟渠,整顿湟峡以西的七十处道路桥梁,让道路交通可通达到鲜水附近。到了春天,大家都出来垦田播种,每人分三十亩地。等到了四月,粮草都长成后,就调派郡里的骑兵以及属国中的胡骑各一千名,去当这些屯田人的巡逻兵,为他们策应护住这些粮草。有了收成,便充实运入金城郡,来增加粮食积蓄,节省大量费用。现今由大司农运来的粮食,足够一万人一年食用。谨呈上屯田的处所以及所需器用的清册。"

汉宣帝下诏说:"如果按照将军的计划,羌虏叛乱当在何时平定?战事何时可以平息?你再好好地计划考虑,然后再奏闻!"

充国上状曰:"臣闻帝王之兵,以全取胜,是以贵谋而贱战。'百战而百胜,非善之善者也,故先为不可胜以待敌之可胜。'蛮夷习俗虽殊于礼义之国，然其欲避害就利，爱亲戚，畏死亡，一也。今虏亡其美地荐草，愁于寄托，远遁，骨肉心离，人有畔志。而明主班师罢兵，万人留田，顺天时，因地利，以待可胜之虏，虽未即伏辜，兵决可期月而望，羌虏瓦解，前后降者万七百馀人，及受言去者凡七十辈，此坐支解羌虏之具也。臣谨条不出兵留田便宜十二事：步兵九校、吏士万人留屯，以为武备，因田致谷，威德并行，一也。又因排折羌虏，令不得归肥饶之地，贫破其众，以成羌虏相畔之渐，二也。居民得并田作，不失农业，三也。军马一月之食，度支田士一岁，罢骑兵以省大费，四也。至春，省甲士卒，循河、湟漕谷至临羌，以示羌虏，扬威武，传世折冲之具，五也。以闲暇时，下先所伐材，缮治邮亭，充入金城，六也。兵出，乘危徼幸，不出，令反畔之虏窜于风寒之地，离霜露、疾疫、瘃堕之患，坐得必胜之道，七也。无经阻、远追、死伤之害，八也。内不损威武之重，外不令虏得乘间之势，九也。又亡惊动河南大开使生它变之忧，十也。治隍陜中道桥，令可至鲜水以制西域，伸威千里，从枕席上过师，十一也。大费既省，繇役豫息，以戒不虞，十二也。留屯田得十二便，出兵失十二利，唯明诏采择！"

**【译文】**赵充国便呈上详细情形说："臣听说帝王的军队，是以保全军力来战胜敌人的，所以便崇尚谋略，而不轻易去拼杀。'百战而能百胜，不是最好的战略，因此应当先使自己立于不败之地，使敌人无法胜我，之后再乘敌人的虚懈，去得到胜利。'蛮夷外族的习俗，虽然和我们礼仪之邦有所不同，但他们想要把危险躲避了，争取有利，爱护亲属，畏惧死亡的这些心情，却都和我们一样。现在羌虏丢掉了他们肥美的土地和茂盛的牧草，正为不知如何寄命托身，将远逃何处而担心忧愁，父子兄

资治通鉴

弟，心志相违，人人都产生叛逆的心。而明主如果能班师罢兵，留下一万人来屯田，顺应天时，利用地利，等待已经虚懈，即可制伏羌虏的机会，虽然未必就能立即剿灭他们，战事大概在一年内可以平息。现在羌虏已经被瓦解，投降的人前后加起来有一万七百多名，还有那些接受了我方的劝导，要回去转告自己同伴不再与朝廷为敌的羌人，也有七十批，这些全部是我们不用发兵，可以坐等破解羌人的利器。臣敬谨一一举述不出兵而留士卒屯田的便利总共十二项：让步兵九个营部、官吏士卒共一万人，留下来屯田，来作为战备，一方面又可利用屯田积粮，恩威并行，这是一项好处；又因为屯田而排斥羌人，让他们不会回到肥沃的土地上去，使他们贫困破产，以促成羌人渐渐互相叛离的趋势，这是第二项好处；屯田和民田可以同时并作，互相不妨碍，不影响农事的耕作，这是第三项好处；军队和战马一个月的粮食，可以维持屯田士卒一年所需，所以撤去骑兵，能够省下一笔很大的费用，这是第四项好处；到了春天，调集士卒，顺着黄河、湟水将谷物粮食运到临羌县，展现于羌虏看，能够向他们耀武扬威，为后世垂示这种可以御敌的利器，这是第五项好处；利用闲暇，运下先前所砍伐下来的木材，来整修邮亭驿站，充实金城郡，这是第六项好处；如果出兵羌虏，要冒险而无必胜的把握，不出兵的话，可以让那些叛乱的羌虏逃窜在那风寒的地方，受到寒露的侵袭和疾病冻伤的痛苦，这是坐着等待胜利的方法，是第七项好处；没有路上的障碍，和需要深入追击或遭到死伤的损失，这是第八项好处；对外不让羌虏得到可以利用我们的间隙来攻击我们的机会，对内不损害到我们的威武尊严，这是第九项好处；又不会惊动到在黄河以南地区大等羌人而使他们生出其他的变端，这是第十项好处；整治了隍峡中的道路桥梁，使交通可以直达鲜水，来掌控西域各国，使汉朝的威势传扬到千里之外去，使行军就好像是从枕席上过去一样容易安全，这是第十一项好处；庞大的军费支出已经节省，徭役自然会停息的，就可以转移注意力来防止突发事故，这是第十二项好处。留下来守护屯田，可以得到十二项利益，出兵进击羌人，就会失掉这十二项利益，所以当何去何从，敬请皇上抉择！"

上复赐报曰："兵决可期月而望者，谓今冬邪，谓何时也？将军独不计虏闻兵颇罢，且丁壮相聚，攻扰田者及道上屯兵，复杀略人民，将何以止之？将军执计复奏！"

充国复奏曰："臣闻兵以计为本，故多算胜少算。先零羌精兵，今馀不过七八千人，失地远客分散，饥冻畔还者不绝。臣愚以为虏破坏可日月冀，远在来春，故曰兵决可期月而望。窃见北边自燉煌至辽东万一千五百馀里，乘塞列地有吏卒数千人，虏数以大众攻之而不能害。今骑兵虽罢，虏见屯田之士精兵万人，从今尽三月，虏马羸瘦，必不敢捐其妻子于它种中，远涉山河而来为寇；亦不敢将其累重，还归故地。是臣之愚计所以度虏且必瓦解其处，不战而自破之册也。至于虏小寇盗，时杀人民，其原未可卒禁。臣闻战不必胜，不苟接刃；攻不必取，不苟劳众。诚令兵出，虽不能灭先零，但能令虏绝不为小寇，则出兵可也。即今同是，而释坐胜之道，从乘危之势，往终不见利，空内自罢敝，贬重以自损，非所以示蛮夷也。又大兵一出，还不可复留，湟中亦未可空，如是，徭役复更发也。臣愚以为不便。臣窃自惟念：奉诏出塞，引军远击，穷天子之精兵，散车甲于山野，虽亡尺寸之功，媮得避嫌之便，而亡后咎馀责，此人臣不忠之利，非明主社稷之福也!"

【译文】汉宣帝又下诏说:"战争有希望在一年内平息,是在今年冬天吗,还是别的什么时候呢?将军难道就没考虑当羌虏听说我们要整顿军队时,会汇集他们的壮丁勇士,去攻击骚扰那些屯田的人,以及沿途屯驻的守兵,而且又会再次杀掠我们的百姓,那么,到了那时,将如何来制止他们呢?将军考虑良久后再把建议呈奏上来!"

赵充国再次上奏说:"臣听说:军事行动要以谋略为根本,所以多算的人胜过少算的人。先零羌的精兵,现在剩余不过七八千人,又因为丢失了原有的土地,分散于远离家乡的地方,力量都分散了,加上非常饥寒,因此叛乱先零而来归顺我们的人,绵延不断。臣觉得羌虏的破败,可计日以待,最慢将在明年春天,因此说战争可望在一年之内平息。臣私下里以为,北部边境从敦煌到辽东一千五百多里长的土地,在边塞以及各个亭障里所驻守的吏卒有几千人,羌虏常常派出大批军队去攻击他们,却战胜不了他们。现在即使撤掉我们的骑兵,可是羌虏看到屯田的军士是一万名的精兵,从现在起,到三月底,羌虏的马匹又是疲弱的时候,所以一定不敢将他们的妻子丢在其他部族,然后远涉山河前来侵袭我们,也不敢把他们的妻子送还原住地去。因此臣便预料羌虏必定各自在他们现在所处的地方自行瓦解,这是我们不需出兵作战,羌虏自行破灭的策略。至于羌人的那些小骚扰,或偶尔杀害我们的百姓,这原本是难以立即禁制防备的。臣听说每战如果没有必胜的把握,不应随意去动用刀刃;每攻如果没有必有所取的把握,不应随意去劳师动众。如果真的出了兵,虽然不能灭掉先零,但能使他们绝不再有任何骚扰,那么出兵是可以的。如果还是同现在一样,仍然禁止不了他们的小规模侵扰，而我们却又放弃了可以坐待取胜的方法，去采取冒险的行动，终究得不到好处，只是白白使自己疲困不堪，贬低了国家的威重，使自己损伤了自己，那就不是治理蛮夷的道理了。还有大军一旦派出塞作战，打完仗回来后，人人都会有归志，就很难再让他们留屯，以防备羌人，而湟中又不能无人戍守，如果这样，则徭役又将兴起，来来去去，将更加频繁，臣认为这样太不方便了。臣私下也想到：如果尊奉陛下的诏令出塞，带兵远击羌蛮，用尽皇上的精兵，将车辆武器散离到战场上，虽然并不能因此立下一丝一毫的战功，却可以苟且避嫌，并且可以免掉随后而来的罪责，但是为人臣子的，不能尽忠国家，贪图便利是对陛下的不忠，不是明主以及国家的福分！"

充国奏每上，辄下公卿议臣。初是充国计者什三；中什五；最后什八。有诏诘前言不便者，皆顿首服。魏相曰："臣愚不习兵事利害。后将军数画军册，其言常是，臣任其计必可用也。"上于是报充国，嘉纳之；亦以破羌、强弩将军数言当击，以是两从其计，诏两将军与中郎将卬出击。强弩出，降四千馀人；破羌斩首二千级；中郎将卬斩首降者亦二千馀级；而充国所降复得五千馀人。诏罢兵，独充国留屯田。

大司农朱邑卒。上以其循吏，闵惜之，诏赐其子黄金百斤，以奉其祭祀。

是岁，前将军、龙额侯韩增为大司马、车骑将军。

丁令比三岁钞盗匈奴，杀略数千人。匈奴遣万馀骑往击之，无所得。

【译文】赵充国的奏章每次呈上去，汉宣帝就交给公卿大臣去讨论。最初，赞同赵充国计谋的人占有十分之三，后来增加到十分之五，最后变成十分之八。汉宣帝便下诏书责备那些原先反对的人，这些人都叩头佩服赵充国的建议。丞相魏相说：“臣不了解军事的轻重利害关系。后将军赵充国经常在筹议军事计划，他的意见通常是正确的，臣担保他的计谋一定是行得通的。”

于是汉宣帝就下诏赵充国，赞许并且接纳了他的计划。同时也因为破羌将军辛武贤和强弩将军许延寿多次建议去攻打羌人，因此同时采纳了两方面的意见，也下令破羌、强弩两将军和中郎将卬出击。强弩将军出击后，降服了四千多人。破羌将军也砍杀了两千个羌人的首级，中郎将卬连砍杀带投降的，总共也有两千多人；而赵充国所降服的又有五千多人。后来汉宣帝便下令撤兵，留下赵充国去从事屯田的工作。

大司农朱邑去世。汉宣帝因为他是一位奉公守法的官吏，特别怜惜他，就颁下诏书，赏赐给他儿子一百斤黄金，以用来祭祖供神。

这一年，汉宣帝任命前将军、龙额侯韩增为大司马、车骑将军。

丁令人近三年来经常掠夺盗取匈奴人的财物，抢劫杀害了几千人。匈奴也派了一万多名骑兵前往攻击丁令国，但是没有任何收获。

二年（辛酉，公元前六〇年）春，二月，以凤皇、甘露降集京师，赦天下。

夏，五月，赵充国奏言：“羌本可五万人军，凡斩首七千六百级，降者三万一千二百人，溺河湟、饥饿死者五六千人，定计遗脱与煎巩、黄羝俱亡者不过四千人。羌靡忘等自诡必得，请罢屯兵!"奏可。充国振旅而还。

所善浩星赐迎说充国曰:"众人皆以破羌、强弩出击,多斩首、生降,虏以破坏。然有识者以为虏势穷困,兵虽不出,必自服矣。将军即见,宜归功于二将军出击,非愚臣所及。如此,将军计未失也。"充国曰:"吾年老矣,爵位已极,岂嫌伐一时事以欺明主哉!兵势,国之大事,当为后法。老臣不以馀命壹为陛下明言兵之利害,卒死,谁当复言之者!"卒以其意对。上然其计,罢遣辛武贤归酒泉太守官,充国复为后将军。

【译文】二年(辛酉,公元前60年)春季,二月,因为长安里有凤凰飞集,同时也降下了甘露,便下令赦免天下。

夏季,五月,赵充国上奏说:"羌人本来差不多有五万名军民,被砍杀了七千六百人,又招降了三万一千二百人,淹死在黄河和湟水,还有被饿死的,总共五六千人,现在约计那些脱逃的,以及和煎巩、黄羝一起逃亡的人,不会超过四千人。羌人首领靡忘等人都保证规劝这些叛羌余众前来归降,所以请求允许撤回屯兵!"汉宣帝批准后,赵充国便班师凯旋。

赵充国的好友浩星赐,前去迎接赵充国,并且劝他说:"大家都觉得破羌将军和强弩将军的率兵出击,斩杀了很多羌人,也使不少敌人投降,所以羌虏才败亡的。但是有见识的人都明白,羌虏那时已是无路可走,即使不派兵出击,他们也立马就要自行投降。现今将军回来了,见了汉宣帝,也应该归功于强弩和破羌二将军,觉得你自己并不能与之相比的。这样做对将军是比较好的。"赵充国说:"我已经老了,爵位已然很高了,怎会因为避免自我矜夸一时的用兵之事,而来欺骗圣明的君主,不根据事实上奏呢!用兵的形势,是国家的大事情,应当要为后人立下榜样。我不惜余命,当毫不保留地为陛下明白分析军事上的利害，不然万一突然去世，还会有谁去说它呢！"赵充国最终依他的本意回复了汉宣帝。汉宣帝很赞同他的谋略，就让辛武贤回去当酒泉太守，把赵充国任命为后将军。

　　秋，羌若零、离留、且种、兒库共斩先零大豪犹非、杨玉首，及诸豪弟泽、阳雕、良兒、靡忘皆帅煎巩、黄羝之属四千馀人降。汉封若零、弟泽二人为帅众王，馀皆为侯、为君。初置金城属国以处降羌。

　　诏举可护羌校尉者。时充国病，四府举辛武贤小弟汤。充国遽起，奏："汤使酒，不可典蛮夷。不如汤兄临众。"时汤已拜受节，有诏更用临众。后临众病免，五府复举汤。汤数醉酗羌人，羌人反畔，卒如充国之言。辛武贤深恨充国，上书告中郎将卬泄省中语，下吏，自杀。

　　【译文】秋季，羌人若零、离留、且种、儿库一起把先零的首领犹非和杨玉的头砍了下来，还有那些羌人各部首领弟泽、阳雕、良儿、靡忘等也带领煎巩、黄羝一班人总共四千多名来投降汉朝。汉宣帝就封若零和弟泽两人为帅众王，剩下的人都被封侯，或封君。首次开设了金城属国来安置投降的羌人。

　　汉宣帝于是下诏令要求各方推举可担任护羌校尉一职的人。当时赵充国生病，丞相、御史、车骑将军、前将军四府都举荐辛武贤的小弟弟辛汤。赵充国听到这个消息，急忙从病床上起来，上奏汉宣帝说："辛汤酗酒任性，不可让他去负责蛮夷事宜。不如派辛汤的哥哥辛临众担任此职。"当时辛汤已经拜受任命护羌校尉的印信和皇帝符节，结果汉宣帝因此又下令改用临众。后来临众因病免官，连后将军府一起算上的五府官员，便又都举荐了辛汤。结果辛汤果然经常酗酒之后虐待羌人，引起了羌人的反叛，到底如赵充国所料。辛武贤破羌的功劳因为赵充国，没得到什么奖赏，很怨恨赵充国，便上书告发中郎将赵卬以前曾经向他泄露中枢的机密谈话，结果赵卬被交给狱吏去审理治罪，于是便自杀了。

资治通鉴

司隶校尉魏郡盖宽饶，刚直公清，数干犯上意。时上方用刑法，任中书官，宽饶奏封事曰："方今圣道浸微，儒术不行，以刑馀为周、召，以法律为《诗》《书》。"又引《易传》言："五帝官天下，三王家天下。家以传子孙，官以传贤圣。"书奏，上以为宽饶怨谤，下其书中二千石。时执金吾议，以为"宽饶旨意欲求禅，大逆不道"！谏大夫郑昌愍伤宽饶忠直忧国，以言事不当意而为文吏所诋挫，上书讼宽饶曰："臣闻山有猛兽，藜藿为之不采；国有忠臣，奸邪为之不起。司隶校尉宽饶，居不求安，食不求饱；进有忧国之心，退有死节之义；上无许、史之属，下无金、张之托；职在司察，直道而行，多仇少与。上书陈国事，有司劾以大辟。臣幸得从大夫之后，官以谏为名，不敢不言！"上不听。九月，下宽饶吏。宽饶引佩刀自刭北阙下，众莫不怜之。

【译文】司隶校尉魏郡人盖宽饶，刚直清正，做事又特别公正清明，经常因此冒犯汉宣帝的心意。当时汉宣帝正是一味注重刑法，不管教化，并且任命宦官为中书官，由他们掌权的时候，盖宽饶便上了一道秘密奏章说："现在圣贤之道逐渐衰微，儒家教化不被重视，还任用宦官当权，拿法律来代替诗书的教化。"又引用《易传》说："五帝将天下视为公有，三王将天下视为私有，把天下视为私有的是把帝位传给子孙，把天下视为公有的是把帝位传给圣贤。"封事奏上去以后，汉宣帝认为盖宽饶是在怨谤朝廷，便把封事交给俸禄为中二千石的九卿去处理。

当时的执金吾便提议说："宽饶的心思是要求汉宣帝禅位给他，大逆不道！"谏大夫郑昌则同情宽饶是一位忠直忧国的人，只因为议论国事不合汉宣帝的心意，遭到文法官的诋毁打击，就上书替宽饶辩解说："臣听说山上有了猛兽，因此就没有人敢去采摘野草；国家有了忠臣，奸邪小人便不敢肆意为非。司隶校尉宽饶，居不求安，食不求饱，生活特别简朴；进有一片忧心为国的忠忱，退有守节赴死的正气；上无外戚许氏、史氏一样的亲属的庇护，下无近臣像金日、张安世的支持；因为身负督察职责，又是正道直行，所以结下了不少的仇恨，而少有人去帮助他，使得他的上书坦言陈述国事，遭到有司处以极刑的纠劾。臣有幸能列名在诸大夫之末，任职谏官，因此对于这件事情，就不敢不有所进言！"汉宣帝不听他的申辩，九月，盖宽饶被交给有司审理，宽饶用自己的佩刀，在北阙下自杀，人们没有不哀怜他的。

匈奴虚闾权渠单于将十馀万骑旁塞猎，欲入边为寇。未至，会其民题除渠堂亡降汉言状，汉以为言兵鹿奚卢侯，而遣后将军赵充国将兵四万馀骑屯缘边九郡备虏。月馀，单于病欧血，因不敢入，还去，即罢兵。乃使题王都犁胡次等入汉请和亲，未报。会单于死。虚闾权渠单于始立，而黜颛渠阏氏。颛渠阏氏即与右贤王屠耆堂私通，右贤王会龙城而去。颛渠阏氏语以单于病甚，且勿远。后数日，单于死，用事贵人郝宿王刑未央使人号诸王，未至，颛渠阏氏与其弟左大且渠都隆奇谋，立右贤王为握衍朐鞮单于。握衍朐鞮单于者，乌维单于耳孙也。

【译文】匈奴的虚闾权渠单于，带领十多万骑兵，依循边塞进行围猎，企图侵入边塞。在还没入侵时，恰好有一名匈奴人题除渠堂逃亡归顺汉朝，禀告了这件事情，汉朝就封他为言兵鹿奚鹿卢侯，之后派了后将军赵充国，带领着四万多名骑兵，分别驻扎在边境上的朔方、五原、云中、雁门、代郡、北平、定襄、渔阳、上谷九个郡，来预防匈奴的侵犯。经过了一个多月，单于重病吐血，因而不敢入侵汉境，退了回去，汉朝也就把兵撤了回来。于是匈奴便派遣题王都犁胡次等来到汉朝恳请和亲。但是还没有来得及回报时，单于就死了。虚闾权渠单于在刚继位的时候，就把颛渠阏氏罢黜了，右贤王屠耆堂就和颛渠阏氏私通，当右贤王要到龙城去聚会时，颛渠阏氏告知他单于病重，暂时不要远离。几天后，单于去世，掌权的贵族郝宿王刑未央就派遣人去召集诸王，诸王尚未到达，颛渠阏氏就和他的弟弟左大将且渠都隆奇商议，把右贤王立为握衍朐鞮单于。握衍朐鞮单于是乌维单于耳的曾孙。

握衍朐鞮单于立，凶恶，杀刑未央等而任用都隆奇，又尽免虚闾权渠子弟近亲而自以其子弟代之。虚闾权渠单于子稽侯狦既不得立，亡归妻父乌禅幕。乌禅幕者，本康居、乌孙间小国，数见侵暴，率其众数千人降匈奴，狐鹿姑单于以其弟子日逐王姊妻之，使长其众，居右地。日逐王先贤掸，其父左贤王当为单于，让狐鹿姑单于，狐鹿姑单于许立之。国人以故颇言日逐王当为单于。日逐王素与握衍朐鞮单于有隙，即率其众欲降汉，使人至渠犁，与骑都尉郑吉相闻。吉发渠犁、龟兹诸国五万人迎日逐王口万二千人、小王将十二人，随吉至河曲，颇有亡者，吉追斩之，遂将诣京师。汉封日逐王为归德侯。

吉既破车师，降日逐，威震西域，遂并护车师以西北道，故号都护。都护之置，自吉始焉。上封吉为安远侯。吉于是中西域而立莫府，治乌垒城，去阳关二千七百馀里。匈奴益弱，不敢争西域，僮仆都尉由此罢。都护督察乌孙、康居等三十六国动静，有变以闻，可安辑，安辑之，不可者诛伐之，汉之号令班西域矣。

【译文】握衍朐鞮单于即位后，性情凶恶残暴，杀了刑未央等人，任用且渠都隆奇，又罢免了虚闾权渠的子弟近亲全部的职务，而用自己的子弟去代替他们。虚闾权渠单于的儿子稽侯狦没有被立为单于，就逃到他的岳父乌禅幕那里去。乌禅幕本是乌孙和康居间的一个小国的国王，因为常遭到外来的侵略，就带领着几千名部众去投降匈奴，狐鹿姑将自己侄儿日逐王的姐姐嫁给他，让他仍然率领着他的部众，住在西部地区。日逐王先贤掸的父亲左贤王本来应当立为单于，最后让给了狐鹿姑单于，狐鹿姑单于应允以后再立他为单于，国人因此都说日逐王应当做单于，日逐王平时就和握衍朐鞮单于有间隙，便带领着他的部众要去归顺汉朝，派人前往渠犁，向骑都尉郑吉联络通报。郑吉就调派渠犁和龟兹等国五万人前去迎接日逐王一万二千口人和小王将十二人，跟随郑吉到了河曲。途中有很多逃亡的，郑吉便追杀了他们。于是就领着他们到了京师长安，汉宣帝便封日逐王为归德侯。

郑吉攻破了车师国，降服了日逐王以后，威震西域，于是便兼护车师国以西的北道各国，所以称为都护。都护的设置，是从郑吉开始的。汉宣帝封郑吉为安远侯，郑吉便在西域各国的中心设立了幕府，修建乌垒城，离阳关有两千七百多里。匈奴从此更加衰弱，不敢再在西域与汉朝争胜，原先设在西域监领西域各国的僮仆都尉，从此便罢废了。都护负责督察乌孙、康居等西域三十六国的动静，如果发生事变，就马上奏闻，可以安抚的，就安抚他们，不能安抚的，就出兵讨伐他们，汉室的号令，从此得以颁行于整个西域。

握衍朐鞮单于更立其从兄薄胥堂为日逐王。

乌孙昆弥翁归靡因长罗侯常惠上书："愿以汉外孙元贵靡为嗣，得令复尚汉公主，结婚重亲，畔绝匈奴。"诏下公卿议。大鸿胪萧望之以为："乌孙绝域，变故难保，不可许。"上美乌孙新立大功，又重绝故业，乃以乌孙主解忧弟相夫为公主，盛为资送而遣之，使常惠送之至燉煌。未出塞，闻翁归靡死，乌孙贵人共从本约立岑娶子泥靡为昆弥，号狂王。常惠上书："愿留少主燉煌。"惠驰至乌孙，责让不立元贵靡为昆弥，还迎少主。事下公卿，望之复以为"乌孙持两端，难约结。今少主以元贵靡不立而还，信无负于夷狄，中国之福也。少主不止，繇役将兴。"天子从之，征还少主。

【译文】握衍朐鞮单于把他的堂兄薄胥堂改立为日逐王。

乌孙昆弥翁归靡通过长罗侯常惠上书给汉朝说："愿意立汉朝的外孙元贵靡为继承人，希望能让他也娶汉朝的公主，结成两重姻亲，从此永远背离匈奴。"汉宣帝便下令让公卿商议此事。大鸿胪萧望之认为："乌孙是离汉朝很远的一个国家，难保不发生事变，不能答应他。"汉宣帝赞赏乌孙在本始二年破了匈奴，立了大功，又难断离和乌孙旧有的姻亲关系，便以乌孙公主解忧的妹妹刘相夫为公主，赐给她很多的嫁妆，让她嫁到西域去，还派常惠护送她到了敦煌。还没有出离边塞，就听说翁归靡死了，乌孙的贵族，都依照原先的约定，立岑娶的儿子泥靡为昆弥，称为狂王。于是常惠上书说："希望能暂时留少公主在敦煌。"一方面，常惠飞驰到乌孙去，对于乌孙不立元贵靡为昆弥，和迎娶少公主的事，更加责备。在汉朝的宫廷上，为了这件事情，汉宣帝又把它交给公卿去商量。萧望之又提出："乌孙脚踏两条船，难以和他缔约结盟。现今少公主因为元贵靡没有被立为昆弥而回来，我们对夷狄没有失信，这是我国的福分。假如少公主不回来，因为身在绝域，就需要遣使者馈赠补给，那又将兴起徭役。"汉宣帝接纳了他的意见，召回了少公主。

**三年**（壬戌，公元前五九年）春，三月，丙辰，高平宪侯魏相薨。夏，四月，戊辰，丙吉为丞相。吉上宽大，好礼让，不亲小事，时人以为知大体。

秋，七月，甲子，大鸿胪萧望之为御史大夫。

八月，诏曰："吏不廉平，则治道衰。今小吏皆勤事而俸禄薄，欲无侵渔百姓，难矣！其益吏百石已下俸十五。"

**【译文】**三年（壬戌，公元前59年）春季，三月，丙辰日，丞相高平宪侯魏相去世。夏季，四月，戊辰日，丙吉被任命为丞相。丙吉喜好礼让，不亲理小事，崇尚宽大，那时候人们都认为他很知大体。

秋季，七月，甲子日，大鸿胪萧望之被任命为御史大夫。

八月，汉宣帝下诏说："官吏不清廉公正，国家就不能得到治理。现在一些小官吏都事务繁忙，薪水少得可怜，像这样子，想要他们不去非法侵夺百姓的利益，是很艰难的。所以现在要增加那些小吏的薪水，月俸在百石以下的，提升十分之五。"

**【乾隆御批】**丙吉"知大体"数事，盖缘史臣文饰过情，转失其实。夫掾吏有罪不案，何以用人？道逢群斗不知，何以禁暴？至春令骤暖，尤人所共晓，乃至见牛而始问，且曰其"行几里"，则直以不识寒暑之人而高谈协理矣，岂足一噱？

**【译文】**丙吉"识大体"的几件事，都是因为史官过于文饰美化，反而失去了真实。部下有罪不治，怎么用人？路上遇到人们斗殴不加过问，如何禁止暴虐？至于到了春天，天气骤然暖和，这是人们都知道的常识。何至于看到牛喘气就问，并且还问"走了几里"，这完全是在让不知寒暑之人高谈协调阴阳，何足一笑？

是岁，东郡太守韩延寿为左冯翊。始，延寿为颍川太守，颍川承赵广汉构会吏民之后，俗多怨雠。延寿改更，教以礼让；召故老，与议定嫁娶、丧祭仪品，略依古礼，不得过法。百姓遵用其教。卖偶车马、下里伪物者，弃之市道。黄霸代延寿居颍川，霸因其迹而大治。延寿为吏，上礼义，好古教化，所至必聘其贤士，以礼待用，广谋议，纳谏争；表孝弟有行，修治学官，春秋乡射，陈钟鼓、管弦，盛升降、揖让；及都试讲武，设斧钺、旌旗，习射、御之事；治城郭，收赋租，先明布告其日；以期会为大事。吏民敬畏，趋乡之。又置正、五长，相率以孝弟；不得舍奸人，间里阡陌有非常，吏辄闻知，奸人莫敢入界。其始若烦，后吏无追捕之苦，民无箠楚之忧，皆便安之。接待下吏，恩施甚厚而约誓明。或欺负之者，延寿痛自刻责："岂其负之，何以至此！"吏闻者自伤悔，其县尉至自刺死。及门下掾自到，人救不殊，延寿涕泣，遣吏医治视，厚复其家。在东郡三岁，令行禁止，断狱大减，由是入为冯翊。

**【译文】**这一年，东郡太守韩延寿被任命为左冯翊的长官。当初，韩延寿担任颍川太守，颍川在赵广汉于本始三年为太守时，为了破除当地豪杰结为奸党，设法使吏民相告讦而结怨后，民俗多相怨咎成仇。延寿便改弦更张，教导百姓礼让；又召集年纪大阅历丰的长者，跟他们议定嫁娶和丧祭等各种礼节，基本上依照古礼，不允许超过规定。百姓们都能遵循他的教导。于是那些贩卖祭祀鬼神用的假车、假马，和为送给阴间鬼魂所制造的假器物，都被丢弃在街市上没人要了。黄霸接替延寿为颍川太守，就依循延寿的方法，因此而将颍川治理得非常出色。

韩延寿做官，崇尚礼仪，喜欢古时的教化，所到过的地方，一定要聘请当地的贤士，以礼相待，来广泛地听取建议，接纳他们的批评意见；更去表扬能孝顺父母、友爱兄长、德行高尚的人，还去修筑校舍，在春、秋两季，举行乡射嘉礼，更以礼会民，陈设钟鼓、管弦等乐器，讲究比射时相互揖让的古礼；也重视考察军队，检查兵士，设备斧钺旌旗，学习骑马射箭等事；又修理城墙，收取赋税，都于事先明白公布日期，注意约期聚会。所以官吏和百姓都很敬畏他，顺服他。韩延寿在地方上又设置乡正、里正以及伍长等地方管理人员，督促百姓彼此都以孝悌为榜样；规定不得收留奸邪小人，左邻右舍或是乡野田间一有不寻常的事故发生，马上向官吏通知报告，使得邪恶的人都不敢去韩延寿管辖的地界。刚开始的时候，这样的事情看起来好像很繁杂，可是到了后来，官吏就再也不用辛苦地去追捕盗贼，人民也没有了犯法受鞭刑的痛苦，大家都能循规蹈矩，安居乐业。韩延寿对待属下，既能施加恩惠，但约定也很严明，如有人欺诈辜负了他，他一定会很痛切地责备自己说："难道是我对不起他了，不然他为什么会这样做呢！"使得他下属的官吏听到了这些话，都自悔自伤，他的县尉武官甚至因此自杀。在门下办理杂事的那些由自己聘请来的门下官吏，也羞得拿刀去割自己的脖子，幸亏被人救活，才不致割断。这时韩延寿便又伤心哭泣，并派官员和医生前去治疗护视，又厚赐他家，免除他家的徭役。在东郡太守三年任内，他能使得命令一下达，便能彻底执行，一有禁止，大家也不敢去冒犯，狱讼因而大大地减少，所以他便被提升为左冯翊的长官。

延寿出行县至高陵，民有昆弟相与讼田，自言。延寿大伤之，曰："幸得备位，为郡表率，不能宣明教化，至令民有骨肉争讼，既伤风化，重使贤长吏、啬夫、三老、孝弟受其耻，咎在冯翊，当先退！"是日，移病不听事，因入卧传舍，闭阁思过。一县莫知所为，令、丞、啬夫、三老亦皆自系待罪。于是，讼者宗族传相责让；此两昆弟深自悔，皆自髡，肉袒谢，愿以田相移，终死不敢复争。郡中歙然，莫不传相敕厉，不敢犯。延寿恩信周遍二十四县，莫敢以辞讼自言者。推其至诚，吏民不忍欺绐。

匈奴单于又杀先贤掸两弟；乌禅幕请之，不听，心恚。其后左奥鞬王死，单于自立其小子为奥鞬王，留庭。奥鞬贵人共立故奥鞬王子为王，与俱东徙。单于右丞相将万骑往击之，失亡数千人，不胜。

【译文】韩延寿出外巡视左冯翊的属县，到了高陵县，百姓中有两兄弟因为相互争田，来向他报告。韩延寿因此觉得特别感慨伤心，说："我侥幸担任左冯翊一职，为一郡的榜样，现在竟不能去教化百姓，使百姓有了兄弟相争的事情发生，这既有损风化，更让县令、县丞、啬夫三老等官吏都感到耻辱，这全部的罪过都在我左冯翊一人身上，我应该先辞退反省。"当天，便谎称病假，不管理政事，躺卧在宿舍中，闭门思过。让全县的人，不知道如何办才好，啬夫、县令、县丞、三老也都自缚待罪。于是争田的两兄弟的族人，就一个个地去责备他们；让这两兄弟觉得特别后悔，都自己剃去头发，脱去上衣，前往请罪，愿意以田地相让，从此不敢再起争端。于是一郡和洽，大家都互相诫勉，不敢再犯同样的错误。韩延寿的恩德，遍及左冯翊所统辖的二十四县，无人敢再有所争讼的。因为韩延寿能推诚待人，所以官吏百姓也不忍去欺骗他。

匈奴握衍朐鞮单于又杀害了先贤掸的两个弟弟；乌禅幕曾经为他们求情，没有接受，心里很气愤。后来左奥鞬王去世，握衍朐鞮单于自己立了他的小儿子为奥鞬王，留居在单于的朝廷。奥鞬的贵族便立了以前的奥鞬王的儿子为王，一块儿向东迁徙。单于的右丞相就带领一万名骑兵前去攻打他们，可是却损失掉了几千人，未能取胜。

# 资治通鉴卷第二十七　汉纪十九

起昭阳大渊献，尽玄黓涒滩，凡十年。

【译文】起癸亥（公元前 58 年），止壬申（公元前 49 年），共十年。

【题解】本卷记录了宣帝刘询神爵四年至黄龙元年共十年间的历史。主要记录了匈奴握衍朐鞮单于兵败身死，匈奴五分，呼韩邪单于与郅支单于对立，呼韩邪单于归附汉朝，而郅支单于率部西移，迁都坚昆，威慑西域诸国；记录了严延年、韩延寿、杨恽被朝廷用刑不当杀害；记录了黄坝上书言祥瑞，被张敞弹劾，黄坝又推荐史高为太尉，被宣帝痛斥；记录了太子刘奭好儒学被宣帝斥责，王政君受太子宠爱生子；记录了汉宣帝画中兴功臣十一人于麒麟阁；记录了宣帝死，班固高度评价宣帝等等。

## 中宗孝宣皇帝下

**神爵四年**（癸亥，公元前五八年）春，二月，以凤皇、甘露降集京师，赦天下。

颍川太守黄霸在郡前后八年，政事愈治；是时凤皇、神爵数集郡国，颍川尤多。夏，四月，诏曰：“颍川太守霸，宣布诏令，百姓乡化，孝子、弟弟、贞妇、顺孙日以众多，田者让畔，道不拾遗，养视鳏寡，赡助贫穷，狱或八年亡重罪囚，其赐爵关内侯、黄金百斤、秩中二千石。"而颍川孝、弟、有行义民、三老、力田皆以差赐爵及帛。后数月，征霸为太子太傅。

五月，匈奴单于遣弟呼留若王胜之来朝。

冬，十月，凤皇十一集杜陵。

【译文】神爵四年（癸亥，公元前58年）春季，二月，因为京师长安飞集了许多凤凰，又降下了甘露，因此便下诏令赦免天下。

颍川太守黄霸，担任郡太守前后有八年，政治越来越清明。当时，凤凰和神雀常常飞集到各郡国，飞到颍川郡的特别多。夏季，四月，汉宣帝下诏令说："颍川太守黄霸，能明确宣示各项教令，使百姓归化，孝子、悌弟、贞妇、顺孙渐渐地多起来，农民不再为田界而争，道路上也无人去贪取失物，又能照顾孤寡老人，救助贫苦穷弱，使得有些监狱八年来都没有重罪犯人；所以现今要赐给他关内侯的爵位，还有一百斤黄金以及二千石的俸禄。"在颍川郡里的那些孝悌有德义的人和地方上的三老、力田等官员，也都根据他们的表现，分别赐给爵位和布帛。几个月以后，汉宣帝又征召黄霸担任太子太傅。

五月，匈奴握衍朐鞮单于派他的弟弟呼留若王胜之来朝见汉宣帝。

冬季，十月，有十一只凤凰飞集到杜陵。


【乾隆御批】黄霸治郡，自不愧卫吏，至为相而功名顿损，则赵魏之老，滕薛大夫之谓也。若严延年因其以凤凰受赏，心内不服，及相府神雀来集，欲奏复止，或出附会之语，然宣帝好祥瑞之失，亦足见一斑。

【译文】黄霸治理颍川郡，堪称政绩显著的官吏。但让他做丞相却难以建功成名，这就是所说的让鲁国大夫鲁公绰做晋国赵氏、魏氏的家臣，他游刃有余，但他却难以胜任滕、薛这样小国的大夫。至于严延年因黄霸以凤凰降临而受赏，心中不服，以及神雀飞来丞相府聚集，黄霸想再次上奏而又作罢的记载也许是附会之言，但是宣帝因喜好祥瑞导致失误，由此可窥一斑。

　　河南太守东海严延年为治阴鸷酷烈，众人所谓当死者一朝出之，所谓当生者诡杀之，吏民莫能测其意深浅，战栗不敢犯禁。冬月，传属县囚会论府上，流血数里，河南号曰"屠伯"。延年素轻黄霸为人，及比郡为守，褒赏反在己前，心内不服。河南界中又有蝗虫，府丞义出行蝗，还，见延年。延年曰："此蝗岂凤皇食邪？"义年老，颇悖，素畏延年，恐见中伤。延年本尝与义俱为丞相史，实亲厚之，馈遗之甚厚。义愈益恐，自筮，得死卦，忽忽不乐，取告至长安，上书言延年罪名十事；已拜奏，因饮药自杀，以明不欺。事下御史丞按验，得其语言怨望、诽谤政治数事。十一月，延年坐不道，弃市。

　　初，延年母从东海来，欲从延年腊；到洛阳，适见报囚，母大惊，便止都亭，不肯入府。延年出至都亭谒母，母闭阁不见。延年免冠顿首阁下，良久，母乃见之，因数责延年："幸得备郡守，专治千里，不闻仁爱教化，有以全安愚民。顾乘刑罚，多刑杀人，欲以立威，岂为民父母意哉！"延年服罪，重顿首谢，因自为母御归府舍。母毕正腊，谓延年曰："天道神明，人不可独杀。我不意当老见壮子被刑戮也！行矣，支汝东归，扫除墓地耳！"遂去，归郡，见昆弟、宗人，复为言之。后岁馀，果败，东海莫不贤智其母。

**【译文】**河南太守东海人严延年施政残暴阴毒，大家都觉得罪当处死的人，却被他突然释放；觉得不应该死的，却不顾正理地把他杀了，使得属吏和百姓不能探知他的意向如何，宽严在哪儿，都害怕得不敢违犯禁令。冬天，严延年把全部属县的囚犯都集中到郡府来审理定罪，鲜血流淌数里，河南郡人都称他为"屠伯"。严延年平时就很轻蔑黄霸的为人，等到了两人处在邻郡为太守，褒赏的时候，黄霸却超过了自己，心里很不服气。河南郡界内发生了蝗虫的灾害，府丞狐义外出巡视灾情，回来后，去见严延年。严延年说："这蝗虫难道正好是凤凰的食物吗？"狐义因为年龄大了，很是悖乱，听到了严延年的话，心里感到非常惶惑不安，又因为平常就畏惧延年，便很害怕会被中伤陷害。严延年以前曾和狐义一块儿当过丞相史，实际上对狐义是很亲近厚待的，所以赐予他很多东西。可是，狐义却觉得非常害怕，就去卜卦，结果竟得到死卦，心中便很不高兴，就请假到长安去，之后上书告发延年十项罪名；奏章呈上去以后，便喝了毒药自杀，以表明所言属实，绝无欺瞒。于是这案件便交到御史丞那里去审理调查，果然查到了严延年确曾口出怨言、诽谤政治等几件事。十一月，严延年终被判处大逆不道的罪名，遭到处决。

当初，严延年的母亲从东海郡来，打算和严延年一块儿在年终时祭神过年；到了洛阳，正好遇见他在处决囚犯，觉得非常惊恐，便留在都亭里，不愿意进到郡守府中去。严延年就到都亭去拜见母亲，母亲不想见他。严延年脱了帽在阁下叩头，过了很长时间，母亲才迎接了他，并一再责备严延年说："你有幸能担任一郡的太守，负责方圆千里的地方，却没听到施行什么仁爱教育，来引导保护百姓。反利用刑罚大量杀人，想要借此立威。这难道是作为父母官所应有的心意和态度吗!"严延年就认了错,又叩头谢罪,并用车把母亲带回府舍。母亲办完了年终的祭祀后,告知严延年说:"一个人要敬畏天道神明,不可以随意杀人,不然会遭到报应。我不想在年老的时候看到自己年轻的儿子被刑杀! 我走了,我要离开你回到东海郡去,如果你不改过行善,我会在那里代替你先整好墓地,等待你的噩耗!"于是没有到过年便走了。当回到东海郡时,见到兄弟族人,又跟他们提到了这件事。一年多之后,严延年还是被判了死刑,东海郡人都很称扬他母亲的贤明智慧。

匈奴握衍朐鞮单于暴虐,好杀伐,国中不附。及太子、左贤王数谗左地贵人,左地贵人皆怨。会乌桓击匈奴东边姑夕王,颇得人民,单于怒。姑夕王恐,即与乌禅幕及左地贵人共立稽侯狦为呼韩邪单于,发左地兵四五万人,西击握衍朐鞮单于,至姑且水北。未战,握衍朐鞮单于兵败走,使人报其弟右贤王曰:"匈奴共攻我,若肯发兵助我乎?"右贤王曰:'若不爱人,杀昆弟、诸贵人。各自死若处,无来污我!"握衍朐鞮单于恚,自杀。左大且渠都隆奇亡之右贤王所,其民众尽降呼韩邪单于。呼韩邪单于归庭;数月,罢兵,使各归故地,乃收其兄呼屠吾斯在民间者,立为左谷蠡王,使人告右贤贵人,欲令杀右贤王。其冬,都隆奇与右贤王共立日逐王薄胥堂为屠耆单于,发兵数万人东袭呼韩邪单于,呼韩邪单于兵败走。屠耆单于还,以其长子都涂吾西为左谷蠡王,少子姑瞀楼头为右谷蠡王,留居单于庭。

【译文】匈奴握衍朐鞮单于暴虐凶残,爱好杀伐,全国上下都不顺服他。太子和左贤王又屡次诋毁东部地区的贵族,东部地区的贵族们都心里有怨言。恰好这时乌桓派兵去攻击匈奴东边的姑夕王，很得人民的归向，单于特别生气。姑夕王也很害怕，便和乌禅幕以及东部地区的贵族一起立了稽侯狦为呼韩邪单于，调派了东部地区的兵士四五万人，向西攻击握衍朐鞮单于，到达姑且水北边，尚未交战，握衍朐鞮单于的部队就输了，握衍朐鞮单于派人去告诉他的弟弟右贤王说："匈奴人都来围攻我，你愿意派兵来帮我吗?"右贤王说："你不爱护人民，杀害了兄弟和诸贵族。你就死在你那个地方吧，不要跑来玷污我!"握衍朐鞮单于特别生气，自杀而亡。左大且渠都隆奇就逃窜到了右贤王的地方，于是他的民众就全都投降了呼韩邪单于。呼韩邪单于回到了朝廷，几个月后，就把兵撤走了，让他们都各回到原来的地方去。因此便在民间找到了他的哥哥呼屠吾斯，立为左谷蠡王，还派遣人去告知右贤王的贵族，要他们把右贤王杀掉。这年冬天，都隆奇和右贤王一起立了日逐王薄胥堂为屠耆单于，派遣了几万士兵向东攻打呼韩邪单于，呼韩邪单于败走。屠耆单于便返回本地，而派遣了他的长子都涂吾西为左谷蠡王，最小的儿子姑瞀楼头为右谷蠡王，留下来住在单于的朝廷。

**五凤元年**(甲子，公元前五七年)春，正月，上幸甘泉，郊泰畤。

皇太子冠。

秋，七月，匈奴屠耆单于使先贤掸兄右奥鞬王与乌藉都尉各二万骑屯东方，以备呼韩邪单于。是时，西方呼揭王来与唯犁当户谋，共谗右贤王。言欲自立为单于。屠耆单于杀右贤王父子；后知其冤，复杀唯犁当户。于是呼揭王恐，遂畔去，自立为呼揭单于。右奥鞬王闻之，即自立为车犁单于。乌藉都尉亦自立为乌藉单于。凡五单于。屠耆单于自将兵东击车犁单于，使都隆奇击乌藉。乌藉、车犁皆败，西北走，与呼揭单于兵合为四万人。乌藉、呼揭皆去单于号，共并力尊辅车犁单于。屠耆单于闻之，使左大将、都尉将四万骑分屯东方，以备呼韩邪单于，自将四万骑西击车犁单于。车犁单于败，西北走。屠耆单于即引兵西南留闐敦地。

【译文】五凤元年（甲子，公元前 57 年）春季，正月，汉宣帝到甘泉宫去祭祀泰畤。

皇太子举行加冠典礼。

秋季，七月，匈奴屠耆单于派遣先贤掸的哥哥右奥鞬王和乌藉都尉各率领两万骑兵驻扎在东部地区，以防备呼韩邪单于。这个时候，西方的呼揭王前来和唯犁当户商议，要一起陷害右贤王，说右贤王想要自立为单于。屠耆单于就把右贤王父子杀了；后来知道右贤王是冤枉的，又杀害了唯犁当户，于是呼揭王很害怕，就背叛了他，自立为呼揭单于。右奥鞬王听了，就自立为车犁单于，乌藉都尉也自立为乌藉单于。于是匈奴总共有了五个单于。屠耆单于就亲自率兵向东去攻打车犁单于，派都隆奇攻打乌藉。最后乌藉和车犁都被打败，向西北方向逃走，之后和呼揭单于的士兵会合，总共有四万人。后来乌藉和呼揭都去除了单于的称号，一块儿推尊车犁单于。屠耆单于听说后，就一方面派左大将、都尉带领四万名骑兵分别屯驻在东方，以防备呼韩邪单于，自己就带了四万名骑兵，向西去攻打车犁单于。车犁单于最后被打败了，就又向西北方逃走。屠耆单于就率兵转向西南，留下来守着闐敦这个地方。

汉议者多曰："匈奴为害日久，可因其坏乱，举兵灭之。"诏问御史大夫萧望之，对曰：《春秋》，晋士匄帅师侵齐，闻齐侯卒，引师而还，君子大其不伐丧，以为恩足以服孝子，谊足以动诸侯。前单于慕化乡善，称弟，遣使请求和亲，海内欣然，夷狄莫不闻。未终奉约，不幸为贼臣所杀；今而伐之，是乘乱而幸灾也，彼必奔走远遁。不以义动兵，恐劳而无功。宜遣使者吊问，辅其微弱，救其灾患；四夷闻之，咸贵中国之仁义。如遂蒙恩得复其位，必称臣服从，此德之盛之。"上从其议。

冬，十有二月，乙酉朔，日有食之。

【译文】汉朝那些论议匈奴形势的人多半都说："匈奴为害汉朝已经很久了，可趁他们现在分崩离析的时候，派遣士兵去消灭他们。"汉宣帝便询问御史大夫的意见。萧望之回答说："《春秋》襄公十九年记载，晋国的大夫上匄率军征伐齐国，在路上听说齐侯去世的消息，便率兵撤回，君子赞扬他不会去攻击有丧事的国家，觉得这种恩德能够使孝子钦服，这种正义可以感动诸侯。匈奴前任单于，倾慕汉朝的礼仪教化，一心向善，曾称弟归降，派使者来恳请和亲，天下人民都很喜悦，四方的夷狄也无不知晓。不幸的是还没能奉守约定，就被贼臣杀害；现在假如就去讨伐他们，这是在乘人之危而幸灾乐祸，他们必定会逃亡到远方。我们不依顺义理去调动士兵，部队恐怕会徒劳而无功。所以，我们现在应当派遣使者去吊唁安慰他们，在他们衰微的时候协助他们，在他们遭受灾患的时候救济他们；这样，四方外夷听说了这件事情，一定都会珍视我朝的仁义。如果因此由于我们的恩惠，使得恢复他们的地位，一定会称臣服从我们，这是一种盛德啊。"汉宣帝接纳了他的建议。

冬季，十二月，乙酉朔日，出现日食。

韩延寿代萧望之为左冯翊。望之闻延寿在东郡时放散官钱千馀万,使御史案之。延寿闻知,即部吏案校望之在冯翊时廪牺官钱放散百馀万。望之自奏:"职在总领天下,闻事不敢不问,而为延寿所拘持。"上由是不直延寿,各令穷竟所考。望之卒无事实。而望之遣御史案东郡者,得其试骑士日车服侍卫奢僭逾制;又取官铜物,候月食铸刀,效尚方事;及取官钱帛私假徭使吏;及治饰车甲三百万以上。延寿竟坐狡猾不道,弃市。吏民数千人送至渭城,老小扶持车毂,争奏酒炙。延寿不忍距逆,人人为饮,计饮酒石馀。使掾、史分谢送者:"远苦吏民,延寿死无所恨!"百姓莫不流涕。

【译文】韩延寿接替萧望之担任左冯翊的长官。萧望之听说韩延寿在东郡时,挪用了一千多万的公款,便派御史前去调查。韩延寿听说了这个消息,就也带着属吏,调查萧望之担任左冯翊任时的账目,最后发现在属官廪牺里的官钱,也被挪用了一百多万。萧望之就上奏自诉说:"因为职责的关系,牵连到天下全部的事情,因此知道有问题的,就害怕不去查问,但是现在却反因此而被韩延寿所胁持。"汉宣帝因此也不认为韩延寿是对的,便分令他们各自去追究他们的怀疑。结果萧望之的部分都没有查到事实,而萧望之派御史去东郡查核的,却查出韩延寿在每年大试骑士的日子,超越礼制,奢靡僭妄;又动用官府里的铜器,等候月食时,铸成刀剑,规制就跟尚方所制作的一样;还动用官钱,私自雇用管理徭役的官吏供他差遣;并加装自己车辆甲胄,共花费三百万以上。韩延寿因此就被指控犯有狡猾悖理的罪名,处以死刑。当时有几千名管理百姓送他到渭城去,不管老小,都去扶持他的囚车,争着送酒肉给他吃。韩延寿因为不忍心拒绝他们,但凡送来的都喝,总共喝了一石多的酒。又派遣部属分头去向送别的官吏道谢,告诉他们说:"辛苦你们这样远送受苦,延寿虽死无恨!"百姓听了,都流下了眼泪。

**二年**(乙丑,公元前五六年)春,正月,上幸甘泉,郊泰畤。

车骑将军韩增薨。五月,将军许延寿为大司马、车骑大将军。

丞相丙吉年老,上重之。萧望之意常轻吉,上由是不悦。丞相司直奏望之遇丞相礼节倨慢,又使吏买卖,私所附益凡十万三千,请逮捕系治。秋,八月,壬午,诏左迁望之为太子太傅;以太子太傅黄霸为御史大夫。

匈奴呼韩邪单于遣其弟右谷蠡王等西袭屠耆单于屯兵,杀略万馀人。屠耆单于闻之,即自将六万骑击呼韩邪单于。屠耆单于兵败,自杀。都隆奇乃与屠耆少子右谷蠡王姑瞀楼头亡归汉。车犁单于东降呼韩邪单于。冬,十一月,呼韩邪单于左大将乌厉屈与父呼遫累乌厉温敦皆见匈奴乱,率其众数万人降汉;封乌厉屈为新城侯,乌厉温敦为义阳侯。是时李陵子复立乌藉都尉为单于,呼韩邪单于捕斩之;遂复都单于庭,然众裁数万人。屠耆单于从弟休旬王自立为闰振单于,在西边;呼韩邪单于兄左贤王呼屠吾斯亦自立为郅支骨都侯单于,在东边。

【译文】二年(乙丑,公元前56年)春季,正月,汉宣帝到了甘泉宫拜祭泰畤。

车骑将军韩增去世。五月,把将军许延寿任命为大司马、车骑大将军。

丞相丙吉年纪大了,汉宣帝很看重他。萧望之却常常轻视诋毁丙吉,汉宣帝对此很不高兴。丞相司直接上奏汉宣帝,弹劾萧望之对待丞相的礼节态度很傲慢,又称萧望之曾派有属吏去为自己家买卖东西,属吏竟用私钱增添了十万三千的费用去讨好萧望之,请求汉宣帝逮捕萧望之,把他关在监狱里审问。秋季,八月,壬午日,下诏令贬萧望之为太子太傅;把太子太傅黄霸任命为御史大夫。

匈奴呼韩邪单于派了他的弟弟右谷蠡王等向西去侵犯屠耆单于的军队,斩杀掳掠了一万多人。屠耆单于听说了这个消息,立即亲自带领六万名骑兵袭击呼韩邪单于。最后屠耆单于兵败自杀。屠耆的小儿子右谷蠡王姑瞀楼头就和都隆奇逃到汉朝归顺。东犁单于则向东投降了呼韩邪单于。冬季,十一月,呼韩邪单于的左大将乌厉屈和他的父亲呼遫累乌厉温敦看到匈奴处于混乱中,便率领着他们的部众几万人前往汉朝投降;乌厉屈被封为新城侯,乌厉温敦为义阳侯。这时,李陵的儿子又拥立乌藉都尉为单于,呼韩邪单于就捕杀了他。于是呼韩邪单于又迁移到单于的王廷,可是只有几万名部下而已。屠耆单于的堂弟休旬王自立为闰振单于,住在西部边境;呼韩邪单于的哥哥左贤王呼屠吾斯也自立为郅支骨都侯单于,住在东部边境。

光禄勋平通侯杨恽,廉洁无私;然伐其行能,又性刻害,好发人阴伏,由是多怨于朝廷。与太仆戴长乐相失。人有上书告长乐罪,长乐疑恽教人告之,亦上书告恽罪曰:"恽上书讼韩延寿,郎中丘常谓恽曰:'闻君侯讼韩冯翊,当得活乎?'恽曰:'事何容易,胫胫者未必全也!我不能自保,真人所谓"鼠不容穴,衔窦数"者也。'又语长乐曰:'正月以来,天阴不雨,此《春秋》所记,夏侯君所言。'"事下廷尉。廷尉定国奏恽怨望,为诉恶言,大逆不道。上不忍加诛，有诏皆免恽、长乐为庶人。

【译文】光禄勋平通侯杨恽，做人廉洁无私，可是却爱夸耀自己的才能，加上性情妒忌苛酷，喜好揭发别人的隐私，所以在朝廷上招来了很多人的怨恨。由于杨恽和太仆戴长乐交恶，有人上书告发长乐的是非，长乐便疑心是杨恽让人去告发的，就也上书告发杨恽的罪状，说："杨恽曾上书替韩延寿辩解，郎中丘常告诉杨恽说：'听说君侯为韩冯翊讼冤，他怎么会活成呢？'杨恽说：'事情不会那么容易，为人正直的人未必就能保全！我还不能自保呢！这真如人们所说的："老鼠所以不得进入地穴，是因为它含了一个环形的草垫子啊。"'又告知长乐说：'正月以来，天气久阴不下雨，臣下将要发生叛乱，这是《春秋》上所记载，夏侯胜也谈论过的事情。'"于是这个案子就交给廷尉去审理。廷尉于定国把调查的结果上奏给汉宣帝，说杨恽心怀怨恨，散布妖言邪说，大逆不道。汉宣帝因为不忍心杀他，便下诏令把戴长乐和杨恽两个人都贬为平民。

三年(丙寅，公元前五五年)春，正月，癸卯，博阳定侯丙吉薨。

◆班固赞曰：古之制名，必由象类，远取诸物，近取诸身。故《经》谓君为元首，臣为股肱，明其一体相待而成也。是故君臣相配，古今常道，自然之势也。近观汉相，高祖开基，萧、曹为冠；孝宣中兴，丙、魏有声。是时黜陟有序，众职修理，公卿多称其位，海内兴于礼让。览其行事，岂虚虖哉！◆

【译文】三年(丙寅，公元前55年)春季，正月，癸卯日，博阳定侯丙吉去世。

◆班固评论说：古人确定一件事物的称号，必定是从他相类似的事物来命名，远的从天地间的各种事物去取用，近的由我们身上的各部名称来假借。所以《尚书》上便将君王比喻为元首，将臣子比喻为股肱，表明他们是一体的，是相辅相成的关系。因此，君臣的互相配合，是自古以来的一种常理，是一种自然的趋势。近观最近汉朝的一些宰相，高祖开国时，有萧何和曹参的功盖群伦；汉宣帝中兴汉室，又有丙吉和魏相的著闻当世。那时，官职的升降，井然有序，各级机构健全适当，公卿大多都能称职，天下百姓都讲求礼让。观察他们历代的施政情形，的确是君明臣贤，那时所以能成就一片太平盛世，哪里是凭空得来的呢！◆

二月，壬辰，黄霸为丞相。霸材长于治民，及为丞相，功名损于治郡。时京兆尹张敞舍鹖雀飞集丞相府，霸以为神雀，议欲以闻。敞奏霸曰：“窃见丞相请与中二千石、博士杂问郡、国上计长史、守丞为民兴利除害，成大化，条其对。有耕者让畔，男女异路，道不拾遗。及举孝子、贞妇者为一辈，先上殿；举而不知其人数者，次之；不为条教者在后。叩头谢丞相，虽口不言，而心欲其为之也。长史、守丞对时，臣敞舍有鹖雀飞止丞相府屋上，丞相以下见者数百人。边吏多知鹖雀者，问之，皆阳不知。丞相图议上奏曰：‘臣问上计长史、守丞以兴化条，皇天报下神爵。’后知从臣敞舍来，乃止。郡国吏窃笑丞相仁厚有知略，微信奇怪也。臣敞非敢毁丞相也，诚恐群臣莫白，而长史、守丞畏丞相指，归舍法令，各为私教，务相增加，浇淳散朴，并行伪貌，有名亡实，倾摇解怠，甚者为妖。假令京师先行让畔、异路、道不拾遗，其实亡益廉贪、贞淫之行，而以伪先天下，固未可知也。即诸侯先行之，伪声轶于京师，非细事也。汉家承敝通变，造起律令，所以劝善禁奸，条贯详备，不可复加。宜令贵臣明饬长史、守丞，归告二千石，举三老、孝弟、力田、孝廉、廉吏，务得其人，郡事皆以法令检式，毋得擅为条教；敢挟诈伪以奸名誉者，必先受戮，以正明好恶。"天子嘉纳敞言，召上计吏，使侍中临饬，如敞指意。霸甚惭。

**【译文】**二月，壬辰日，黄霸被任命为丞相。黄霸擅长治理百姓，做了宰相后，声誉比当郡太守时有所下降。当时，京兆尹张敞家养的鹖雀飞集到丞相府去，黄霸认为那是神雀，便商议要奏闻汉宣帝。张敞就向汉宣帝纠劾黄霸说："臣看见丞相约同中二千石、博士，一同询问郡国派来报告本年度工作情况的长史和守丞，有关替百姓生利除害，推行教化的事情，要他们一条条回答。有的报告说他们能使农民不争田界，男女不相混乱，路不拾遗，而且能推举孝子、贞妇人数的，于是这些人就被合为一批，先来上殿接见；有能列举出事实，但是不能确定人数的，便列为下一批；凡是不按照这个规定教令百姓的，列在后一批呈进。对于这种教化，丞相嘴上虽然没有明言，但是心里却希望各郡国都能这样施行。在长史、守丞对答时，臣的家中养的鹖雀，正好飞聚在丞相府的屋顶上，丞相以下有几百个人都看到了。从边郡派来的官员，都知晓这是出产自羌中的鹖雀，可是宰相询问他们时，都假装不知道。丞相就商议要把这件事情奏给汉宣帝知道，说：'臣正在问各郡国派来呈上来的计簿的长史、守丞有关兴举教化的条目时，上天派遣了神雀下来。'之后知道是从臣张敞的家里飞来的，才停议这件事。郡国派来的那些长史和守丞暗笑丞相虽然宅心仁厚，拥有智略，但是有些相信稀奇古怪的事情。臣张敞不敢诋毁丞相，确实是恐怕群臣不敢向皇上报告这件事，而长史、守丞又畏惧丞相的指责，舍弃现有的法令，各自执行私设的教令，专在法外增加了要求，破坏了原有的纯朴风气，使大家只注意到虚伪的外表，徒有教化之名，而没有教化的事实，于是倾危摇摆、懒慢怠惰，言行甚至奇异反常。如果不在京师里，率先倡导百姓能互让田界，男女能分路行走，还要能路不拾遗，那么，对区分人民德行上是廉、是贪、是贞、是淫，其实是毫无益处的，却只是以虚伪的政绩列为天下第一，这当然是不可以的。即使是诸侯先这样做，使得虚假政绩欺骗朝廷，这也非同小可。汉朝承继秦朝的各种弊端之后，加以通达变化，制定了律令，是用来鼓励善行禁止奸恶的；贯穿综合，分条析理，都已经很完备详细，不能再有所增加。所以应该命令显贵的大臣，明确指示各郡国的长史、守丞，回去告诉他们的二千石官员，要注意推举三老、孝悌、力田、孝廉、廉吏各科人员，必须推举出合适的人才来，全部的郡国的各种事情，都要以法令为依据，不得擅自增加其他的条款教令；敢有弄虚作假来求取不当名誉的，一定先遭到刑戮，以查清楚真正的善恶。"汉宣帝嘉许接纳了张敞的建议，便召集那些到京师来报告工作的长史、守丞，将张敞的意思，派侍中去告诫他们。黄霸因此觉得非常惭愧。

又，乐陵侯史高以外属旧恩侍中，贵重，霸荐高可太尉。天子使尚书召问霸："太尉官罢久矣。夫宣明教化，通达幽隐，使狱无冤刑，邑无盗贼，君之职也。将相之官，朕之任焉。侍中、乐陵侯高，帷幄近臣，朕之所自亲，君何越职而举之？"尚书令受丞相对，霸免冠谢罪，数日，乃决。自是后不敢复有所请。然自汉兴，言治民吏，以霸为首。

三月，上幸河东，祠后土。减天下口钱；赦殊死以下。

六月，辛酉，以西河太守杜延年为御史大夫。

置西河、北地属国以处匈奴降者。

广陵厉王胥使巫李女须祝诅上，求为天子。事觉，药杀巫及宫人二十馀人以绝口。公卿请诛胥。

【译文】再有，乐陵侯史高因为是宣帝祖母史良娣兄长史恭的长子，凭借外戚的关系，再加上过去的恩惠，官拜侍中，位置很是尊贵，黄霸便推举他担任太尉的职务。汉宣帝就派尚书去把黄霸找来，问他说："太尉这个官职，已经有八十多年废弃不用了。宣明教化，凡事能深入精微，使得刑狱没有冤屈，地方上全无盗贼，这就是你的职责。至于任免将相，那是我的责任。侍中、乐陵侯高，是我亲近的大臣，是我自己的近亲，材质高下，我非常了解，你为什么要超越你的职责去举荐他呢？"于是派尚书令去听取黄霸的回答。黄霸脱下了官帽，承认过错，请求宽恕。经过了几天，才得免罪。从这以后，黄霸再也不敢有所建议。可是从汉朝建立以来，说到那些治理人民的官吏，还是以黄霸居第一位。

三月，汉宣帝到河东去祭祀土神。减少百姓从七岁到十四岁每人每年须缴纳的口赋钱；又赦免了处斩首死刑以下的因犯。

六月，辛酉日，汉宣帝任命西河太守杜延年为御史大夫。

设置西河和北地等属国，来安置投降汉朝的匈奴人。

广陵厉王刘胥派巫人李女须诅咒汉宣帝，希望自己能成为天子。事情被发觉后，就用毒药杀死了巫人以及宫人一共二十多名灭口。公卿都请求汉宣帝诛杀刘胥。

**四年**(丁卯，公元前五四年)春，胥自杀。

匈奴单于称臣，遣弟谷蠡王入侍。以边塞亡寇，减戍卒什二。

大司农中丞耿寿昌奏言："岁数丰穰，谷贱，农人少利。故事：岁漕关东谷四百万斛以给京师，用卒六万人。宜籴三辅、弘农、河东、上党、太原郡谷，足供京师，可以省关东漕卒过半。"上从其计。寿昌又白："令边郡皆筑仓，以谷贱增其贾而籴，以利农，谷贵时减贾而粜，名曰常平仓。"民便之。上乃下诏赐寿昌爵关内侯。

夏，四月，辛丑朔，日有食之。

**【译文】**四年(丁卯，公元前54年)春季，刘胥自杀。

匈奴单于归顺称臣，派遣他的弟弟右谷蠡王到汉朝做人质。汉朝因为边境上没有了外族入侵的战事，便下令将戍守士卒减少十分之二。

大司农中丞耿寿昌上奏说："因为连年丰收，谷价很低，农民收益减少。依照以往惯例：每年都要从关东漕粮四百万斛提供京师食用，一共要动用六万人转运。现今应该只要输入三辅、弘农、河东、上党、太原各郡的粮食，就够京师使用，这样就可以比从关东去运粮要节省一半以上的人力。"汉宣帝接纳了他的建议。耿寿昌又说："应该命令边塞各郡都修建粮仓，在谷价低微时，增加价值购买，谷价昂贵时，减价卖出，称作常平仓。"于是百姓大感方便。汉宣帝便下诏令赏赐给耿寿昌关内侯的爵位。

夏季，四月，辛丑朔日，出现日食。

**【申涵煜评】**常平之法，即平准中一事耳。但彼以敛货，则贪黩而失体；此以积谷，则平粜而便民。寿昌一言，遂垂为万世法，仁人之利溥哉。

**【译文】**王安石的常平法，就是平准法中的一条规定而已。但是王安石的常平法是以聚敛财物为目的，这样就容易造成官员贪污而失去本来意义；平准法是以聚积谷粮为目的，这样才能平抑物价，使百姓方便。耿寿昌只一句话，便成了万世法则，仁人的好处真是太广大了。

杨恽既失爵位，家居治产业，以财自娱。其友人安定太守西河孙会宗与恽书，谏戒之，为言"大臣废退，当阖门惶惧，为可怜之意；不当治产业，通宾客，有称誉。"恽，宰相子，有材能，少显朝廷，一朝以晻昧语言见废，内怀不服，报会宗书曰："窃自思念，过已大矣，行已亏矣，常为农夫以没世矣，是故身率妻子，戮力耕桑，不意当复用此为讥议也！夫人情所不能止者，圣人弗禁，故君、父至尊、亲，送其终也，有时而既。臣之得罪，已三年矣，田家作苦，岁时伏腊，烹羊，炰羔，斗酒自劳，酒后耳热，仰天拊缶而呼乌乌，其诗曰：'田彼南山，芜秽不治；种一顷豆，落而为萁。人生行乐耳，须富贵何时？'诚淫荒无度，不知其不可也。"又恽兄子安平侯谭谓恽曰："侯罪薄，又有功，且复用！"恽曰："有功何益！县官不足为尽力。"谭曰："县官实然。盖司隶、韩冯翊皆尽力吏也，俱坐事诛。"会有日食之变，驷马猥佐成上书告："恽骄奢，不悔过。日食之咎，此人所致。"章下廷尉，按验，得所予会宗书，帝见而恶之。廷尉当恽大逆不道，要斩；妻子徙酒泉郡；谭坐免为庶人，诸在位与恽厚善者，未央卫尉韦玄成及孙会宗等，皆免官。

**【译文】**杨恽失去爵位以后，废居在家，就去经营产业，用赚取财货自我娱乐。他的朋友安定太守西河郡人孙会宗就给杨恽一封信，劝谏告诫他，说："大臣被罢黜贬谪以后，应当闭门谢客，惶恐思过，装出可怜的样子；不应当营治产业，交结宾客，去博得称誉。"杨恽是丞相杨敞的儿子，很有才能，年轻时就在朝廷中崭露头角，只因一时受到暧昧言语的中伤，触犯当道，遭受罢黜，内心怨恨不平，于是就回了孙会宗一封信，说："我私下曾这样想过，自己的罪过已经够大了，品行已有亏损了，从此将永远做一个农夫来度过余生，所以我才亲自带着妻儿，尽力去经营产业，耕田种桑，灌溉园林，贡纳赋税，没想到竟因为这遭到讥评议论！人情所不能加以阻止的事，那圣人也就不去禁制；所以即使国君和父亲是至尊至亲的人，但是为君父送终守丧，过了一定的时间，也要除服。我得罪皇上，到现在已有三年了，农家的耕作本来劳苦，每年到了暑期，或者是年终腊祭，一定免不了要宰只羊，烧烤些肉来吃，也要喝些酒来犒劳自己，当酒酣耳热时，仰面朝天，拍打着瓦盆，自然会放声唱起歌来，那歌词是：'田彼南山！芜秽不治；种一顷豆！落而为萁。人生行乐耳，须富贵何时！'这自然是太放肆荒唐了，可是我却不晓得有什么不对啊。"杨恽的侄儿安平侯杨谭也告诉杨恽说："你犯的罪并不大，又曾有告发霍氏叛乱的功劳，将会被再次任用的！"杨恽说："有功劳又有什么用呢！这样的皇上是不值得替他尽力的。"杨谭说："当今皇上也的确是这样的。司隶、韩冯翊都是很尽力的官吏，最后都因事被杀了。"恰好这时出现日食，有一名名叫作成的马夫头，便上书告发说："杨恽骄慢奢侈，不知道悔改。上天所以会闹日食，全是他的原因。"奏章便交到廷尉那里去查办，最后找到了杨恽写给孙会宗的书信，汉宣帝看了便很厌恶他。廷尉就判杨恽一个大逆不道的罪名，处以腰斩的罪刑，妻儿贬到酒泉郡；杨谭罢免为平民，所有和杨恽要好的官员，像未央卫尉韦玄成以及孙会宗等人，也都被罢免了官职。

【申涵煜评】恽为丞相敞子，太史迁外孙，而多才尚气，类外祖，不类其父，是以得惨祸。然孙会宗以良友药石之言相劝诫，事发亦连坐罢官，汉纲亦密矣哉！

【译文】杨恽是丞相杨敞的儿子，太史公司马迁的外孙，而且多才多艺，容易意气用事，像他的外祖父，不像他的父亲，因此而遭到杀身惨祸。然而孙会宗因为与他是好友，才用良言劝他改过，事发之后，也因为连坐之法而被罢官，汉代的法律也严密到这种地步啊！

◆臣光曰：以孝宣之明，魏相、丙吉为丞相，于定国为廷尉，而赵、盖、韩、杨之死皆不厌众心，惜哉，其为善政之累大矣《周官》司寇之法，有议贤、议能。若广汉、延寿之治民，可不谓能乎！宽饶、恽之刚直，可不谓贤乎！然则虽有死罪，犹将宥之，况罪不足以死乎！扬子以韩冯翊之愬萧为臣之自失。夫所以使延寿犯上者，望之激之也。上不之察，而延寿独蒙其辜，不亦甚哉！◆

匈奴闰振单于率其众东击郅支单于。郅支与战，杀之，并其兵；遂进攻呼韩邪。呼韩邪兵败走，郅支都单于庭。

【译文】◆臣司马光说：以汉宣帝的英明，加上魏相和丙吉当丞相，还有于定国担任廷尉，却有赵广汉、盖宽饶、韩延寿和杨恽的死，并且都不符合群众的心意，这实在是汉宣帝善政的一项很大的缺憾《周官·小司寇》上所明言规定八法，有议贤和议能两条，但凡是廉吏或者有道义的人犯了罪，全要先为他请命，像赵广汉、韩延寿治理人民，能不说他们是有才能的人吗？像盖宽饶、杨恽的刚直，能不说他们是有德行的人吗？既然这样，那么就是犯了死罪，都还要应该设法宽恕，况且是罪不及死呢！扬雄在他的《法言》中，认为韩冯翊告发萧望之，是咎由自取。其实之所以让延寿触怒汉宣帝，是由于萧望之的刺

激。汉宣帝不能明察，却使韩延寿独自遭到罪刑，这很过分，太不应该了！◆

匈奴闰振单于带领他的部众向东攻击郅支单于。郅支迎接战役，杀死闰振单于，兼并了他的军队；于是就向呼韩邪进攻。呼韩邪兵败退走，郅支就建都单于王廷。

**甘露元年**( 戊辰，公元前五三年) 春，正月，行幸甘泉，郊泰畤。

杨恽之诛也，公卿奏京兆尹张敞，恽之党友，不宜处位。上惜敞材，独寝其奏，不下。敞使掾絮舜有所案验，舜私归其家曰："五日京兆耳，安能复案事！"敞闻舜语，即部吏收舜系狱，昼夜验治，竟致其死事。舜当出死，敞使主簿持教告舜曰："五日京兆竟何如？冬月已尽，延命乎？"乃弃舜市。会立春，行冤狱使者出，舜家载尸并编敞教，自言使者。使者奏敞贼杀不辜。上欲令敞得自便，即先下敞前坐杨恽奏，免为庶人。敞诣阙上印绶，便从阙下亡命。数月，京师吏民解驰，枹鼓数起，而翼州部中有大贼，天子思敞功效，使使者即家在所召敞。敞身被重劾，及使者至，妻子家室皆泣，惶惧，而敞独笑曰："吾身亡命为民，郡吏当就捕。今使者来，此天子欲用我也。"装随使者，诣公车上书曰："臣前幸得备位列卿，待罪京兆，坐杀掾絮舜。舜本臣敞素所厚吏，数蒙恩贷。以臣有章劾当免，受记考事，便归卧家，谓臣五日京兆。背恩忘义，伤薄欲化。臣窃以舜无状，枉法以诛之。臣敞贼杀无辜，鞠狱故不直，虽伏明法，死无所恨！"天子引见敞，拜为冀州刺史。敞到部，盗贼屏迹。

**【译文】**甘露元年( 戊辰，公元前 53 年) 春季，正月，汉宣帝到甘泉去祭祀泰畤。

杨恽被杀之后，公卿就上奏说："京兆尹张敞，是杨恽的朋党，不应该让他再占据官位。"汉宣帝因为爱惜张敞的才能，独将弹劾张敞的奏章留了下来，不批交下去。后来，张敞派下属官员絮舜外出审理案件，絮舜获知张敞被奏劾的消息，就私自回家，说："张敞在京兆任上的日子已不久了，怎么还回去办案子呢!"张敞听到了絮舜说的话，就派属吏去逮捕絮舜，他被关在监牢里，经过日夜的调查审问，竟找了借口，判他死罪。当絮舜将要被执行死刑时，张敞派主簿拿着教令去告诉絮舜说："我这所谓的五日京兆，现在究竟怎么样呢? 冬天已经过去，期望能苟延一点性命吗?"于是便把絮舜斩首示众。到了立春季，朝廷派出巡视冤狱的使者，絮舜的家属就运载着絮舜的尸体，而且把张敞写给絮舜的教令也放在诉状上面，向使者申诉。使者便向汉宣帝弹奏张敞妄杀无罪的人。汉宣帝打算让张敞得从轻处罪，就先行批下张敞以前为了杨恽的事，被纠举的奏章，将其贬为平民。当张敞到廷阙上缴还京兆尹的印绶后，就从阙下逃亡。等过了几个月之后，京师的官吏平民因为戒心慢慢地懈怠，使得追捕匪寇的鼓声频传，盗匪又多了起来，并且冀州辖区内有更大的盗贼出现，于是汉宣帝便想起张敞治理盗匪的功劳，就派遣了使者到张敞的住处去征召他。张敞因为以前曾残杀无辜，身遭严厉弹劾，因此当使者到来的时候，妻儿家人都害怕得哭了。只有张敞却笑着说："我已逃亡为民，郡吏就可以来逮捕我了。现在皇上派遣了使者前来，这是皇上想要任用我啊!"于是整治行装，跟随使者到京师。张敞到达掌管征召以及接受章奏事宜的公车上书说："臣原先幸得充任为九卿之一，担任京兆尹的职务，最后却犯了处决属吏絮舜的错误。絮舜本是臣敞平时所厚待的属员，好多次蒙受到我的宽宥、恩泽；之后因为臣遭受到别人的纠劾，本当免官，絮舜得到消息，就在奉命外出调查事情时，自己回家了，还说臣只是五日京兆，不久就要罢官离去。这种言语和行为，确实是违背了平日我待他的恩义，也太伤风败俗了。臣私下觉得絮舜是一个不肖狂妄的人，就以肆意歪曲法律，把他杀了。臣敞既借故残杀了本无死罪的人，审理犯人时，是故意存有私心，不能依法律而行，所以现在即使遭受法律的制裁，处以极刑，死而无憾！"汉宣帝接见了张敞，便任命他为冀州刺史。张敞一到冀州，盗贼便远避他遁。

资治通鉴

【申涵煜评】敞以语言杀人，有应坐之罪，帝欲使得自便，遂从阙下亡去。夫天下一家，亡欲何之？以堂堂京兆，竟同逋逃，是尚成何朝廷耶？此乃列国余习，汉治所为杂霸也。

【译文】张敞凭借一句话便杀了人，有应得之罪，汉宣帝想让他设法逃脱，他便从首都逃亡而去。天下都是刘姓一家的，他要逃到哪里去呢？堂堂的京兆尹，竟然成为一个逃犯，这样的朝廷成何体统？这是列国时遗留下的习气，汉代的统治以王道掺杂着霸道的缘故。

皇太子柔仁好儒，见上所用多文法吏，以刑绳下，尝侍燕从容言："陛下持刑太深，宜用儒生。"帝作色曰："汉家自有制度，本以霸王道杂之。奈何纯任德教，用周政乎！且俗儒不达时宜，好是古非今，使人眩于名实，不知所守，何足委任！"乃叹曰："乱我家者，太子也！"

◆臣光曰：王霸无异道。昔三代之隆，礼乐、征伐自天子出，则谓之王。天子微弱不能治诸侯，诸侯有能率其与国同讨不庭以尊王室者，则谓之霸。其所以行之也，皆本仁祖义，任贤使能，

568

赏善罚恶，禁暴诛乱。顾名位有尊卑，德泽有深浅，功业有巨细，政令有广狭耳，非若白黑、甘苦之相反也。汉之所以不能复三代之治者，由人主之不为，非先王之道不可复行于后世也。夫儒有君子，有小人。彼俗儒者，诚不足与为治也，独不可求真儒而用之乎？稷、契、皋陶、伯益、伊尹、周公、孔子，皆大儒也，使汉得而用之，功烈岂若是而止邪！孝宣谓太子懦而不立，闇于治体，必乱我家，则可矣；乃曰王道不可行，儒者不可用，岂不过甚矣哉！殆非所以训示子孙，垂法将来者也。◆

　　淮阳宪王好法律，聪达有材；王母张倢伃尤幸。上由是疏太子而爱淮阳宪王，数嗟叹宪王曰："真我子也！"常有意欲立宪王，然用太子起于微细，上少依倚许氏，及即位而许后以杀死，故弗忍也。久之，上拜韦玄成为淮阳中尉，以玄成尝让爵于兄，欲以感谕宪王。由是太子遂安。

　　【译文】皇太子很仁爱柔顺，喜欢儒术，看到汉宣帝所任用的，很多是精通法规的官吏，依靠刑法来约束人民，就在闲居随侍汉宣帝的时候，淡定地建议说："陛下用刑太过于深刻，应当进用儒生。"汉宣帝却变了脸色，特别生气地说："汉家自从有汉家的制度以来，本来就是兼采王道和霸道；为什么要只用道德教化，实行姬周的政治呢！而且那些能纳而不能出，能言而不能行的儒生，不能够通达时务，喜好称扬古人，诽毁今人，使人在实际与名分之间感到迷惑，不知道该怎么遵守，这种俗儒，怎么能委以重任呢！"便感慨地说："将来要败坏我汉家基业的人，就是太子啊！"

　　◆臣司马光说：王道和霸道，对于善恶仁义的态度，并没有实质的不同。过去，在夏、商、周三代兴盛的时候，礼乐征伐之权，被天子掌握在手里，这叫作王道。等到天子号令微弱，不能控制诸侯的时候，假如有诸侯能带领盟国，一起去攻打那些悖逆王庭的人，来尊奉王室的，这就叫作霸道。他们行为的依据，也都是以仁义为根本，讲究任用贤能，要能赏善罚恶，禁止暴乱。只要他们的地位名分有尊卑的不同，所带给人民的恩德有深有浅，所成就的功业有大有小，政令所及，范围有广狭的差别而已。只是这种差别，并不是像白和黑、甘甜的和苦涩的那样完全相反和不同。汉朝之所以不能复行夏、商、周三代的政治，原因就在于国君不想要施行，并不是先王的圣道无法再度实行于后世。那学习儒术的人，有君子和小人的分别，那些俗儒，确实不能任用他们来治理国家平天下，难道就不能去寻找真正的通儒来任用他们吗？像后稷、契、皋陶、伯益、伊尹、周公、孔子，都是博通的大儒者，假如汉朝能够得到像这些大儒似的人才来任用他们，所成就的功业，怎么会只是这样而已呢！汉宣帝如果说太子太懦弱无能，不会自己立足，不明治国大体，一定会危乱汉室基业，那是可以的；现在却说是王道不可能施行，儒者不可以任用，这不是太过分了吗！这不是用来训示子孙、垂法后代的做法。◆

淮阳宪王喜好研究法律，聪颖明达，又有才干；他的母亲张婕妤还特别受到汉宣帝的宠爱。汉宣帝因此疏远太子，而喜好次子淮阳宪王，多次赞美宪王说："这真是我的儿子啊！"常常有要立宪王为太子之意。但是因为太子生于自己微贱之时，当时自己曾依靠太子母亲许氏家生活，等到继位以后，许皇后又被毒害而死，所以汉宣帝一直都不忍心这样做。过了很长时间，汉宣帝就任命韦玄成为淮阳中尉，因为玄成曾经有过要谦让爵位给他哥哥的表现，所以要以此来感悟劝解宪王，太子因此才得平安无事。

【乾隆御批】宣帝此语失之甚矣。周非用德教而乱政，以不善用德教而乱耳。杂霸之言岂所以训子孙？至既知元帝柔懦，不胜神器，而复优游寡断，所谓为天下得人难之义安在？且淮阳王亦未必即贤，与兄与弟，惟父所命。乃更以让爵之元成为淮阳中尉，欲以感喻淮阳王，是不益启其觊觎之心乎？盖大本既乖，措施必无一是者。

【译文】汉宣帝这些话也太失道了。周朝并非任用德教才天下大乱，恰恰是因为没有正确任用德教才天下大乱的。霸道、王道交错使用这种话，怎么能够教训子孙呢？至于明知元帝懦弱，难以继承帝位，却又优柔寡断，所谓为天下寻求适合的人很难，它的意义在哪里呢？况且淮阳王也未必贤德，无论兄长还是弟弟做继承人，都应依据父亲的命令。任命推让爵位的韦元成为淮阳中尉，想以此使淮阳王有所感悟，这不是更加诱发他的觊觎之心吗？根本已经错误，采取的措施自然也不可能正确了。

匈奴呼韩邪单于之败也，左伊秩訾王为呼韩邪计，劝令称臣入朝事汉，从汉求助，如此，匈奴乃定。呼韩邪问诸大臣，皆曰："不可。匈奴之俗，本上气力而下服役，以马上战斗为国，故有威名于百蛮。战死，壮士所有也。今兄弟争国，不在兄则在弟，虽死犹有威名，子孙常长诸国。汉虽强，犹不能兼并匈奴。奈何乱先古之制，臣事于汉，卑辱先单于，为诸国所笑！虽如是而安，何以复长百蛮！"左伊秩訾曰："不然，强弱有时。今汉方盛，乌孙城郭诸国皆为臣妾。自且鞮侯单于以来，匈奴日削，不能取复，虽屈强于此，未尝一日安也。今事汉则安存，不事则危亡，计何以过此！"诸大人相难久之，呼韩邪从其计，引众南近塞，遣子右贤王铢娄渠堂入侍。郅支单于亦遣子右大将驹于利受入侍。

【译文】郅支单于把匈奴呼韩邪单于打败以后，左伊秩訾王便为呼韩邪出谋划策，劝他向汉归降，并且请求汉朝的帮助，觉得这样做，就会得到喘息安定。呼韩邪就征求大臣们的意见，大家都说："这是不行的。匈奴的习俗，本就是崇尚力量，不为人所屈服，而且以服役于人为耻辱，以能在马上冲锋战斗，来安民治国的，因此能在蛮夷间扬威争雄。就算战死沙场，那是壮士分内的事情。现今兄弟争国，不是弟亡，就是兄死，虽然因为这而死，仍有威名，子孙一样能永远地领导各国，为各国的首领。汉朝虽然强大，仍无法并吞匈奴，为什么要败坏自古以来的体统，臣服汉朝，让在地下的历代单于也遭到羞辱，且被各国耻笑！即使能因此而获得平安，又将怎样再去统率各蛮夷！"左伊秩訾说："这话说得不对，一国的强弱，是随时间的推移而不同的。现今正是汉朝强盛时，像乌孙那些不是逐水草而居而已有城郭的国家，都已归顺汉朝了。我国从且鞮侯单于以来，势力渐渐减弱，已经无法再去得到报复人家的机遇，尽管待在这里倔强着，不愿意屈服于人，也不会得到片刻的安宁。现在如能归顺汉朝，就能够获得生存的希望，不愿意归顺汉朝的话，那就只有危亡的境地了，还有什么比归顺汉更好的计策！"大臣们彼此商议了很久，最后，呼韩邪采纳了左伊秩訾王的计策，率领他的部众，开向南方，向汉朝边塞附近靠近，派遣他的儿子右贤王铢娄渠堂到汉朝做人质。郅支单于也派了他的儿子右大将驹于利受到汉朝做人质。

二月，丁巳，乐成敬侯许延寿薨。

夏，四月，黄龙见新丰。

丙申，太上皇庙火；甲辰，孝文庙火；上素服五日。

乌孙狂王复尚楚主解忧，生一男鸱靡，不与主和，又暴恶失众。汉使卫司马魏和意、副侯任昌至乌孙。公主言："狂王为乌孙所患苦，易诛也。"遂谋置酒，使士拔剑击之。剑旁下，狂王伤，上马驰去。其子细沈瘦会兵围和意、昌及公主于赤谷城。数月，都护郑吉发诸国兵救之，乃解去。汉遣中郎将张遵持医药治狂王，赐金帛。因收和意、昌系琐，从尉犁槛车至长安，斩之。

初，肥王翁归靡胡妇子乌就屠，狂王伤时，惊，与诸翎侯俱去，居北山中，扬言母家匈奴兵来，故众归之。后遂袭杀狂王，自立为昆弥。是岁，汉遣破羌将军辛武贤将兵万五千人至燉煌，通渠积谷，欲以讨之。

**【译文】**二月，丁巳日，乐成敬侯许延寿去世。

夏季，四月，在新丰县发现黄龙。

丙申日（初一），太上皇庙失火；甲辰日，孝文帝庙失火；汉宣帝穿了五天丧服。

乌孙狂王泥靡又娶了楚公主解忧为妻，生了一个男孩鸱靡，彼此之间的感情并不好；又因为性情凶恶残暴，很是得不到民心。汉朝就派遣了卫司马魏和意和他的副手卫侯任昌到达乌孙。公主说："狂王已被乌孙人所痛恨，很容易杀掉他。"就商量准备酒食，要在席间命令军士拔剑刺杀狂王。最后因为剑刺歪了，狂王只是受了创伤，骑上马跑掉了。狂王以前和匈奴妻子所生的儿子细沈瘦，就召集士兵把魏和意、任昌和公主解忧包围在赤谷城。几个月之后，都护郑吉征调西域各国的军队前来救援他们，才解围而去。汉宣帝派遣中郎将张遵，带着医药去治疗狂王的伤口，还赏赐给他黄金布帛。收捕了魏和意和任昌，把他们捆锁着，用囚车从尉犁国押解到长安，杀了他们。

当初，肥王翁归靡和匈奴妻子所生的儿子乌就屠，知晓狂王受剑伤时，特别惊讶，就和诸翎侯一块儿逃走，藏到北边的山区中，还扬言他母亲的外家匈奴会派兵来救援，所以，大家都归向了他。之后就袭击杀害了狂王，自立为乌孙昆弥。这年，汉朝派了破羌将军辛武贤率兵一万五千人到敦煌去，积蓄粮食，掘通沟渠，准备攻打乌就屠。

初，楚主侍者冯嫽，能史书，习事，尝持汉节为公主使，城郭诸国敬信之，号曰冯夫人，为乌孙右大将妻。右大将与乌就屠相爱，都护郑吉使冯夫人说乌就屠，以汉兵方出，必见灭，不如降。乌就屠恐，曰："愿得小号以自处！"帝征冯夫人，自问状。遣谒者竺次、期门甘延寿为副，送冯夫人。冯夫人锦车持节，诏乌就屠诣长罗侯赤谷城，立元贵靡为大昆弥，乌就屠为小昆弥，皆赐印绶。破羌将军不出塞，还。后乌就屠不尽归诸翎侯民众，汉复遣长罗侯将三校屯赤谷，因为分别其人民地界，大昆弥户六万馀，小昆弥户四万馀。然众心皆附小昆弥。

**【译文】**当时，楚公主解忧的侍者冯嫽，因为既能撰写公文，又会一些有关西域和汉朝各国的事务，曾经携带汉朝的符节，假冒公主的使者，到达各个地方去，已有城郭定居的西域各国，都很信任敬重她，把她称为冯夫人，之后嫁给乌孙的右大将为妻。乌就屠和右大将是亲密朋友，都护郑吉就让冯夫人去说服乌就屠，说是汉兵就要来了，一来到你们一定会被消灭，不如投降。乌就屠很惶恐，就说："希望能获得一个小小的称号，来给自己安身！"汉宣帝后来把冯夫人找来，亲自问她游说的情况。然后派遣谒者竺次和期门甘延寿当冯夫人的副使，护送冯夫人。冯夫人乘坐着饰有丝锦的华丽车子，带着汉朝的符节，命令乌就屠到赤谷城去见长罗侯常惠，把翁归靡和楚公主所生的元贵靡立为大昆弥，乌就屠为小昆弥，都颁赐给他们印绶。破羌将军辛武贤也因此不用率兵出塞，把军队带了回来。之后，乌就屠并没有完全遣回诸翎侯的民众，汉朝就又派长罗侯常惠带领一支部队屯驻到赤谷城，为他们划分了所居住的地界和所管辖的户口数，小昆弥分到了四万多户，大昆弥拥有六万多户。但是民心都归附于小昆弥。

**二年**(己巳，公元前五二年)春，正月，立皇子嚣为定陶王。

诏赦天下，减民算三十。

珠厓郡反。夏，四月，遣护军都尉张禄将兵击之。

杜延年以老病免。五月，己丑，廷尉于定国为御史大夫。

秋，九月，立皇子宇为东平王。

冬，十二月，上行幸萯阳宫、属玉观。

是岁，营平壮武侯赵充国薨。先是，充国以老乞骸骨，赐安车、驷马、黄金，罢就第。朝廷每有四夷大议，常与参兵谋、问筹策焉。

【译文】二年(己巳，公元前52年)春季，正月，汉宣帝立皇子刘嚣为定陶王。

汉宣帝下诏令赦免天下，降低人民的赋税，每人每年减少了三十钱的人头税。

珠崖郡反叛。夏季，四月，派了护军都尉张禄率兵去镇压。

杜延年因为年老病弱被罢免官职。五月，己丑日，廷尉于定国被任命为御史大夫。

秋季，九月，汉宣帝立皇子刘宇为东平王。

冬季，十二月，汉宣帝巡游萯阳宫、属玉观。

这一年，营平壮武侯赵充国去世。先前，赵充国因为上了年纪，乞请退休，就赏赐给他安车、驷马和黄金，让他回家休养。但是朝廷上每有关于四夷的重要的计议，仍常常要他参与军事计谋，征询他的策略。

匈奴呼韩邪单于款五原塞，原奉国珍，朝三年正月。诏有司议其仪。丞相、御史曰："圣王之制，先京师而后诸夏，先诸夏而后夷狄。匈奴单于朝贺，其礼仪宜如诸侯王，位次在下。"太子太傅萧望之以为："单于非正朔所加，故称敌国，宜待以不臣之礼，位在诸侯王上。外夷稽首称藩，中国让而不臣，此则羁縻之谊，谦亨之福也。《书》曰：'戎狄荒服，'言其来服荒忽亡常。如使匈奴后嗣卒有鸟窜鼠伏，阙于朝享，不为畔臣，万世之长策也。"天子采之，下诏曰："匈奴单于称北藩，朝正朔。朕之不德，不能弘覆。其以客礼待之，令单于位在诸侯王上，赞谒称臣而不名。"

◆荀悦论曰：《春秋》之义，王者无外，欲一于天下也。戎狄道理辽远，人迹介绝，故正朔不及，礼教不加，非尊之也，其势然也。《诗》云："自彼氐、羌，莫敢不来王。"故要、荒之君必奉王贡。若不供职，则有辞让号令加焉，非敌国之谓也。望之欲待以不臣之礼，加之王公之上，僭度失序，以乱天常，非礼也！若以权时之宜，则异论矣。◆

诏遣车骑都尉韩昌迎单于，发所过七郡二千骑为陈道上。

【译文】匈奴呼韩邪单于抵达五原塞来求降，并且表示愿意奉上匈奴国的珍宝，预计在甘露三年正月行朝见礼。汉宣帝便命令主管官员商议单于朝见的礼仪。丞相和御史都说："依照古代圣王的体制，先着重京师，然后才是诸侯；先着重诸侯，然后才是夷狄。现在匈奴单于来朝贺天子，朝贺的礼仪应当和诸侯王朝贺天子一样，地位在诸侯王之下，要行称臣的礼仪。"太子太傅萧望之认为："单于并不是汉朝的属臣，不应该服从汉朝的历法政令，所以彼此间称为匹敌之国，不应该用臣子的礼仪来对待，他的地位在诸侯王之上，应该待以客礼。当外夷叩头归顺的时候，自称藩属，我国对他表示谦让，而不把他当作臣子，为的是牵制他们的情谊，以谦虚为德，可为我们带来无不亨通的福祉。《尚书》说：'戎狄处在边远蛮荒的地区，是属于侯、要、绥、甸、荒五服中的荒服。'这是说蛮夷的归附是反复无常、幽昧不明的。如果让匈奴的后代像飞鸟远窜，老鼠潜伏一般，不会再来朝见进贡，这样，因为本不以臣礼待他们，不能算是叛逆的臣子，去就去了，不一定要讨伐，这是为子孙万世着想的长远之计。"汉宣帝采用了他的意见，下诏令说："匈奴单于前来归顺，我们将称他为北方的藩国，在明年正月初一行朝礼。因为朕的恩德不够，不能广施荫庇，所以应以待客的礼仪来接待他们，使单于的地位在诸侯之上，谒见的时候，只称臣而不称名。"

◆荀悦评论说：按照《春秋》大义，天子不分内外，以表示要天下一统。只因为戎狄处在蛮荒地带，道路遥远，人迹隔绝，所以历法政令便无法颁行贯彻，礼仪教化也无法施加给他们，这并不是尊重他们，是因为形势使然。《诗经》说："那些氐、羌的夷狄小国，没有一个敢不来朝见天子的。"所以处在要服和荒服的这些遥远地区的夷狄国君，也一定要来朝贡。如有不能承担职任的，就要去责备他们，并没把他们看成是彼此相当的国家。萧望之想要以宾礼去接待匈奴单于，将单于的地位提升到王公诸侯的上面，这就僭越了体制，错失了上下的规矩，败坏了伦常，是不合礼法的！当然，如果只是一时的权宜之计，那就另

当别论了。◆

　　汉宣帝下诏令派遣车骑都尉韩昌去迎接单于，命令沿途所经过的七个郡，共征调了两千名骑兵，列队在道路两旁欢迎护卫。

　　**【乾隆御批】** *时黄霸之言颇得体，而宣帝听望之议，待呼韩邪以不臣之礼。失威重矣。姑息者牵以望之为是，苟悦以非礼关之，宜哉。*

　　**【译文】** *当时黄霸之言很得大体，可是宣帝却听从了萧望之的意见，按照非附属臣国的礼仪接待呼韩邪，大失汉朝的威严。姑息迁就的人都认为萧望之的意见不错，但荀悦认为他违背了礼制，进而驳斥他，非常恰当。*

　　**三年**（庚午，公元前五一年）春，正月，上行幸甘泉，郊泰畤。

　　匈奴呼韩邪单于来朝，赞谒称藩臣而不名。赐以冠带、衣裳，黄金玺、盭绶，玉具剑、佩刀，弓一张，矢四发，棨戟十，安车一乘，鞍勒一具，马十五匹，黄金二十斤，钱二十万，衣被七十七袭，锦绣、绮縠、杂帛八千匹，絮六千斤。礼毕，使使者道单于先行宿长平。上自甘泉宿池阳宫。上登长平阪，诏单于毋谒，其左右当户群臣皆得列观，及诸蛮夷君长、王、侯数万，咸迎于渭桥下，夹道陈。上登渭桥，咸称万岁。单于就邸长安。置酒建章宫，飨赐单于，观以珍宝。二月，遣单于归国。单于自请"愿留居幕南光禄塞下；有急，保汉受降城"。汉遣长乐卫尉、高昌侯董忠、车骑都尉韩昌将骑万六千，又发边郡士马以千数，送单于出朔方鸡鹿塞。诏忠等留卫单于，助诛不服，又转边谷米糒，前后三万四千斛，给赡其食。先是，自乌孙以西至安息诸国近匈奴者，皆畏匈奴而轻汉，及呼韩邪单于朝汉后，咸尊汉矣。

【译文】三年（庚午，公元前51年）春季，正月，汉宣帝到甘泉宫去祭祀泰畤。

匈奴呼韩邪单于到甘泉宫来朝见汉天子，拜见时只称是藩臣，而不称名字。汉宣帝赏赐给他冠带、官服、黄金印玺、绿色绶带，以玉装饰的剑、佩刀，以及一张弓、四发箭、十件仪仗的棨戟、一辆安车、一套骑垫，用庚草浸染过的丝绶，和马辔，十五匹马、二十斤黄金、二十万钱、七十七副衣被，锦绣、绮縠、杂帛八千匹，还有六千斤棉絮。朝见典礼结束以后，便派使臣引导单于先到陕西池阳县西南的长平阪去休息。汉宣帝也从甘泉宫移住到在池阳县的离宫池阳宫。当汉宣帝登上长平阪接见单于时，令单于不必下拜，允许单于的左右当户以下众官，都可以列队观礼，各蛮夷君长、王、侯共有几万人，都在渭桥下欢迎，排列在道路的两旁。汉宣帝登上渭桥时，大家都高呼万岁。单于后来又移住到长安，汉宣帝就在建章宫设宴款待，并且拿出很多的珍宝展示给他看。到了二月，派遣单于回到匈奴国去。单于自己请求说："希望能留住在漠南的光禄塞；因为如有郅支单于来袭击的紧急情况，汉朝在五原郡边界上筑有受降城，便可以入城自保。"汉宣帝就派了长乐卫尉、高昌侯董忠和车骑都尉韩昌，带领一万六千名骑兵，又征发好几千名边郡的士卒和马匹，护送单于到朔方郡的鸡鹿塞。命令董忠等留下来护卫单于，帮助他去诛除叛逆不服的人，又运送边疆的谷物干粮，前后共有三万四千斛，供给他们食用。以前，从乌孙以西到安息的这些靠近匈奴的国家，都很畏惧匈奴而轻视汉朝，等到呼韩邪朝汉以后，大家便都遵从汉朝号令了。

上以戎狄宾服，思股肱之美，乃图画其人于麒麟阁，法其容貌，署其官爵、姓名。唯霍光不名，曰"大司马、大将军、博陆侯，姓霍氏"。其次张安世、韩增、赵充国、魏相、丙吉、杜延年、刘德、梁丘贺、萧望之、苏武。凡十一人，皆有功德，知名当世，是以表而扬之，明著中兴辅佐，列于方叔、召虎、仲山甫焉。

　　凤皇集新蔡。

　　三月，己巳，建成安侯黄霸薨。五月，甲午，于定国为丞相，封西平侯。太仆沛郡陈万年为御史大夫。

　　诏诸儒讲五经同异，萧望之等平奏其议，上帝称制临决焉。乃立梁丘《易》、大、小夏侯《尚书》、穀梁《春秋》博士。

　　【译文】汉宣帝因为戎狄已经平服了，想到那些辅佐的大臣都特别尽忠国家，便在未央宫中的麒麟阁墙壁上，把那些得力大臣的形象摹绘了下来，既描绘他们的容貌，还在上面写明他们的官职、爵位和姓名。只有霍光不标出名字，只说是"大司马大将军博陆侯姓霍氏"。其余依次是张安世、韩增、赵充国、魏相、丙吉、杜延年、刘德、梁丘贺、萧望之、苏武，一共十一人，都立下了相当的功业，是那时知名的贤臣，所以用壁画来褒扬表彰他们，明确地指出这些有功劳于宣帝中兴的辅佐大臣，能够同周宣王时的中兴功臣方叔、召虎和仲山甫等人相提并论。

　　凤凰飞集在汝南郡的新蔡县。

　　三月，己巳日，建成安侯黄霸死了。五月，甲午日，汉宣帝把太仆沛郡人陈万年任为御史大夫，任命于定国为丞相，封为西平侯。

　　汉宣帝下诏命群儒讨论五经的异同，再经萧望之等人将每人的议论加以辨析分明以后，把结果呈奏给宣帝，由汉宣帝亲临裁决。于是设置了梁丘贺的易经博士、夏侯建叔侄二人的尚书博士和夏侯胜和谷梁赤的春秋博士。

乌孙大昆弥元贵靡及鸥靡皆病死。公主上书言："年老土思，愿得归骸骨，葬汉地！"天子闵而迎之。冬，至京师，待之一如公主之制。后二岁卒。

元贵靡子星靡代为大昆弥，弱。冯夫人上书："愿使乌孙，镇抚星靡。"汉遣之。都护韩宣奏乌孙大吏大禄、大监皆可赐以金印紫绶，以尊辅大昆弥。汉许之。其后段会宗为都护，乃招还亡叛，安定之。星靡死，子雌栗靡代立。

皇太子所幸司马良娣病，且死，谓太子曰："妾死非天命，乃诸娣妾、良人更祝诅杀我。"太子以为然。及死，太子悲恚发病，忽忽不乐。帝乃令皇后择后宫家人子可以娱侍太子者，得元城王政君，送太子宫。政君，故绣衣御史贺之孙女也，见于丙殿。壹幸，有身。是岁，生成帝于甲馆画堂，为世適皇孙。帝爱之，自名曰骜，字大孙，常置左右。

【译文】乌孙国的大昆弥元贵靡和鸥靡都因病去世。公主就上书给汉宣帝说："我现今年纪已老，很思念故乡，希望能让我返回家乡，将来得葬在汉朝的土地上！"汉宣帝很同情她，便同意把她迎接回来。冬季，回到京师长安，楚公主本以宗室女的身份嫁到乌孙，回来后用如同公主一般的礼仪来礼待她。两年后去世。

元贵靡的儿子星靡继立为乌孙大昆弥，但年纪尚小。冯夫人便上书说："我愿意到乌孙去安抚星靡，使他不受侵扰。"汉宣帝就派她出使。都护上奏汉宣帝，说是乌孙的大臣大禄和大监都可以如同列侯一样特别赐予他们金印紫绶，来显示他们，让他们能去尊敬辅佐大昆弥。汉宣帝答应了都护的建议。后来段会宗继为都护，去招还那些逃亡及叛变的人，来安定乌孙。星靡死后，由他的儿子雌栗靡继立。

皇太子所宠爱的司马良娣病重，临死前告诉太子说："我的死，并非寿数已尽，是因为那些娣妾和良人轮番诅咒我，害死我的。"太子觉得她说得很对。等司马良娣去世，就很悲伤生气，以至于得了病，心中不快乐，精神恍惚。汉宣帝便让皇后到后宫去挑选可以服侍太子，让太子高兴的宫人，结果挑到了魏郡元城县人王政君，就送到太子宫。王政君是以前的绣衣御史王贺的孙女，现在丙殿。一受到皇太子的宠幸，就有了身孕。这一年，王政君在甲馆的画堂诞生乐儿成帝，成为正统的嫡皇孙。汉宣帝很喜欢他，亲自命名为刘骜，字大孙，常常将他带在身边。

四年( 辛未，公元前五〇年) 夏，广川王海阳坐禽兽行、贼杀不辜，废，徙房陵。

冬，十月，丁卯，未央宫宣室阁火。

是岁，徙定陶王嚣为楚王。

匈奴呼韩邪、郅支两单于俱遣使朝献，汉待呼韩邪使有加焉。

【译文】四年( 辛未，公元前 50 年) 夏季，广川王海阳因为乱伦，又残杀无辜，被罢废，迁移到房陵县。

冬季，十月，未央宫的宣室阁失火。

这一年，汉宣帝将定陶王刘嚣改封为楚王。

匈奴呼韩邪单于和郅支单于都派了使者来朝贡进献，汉朝对于呼韩邪单于派来的使者，特别礼待。

**黄龙元年**(壬申，公元前四九年)春，正月，上行幸甘泉，郊泰畤。

匈奴呼韩邪单于来朝；二月，归国。始，郅支单于以为呼韩邪兵弱，降汉，不能复自还，即引其众西，欲攻定右地。又屠耆单于小弟本侍呼韩邪，亦亡之右地，收两兄馀兵，得数千人，自立为伊利目单于；道逢郅支，合战，郅支杀之，并其兵五万馀人。郅支闻汉出兵谷助呼韩邪，即遂留居右地；自度力不能定匈奴，乃益西，近乌孙，欲与并力，遣使见小昆弥乌就屠。乌就屠杀其使，发八千骑迎郅支。郅支觉其谋，勒兵逢击乌孙，破之；因北击乌揭、坚昆、丁令、并三国。数遣兵击乌孙，常胜之。坚昆东去单于庭七千里，南去车师五千里，郅支留都之。

【译文】黄龙元年(壬申，公元前49年)春季，正月，汉宣帝到甘泉宫去祭祀泰畤。

匈奴呼韩邪单于来朝见汉宣帝，到二月才回国。起初，郅支单于认为呼韩邪单于因为兵力单薄，所以投降汉朝，不能返回旧地，便带领他的部众向西方推进，想要攻占匈奴西部地区这一片地盘。还有屠耆单于的小弟，本是侍奉呼韩邪的，也逃到西部地区去，收编了屠耆单于和闰振单于两位兄长的余部，共得几千人，自立为伊利目单于；路上遇到郅支单于，双方便展开会战，结果，郅支单于杀死了伊利目单于，兼并了他五万多名部下。郅支听说汉朝派兵护卫呼韩邪回匈奴，又送给他粮食，就留居在西部地区；后来估计自己的力量不足控制全匈奴地境，就继续向西迁移，靠近乌孙，很希望乌孙能跟他全力合作，便派遣使者去见乌孙的小昆弥乌就屠。他的使者却被乌就屠杀了，派八千名骑兵想要去迎击郅支。郅支发觉乌孙的阴谋，便停止军队的前进，也准备还击乌孙。最后调派郅支击破了乌就屠；便向北攻击马揭、坚昆和丁令，而且并吞了这三国。然后就屡次派兵进攻乌孙，经常击败乌孙。坚昆向东距离单于朝廷有七千里路，南到车师有五千里远，郅支单于就因此留在坚昆。

三月，有星孛于王良、阁道，入紫微宫。

帝寝疾，选大臣可属者，引外属侍中乐陵侯史高、太子太傅萧望之、少傅周堪至禁中，拜高为大司马、车骑将军，望之为前将军、光禄勋，堪为光禄大夫，皆受遗诏辅政，领尚书事。冬，十二月，甲戌，帝崩于未央宫。

◆班固赞曰：孝宣之治，信赏必罚，综核名实。政事、文学、法理之士，咸精其能。至于技巧、工匠、器械，自元、成间鲜能及之。亦足以知吏称其职，民安其业也。遭值匈奴乖乱，推亡固存，信威北夷，单于慕义，稽首称藩。功光祖宗，业垂后嗣，可谓中兴，侔德殷宗、周宣矣！◆

癸巳，太子即皇帝位，谒高庙，尊皇太后曰太皇太后，皇后曰皇太后。

【译文】三月，有彗星出现在王良和阁道两星座间，之后消失在紫微星座旁。

汉宣帝病重，于是便要挑选可嘱托后事的大臣，因此就把外戚侍中乐陵侯史高、太子太傅萧望之和少傅周堪都召到宫中汉宣帝住的地方，任命史高为大司马、车骑将军，萧望之为前将军、光禄勋，周堪为光禄大夫，都拜受了遗诏，辅佐国事，掌管尚书事，职典枢机。冬季，十二月，甲戌日，汉宣帝在未央宫逝世。

◆班固评论说："汉宣帝治理国政，有功必赏，有罪必罚，根据一个人的能力，去授给他相当的官位，再根据他的官位，去考求所应尽的职责。所以无论是政事、文学或是法理各方面的人才，全是上选，全有他的专精。至于技巧、工匠或是器械等各种技艺的成就，从元帝、成帝以来，都很少能与之相比的。由此也可以看出，汉宣帝时是官吏既能称职，百姓也能安居乐业。等遇到匈奴内乱，汉宣帝对于无道的人，比如郅支单于，便去推翻讨伐他，对于能以道自存的人，就像呼韩邪单于的来朝，就去辅助安定他，恩威远伸到北方的夷狄，让单于能慕义归顺，叩头称藩。功劳足可光宗耀祖，业绩也能够垂示后代，可说是中兴了汉室，德业可以媲美那殷高宗和周宣王了！◆

　　癸巳日，太子刘奭即皇帝位（即汉元帝），拜见高庙，尊奉皇太后为太皇太后，皇后为皇太后。